Johann Wilhelm Preger

Geschichte der deutschen mystik im mittelater

Band 1

Johann Wilhelm Preger

Geschichte der deutschen mystik im mittelater
Band 1

ISBN/EAN: 9783743356252

Hergestellt in Europa, USA, Kanada, Australien, Japan

Cover: Foto ©ninafisch / pixelio.de

Manufactured and distributed by brebook publishing software (www.brebook.com)

Johann Wilhelm Preger

Geschichte der deutschen mystik im mittelater

Vorwort.

Sollte auch die Geschichte der Mystik nur eine Krankheitsgeschichte sein: so haben doch Krankheiten zuerst auf den Körper achten und seine Kräfte erforschen lehren. Aber vielleicht ist hier gar nicht Alles Krankheit; vielleicht ist die deutsche Mystik im Mittelalter eine der grossen Entwicklungsstufen in der Geschichte des religiösen und geistigen Lebens unseres Volks und die Aufregung, welche beim Eintritt einer neuen Entwicklung den Organismus zu ergreifen pflegt, hat nur ältere Krankheitsstoffe mit aufgerührt. Vielleicht haben diejenigen recht, welche in der mittelalterlichen Mystik eine der wichtigsten Vorbedingungen der deutschen Reformation sehen; vielleicht auch die, welche bei ihr die Wiege der deutschen Philosophie gefunden haben wollen.

Ich schicke diese Sätze voraus, weil ich weiss, dass das Wort Mystik, welches eine Arbeit in ihrem Titel führt, für nicht Wenige schon die Verurtheilung derselben ist, und weil ich nicht meine, dem Vorurtheil von vorneherein nur Gleichgültigkeit gegenübersetzen zu sollen.

Es war die Beschäftigung mit Meister Eckhart, welche mich veranlasste, die Geschichte der Richtung, deren Höhepunkt er ist, zur Darstellung zu bringen. Bedeutende Vorarbeiten, unter denen ich hier nur an die Karl Schmidt's und Franz Pfeiffer's zu erinnern brauche, waren bereits vorhanden; aber für eine die ganze Geschichte jener Richtung umfassende Darstellung lag noch ein weites Feld offen. Wie viel des Schuttes war da noch wegzuräumen, wie manche Gestalt hatte Aberglaube oder Betrug oder auch die zerstörende Zeit bis zur Unkenntlichkeit entstellt, wie viele Steine fehlten, um einen geschlossenen Bau herstellen zu können! Es bedurfte der anziehenden Kraft jenes grossen Meisters, um unter den Forderungen, welche die Aufgabe an Zeit und Kraft eines Einzelnen stellte, dem gefassten Entschlusse nicht wieder untreu zu werden. Ich bilde mir nicht ein, mein Ziel erreicht zu haben. Ich bin zufrieden, wenn man in meiner Arbeit wenigstens die Grundmauern und Pfeiler für einen künftigen Bau erkennen, und so die Jahre, welche ich an die Aufgabe gewendet, nicht als verschwendet erachten wird. Mag es indessen viel oder wenig sein, was ich erreicht habe, jedenfalls will ich hier dankend der Förderung gedenken, welche ich für meine Arbeit von hoher Stelle sowohl wie von einzelnen verehrten Freunden historischer Forschung habe erfahren dürfen.

Zum Schlusse noch ein Wort über die Form meiner Arbeit, in welcher sich die Untersuchung mit der aufbauenden Darstellung mischt. Bei dem jetzigen Stande der Forschung glaubte ich diese Weise einhalten zu sollen. Ein späterer Bearbeiter wird leichter die kritische Werkstatt ausserhalb des Baues aufschlagen können. Doch hoffe ich dieselbe so gestellt zu haben, dass sie den Blick über das Ganze nicht wesentlich stören wird.

München, am Vorabend des Reformationsfestes 1874.

Der Verfasser.

Uebersicht des Inhalts.

Einleitung . . . . Seite 1

Erstes Buch.
Mystisches Leben im XII. und XIII. Jahrhundert.

I. Die Rheinlande im XII. Jahrhundert.
1. Die Schriften der Hildegard von Bingen und der Elisabeth von Schönau 13
2. Hildegard von Bingen 29
3. Elisabeth von Schönau 37

II. Die Niederlande und das Rheinland im XIII. Jahrhundert.
1. Die Berichte des Jakob von Vitry, Thomas von Chantimpré und Petrus von Dacien 44
2. Religiöse Zustände in den Niederlanden im Anfang des 13. Jahrhunderts 53
3. Marie von Oégnies 55
4. Christine von St. Troud . . . . , ... 60
5. Margaretha von Ypern 62
6. Luitgard von Tongern 64
7. Verwandte Erscheinungen in den Niederlanden und den angränzenden Gebieten 66

III. Thüringen und Sachsen im XIII. Jahrhundert.
1. Die Schriften: Das fliessende Licht der Gottheit, *Insinuationes divinae pietatis, Speculum spiritualis gratiae* 70
2. Die Frauen aus dem Adel und Landgräfin Elisabeth 88
3. Mechthild von Magdeburg 91
Kloster Helfta. Gertrud von Hackeborn und Mechthild von Wippra 113
4. Mechthild von Hackeborn 116
5. Die Nonne Gertrud 122

IV. Das südliche Deutschland im XIII. Jahrhundert 133

Zweites Buch.
Mystische Lehre vor Meister Eckhart.

Seite

Wesen der speculativen Mystik im allgemeinen und der deutschen insbesondere 145
I. Aeltere Systeme.
  1. Plotinus 148
  2. Pseudodionysius 150
  3. Johannes Scotus Erigena 157
II. Häretische Mystik im XIII. Jahrhundert.
  1. Quellenschriften über die häretische Mystik 166
  2. Amalrich von Bena und seine Secte 173
  3. David von Dinant 184
  4. Die Ortliebarier 191
  5. Joachim von Floris und die Joachiten 196
  6. Die Secte des freien Geistes 207
III. Kirchliche Mystik 217
  1. Bernhard von Clairvaux 218
  2. Hugo von St. Victor 227
  3. Richard von St. Victor 241
  4. Bonaventura 251
  5. Albertus Magnus 263
  6. David von Augsburg 268
  7. Mystische Lehre in deutscher Sprache gegen Ende des XIII. Jahrhunderts 283
IV. Theodorich von Freiburg.
  1. Theodorich's Leben 292
  2. Theodorich's Lehre 297

Drittes Buch.
Meister Eckhart.

I. Eckhart's Schriften.
  1. Zeit einzelner Schriften 309
  2. Einige bisher unbekannte Schriften 317
II. Eckhart's Leben.
  1. Eckhart's Lehrjahre 325
  2. Eckhart Prior in Erfurt und Vicarius in Thüringen 328
  3. Eckhart's erster Aufenthalt zu Paris 331
  4. Eckhart Provinzialprior von Sachsen 337
  5. Eckhart's zweiter Aufenthalt zu Paris 341
  6. Eckhart in Strassburg und Frankfurt 342
  7. Eckhart Lesemeister in Cöln 354
  8. Die päpstliche Bulle vom 27. März 1329 363

III. Eckhart's Lehre.

	Seite
1. Das Wesen als der Grund aller Dinge	368
2. Die Natur der Gottheit	372
3. Der Vater	376
4. Vater und Sohn	378
5. Der heilige Geist	381
6. Der Ternar und die Natur	382
7. Der Sohn das Urbild der Welt	386
8. Die Schöpfung aus Nichts	395
9. Zeit und Raum	399
10. Die Ordnung der Welt und der Mensch vor dem Fall	401
11. Das Böse	408
12. Wesen und Kräfte des Menschen	411
13. Die menschliche Sünde	422
14. Die Menschwerdung Christi und sein Werk	424
15. Die Gnade	428
16. Die Einheit mit Gott	436
17. Consequenzen der eckhartischen Lehre.	449

Anhang.

I. Sätze der Brüder des freien Geistes um die Mitte des dreizehnten Jahrhunderts	461
II. Eckhart's Protest vom 24. Januar 1327	461
III. Eckhart's Erklärung vom 13. Februar 1327	475
IV. Antwort der Inquisitoren auf Eckhart's Appellation v. 22. Febr. 1327	477
V. Bulle Johann's XXII. vom 27. März 1329, Eckhart's Lehre betreff.	478
VI. Heinrich von Thalheim etc. wider den Papst wegen Eckhart's	483
VII. Tractat Eckhart's von dem Schauen Gottes durch die wirkende Vernunft	484

Druckfehler.

S. 18 Z. 12 v. o. statt *de Migne* lies *Migne*.
- 29 - 19 l. Eberbach
- 72 - 14 v. u. l. Helfta.
- 140 Z. 1 v. u. l. Bd. II.
- 152 - 3 l. identisch.
- 161 Anm. 1 Z. 4 l. *inventionem*.
- 219 Z. 15 l. der Brief.
- 235 - 19 tilge: als.
- 253 - 4 v. u. l. *judicandum*.
- 269 - 4 statt: es l. er.
- 275 - 5 v. u. statt: Pfeil l. Greiff.
- 282 - 7 v. u. l. *multifariis*.
- 284 - 10 v. u. l. *videns*.
- 304 Anm. 3 Z. 1 l. des Tractats.
- 323 Z. 20 v. u. l. Seinsweise.
- 327 - 1 l. Frachet.
- 353 - 2 l. beauftragt.
- 382 3 u. 5 v. u. l. Widerblick, Widerblicken.

EINLEITUNG.

Als die ungewöhnliche Erregtheit, welche das Naturleben der germanischen Stämme während der Völkerwanderung zeigt, sich einigermassen gelegt hatte, und der Sinn für geistige Thätigkeit zu erwachen begann, sehen wir auf lange hinaus die Kräfte mit Aneignung des Ueberlieferten beschäftigt. Es ist eine Zeit des Lernens, nicht des productiven Schaffens. Sie umfasst etwa fünf Jahrhunderte und wird durch die Bewegungen, welche mit Gregor VII. beginnen, begrenzt. Hatte schon während des ganzen Verlaufes derselben jener Process der Aneignung manche tiefgehende Störung erlitten theils durch unglückliche Kriege, theils durch die zunehmende Entartung des Klerus, so schien zuletzt die Frucht langer Arbeit ganz in Frage gestellt. In Italien wurde der Klerus, welchem die Vermittelung der vorhandenen Culturelemente oblag, von der sittlichen Fäulniss, an welcher das weströmische Kaiserreich zu Grunde gegangen war, fast ausnahmslos ergriffen, und auch im Norden und Westen der Alpen breitete sich mit dem zunehmenden Reichthum der Kirchen Rohheit und Verwilderung aus. Aber dennoch wirkt hier der Geist einer besseren Zeit so weit nach, dass eine reagirende und zugleich reformatorische Richtung sich bilden kann, deren Träger die Benedictinermönche vornehmlich Südfrankreichs, dann die des südlichen Deutschlands und der Rheinlande werden. Mit Gregor VII. greift diese reformatorische Richtung zuerst siegreich und überwältigend in die allgemeinen Verhältnisse ein. Sie trägt einen vorherrschend mönchischen Charakter. In dem strenggesetzlichen Wesen überhaupt, in dem schroffen Gegensatz zum Weltleben, in der Losreissung des Klerus von den bürgerlichen Verhältnissen, in seiner Erhebung über dieselben gibt er sich kund. Die Kirche strebt eine alles beherrschende Stellung mit stets zunehmenden Erfolgen an. Diese Erfolge wurden erreicht auf Grund einer Theorie, welche sich mit dem Scheine göttlicher Autorität umkleidete, und im Widerspruche mit den Grundgesetzen, auf welchen die natürlichen Verhältnisse des Völkerlebens ruhen. Die im Kampfe vordringende Kirche löst Bande der Treue, verletzt Rechtsanschauungen, die im Gewissen der Völker wurzelten, absorbirt jene Quellen, in welchen das natürliche Recht und das Urtheil der Menschen ruht, um sich selbst als die alleinige Quelle alles Rechtes und alles Urtheils an die Stelle zu setzen. Es dauert lange Zeit, bis dies allgemeiner erkannt wird, aber von Anfang an macht sich die Wirkung dieser Eingriffe bemerkbar. Sie zeigt sich in der Unruhe, in der fieberhaften Erregtheit, welche sich seit jener Zeit der Völker bemächtigt. Das Volksleben ist wie aus dem Schlafe geschreckt. Es sucht neue Bahnen; das Ausserordentliche, das Wunderbare wird mit Begierde ergriffen. Zugleich tritt eine sittliche Gährung und ein Scheideprocess im geistigen Leben ein, welcher ununterbrochen sich fortsetzt, bis er im Reformationszeitalter einen vorläufigen Abschluss findet.

Die Machtstellung des Klerus konnte nur dann mit sich aussöhnen, wenn sie das Mittel war, die Segnungen des Christenthums zu verbreiten, nicht aber, wenn sie um ihrer selbst willen festgehalten und das Volk darüber preisgegeben wurde. Wie bald aber war letzteres der Fall! „Wo findest du einen Prälaten, der nicht eifriger wäre, die Kasten seiner Untergebenen auszuleeren als ihre Laster auszurotten" ruft Bernhard von Clairvaux aus, und dass er nicht übertreibe, wird durch Hugo von St. Victor und viele andere angesehene Zeugen gewiss. Die Zweifel an der Autorität der Kirche wurden gemehrt, die Erregung verstärkt durch den Widerstreit, in welchen die Leiter der Kirche während des Kampfes mit der weltlichen Macht unter sich selbst geriethen. Die deutschen Bischöfe hielten es zum Theil mit den Kaisern und mit den

kaiserlichen Päpsten, und die Autorität verlor in dem Masse
das Zutrauen, als sie durch inneren Zwiespalt sich selbst
zerstörte.

Dort wo der Sinn für den hohen Beruf der Kirche einst
besonders rege war, im südlichen Frankreich, trat denn nun
auch der Abfall in erschreckender Weise auf. Von da verbreitete
er sich über die Nachbarländer. Die Berichte aus der
zweiten Hälfte des 12. Jahrhunderts sprechen von zahllosen
Ketzern namentlich auch in den Rheinlanden. Es sind auch
hier wieder die Benedictinerklöster und ihre verschiedenen Congregationen,
welche helfend einzugreifen suchen. Bernhard von
Clairvaux, Hildegard von Bingen, Elisabeth von Schönau, deren
Bruder Eckbert und Andere aus diesen Kreisen gehören hieher.
Aber ihre Wirksamkeit war doch eine zu vereinzelte, als
dass dieselbe grosse sichtbare Erfolge hätte haben können.
Auch hätte es dazu der Mithilfe der Päpste und Bischöfe bedurft.
Aber die Versuche jener Richtung, die Leiter der Kirche
für ein hilfreiches Eingreifen zu gewinnen, blieben ebenso vergeblich
wie die von anderer Seite her. Fast um dieselbe Zeit,
da Hildegard von Bingen und Elisabeth von Schönau sich an
Kaiser und Päpste, Bischöfe und Aebte mit ihren prophetischen
Mahnungen wendeten, kommen Laien aus der Diöcese Lyon
nach Rom und bitten, dass ihnen Alexander III. wieder gestatte,
dem armen Volke das Evangelium zu predigen, nachdem ihnen
von dem Erzbischof von Lyon Einhalt gethan worden war. Es
sind die armen Leute von Lyon, die Waldenser, welche hier
vor dem Manne, der eben erst von dem Triumphwagen abgestiegen
war, an den er das besiegte Kaiserthum gefesselt hatte,
die innere Verödung der Kirche offenbaren.

Zu der religiösen Verwahrlosung, welche allgemein war,
kam noch die äussere Noth, welche die niederen Stände drückte
und hier die Sehnsucht nach religiösem Troste wach rief. Traurig
war insbesondere das Loos eines grossen Theils der Frauen.
In Folge der immerwährenden Fehden in der Heimath und der
Züge nach dem Morgenlande entbehrten viele des Beschützers
und Ernährers. Die wenigsten vermochten durch Arbeit
sich zu erhalten. In Menge zogen sie durch das Land, ihr
„Brod um Gottes willen" rufend. Viele wurden die Beute

roher Gewalt oder suchten den Erwerb, welchen das Laster gewährt.

Als Radulf, der Bruder des Herzogs von Zähringen, von seinem erzbischöflichen Stuhle zu Mainz wegen Kirchenraubes hatte weichen müssen, wurde er mit Hilfe seiner Verwandten Bischof von Lüttich. Hier verkaufte er durch seinen Henker unter grossem Zudrang kirchliche Aemter um Geld. Dawider predigte ein Priester Lambertus Beghe. Die aufgebrachten Priester misshandelten ihn in der Kirche, der Bischof warf ihn ins Gefängniss. Dann kam er, es ist ungewiss ob als Flüchtling oder durch den Bischof, nach Rom. Der Papst erkannte den reinen Eifer des Mannes und sprach ihn frei. Bald nachher starb er zu Lüttich im J. 1187. Von Lambert wird berichtet, er habe verschiedene Schriften, darunter die Geschichte der Apostel, in die Landessprache übersetzt und zu Lüttich eine freie Vereinigung von Frauen zur Förderung eines reinen und gottergebenen Lebens gegründet.[1] Das Beginenwesen hat in Lambert Beghe seinen Begründer und von ihm auch seinen Namen.[2] In Lüttich war die erste Sammlung dieser Art, bald sind sie über Belgien und die Nachbarlande ausgebreitet. In Cöln zählte man um 1250 über tausend Beginen. In Strassburg[3] werden im 13. und 14 Jahrhundert über vierzig Beginenhäuser urkundlich genannt. Auch im ganzen übrigen Deutschland begegnen wir ihnen. Das Beginenthum unterscheidet sich von dem Klosterwesen durch einen evangelischeren Charakter. Die Mitglieder verzichten nicht auf ihren Besitz, sie verfügen noch über ihr Vermögen: aber sie wollen arm und einfach leben; sie verzichten nicht auf die Freiheit ihres Willens: die Vorsteher machen nur Anspruch auf Gehorsam, soweit die Regel des Hauses ihn vorschreibt; sie verzichten nicht auf die Ehe, sie können wieder austreten, sich

---

1) *Magnum Chronicon belgicum* ed. *Pistorius-Struve*, *Rerum Germ. Scriptores* Tom. *III, 210 squ.*

2) Gegen Mosheim, *De Beghardis et Beghinabus commentarius Lips. 1790. p. 114.* cf. Hallmann, Geschichte des Ursprungs der belg. Beghinen. Berl. 1843.

3) Carl Schmidt, Strassburger Beghinenhäuser im Mittelalter: *Alsatia 1859.*

verheirathen: aber so lange sie dem Vereine angehören, entsagen sie dem männlichen Umgang. In Belgien leben sie in kleinen Häusern, die zusammen den Beginenhof bilden; aber die einzelnen Beginen haben ihren eigenen Haushalt. Gewisse Stunden vereinigen sie zu gemeinsamer Andacht; aber über den Rest der Zeit verfügen sie mit freiem Ermessen. Die ärmeren arbeiten, um davon zu leben, die reicheren, um mit ihrem Erwerb andern zu dienen. Sie warten der Kranken, sie pflegen des Gebets und frommer Betrachtung. So entsagen sie dem Genuss der Welt und suchen Gott in der Niedrigkeit. Sie haben ihre Freiheit nicht für immer dahingegeben, sondern sie bewahrt, um sie täglich zu neuer Selbstbeschränkung gebrauchen zu können. „Sie wollen lieber unverbrüchlich keusch sein, als unverbrüchliche Keuschheit geloben. Sie wollen sich lieber in freier Knechtschaft stets von neuem unterwerfen, als sich ein für allemal gefangen geben", so sagt Bischof Malder von den belgischen Beginen und findet hierin einen der Sinnesart und dem Charakter des niederländischen Volkes entsprechenden Zug. Wir dürfen wohl auch allgemeiner sagen, dass hier eine Eigenthümlichkeit des germanischen Wesens sich geltend mache.

Die Frauenvereine, welche Lambert Beghe ihren Ursprung verdankten und die Laienverbindung, welche Petrus Waldus zu Lyon begründet hatte, riefen bald die Besorgniss der Päpste wach. Nicht ohne Misstrauen liess man jene gewähren, mit Eifer suchte man diese wieder zu vernichten. Denn bei beiden machte sich ein neues fremdartiges Element geltend, das der hergebrachten Führerschaft der Kirche sich entschlagen zu wollen schien oder sich ihrer wirklich entschlug. Es musste darum dem Papstthum willkommen sein, als sich im Anfang des 13. Jahrhunderts kurz nach einander zwei Priester an den römischen Stuhl mit der Bitte wendeten, Vereinigungen gründen zu dürfen, welche eben das leisten sollten, was jene obengenannten Verbindungen bezweckten, die aber zugleich eine Garantie boten, dass der Gehorsam gegen die Kirche und ihre Lehre nicht Schaden leide. So entstanden die Orden der Dominikaner und Franziskaner. In apostolischer Armuth wollten diese Mönche hinausziehen in die verwaisten Länder der Christenheit, dem Volke predigen, sein Verlangen in einer der Kirche gemüssen Weise befriedigen, die Einzelnen sammeln unter bestimmten vom Papste genehmigten Regeln.

Die beiden Orden wuchsen mit bemerkenswerther Raschheit. Fünf Jahre nach seiner Gründung, im Jahre 1221, zählte der Orden der Dominikaner oder Prediger schon 60 Convente, im Anfang des 14. Jahrhunderts ist deren Zahl auf 746 gestiegen. Am zahlreichsten war der Orden in Deutschland, wo er in der angegebenen Zeit allein 174 Klöster hatte. Auffallend ist der Unterschied in Bezug auf die Frauenklöster. Denn während Frankreich nur 12, Italien 42 hat, zählt Deutschland deren 74. Und auffallend ist wiederum in Deutschland selbst das Verhältniss. Denn während die Zahl der Männerklöster in der Provinz Teutonia, welche Oberdeutschland und die Rheinlande bis Cöln umfasste, mit der in der Provinz Sachsen nahezu gleichsteht, verhält sich die Zahl der Frauenklöster in Teutonia zu der in Sachsen wie sieben zu eins.[1] In Oberdeutschland und am Rheine ist das Gemüth vorwaltend, das Seelenleben lebendiger, der ideale Aufschwung leichter als in Niederdeutschland, wo die bedächtige Ueberlegung mehr Einhalt thut. Unter beiden Geschlechtern ist es aber wiederum das weibliche, bei welchem das Gemüthsleben überwiegt. Daher vor allem erklärt es sich, wenn in jenen Gegenden der Zudrang zu den religiösen Genossenschaften von Seite der Frauen ein viel grösserer war als in Niederdeutschland. „In der ganzen Welt, sagt Felix Fabri, der im 15. Jahrhundert schrieb, sind nicht so viele Jungfrauenklöster, so viele Frauenklausen und Beginenhäuser auf so kleinem Raum beisammen, wie in Schwaben auf 10 Meilen in der Runde um Esslingen her, und nicht bloss in schwäbischen Klöstern leben sie, sondern auch anderwärts füllen schwäbische Jungfrauen die Klöster — und sie sind geliebt und machen sich den Klöstern nützlich vor andern wegen der trefflichen Anlage ihrer Natur."

---

1) S. meine Vorarbeiten zu einer Geschichte der deutschen Mystik im 13. und 14. Jahrhundert in Niedner-Kahnis Zeitschrift für hist. Theologie 1869. I. Heft. S. 4 ff. Ordenswesen der Dominikaner im 13. und 14. Jahrhundert.

Aehnliche Ausbreitung wie der Orden der Dominikaner fand jener der Franziskaner. Aber nicht bloss auf die Mönchs- und Nonnenklöster, welche dem Orden unmittelbar angehörten, erstreckte sich die Macht des Ordensgeistes. Die Franziskaner zuerst, später auch die Dominikaner, wussten auch solche, welche im weltlichen Stande blieben, diesem Geiste dienstbar zu machen. Sie gründeten die Genossenschaft der Tertiarier, der Leute der dritten Regel. Während die erste Regel das Mönchsleben, die zweite das Nonnenleben dieser Orden schuf, war die dritte Regel für Weltleute, die sich gewissen von dem Orden vorgeschriebenen Uebungen unterwarfen, aber von Familie, Haus und Beruf sich nicht schieden oder wenigstens nicht scheiden mussten. Denn es kommt allerdings auch vor, dass Tertiarier gemeinsam wohnten. Frauen dieser Art heissen dann beim Volke wohl auch Beginen wegen der Aehnlichkeit der Lebensweise.[1] Hinwieder nahmen später Beginensammlungen die Regel der Tertiarier in ihr Vereinsleben mit auf, ohne den Grundcharakter desselben zu stören. Es geschah dies vielfach um gesichert zu sein gegen kirchliche Verfolgungen, welchen die Beginen bald ausgesetzt waren. Aber auch wo dies nicht geschah, finden wir schon frühzeitig Beginenkreise, welche die Seelsorge nicht einem Weltpriester, sondern einem Mönche der Bettelorden übertrugen.

Wir haben im Vorstehenden den Boden bezeichnet, auf welchem vornehmlich die Mystik im Mittelalter sich entwickelte. Jene Aufregung aber, welche seit Gregor VII. das innere Leben kennzeichnet, hat ihr wie so vielen andern charakteristischen Erscheinungen der Zeit mit zum Leben verholfen.

Mit den wider die herrschende Kirche streitenden Rich- tungen gehört die Mystik insofern auf eine Linie, als sie die Gemeinschaft mit Gott auf andere Weise anstrebte, als die Kirche es lehrte. Denn die herrschende Kirche predigte sich selbst als Mittlerin zwischen dem Gläubigen und Gott. Nicht das Wort, das sie brachte, sondern sie, die das Wort brachte, verbürgte die Nähe der Gottheit. Sie war es, die den Mitteln der Gnade erst ihre Kraft und segensreiche Wirkung verlieh,

---

1) *cf. Mamachi, Annalium ordinis praedicatorum Vol. I. Rom. 1756. p. 240.*

nur durch die Beziehung der Gläubigen zunächst auf die Kirche hatten diese Antheil an der Gnade. Es ist das Gemeinsame fast aller oppositionellen religiösen Richtungen des Mittelalters, dass sie mit Beseitigung dieses Mediums der kirchlichen Autorität und ihres amtlichen Thuns den Zugang zu Gott suchen. Sie unterscheiden sich untereinander durch die Mittel, welche sie ergreifen, um die Gottheit zu gewinnen. Sie gehen alle auf ein Wort göttlicher Offenbarung zurück. Aber dieses Wort wird in verschiedenem Sinne verstanden oder gebraucht. Entweder ist es das theilweise ergriffene neutestamentliche Wort, welches in gnostisch-manichäischer Weise im Gegensatz gegen das alttestamentliche gebraucht wird, oder das alttestamentliche wird in judaisirender Weise betont, oder es sind einzelne Seiten der neutestamentlichen Offenbarung, welche den Ausgangspunkt bilden, oder es ist auch wie bei den Waldensern, bei den Wiclefiten und Husiten ein Versuch, das Ganze der Schriftwahrheit zu erfassen und zur alleinigen Grundlage des religiösen Lebens zu machen.

Das Charakteristische der Mystik ist, dass sie ein unmittelbares Erleben und Schauen des Göttlichen anstrebt. Die mittelalterliche Mystik entschlägt sich entweder aller Führung durch das Schriftwort, wie die häretische Mystik bei den Brüdern und Schwestern des freien Geistes, oder sie braucht das Schriftwort als Durchgangspunkt und Hilfe, um sich über dasselbe hinaus zum unmittelbaren Verkehr mit der Gottheit aufzuschwingen und neue Offenbarungen von ihr zu gewinnen. Sie bleibt dabei mehr oder weniger in Uebereinstimmung mit der Schrift und der kirchlichen Lehre, die ihre Führerinnen waren; aber sie begehrt nach der Quelle, aus der das Schriftwort geflossen ist, und setzt diesem ihre eigenen Erlebnisse an die Seite.

Ich halte dafür, dass das was die Mystiker für unmittelbares Schauen und Hören Gottes hielten, kein solches war. Aber über dem Streben und Ringen nach diesem Ziele wurde das Seelenleben in seinen Tiefen aufgeregt und bei Vielen in hohem Masse geläutert und veredelt. Da konnte es nicht ausbleiben, dass sich der Geist vor neue Fragen gestellt fand und vielfach Ahnungen und Erkenntnisse der Wahrheit als edle Frucht gewann.

Man könnte fragen, ob die Strenge, mit der sich z. B. die Waldenser dem Schriftwort von Anfang an unterzuordnen suchten, jener Freiheit, ja Willkür der Mystik nicht vorzuziehen sei? Geschichtlich betrachtet nicht. Es ist ein Unterschied ob wir mit einem noch verschlosseneren oder mit einem entwickelteren Seelen- und Geistesleben an die in der Schrift geoffenbarte Wahrheit herantreten. Denn das Mass der Erleuchtung durch dieselbe hängt auch mit von der natürlichen Empfänglichkeit des Menschen ab. Bei den Waldensern bleibt der Geist gleich von Anfang an mehr eingeschränkt und gebunden. Hier dagegen entwickeln sich die natürlichen Kräfte freier und reicher. So tritt dann in Deutschland der religiöse Sinn mit einem reicher entfalteten Seelen- und Geistesleben in der Reformationszeit in die strengere Schule des Schriftworts, und es erschliesst sich ihm dieses in einer weit tieferen Weise, als es in den Ländern romanischer Zunge der Fall war.

Denn Deutschland ist der eigentliche Boden für die Geschichte der Mystik im Mittelalter. Der Sinn für die unmittelbare Empfindung und Bewahrung des Idealen, welchen wir Gemüth nennen, ist nicht der gleiche in den verschiedenen Volksnaturen. Er zeigt sich bei keiner reiner, tiefer und stärker als bei der germanischen. In diesem Sinne aber hat die Mystik den natürlichen Grund ihres Lebens. Die Mystik der älteren christlichen Zeit sowie die spätere der nicht deutschen Länder tritt vereinzelter auf, oder sie ist nicht in so mannigfaltiger Weise zur Erscheinung oder zu Wort gekommen oder sie hat sich nicht zu gleich hoher Bedeutung für die Erkenntniss erhoben wie die deutsche Mystik. In der Macht und dem Freiheitsbedürfniss des deutschen Gemüths fand sie zugleich die Schutzwehr, deren sie bedurfte, wenn sie durch die ihr feindlichen Richtungen nicht unterdrückt werden sollte.

Wir haben in unserer Darstellung mystisches Leben und mystische Lehre oder auch praktische und theoretische oder speculative Mystik unterschieden, und verstehen unter praktischer Mystik die Mystik, insofern sie Gottes gebraucht ohne ihn zum Gegenstande eines irgendwie wissenschaftlichen Denkens zu machen, wobei indess nicht ausgeschlossen ist, dass sie ihre Erlebnisse auch aussagt. Diese praktische Mystik gewinnt in Deutschland zuerst, und zwar vom 12. Jahrhundert an, eine geschichtliche Gestalt. Als dann unter Einwirkungen von Frankreich her theologische und philosophische Bildung zunahm, entwickelte sich bei uns auch die speculative Mystik.

ERSTES BUCH.

Mystisches Leben im XII. und XIII. Jahrhundert.

I.
Die Rheinlande im XII. Jahrhundert.

1. Die Schriften der Hildegard von Bingen und der Elisabeth von Schönau.

Die Schriften der Hildegard.

Fünf und fünfzig Jahre nach dem Tode der Hildegard, im Jahre 1233, wurden Geistliche in Mainz von Gregor IX. beauftragt, beschworene Zeugenaussagen zum Behufe einer Heiligsprechung der vielverehrten Aebtissin von dem Rupertsberge bei Bingen aufzunehmen. Die Acten der Inquisitoren[1] erwähnen einer Beschreibung des Lebens der Hildegard, welche von zwei mit ihr bekannten Mönchen Gottfried und Theodorich sogleich nach ihrem Tode verfasst worden sei. Ein Priester Bruno, Custos von St. Peter in Strassburg, bestätigt den Inquisitoren die Erzählungen dieses Buches, bezeugt ihren brieflichen Verkehr mit Kaisern, Päpsten und anderen Würdenträgern der Kirche und nennt als ihre Schriften: *liber Scivias, liber simplicis medicinae, liber expositionis Evangeliorum, cantus coelestis harmoniae, liber vitae meritorum, liber divinorum operum.* Die Inquisitoren schicken die genannten Werke, dann noch ein Buch *liber compositae medi-*

---

1) Bei *Migne, Patrologiae Cursus Tom. 197*, in welchem Bande die der Hildegard zugeschriebenen Schriften, so weit sie schon gedruckt waren, wieder abgedruckt und um die Physica vermehrt sind. Doch ist der Text oft ungenau. Ueber die verschiedenen Ausgaben einzelner ihrer Werke und Handschriften s. *Potthast Bibliotheca historica medii aevi s. t. Vitae*. Doch ist hier die mir vorliegende zweite Cölner Ausgabe der *Scivias* v. 1628 fol. nicht erwähnt, welche noch die *Revelationes* der Elisabeth von Schönau, aber nicht die der Brigitta enthält.

cinae, sowie das Briefbuch der Hildegard und die von Gottfried und Theodorich verfasste Lebensbeschreibung unter Siegel nach Rom. Sie sagen von diesen Schriften, dass sie dem Convent zu Bingen gehörten.

Es war leicht für die Inquisitoren, sich dessen zu vergewissern, dass die Lebensbeschreibung der Hildegard, welche zu Bingen bewahrt wurde, nicht erst jüngst entstanden sei. Dass eine *Vita* der Hildegard nicht lange nach ihrem Tode entstanden sei, ist an und für sich wahrscheinlich. Auch spricht die Art, wie ihrer gedacht ist, für die Richtigkeit der Angabe; nicht dass eine *Vita* bald nach ihrem Tode geschrieben worden, sondern dass die von den genannten Mönchen in der angegebenen Zeit verfasste Schrift die Wahrheit enthalte, wird hervorgehoben.

Die genannte *Vita* besteht aus drei Theilen. Den ersten hat der Mönch Gottfried, die beiden anderen der Mönch Theodorich geschrieben. Der erstere war über der Arbeit gestorben, worauf der letztere von den beiden Aebten Ludwig und Gottfried mit der Fortsetzung beauftragt wurde. Theodorich liess das von seinem Vorgänger Geschriebene unverändert und fügte das Seinige in einem zweiten und dritten Theile hinzu. Er sagt das selbst in dem Vorwort an die beiden genannten Aebte, denen er die Schrift widmet. Ich finde in der *Gallia christiana* Bd. XIII, dass ein Mönch Ludwig von St. Matthias bei Trier, von dem auch ein Brief an Hildegard aus dem J. 1169 vorhanden ist, im J. 1178 Abt in dem 4 Stunden von Trier entfernten Epternach und 1181 Abt in St. Matthias geworden ist. Sein Nachfolger in beiden Aemtern wird Abt Gottfried 1181 in Epternach, 1191 in St. Matthias. Als Gottfried 10 Jahre Abt in Epternach gewesen, widmet ihm ein Mönch Theodorich, „ein durch Gelehrsamkeit berühmter Mann", ein auf Pergament geschriebenes Buch, das den Namen des goldenen erhielt. Vielleicht sind die beiden hier genannten Aebte mit den Aebten unserer *Vita*, und der Mönch Theodorich mit dem Verfasser derselben identisch, dann wäre die *Vita* wohl 1181—1191 geschrieben.

Thrithemius nennt in seinem *Catalogus illustr. virorum* den Verfasser unserer *Vita* einen in der Schrift und den weltlichen Wissenschaften bewanderten und gelehrten Mann; er hebt an ihm die Productivität des Geistes und die scholastische Weise der Rede hervor. Ausser dieser *Vita* habe er noch Briefe von ihm gesehen. Einiges andere, das er noch geschrieben, sei ihm nicht zu Gesicht gekommen. Er setzt ihn in die Zeit Heinrichs VI. († 1197).

An diesem Theodorich fällt eine übertriebene Bescheidenheit auf. Seine Ausdrucksweise ist gewandt, aber geziert. Er zählt sich zu den kleinen Geistern, seine Kraft sei unzureichend für die gewichtige Aufgabe; aber Liebe und Gehorsam gegen die beiden Aebte machten ihm auch das Unmögliche möglich. In der That war die Aufgabe nicht so schwer und, wie die Schrift zeigt, die Kraft nicht so gering, als sie vorgegeben wird. Bald kommt man denn auch einzelnen Uebertreibungen bei der geschichtlichen Darstellung auf die Spur. Sein Vorgänger Gottfried lässt Hildegard im Singen von Psalmen unterrichtet sein; bei Theodorich berichtet Hildegard, um dem Wunder eines von ihr verfassten und mit Melodie versehenen Liedes die rechte Folie zu geben, sie habe niemals Gesang und Noten gelernt gehabt. Hildegard schreibt an Bernhard von Clairvaux, sie könne lesen; Theodorich lässt sie sagen, dass sie kaum die Buchstaben kenne. Von Eigenthümlichkeiten der Form bemerke ich: Theodorich wendet häufig Schriftstellen auf Hildegard an, deren einzelne Worte mit einem *hoc est* gedeutet werden. Der Stil ist zuweilen sehr lebhaft. Die Betrachtung geht in unmittelbare Anrede, das Urtheil in die Form der Frage über: *quid aptius? quid convenientius?* oder es setzt sich die erzählende Weise in Frage und Antwort um: *Et quid fecit? Surrexi, inquit, ut aperirem dilecto meo. Quid intus audivit? Deriventur foras fontes tui.*

Dass ihm scholastische Kategorien geläufig seien, das zeigt er, wenn er es rühmt, dass Hildegard nicht nur gewusst, wann es Zeit sei zu schweigen, sondern auch *quid et ubi et cui et cur, quomodo et quando tempus esset loquendi.*

Einigermassen auffallend ist es, dass Theodorich für alle Werke der Hildegard Zeugnisse der Verfasserin selbst zu bringen weiss. Sie haben dass Aussehen als gehörten sie einem Berichte an, den Hildegard am Schlusse ihres Lebens geschrieben hat, um der Nachwelt das Wunderbare ihrer Offenbarungen darzuthun und Mittheilung von ihren Schriften zu machen. Dabei drängt sich die Erwähnung der Schriften ganz unvermittelt in die Erzählung ein. „Als ich am Buch der *Scivias* schrieb", sagt sie, und erzählt nun eine Geschichte, die wohl mit dem Vorhergehenden, aber nicht mit den *Scivias* im Zusammenhang steht, und ebenso unvermittelt heisst es am Schluss dieser Geschichte: „Dabei habe ich die *Scivias* vollendet, wie Gott es wollte." Weiterhin erscheint am Schlusse eines Berichtes, in welchem sie bereits gezeigt hat, wie Gott ihr gegen ihre Widerwärtigen Trost gegeben habe, die Bemerkung, dass sie trotz derartiger Bedrängnisse das Buch der *vitae meri-*

torum, das ihr von Gott offenbart worden sei, zu Ende geführt habe, wie eingeschoben. Denn sie tritt in einer Form auf, als ob in dem Vorherigen von gar keiner Hilfe Gottes in ihren Bedrängnissen die Rede gewesen wäre. In gleich auffallender Weise ist ihre *Vita Disibdodi* und der *liber divinorum operum* im dritten Theile eingeführt.

Die Art dieser in die *Vita* aufgenommenen Mittheilungen der Hildegard ist so, dass sie nicht gelegentliche Bemerkungen ihrer Werke oder Briefe sein können, die Theodorich zusammengesucht hat, da sie sich in einzelnen Ausdrücken auf einander beziehen; sie tragen vielmehr das Gepräge von Stücken einer Selbstbiographie der Hildegard. Da ist dann nur auffallend, dass diese selbst nicht mitgetheilt oder als solche von Theodorich genannt wird.

Gehen wir nun von der *Vita* zu den Schriften der Hildegard selbst über, so wird es gut sein, den Ausgang von ihrem Briefe an Bernhard von Clairvaux zu nehmen, da dieser Brief deutliche Spuren der Aechtheit an sich trägt und zu den frühesten gehört. Auch in den Rheinlanden hatte Bernhard nach dem Fall Edessa's das Kreuz gepredigt und der Zug Konrads im J. 1147 war durch ihn mit veranlasst. Im Anfang des J. 1148 finden wir Bernhard zu Trier, wo Papst Eugen III. einen mehrmonatlichen Aufenthalt genommen hatte. In diese Zeit fällt der Brief der Hildegard an ihn. Sie spricht ihm ihre tiefe Verehrung aus. Mächtig steht er da in der Kraft Gottes der Thorheit der Welt gegenüber, in brennender Liebe zu Christus bestimmt er die Menschen zum Kampf für das Kreuz. Dann spricht sie von den Offenbarungen, die ihr bei einzelnen Stellen der Schrift zu Theil werden. Die Beschreibung, die sie zu geben versucht, ist in dem unbeholfensten Latein. Dass die Vision sie über den tieferen Sinn des lateinischen Textes, aber nicht über die Bedeutung der einzelnen Worte belehre, sagt sie in folgender Weise aus: *Scio enim in textu interiorem intelligentiam expositionis Psalterii, Evangelii et aliorum voluminum, quae monstrantur (monstratur) mihi in hac visione, quae pectus meum tangit et animam meam sicut flammam (flamma) comburens, docens me haec profunda expositionis, sed tamen non docet me literas in teutonica lingua, quas nescio.* Dass sie den lateinischen Text lesen könne, und den Sinn im Allgemeinen verstehe, aber nicht von den einzelnen Worten Rechenschaft zu geben vermöge, da sie darinnen nicht unterwiesen sei, das heisst in ihrem Latein also: *Tantum scio in simplicitate legere, non in abscissione textus, quia homo sum indoctus de ulla magistratione cum exteriori materia.* Im Folgenden steht dann, was sie weiter von sich, von Bernhard, von den Spaltungen unter den Menschen und von ihrem Vertrauten sagt, unordentlich durcheinander: *Sed intus in anima mea sum docta, unde loquor tibi, de te non dubitans, sed de sapientia et pietate consolabor pro eo, quia multa schismata sunt in hominibus, sicut audio homines dicere. Nam cuidam monacho, quem scrutata sum in conversatione probatioris vitae, haec primum dixi et illi omnia secreta mea monstravi etc.*

Wie verschieden von diesem Latein ist das in ihrem Hauptwerke, den *Scivias*, die um dieselbe Zeit geschrieben sein wollen! Nehmen wir eine gerade in die Hand fallende Stelle, um sie auf den Unterschied hin anzusehen: *Anima autem est magistra, caro vero ancilla. Quomodo? Anima totum corpus in vivificatione regit, corpus autem regimen vivificationis illius suscipit, quoniam si anima corpus non vivificaret, corpus in solutione difflueret. — — Et anima corpus ita illabitur, velut succus arborem. Quid hoc? Per succum arbor viret et flores producit, ac deinde fructum facit, sic et per animam corpus. Et quomodo tunc fructus arboris ad maturitatem perducitur? Temperie aeris. Quomodo? Sol eum calefacit, pluvia eum irrigat, et ita in temperie aeris perficitur. Quid hoc? Misericordia gratiae Dei velut sol hominem illustrat, spiratio Spiritus sancti velut pluvia ipsum irrigat etc.* Wir sahen, in jenem Briefe fehlte es an den Sprachmitteln für die richtige Bezeichnung des Gedankens, hier sind sie vorhanden. Dort sind grobe grammatische Unrichtigkeiten, hier ist eine den Regeln angemessene Construction. Wie dort die Bewegung des Gedankens schwerfällig und ungeordnet ist, so ist sie hier leicht und geordnet.

Betrachten wir die Besonderheiten des Stils in den *Scivias* und vergleichen damit die Briefe der Hildegard, so zeigt sich bei den meisten die gleiche Weise. Wir bemerken in der eben mitgetheilten Stelle aus den *Scivias* die Häufigkeit der Frage, das *quomodo? quid hoc?* und die unmittelbare Weise zu antworten. Diese Weise der Frage und Antwort geht durch die ganze Schrift. Fast auf jedem Blatte kehrt sie wieder. Die gleichen Formeln begegnen in den Briefen. So z. B. *Ep. 14: Hae sunt vires operum Spiritus sancti. Et hoc quod continet omnia. Quid hoc est? Homo continet omnia. Quomodo? Dominando, utendo, jubendo. Ep. 66: Pastor etiam furem non faciat se. Quomodo? Fur enim quae vult aufert et quae non vult dimittit etc.* In den *Scivias* ist die allenthalben herrschende Weise der Gedankenbewegung die, dass zuerst eine Wahrheit als feststehend vorausgeschickt, und dann mit einem *quapropter* oder *unde* die Folgerung daraus ge-

zogen wird. In den Briefen begegnet uns dieselbe Weise wieder.[1]
Auch die in den *Scivias* wie in den Briefen so häufig angewendete
gleiche Form der Apostrophe: *Vos autem o sacerdotes! O vos fideles!
Tu autem o homo!* ferner die Art, wie die Offenbarungen sich ein-
führen, und vieles andere setzen es ausser allem Zweifel, dass die *Scivias*
wie die meisten Briefe auf eine und dieselbe Autorschaft zurückzuführen sind, und zwar auf eine, welche sich in Bezug auf den Stil sehr
wesentlich von jener in dem Briefe der Hildegard an Bernhard von
Clairvaux unterscheidet.

Die Aechtheit der *Scivias* steht und fällt mit der Aechtheit der
ihnen im Stil gleichartigen Briefe. Betrachten wir diese näher. Die
verschiedenen Sammlungen der Briefe, welche *de Migne* in seiner Ausgabe vereinigt hat, enthalten fast ausnahmslos auch die Briefe derer,
durch welche Hildegard zu ihren Antworten veranlasst worden ist. Es
sind 145 Briefe an Hildegard und fast ebensoviele Antworten derselben.
Die Päpste Eugen, Anastasius und Hadrian, Erzbischöfe und Bischöfe,
die Könige Konrad III. und Friedrich I., der Graf von Flandern, Aebte
und Aebtissinnen, Weltpriester, Mönche und Nonnen haben sich an sie
gewendet. Wir nehmen die Briefe der Aebtissinnen heraus, welche
zum Theil mit dem vollen Namen der Schreiberinnen, zum Theil nur
mit dem Anfangsbuchstaben oder einem N. und mit dem Namen der
Klöster versehen sind. Es sind ihrer 22 und ebensoviele Antworten der
Hildegard. Die Briefe an Hildegard sind ziemlich gleichartigen Inhalts.
Die Schreiberinnen empfehlen sich ihrem Gebete, fragen, ob sie ihr
Amt beibehalten sollen, wünschen sie zu sehen, ein Wort der Stärkung
von ihr zu erhalten u. s. w. Sie alle sind der Bewunderung für Hildegard voll. Da ist nun auffallend, dass alle diese Briefe in so gewandtem
Latein geschrieben sind. Sollten alle jene Frauen so geschickte *Amu-
nuenses* gehabt haben? Sieht man näher zu, so erkennt man, dass in
den Briefen der verschiedenen Verfasserinnen dieselben Redewendungen und der gleiche Bau der Sätze wieder kehren, und dieser Satzbau und diese Redewendungen sind dieselben wie in den Antworten der
Hildegard und in den *Scivias*.

---

1) *Sciv. II, 5: Si ancilla supra dominam suam se exaltaverit, tanto despectior
omnibus eam inspicientibus erit — quapropter qui sibi secundum cor suum leges
faciunt etc.*

*Ep. 116: Virgines conjunctae sunt in Spiritu sancto sanctimoniae et aurorae
virginitatis: unde decet illas pervenire ad summum sacerdotem sicut holocaustum
Deo dedicatum. Quapropter decet per licentiam etc.*

Die Gleichartigkeit zeigt sich wie in der verhältnissmässig leichten Beherrschung des Sprachmaterials, so in der Lebhaftigkeit, die sich in der Form der Frage kund gibt: *Quid plura? — Quis ista unquam audivit? quis vidit talia? — Quis enim non delectetur in laribus matris Sophiae? quis non sponte apponat aurem coelesti harmoniae? aut quis non optet audire sancti Spiritus organum etc.?* in der häufigen Anwendung der Folgerung mit einem *quapropter* oder *unde;* in dem gleichartigen Aufbau der Sätze, wie er sich z. B. in folgender Parallele zeigt:

Adelheid an Hildegard:	Hildegard an Hartwig von Bremen:
Tu itaque Christi columba, non seducta, sed corde magna et munda,	*Nunc tu, o chare, sedens in vice Christi,*
	perfice voluntatem animae sororis tuae,
sicut bonum malum, lux tenebras, dulce amarum non facit,	*et ut ipsa semper sollicita fuit pro te,*
ita mihi a corde non excidis,	*ita et nunc esto pro anima ipsius,*
unde debes et tu frequenter mei recordari etc.	*unde et ego abjicio dolorem illum etc.*

Weitere Anzeichen der gleichen Autorschaft sind die zahlreichen und gleichartigen Metaphern. So in den Briefen der Hildegard *vultus desideriorum tuorum, viriditas mentis tuae, viriditas virtutum, rora benedictionis retine, in fontem patientiae inspice, per aratrum laboris attrita* — und bei den Aebtissinnen: *vultus sanctitatis vestrae, oculo orationis videbo vos, manus precis tuae, sinus tuae caritatis, odor virtutum vestrarum, germina supernorum desideriorum.* Bei beiderlei Briefen findet sich ferner sehr häufig die Umsetzung des Eigenschaftsworts in ein abstractes Substantiv; so bei Hildegard: *mens instabilitatis, filia sanctitatis, pulchritudo floris illius etc.,* und in den Briefen der Aebtissinnen: *propositi vestri excellentia, assiduitas precum vestrarum, columbam pietatis imitare etc.*

Sind nun aber die an Hildegard gerichteten Briefe erdichtet, so sind es auch die Antworten. Denn wollte man annehmen, die Briefe der Aebtissinnen seien verloren gewesen und Hildegard mit ihrem Schreiber hätten später aus den Antworten und dem Gedächtniss die verlorenen Briefe reconstruirt, so spricht gegen diese an sich schon abenteuerliche Annahme der ungekünstelte Charakter jener Briefe. Aus der ungesuchten einfachen Beziehung der vorliegenden Briefe auf einander ergibt sich deutlich, dass die Anfrage zuerst und dann die Antwort darauf erdichtet sein müsse.

Wir stehen somit vor der Alternative, entweder Hildegard mit ihrem Schreiber oder diesen allein eines Betrugs zeihen zu müssen.

Denn rühren die Briefe von Hildegard her, so hätte sie sich selbst in den an sie gerichteten Briefen in übertriebenster Weise gepriesen oder preisen lassen. Damit aber wäre sie keine „*mater sanctissima*" (ep. 97), und ihr prophetischer Ernst wäre eine vorgenommene Maske. Ihre Lauterkeit zu bezweifeln ist kein Grund vorhanden. Es bleibt also nichts übrig als dies, dass der Schreiber alle jene Briefe ohne Wissen der Hildegard erdichtet hat. Dies gilt dann aber auch von allen andern Briefen, die eine gleiche fingirte Veranlassung haben. Und das sind bei weitem die meisten. Der Fälscher ist nun aber, wie wir gesehen haben, derselbe, der auch die *Scivias*, das Hauptwerk der Hildegard, geschrieben hat. Damit wird die Zuverlässigkeit der darin gemachten Mittheilungen durchaus zweifelhaft.

Mit diesem Ergebniss, zu dem uns eine Vergleichung des Stils der Briefe untereinander und dieser mit den *Scivias* brachte, stimmt nun auch der Eindruck, den der Inhalt der *Scivias* macht. Wir bedenken fürs Erste, dass es ein Weib ist, das diese Visionen mitgetheilt haben soll. Da wird nun jeder schlicht und klar Auffassende bekennen müssen, dass es, selbst alle Unbefangenheit und Naivetät der Frauen damaliger Zeit mit in Rechnung gezogen, psychologisch unmöglich sei, dass eine fromme Frauennatur die Geschlechtssünden von Männern und Frauen so bis ins Einzelnste und Anschaulichste beschreibe, oder eine so ins Detail gehende physiologische Untersuchung des Geschlechtslebens anstelle, als es hier der Fall ist. Dergleichen hat nur ein Mann denken und schreiben können. Denken können — das ist der zweite Anstoss. Denn das sind keine aus einem erregten oder gehobenen Gemüthsleben hervorgegangenen Offenbarungen, die der Schreiber, wie die *Vita* sagt, nur dem grammatischen Casus und den Grundregeln angepasst hätte. Wir haben hier vielmehr die allernüchternsten dogmatischen und moralischen Abhandlungen vor uns, nach dem schulmässigen Schema des *quomodo? quare? quid hoc?*, die auf jedem Blatte wiederkehren, auseinandergelegt. Die angeblichen Visionen, allegorische Bilder, sind nur der Rahmen, in die das Ganze eingefasst ist. Kurz es ist alles die nüchterne Arbeit eines mit Phantasie gepaarten Verstandes.

Wer ist nun aber der Fälscher? Ich vermuthe, der Verfasser der *Vita*, der Mönch Theodorich. Ich verweise auf das, was oben über ihn gesagt worden ist, auf die unwahre Bescheidenheit, auf die Uebertreibungen, die er sich zu Schulden kommen lässt, auf die Art seines Stils, auf die Lebendigkeit desselben, wie sie sich in der Form der Frage kund gibt, und in Verbindung damit auf jene scholastischen Kategorien, die auch ihm geläufig sind. Ich erinnere ferner an jene auffallende

Weise, die Notizen über die Abfassung der einzelnen Schriften durch Hildegard in der *Vita* unterzubringen.

Es erübrigt noch, ein Wort über die übrigen der Hildegard zugeschriebenen Werke zu sagen.

Der *liber divinorum operum simplicis hominis,* welcher in 3 Theilen 10 Visionen mit ihren Auslegungen enthält, deren Inhalt zum grossen Theile eine theologische Physik, und gegen den Schluss Divinationen über das Ende des Weltlaufs bilden, lässt in der Gleichartigkeit der prophetischen Einkleidung, in der verstandesmässigen Weise der Ausdeutungen, sowie in der Gedankenverbindung, im Satzbau und in den einzelnen Formen den Verfasser der *Scivias* erkennen. Lässt sich bei den *Scivias,* wie wir gesehen haben, der Zweifel an der Aechtheit nicht durch die Notiz der *Vita* des Theodorich beseitigen, dass der Schreiber dem rohen Latein nur eine bessere grammatische Form gegeben, da noch so vieles Andere die Fälschung bekundet, so treten auch bei dem *liber divinorum operum* weitere Merkmale hervor, welche erkennen lassen, dass Hildegard an der Abfassung dieses Werkes keinen Antheil gehabt hat.

Im Vorwort zu diesem Werke sagt sie nämlich, sie habe dasselbe im J. 1163 begonnen und sieben Jahre daran geschrieben. Das Jahr 1163 aber sei das sechste gewesen, nachdem sie ein Werk über Visionen, an dem sie fünf Jahre gearbeitet, vollendet gehabt hätte. Sie will also an einem prophetischen Werke von 1152—57 gearbeitet und den *liber divinorum operum* 1163—70 geschrieben haben. Mit dieser Notiz stellen wir zwei andere derselben Hildegard zusammen. In der *Vita* des Theodorich sagt sie: „Durch das demüthige und fromme Andringen meines Abtes und der Brüder wurde ich genöthigt, dass ich das Leben des heiligen Disibodus, dem ich ehedem dargebracht worden, schreiben möchte wie Gott es geben würde, weil sie nichts Gewisses darüber hätten — — darnach habe ich den *liber divinorum operum* geschrieben."Und im Vorwort zu jener *Vita S. Disibodi* sagt sie, sie habe, nachdem sie die Visionen des *liber vitae meritorum* geschrieben, im Jahre 1170 zur Zeit Kaiser Friedrichs I., *sub pressura apostolicae sedis,* und in den folgenden drei Jahren, während welcher sie durch Krankheit ans Lager gefesselt gewesen, die den Disibodus betreffenden Offenbarungen gehabt. Drei Zeugnisse derselben Hildegard in unauflöslichem Widerspruch miteinander! Nach dem zweiten dieser Zeugnisse setzt sie ihre *Vita Disibodi* früher als den *liber divinorum operum,* nach dem ersten und dritten Zeugnisse ist das

Umgekehrte der Fall. Nach dem dritten Zeugniss gehen der *Vita Disibodi* die *Vitae meritorum* voraus, wogegen dieser *Vita*, die 1170— 73 geschrieben sein will, dem ersten Zeugniss zufolge der *liber divinorum operum* vorangehen müsste. Betrachten wir die *Vita Disibodi*.

Sie verräth im Stil einen ganz andern Verfasser als der *liber divinorum operum*. Der Stil ist breit, kindisch, das Ganze auch dem Inhalte nach ein sehr schwächliches Machwerk, während man dies weder von den *Scivias* noch von dem *liber divinorum operum* sagen kann. Auch die Bollandisten geben die Unächtheit dieser *Vita Disibodi* zu. Die Erzählung sei confus, es fehlten ihr alle näheren geschichtlichen Bestimmungen. Sie gebe sich als eine mystische Vision, und nichts in dem ganzen Werke trage diesen Charakter. Wir fügen als weiteren Grund gegen die Aechtheit den tendentiösen Charakter, den diese Schrift zeigt, hinzu. Es ist hier offenbar darauf abgesehen, Disibodenberg mehr in Aufschwung zu bringen. Wunderbare Heilungen werden erzählt, welche die Reliquien des Disibodus gewirkt, ungerechte Beraubungen, welche das Kloster an seinen früheren Besitzungen erlitten, aufmunternde Beispiele solcher, welche dem heil. Disibodus allmählich manches von dem Geraubten wieder zurückgegeben. Ein Name wie der Hildegards drückte allem diesem das Siegel einer göttlichen Kundgebung auf. Ein solches Buch konnte nur nach dem Tode der Hildegard geschrieben sein und wohl auch nur in Disibodenberg selbst. Dass es dem Verfasser der Vita der Hildegard dem Namen nach bekannt war, erhellt aus der schon oben gegebenen Mittheilung. Es kann also nicht lange nach dem Tode der Hildegard entstanden sein.

Beruht nun aber dieses Buch, wie kaum zu bezweifeln, auf Inspirationen der Mönche von Disibodenberg, ist es dort verfasst, oder dort zum mindesten geprüft worden, so ist es ein indirecter Beweis gegen die Aechtheit des *liber divinorum operum*. Denn da es in der *Vita* des Theodorich erwähnt wird, so kann es nur kurze Zeit nach dem Tode der Hildegard verfasst sein. Um jene Zeit aber kann auf Disibodenberg, dem Mutterkloster von dem nahen Rupertsberge, ein Hauptwerk der Hildegard, wie es der *liber divinorum operum* im Falle seiner Aechtheit wäre, unmöglich unbekannt gewesen sein. War er aber bekannt, dann wird man nicht gleich im Eingange der *Vita Disibodi* eine Notiz haben passiren lassen, welche diesem Buche seine Glaubwürdigkeit sofort nehmen musste, da sie im offenen Widerspruch zu jenen Angaben der Hildegard im Eingang des *liber divinorum operum* steht. Der *liber divinorum operum* war also, wie sich mit höchster Wahrscheinlichkeit ergibt, zur Zeit als die *Vita Disibodi* entstand, also kurz nach dem Tode der Hildegard, ein auf Disibodenberg unbekanntes Buch.

Dies wird durch die *Vita* Theodorichs insoferne bestätigt, als ihr zufolge Hildegard die *Vita Disibodi* früher verfasst haben will als den *Liber divinorum operum*. Theodorich, der diese Notiz der Hildegard in den Mund legt, konnte die spätere Entstehung des letztgenannten Werkes um so sicherer wissen, wenn er, wie sehr wahrscheinlich, selbst der Verfasser desselben ist. Ist nun aber darüber Gewissheit, dass die *Vita Disibodi* unächt und dass sie nach dem Tode der Hildegard geschrieben ist, so wird die Nachricht bei Theodorich von der späteren Abfassung des *liber divinorum operum* zu einer freilich nicht beabsichtigten Bestätigung von dessen eigener Unächtheit. Dass Theodorich bei der Abfassung desselben eine Unvorsichtigkeit beging, insoferne er dafür die Jahre 1163—1170 ansetzte, liegt am Tage, denn die *Vita Disibodi* hatte diese Jahre, wie wir sahen, bereits für ein anderes Werk in Beschlag genommen. Aber die Art, wie dies dort geschieht, macht diese Unvorsichtigkeit erklärlich, insbesondere wenn Theodorich, als er sein Werk zu schreiben begann, die *Vita Disibodi* nicht eben zur Hand hatte.

Nicht minder gewichtige Bedenken erheben sich gegen die Aechtheit der bisher besprochenen Schriften von einigen Zeitangaben aus, welche Geburts- und Todesjahr der Hildegard, so wie das Jahr ihres Eintritts ins Kloster betreffen.

Die *Vita* des Theodorich sagt: Hildegard sei in ihrem 82. Jahre, am 17. September, *primo crepusculo noctis dominicae* gestorben. Dass des Todestages hervorragender Mitglieder des Klosters jährlich gedacht wurde und die Nekrologien der Klöster ihn wohl auch verzeichneten, zeigt eine Menge von Beispielen. Es kann daher über die Richtigkeit der Angabe, dass Hildegard am 17. September gestorben sei, kein Zweifel sein. Auch dass sie am Morgen eines Sonntags gestorben, ist als eine sichere Angabe zu betrachten, da, als diese Biographie geschrieben wurde, die Umstände ihres Todes sicher noch Vielen in der Erinnerung waren. Nun fiel aber der 17. September in den Jahren, welche überhaupt hier in Betracht kommen können, auf einen Sonntag im J. 1178. Somit ist dieses ihr Todesjahr, wie schon Papius, der übrigens nicht ahnte, um was es sich hier handle, richtig geschlossen hat. Daraus ergibt sich, dass ein Brief der Hildegard an Erzbischof Christian von Mainz, welcher einer Synode zu Rom und der Betheiligung des

Erzbischofs dabei gedenkt, unächt sein muss. Denn diese Synode, das dritte Laterancconcil, fällt ins Jahr 1179. Lediglich um die Aechtheit jenes Briefes zu retten, behauptet nun Johann Stilting in den *Actis S. S.*,[1] *primo crepusculo noctis dominicae* heisse so viel als am Montag Morgen. Denn heisst es das, dann starb sie im Jahre 1179, als in welchem der 17. September auf einen Montag fiel. Eine ganz unmögliche Annahme, für welche Stilting keinen andern Grund anzugeben weiss als den Widerspruch mit jenem Briefe, und kein besseres Auskunftsmittel als das, die Nacht des Sonntags habe beim Anbruch der Morgendämmerung am Montag noch fortgedauert. Diese Interpretation ist zu abgeschmackt, als dass sie einer Widerlegung werth wäre. Ist somit jener Brief der Hildegard an Christian von Mainz unächt, so wird damit unser obiger Beweis von der Unächtheit der meisten Briefe der Hildegard verstärkt. Denn er hat ganz dieselbe Schreibart wie die oben erwähnten.

Ferner berichten die Annalen von Disibodenberg,[2] welche, wie sich aus den Aufzeichnungen zu den Jahren 1146 und 1147 ergibt, für die hier in Betracht kommende Zeit auf einen gleichzeitigen Mönch zu Disibodenberg als Verfasser hinweisen, zum Jahre 1136: *Eodem anno XI. cal. Januarii obiit dive memorie domina Jutta 24 annis in monte s. Dysibodi inclusa, soror Meginhardi comitis de Spanheim. Haec sancta mulier inclusa est cal. Novembris et alie tres cum ea, sc. Hildegardis et suimet vocabuli due, quas etiam, quoad vixit, sanctis virtutibus imbuere studuit.* Dieser Notiz geht eine andere vorher, welche den Todestag des Abtes Volkard und den Ordinationstag des neuen Abtes Kuno von Disibodenberg verzeichnet. Da der Annalist die chronologischen Data, soweit sie sein Kloster betreffen, überall sehr sorgfältig verzeichnet und gar nicht die Tendenz hat, Hildegard hervorzuheben, — ihr Name kommt nur in der oben angeführten Stelle vor — so ist er für uns ein ganz unverdächtiger und Vertrauen erweckender Zeuge. Ihm zufolge trat also Jutta von Sponheim und mit ihr Hildegard und zwei andere, die den Namen Jutta führten, 1136—24, also 1112 ins Kloster zu Disibodenberg.

Da nun in der *Vita* sowohl Gottfried als Theodorich sie mit dem 8. Jahre ins Kloster treten lassen, so muss sie im J. 1104 geboren und 74 Jahre alt geworden sein. Dem obengenannten Theodorich zufolge ist sie aber 82 Jahre alt geworden, und wäre dies richtig, so müsste sie 1178—82 = 1096 oder nach Theodorich, der 1180 als ihr Todesjahr

---

1) *Acta Sanctorum Septemb.* Tom. V.
2) Böhmer, *Fontes III.*

im Sinne hat, 1098 geboren, und 1104 resp. 1106 in Kloster getreten sein. Die Frage ist nun, welcher Angabe der *Vita* der Vorzug zu geben sei: ob jener über ihr Alter, da sie ins Kloster trat, oder jener über ihr Alter, da sie starb. Denn in einer dieser Angaben muss ein Irrthum sein. Es ist nun von vornherein wahrscheinlich, dass in der Angabe, wie alt Hildegard bei ihrem Eintritt in Disibodenberg gewesen sei, kein Irrthum liege. Denn abgesehen davon, dass hier die beiden Beschreiber Gottfried und Theodorich übereinstimmen, so war für Klosterleute die Zeit, in welcher sie aufhörten, in und mit der Welt zu leben,[1] wichtig genug um darüber mehr als einmal zu sprechen, sei es auch nur auf die Fragen der Genossen hin. Dieses achte Jahr der Hildegard wird sich also wohl nicht so leicht im Gedächtniss ihrer Verehrer verwischt haben. Anderseits lässt sich vermuthen, wie Theodorich auf das 82. Jahr kommen konnte. Er hatte von beidem, dem 74. Jahre der Hildegard und von dem 8. Jahre gehört, und nahm irrthümlicher Weise das erstere für die Klosterzeit, statt für die Lebensdauer, zählte also, um ihre Lebensdauer zu erhalten, die 8 Jahre zu den 74 hinzu, statt sie in ihnen beschlossen sein zu lassen.

Ist es nun auf Grund der bisherigen Erwägungen viel wahrscheinlicher, dass Hildegard 1104 als dass sie 1096 oder 1098 geboren sei, so erscheinen auch von hier aus die beiden der Hildegard zugeschriebenen Hauptwerke als verdächtig, denn nach den *Scivias* will Hildegard im Jahre 1141 42 Jahre und 7 Monate, und nach dem *liber divinorum operum* im Jahre 1163 65 Jahre alt gewesen sein. Diese beiden Angaben stimmen wohl unter sich, indem beide das Jahr 1098 als ihr Geburtsjahr ergeben, aber sie stehen im Widerspruch mit dem, was sich unserer Berechnung nach als das wahrscheinliche Geburtsjahr ergibt. Aus der Uebereinstimmung der falschen Angaben in den beiden Hauptwerken aber erhält auch die andere unserer Vermuthungen eine weitere Bestätigung, dass diese beiden Werke denselben Verfasser haben, und ebenso die dritte, dass dieser Verfasser der Schreiber der unächten Briefe und des zweiten und dritten Theils der *Vita* Hildegard's, der Mönch Theodorich sei. Denn nur wer Hildegard 1098 geboren und sie 82 Jahre alt werden liess, konnte sie einen Brief im Jahre 1179 schreiben lassen, d. i. im ersten Jahr nach ihrem wirklichen Tode.

---

1) *Cum jam fere esset octo annorum, consepelienda Christo, ut cum ipso ad immortalitatis gloriam resurgeret*, recluditur in monte S. Disibodi cum pia Deoque devota femina Jutta. Vita, lib. I (*Godefridus*).

Wir unterlassen es, die noch übrigen der Hildegard zugeschriebenen Schriftstücke zu besprechen. Sie gehören zum Theil, wie der *liber simplicis et compositae medicinae (Physica)* nicht in unser Gebiet, zum Theil sind sie wie der *liber vitae meritorum* noch unedirt. Dieses letztere Werk scheint indess, nach den wenigen Notizen in den Inquisitionsacten und bei Reuss zu schliessen, ganz in die Kategorie der *Scivias* und des *liber divinorum operum* zu gehören.

So bleibt uns also von allem was der Seherin von Bingen an schriftlichen Erzeugnissen zugeschrieben worden ist, nichts übrig, worauf wir mit voller Zuverlässigkeit bauen könnten, als jene mitgetheilte Stelle in dem Briefe der Hildegard an Bernhard von Clairvaux, und zwar auch nur jene Stelle, denn der Anfang wie der Schluss des Briefes zeigen eine andere Hand.

Dieses Resultat unserer Untersuchung müsste auffallend sein, wenn wir es nicht mit einer Zeit zu thun hätten, in der Fälschungen, so zu sagen, an der Tagesordnung waren.

Wenn der Fälscher, welcher der Hildegard die *Vita Disibodi* unterschiebt, sagt, dass Disibodenberg seiner Güter dadurch beraubt worden sei, dass den Richtern eine Menge falscher Urkunden vorgelegt worden wären, so nennt er eben ein in seiner Zeit sehr verbreitetes und, wie wir sahen, ihm selbst nicht fremdes Mittel des Betrugs. So klagt Elisabeth von Schönau, die andere Prophetin jener Zeit am Niederrhein, der Hildegard, dass unter ihrem Namen ein falscher Brief umlaufe. Und fünfzig Jahre nach dem Tode der Hildegard sucht sich der Abt Gebeno von Ebersbach, der aus den angeblichen Schriften der Hildegard ein Buch, *Pentachronon*, zusammenstellte,[1] gegen den Vorwurf der Fälschung, den eine Nonne vom Rupertsberge ihm in verdeckter Weise gemacht, damit zu rechtfertigen, dass er sagt, er habe die Visionen nur in ein klareres Licht gesetzt. Und um hier noch an eine der Hildegard verwandte Erscheinung, an den etwas jüngeren Abt Joachim von Floris zu erinnern, so ist bekannt, dass mehrere seiner Schriften, deren Aechtheit lange Zeit unbezweifelt war, sich als untergeschoben herausgestellt haben.

Die Motive für eine Fälschung, wie die *Vita Disibodi* ist, sind leicht zu errathen. Aber sie sind auch leicht zu errathen für ein Werk wie die *Scivias* oder der *liber divinorum operum*. Hier war es das reformatorische Interesse, das um diese Zeit die Benedictiner am Rhein

---

1) *Cod. lat. 324* der Staatsbibl. zu München. *Perg. 13 sc* 2º. f. 47.

beherrschte, welches zu dem frommen Betruge verleitete. Man wollte die Mahnrufe an die verweltlichte Kirche durch den Namen der als Prophetin verehrten Hildegard wirksamer machen.

Wenn wir nun aber auch die meisten Briefe, so wie die beiden mehr genannten der Hildegard zugeschriebenen Hauptwerke für untergeschoben erachten und deshalb von einer Erörterung ihres Inhalts absehen können — unbrauchbar sind sie uns darum nicht, wie es uns auch die *Vita* des Theodorich und seines ihm gleich zu achtenden Vorarbeiters Gottfried nicht ist. Denn da diese Fälschungen nicht lange nach dem Tode der Hildegard gemacht wurden, so mussten die Fälscher sich hüten, ein Bild von ihr aufzustellen, welches der Erinnerung derer, welche Hildegard gekannt hatten, zu sehr widersprach. Die historische Gestalt der Hildegard musste für ihre Erdichtungen massgebend sein. Nicht bloss eine Reihe historischer Umstände, sondern die Eigenthümlichkeit und Richtung ihres Seelenlebens so wie ihrer Wirksamkeit wird sich immerhin aus ihnen erkennen lassen. Die Notizen, welche uns die gleichzeitigen Chroniken oder die der nächstfolgenden Decennien über Hildegard bringen, sind äusserst dürftig. Die späteren Berichte ruhen entweder auf den unächten Schriften, oder sind nur ungenaue Wiederholungen oder Uebertreibungen der früheren. Auch Trithemius, der längere Zeit in Sponheim, nahe beim Rupertsberge, gelebt hat, bringt nur sehr weniges, was verwerthbar ist.

Die Schriften der Elisabeth von Schönau.

Wir haben unter dem Namen der Elisabeth von Schönau eine Anzahl von Visionen und Briefen, welche im Jahre 1513 zu Paris und 1628, nach alten Handschriften, wie bemerkt wird, zu Cöln[1] herausgegeben worden sind. Wir legen die letztere Ausgabe zu Grunde, welche auch die Bollandisten theilweise wieder haben abdrucken lassen.[2] Das Ganze besteht aus sechs Büchern. Die beiden ersten Bücher enthalten vereinzelte Visionen, das dritte Buch ist eine zusammenhängende Schrift und führt den Titel *liber viarum Dei*, das vierte Buch bringt eine Offenbarung über Maria, in welcher mitgetheilt wird, dass Maria 15 Jahre alt war, als sie den Herrn empfing, dass sie im Jahre nach Christi Himmel-

---

1) *Revelationes S. S. Virginum Hildegardis et Elisabethae Schoenaugiensis Ord. S. Benedicti — — ex antiquis monumentis editae. Col. Agr. ex officina Bern. Gualtheri 1628.* 2⁰.
2) *Acta S. S. Junii Tom. III.*

fahrt am 15. August gestorben und am nächstfolgenden 22. September
leiblich gen Himmel gefahren sei; weiter enthält dieses Buch eine Offenbarung über die 11000 Jungfrauen und Briefe der Elisabeth. Das
fünfte Buch enthält Briefe, das sechste Buch berichtet über ihren Tod.

Wir entnehmen dem Vorwort sowie dem Eingang zum ersten
Buche, dass Elisabeth, die nur wenig Latein verstand, ihre Offenbarungen ihrem Bruder Eckbert mittheilte, der sie so verfasste, wie sie jetzt
vorliegen. Die drei ersten Bücher erregen keine Bedenken. Dass der
Schreiber im Wesentlichen das sage, was die Schwester ihm mitgetheilt
hat, und dass er die Mittheilungen in jener Zeit geschrieben, in welcher
Elisabeth ihre Offenbarungen hatte, d. i. 1152—1156, wird durch Manches bekräftigt. Es spricht dafür die schlichte anspruchslose Darstellung, die Art der berichteten Visionen, die individuelle Wahrheit des
sich uns aus den Mittheilungen ergebenden Bildes der Elisabeth, der
Umstand, dass Eckbert, von dem auch das sechste Buch herrührt, welches über den Tod der Schwester berichtet, kein Wunder von ihr erzählt und nicht am mindesten auch, dass eine Vision am Ende des
zweiten Buches für das Jahr 1155 Dinge ankündigt, die nicht in Erfüllung gegangen sind. „Weisst du, heisst es da, dass das Passah des kommenden Jahres auf denselben Tag fällt, an dem der Herr auferstanden
ist und der Tag von Mariä Verkündigung auf des Herrn Todestag?
Wisse, dass in dieser Zeit der Satan Macht empfangen wird, die Menschen wider einander zu erregen, dass sie sich untereinander tödten.
Die Sonne wird roth werden und sich verfinstern. Das bedeutet nichts
anderes als grosses Blutvergiessen und unmässige Trübsal im christlichen
Volk etc." Mariä Verkündigung fiel auf den Charfreitag in den Jahren
1155 und 1160. Die Vision steht bei denen des Jahres 1154. Henschen
in den *A. A. S. S.* sucht ihr aufzuhelfen, indem er sie auf das J. 1160 bezieht, und sie auf das päpstliche Schisma und die Pest vom J. 1167
deutet. Aber es ist ein nutzloser Versuch, denn das Schisma entstand
1159 und die Ankündigung verweist ausdrücklich auf das folgende
Kalenderjahr für den Beginn der Trübsal. Dass Henschen's Versuch nur
eine Auskunft der Verlegenheit sei, ergibt sich schon aus seiner Bemerkung, dass er nicht wisse, wie der Schreiber dazu gekommen sei,
diese Vision unter die des J. 1154 zu setzen. In die gleiche Verlegenheit wird die Wundersucht und die Verirrung der römischen Schriftsteller auf Nebendinge bei der Vision über Maria im vierten Buch
gesetzt. Denn hier stehen den chronologischen Angaben der Elisabeth
jene der schwedischen Brigitta entgegen, deren Offenbarungen gleich-

falls für göttlich angesehen werden. Wir haben nicht nöthig, auf die Mühe einzugehen, die man es sich hat kosten lassen, um diese bedenklichen Anzeichen eines vergeblichen Dienstes und verirrten Glaubens minder beunruhigend zu machen; nur müssen wir Menschen zurückweisen, wenn er, um den Anstoss zu vermeiden, dieses Stück und aus ähnlichen Gründen die Vision über die 11000 Jungfrauen einfach für unächt erklärt. Denn diese Visionen tragen nach Form und Inhalt ganz das Gepräge der von ihm für ächt anerkannten. Wir dürfen sie unbedenklich für ächt ansehen und für ebenso werthlos in Bezug auf ihren historischen Inhalt als alle dergleichen Visionen sind. Sie haben für uns nur subjectiven Werth als Phänomene des religiösen Lebens in jener Zeit. Hensehen erklärt auch die Briefe des fünften Buches für zweifelhaft. Die Gründe für die Zweifel des Jesuiten sind auch hier leicht zu erkennen. Denn Elisabeth erklärt sich in einem dieser Briefe für den vom Kaiser aufgestellten Gegenpapst und spricht ein vernichtendes Urtheil über den Stuhl zu Rom.

Werthvoll ist die schon angeführte Handschrift der Staatsbibliothek zu München aus dem 13. Jahrhundert,[1] welche ausser dem *Pentachronon* des Gebeno von Ebersbach auch den *liber viarum Dei* und einige auf Elisabeth bezügliche Schriftstücke enthält, die in den erwähnten Drucken sich nicht finden. So einen Brief des Priesters Simon von Schönau, eines Verwandten der Elisabeth. Dieser Brief ist kurz nach ihrem Tode geschrieben und ergänzt in einigem die Angaben Eckberts. Ferner enthält die Handschrift den schon angeführten Brief der Elisabeth an Hildegard, welcher zeigt, welche Bedeutung Hildegard für Elisabeth hatte.

2. Hildegard von Bingen.

Deutschlands Erwachen zu selbstständigerem geistigen Leben beginnt mit der Zeit, in welcher Gregor's VII. rücksichtsloses und einschneidendes Eingreifen in die kirchlichen und politischen Zustände eine allgemeine und tiefgehende Aufregung hervorrief. In Deutschland sind es die Rheinlande, wo sich diese Erregung zuerst und am stärksten und nachhaltigsten zeigt. Seit der römischen Zeit war hier die grössere Cultur. Dann unterhielt die Berührung mit Frankreich die Empfäng-

---

1) *Cod. Monac. lat. 324.*

lichkeit für höhere Fragen. Der mächtige Strom begünstigte lebendigeren Verkehr; an seinen Ufern begann ein nach Freiheit strebendes Bürgerthum sich zu entfalten. Der Streit, welchen Heinrich IV. mit den Sachsen, mit dem Papste und seinen eigenen Söhnen führte, wurde vornehmlich in den Rheinlanden entschieden. Hier war der Herd der fürstlichen Opposition gegen den Kaiser, hier fand dieser hinwieder Hilfe bei den Städten, hier endlich entschied sich das Geschick des Kaisers im Kampfe gegen seinen Sohn Heinrich.

Auch die deutsche Kirche hatte in jenen Landen, wo die Gebiete ihrer mächtigsten geistlichen Fürsten zusammengränzten, den Herd ihres Lebens. Denn die östlicheren Kirchen standen nicht bloss an Reichthum und Macht, sondern auch an innerem Leben hinter den rheinischen zurück. Ihre religiöse und geistige Richtung wurde wesentlich durch die Einflüsse bestimmt, die von dorther kamen, wo durch den stärkeren Verkehr mit dem vorgeschritteneren Frankreich die theologische Bildung eine überlegene und bei der lebhafteren Natur des Volkes auch das religiöse Leben ein regsameres war.

Von der Bewegung in Frankreich, aus welcher die ersten Kreuzzüge hervorgingen, von der ketzerischen Opposition gegen die verweltlichte Kirche, welche dort und in Oberitalien ihre Hauptsitze hatte, wurden auch die nahen Rheinlande stark berührt. In Verbindung mit dem im Verlauf des 12. Jahrhunderts sich steigernden Kampfe zwischen Kaiserthum und Papstthum wirken jene Umstände dazu mit, in vielen Gemüthern Stimmung und Sinn für das Ungewöhnliche und Ausserordentliche zu erwecken und zu nähren.

Etwa fünf Stunden südlich von Bingen, im Thale der Nahe, die bei Bingen in den Rhein fliesst, liegt das Dorf Böckelheim, wo im Anfang des 12. Jahrhunderts Hildebert, ein ritterlicher Dienstmann der benachbarten Grafen von Sponheim, seinen Sitz hatte.[1] Diesem wurde hier im Jahre 1104 von seiner Gemahlin Mechthild eine Tochter geboren, unsere Hildegard. Ihre Geburt fällt in die aufregende Zeit der letzten Leiden und Kämpfe Heinrichs IV. In Böckelheim, vielleicht auf der Burg ihres Vaters, wurde der unglückliche Kaiser von seinem Sohne gefangen genommen.

Bei Hildegard gibt sich schon frühe ein starkes Innenleben kund. Sie meint ein Licht in sich zu spüren, in welchem sich ihr wundersame Dinge darstellten, so lebhaft, als sehe sie dieselben mit dem leiblichen

---

1) **Trithemius**, *Annalium Hirsangiensium T. 1. S. Gall. 1090.*

Auge. Anfangs redete sie unbefangen davon; als sie das Staunen der Andern wahrnahm, vermochte sie es viele Jahre lang darüber zu schweigen.

Als Hildegard acht Jahre alt war, wurde sie von ihren Aeltern in das nahe Frauenkloster Disibodenberg gebracht, wo sie von der frommen Gräfin Jutta von Sponheim, der Meisterin oder Priorin des Klosters, erzogen wurde. Der Unterricht, den sie empfing, war ein sehr dürftiger. Sie lernte singen und lesen, um bei den Chorgesängen mitwirken zu können. Sie lernte den Sinn lateinischer Bibelstellen kennen ohne ein grammatisches Verständniss derselben zu erhalten.

Die Kämpfe der Zeit berührten auch das Klosterleben in Disibodenberg. Ein grosser Sinn für das gemeine Wohl und Wehe der Christenheit lässt sich bei Hildegard aus allem erschliessen, was man von ihr mit Wahrheit berichtet hat, nicht minder aus der Art dessen, was man ihr hat andichten können. Die Erschütterung des römischen Stuhles durch die revolutionären Römer, die durch schismatische und häretische Richtungen in ihrer Einheit gefährdete, durch die Verweltlichung des Klerus zerrüttete, im Morgenlande hart bedrängte Kirche — das wirkte zusammen, ihrem visionären Leben eine prophetische Richtung zu geben.

Wir suchen die Natur ihres visionären Zustandes aus ihrem Briefe an Bernhard von Clairvaux zu ermitteln, da dieser Brief in seinen Haupttheilen die deutlichen Spuren der Aechtheit trägt. Der Unbeholfenheit des Stils werden bei der Analyse des Inhalts auch die Merkmale der psychologischen Wahrheit als Bürgschaft an die Seite treten. Sie braucht das Wort Vision in diesem Briefe nicht von den einzelnen Dingen, die sie sieht, sondern von dem bleibenden Lichte, in welchem ihr einzelne ausserordentliche Dinge sichtbar werden. Von diesem Lichte sagt sie, dass es wie eine Flamme ihre Seele ergreife und verzehre. Einen Zustand leiblicher Erstarrung setzt ihre Beschreibung nicht voraus; sie ist sich nur bewusst, dass ihre äusseren Sinne bei jener Vision nicht mitwirken. In jenem inneren Lichte aber erschliessen sich ihr die übersinnlichen Dinge nicht unmittelbar; es sind Worte des Psalters, der Evangelien und anderer Werke, deren Sinn sie sonst im allgemeinen versteht, aus denen ihr die prophetischen Anschauungen, Bilder und Worte aufgehen. Und wenn sie nun über solche Dinge spricht, so weiss sie, dass auch ihr Sprechen nicht ein durch Vorsatz vermitteltes, sondern ein unwillkürliches, ihr gegebenes ist. Der eigene Lebensgrund, so scheint es, der vom Herzen aus die Leiblichkeit durchströmt, so dass an ihm der schöpferische Gedanke unseres Daseins zur Seele sich gestalten kann, kommt bei seiner Stärke als inneres Licht ihr zur Empfindung. Dem Verlangen und der Empfindung des dem Gange der Dinge zugewendeten Gemüths entsprechend und durch verwandte Worte geweckt, entquellen diesem Gemüth die dunklen keimartigen Gedanken, die dann in jenem Lichte zu lichten, leibhaften Vorstellungen sich entfalten. Uebermächtig drängen sich dieselben ihrer Seele auf und zwingen sie zur Rede.

Wir lesen von ihr, dass um die Zeit, da ihre Seherkraft auf die öffentlichen Verhältnisse sich richtete, sie aus Rücksicht auf Andere zuerst versucht habe, ihre Anschauungen zu verschweigen. Aber über dem inneren Zwiespalt und Kampf, der ihr daraus erwuchs, sei sie kraftlos und krank geworden, und die Krankheit sei erst gewichen, als sie dem inneren Drange sich hingab und auf den Widerstand verzichtete. Was sie schaute und hörte, schrieb sie dann selbst nieder oder sagte es ihrem Vertrauten d. i. wohl ihrem Beichtvater. Sie schrieb es nieder in demselben rohen Latein, in welchem ihr Brief an Bernhard geschrieben ist, ja wahrscheinlich in einem noch viel roheren. Denn es sagt ihre Biographie, und es ist dies von vornherein glaubwürdig, ihr Vertrauter habe, was sie geschrieben, den Regeln der Grammatik angepasst. Eine solche nothdürftige Anpassung liegt uns in dem Briefe an Bernhard sehr wahrscheinlich vor. Es war in den Tagen, da Bernhard nach dem Falle Edessa's das Kreuz predigte, in ihrem 43. Jahre, als sie mit ihren prophetischen Visionen hervorzutreten begann. Und dass von da an ihre Mittheilungen vorherrschend diesen Charakter prophetischer Vision und Mahnung für die Kirche hatten, ist aus den Zeugnissen, die wir als sicher annehmen dürfen, gewiss. Aus ihrem Briefe an Bernhard geht hervor, dass sie von dessen Auftreten am Rheine, von seiner Kreuzpredigt mächtig ergriffen war. Sie sieht ihn in ihren Visionen. Sie vergleicht ihn mit einem Adler, der in die Sonne schaut. Auch die in der Christenheit herrschende Uneinigkeit regt sie auf. Dass sie dem kühnen sicheren Auftreten Bernhards gegenüber ihre Zaghaftigkeit beklagt, zeigt dass sie auf gleichem Wege ihm nachstrebt. Ebenso aber geht der prophetische auf die Zeitverhältnisse gerichtete Charakter ihrer Mittheilungen daraus hervor, dass Papst Eugen III. und die Kirchenversammlung zu Trier von denselben Kenntniss nahmen und der Papst sie ermunterte auf der betretenen Bahn fortzugehen. Gottfried, der Verfasser des ersten Buches der *Vita*, berichtet über diesen Hergang folgendes:

Bald nachdem sie die Arbeit des Schreibens („das sie nicht gelernt hatte", fügt Gottfried hinzu) begonnen, erlangte sie den gewohnten Gebrauch ihrer Kräfte wieder und erhob sich von ihrem Siechbette. Kuno, der Abt von Disibodenberg, dem ihr Beichtvater Mittheilung von den Visionen und den sie begleitenden Umständen gemacht hatte, war überzeugt, dass man es hier mit einer wunderbaren Erscheinung zu thun habe, traute aber sich selbst nicht genug Urtheil zu, sondern begab sich mit den niedergeschriebenen Offenbarungen zu dem Erzbischof Heinrich nach Mainz. Der Erzbischof brachte die Sache vor Papst Eugen, welcher sich im Winter 1147/48 [1] zu Trier aufhielt. Dieser schickte Commissäre nach Disibodenberg, und durch deren günstigen Bericht veranlasst las dann Eugen in einer Versammlung vor dem Erzbischof, den Cardinälen und den übrigen Klerikern die ihm eingehändigten Offenbarungen, und theilte mit, was die Commissäre berichtet hatten. Unter den Anwesenden war auch Bernhard von Clairvaux. Er und mit ihm die Versammlung bestimmten den Papst, durch seine Autorität die an Hildegard sich erweisende göttliche Gnade zu bezeugen, worauf der Papst in einem Briefe an Hildegard den göttlichen Ursprung ihrer Offenbarungen anerkannte und sie zu weiterem Schreiben ermunterte.

Die Richtigkeit dieser Erzählung wird in der Hauptsache nicht zu bezweifeln sein. Man wagte wohl nicht, nur dreissig Jahre später eine Geschichte zu erfinden, die, unter solchen Umständen berichtet, zu einer Controlirung reizte, welche damals so leicht noch vorgenommen werden konnte. Auch erklärt sich aus diesem Factum, wie das Ansehen der Hildegard so rasch über einen grossen Theil Deutschlands sich verbreiten konnte.

Der Papst aber und Bernhard, von reformatorischem Eifer für die Kirche beseelt, mochten die Hilfe wohl wahrnehmen, die sie in Hildegard finden konnten, und es für eine Förderung ihrer eigenen Bestrebungen ansehen, wenn sie mit ihrem Ansehen das einer Persönlichkeit stärkten, deren Geschlecht und wundersame Weise geeignet war, dem, was sie redete, unter dem Volke besonderen Nachdruck zu geben.

Nicht minder aber erhellt die prophetisch-reformatorische Richtung der Hildegard aus einem bisher unbekannten Schreiben der Elisabeth von Schönau,[2] dessen Aechtheit nicht zu bezweifeln ist. „Der Weinberg des Herrn", ruft Elisabeth aus, „hat niemand der ihn bebauet,

---

1) *Ann. Aquenses* bei Böhmer *Fontes III ad a. 1148: Eugenius papa hyemavit Treviris et in media quadragesima synodum celebravit Remis.*
2) *Codex. lat. Mon.* 324 f. 126.

denn sein Haupt ist krank und seine Glieder sind todt. Meine Herrin Hildegard, mit Recht heissest du Hildegard (Stachel des Streites), weil der göttliche Stachel in dir wirket mit wundersamer Kraft zur Erbauung seiner Kirche. Sei stark im heiligen Geiste! Selig bist du, weil dich der Herr erwählet hat und aufgestellt als eine von denen, von welchen er sagt: Ich habe euch aufgestellt, dass ihr gehet und Frucht schaffet und dass euere Frucht bleibe."

Es ist nicht zu verwundern, dass in einer Zeit, da die kirchliche und weltliche Macht in dem erbittertsten Kampfe miteinander lagen und der sittliche Verfall der Kirche mit dem Wachsen an äusserer Macht zunahm, da ferner in Verbindung mit jenem Streit und Verfall auch religiöse Irrthümer der ausschweifendsten Art immer mehr Boden gewannen, dass in einer solchen Zeit die Meinung aufkommen konnte, die Weissagungen der Schrift von den Vorzeichen des Endes seien auf die Gegenwart anwendbar. Bei Hildegard wie bei Elisabeth von Schönau und bald nachher bei Abt Joachim von Floris culminirt die prophetische Verkündigung in Weissagungen über die letzten Zeiten. Es ist jetzt nicht mehr zu bestimmen, in wie weit der Verfasser der Hildegardischen Briefe, der *Scivias* und des Buchs von den göttlichen Werken aus Hildegard oder aus anderen Quellen geschöpft hat, wenn er ihr Offenbarungen über die letzte Zeit in den Mund legt, aber er hätte ein solches Bild der Prophetin kaum aufstellen können, wenn sie den Zeitgenossen nicht auch von dieser Seite bekannt gewesen wäre. Wir theilen eine solche Weissagung mit, welche, da sich an verschiedenen Stellen der ihr zugeschriebenen Schriften Verwandtes findet, auf einer Vision der Hildegard wohl beruhen mag. „Danach sah ich gegen Mitternacht", heisst es in den *Scivias*, „und siehe, da standen fünf Thiere: deren eines war wie ein feuriger Hund, aber nicht brennend; eines wie ein Löwe von gelber Farbe; ein anderes wie ein fahles Pferd; ein anderes wie ein schwarzes Schwein; ein anderes wie ein grauer Wolf: und sie waren gekehrt gegen Abend." Darauf vernahm sie die Deutung: „Und ich vernahm eine Stimme vom Himmel, die sprach zu mir: Wiewohl alles auf Erden seinem Ende zustrebt, — so wird doch die Braut meines Sohnes bei alle dem, dass sie in ihren Kindern von den Vorboten des Sohnes des Verderbens wie von diesem selbst bedrängt wird, keineswegs vernichtet werden, wie sehr man ihr auch zusetzt: sie wird vielmehr am Ende der Zeiten kräftiger und stärker sich erheben und schöner und herrlicher werden, um den Umarmungen ihres Geliebten in um so anmuthigerer und lieblicherer Weise entgegenzugehen. Und das bezeichnet auch diese

Vision, die du siehst, in mystischer Weise." Und nun werden obige Bilder gedeutet: die fünf Thiere sind fünferlei Zustände der weltlichen Reiche: der feurige aber nicht brennende Hund bedeutet eine streitsüchtige, sich selbst überhebende, aber der göttlichen Gerechtigkeit ermangelnde Zeit. Der gelbe Löwe eine kriegerische aber zuletzt ermattende Zeit. Das fahle Ross eine ausgelassene, im stürmischen Drang der Begierden über alles Gute sich hinwegsetzende Zeit, der aber zuletzt im Schrecken des Untergangs das Herz entsinken wird. Das schwarze Schwein eine Zeit, da die Herrschenden in finsterer Angst sich im Kothe der Unreinigkeit wälzen und die Einigkeit der göttlichen Lehrer durch viele Spaltungen zu zerreissen suchen. Die fünfte Zeit ist die des Antichrist, da gewaltthätige Menschen von zweideutiger List Raub auf Raub häufen, die Häupter jener Reiche entzweien und stürzen, da der grösste der Irrthümer von der Hölle bis zum Himmel sich erheben wird. Es ist die Zeit des Martyriums der Gläubigen und der teuflischen Künste des Antichrist. Die fünf Thiere schauen gegen Abend, denn wie die Sonne werden sie auf- aber auch untergehen.

Derartige Visionen regten Viele auf, und beschäftigten die Gemüther das ganze folgende Jahrhundert hindurch. Gegenüber den Ansichten solcher, welche den Antichrist als der Geburt nahe oder als schon geboren verkündigten, bewies im Jahre 1220 Gebeno von Eberbach,[1] der mit den Nonnen auf dem Rupertsberge im regen Verkehr stand, dass man Hildegard zufolge noch in der Zeit des feurigen aber nicht brennenden Hundes stehe, welche spätestens im Jahre 1256 zu Ende gehe, dass mithin der Antichrist sobald noch nicht zu erwarten sei.

Hildegard begnügte sich nicht mit einer Wirksamkeit in kleinerem Kreise und mit der Veröffentlichung einzelner Visionen. Es ist kein Grund, die Mittheilung zu bezweifeln, dass Hildegard zu verschiedenen Malen grosse Reisen durch Deutschland unternommen habe, um allenthalben in den Klöstern sittliche Schäden abzustellen, Frieden zu stiften, zu einem heiligeren Leben zu ermahnen. Es mögen ferner auch in ihrem Namen und in ihrem Sinne von ihrem Vertrauten manche Briefe an die Häupter der Kirche und an weltliche Herren gerichtet worden sein. Aber wie schon hervorgehoben worden ist, jener Vertraute der Hildegard hat in sehr umfassender Weise dabei seine eigenen Gedanken mit untergebracht, und nach ihrem Tode in Verbindung mit einem oder einigen Andern so vieles ihrem Namen untergeschoben, dass wir auf

---

1) *Cod. lat. Mon.* 324. f. 61.

eine sichere Kenntniss von dem Inhalt ihrer Verkündigungen verzichten müssen. Wir können es leichter, da wir in der gleichzeitigen Elisabeth von Schönau eine der Hildegard verwandte Erscheinung haben, deren Schriften wir mit grösserem Vertrauen benützen können.

Aber tiefer als der Name dieser Elisabeth hat sich doch jener der Hildegard der Erinnerung des Volkes eingeprägt. Zu ihrem grösseren Rufe trug nicht bloss das Zeugniss des Papstes und Bernhards oder ihre ausgedehntere Wirksamkeit, sondern auch die Art dieser Wirksamkeit selbst bei. Denn ihr Blick in die Zukunft mochte dem Volke um so untrüglicher, und was sie überhaupt verkündete, um so beachtenswerther erscheinen, als es durch ihren Einblick in das Naturleben und durch ihre Gabe zu heilen vielfach schon als durch gegenwärtige Wunder bestätigt zu werden schien. Dass ihr Sinn dem Naturleben erschlossen gewesen sein müsse, darauf deutet einerseits die Meinung des Volkes von ihr, dass sie das Wetter vorausverkünden könne, anderseits der Umstand, dass man ein Werk über die Eigenschaften der Thiere, Pflanzen und Mineralien ihr hat zuschreiben können. Und die Mittheilung, dass sie eine ausserordentliche Gabe zu heilen gehabt, ist insofern nicht unglaublich, als sie bei ihrem entwickelten inneren Sinne gar wohl eine instinctive Erkenntniss der heilenden oder schädlichen Kräfte in der Natur, und bei der Fülle ihrer Nervenkraft auch die Fähigkeit gehabt haben kann, diese auf Andere übergehen zu lassen. Wenn sie nun aber auch solches Vermögen hatte und anwendete, so darf doch aus dem, was wir über das Ziel ihres Wirkens im Allgemeinen wissen, geschlossen werden, dass jene Gaben sie nicht verleitet haben können, die Geschäfte der Wahrsagerin oder des Arztes zu übernehmen. Sie hat sicher, was ihr an Einblick in die Naturkräfte und eigener Heilkraft gegeben war, in den Dienst des Berufes gestellt, dessen sie sich klar bewusst war, und der dahin ging, reformatorisch auf ihre Zeit zu wirken, sittliche Schäden zu bekämpfen und den Eifer religiösen Lebens in näheren und weiteren Kreisen anzufachen.

Diese auf eingreifendes Wirken gerichtete Natur der Hildegard befähigte sie denn auch zur Leitung des Klosters, welchem sie angehörte. Was uns in dieser Beziehung Thatsächliches über sie in der *Vita* berichtet wird, darf als völlig zuverlässig betrachtet werden, da die Verfasser hier vor einer Menge von Zeugen reden. Sie wurde nach dem Tode der Jutta von Sponheim, der sie einen wesentlichen Theil ihrer religiösen Erziehung verdankte, Meisterin der Nonnen auf dem Disibodenberg. Als ihr Ruf sich auszubreiten begann, wollten viele Töchter des Adels dort in's Kloster treten. Aber der Ort war klein. Gegen den Willen des Abtes setzte sie es durch, dass das Kloster 1148 auf den Rupertsberg bei Bingen verlegt wurde. Ihre Visionen bildeten bei dem Widerstreben des Abtes und der Wahl des Ortes einen sehr wirksamen Factor. Vom Rupertsberge aus gründete sie dann ein zweites Kloster iu Eibingen bei Rüdesheim. Auf dem Rupertsberge starb sie im 74. Lebensjahre am 17. September 1178, bis in ihre letzten Tage von der Menge derer aufgesucht, die bei ihr Trost, Rath und leibliche Hilfe suchten.

3. Elisabeth von Schönau.

Nur etwa fünf Stunden nordöstlich von dem Rupertsberge bei Bingen, wo Hildegard gelebt, lag die Benedictinerabtei Schönau und neben ihr das Frauenkloster, in welchem von 1141—1165 Elisabeth lebte. Sie ist 1129 geboren und von ihren Aeltern in ihrem 12. Jahre dem Kloster übergeben worden. Sie stammte von armen Aeltern ab. Ihr Bruder ist jener Eckbert, welcher uns Predigten gegen die Katharer, wegen derer man ihn nach Cöln berief, hinterlassen hat. Er war erst Kleriker zu Bonn, wurde dann zur Zeit, als der Ruf seiner Schwester sich verbreitete, Mönch zu Schönau, und später Abt dieses Klosters. Auch ein Neffe der Elisabeth, Simon, ist Geistlicher zu Schönau. Von ihm ist noch ein Brief über Elisabeth vorhanden, der einiges von Eckbert nicht Erwähnte bringt. Wir lesen in demselben, dass Elisabeth zu den körperlichen Leiden, mit denen sie Gott von Jugend auf heimsuchte, selbstgewählte hinzufügte: sie habe ein härenes Gewand und eine eiserne Kette auf dem Leibe getragen und unglaublich wenig gegessen, ihre Kniee seien vom Beten müde geworden, sie habe unzählige Thränen geweint.

Bei der Zerrüttung ihrer Natur und der Energie ihres aufwärts strebenden Gemüthes entwich ihr häufig nach heftigen Brustkrämpfen der Lebensgeist aus den äusseren Nerven, sie wurde ekstatisch, ihre Persönlichkeit ganz an die Uebermacht des inneren Sinnes dahingegeben. Was wir von Hildegard nicht lesen, die Erstarrung des leiblichen Lebens bei der Ekstase, ist bei Elisabeth die regelmässige Erscheinung. Da bei ihr der Ekstase Aufregung und beängstigende Krämpfe vorhergehen, so fürchtet sie sich vor der Wiederkehr derselben. Ist sie eingetreten, so findet sie sich in einem Zustand seliger

Ruhe. Um der Gnade willen, die ihr hier widerfährt, wünscht sie dann auch wieder diesen Zustand herbei. Der Eintritt der Ekstase beginnt damit, dass sie sich, wie Hildegard, von einem Licht umleuchtet fühlt. In ihm hat sie ihre Visionen. Die Rückkehr in das wache Leben ist entweder durch einen Zustand der Betäubung vermittelt, und in diesem Falle ist ihr manches, was sie vernommen, nachher nicht mehr erinnerlich; oder es tritt eine ähnliche Aufregung wie vor der Ekstase ein. Bei solcher Aufregung spricht sie, biblische Worte strömen ihr da häufig zu, und was sie, ihrer selbst noch nicht mächtig, sagt, steht in Beziehung zu dem was sie geschaut, und ist lehrhaften, mahnenden Inhalts.

Die Natur ihrer Seele zeigt noch den nüchterneren, strengeren Charakter des 12. Jahrhunderts. Es ist noch nichts von jener verschwimmenden Gefühlsseligkeit wahrzunehmen, wie sie in späteren Zeiten häufig hervortritt. Auch die Erscheinungen tragen noch ein einfacheres Gewand und der Worte, die sie vernimmt, sind es wenige. In ihren Visionen spielen die Heiligen eine grosse Rolle. Sie stellt sie hoch. Sterbend befiehlt sie sich ihrer Fürbitte und ruft sie mit Namen an. Maria, der helle Meeresstern, heisst bei ihr constant ihre Herrin. „Sei gegrüsst", so betet sie in ihren letzten Tagen, „du Königin des Erbarmens, du Süssigkeit des Lebens und unsere Hoffnung, sei gegrüsst! Zu dir rufen wir, wir verstossenen Evastöchter. Zu dir sehnen wir uns mit Seufzen und Weinen aus diesem Thränenthal. Wohlan denn, du unser Beistand, wende dein mitleidsvolles Auge zu uns her, und zeige uns nach diesem Elend Jesum, die gebenedeite Frucht deines Leibes, o milde, o gütige, o süsse Maria!" Aber bei alle dem zeigt sich doch noch im Vergleich zu der ausschweifenden Art späterer Zeit eine gewisse Mässigung. Maria fällt da noch vor der Majestät Gottes mit andern Heiligen auf ihr Angesicht, um anzubeten. So sieht sie sie gewöhnlich. Sie weint bitterlich um der unreinen Anfechtungen willen, die ihr jungfräuliches Gemüth hat, und die im Bilde Satans sich ihr vorstellen. Sie bittet um einigen Trost. Da neigt sich Maria im himmlischen Lichtglanz ihr entgegen, und spricht nur das Wort: Elisabeth! Sie dankt für diesen Trost und die Erscheinung verschwindet.

Sie hat an den Heiligenfesten gewöhnlich die Erscheinung der Heiligen des Tages und beschreibt dann ihr Bild. Oder sie sieht die Geschichte Jesu wie leibhaft an dem inneren Auge vorübergehen. Es ist nichts anderes, als was die Evangelien auch erzählen, nur dass sie alles vor ihrem inneren Sinne sieht und hört wie bei einer gegenwärtigen Handlung.

Bekanntlich ist es Elisabeth, welche die Fabel von Ursula und den 11000 Jungfrauen in ihren Visionen weiter ausgebildet und in solcher Gestalt durch ihr Ansehen sanctionirt hat. Da ihre Mittheilungen grobe Verstösse gegen die Chronologie enthalten, so haben katholische Schriftsteller, um die Autorität der Elisabeth zu retten, diese Visionen für unächt, für untergeschoben erklärt. Ein Urtheil, dem jede innere Begründung fehlt. Sie sind eben so ächt und eben solche Ausgeburten ihrer religiösen Phantasie wie ihre Aussagen von den übrigen Heiligen. Was sie aus den älteren Heiligenlegenden weiss, wird in ihren Visionen nur unbewusst reproducirt und erweitert und gewinnt da die Form einer Offenbarung. Sie lebt ganz in dem Heiligenglauben der Zeit. Gegen die namentlich im Cölnischen überhandnehmenden Katharer, die ihr Bruder Eckbert bekämpft, soll das Volk durch eine Belebung des Heiligencultus taub gemacht werden. Als daher zufällig bei Cöln ein Todtenfeld aufgefunden wurde, und Einige auf den Einfall kamen, dass man hier wohl die Gebeine der 11000 Jungfrauen der Legende vor sich habe, ergriff der Abt Gerlach von Deutz mit Begierde diese Vermuthung. Er ging Eckbert, den Bruder der Elisabeth an, und man bat diese, sie möge zusehen, ob sie nicht eine Offenbarung über jene Gebeine erlangen könne. Und Elisabeth — erlangte sie nach ihrer Meinung und glaubte daran mit ihren Freunden wie sie auch an ihre anderen Gesichte glaubte.

Natürlich liegt nicht in solchen Dingen die Bedeutung der Elisabeth. Sie dienen zur Vervollständigung ihres Bildes; aber der wahre Werth ihres Lebens liegt nach einer andern Seite hin: sie ist mit Hildegard eine Rufende in der Wüste, eine prophetische Gestalt, die dem versunkenen Klerus vom Papste bis zu dem gewöhnlichen Kleriker herab und allen übrigen Ständen mit erschütternder Wahrheit den Spiegel vorhält, um mit prophetischem Ernste zur Umkehr zu mahnen. Sie thut dies in ihrem Werke, dem *liber viarum Dei,* das sie im J. 1156 begann, vier Jahre nachdem die visionären Zustände bei ihr eingetreten waren. Ihr Bruder Eckbert hat diese wie ihre früheren Mittheilungen ihren Angaben gemäss niedergeschrieben.

Elisabeth sah nach dem genannten Buche einen Berg, dessen Gipfel im Lichte strahlte. Dort stand ein Mann, dessen Angesicht wie die Sonne leuchtete und dessen Augen gleich den Sternen glänzten. Sein Haar war blendend weiss wie Wolle und aus seinem Munde ging ein zweischneidig Schwert. In der Rechten hielt er einen Schlüssel, in der Linken ein königliches Scepter. Verschiedene Wege führten zu

ihm den Berg hinan. Der Weg unmittelbar vor ihr war blau wie der
Aether oder Hyacinth, der rechts von ihm grün, der zur linken Hand
purpurn. Es sind die Wege der Contemplation, des activen Lebens und
der Märtyrer. Noch sieben weitere Wege sieht sie: es sind die Wege
der drei Stände in der Kirche: der Ehelichen, der Enthaltsamen, der
Regierenden; der Weg der zuerst weltlich Gesinnten und dann Entsagen-
den, der Weg der strengen Asketen, der Weg der vor dem 7. Jahre verstorbenen Kinder, der Weg der Jünglinge. Nun folgen die Mahnungen
für die verschiedenen Wege.

Sie straft vor allem den Klerus, dessen Habgier, Hochmuth,
Herrschsucht, Prachtliebe, Wollust. Durch ihn ist die Erde voll Unge-
rechtigkeit, die zu dem Herrn emporsteigt wie Rauch von dem Feuer.
Wie ein fressendes Feuer verzehrt die Menge der Sünden das Haus
Gottes, und die Geistlichen lassen die Flamme wüthen, weil sie nur nach
Gold und Silber trachten. „Ihr sammelt euch Schätze für die Hölle!
Unglückliche und Thoren: öffnet die Augen, leset die Schrift, denkt an
den Herrn, an die Apostel, und vergleicht euer Leben mit dem ihrigen.
Sie wandelten nicht im Hochmuth ihres Geistes einher, nicht im Getüm-
mel eines stolzen Gefolges, nicht voll Gier nach Gewinn, nicht in präch-
tiger Kleidung, nicht in zügelloser Lust, nicht in Rausch und Völlerei
und in der Befleckung des Fleisches, nicht unter eitlem Spiel, sie zogen
nicht aus mit Hunden und Vögeln. Soll das meine Rechte vergessen?
Nimmermehr! Sondern wenn sie sich nicht bekehren und ihre schändlichen Wege bessern, so will ich sie zermalmen. Auf dem apostolischen
Stuhle sitzt der Hochmuth, und fröhnt man der Habgier. Er ist zuge-
deckt von Ungerechtigkeit und Gottlosigkeit. Sie ärgern meine Schafe
und machen sie den Irrweg gehen, während sie dieselben in Obhut nehmen und leiten sollten."

Im Jahre, nach dem Arnold von Brescia, der Zeuge wider die Verweltlichung der Kirche, unter Mitwirkung des Papstes getödtet worden
war, ruft sie jenes Wort wider den apostolischen Stuhl. Und sie sorgt dafür, dass ihre Mahnrufe an entscheidender Stelle gehört werden. Sie sendet ihr Buch oder Briefe ähnlichen Inhalts an Erzbischöfe und Bischöfe.
So schreibt sie dem Erzbischof von Trier, in dessen Gebiet ihr Kloster
lag: „Elisabeth, die niedrige Magd Christi, wünscht Hillin dem Erzbischof
von Trier die Gnade Gottes. Es ermahnt dich, der da war und der da
ist und der da kommt. Erstehe im Geist der Demuth und der Furcht
deines Gottes. Strecke deinen Hirtenstab über die Heerden, über welche
dich Gott zum Leiter und Wächter gesetzt hat. Schlage mit Milde und

mit Strenge, beschwöre, bedräue! Nicht wie ein Miethling, dessen die
Schafe nicht eigen sind, sondern wie ein treuer und kluger Knecht, den
der Herr über seine Hausgenossenschaft gesetzt hat, dass er ihnen gebe
zu rechter Zeit ihr zugemessen Brod. Und abermals mahnt dich derselbe Herr und spricht: Gib Rechenschaft; denn du hast mir unterschlagen auserwählte Edelsteine und köstliche Perlen, welche dir gesandt
worden sind von der Macht der Majestät und hast mir nicht gehorchen
wollen. Weisst du nicht, dass ich gesprochen habe: Du hast es vor den
Weisen und Klugen verborgen und hast es den Unmündigen geoffenbaret? Nimm das Buch und schlag es auf. Du wirst finden, was ich
gesagt. Es ist in der That so: „Auf dem apostolischen Stuhle sitzet der
Geiz und fröhnt man der Habgier." Und sagst du ihnen das nicht an,
was dir geoffenbart ist, so werden sie selbst sterben in ihren Sünden und
du wirst Gottes Gericht tragen. Auch sollst du wissen, dass der, welcher
vom Kaiser designirt ist, angenehm ist vor meinem Angesicht. So er
mich fürchtet und mein Urtheil vollzieht, so will ich ihm ein neues Herz
geben und mein Geist soll in seinem Herzen wohnen." So hat also
Elisabeth jene die Laster des apostolischen Stuhles strafenden Worte,
welche in dem *liber viarum Dei* vorkommen, dem Erzbischofe mit dem
Auftrag übersendet, sie dem apostolischen Stuhle zukommen zu lassen,
und Hillin hat das nicht gethan. Nicht minder bemerkenswerth ist, dass
sich hier Elisabeth für den von Friedrich I. aufgestellten Gegenpapst,
d. i. also für Victor IV. gegen Alexander III. erklärt. Von so selbst-
ständigem und freiem Geiste ist ihr prophetisches Wirken. Friedrich I.
findet in seinem Kampfe mit der geistlichen Macht Bundesgenossen
gerade da in Deutschland, wo der religiöse Ernst am reinsten sich
kund gibt.

Elisabeth ist eine zartere Natur als Hildegard und ihr Wirkungs-
kreis ist nicht so umfassend als der ihres grösser und bedeutender an-
gelegten Vorbildes, dem sie ihre Bewunderung schenkt. Aber an sittlicher Hoheit und Kraft steht sie Hildegard keinesfalls nach, an Innigkeit
hat sie dieselbe wohl übertroffen. Auch sie ist wie Hildegard nicht zu
müssiger Contemplation geneigt. Für die gewöhnlichen Verhältnisse des
Lebens scheint sie einen offenen und richtigen Blick gehabt zu haben,
wie sich daraus vermuthen lässt, dass sie wie Hildegard das Amt einer
Meisterin ihres Klosters bekleidete. Und dann wurde denn doch auch
ein immerhin sehr bedeutender Kreis von ihrem Geist und ihrer Kraft
berührt und befruchtet. Wie geistig bedeutend ihre Persönlichkeit war,
zeigt die Verehrung, mit der sich ihr theologisch gebildeter Bruder und

die ihm gleichgesinnten Freunde ihr unterordnen. Sie behauptet in der
Meinung dieser und des Volkes am Niederrheine eine völlig ebenbürtige Stellung neben Hildegard. Ihr Name wurde wie der der letzteren
genützt, um eigenen Phantasien Eingang beim Volke zu verschaffen. Sie
beklagt sich in einem Briefe an Hildegard, dass ein falscher Brief unter
ihrem Namen umlaufe, der den Tag des Endes vorhersage. Darüber,
meint sie, könne und solle man nichts wissen. Wie gross die Verehrung im Volke für sie war, zeigte sich als die Kunde von ihrem Sterben sich verbreitete. Aus der Nähe und Ferne kamen die Leute
herzu, und gegen den Klosterbrauch liess man sie in's Sterbezimmer.
Man fürchtete, die Abweisung möchte Anlass zu Gerüchten werden, als
sei ihr Tod kein ihrem bewunderten Leben entsprechender gewesen.
Eckbert erzählt uns von ihren letzten Tagen. Sie geben ein schönes Bild
christlicher Todesfreudigkeit. Der Charakter der Erzählung, die Einfachheit und Innigkeit derselben bürgt für ihre Aechtheit. Da wird
nichts von Wundern berichtet, durch welche sie verherrlicht worden
sei, wie denn Eckbert auch sonst nichts derartiges von ihr zu erzählen
weiss. Nur ihre in der letzten Zeit häufigen Ekstasen werden mitgetheilt. Was sie schaut und sieht, bezieht sich auf ihr Ende. Merkwürdig ist dabei eine Aeusserung der Sterbenden gegen eine Schwester,
welche sie in den Armen hielt: „Ich weiss nicht wie mir ist: jenes Licht,
das ich gewöhnlich im Himmel schaue, theilt sich." Das Licht des
inneren Sinnes, so scheint es, haftet an der vom Leibe sich losringenden Seele, und scheidet sich von dem Licht in den peripherischen
Nerven, bis dieses, das kein selbstständiges Leben hat, allmählich
erlischt. Das Bild ihres Lebens wiederholt sich in den Tagen ihres
Todes. Die Züge des Zeitglaubens treten auch in ihren letzten Stunden
hervor, wie wir dies bei ihrem oben angeführten Gebete sehen; auch
sorgt sie, dass an ihr all die kirchlichen Handlungen geschehen möchten,
die beim Tode eines Christen vollzogen werden sollen. Aber überall
gibt sich zugleich die zuversichtliche Gewissheit des Heils kund, dessen
Bürgschaft ihr das Erbarmen Gottes in Christo und nicht ihre Verdienste sind. Unter diesem Gesichtspunkt fasst sie auch die ihr zu
Theil gewordenen Offenbarungen auf. Sie bezeugt im Angesichte des
Todes, dass alle ihre Mittheilungen Wahrheit seien, d. h. dass sie an
die Wahrheit derselben glaube, und dass sie nie ein Wort oder einen
Zug in heuchlerischer und trügerischer Weise hinzugethan habe. Sie
mahnt die Umstehenden mit ergreifenden Worten zum Ernste heiligen
Lebens, sie bittet sie alle um Vergebung. Als man sie aufforderte, einige

Psalmen zu nennen, die man zu ihrem Gedächtniss beten wolle, nennt sie den Psalm: Wenn der Herr die Gefangenen Zions erlösen wird (126), Lobe den Herrn meine Seele (103), und andere Psalmen, die zum Lobe der Güte und Majestät Gottes mahnen.

. Sie behielt ihr Bewusstsein bis zum letzten Augenblick und gab selbst noch das Zeichen, dass man sie auf den Sack legen solle, auf welchem sterbende Klosterleute ihr Leben ausathmeten. Die Krankheit, an der sie starb, scheint eine Nervenschwindsucht gewesen zu sein. Sie ist 36 Jahre alt geworden. Der Tag ihres Todes war der 18. Juni 1165.

II.
Die Niederlande und das Rheinland im XIII. Jahrhundert.

1. Die Berichte des Jakob von Vitry, Thomas von Chantimpré und Petrus von Dacien.

Jakob von Vitry.

Jakob von Vitry hat das Leben der Maria von Oegnies beschrieben.[1] Er ist zu Argenteuil an der Seine geboren. Nach Vollendung seiner theologischen Studien zu Paris hielt er sich einige Zeit zu Oegnies auf, wo er das Vertrauen Mariens gewann. Er wurde Mönch, predigte mit Eifer das Kreuz wider die Albigenser, zog nach dem Morgenlande, wurde erst Bischof von Acco, dann Bischof von Tusculum und Cardinal und starb im J. 1240. Ausser dem Leben der Maria von Oegnies besitzen wir von ihm noch eine Geschichte der Kreuzzüge. Jakob wurde zu seiner Schrift über Maria durch den Bischof Fulco von Toulouse veranlasst, „der nicht aufhören konnte, den Glauben und die Devotion der heiligen Weiber in Flandern zu bewundern, die mit der höchsten Sehnsucht und Hingabe die Kirche Christi und ihre Sacramente verehrten, welche in seinem Lande fast von Allen verworfen oder gering geachtet wurden." Jakobs Schrift zeigt uns indess, wie wenig innerliche Verwandtschaft ihr Verfasser zu dem Leben hat, das er beschreibt. Er ist ein um die äussere Machtstellung der Kirche eifernder Priester. Mit grossem Eifer predigt er den Krieg wider die Albigenser. Er flucht einem Priester, der sich weigerte das Gleiche zu thun, indem er demselben wünscht, Gott möge ihn unfähig machen, weiterhin für die Kirche

---

1) *Act. SS. Boll. 23. Junii. Tom. IV, 636—666.*

zu wirken. Auch andere Züge verrathen seine ungebrochene Natur. Für einen Priester, der „ohne sich von der Wissenschaft belehren zu lassen, dass dies unmöglich sei", ein sündloses Leben erstrebt, und bei der Fruchtlosigkeit seines Beginnens in Schwermuth und Verzweiflung fällt, hat er nur Spott. Er vergleicht ihn mit dem Frosche, der sich zu der Grösse des Ochsen aufblasen will, und berichtet diese ganze Geschichte, als sei es seine Aufgabe mit rednerischen Figuren zu spielen und eine Probe seiner Stilgewandtheit zu geben. Der fromme Prior zu Oegnies Aegidius scheint seinen auf das Aeusserliche gerichteten Sinn erkannt zu haben, wenn er spät noch den hoch Gestiegenen mahnt, den Glanz der römischen Curie zu verachten, wo sein Eifer zu predigen erlahmt sei, und zu der früheren Niedrigkeit zurückzukehren. Seine ganze Monographie über Maria von Oegnies verräth den eitlen, in witzigen Vergleichen, Antithesen und allerlei Blumen der Rede sich wohlgefallenden Mann. Diese Eitelkeit macht ihn dann auch zum Schmeichler. Er will von einem Gespräche Fulco's, dem er seine Schrift widmet, mit Maria berichten. „Als ein Mann, ein grosser aber in seinen Augen kleiner Mann, eines Tages mit ihr redete, ein Mann, der in überfliessender Demuth und starker Liebe von sehr fernen Landen zu ihr gekommen war, da brachte ihm ihr Anblick solchen Trost und ihr Wort solche Süssigkeit, dass keine irdische Speise jenen ganzen Tag den Honiggeschmack, den er von ihren Worten empfangen, aus seinem Munde verdrängen konnte. Dieses heiligen Mannes Namen habe ich absichtlich nicht genannt, weil Lob ihm die äussersten Qualen verursacht. Er leidet darunter wie Gold im Feuerofen. So hat ihm der treue Freund der Seelen, für den er in's Elend ging, die Bitterkeit versüsst. Warum wirst du von Schamröthe übergossen? Warum zürnest du mir? Habe ich etwa deinen Namen genannt? Ich habe ja nur von einer Vertreibung in's Elend gesprochen. Sind nicht ausser dir noch viele in der Verbannung? Gab es nicht auch Bischöfe von Toulouse vor dir?" u. s. w. Gewiss, diesem Manne ist es nicht einfach um eine Entschuldigung zu thun; er will auch zeigen, wie gewandt, wie geistreich er sich entschuldigen könne; es ist ein Mann, der um Gunst und Bewunderung buhlt. Es ist ihm wohl Ernst damit, wenn er Maria bewundert und preist; aber er steht in keiner innerlichen Beziehung zu diesem Leben. Er preist es, weil es den Ruhm der Kirche erhöht, die so sehr angefochten ist. Er will zeigen, wie Gott die Devotion gegen die Kirche durch wundersame Gnadenerweisungen lohne. „Die Rebellen will er dadurch strafen, die Trägen aufwecken." Ein Mann, der sich in der Wohlredenheit so sehr gefällt,

und der ein aussergewöhnliches Leben beschreibt um eines ausser der
Sache liegenden Zweckes willen, ist kein Berichterstatter, dem man viel
Vertrauen schenken darf. Die Thatsache wird Gewalt leiden müssen,
wenn dadurch die Phrase um so schöner, das Bild um so anziehender
wird. Und wozu eine Geschichte, die eine wundersüchtige Mitschwester
von der ekstatischen Maria ihm erzählt, noch auf ihre Zuverlässigkeit
hin ängstlich prüfen, wenn sie so, wie sie lautet, gut zum Zwecke passt?
Ein solcher Autor hat überall vielmehr ein Interesse, dass das Gewöhnliche zum Ausserordentlichen werde. Dass fromme Frauen weinen,
wenn sie sich in das Leiden Christi versenken, und einmal in's Weinen
gekommen, nur schwer sich wieder sammeln können, und dass dabei
die Thränen immer reichlicher fliessen — das ist einem Jakob von
Vitry noch zu wenig. Marie weint so sehr, dass ihr Weg durch die
Kirche durch die Thränengüsse bezeichnet ist, sie muss Tücher um ihr
Haupt legen, damit der Boden der Kirche nicht aufgeweicht und zum
Kothe werde.

Bei dieser Beschaffenheit des Berichterstatters werden wir alle die
Mittheilungen unberücksichtigt lassen müssen, welche sich aus der aufgeregten und religiös bestimmten Natur eines Frauenlebens nicht mehr
erklären lassen.

Thomas von Chantimpré.

Thomas von Chantimpré bei Cambray, welcher das Leben der Christine
von St. Troud, der Margarethe von Ypern und der Luitgard von Tongern
beschrieben hat und der Zeitgenosse derselben war, trat von den Regularkanonikern zu Chantimpré in den Dominikanerorden über und wurde da
einer von jenen begeisterten von der Welt abgewendeten Brüdern, wie sie
dieser Orden in der ersten Zeit seiner Blüthe in ziemlicher Zahl aufzuweisen hat. Er macht in seinen Schriften durchaus den Eindruck eines
aufrichtigen Menschen. Sein Stil unterscheidet sich von dem des Jakob
von Vitry durch seine Schlichtheit. Er hat Sinn für das mystische Leben;
aber er besitzt nur eine schwache Urtheilskraft und ist ein Idealist, der
wie seine Luitgard von Tongern häufig den Boden unter den Füssen
verliert. Welt und Menschen kennt er in geringem Maasse. Ein Jakob
von Vitry imponirt ihm. Ihm ist das Wunderbare das was eigentlich
sein soll. Er sehnt sich nach Wundern, in dieser Atmosphäre ist ihm
wohl. Er fühlt, dass die Wunder, die er berichten will, der Zeit annehmbar gemacht werden müssen, darum will er z. B. bei Luitgard von
Tongern nur berichten, was er selbst von ihr gehört oder ganz zuver-

lässige Leute ihm erzählt haben. Vieles will er verschweigen, weil es doch nicht verstanden würde oder weil er kein zuverlässiges Zeugniss dafür gefunden hat. Fragen wir aber, was das für zuverlässige Leute sind, denen er in seinen Monographien oder in seinem „Bienenstaate" folgt, so sind es meist fromme Nonnen, die ebenso geneigt sind wie er selbst, überall Wunder zu sehen. Als einige Schwestern ihm erzählten, dass sie Luitgard zwei Ellen hoch in der Luft hätten schweben sehen, da findet er das natürlich, denn „es ist nicht zu verwundern, dass der Leib derjenigen von der Erde zum Himmel gezogen wurde, deren Seele über die Welt erhaben war und bereits den Himmel besass". Als man einst das Fest aller Heiligen feierte, sah Luitgard in einer Vision eine sehr grosse Menge der Heiligen, und der heilige Geist offenbarte ihr, dass sie mit dem Geiste und der Gnade aller dieser Heiligen erfüllt sei. Und Thomas zweifelt an der Richtigkeit des Inhalts dieser Worte keinen Augenblick. „Was ist da Wundersames? Denn wenn die Gaben nach dem Verhältniss der Kräfte ausgetheilt werden, welcher Gabe oder Gnade durfte die entbehren, in der alle Kraft in vollem Maasse leuchtete?" So weiss er überall zu finden, dass das Wundersame bei seinen Heiligen sich eigentlich von selbst verstehe.

Petrus von Dacien.

Unter diesem Verfassernamen haben wir Berichte über das Leben der Christine von Stommeln. Christine von Stumbelen oder Stommeln bei Cöln wird noch heute wie eine Heilige verehrt und ihr alljährlich zu Jülich ein Fest gefeiert. Sie war die Tochter eines Bauern Heinrich Bruso von Stommeln und ist 1242 geboren. In ihrem 13. Jahre ging sie ohne ihrer Aeltern Wissen unter die Beginen nach Cöln. Nach fünf Jahren wurde sie nach Stommeln zurückgeschickt, da die Beginen sie für eine Wahnsinnige hielten. Hier lebte sie, die Tracht der Beginen beibehaltend, noch 52 Jahre und starb 1312. Ihr Leichnam wurde später nach Nideck, dann nach Jülich gebracht. In Jülich befindet sich die Handschrift, welche die wunderbaren Ereignisse ihres Lebens berichtet. Sie ist in den *Actis Sanctorum* abgedruckt,[1] nur ist da die Aufeinanderfolge der Haupttheile theilweise verändert. Nach dem Jülicher Codex hat ihre Geschichte in neuerer Zeit Wollersheim in deutscher Sprache herausgegeben.[2]

1) *Acta Santorum* 22. *Junii T. IV. p. 270—430.*
2) Th. Wollersheim, das Leben der ekstatischen und stigmatischen Jungfrau Christina von Stommeln etc. Cöln 1859.

Es sind ganz unglaubliche Dinge, welche uns die Jülicher Handschrift von dieser Visionärin und ihrem Verkehr mit den himmlischen und höllischen Mächten berichtet. Dämonen durchstossen sie mit Lanzen, reissen ihr die Beine aus, zerhacken sie, schleppen sie durch die Lüfte bis nach Friesland. Und dass der Erzähler diese Dinge nicht als Einbildungen der Christine auffasse, sondern als wirkliche Erlebnisse, geht daraus hervor, dass er behauptet, er besitze selbst die Nägel, welche der Teufel Christine in's Fleisch gestossen, oder dass er sie durch Bekannte von einem Baume herabnehmen lässt, an welchen sie der Teufel mit durchbohrten Beinen aufgehängt habe. Ihre Wunden oder der Tod werden durch göttliche Hilfe gewöhnlich sehr schnell wieder beseitigt.

Es zeigt, wie fern man von dem Geist der Schrift und ihrer Wunder steht, wenn Männern wie z. B. einem Joseph von Görres bei solchen Abenteuerlichkeiten kein Zweifel über die Aechtheit dieser Erzählungen aufstieg und wenn diejenigen, welche über Christine berichten, bis heute noch nicht zu einer Prüfung der Acten sich veranlasst gefühlt haben. Eine genauere Untersuchung macht den hier vorliegenden Betrug unzweifelhaft.

Der Jülicher Codex, den Wollersheim beschreibt, enthält auf Pergament geschrieben die Mittheilungen über Christine in drei Büchern. Das erste Buch, von dessen 39 Blättern mehr als die Hälfte verloren ist, enthält Verse auf Christine, prosaische Ausführungen dieser Verse und verschiedene theologische Betrachtungen. Als Verfasser wird in der Aufschrift der Dominikanerbruder Petrus bezeichnet. Dieser beschreibt dann im zweiten Buche, was er selbst, als er zu Cöln studirte und dann als er vom Studium zu Paris über Stommeln und Cöln nach seiner Heimath Dacien — so wurde damals Schweden genannt — zurückkehrte, in den Jahren 1267—1270 bei Christine Wunderbares gesehen und erlebt hat. Er theilt die Briefe mit, die er an sie geschrieben und diejenigen, welche er von dem Pfarrer Johannes von Stommeln über Christinens Zustände empfangen hat, und fügt seine Bemerkungen hinzu. Dann folgen Peter's Erzählung über seinen zweiten Aufenthalt in Stommeln 1279, Briefe Peter's an Christine aus den nächstfolgenden Jahren, und Berichte über Christine, die jetzt, da der Pfarrer Johannes gestorben ist, von einem Magister Johannes geschrieben sind. Bis zum Jahre 1281 sind diese Berichte des Magisters mit den Bemerkungen Peter's versehen. Dann folgt eine Anzahl verschiedener ungeordneter Briefe über und an Christine. Das dritte Buch endlich, das mit einer neuen

Paginirung beginnt, enthält auf gleichfalls 55 Blättern die Berichte des Magisters Johannes von 1280—1287. Mit diesem letzteren Jahre bricht die Erzählung ohne einen Abschluss zu haben ab. Dieses ganze Buch erscheint als noch zu bearbeitendes Material; denn es enthält die unmittelbare Fortsetzung des letzten Berichts über Christine im 2. Buch. Dort aber sind die Berichte in die Form von Briefen bereits umgearbeitet, während hier alles noch fortlaufende Erzählung ist.

Betrachten wir nun den Stil, in welchem diese Aufzeichnungen geschrieben sind, so ist derselbe völlig gleichartig im ersten Buch *(Act. S. S. lib. VI.)*, in der Einleitung zum zweiten *(A. S. lib. I.)*, in einer Anzahl von Briefen, welche ungeordnet am Schluss des zweiten Buches stehen *(A. S. lib. III—V.)*, und im ganzen dritten Buche *(A. S. lib. IV.)*. Der Schreiber handhabt hier das Latein mit grosser Gewandtheit, er ist wortreich, spielt mit der Rede, die Rede hat einen leichten Fluss, und gefällt sich in parallelen, im Rythmus und im Ausklang sich entsprechenden Sätzen.[1] Diese Eigenschaften des Stils treten so ausgesprochen und gleichmässig in den oben angegebenen Particen hervor, dass hier nur ein und derselbe Verfasser sein kann. Dagegen sind die übrigen Stücke von einem anderen Verfasser. Das Latein ist hier eben so plump, holperig, fehlerhaft und dürftig als es dort gewandt, fliessend, treffend und reich ist.

Von diesen beiden Schreibern spielt der erstere und gewandtere eine doppelte Rolle. Er tritt einmal als Petrus von Dacien und dann als Magister Johannes auf. Der Verfasser hat also, wenn er Petrus ist, den Magister Johannes, oder wenn er der Magister Johannes ist, den Petrus fingirt, oder er ist überhaupt keiner von beiden. Zu dieser letzteren Annahme führt uns der folgende Umstand. Von demselben angeblichen Petrus von Dacien kommen nicht bloss Briefe in dem angedeuteten gewandten

---

1) *AA. SS. III,17.* Aus einem Briefe des Petrus an Christina: *Et quamvis secundum diversitatem considerationis diversitas oriatur affectionis, nullam tamen possum advertere maculam infectionis, vel saltem impedimentum distractionis: quin potius in omnibus invenio spiritualia charismata, divina simul et internorum expressa exemplaria. In iis lego et relego et perlegere non sufficio, quae vel quanta sit patientia sanctorum in tolerandis, quanta prudentia in agendis, quanta providentia in cavendis, quanta examinatio in discernendis, quanta concupiscentia in divinis sapiendis, quanta laetitia in perfruendis. III, 10: Ibi enim pro tempore excellentior sentitur dei gratia, lucidior et manifestior apparet divina praesentia, virtuosior cernitur ejus efficacia. Item ibidem pro tempore crudelior fuit daemonis saevitia, astutior insurgit nequitia, pertinacior debachatur malitia.*

Latein, sondern auch Briefe in dem rohen unbeholfenen Stile vor, wie er dem zweiten Schreiber eigen ist.[1] Da die in dem rohen Mönchslatein geschriebenen Stücke den andern zur Voraussetzung dienen, so ist der besser schreibende Petrus der unächte, und da die Berichte des Magisters Johannes zum Theile wieder Bezug nehmen auf die Verhältnisse des unächten Petrus, so sind auch diese Berichte des Magisters Johannes unächt.

Es ist aber nicht bloss der Stil, es sind auch sachliche Widersprüche, welche uns zeigen, dass wir es in den Acten der Christine mit einer Fälschung zu thun haben. Im Jahre 1283 schreibt Petrus von Dacien in seinem plumpen Latein aus Schweden an Christine,[2] er habe über sie eine doppelte Klage. Erstlich habe sie ihm bei seinem letzten Besuch im J. 1279 Berichte über ihre Zustände versprochen, und er habe bis zur Stunde nichts erhalten, und zweitens habe sie ihm durch den Pfarrer Johannes vor noch längerer Zeit in Aussicht gestellt, sie wolle ihm, wenn er sie wieder besuche, ein Geheimniss mittheilen, welches sie bisher noch keinem Menschen offenbart habe. Als er nun im Jahre 1279 bei ihr gewesen, da habe er sie in diesem Punkte zu seinem grossen Schmerze sehr schweigsam gefunden. Aber diese beiden Klagen stehen im vollkommenen Widerspruch mit dem was wir sonst lesen. Denn in andern Briefen bezeugt er selbst, er habe seit seinem Besuche in Stommeln Berichte empfangen, und in der That lesen wir in den Acten fünf solche Berichte, die ihm, wie er selbst sagt, bis zum J. 1282 von Magister Johannes über Christine zugekommen sind.[3] Und ebenso steht die Klage wegen des Geheimnisses im Widerspruch mit der Erzählung eben dieses Petrus über seinen Besuch im J. 1279. Denn hier bekennt er,

---

1) Aus der Erzählung des Petrus *I, 36: et cam visitantes et salutantes supradicto modo in lecto jacentem ad modicam morulam secum! loquebamur. II, 44: Quaterni autem praenominati continentiam infra isti tractatui interponam. — — Dedit autem Nicolaus Christinae suum Pater-noster, quod personaliter quatuor annis portaverat, erat enim ipse in magna devotione per Christinae aspectum promotus, ut ipse fatebatur. I, 43: Dispositio autem sua (Christinae!) talis erat. Ad truncum unum sedebat etc.* Aus einem Briefe des Petrus an Christina *V, 43: Caeterum, carissima, habeo de vobis aliqua conqueri, si vos habetis in memoria, scripsistis mihi — Carissima, mitto vobis tunicam unam etc.*

2) *AA. SS. Lib. V*, 43—45. Das Jahr ergibt sich mit Sicherheit aus der Vergleichung mit *Lib. III*, 65—66 u. 55.

3) *l. c. III*, 22—37. *III*, 38—44. *III*, 52—54. cf. Schluss 54, wo er eines weiteren Briefes erwähnt. *III*, 55—63.

dass sie ihm das Geheimniss mitgetheilt habe und er berichtet uns über den Inhalt desselben.¹

Ein gleicher Widerspruch findet sich in einigen andern Briefen des Petrus. 1283 kündigt er einen neuen Besuch in Stommeln an, da er mit seinem Provinzialprior als Begleiter auf das Generalcapitel (nach Montpellier) zu reisen habe.² Unmittelbar nach seiner Rückkehr dankt er für die Tröstungen, für die Wohlthaten und für die Reliquien, die er bei diesem Besuche in Stommeln und Cöln empfangen habe. Dagegen ist in einem andern auf diesen Besuch sich beziehenden Briefe über die geringe Befriedigung geklagt, die sein Besuch ihm gewährt, da auch hier Christine ihm ihr Geheimniss nicht offenbart habe.³

Man könnte nun auf den Gedanken kommen, dass vielleicht jene älteren in einem unbeholfenen Latein geschriebenen Stücke ächte Stücke seien, d. h. solche Stücke, welche wirklich einen vertrauten Freund der Christine, der Petrus hiess und aus Dacien oder Schweden stammte, zum Verfasser hätten. Allein unter den oben mitgetheilten Stellen ist bereits eine solche, welche zeigt, dass nicht bloss der gewandtere Lateiner mit dem unbeholfeneren, sondern auch dieser letztere mit sich selbst in Widerspruch geräth, und dieser Widerspruch ist der Art, dass die Angabe des Schreibenden, er berichte Erlebtes, unmöglich wahr sein kann. Von gleicher Natur ist auch der folgende Widerspruch. *Lib. I, 17—18* erzählt der angebliche Petrus von seiner ersten Begegnung mit Christine. Er traf im Hause des Pfarrers von Stommeln, wohin Christine wegen ihrer Anfechtungen gebracht worden war, auch des Pfarrers Mutter und Schwestern. Mit diesen zusammen war er hier bei den wundersamen Anfällen, die Christine hatte, gegenwärtig. Diese Anfälle bildeten den Gegenstand seiner Gespräche mit ihnen. Neun Wochen später ist unser Petrus abermals mit einem Genossen im Pfarrhause zu Stommeln und dort über Tische auch mit Christine zusammen, und er mit den Hausgenossen sind dann Zeugen einer länger andauernden Ekstase Christinens. Vier Wochen später erfolgte der dritte Besuch Peter's im Pfarrhause zu Stommeln, und abermals wurde Christine um seinetwillen von dem Pfarrer zu Tische geladen. So sollte man nun denken, es müsste die Mutter des Pfarrers unsern Peter genugsam kennen, und müsste auch wissen, dass dieser Christine kenne, denn er war nur um ihretwillen in's Pfarrhaus nach Stommeln gekommen, und

---

1) *l. c. III*, 1—13. Insbesondere 12—13.
2) *l. c. V*, 50.
3) *l. c. V*, 47—49.

die Mutter des Pfarrers hatte ihn da mit Christine zusammengesehn, war mit ihm Zeugin von Christinens Zuständen gewesen und hatte mit Peter über dieselben gesprochen — und nun erwäge man den Bericht Peter's über seinen vierten Besuch im Pfarrhause zu Stommeln, der nur 14 Tage nach dem dritten stattfand. „Die Mutter des Pfarrers", sagt da Peter, „kam mir schon vor der Thür entgegen, nannte mich ihren Sohn, da sie mich schon länger kannte, und rief: mein lieber Sohn, wie leid ist es mir, dass du nicht schon gestern hier gewesen, denn da hättest du Gottes Wunder sehen können. Gestern sind an einem Mädchen in diesem Dorfe deutlich die Wundenmale des Herrn sichtbar geworden. *(Heri in quadam puella in villa hac expresse apparuerunt signa dominicae passionis III, 33)."* Christine ist unter der *quadam puella in villa hac* gemeint. Zu einem, der Christine kannte, wie von einer Unbekannten zu sprechen, darauf hätte die Mutter des Pfarrers nur kommen können, wenn sie eben zu Räthselspielen Lust gehabt hätte. Aber in dieser Stimmung ist sie hier offenbar nicht. Das ausserordentliche Wunder erfüllt ihre Seele. Dies zu berichten eilt sie dem Petrus bis vor die Thüre entgegen. Damit verträgt sich eine Stimmung nicht, welche geneigt wäre, zuerst noch ein Fragespiel um die Person zu treiben. Der Bericht führt also einfach die Mutter des Pfarrers als eine solche ein, welche voraussetzt, dass Peter dieses Mädchen d. i. Christine noch nicht kenne. Ein solcher Verstoss aber konnte nur einem nachlässigen Erfinder begegnen, nicht einem, der in den Verhältnissen selbst stand, über die er berichtet.

So haben wir also in den Acten über Christine von Stommeln ein Werk, an welchem verschiedene Fälscher gearbeitet haben. Schon der erste unbeholfene Schreiber ist ein solcher, dessen theils fertige, theils unfertige Arbeit von dem späteren gewandteren Schreiber zuerst theilweise umgearbeitet und ergänzt worden ist. Hierauf erst fing derselbe an, das was er vorgefunden und was er als neues Material hinzugebracht hatte, zu einem Ganzen zu verarbeiten. Er ist aber damit nicht fertig geworden. Das unverarbeitete Material hat der Schreiber, der die Jülicher Handschrift zusammengestellt hat, mit aufbewahrt und uns dadurch, ohne es zu wollen, die Mittel an die Hand gegeben, den Betrug nachzuweisen.

2. Religiöse Zustände in den Niederlanden im Anfang des 13. Jahrhunderts.

Der Franziskanermönch Lamprecht von Regensburg, welcher in der zweiten Hälfte des 13. Jahrhunderts seine „Tochter von Sion" dichtete, sagt, das übersinnliche Schauen und Wissen sei zu seinen Zeiten unter den Weibern in Brabant und Baiern erstanden. Seine Angabe ist im Ganzen richtig. Denn lange Zeit finden sich ekstatische Erscheinungen mehr nur in vereinzelter Weise, und erst seit dem Anfang des 13. Jahrhunderts treffen wir sie wie epidemisch über weite Gebiete hin. In den Niederlanden kommen sie, soweit wir sehen, zuerst in solcher Weise vor, von da verbreiten sie sich über Nieder- und Oberdeutschland. Und es sind, wenn auch nicht ausschliesslich, doch vorherrschend die Länder germanischer Zunge, in welchen das ekstatische Leben eine besondere Pflege fand.

Wenn Lambert neben Brabant auch Baiern anführt, wo diese „Kunst", wie er das übersinnliche Schauen nennt, zuerst hervorgetreten sei, so wissen wir nicht, in wie weit dies genau ist, denn Belege hiefür liegen bis jetzt nicht vor. Es ist möglich, dass er mit Baiern Oberdeutschland überhaupt meint, und dass er das was zu seiner Zeit an Erscheinungen der Art hier vorkommt, sich zu unabhängig in seinem Ursprung von jener Bewegung in den Niederlanden denkt.

Ekstase und Prophetie, man mag über ihren Werth denken wie man will, setzen eine gewisse Macht des Gemüthes voraus. Schon die Römer berichten von der prophetischen Kraft der deutschen Frauen. Dass insbesondere die Natur der Niederländer nach jener Seite hinneige, dafür ist ein Beweis, dass während des ganzen Mittelalters die Niederlande ein Hauptgebiet der Mystik geblieben sind. Dort wo das Beginenwesen zuerst erstand und fast gleichzeitig mit seinem Entstehen tritt die neue Erscheinung auf. Die immer trostloser sich gestaltende Zeit trieb da zu jener Abkehr von der Welt, zu jenen Vereinigungen, in welchen unter dem Eifer, der mit der Neuheit verbunden ist, unter der Steigerung des Lebens, die aus der Gemeinschaft entspringt, jene ekstatischen Zustände sich entwickelten. An der Linie, welche von Lüttich in westlicher Richtung bis zum Meere bei Calais die Sprachgränze zwischen den germanischen Flamändern und den romanischen Wallonen bildet und von da nordwärts eben in jenen flämischen Gebieten ist die Heimath dieser neuen Weise des religiösen Lebens.

Eine directe Beziehung der Hildegard oder Elisabeth zu den niederländischen Klöstern lässt sich nicht nachweisen. Auch scheinen in den Rheinlanden neben den genannten beiden Frauen keine anderen von Bedeutung hervorgetreten zu sein. Aber das ist nicht zu bezweifeln, dass durch jene Frauen unter der damaligen Zeitlage der religiöse Geist eine entschiedene Richtung auf ausserordentliche Offenbarungen erhielt. Wir erkennen das daraus, dass Schriften und Briefe unter dem Namen der Hildegard oder Elisabeth erdichtet wurden, und dass solche Offenbarungen ein mit Vorliebe gewähltes Thema religiöser Gespräche bildeten, wie das Beispiel der Nonnen von Bingen und des Abtes von Eberbach zeigt. Es konnte nicht fehlen, dass auch die benachbarten Niederlande von diesem Geiste berührt wurden.

Als Fulko der Bischof von Toulouse von den Albigensern aus seinem Bisthum vertrieben durch Frankreich im J. 1212 nach dem Bisthum Lüttich kam, war ihm die Menge ekstatischer Frauen, die er hier traf, ein eben so neues wie wunderbares Ereigniss. Aus Aegypten, meint er, sei er geflohen, dann durch die Wüste gezogen und nun in's Land der Verheissung gekommen. Sein Freund, Jakob von Vitry, der uns im Vorwort zu dem Leben der Marie von Oegnies über die Menge der ekstatischen Erscheinungen in jenem Bisthum berichtet, beruft sich auf das, was der Bischof selbst gesehen habe. Eine, so sagt er, hatte die Gabe, in den Seelen Anderer die Sünden zu lesen, die sie in der Beichte verschwiegen hatten. Einige waren von der Sehnsucht zu ihrem himmlischen Bräutigam so entkräftet, dass sie nur selten innerhalb vieler Jahre von ihrem Bette sich erheben konnten. Eine hatte die Gabe der Thränen in solchem Maasse, dass ein Thränenstrom ihr aus den Augen floss, so oft sie mit Gott im Herzen beschäftigt war, so dass von der Gewohnheit des Weinens die Spuren der Thränen auf den Wangen sichtbar waren; Andere hatten Honiggeschmack auf der Zunge, wenn ihr Herz die Süssigkeit geistlicher Heimsuchung erfuhr. Bei Andern war die Trunkenheit des Geistes so gross, dass sie ausser sich gezückt wurden und dass sie fast den ganzen Tag schweigend ruhten und keinen Laut noch Sinn für die Aussenwelt hatten. Denn der Friede Gottes hatte ihre Sinne also überwunden und begraben, dass kein Geschrei sie erwecken konnte, und dass sie ohne alle Empfindung des Schmerzes waren, auch wenn sie heftig gestochen wurden. Von einer dieser Frauen berichtet Jakob von Vitry, dass sie des Tages wohl fünfundzwanzigmal verzückt worden und dass sie unbeweglich in der Stellung geblieben sei, in die sie beim Eintritt der Verzückung gekommen war, so dass man sich oft hätte wundern müssen, dass sie nicht hinfiel.

So Jakob von Vitry. Wir sind geneigt, zu glauben, dass der Beschreiber hier manches übertrieben hat, denn Jakob von Vitry verdient, wie wir fanden, kein unbedingtes Vertrauen. Dennoch wird als Thatsache bestehen bleiben, dass unter den Frauen der Diöcese Lüttich ein äusserst erregtes religiöses Leben herrschend war, bei welchem ekstatische Zustände sich häufig einstellten. Die gleichartigen Erscheinungen, wie sie uns von den verschiedensten Berichterstattern in den nächstfolgenden Zeiten allerwärts bezeugt werden, lassen keinen Zweifel an der Thatsache selbst. Wir gehen nun daran, das Leben einiger dieser Frauen im Einzelnen zu betrachten, um ein Urtheil über diese Zustände zu gewinnen.

3. Marie von Oegnies.

Marie von Oegnies ist 1177 zu Nivelles im Bisthum Lüttich geboren. Vierzehn Jahre alt wurde sie in die Ehe gegeben. Nach kurzer Zeit kam sie mit ihrem Manne überein, dem ehelichen Umgang zu entsagen und beide dienten dann eine Zeit lang den Aussätzigen bei Willambrok in der Nähe von Nivelles. Bald wurde die Menge durch den Ruf ihrer Heiligkeit und ihrer wunderbaren Zustände herbeigezogen. Um Ruhe zu finden ging sie zuletzt zu den Beginen nach Oegnies, wo sie im Jahre 1213 in ihrem 36. Jahre starb.

Sie muss eine sehr starke Natur gehabt haben, denn ihre Kraft zur Arbeit und ihre Gesundheit wurde auch durch das strengste Fasten und andere Entbehrungen nicht geschwächt. Einen Winter lang schlief sie allnächtlich in der Kirche. Der Wein im Kelche fror, sie litt nicht unter der Kälte; sie hat nie des Ofens bedurft. Ihr ward in der Kälte von der inneren Gluth auch körperlich warm, sagt Jakob von Vitry. Das alles weist auf eine ungewöhnliche Nervenkraft. Sie hätte dasselbe ertragen können auch ohne ihre religiöse Richtung. Diese Fülle der Nervenkraft, des elektrischen Fluidums, welches der Lebensgeist durch seine Verbindung mit der hiefür formirten Stofflichkeit erweckt, befähigte sie zum Mitfühlen und Nachempfinden sinnlicher Leiden in solchem Grade, dass sie die Leiden und Krankheiten ihrer Freundinnen in ihren eigenen Gliedern zu spüren meinte. Der Stärke ihres Sinnenlebens entsprach die Energie des Gemüthes. Denn der menschliche Lebensgeist gewinnt die Stätte für seine weitere Ausgestaltung zum Gemüthe in der animalischen Lebenssphäre. Die Kräfte, in denen sich das Gemüth offenbart, sein Empfinden, Begehren und Verstehen sind stark oder schwach je nach der Beschaffenheit dieser ihrer Unterlage. Im Gemüthe wird aber auch die höhere Idee der sittlichen Persönlichkeit zuerst offenbar. Die Energie, mit der das Gemüth dieser gemäss handelt, ist also mit abhängig von der Stärke der Nervenkraft. Und so entsprach auch bei Marie der Stärke der sinnlichen Empfänglichkeit die Kraft und Heftigkeit der Reaction gegen das ihrer sittlichen Empfindung Widerliche. Als sie durch einen Ort gegangen war, in welchem sie viel Sündiges bemerkt hatte, schrie sie draussen laut auf, und wollte mit einem Messer die Haut von den Füssen schneiden, die den befleckten Boden berührt hatten. Auch ihre Selbstpeinigungen tragen zum Theil denselben heftigen Charakter.

In dieser Stärke des sympathischen Nervenlebens hat denn auch ihr mystisches Leben seine natürliche Grundlage. Die Versenkung in das Leiden Christi war der Anfang ihrer Bekehrung, wie Jakob von Vitry sagt. Man muss berücksichtigen, dass es der sinnliche Schmerz im Leiden Christi war, den die Zeitrichtung vorzugsweise erfasste. Das Schreckliche, das Entsetzliche wurde mit Vorliebe vor das innere Auge gestellt: da rief unter Umständen die nervöse Aufregung ungewöhnliche Zustände hervor. Marie empfing, wie ihr Biograph freilich mit gewohnter Uebertreibung sagt, bei der Betrachtung des Leidens Christi die Gabe der Thränen in solchem Maasse, dass ihr Weg durch die Kirche von dem Thränenwasser bezeichnet war, das ihr entströmte. Seitdem hatte sie jene Gabe der Thränen im reichsten Maasse, wurde aber hiebei nicht etwa erschöpft, sondern gestärkt und heiter. Das Uebermaass nervösen Reizes glich sich hiedurch in einer für sie wohlthuenden Weise aus.

Aber auch die Lebendigkeit unserer willkürlichen Vorstellungen ist durch die Fülle des Nervenfluidums bestimmt, welches gleichsam die Stofflichkeit für das Leben des Geistes bildet, den Leib für die Idee, in welchem diese für uns selbst fassbar und licht wird. Je geschwächter unser Nervenleben ist, um so verblasster und matter stellt sich der Gedanke dar, je erregter und kräftiger es ist, um so leb- und leibhafter ist derselbe. Es vergleicht sich der Nervengeist der Lebensluft, deren verstärktes Zuströmen die Flamme in erhöhter Weise leuchten lässt. Der Kraft in den Nerven der äusseren Sinne entspricht jene in den

Nerven des Herzens, welche dem inneren Sinn, der inneren Anschauung zur Folie dient. Ist das Herz durch Freude, Zorn und andere Leidenschaften in ausserordentlicher Weise erregt, so können sich die Triebe der thierischen Seele und die Gedankenkeime des Gemüthes in dem Nervenlichte des Herzens zu den lebendigsten Bildern entfalten, welche die Persönlichkeit völlig hinnehmen, so dass diese kein Auge und Ohr mehr hat für das was um sie her vorgeht. Die Persönlichkeit verliert ihr waches Bewusstsein. Denn wir sind im gewöhnlichen Sinne nur wach, so lange unsere Persönlichkeit ihre Stätte in den Sinnennerven hat. Verliert sie diese, so tritt der Schlaf oder ein ähnlicher Zustand für das leibliche Leben ein, die Persönlichkeit aber ist der Gewalt der inneren Anschauung hingegeben, da sie ihren Rückhalt in den äusseren Sinnen verloren hat. Dieses Entsetztsein der Persönlichkeit aus dem äusseren Nervenleben, da sie mit dem Gemüthe ganz in die Gewalt der Bilder des inneren Sinnes dahingegeben ist, ist der Zustand der Ekstase. Derselbe trat bei Maria häufig ein und währte mehrmals sehr lange. „In lieblichem und seligem Schweigen im Herrn ruhend hat sie einmal 35 Tage keine Speise zu sich genommen und kein Wort gesprochen als zuweilen: Ich will den Leib des Herrn. Sie fühlte aber in jenen Tagen, dass ihr Geist wie vom Leibe getrennt sich in ihm wie in einem thönernen Gefässe befinde. Denn sie war in diesem Zustande von allen sinnlichen Wahrnehmungen abgezogen und in einer Art Verzückung über sich hinausgerissen." Die Möglichkeit einer ungewöhnlich langen Entbehrung der Speise ist auch sonst durch mehrfache Wahrnehmungen bestätigt. Speise und Trank sind nicht die einzige Nahrungsquelle für die Leiblichkeit. Es sind noch andere kosmische Einflüsse, die stärkend auf dieselbe einzuwirken vermögen, und die dazu mithelfen, dass der Lebensgrund für unsere materielle Leiblichkeit sich in stärkerer Weise erschliesse. Marie hatte in jenem Zustande des Schlafwachens das Bewusstsein ihrer Ekstase, sie stand in bewusster Beziehung zu den Persönlichkeiten, die mit ihr in Berührung traten. Wichtig ist indess, dass der sittliche Wille der Persönlichkeit immer noch die Kraft behielt, gegen den ekstatischen Zustand zu reagiren, wenn auch unter den grössten Anstrengungen und heftigen Störungen des leiblichen Lebens. „Wenn sie hörte", sagt ihr Biograph, „dass Auswärtige gekommen seien, die sie zu sprechen wünschten, so that sie sich, um niemand ein Aergerniss zu geben, Gewalt an und riss sich von jener sanften Freude der Anschauung unter solchen Schmerzen los, dass sie zuweilen, wie wenn die Gefässe geborsten wären, reines Blut in grosser Menge erbrach." So wirkte also der Wille, indem er sich des äusseren Nervenlebens plötzlich wieder zu bemächtigen suchte, wie sonst wohl auch plötzlicher Wechsel der Temperatur. Das Blut, das in ihrem ungewöhnlichen Schlafzustande einzelne Organe stärker als sonst erfüllte, konnte bei der plötzlichen Reaction, so scheint es, die gewohnten Wege der Bewegung nicht sofort wieder finden.

Zuweilen ist auch ihr Geist von der Gewalt der inneren Anschauung beherrscht, ohne seine Stätte in dem äusseren Sinnenleben zu verlieren und sie bleibt ihres Leibes dabei mächtig. Sie sah flehende Hände vor sich und erschrak. Am andern Tage in der Zelle sah sie es wieder. Sie bittet den Herrn um Aufschluss und erhält die Antwort, sie solle für die Seelen im Fegfeuer bitten. „Denn sie unterliess zuweilen vor der Süssigkeit der Beschauung die gewohnten Gebete." Das Licht des inneren Sinnes durfte nur aussergewöhnlich stark sein und ein Vorwurf, den sie sich selbst wegen unterlassener Gebete machte, objectivirte sich zu einem Bilde, wie wir es im Traume wohl auch haben. Wenn bei der Erregung des Gemüths und bei der Stärke des Lichtes, in dem wir schauen, der bildproducirende Trieb des ersteren in erhöhtem Maasse thätig ist, dann vermögen diese Bilder eine solche Lebendigkeit zu gewinnen, dass wir sie auch dann, wenn der Schlaf unsere äusseren Sinne nicht befängt, für Realität halten. Aehnlich wie der Fieberkranke, sieht sie Dämonen. Sie sieht sie von ihrem Gebete gequält, sie hört sie mit den Zähnen knirschen, heulen und flehen, sie schlägt mit dem Mantel nach ihnen. Andererseits wird ihr in dem Gesang himmlischer Geister, den sie vernimmt, die innere Harmonie ihrer Seele gegenständlich. Ein Engel in der Gestalt eines Abtes heisst sie ruhen, wenn sie erschöpft ist, und weckt sie wieder und mahnt sie zur Kirche zu gehen, wenn sie kaum zur Ruhe sich niedergelegt. Sie sieht Christus zu sich kommen als Knaben, als Lamm, als Taube. In solchen innern Anschauungen spiegelt sich ihr die Stimme des Gewissens, ihr Eifer, die Gnadengegenwart ihres Heilands. Es sind die der Einbildungskraft des Zeitalters gewohnten Bilder, in die sich ihr jene inneren Vorgänge übersetzen.

Auch die Idee Gottes, wie sie untrennbar mit der Idee unserer selbst verbunden ist, stellte sich ihrem inneren Sinne in lichter Weise dar, nicht in sinnlicher Verleiblichung, sondern, wie es scheint, in abstracteren Formen. „Wenn die Strahlen dieser Sonne allen Niederschlag des Sinnlichen von ihr weggezehrt hatten, wenn sie von dem ganzen Gewölke der leiblichen Bilder geläutert war, dann empfing sie ohne alle Phantasie oder Einbildung die einfältigen und göttlichen Formen in ihrer Seele wie in einem Spiegel."

Unser Contact mit der Aussenwelt geschieht nicht bloss durch das äussere Sinnenleben. Der Vogel, der im Herbste südwärts über das Meer zieht, folgt einem Zuge, der nicht durch die äusseren Sinne vermittelt ist. Ein unmittelbares Gefühl macht uns die Nähe eines Menschen widerwärtig oder anziehend, ohne dass wir dies durch den Sinneneindruck irgendwie zu rechtfertigen vermöchten. Die Lebenscentren der Dinge wirken nicht bloss durch die sinnlichen Medien auf einander ein. Wie es auf dem Wege von unserer Leiblichkeit bis zur höchsten Stufe unseres Geisteslebens mehrere Zwischengebiete gibt, so scheinen auch von der materiellen Welt aufwärts oder einwärts bis zu Gott, dem Herrn und Schöpfer aller Dinge, einige Zwischengebiete zu liegen, von denen wir für gewöhnlich mit unseren Kräften nur die nächste, die der sogenannten Imponderabilien, und zwar nur auf unvollkommene Weise zu erfassen vermögen. Zunächst an diese muss ein Gebiet gränzen, in welchem das innere und äussere Wesen der Dinge sich in ganz analoger Weise spiegelt, wie deren äusseres Wesen im Spiegel unseres Auges, und in welches die materielle Welt nicht hemmend hineintritt. Die Gabe des Ferngesichts, wie sie namentlich bei Somnambulen durch sichere Beobachtungen constatirt ist, scheint zu einer solchen Hypothese zu nöthigen. Zu dieser Region der Abschattung oder Spiegelung scheint der aussergewöhnlich erhöhte innere Sinn der Schlüssel zu sein. Auch Marie hatte die Gabe des Ferngesichts.

Zu Oegnies wird ein Magister erwartet. Ein Priester soll ihm bis Paris entgegengeschickt werden. Sie hält ihn zurück, denn ein Bote des Magisters sei auf dem Wege mit Nachrichten von ihm. Ein Gerücht sagt, jener Magister sei todt; sie weiss und verkündet, dass er lebe. Sie sieht die Ermordung der deutschen Kreuzfahrer bei Mont-joie im J. 1209. In beiden Fällen ist eine persönliche Theilnahme an denen, über die sie Aussagen gab, bei ihr selbst oder ihrer Umgebung vorauszusetzen. Dass sie die bei Mont-joie Umgekommenen von den Engeln unmittelbar mit Umgehung des Fegfeuers in den Himmel getragen sah, ist eine Uebersetzung des Ereignisses in die Anschauungen und in die Sprache des Zeitalters. Sie glaubte mit ihrer Zeit, dass der Tod für die Sache der Kirche die zeitlichen Sündenstrafen tilge.

Von dieser Gabe des Ferngesichts ist der Sinn für die Entwicklung der Dinge nicht wesentlich verschieden. Denn das was werden soll, liegt mit seinen Wurzeln schon in der Gegenwart und ist von der

Vorsehung mit dem Stempel der Unverwüstlichkeit oder Unverletzlichkeit bezeichnet. Auch für die Willkür der Menschen, welche die göttlichen Plane durchkreuzen könnte, sind Hemmniss und Dunkel zuvor bereitet. Das alles scheint eine Art von Atmosphäre um die Handelnden her zu bilden, die von den Hellsehenden empfunden wird. Bei der Verwüstung Lüttichs ist sie für die dort wohnenden Schwestern und für Oegnies ruhig, weil sie weiss, dass die Gefahr vorübergeht. Sie bezeichnet die Sterbestunde einer Andern. Die Zeit ihres eigenen Todes sagt sie sechs Jahre vorher. Als ihr letztes Jahr anbricht, wird sie von übermässiger Freude entzückt und so hingenommen, dass sie laut aufschreit und ihr Angesicht wie im Feuer leuchtet. In ihr starres offenes Auge fallen die Sonnenstrahlen, ohne dass ihre Wimper zuckt. Sie ruft wie trunken: Mir ist vom Herrn gesagt, dass ich in's Allerheiligste gehen werde. O welch ein süsses Wort! Drei Tage lang vor ihrem Tode strömt ihr Mund über vom Lobe und Preise Gottes, und ihr Lob ergiesst sich in rythmischer Rede. Sie preist am meisten die Dreiheit in der Einheit und die Einheit in der Dreiheit.

4. Christine von St. Troud.

Christine von St. Troud [1] oder von dem Dorfe Brusten bei St. Troud, die Wunderbare genannt, ist vor Marie von Oegnies geboren und hat sie überlebt. Sie starb um 1224 in ihrem 74. Jahre. Neun Jahre lebte sie mit einer Klausnerin an der Gränze Deutschlands bei Loen, den grössten Theil ihres Lebens aber in St. Troud, wo sie wahrscheinlich dem dortigen Katharinenkloster affiliirt war, einem Kloster der Benedictinerinnen. Sie scheint nie ein Gelübde abgelegt zu haben, wie aus dem Schweigen des Chantimpré zu vermuthen ist. In jenem Kloster wurde sie auch begraben. Ihr Körper war in den letzten Jahren wie zu einem Schatten zusammengeschwunden.

Das persönliche Leben ist bei Christine viel weniger selbstständig als bei Marie von Oegnies. Sie ist in weit höherem Maasse dem Naturleben unterworfen. Ihre beiden älteren Schwestern bestimmen sie nach dem Tode der Aeltern das Vieh zu hüten. Vielleicht, dass sie zu blöde schien, Besseres zu thun. Einst fand man sie ohne Zeichen des Lebens

---

1) *Vita b. Christinae Mirabilis Trudonapoli in Hasbania auct. Thoma Cantimpratensi Act. S. S. 24. Julii. Tom. V.*

und hielt sie für todt. Als man vor der vermeinten Leiche in der Kirche Messe las, erhob sie sich von der Bahre und kletterte leicht wie ein Vogel auf das Gebälke der Kirche. Der Priester musste sie mit dem Sacramente zwingen herabzusteigen. Nachher flieht sie die Gemeinschaft der Menschen, die Berührung der Erde. Sie fühlt sich unwiderstehlich nach hohen Orten gezogen. Sie verweilt auf der Höhe der Thürme, auf Bäumen. Ihr Körper war so zart und leicht, dass sie auf der steilsten Höhe mit Leichtigkeit sich hielt. Wie der Mondsüchtige ward sie von einer sie übermächtig anziehenden Naturmacht ergriffen. Vielleicht war es die des Mondes. Dem Gesetz der Schwere, das nach unten zieht, wirkt hier ein anderes entgegen. Diese Uebermacht der Anziehung des siderischen Geistes, wie wir diese Naturmacht nennen wollen, gibt sich anderseits in der Begierde kund, mit der sie sich zu vernichten strebt, das Grauen des Todes und der Verwesung sucht. Sie behauptete, jener todesähnliche Zustand sei wirklicher Tod gewesen. Sie sei bereits vor Gottes Thron gestanden. Zweierlei sei ihr da vorgelegt worden: bei Gott zu bleiben oder in den Leib zurückzukehren und durch das Verdienst von Selbstpeinigungen Seelen aus dem Fegefeuer zu erlösen. Ohne Zaudern habe sie das letztere erwählt. Thomas von Chantimpré führt nun eine Reihe dieser Peinigungen an: sie hält ihre Hand in's Feuer, steckt sich in Oefen, wirft sich in siedendes Wasser, weilt Tage lang im eisigen Wasser, lässt sich auf Mühlräder treiben, hängt sich am Galgen auf unter den Leichen der Räuber, flicht sich auf's Rad, weilt in den Gräbern. Wir haben hier ohne Zweifel eine Reihe von Uebertreibungen. Aber diese Versuche, auf ein natürlicheres Maass zurückgeführt, sind psychologisch wahr. Zugleich ist ihre Motivirung von Bedeutung. Jener Zug, in dem Naturgeist unterzugehen, hat damit eine religiöse Rechtfertigung gesucht und gefunden.

Es ist nichts seltenes, dass der erregte Lebensgeist zu kreisenden Bewegungen treibt. Von Christine wird erzählt, dass sie im Zustande der Verzückung sich einst wie ein Kreisel gedreht habe und zwar mit einer Schnelligkeit, dass kein Glied an ihr zu unterscheiden gewesen sei. Als sie dann plötzlich ganz erschöpft geruht, da habe man an ihr einen inneren Gesang, dessen Worte unverständlich gewesen, wie zwischen Brust und Kehle vernommen. Aus dem Contact ihres aufgeregten animalischen Lebensprincips mit dem es beherrschenden siderischen Geiste entstand wohl jene Bereicherung und Strömung, welche ihre Glieder in die kreisende Bewegung hineinzog.

Man sah etwas Dämonisches in jener Flucht von der Erde, in der

Scheu vor den Menschen, in jener Todeslust. Wie eine Besessene hielt man sie oft in schweren Ketten. Aber mit unglaublicher Kraft wusste sie sich frei zu machen. Mochten nun in ihr selbst Zweifel entstanden sein, oder war es in Folge priesterlichen Bedenkens — sie wollte von jenem Einflusse des siderischen Geistes frei werden. Sie taucht sich in das Wasser eines Taufbeckens und von jenem Tage an hört der Zug nach steilen Höhen auf, sie erträgt von jetzt an die Umgebung der Menschen und die Berührung mit der Erde. Ihrer Persönlichkeit, dem zur sittlichen Herrschaft berufenen Ich, das bis dahin willenlos der Naturmacht sich hingegeben hatte, rief das Gewissen ein Halt zu und im Anschluss ihrer Seele an Christus gewann sie die Macht, dagegen zu reagiren.

Christine hatte bei dem Einflusse des siderischen Geistes auf ihr Nervenleben auch die Gabe des Ferngesichts. Sie schreit laut auf und verkündet ein Blutvergiessen an demselben Tage, da im J. 1213 nicht weit von ihrem Orte bei Staps der Herzog von Brabant und seine Gegner auf einander treffen. Den Verlust Jerusalems durch Saladin, erzählt Chantimpré, habe sie längere Zeit vorausgesagt. Am Tage, da es genommen wurde, habe sie ihren Freunden das Ereigniss verkündet.

5. Margaretha von Ypern.

Bei Christine von St. Troud war es die Uebermacht der Anziehung des siderischen Geistes, welche ein Gefühl des Abnormen in ihr hervorrief, wogegen sie versuchte, einen andern Grund zu gewinnen, von dem aus sie gegen jene Uebermacht reagiren könne. Bei Margarethe von Ypern[1] [1216—1237], einer Tertiarierin der Dominikaner, ist es der Zug der weiblichen Natur zu der des Mannes, dessen sie, weil er in übermächtiger Stärke hervortritt, als eines ungehörigen inne wird und vor dem sie sich zu Christus flüchtet. Sie wurde so empfindlich, dass bei ihr eine völlige Männerscheu sich entwickelte und sie selbst die Gegenwart eines Knaben nicht ertragen konnte. Sie schlug sich mit Dornen bis das Blut floss. Sie fand endlich die Kraft, jenen sinnlichen Neigungen zu widerstehen, in der Vermählung ihrer Seele mit Christus. Die Idee, dass

---

1) *Vita b. Margar. Iprensis auct. Th. Cantimpratensi. Duaci per Hiacinthum Choquetium 1618.*

sie eine Verlobte, eine Braut Christi sei, beherrschte bald ihr ganzes Leben. Aber es scheint hier nicht einzutreten, was so oft geschieht, dass der sinnliche Trieb nur die Richtung wechselt, um ungestörter sich behaupten zu können. Das Schwelgen in der Schönheit des Verlobten scheint ihr ferne geblieben zu sein. Ein tiefes Sündengefühl, das sich vielfach bei ihr kund gibt, liess es wohl dazu nicht kommen. Ueberhaupt bleibt bei ihr das persönliche Leben seiner selbst weit mehr mächtig als bei Christine von St. Troud. So kam es, dass sie bei ihren Visionen auch die Fühlung mit den äusseren Sinnen nicht verlor. Sie glaubt ihren bei fünf Meilen entfernten Beichtvater mit leiblichen Augen zu sehen. Sie meint in der Verzückung von Christus selbst die Hostie zu empfangen, sie mit den Zähnen zu zerbeissen und den Geschmack derselben noch durch 15 Tage zu haben. Diese Uebertragung der Einbildung auf die Sinnennerven wäre undenkbar, wenn diese in der Ekstase nicht frei und ihr bis zu einem gewissen Grade zu Diensten gestanden wären.

Dass wir es bei Margaretha mit einer Ekstase zu thun haben, deren Region eine höhere, geistigere war als bei Christine von St. Troud, geht auch daraus hervor, dass das Leben des Gebets bei ihr in ausnehmender Weise vorherrscht. Die Innigkeit des Gebets macht sie der Zeit völlig vergessen. Ihr Beichtvater hatte ihr geboten, während der langen Weihnachtsnacht zu schlafen. Sie will es auch thun, will nur ein kurzes Gebet sprechen, und meint es auch gethan zu haben — da leuchtete der Morgen durchs Fenster.

Von der Zartheit ihres inneren Lebens zeugt die Scheu, ihre zahlreichen inneren Erlebnisse und Offenbarungen einem andern als ihrem Beichtvater mitzutheilen. Thomas rühmt sie deshalb vor andern, denn viele religiöse Frauen seiner Zeit hätten die verderbliche Art der Hennen, die sofort es mit Geschrei verriethen, wenn sie ein Ei gelegt hätten.

Merkwürdig ist die Art der Mitleidenschaft, in die ihr leibliches Leben bei sittlichem Widerwillen gezogen werden konnte. Wenn sie Sünde und Aergerniss wahrnahm, sagt Thomas, verfiel sie oft plötzlich „vor Widerwillen" in tiefen Schlaf. Die Betäubung des Leibes durch den Schlaf tritt nicht bloss in Folge eines Rückzugs der höheren Kräfte, sondern auch in Folge einer positiven Sättigung des leiblichen Lebens aus dessen substanziellem Grunde ein. Dieser Grund, so scheint es, wird auch durch widrige Affecte zuweilen aufgeregt. So nennt auch Lucas als Ursache des Schlafens der Jünger in Gethsemane die Traurigkeit, wobei er sich wohl kaum die Ermüdung als Mittelursache denkt.

6. Luitgard von Tongern.

In dem Benedictinerinnenkloster zu St. Katharina bei St. Troud, wo Christine verkehrte und ihr Grab fand, lebte um dieselbe Zeit mit jener Luitgard von Tongern.[1] Nachdem sie hier zwölf Jahre zugebracht, trat sie auf den Rath des Magisters Johann de Liro in den strengeren Orden der Cistercienserinnen und zwar in das Kloster Aquiria bei Cambray. Der Eintritt in dieses Kloster geschah gegen ihre Neigung; sie wurde hiezu, wie es heisst, durch Gottes Weisungen und Katharine von St. Troud bestimmt. Denn in Aquiria war die französische Sprache herrschend, die zu lernen sie weder geneigt noch fähig war. Den Versuchen, sie für eines der neu begründeten Klöster in Frankreich als Aebtissin zu gewinnen, widerstand sie, da sie lieber der Beschauung leben wollte. Sie starb nach vierzigjährigem Aufenthalt in Aquiria im J. 1246 im 64. Lebensjahre.

Luitgard, von einem bürgerlichen Vater und einer adeligen Mutter stammend, scheint von schöner Gestalt gewesen zu sein, da sie von verschiedenen Freiern begehrt wurde und von einem derselben gewaltsam entführt werden sollte. Auch sie sucht durch die Liebe zum himmlischen Bräutigam die sinnlichen Neigungen zu überwinden. Thomas redet wohl schon aus den Anschauungen jener ekstatischen Frauen selbst heraus, wenn er die Bilder des hohen Liedes auf das mystische Frauenleben anwendet. Die Stufe des Anhebens oder der Busse vergleicht er dem Bette im hohen Liede, von welchem es heisst: Ich suchte des Nachts in meinem Bette den, den meine Seele liebt. Die Stufe des Kampfes oder der Zunehmenden ist das Bette Salomo's, um das sechzig Starke stehen aus den Starken in Israel. Von der dritten Stufe, dem beschauenden Leben, der Stufe der Vollkommenen, heisse es im Liede: Unser Bette grünet.

In ihren Ekstasen sieht Luitgard durch fünf Jahre hindurch fast täglich die Mutter Christi, die Apostel, Heilige und Engel; aber das genügt ihr nicht, sie findet keine Ruhe für ihren Geist, bis sie ihn selbst,

---

1) Ihre *Vita* von Chantimpré in den *Actis Sanct. 16. Junii. Tom. III.*

den Heiligen der Heiligen, der unaussprechlich süsser als alle ist, der alle andern heiliget, gefunden hat.

Ehe Luitgard durch ihre Ekstasen die Verehrung ihrer Mitschwestern gewann, spotteten diese über die Strenge und den Ernst ihres vor kurzem angefangenen religiösen Lebens. „Da geschah es, dass die Schwestern, als sie bereits öfters die Nächte hindurch im Gebete verbracht hatte, in der Nacht längere Zeit ein Licht heller als die Sonne über ihr erblickten." Von dieser Zeit an verstummte der Spott. Auch von Margarethe von Ypern und vielen andern Ekstatischen wird Aehnliches berichtet. Wahrnehmungen bei Somnambulen und ihren Magnetiseuren erweisen die Möglichkeit. Das nervöse Fluidum, wenn es ungewöhnlich gesteigert und erregt ist, leuchtet auch zuweilen für das sinnliche Auge der Umstehenden. Dagegen muss die Erzählung, dass die Nonnen sie im Chor der Kirche am Pfingstfeste unter dem Gesange des *veni creator spiritus* zwei Ellen hoch über die Erde emporgehoben gesehen hätten, in das Gebiet der Sinnentäuschung verwiesen werden. Vielleicht glaubte im Dämmerlichte oder im Glanze der Kerzen eine der gebetmüden Nonnen schon halb träumend sie also zu sehen, vielleicht schwankte auch einer anderen ihr Bild vor den müden Augen; und was die erste mit Gewissheit erzählte, wollte auch die zweite gesehen haben, und glaubten dann alle. So mag es zu den Ohren des Thomas gekommen sein.

Jene von Luitgard ausströmende Nervenkraft mag dann auch bei vielen, die mit Vertrauen ihre Hilfe suchten, auffallende Heilungen bewirkt haben. „Schäden an den Augen, Uebel an Händen, Füssen oder andern Gliedern wurden durch Berührung mit ihrem Speichel oder ihrer Hand alsbald geheilt." Wahrscheinlich ist auch in der folgenden Geschichte diese Nervenkraft das Mittel der Heilung gewesen und die Kranke, von der erzählt wird, war eine Epileptische. Eine sehr fromme Nonne, so erzählt Thomas, erhielt angeblich Offenbarungen von Gott, die aber vom Teufel waren. Da vernahm Luitgard vom Herrn in lateinischer Sprache die Worte: Erleuchte die, so in Finsterniss und Schatten des Todes sitzen. Thomas sagt: sie verstand als ununterrichtet die Worte nicht und liess sich dieselben von einer Schwester übersetzen. Die Worte konnten ihr aus dem kirchlichen Gebrauche nicht unbekannt sein, aber es ist begreiflich, dass sie sich dieselben, als sie in einer Offenbarung sie zu vernehmen meinte, ihrem Wortlaut nach von einer Schwester, die Latein verstand, noch einmal übersetzen liess. Im Gebete für die Bethörte, so erzählt Thomas weiter, erschien ihr der Dämon und bekannte, dass er jene Schwester beherrsche. Bis hieher ist alles psychologisch möglich und aus der Macht ihrer Einbildungskraft erklärbar. Wenn nun aber Thomas weiter berichtet: sie habe den Dämon zu Bruder Simon von Alna gehen heissen um diesem dasselbe Bekenntniss abzulegen, und Bruder Simon sei darauf hin nach Aquiria gekommen, so glauben wir doch, dass auch noch jemand anders als der Dämon Botendienste gethan habe. Bruder Simon, „ein Mann voll des Geistes Gottes, dem der Herr, wie sein *Liber vitae* bezeugt, sehr viele Offenbarungen gewährte", kam. Sie beteten gemeinsam. Jene Nonne fiel in einen Starrkrampf, wobei ihr Mund so fest geschlossen war, dass man ihn auch mit einem Messer nicht zum mindesten zu öffnen vermochte. Als sie vom Gebete sich erhoben, war die Nonne vom Starrkrampfe und von weiteren Anfechtungen frei.

Ihre Visionen scheinen im Wesentlichen auf den gleichen psychischen Voraussetzungen beruht zu haben, wie jene bei Marie von Oegnies. Wir erwähnen hier nur eine derselben, weil sie uns zeigt, wie eine der bedeutendsten Persönlichkeiten jener Zeiten in diesen frommen Kreisen beurtheilt wurde. Innocenz III. erschien ihr nach seinem Tode. Sie sah ihn von einer ungeheueren Flamme umgeben, und auf die Frage: woher ihm diese Qual komme, nannte er drei Ursachen, die ihn eigentlich zur Hölle verdammten. Aber durch Intercession der Jungfrau Maria, der er ein Kloster erbaut, habe er am Ende noch Busse thun und dem ewigen Tode entrinnen können. Thomas hat jene drei Ursachen von Luitgard erfahren, aber er will sie verschweigen aus Achtung vor dem so grossen Papste.

7. Verwandte Erscheinungen in den Niederlanden und den angränzenden Gebieten.

Die allgemeine Erregtheit im Volksleben, auf deren Ursachen wir oben hinwiesen, und aus der die geschilderten Zustände in den Niederlanden mit zu erklären sind, war auch das Element für eine Anzahl weiterer verwandter Erscheinungen des religiösen Lebens in dieser Zeit. Es ist hier vor allem der Kinderkreuzzug vom J. 1212 anzuführen, welcher zeigt, wie allgemein im Volke die Richtung auf das Ausserordentliche und Wunderbare war. Der Anstoss zu dieser Bewegung scheint von der Grafschaft Anjou ausgegangen zu sein.¹ Die Zahl der Kinder, welche sich in Paris sammelte, wird auf 30,000 angegeben. Dass auch das niederrheinische Gebiet von der Aufregung ergriffen wurde, geht aus den Cölner Annalen hervor. Von Paris ging der Zug nach Marseille. Zwei Kaufleute dieser Stadt brachten die Kinder auf sieben grosse Schiffe, von denen zwei untergingen, fünf die ägyptische Küste erreichten. Hier verkauften jene Kaufleute die Kinder in die Sclaverei. Achtzig Priester hatten den Zug begleitet. Denn Priester und Volk waren sofort der wunderbaren Erscheinung gläubig zugefallen. Man zweifelte nicht, dass die Aufregung unter den Kindern eine Wirkung des Geistes Gottes sei, dass nun auf wunderbare Weise das Wort sich erfülle: Aus dem Munde der jungen Kinder und Säuglinge hast du Lob zugerichtet, oder das andere: Solcher ist das Reich Gottes. Nach den Cölner Annalen behaupteten die Kinder, von Gott selbst die Weisung empfangen zu haben.² Wo etwa Aeltern versuchten, ihre Kinder zurückzuhalten, sie einschlossen, machten sich diese wohl auch mit Gewalt wieder frei.³ Auch Jünglinge und Weiber, von dem Taumel ergriffen, schlossen sich den Zügen an. Die nervöse Aufregung scheint wie ein Contagium, das der Anblick vermittelte, sich übertragen zu haben. Als die Bewegung ein so unglückliches Ende nahm, schrieb man die ganze Sache dämonischen Einflüssen zu.

So sehr lebte die Zeit in dem Glauben unmittelbarer ausserordentlicher Einwirkungen der jenseitigen Welt auf den Gang der kirchlichen und weltlichen Dinge. Die Wunderkräfte des Himmels schienen für die Welt wieder erschlossen und wurden, wo sie sich kundzugeben schienen, von der Kirche benutzt, um sich auf der Höhe ihrer Macht und ihres Einflusses zu behaupten. Visionen, wie wir sahen, dienten Reliquien aufzufinden, ihnen Ansehen und Zulauf des Volkes zu verschaffen, ja selbst päpstliche Anordnungen zu veranlassen oder deren Ansehn zu verstärken. So beruft sich Urban IV., als er 1264 das Frohnleichnamsfest für die ganze Kirche anordnete, auf Offenbarungen, welche einige gläubige Personen gehabt zur Zeit da er noch in niederem Kirchendienste gestanden sei. Urban war, als er noch Jakob von Troyes (*a Trecis*) hiess, Archidiakonus in Lüttich. Dies macht den Bericht des Hocsemius glaubwürdig, welcher etwa 100 Jahre später schreibt, eine

---

1) *Chronicon Alberici ad h. a.*
2) *Annal. Col. maximi ad h. a. ap. Pertz, Monum. etc. Script. Tom. XVII.*
3) *Annal. Stadenses. Pertz mon. T. XVI.*

Klausnerin in der Nähe der Fideskirche zu Lüttich habe zur Zeit Urban's eine Vision in Betreff dieses Festes gehabt. Die belgische Chronik nennt eine Klausnerin Eva bei der Martinskirche und die Begine Juliana. Es ist also unrichtig, wenn gesagt worden ist, dass erst 1496 der Name Juliana auftauche. Denn die belgische Chronik ist um 20 Jahre früher geschrieben und berichtet wieder nach älteren Quellen. Auch die Vision selbst, in welcher Juliana den vollen Mond mit einer Lücke sah und bei welcher sie hörte, dass unter den Festen das Frohnleichnamsfest fehle, ist nicht der Art, dass man an spätere Erdichtung zu denken nöthig hätte. Sie trägt ganz den Charakter so vieler anderer Visionen in jener Zeit und beruht wie alle diese auf subjectiver Einbildung. Es ist auch ganz glaublich, dass erst die eine Schwester die Vision hatte und dass dann eine andere, nachdem sie davon gehört und ihr Sinn diese Richtung genommen, eine gleiche oder ähnliche gehabt hat.

Die Verpflanzung des Beginenwesens in die Rheinlande bewirkte, dass sich auch hier der Sinn dem visionären Leben, das nun freilich ein anderes und minder bedeutendes Gepräge trug als bei Hildegard oder Elisabeth, wieder zuwandte. Die Begine Christine von Stommeln bei Cöln [1242—1312] ist eine solche Visionärin. Denn dass eine Begine Christine hier ähnliche Zustände und Visionen gehabt habe, wie jene Frauen in den Niederlanden, dies wird immerhin bestehen bleiben, wenn sich uns auch das, was von ihr erzählt wird, als Fälschung erwies. Es liegt unserem Zwecke völlig ferne, viele Visionen aus dieser an Visionen so reichen Zeit zu verzeichnen. Wir constatiren nur ihre Menge, suchen sie aus der Zeitrichtung und der Natur des menschlichen Geistes zu erklären und begnügen uns in einzelnen Beispielen die Hauptformen dieses Zustandes darzustellen.

Einer der grössten Bewunderer dieses schauenden Lebens ist, wie wir gesehen haben, Thomas von Chantimpré. Er ist selbst Visionär und wo er von etwas neuem auf diesem Gebiete hört, eilt er womöglich herbei. Seine naive Ehrlichkeit lässt uns die subjective Natur dieser Visionen, an deren Objectivität er glaubt, oft sehr leicht erkennen. Aus seiner Schrift über die Bienen, deren Ordnung und Thun er für eine Sammlung von Beispielen und Regeln des geistlichen Lebens verwendet, ersehen wir, wie weit verbreitet jene Zustände waren und wie disponirt die Menge für psychisch-nervöse Ansteckung war. So hört er von einer wunderbaren Erscheinung zu Douai.[1] In der dortigen Ama-

---

1) *Th. Cantipratani Bonum universale de apibus.* Duaci 1627. Lib. II, 40, 2.

tuskirche findet der Priester nach der Ostercommunion eine Hostie am
Boden. Er ist bestürzt. Knieend sucht er sie aufzuheben; mit einem
Male sieht er sie an dem Tuche kleben, das er in der Hand hat und
mit dem er sich die Finger nach der Communion abzuwischen pflegt.
Sie habe sich selbst dahin erhoben, berichtet er den übrigen Kanonikern.
Diese eilen herzu und sehen in der Hostie am Tuche das Antlitz eines
Knaben. Auch von der Menge, der sie zur Schau gestellt wird, wird es
gesehen. Thomas hört davon, eilt nach Douai, der Dekan öffnet auf seine
Bitte den Schrein, und bald hört Thomas aus der Menge, die sich hinter
ihm drein in die Kirche gedrängt hat, da und dort den Ruf: Jetzt sehe
ich's, ich sehe den Heiland. „Ich stehe wie angedonnert, sagt der ehr-
liche Thomas, weil ich nichts als die ganz weisse Hostie sehe." Aber
nicht lange und auch er sieht. Er sieht Christi dornengekröntes Antlitz
in männlicher Reife und zwei Blutstropfen rinnen darüber herab.
Weinend wirft er sich zur Erde und betet an. Als er aufsteht und wieder hinblickt, hat er einen andern Anblick. Er sieht das Antlitz ohne
die Dornenkrone, rechts gewendet, in unvergleichlicher Schönheit. Er
beschreibt nun genau alle einzelnen Theile. „In einer und derselben
Stunde", so schliesst er, „sahen es Verschiedene auf verschiedene Weise.
Andere sahen ihn am Kreuz oder als Weltrichter, die Meisten aber
unter der Gestalt eines Knaben."

Wer weiss nicht, was die Einbildungskraft vermag, wenn der Wille,
eine gewisse Gestalt auf einer Fläche zu sehen, sie in Thätigkeit setzt?
Und zumal im Dämmerlicht einer Kirche. Die Bilder, die noch unbestimmt in der Phantasie stehen, bedürfen von aussen her oft nur eines
Punktes, einer Linie, eines Schattens, um sich sofort mit aller Bestimmtheit an die Fläche zu heften. Sie alle, die in der Kirche sind, sehen
zuerst nichts, aber sie wollen sehen — und bald ruft es da und dort:
Jetzt sehe ich's. Ein jeder strengt sich an, nicht bloss das äussere Auge,
auch den inneren Sinn, in welchem der Wille imaginirt, und bald ist die
Gestalt mit Hilfe der geringfügigsten äusseren Umstände in das Auge
hineingebildet.

III.
Thüringen und Sachsen im XIII. Jahrhundert.

1. Die Schriften: Das fliessende Licht der Gottheit, Insinuationes divinae pietatis, Speculum spiritualis gratiae.

Das fliessende Licht der Gottheit.

Die Schrift, welche das fliessende Licht der Gottheit genannt wurde und eine Schwester Mechthild zur Verfasserin hat, ist erst vor wenigen Jahren wieder bekannt geworden.[1] Aber die mittelhochdeutsche Sprache, in der wir sie haben, ist nicht ihre ursprüngliche Gestalt. Ich habe anderwärts nachgewiesen[2], dass sie ursprünglich niederdeutsch geschrieben und erst um 1344 von Heinrich von Nördlingen zu Basel in's Oberdeutsche übersetzt worden ist. Der niederdeutsche Text ist bis jetzt nicht wieder gefunden. „Ich send euch", schreibt Heinrich von Nördlingen im J. 1345 seiner Freundin Margaretha Ebner im Kloster zu Medingen, „ein Buch, das heisset das Licht der Gottheit, da es mir das lustigste Deutsch ist und das innerlichst rührende Minnegeschoss, das ich in deutscher Sprache je las. Es ward uns gar in fremdem Deutsch geliehen, dass wir wohl zwei Jahre Fleiss und Arbeit hatten, ehe wir's ein wenig in unser Deutsch brachten." Die Freundin Heinrich's, Margaretha zum güldnen Ring, für die Heinrich das Buch mit einem andern Freunde übersetzte, hat dann die Uebersetzung den Waldschwestern im Thal Einsiedeln vermacht. Aus der Klosterbibliothek zu Einsiedeln ist sie von Morel vor einigen Jahren herausgegeben worden. Die Uebersetzung Heinrich's folgt der Urschrift in

---

1) Offenbarungen der Schwester Mechthild von Magdeburg oder das fliessende Licht der Gottheit. Herausgegeben von P. Gall Morel. Rgsb. 1869.

2) Sitzungsberichte der k. Akademie der Wissenschaften. München 1869, II, 2.

der Aufeinanderfolge der Capitel. Diese sind, so viel sich erkennen lässt, so zusammengestellt, wie sie der Zeit nach hintereinander entstanden sind. Die Stücke stehen unter sich in keinem Zusammenhange. Sämmtliche Stücke oder Capitel sind in sieben Bücher getheilt. Als die Verfasserin mit dem sechsten Buche zu Ende ist, glaubte sie mit Schreiben aufhören zu dürfen. Allein eine neue innere Anregung veranlasste sie dann auch noch die Stücke des siebenten Theils zusammenzustellen.

Auf der Universitätsbibliothek zu Basel ist zweimal eine lateinische Uebersetzung dieser Schrift, die eine der Handschriften auf Pergament und aus dem Anfang des 14. Jahrhunderts,[1] die andere auf Papier und aus dem 15. Jahrhundert.[2] Die letztere ist neben der ersteren ziemlich werthlos und dazu durch Einschiebungen zu Gunsten der Franziskaner entstellt. Die Uebersetzung erweist sich durch den Prolog und andere Stellen als die Arbeit des Vertrauten der Mechthild, des Dominikanerbruders Heinrich von Halle, der, wie er sagt, das in ungebildeter Sprache *(barbara lingua)* geschriebene Buch (nur die Stücke der sechs ersten Bücher, wenn ich recht gesehen habe), übersetzt hat, um es in weiteren Kreisen bekannt zu machen. Er hat dabei dem Werke insoferne eine andere Gestalt gegeben, als er die einzelnen Stücke aus ihrer chronologischen Ordnung herausnahm und nach dem sachlichen Inhalt in sechs Büchern zusammenstellte, wobei er in den Ueberschriften die ursprüngliche Stelle im Original an den meisten Orten angemerkt hat. Heinrich gibt uns im Prologe nicht bloss einen sehr werthvollen Aufschluss über die letzten Jahre der Mechthild, sondern er fügt auch seiner Uebersetzung hie und da Notizen bei, welche weitere Auskunft gewähren. Diese lateinische Uebersetzung ist auch insoferne von Wichtigkeit geworden, als sie, wie ich anderwärts[3] nachzuweisen gesucht habe, sehr wahrscheinlich von Dante für seine grosse Dichtung verwerthet worden ist.

Die *Insinuationes divinae pietatis*.

Wir sind bei dieser und der folgenden Schrift zu einer eingehenderen Untersuchung genöthigt. Bei den *Insinuationes* oder dem Gertrudenbuch, wie dieses zum Theil sehr bedeutende Buch auch genannt wird, handelt es sich um die Verfasserin und um die Zeit der Ab-

---

1) *B. IX*, 11, 4°.
2) *A. VIII*, 6, 4°.
3) Dante's Matelda. Ein akademischer Vortrag. München, Verlag der k. Akademie 1873. S. 20 ff.

fassung, bei der andern Schrift, dem *Liber spiritualis gratiae* oder dem Mechthildenbuch vornehmlich um die letztere. Von der Zeit seiner Abfassung, die von jener des Gertrudenbuchs abhängig ist, hängt die Antwort auf die Frage ab, ob das Buch auf Dante's Dichtung von Einfluss gewesen sein könne. Man hat diesen Einfluss nachzuweisen versucht. Wir werden die Frage berücksichtigen müssen, da eine Geschichte der Mystik auch deren Wirkungen auf das Geistesleben der Zeit in Betracht zu ziehen hat.

Die *Insinuationes divinae pietatis*[1] sind zuerst im J. 1530 von Johann Lansperg, dann 1536 von Dietrich Loher, 1579 von Tilmann Bredenbach herausgegeben worden. Die drei genannten Ausgaben sind zu Cöln erschienen. Die zweite und dritte derselben haben keine andere Grundlage, als die Ausgabe Lansperg's, ja die dritte gibt sich als einen Wiederabdruck dieser schon damals sehr selten gewordenen ersten Ausgabe, wobei nur die in einem Manuscript des Cäcilienklosters zu Cöln vorhandene deutsche Bearbeitung, welche schon Lansperg zur Herstellung der Defecte des ersten Theils des lateinischen Originals benutzt hatte, wieder verglichen worden ist. Ebensowenig selbstständigen Werth haben die beiden im J. 1662 zu Paris und Salzburg erschienenen Ausgaben, von denen die erstere Fr. Leonard, die letztere L. Clement besorgt hat. Auch sie beruhen nur auf den Cölner Drucken und wissen nichts zu sagen von weiteren Manuscripten, die verglichen worden wären. Aus der Ausgabe Lansperg's ist sodann auch die im J. 1657 zu Cöln erschienene deutsche Uebersetzung hervorgegangen.

Es ist angenommen, dass die *Insinuationes* die Offenbarungen der Gertrud von Hackeborn, der zweiten Aebtissin von Helffta und Schwester der Mechthild von Hackeborn enthalten. Dieser Irrthum ist, so viel ich sehe, durch den ersten Herausgeber wenn nicht entstanden so doch allgemein geworden. Zwar nennt Lansperg in seinem Vorwort, das mehrere der späteren Ausgaben wieder abdrucken, die Gertrud nicht Aebtissin und bezeichnet Mechthild nicht als deren Schwester, sondern nur als deren *sodalis tam professione quam cohabitatione;* aber er setzt seiner Aus-

---

1) *Insinuationum divinae pietatis libri quinque, post 250 annos quibus latuerunt, editi. Col. M. Novesitanus 1536. 8⁰.* Diese Ausgabe ist von Ditrich Loher *a Stratis*, Karthäuser in Cöln, besorgt und einem *Lamb. Guilelmi* gewidmet. Die Pariser Ausgabe v. 1662 nennt das Werk: *Insinuationes divini amoris.* Bredenbach sagt in seiner Ausgabe von 1579, dass er diese nach einem Exemplar, das er in Antwerpen aufgefunden, wieder habe drucken lassen. Sämmtliche Ausgaben sind in 8⁰.

gabe eine Notiz aus einem Manuscript eines steirischen Klosters vor, in welchem Gertrud und Mechthild als die Töchter eines Grafen von Hackeborn bezeichnet werden.

Dass Gertrud von Hackeborn die Verfasserin der *Insinuationes* nicht sei, ergibt sich aus folgenden Wahrnehmungen:

1. Das fünfte Buch der Insinuationen enthält Visionen, welche eine Schwester Gertrud bei dem Tode der Aebtissin Gertrud, der Sängerin Mechthild und andere Schwestern und Conversen des Ordens gehabt hat. Sodann erzählt es von den Vorbereitungen dieser Schwester Gertrud zum Tode, und schliesslich führt die ungenannte Zusammenstellerin an, welche Offenbarungen sie selbst über diese ihre Zusammenstellung gehabt habe. In diesem ganzen fünften Buche sind also Hauptsache die Offenbarungen, welche eine Gertrud, die nicht die Aebtissin ist, gehabt hat, und unter diesen Offenbarungen sind V, 1—3 auch solche, welche sich auf die Aebtissin Gertrud beziehen. In diesen letzteren wird die Aebtissin Gertrud ausdrücklich als Aebtissin bezeichnet und genau gesagt, dass sie ihr Amt 40 Jahre und 11 Tage verwaltet habe. Nun handeln aber auch Buch 1—4 der Insinuationen gleich dem fünften von Offenbarungen, die einer Schwester Gertrud zu Theil geworden sind, und es ist nirgends wahrzunehmen, warum diese Gertrud nicht dieselbe sein soll, deren Offenbarungen auch im fünften Buch mitgetheilt werden. Das charakteristische „*ista*", mit dem sie im fünften Buch bezeichnet wird, findet sich ebenso in den früheren Büchern *cf. III, 17. IV, 1 etc.* Ferner wird die Krankheit, an welcher die Gertrud des fünften Buchs zuletzt gelitten, eine Krankheit der Leber, auch bei der Gertrud des dritten Buchs erwähnt *(III, 44)*, während wir wissen, dass Gertrud von Hackeborn einer andern Krankheit erlegen ist. Auch die charakteristische Todessehnsucht der Gertrud des fünften Buchs, welcher hier eine Reihe von Capiteln gewidmet ist, ist in den frühern Büchern bereits hervorgehoben *cf. II, 19*. Endlich erweisen sich die Insinuationen in ihrer Anlage als ein zusammengehöriges Werk. Das erste Buch gibt eine Schilderung der Gaben und Tugenden der Gertrud, das zweite besteht aus einer Schrift der Gertrud selbst, das dritte enthält Offenbarungen, die sie bei Selbstbetrachtungen und Gebeten für Andere gehabt hat, das vierte solche, die sich an die Feste des Kirchenjahres, das fünfte solche, die sich an den Tod von Klosterangehörigen und an ihren bevorstehenden eigenen Tod knüpfen.

2. In keinem der fünf Bücher, welche Züge aus dem Leben der Gertrud in Menge enthalten, wird auch nur ein einziges Mal erwähnt, dass sie Aebtissin gewesen sei, und doch war dazu namentlich im

ersten Buch, wo von den Tugenden die Rede ist, die sie in verschiedenen Lagen bewiesen, Anlass genug gegeben. Ferner wird in den Insinuationen mehrerer Schwestern gedacht, welche den Namen Mechthild führten, und eine derselben ist ohne Zweifel Mechthild von Hackeborn; aber nirgends ist in den Insinuationen erwähnt, dass diese die leibliche Schwester unserer Visionärin gewesen sei.

3. Im ersten Buch (s. u.) wie im vierten (Cap. 2) wird unsere Gertrud von der Aebtissin des Klosters unterschieden. Gertrud von Hackeborn war Aebtissin von ihrem 19. Jahre an und blieb es bis zu ihrem Tode. Wäre sie die in Frage stehende Gertrud, so könnte, da diese erst von ihrem 26. Jahre an Offenbarungen gehabt hat, und mithin diese Offenbarungen als Aebtissin gehabt haben müsste, nicht von einer Aebtissin neben ihr die Rede sein.

4. Verschiedene Offenbarungen der Gertrud unseres Buches fallen nach der Zeit der Gertrud von Hackeborn. Letztere ist im J. 1291 gestorben, aber schon im ersten Buch ist davon die Rede, dass Gertrud in der Zeit, da Adolf von Nassau anstatt Rudolf's von Habsburg zum König gewählt wurde, dies der Mutter des Klosters, d. i. der Aebtissin mitgetheilt habe. Adolf von Nassau aber ist im Mai des Jahres 1292 gewählt worden. Es wird sich ferner herausstellen, dass die Insinuationen nicht früher als 1289 beginnen. Nun wird *III, 17* einer Offenbarung gedacht, die Gertrud an einem Sonntag gehabt, auf den das Fest der Laurentius fiel. Zwischen 1289—1300 fiel der 10. August oder der Tag des Laurentius auf einen Sonntag nur im J. 1292. Selbst das J. 1292 als Todesjahr der Aebtissin Gertrud angenommen, wie Böhmer es thut, würde diese Offenbarung nicht möglich sein, da die Aebtissin Gertrud im August ihres Todesjahres bereits vom Schlage gerührt und sprachlos war, jene Vision aber ihre Gesundheit voraussetzt.

5. Endlich bringt das fünfte Buch Visionen der Gertrud über den Tod der Aebtissin Gertrud und über Klosterangehörige, welche in den Jahren nach der Aebtissin Gertrud gestorben sind. Der Aebtissin Gertrud aber ist in diesem fünften Buche so gedacht, als ob hier zum ersten Male eingehender von ihr die Rede wäre.

Somit ist kein Zweifel, dass die Insinuationen das Leben und die Visionen nicht der Aebtissin Gertrud von Hackeborn, sondern einer jüngeren Gertrud zum Inhalte haben.

Es ist nun zu ermitteln, wann diese jüngere Gertrud gelebt habe. Aus dem Buche geht hervor, dass sie die Zeitgenossin der Gertrud von Hackeborn und ihrer Schwester Mechthild war, so wie dass sie den Tod der Aebtissin Sophie von Querfurt, welche gegen 1310 starb, noch erlebt hat. Das fünfte Buch der Insinuationen bringt nämlich eine Reihe von Visionen, welche sich, wie schon gesagt, auf den Tod von Angehörigen des Klosters beziehen, und zwar bringt es zuerst die Visionen über den Tod der Klosterschwestern, dann jene über den Tod von Conversen des Klosters. Die Visionen über die Klosterschwestern beginnen mit denen bei dem Tode der Aebtissin Gertrud, also mit dem J. 1291, die Vision bei der folgenden Schwester findet, wie angegeben wird, 12 Tage nach dem Tode der Aebtissin statt. Das Capitel über den Tod einer dritten Schwester schliesst sich mit einem *post hanc migravit quaedam puella* an das vorige Capitel an; dann folgen die Visionen bei dem Tode der Sängerin Mechthild, deren Tod, wie sich zeigen wird, in das Jahr 1299 fällt. Das hierauf folgende 8. Capitel ist ohne Merkmal der Zeit. Capitel 9 berichtet über den Tod der älteren *„Domina Sophia"*, mit welcher die Aebtissin Sophie von Querfurt gemeint ist, und wir wissen, dass diese zwischen 1301—1310 gestorben ist. Das 10. Capitel berichtet über den Tod einer Schwester Mechthild, deren *Revelationes* oder Offenbarungen erwähnt werden. Das 11. Capitel ist ohne Merkmal der Zeit; dagegen geht aus Capitel 12 und 13 wieder hervor, dass auch diese beiden Capitel chronologisch hintereinander geordnet sind. Aus dem allen ergibt sich die Vermuthung, dass die Todesfälle der Zeit nach so aufeinander gefolgt seien, wie sie die Reihenfolge der Capitel angibt.

So führt uns also das fünfte Buch in die Zeiten von 1291—1310. Nun ist das zweite Buch der Insinuationen von Gertrud selbst geschrieben, und in diesem zweiten Buch bestimmt Gertrud die Zeit da ihre Offenbarungen begonnen haben, und die Zeit da sie diese Schrift des zweiten Buchs geschrieben hat. Sie sagt da nämlich *II, 1:* ihre Bekehrung habe mit einer Vision begonnen *anno aetatis meae vicesimo sexto in illa mihi saluberrima secunda feria ante festum Purificationis castissimae Matris tuae, quae fuit sexto Calendas Februarii.* Angefangen aber hat sie die ihr gewordenen Offenbarungen niederzuschreiben im 9. Jahre nach ihrer Bekehrung *(a praedicta hora usque in praesens tempus, quo ab accepta gratia jam revolvitur nonus annus II, 3).* Am Ende des 5. Capitels heisst es: *Hic distulit scribere usque in Octobrem* (cf. Cap. 10). Denn sie ist mit Widerstreben an das Niederschreiben gegangen, und nimmt es jetzt nur auf göttliche Mahnungen hin wieder auf, um die Schrift zu Ende zu führen, und nach Cap. 10 ist dies sodann ohne weiteres Zögern und innere Hemmnisse geschehen.

Aus dem Prolog zu dem ganzen Werke ersehen wir, dass er nicht etwa von Lansperg, der die Insinuationen zuerst hat drucken lassen, sondern wenn nicht von der Zusammenstellerin der Insinuationen selbst, so doch von einem mit ihr und Gertrud verkehrenden Manne geschrieben sein muss. Denn der Prolog berichtet in derselben Unmittelbarkeit Visionen der Gertrud, wie die nachfolgenden Bücher. Aus demselben entnehmen wir: *Unde accidit, ut uno haud tempore liber hic scriptus sit. Siquidem prima ejusdem pars post octavum susceptae gratiae annum scripta est. Altera vero anno vicesimo consummata.* Sehen wir von dem ersten Buche der Insinuationen ab, welches ein Lebensbild der Verstorbenen enthält, so kann unter dem ersten Theile nur das zweite Buch, welches Gertrud selbst geschrieben hat, unter dem zweiten Theile nur Buch 3—5 gemeint sein, welche letzteren Bücher nicht von Gertrud selbst, sondern von der Zusammenstellerin der Insinuationen nach den Mittheilungen der Gertrud niedergeschrieben sind. Dass dieser zweite Theil erst nach dem ersten geschrieben sei, ergibt sich aus dem ersten; denn nach den Aeusserungen der Gertrud in diesem ersten Theile hat sie diesen Ausweg, durch eine Andere die ihr gewordenen Offenbarungen schreiben zu lassen, damals noch nicht eingeschlagen. Damit stimmt auch eine einleitende Bemerkung zum dritten Buche.[1] Vergleichen wir nun die erste Hälfte der obigen Stelle aus dem Prolog, dass der erste Theil, also der Inhalt des zweiten Buchs, *post octavum susceptae gratiae annum* geschrieben sei, so stimmt sie zu der oben angeführten Aeusserung der Gertrud selbst, dass sie diese Schrift im 9. Jahre nach ihrer Bekehrung verfasse. Hiemit aber haben wir die nöthigen Grundlagen ermittelt, um sowohl die Zeit der Offenbarungen der Gertrud als die Zeit ihres Todes bestimmen zu können. Wir sahen oben, die Visionen des fünften Buchs führen uns bis an das Jahr 1310. Ferner sahen wir, Buch 3—5 ist von einer Nonne niedergeschrieben und zwar später als das von Gertrud selbst geschriebene zweite Buch. Buch 3—5 aber wird im Prolog als der zweite Theil der Insinuationen bezeichnet. Von diesem zweiten Theil aber wird daselbst gesagt: *Altera vero anno vicesimo consummata.* Hat es also 20 Jahre

---

1) *Propter excellentem humilitatem haec virgo sancta Gertrudis hunc tertium librum et sequentes reliquos non ipsa scripsit, sed dictasse potius dici posset: quandoquidem alteri cuidam doctae virgini, quae scribenda erant, divina jussione compulsa revelavit.* Die Bemerkung scheint von dem Verf. des Prologs zu sein, und dieser wäre in solchem Falle ein anderer als die Zusammenstellerin, da diese sich kaum als *docta* bezeichnet haben wird.

gebraucht, bis dieser Theil fertig wurde — denn nur dies kann die Meinung sein, da, wenn der *terminus a quo* die *hora acceptae gratiae* wäre, es entsprechend dem vorhergehenden Satze heissen müsste *post vicesimum annum* — so führt uns schon diese Bemerkung ungefähr auf das Jahr 1290 als dasjenige, in welchem jene Mitschwester angefangen hat, die Mittheilungen der Gertrud, d. i. den Inhalt von Buch 3—5 niederzuschreiben. Geht diesen Aufzeichnungen aber die von Gertrud eigenhändig verfasste Schrift, welche den Inhalt des zweiten Buchs ausmacht, vorher, so haben wir die Zeit der Abfassung dieses zweiten Buchs gegen Ende der achtziger Jahre, die Zeit der Bekehrung der Gertrud aber, da sie im 9. Jahre ihrer Bekehrung die Schrift verfasste, um den Anfang derselben zu suchen. Diese so gewonnene Wahrscheinlichkeit wird nun durch die oben angeführte Bezeichnung des Tags ihrer Bekehrung bestätigt. Sie sagt da nämlich, ihre Bekehrung habe stattgefunden: *anno aetatis meae vicesimo sexto in illa mihi saluberrima secunda feria ante festum Purificationis castissimae Matris tuae, quae fuit sexto calendas Februarii.* Der *dies sextus Calendas Februarii,* also der 27. Januar, fiel aber auf die *feria secunda* d. i. auf einen Montag in der zweiten Hälfte des 13. Jahrhunderts in den Jahren 1253, 1259, 1270, 1276, 1281, 1287, 1298. Von diesen Jahren kommen die beiden ersten nicht in Betracht, weil sie zu weit zurückliegen, das dritte nicht, weil von ihm aus in einem der nächsten 9 Jahre einer weiteren chronologischen Bemerkung der Gertrud zufolge der Tag Johannis des Täufers auf einen Dienstag gefallen sein müsste, was innerhalb der Jahre 1270—1279 nicht vorkam; ebenso fallen die beiden letzten der oben angegebenen Jahre hinweg, da von ihnen aus gerechnet das Jahr der Abfassung des zweiten Buchs zu spät fiele. So bleiben uns also nur die Jahre 1276 und 1281. Von diesen hat das Jahr 1276 die geringere Wahrscheinlichkeit für sich. Denn fiele in dieses Jahr der Beginn ihrer Offenbarungen, dann hätte sie ihre eigene Schrift, die, wie sie sagt, im neunten Jahre nach jenem Beginne geschrieben wurde, im J. 1285 verfasst. Es läge also dann ein Zeitraum von etwa fünf Jahren zwischen ihrem eigenhändig geschriebenen Buch und dem Beginne der Aufzeichnungen durch ihre Klosterschwester. Diese Pause ist aber darum ganz unwahrscheinlich, weil Gertrud uns selbst im zweiten Buche erzählt, wie ihr Widerwille gegen das Niederschreiben ihrer Offenbarungen durch besondere Offenbarungen bereits überwunden worden sei, und sie wusste, dass die ihr gewordenen Visionen nicht verborgen gehalten werden sollten. So ist denn das Jahr 1281 als das Jahr ihrer

„Bekehrung" schon nach der bisherigen Erwägung das wahrscheinlichere und somit wäre, da sie im 9. Jahre ihrer Bekehrung ihre Schrift verfasste und sie ihre Bekehrung vom 27. Januar an datirt, dieses 9. Jahr das Jahr 1289. Dies Jahr stimmt aber genau mit unserer vorhergehenden und unabhängig von dieser angestellten Berechnung. Und dass wir hiermit das richtige Jahr getroffen haben, das wird uns nun auch noch durch ein äusserliches Zeugniss bestätigt, das schwerlich aus einer Berechnung, wie wir sie angestellt haben, hervorgegangen ist, und ohne Frage auf einer alten Notiz in einer der Benedictiner-Annalen beruht. Es findet sich bei Lansperg und in den Annalen der Benedictiner bei Bucelin zum J. 1289 und lautet: *Hoc anno jubente Deo ipso libros Insinuationum aggreditur eadem magna Gertrudis nostra.*

Von dem was sich uns aus der bisherigen Untersuchung ergeben hat, lässt sich nun auch die Zeit des Todes der Gertrud feststellen. Nachdem sie das 2. Buch der *Insinuationes* im J. 1289 geschrieben, brauchte es, um die folgenden Bücher der *Insinuationes* niederzuschreiben, wie wir gesehen haben, 20 Jahre. Wir sahen, dass mit ihrem Niederschreiben um das Jahr 1290 begonnen worden sein müsse; sie sind mithin gegen 1310 abgeschlossen worden. Aus den letzten Capiteln des fünften Buchs aber, welche von ihrer Todessehnsucht und ihrer Krankheit handeln, entnehmen wir, dass die Zeit des Jahres 1310 wirklich ihre letzte Zeit gewesen sein müsse, und ebenso dass dieses fünfte Buch noch vor ihrem Tode abgeschlossen sein müsse, da es nichts von ihrem Tode selbst enthält, sondern nur erzählt, wie sie sich auf ihren Tod bereitet hat. Nicht lange nach 1310 muss demnach Gertrud gestorben sein. Und somit dürfen wir auch eine andere Notiz Bucelin's in den angeführten Annalen als zuverlässig betrachten, welche das Todesjahr der Gertrud, „der Verfasserin der Insinuationen", in das Jahr 1311 setzt. Erst nach dem Tode der Gertrud aber hat das Gertrudenbuch die Gestalt erhalten, in der es verbreitet worden ist. Denn der ganze erste Theil des Werkes setzt Gertrud als eine Verstorbene voraus, und ebenso ist an verschiedenen Orten des Werks der Ausdruck ihrem inzwischen eingetretenen Tode angepasst. Erwägt man den Umfang des ersten Theils, der jedenfalls ganz nach ihrem Tode entstanden ist, so wird man die Vollendung des Gertrudenbuchs kaum früher als 1312 setzen dürfen. Damit aber ist der nöthige Anhalt gewonnen, um auch die Zeit der Vollendung des Buchs der Mechthild von Hackeborn, zu dessen Untersuchung wir jetzt übergehen, zu gewinnen.

Speculum spiritualis gratiae.

Von diesem Buche, welches die Visionen und Offenbarungen der Mechthild von Hackeborn enthält, und das wir im Verlaufe der Kürze wegen als Mechthildenbuch bezeichnen werden, existiren zwei Gattungen von gedruckten Ausgaben, die eine umfangreichere zugleich mit Stücken über Mechthild's Schwester Gertrud am Schlusse des Werks, die andere kürzere ohne diese Gertrudenstücke. Es liegt nun daran zu wissen, welche Gattung die ursprüngliche ist, da die Frage über die Zeit der Vollendung des Buchs vornehmlich hievon abhängt. Für unseren Zweck genügt es, die fünf ältesten Drucke des Mechthildenbuchs zu untersuchen, um über das Verhältniss der beiden Gattungen zu einander in's Klare zu kommen. Zu der ersten Gattung gehören die beiden Leipziger Ausgaben, eine lateinische von 1510,[1] und eine deutsche von 1503,[2] zu der zweiten Gattung eine Pariser Ausgabe von 1513,[3] und zwei Venetianer Ausgaben von 1522[4] und 1558.[5]

---

1) *Speculum Spiritalis gracie ac mirabiliū reuelationū diuinitus factarū sacris virginibus Mechtildis ac Gertrudis. Monialium Cenobij Helffede saluberrima in christo proficientiū instructione comportatus.* Am Schluss: *Impressum hoc opus Spiritualis gracia intitulatum Liptzk impensis prouidi viri Jacobi Thanners Herbipolēn. Anno virginei partus Millesimo quīgentesimo decimo 12 Kalen. Januarij.* 4⁰.

2) Das Buch . geistlicher gnaden . offenbarunge . wunderliches vnde beschawlichen lebens . der heiligen iungfrawen . Mechtildis vnd Gertrudis . Closter iungfrawen . des closters Helffeda . uff begere vnd anregunge . der hochgebornen furstin vnd frawen . frawē Zedena . herczogin czu Sachssen . Latgrauin in Doringen vnd Marggrauin czu Meissen witwen . gemeinē volke czu besserūge vordeutzscht vnd gedruckt. Am Schluss: Gedruckt vnd volendt czu Leyptzk. Nach gottes geburt ym funffczenhundersten vnd iij iar. 4⁰.

3) *Liber Trium virorum & trium Spiritualium virginum.* Am Schlusse: *Emissum. Parisiis ex officina Henrici Stephani chalcographi e regione scholae Decretorum Anno Mil. ccccc. xiij. Sexto Nonas Junias. etc.* 2⁰. Das Mechthildenbuch bildet den Schluss: *Mechtildis virginis, spiritualis gratiae libri primi Prologus etc.*

4) *Opera Nup in lucē prodeūtia.* Der erste Theil: *Liber Gratie spūalis Visionum & Revelationū Btē Methildis Virginis deuotissime ad Fidelium Instructionem.* Am Schluss: — — *Venetiis impressum in Officina Jacobi de Leuco cura et expēsis prouidi viri Dūi Jordani ciuis Coloniē . anno a Partu Virgīeo M. D. XXII. VIII. kal. Decēbris.* 8⁰.

5) *Liber gratiae spiritualis visionum et revelationum beatae Mecthildis virginis deuotissimae, ad fidelium instructionem. In coenobio sanctae Mariae Magdalenae per monialium poenitentium manus. Venundatur in vico sanctae Mariae formosae ad signum Spei. Venetiis. MDLVIII.* 8⁰.

Die drei zuletzt angeführten Ausgaben haben also die Gertrudenstücke nicht. Sie sind zwar im einzelnen hie und da unter sich etwas ungleich, indem die zweite Venetianer Ausgabe sich mehr an den Pariser, die erste mehr an den Leipziger Text anschliesst, und die zweite Venetianer noch weniger Stücke hat als die beiden andern: aber im übrigen stimmen sie völlig überein.

Die beiden Leipziger Ausgaben, welche wir den drei Ausgaben der zweiten Gattung gegenüberstellen, sind nicht erst etwa zur Zeit ihrer Herausgabe um die Gertrudenstücke vermehrt worden. Wie sich aus der Einleitung zu der Lanspergischen Ausgabe der *Insinuationes* und zur Leipziger Ausgabe des Mechthildenbuchs von 1503 ergibt, ist die Verbindung der Gertrudenstücke mit dem Mechthildenbuch schon alt. *Inventus est,* heisst es bei Lansperg, *quidam vetustus codex in quodam monasterio prope Stiriam sito, in quo haec praefatiuncula praemittitur revelationibus S. Mechtildis et S. Gertrudis.* Wir werden zeigen, dass die Gertrudenstücke dem Werke in seiner ursprünglichen Gestalt angehören, dass diese ursprüngliche Gestalt in den beiden Leipziger Ausgaben repräsentirt ist, und dass die drei Ausgaben der zweiten Gattung nur ein Auszug aus jenem umfassenderen Texte sind. Sie sind ein Auszug. Vergleichen wir beispielsweise mit dem Capitel, welches in den beiden Leipziger Ausgaben „*de veritate huius libri*", „von der warheit diss buchs" *(ed. 1510: V, 22, ed. 1503: V, 26)* überschrieben ist, die entsprechenden Capitel in den Ausgaben der kürzeren Gattung: so erkennt man sofort, dass in den letzteren die Sätze fehlen, welche in der Leipziger Ausgabe zur Motivirung dienen und ohne welche für das Verständniss eine Lücke bleibt. So heisst es in allen drei Ausgaben der zweiten Gattung: *Modo licet me [1522: totam] repleveris et miro modo illustraveris; ego tamen tam parva ac debilis [1522: tantilla] creatura sum, quod omnia, quae in te cognosco et quicquid inde hominibus elucidare valeo, vix tantum est, quantum formica e maximo monte poterit evellere [1522: a maximo monte secum poterit asportare].*[1] Hier wird von einer „eben" *(modo)* erfahrenen Erfüllung und einer in wunderbarer Weise geschehenen Erleuchtung gesprochen, ohne dass wir

---

1) Die in Klammern stehenden Lesarten der Venetianer Ausgabe von 1522 können als Beweis dienen, dass diese Ausgabe auf einem Text beruht, der dem der Leipziger Ausgabe näher steht, denn auch in letzterer finden sich dieselben abweichenden Lesarten. Hinwieder stimmen die Pariser Ausgabe von 1513 und die Venetianer von 1558 überein.

von einem solchen Act etwas weiteres lesen, während doch das „*modo*" eine besondere Erwähnung fordert. Aufschluss hierüber bietet erst der Leipziger Text, welcher sich eben damit als der ursprüngliche erweist. Darnach, so heisst es hier, neigte er sein Herz über sie in der süssesten Weise und sprach: nimm mein ganzes göttliches Herz hin. Und es fühlte die Seele, wie die Gottheit in sie fliesse als ein Bach mit dem stärksten Ungestüm. Und die Seele sprach: wiewohl du mich eben ganz erfüllt hast u. s. w. Wir sehen, es war bei dem kürzeren Texte die Absicht, den Lehrgehalt mitzutheilen und die anderen Umstände bei Seite zu lassen. Und so noch an vielen Stellen. Demnach erscheinen die Ausgaben der kürzeren Gestalt als Auszüge aus einem umfassenderen Texte, welcher durch die beiden Leipziger Ausgaben vertreten ist.

Ob nun aber dieser umfassende Text auch die Gertrudenstücke bereits hatte, als der Auszug gemacht wurde? Denn hievon ist die Frage, wann das Mechthildenbuch abgeschlossen wurde, abhängig. Da zeigt nun ein glückliches Versehen des Herstellers des kürzeren Textes, dass die Gertrudenstücke in der That einen Theil des ursprünglichen Textes bildeten. In dem Capitel, welches *de laudabili conversatione* der Mechthild handelt, weicht der Text in den Drucken der zweiten Gattung von dem der lateinischen Leipziger Ausgabe plötzlich ab und bringt den Zwischensatz: *Ad quaelibet vilia opera et maxime ad communes labores sororibus se frequenter sociabat, quandoque prima imo sola laborabat, quousque subditas induxit vel magis exemplo aut blandis verbis ad se juvandum allexit.* Nach diesem Satze decken sich die beiden Texte wieder wie vorher. Dass aber dieser Satz hier nicht hereingehöre, erhellt schon daraus, dass in der Stelle von Untergebenen die Rede ist, welche Mechthild durch ihr Vorbild zur Mithilfe angeregt haben soll. Denn dass Mechthild eine amtliche Stellung im Kloster bekleidet, die ihr zur Aufgabe gemacht habe die Schwestern zu den niedrigen und gewöhnlichen Arbeiten anzuhalten, lesen wir sonst im Buche nirgends. Diese Aufgabe kam der Aebtissin zu. Das Räthsel löst sich denn auch, wenn wir in der Leipziger Ausgabe das Capitel über die Aebtissin Gertrud vergleichen. Hier findet sich nämlich obiger Satz wörtlich als zur Schilderung der Getrud gehörig. Der Urheber des Textes, welcher den Ausgaben der zweiten Gattung zu Grunde liegt, hat also bei seiner Arbeit eine Handschrift des Mechthildenbuchs vor sich liegen gehabt, welche die Gertrudenstücke mit enthielt und hat aus Versehen oder vielleicht auch aus Absicht, weil er glaubte, es zum besten seiner Heldin so genau nicht nehmen zu müssen, einen Zug zur Charakteristik seiner

Mechthild aus dem Capitel über Gertrud entliehen. Nachdem sich uns so der umfassendere Text, welcher den beiden Leipziger Ausgaben zu Grunde liegt, als der ursprüngliche erwiesen, ist noch einiges über die Verschiedenheiten des Textes dieser beiden Ausgaben und über den oder die Zusammensteller des Mechthildenbuchs zu sagen, ehe wir daran gehen können, die Zeit desselben bestimmter festzustellen..

Dass die deutsche Leipziger Ausgabe von 1503 eine Uebersetzung sei, sagt der Lesemeister der Dominikaner zu Leipzig Marcus von Weida, der die Ausgabe besorgt hat. Die Uebersetzung, heisst es im Vorwort an die Zedena von Sachsen, sei durch einige treffliche Prälaten, deren Namen nicht nöthig sei zu nennen, gemacht worden. Sie ist nach einem Texte gemacht worden, der einige Stücke mehr enthielt als der Text von 1510. So hat das 5. Buch das Stück „von den letzten der seligen swestern Mechtild" (Cap. 24) und einige weitere Visionen, welche sich auf die verstorbene Gertrud beziehen. Diese Stücke aber tragen ganz das Gepräge der andern, und jenes über den Ausgang der Mechthild gibt sich selbst als von der Zusammenstellerin herrührend zu erkennen. Die Zusammenstellerin hat also wohl, nachdem ihr Buch schon abgeschlossen und bereits ein oder mehrere Male abgeschrieben war, nachträglich noch einige weitere Stücke ihrem Exemplare eingefügt. Es waren zwei Schwestern, welche die Offenbarungen, die ihnen Mechthild mittheilte, niederschrieben.[1] Die eine derselben hat das Material der andern mit dem ihrigen zu dem vorliegenden Buche zusammengestellt.[2] Dass es Frauen gewesen, welche das Buch schrieben, geht aus *lib. V, cap. 28* hervor, wo von Mechthild gesagt ist: *cum duabus scriptricibus indicasset*. Aus demselben Capitel ergibt sich, dass das Buch noch bei Lebzeiten der Mechthild zum grössern Theile *[excepto prologo et finali]* fertig geworden ist, dass es von den Schreiberinnen der Mechthild vorgelesen und von dieser corrigirt wurde, und dass die Schlussstücke und der Prolog nach dem Tode der Mechthild hinzugefügt wurden.

Diejenige der beiden Schreiberinnen, welche das Werk redigirt

---

1) *Lib. V, 22: Vidit etiam de corde dei tres radios tendentes in corda duarum personarum, quae hunc librum scribebant.*

2) *Lib. V, 24: Nam illa persona quae hunc librum partim ex ore eius venerandae personae (Mechtildis), cui a deo inspirata est, partim ex ore sibi familiarissimae perscripsit, ante tres fere annos talem per somnum vidit visionem.*

und abgeschlossen hat, hat nun auch die Stücke über die Schwester der Mechthild, über die Aebtissin Gertrud dem Schluss des Werkes einverleibt. Denn sie sagt *lib. V, 30*: Gertrud sei jener Jungfrau, von der sie geschrieben, Schwester gewesen *[huius felicis, de qua scripsimus, virginis secundum carnem soror erat]*.

Was nun die Zeit der Mechthild und ihrer Visionen anlangt, so müssen wir diese aus dem Buche selbst ermitteln, denn die Angaben der Schriftsteller über Mechthild fallen ziemlich weit auseinander. Es werden mehrere Visionen mitgetheilt, welche Mechthild bei dem Tode ihrer Schwester Gertrud gehabt hat. Diese starb im J. 1291. Sodann wird einer Gefahr durch einen König gedacht, von welcher das Kloster bedroht war *[alio tempore, cum plurimum timeremus a facie regis eo quod non longe a nostro esset coenobio]*. Hier kann nur König Adolph von Nassau gemeint sein, der im September 1294 mit seinem Heere in der Nähe von Eisleben lagerte.[1] Damit fällt die Annahme, dass Mechthild 1292 gestorben sei. Ferner bringt die deutsche Leipziger Ausgabe ein Capitel [Buch IV, 14], in welchem bemerkt wird: „do dy Eptischyn des closters voralt was — bat disse got das er eyn andere ym behegelich dem closter verordnet". Die Aebtissin Sophie von Querfurt, welche im J. 1291 auf Gertrud von Hackeborn folgte, kann dies nicht sein, denn diese stand nicht in hohem Alter als sie 1298 resignirte. Das Kloster war hierauf, sagt Spangenberg,[2] übel bestellt fünf Jahre, bis 1303 Jutta von Halberstadt, eine Person von 78 Jahren, zur Aebtissin gewählt wurde. Ohne Frage ist es diese, welche unter der „voralten" Aebtissin gemeint ist. Von 1310 an urkundet als Aebtissin Sophie von Friedberg. So führt uns also diese Vision bis gegen das Jahr 1310.

Es wäre nun leicht, den Tod der Mechthild von Hackeborn auf Jahr und Tag zu bestimmen, wenn man mit Ed. Böhmer annehmen dürfte, dass die Sängerin des Klosters Mechthild, deren Tod im Buch der Insinuationen nach dem Wochen- und Monatstag angegeben ist, mit Mechthild von Hackeborn identisch wäre. Wir sind genöthigt, diese Frage zu erledigen, da von ihr abhängt, ob wir das über die Sängerin Mechthild Berichtete zum Bilde unserer Mechthild von Hackeborn verwenden dürfen.

Es scheint mir nun aber ganz unmöglich, die Sängerin Mechthild und die Hackebornerin für eine und dieselbe Person zu nehmen. Vor

---

1) conf. *Böhmer's Regesten* z. J. 1294.
2) Quernfurt. Chronik S. 320.

allem mag zu dieser Annahme verleitet haben, dass im Buch geistlicher
Gnaden V, 24, wo von dem Tode der Hackebornerin die Rede ist, gesagt
wird: „— fing sie an czu nehen czu iren lecztcn, geqwelct nohendt
drey iar mit stoten schmerczen und am lecztcn sontag an eyn, nemlich
do dy erwelte gotes czum lecztcn vor yrem tode entpfing das lobliche
sacrament des heiligen leichnams und bluts Cristi". Der letzte Sonntag „an eyn" ist nämlich der vorletzte Sonntag des Kirchenjahrs und
auf einen solchen Sonntag ist in dem *liber insinuationum V, 6* auch die
letzte Communion der Sängerin Mechthild gesetzt. Es ist das allerdings
ein Zusammentreffen, das eine Vermuthung der Identität beider Thatsachen nahe legt; aber um sie begründet erscheinen zu lassen, müssten
nicht soviele Umstände widersprechen wie es hier der Fall ist. Ich lege
die widersprechenden Umstände im Folgenden dar.

1. Im Buch der geistlichen Gnaden ist der Tod der beiden
Schwestern von Hackeborn, der Mechthild und der Aebtissin Gertrud,
erzählt. Im Buch der Insinuationen finden wir gleichfalls eine Relation
über die Umstände bei dem Tode der Aebtissin Gertrud. Und diese
Relation erweist sich als eine Quelle, aus welcher ganze Seiten des Berichts im Buch geistlicher Gnaden von Wort zu Wort geschöpft sind.
Dass die Mittheilungen im Gertrudenbuch die ursprünglichen sind, ergibt sich daraus, dass die betreffenden Stellen daselbst im unzerreissba-
ren Zusammenhang mit ihrem Contexte stehen, während sie sich im
Mechthildenbuch als Excerpte darstellen. Gleich in den folgenden
Capiteln der Insinuationen steht aber auch der Bericht über den Tod
der Sängerin Mechthild. Wäre nun die Sängerin Mechthild mit der
Hackebornerin identisch, wie auffallend wäre es dann, dass die Relation
im Mechthildenbuch aus dieser reichlichen Quelle, in welcher Mechthild
so verherrlicht erscheint, auch nicht einen einzigen Zug entnimmt!
Denn die Insinuationen waren, als das Mechthildenbuch abgeschlossen
wurde, vollständig bekannt.

2. Es ist ferner auffallend, dass im Mechthildenbuch selbst, wo doch
namentlich im Vorwort und dann beim Rückblick auf das Leben der
Mechthild der Anlass zu der Bemerkung, dass sie das Amt der Sangmeisterin im Kloster geführt, so nahe lag, dieser Thatsache nirgends gedacht
ist. Denn das, dass etliche Male auf ihre lautbare Stimme hingewiesen
wird, ist vielmehr ein Beweis gegen jene Annahme, da hier die Bemerkung, dass sie Sangmeisterin gewesen, so nahe gelegt war. Und dieser Ge-
genbeweis wird verstärkt durch den Umstand, dass in dem gleichzeitigen
Werke der Insinuationen da, wo von der Sängerin Mechthild die Rede

ist, das Wort *cantrix* fast immer wie zur Unterscheidung von einer andern Mechthild hinzugefügt wird.

3. Die Art, wie des Todes der Mechthild von Hackeborn in ihrem Buch gedacht ist, stimmt nicht zu den Bericht über den Tod der Sängerin Mechthild in den Insinuationen. Denn das Mechthildenbuch weiss nur von den Qualen ihrer letzten drei Jahre zu sagen, aber nichts von ihrem Verhalten in ihren letzten Tagen. Ein sehr auffallender Umstand, wenn man damit vergleicht, was die Insinuationen über das Verhalten der Sängerin Mechthild bei ihrem Tode zu erzählen wissen.

4. Spangenberg in seiner querfurtischen Chronik erwähnt einer Mechthild von Wippra, welche in den Jahren, von denen hier die Rede ist, des Klosters Sangmeisterin und Schullehrerin gewesen, und rühmt ihre ausgezeichneten Eigenschaften. Böhmer meint zwar, es stehe fest, dass die Familie der Hackeborn auch Wippra besessen habe, und führt eine Mittheilung Mülverstedts an, nach welcher sich verschiedene Nachkommen Friedrichs I. von Hackeborn urkundlich auch: von Wippra geschrieben hätten. Allein nirgends sonst werden die beiden Schwestern Gertrud und Mechthild von Hackeborn mit diesem Namen bezeichnet, sondern immer, wo ihr Familienname angegeben ist, mit dem Namen Hackeborn.

5. In demselben 5. Buche der Insinuationen, welches, wie gesagt, in seinen ersten 13 Capiteln die Visionen erzählt, welche die Nonne Gertrud bei dem Tode von Klosterschwestern gehabt, und wo in der Reihenfolge eine chronologische Ordnung bemerkbar ist, wird, nachdem Cap. 6 u. 7 die Visionen beim Tode der Sangmeisterin Mechthild beschrieben sind, Cap. 8 des Todes zweier anderer Schwestern, Cap. 9 des Todes der *Domina S. senior*, und Cap. 10 des Todes einer Schwester Mechthild gedacht, bei welcher eine nähere Erwägung ergibt, dass diese Schwester die Cap. 6 u. 7 erwähnte Sangmeisterin nicht sein könne. Denn abgesehen davon, dass hier gar keine Bezugnahme der Visionen auf die in Cap. 6 u. 7 erzählten stattfindet, und abgesehen von dem sonderbaren Umstand, dass Zusammengehöriges durch dazwischengeschobene Capitel über den Tod anderer Schwestern getrennt wäre, abgesehen auch davon, dass Cap. 6 u. 7 die Sangmeisterin um ihres Amtes willen immer als *Domina* angeführt wird, während hier nur einfach von einer *soror Mechthildis* die Rede ist: so sind auch die Umstände bei dem Tode in beiden Abschnitten verschieden. Denn die Sangmeisterin stirbt bei Bewusstsein, hinsichtlich dieser aber wird der Herr gefragt: *cur eam in exterioribus sensibus errare permitteret?* In Bezug auf diese letzt-

genannte Schwester Mechthild aber bittet die Nonne Gertrud den Herrn: *Ut saltem post mortem beatae Mechthildis ipsam signorum gratia extolleret ad suam gloriam, in testimonium divinarum revelationum suarum* — und es wird dann fortgefahren: *Tunc Dominus tenens librum duobus digitis dixit etc.* Hier ist also einer Schwester Mechthild gedacht, hinsichtlich welcher auf ein wohl noch nicht veröffentlichtes Buch von Offenbarungen hingewiesen wird — welche andere aber könnte an dieser Stelle in der Reihe der Verstorbenen gemeint sein als unsere Mechthild von Hackeborn, da die ältere Mechthild von Magdeburg nicht zur Zeit, da die jüngere Gertrud ihre Visionen hat, gestorben ist? So ergibt sich auch hieraus, dass die Sangmeisterin und die Hackebornerin nicht identisch sein können.

6. Nur bei dieser Annahme, dass die im 10. Capitel angeführte Schwester Mechthild die Hackebornerin sei, erklärt sich der auffällige Umstand, dass im Mechthildenbuch der Tod der Mechthild von Hackeborn zwar berichtet, aber über ihr Verhalten im Tode so gar nichts erwähnt wird. Denn aus jenem 10. Capitel der Insinuationen begreifen wir, warum darüber mit Stillschweigen hinweggegangen werden konnte, da von ihr gesagt ist, dass sie bei ihrem Tode nicht bei Bewusstsein gewesen sei.

7. Mechthild von Hackeborn hat Visionen bei dem Tode einer Schwester Mechthild, welche nach dem Inhalte derselben eine ausserordentliche Zierde des Klosters gewesen sein muss. Nun liegt es zwar nahe, und ich selbst habe es früher gethan, darunter die um 1277 verstorbene Mechthild von Magdeburg zu verstehen; allein ein Umstand ist dagegen. Die Zusammenstellerin des Mechthildenbuchs sagt nämlich, dass sie nur solche Visionen mittheilen werde, welche Mechthild von ihrem fünfzigsten Jahre an gehabt habe. Deren fünfzigstes Jahr aber fällt in die Zeit des Todes ihrer Schwester Gertrud oder nicht lange vorher, also um 1291. Die Offenbarung über den Tod der fraglichen Mechthild ist aber hier (*lib. V,* 6 u. 7) nicht wie ein Nachtrag eingeschoben, denn sie wird in derselben Weise berichtet wie alle übrigen, und nicht als eine Vision über eine längst Verstorbene, sondern als über eine Sterbende stellt sie sich dar. Nun wäre uns aber ausser jener Mechthild von Magdeburg keine Schwester Mechthild mehr übrig, welche als eine ausserordentliche Erscheinung in jenen Zeiten des Klosters bezeichnet werden könnte, wenn die Sangmeisterin mit der Hackebornerin identisch wäre. Auch dies führt uns also darauf, beide Mechthilden zu trennen.

Jene Zeitbestimmung also, welche das Todesjahr der Sangmeisterin Mechthild ermitteln lässt, ist für uns unbrauchbar. Doch ergeben sich aus dem Bisherigen Anhaltspunkte genug, nach welchen wir das Jahr des Todes der Mechthild von Hackeborn mit ziemlicher Sicherheit auf 1310 festsetzen können. Denn ist sie jene Mechthild, bei deren Tod die Nonne Gertrud die erwähnten Visionen in Cap. 10 der Insinuationen hat, und ist die Nonne Gertrud im Jahre 1311 gestorben, so darf, da Mechthild von Hackeborn an dem vorletzten Sonntage eines Kirchenjahrs zum letzten Male communicirte, ihr Tod nicht später als gegen das Ende des Jahres 1310 gesetzt werden. Dass er aber auch nicht wohl vor das J. 1310 zu setzen sei, ersehen wir daraus, dass sie selbst noch Vorschläge zur Wahl einer neuen Aebtissin anstatt der im hohen Alter stehenden Jutta von Halberstadt macht. Für deren Nachfolgerin aber, Sophie von Friedberg, findet sich als älteste Urkunde eine vom J. 1310. Nun könnte zwar darum doch immer Sophie von Friedberg schon ein paar Jahre früher zum Amte gekommen sein; allein wenn nach dem Mechthildenbuch V, 28 eben dieses Buch höchstens drei Jahre nach dem Tode seiner Heldin abgeschlossen worden ist, und dies in einer Zeit, da das Gertrudenbuch schon vollendet war, so darf, da die Vollendung des Gertrudenbuchs nicht vor 1312 stattfand, der Tod der Mechthild kaum in ein früheres Jahr als 1310 gesetzt werden.

Wir sagten, das Mechthildenbuch sei erst abgeschlossen worden in einer Zeit, da das Gertrudenbuch schon vollendet war.

Denn falls auch die Nonne Gertrud aus ihren Visionen und Offenbarungen kein Geheimniss gemacht haben sollte, so hat doch jene vertraute Freundin, welche ihre Visionen und Offenbarungen niederschrieb, aus dieser ihrer Schrift ein Geheimniss gemacht, bis sie vollendet war, wie dies aus *Ins. V, 36* hervorgeht. Denn nach dieser Stelle bringt die Schreiberin das vollendete Werk heimlich zuerst dem Herrn „als Opfer" dar, ehe sie es veröffentlicht. Gerade aber nach dem Wortlaut dieser Schrift finden sich seitenlange Mittheilungen über die Aebtissin Gertrud im Mechthildenbuch. So ist also das letztere aller Wahrscheinlichkeit nach später als das Gertrudenbuch abgeschlossen worden, wenn auch nicht lange nach diesem, da an den Schlusstheilen spätestens im 3. Jahre nach dem Tode der Mechthild geschrieben wurde. Wir dürften darum wohl kaum fehlen, wenn wir den Abschluss des Mechthildenbuchs um das Jahr 1313 setzen. Ich habe nun auf Grund dieser Erörterungen und durch Gegenüberstellung von Bemerkungen, zu denen Dante's Gedicht den Anlass bot, den Nachweis zu führen gesucht, dass

Dante das Buch der Mechthild von Hackeborn schwerlich gekannt haben könne, und dass, wenn Anklänge an jenes Buch sich bei ihm finden, dies aus gemeinsamen Quellen zu erklären sei, deren eine mit höchster Wahrscheinlichkeit das Buch der älteren Mechthild von Magdeburg ist.[1] Indem ich mich auf jenen Nachweis beziehe, glaube ich durch ihn gerechtfertigt zu sein, wenn ich bei Besprechung des Inhalts des Buchs der jüngeren Mechthild auf die Frage, in wie weit ihre Anschauungen auf den gleichzeitigen grossen italienischen Dichter Einfluss gehabt haben, nicht weiter eingehe.

2. Die Frauen aus dem Adel und Landgräfin Elisabeth.

Von höherer Bedeutung als die mystischen Erscheinungen in den Niederlanden sind diejenigen, welche uns im Verlaufe des 13. Jahrhunderts in Thüringen und Sachsen begegnen. Dort sind es die ekstatischen Zustände selbst, welche das Interesse vor allem in Anspruch nehmen; die religiösen Erkenntnisse und Empfindungen treten mehr als begleitendes und nebensächliches Moment hervor; hier aber kommt das mystische Leben erst eigentlich zu Worte und die religiösen Mittheilungen werden die Hauptsache.

Es sind Frauen aus dem Adel, welche die Mystik in solcher Weise vertreten. Denn nur in diesem Stande war damals unter den Frauen die Bildung zu finden, welcher es für eine reichere Erkenntniss und schriftstellerische Thätigkeit bedurfte. Wie in der weltlichen Dichtung, in der höfischen Poësie, vornehmlich die adeligen Frauen die Pflegerinnen und Erhalterinnen der Kunst sind — denn nicht allein dass vornehmlich für sie gedichtet wird: sie sind es auch wieder, welche, vor den Männern des Lesens und Schreibens kundig, das Lied bewahren und verbreiten helfen — so ist es und zwar in noch bedeutenderer Weise auch bei dem neu sich entwickelnden mystisch-religiösen Leben in Deutschland der Fall. Denn hier treten die Frauen selbst geistig schaffend mit ein, und die Schriften, welche von ihnen herrühren, haben auf die damalige sowie die spätere Zeit theilweise einen sehr grossen Einfluss geübt. Die Klöster boten die entsprechende Stätte hiefür. Je mehr der männliche Adel im Verlaufe des 13. Jahrhunderts entartet, desto zahlreicher

---

1) In der oben angeführten Schrift: Dante's Matelda.

flüchten sich die Frauen höheren Standes in die Klöster, und jener höhere Schwung des Gemüthes, welcher bis in die Anfänge des Jahrhunderts herein das weltliche Ritterthum kennzeichnet, veredelt hier unter verändertem Ziele noch auf lange hinaus das geistige Leben, da er unter zahlreichen Gleichgesinnten Verständniss, Anregung und Schutz findet.

Wie auf weltlicher Seite die fahrenden Sänger das Lied, die Sage von Burg zu Burg, von Land zu Land trugen, so vermittelten auf religiösem Gebiete die Mönche der Bettelorden die Kunde von jener Mystik und ihren wunderbaren Zuständen und gaben Weisungen für das schauende Leben. Sie sind es vornehmlich, welche in dem ersten Jahrhundert der Blüthe ihrer Orden den Geist der Weltentsagung, die Richtung auf das Uebersinnliche und Wunderbare in den Frauenklöstern wecken und pflegen. In kurzer Zeit hatte sich, wie oben hervorgehoben wurde, unter der Noth der Zeit von den Niederlanden her das Beginenwesen über Deutschland verbreitet, ungemein rasch auch entstanden Männer- und Frauenklöster der beiden Bettelorden und Laienvereine von Leuten der dritten Regel. In Thüringen und Sachsen gesellte sich zu den Einwirkungen aus der Ferne in diesen Kreisen noch der Einfluss, den aus der Nähe das hohe Vorbild der Landgräfin Elisabeth übte.

Elisabeth war die Tochter des Königs Andreas von Ungarn, hatte aber durch ihre Mutter Gertrud, eine Gräfin von Andechs und Meran, und durch ihre Erziehung am thüringischen Hofe auf der Wartburg ganz die deutsche Art. Denn seit ihrem vierten Jahre, seit 1211, wurde sie dort als die Braut des jungen Landgrafen Ludwig erzogen. Ihr inniges Gemüth, ihr weltverläugnender Ernst, und ihr thatkräftiger Wille offenbarten sich hier schon frühe, so dass an dem Hofe, der unter dem regierenden Landgrafen Hermann ein Mittelpunkt der Weltfreude, des Liedes und der Lust war, eine Partei auf die Auflösung des Verlöbnisses hinwirkte. Aber der junge Landgraf hielt treu zu seiner Verlobten, da sein Sinn dem ihrigen verwandt war und er sie innig liebte. Im Jahre 1221 wurde die Ehe vollzogen, fünf Jahre nachdem Ludwig die Regierung angetreten hatte. Elisabeth's demüthige Liebe, Ludwig's grossherziger und treuer Sinn, welcher das ungewöhnliche, von dem Weltsinn nicht verstandene und angefeindete Wesen seiner Gattin frei walten liess und schirmte, gaben ein Musterbild der glücklichsten, von Reinheit der Gesinnung und schönster Harmonie erfüllten Ehe. Die Ehe wurde mit drei Kindern gesegnet, aber schon im sechsten Jahre durch den frühen Tod des Landgrafen zu Otranto, wo derselbe mit Friedrich II.

zum Kreuzzuge nach dem Morgenlande sich einschiffen wollte, gelöst. Elisabeth hatte bisher die natürliche Liebe nicht als etwas sündhaftes betrachtet,[1] von jetzt an aber wird ihre Weltverläugnung statt einer Verläugnung des Sündigen in der Natur zur Verläugnung des Natürlichen überhaupt. Es ist der gegen die Natur feindliche Geist des Mönchthums, welcher in der falschen Lehre von der Leiblichkeit einen Rückhalt fand, welcher auch bei Elisabeth Einfluss gewinnt. In Eisenach haben zu ihrer Zeit die Franziskaner eines ihrer ersten Klöster in Deutschland gegründet, sie selbst wird Tertiarierin dieses Ordens, und sie überlässt sich dort im Jahre vor dem Tode ihres Gemahls unbedingt der Leitung des Konrad von Marburg, welcher sehr wahrscheinlich ein Franziskaner war, und sie in eine furchtbare Schule gesetzlicher Unfreiheit und mönchischer Selbstvernichtung nahm. Willig gab sie sich darein, da ihr auf Weltverläugnung gerichteter Sinn an dem unevangelisch gesinnten Manne zunächst nur jene Richtung, nicht die Verirrung dabei wahrnahm. Sie überliess sich seiner unbedingten Leitung durch ein feierliches Gelübde in der Minoritenkirche zu Eisenach im J. 1226. Der Raub, den ihr Schwager Heinrich Raspe, als sie Wittwe geworden, an ihrem und ihrer Kinder Recht beging, die Rohheit, mit der man sie aus der Wartburg stiess und dem Elend überliess, der Undank und der Hohn, den die Bewohner von Eisenach, wo sie an den Elenden und Dürftigen werkthätige selbstverläugnende Liebe ohne gleichen geübt, ihr erwiesen, machte sie vollends bereit, ihrem Beichtvater willenlos zu folgen; doch behauptet sich auch hier ihr höherer Sinn und zeigt sich im Grunde unverwüstlich. Ihre christliche Freudigkeit, ihr auf Christus als ihren Heiland gerichteter Geist, ihre unerschöpfliche Liebe gegen die leidenden Mitmenschen dauern auch unter der finsteren Herrschaft ihres Beichtvaters aus, und so stirbt sie, von den strengsten Vertretern gesetzlicher Frömmigkeit wie von dem unbefangenen frommen Sinne im Volke in gleichem Maasse bewundert, im J. 1231 zu Marburg, wo sie die beiden letzten Jahre nach dem Willen Konrad's ihren Aufenthalt genommen hatte.

Elisabeth gehört nicht eigentlich der mystischen Richtung an. Sollen wir mit einer um diese Zeit schon lange gebräuchlichen Unterscheidung ihre Richtung bezeichnen, so übt sie das active Leben mit Martha, nicht das beschauliche mit Maria; sie ist in der Uebung werkthätiger Liebe die erste ihrer Zeit. Aber dennoch hat sie durch ihr

---

1) Vergl. die treffliche Arbeit Wegele's, Die heilige Elisabeth von Thüringen in v. Sybel's hist. Zeitschrift 1861. Heft 2.

Leben einen grossen Einfluss auf die Entwicklung der mystischen Richtung geübt, wie man aus der Verehrung, welche diese Kreise ihr schenken, entnehmen kann. War ja Elisabeth's Leben nicht ohne das Merkzeichen der Vollkommenheit in ihren Augen geblieben, denn auch sie hatte Visionen. In der Zeit, da die Katastrophe ihres Lebens eintrat, da mit dem Tode ihres Gemahls ihr irdisches Glück zerstört wurde, beginnen sie. Ihr damals bis auf den Grund erschüttertes und aufgeregtes Leben gibt die Erklärung für jene Erscheinung. Aber diese Visionen sind doch nur ein nebensächliches, begleitendes Moment, weshalb wir sie übergehen. Wir wenden uns eingehender jenen Frauen zu, welche mit grösserem Rechte als Repräsentantinnen der Mystik gelten können.

3. Mechthild von Magdeburg.

„Frau Minne, ihr habt mir benommen weltlich Ehre und allen weltlichen Reichthum", so ruft mit scheinbarem Zürnen Mechthild der Gottesminne zu, und dass sie unter den Eindrücken des Ritter- und Hoflebens aufgewachsen sei, dass sie die Sitten vornehmer Frauen, die höfische Sprache kenne und die Sprache des vielarmen Spielmanns, „der mit hohem Muthe sündliche Eitelkeit machen kann", das beweist ihr ganzes Buch. Der Geist der ritterlichen Dichtung, der zu ihrer Zeit noch in hoher Blüthe stand, spiegelt sich in ihrem Werke wieder. Und wie ihre Bildung, so lässt auch die Freiheit und kräftige Unabhängigkeit ihres Geistes eine höhere Abstammung vermuthen. Mechthild ist um 1212 geboren.[1] Wo ihre Wiege gestanden, ist nicht mehr zu er-

---

1) Die Zeitbestimmungen zu Mechthild's Leben ergeben sich aus Folgendem:
Buch IV, 1 sagt sie: Im 12. Jahr sei sie zuerst vom Geiste gegrüsst worden, seitdem seien 31 Jahre verflossen. Seit sie von der Welt Urlaub nahm (als Begine nach Magdeburg ging) sind damals 20 Jahre verflossen. Ins Kloster tritt sie nach VI, 4 dreissig Jahre später; im Kloster stirbt sie, wie ihr Beichtiger Heinrich von Halle sagt, 12 Jahre nach ihrem Eintritt. Also ist ihr Lebensalter $12 + 31 - 20 + 30 + 12 = 65$ Jahre.
Eine Glosse zu IV, 27 in der Uebersetzung Heinr. v. Nördlingen (nicht zu IV, 26 wie Morel's Ausgabe hat) setzt zu diesem Stück edas Jahr 1256. Dieselbe Randbemerkung ist auch bei der lat. Uebersetzung. Sie ist demzufolge schon im Original und sehr wahrscheinlich von der Hand Heinrichs von Halle. Sie

mitteln, doch darf wohl angenommen werden, dass ihre Heimath im Gebiete von Magdeburg gelegen war. Denn in diese Stadt zog sie, als sie das Aelternhaus verliess. Von ihrem Bruder Baldwin, der später unter den Dominikanern zu Halle sich auszeichnete, sagt Heinrich von Halle, er sei von Kind auf in allen guten Sitten und aller Tugend unterrichtet worden. So hat also wohl auch Mechthild eine sorgfältige Erziehung genossen. In ihrem zwölften Jahre, in einer einsamen Stunde, so schreibt sie, habe sie den Gruss des heiligen Geistes vernommen, und seitdem ohne Aufhören. Von da an sei ihr der Welt Süssigkeit und Ehre verleidet gewesen. Der Wunsch reifte in ihr, ohne ihre Schuld von der Welt verschmäht zu werden. Der Zug der Zeit hatte auch sie ergriffen. Um 1235, in ihrem 23. Jahre, riss sie sich los von ihren Verwandten, „denen sie je die liebste war", und ging nach Magdeburg, wo nur ein einziger Freund ihrer Familie lebte. Diesen mied sie, aus Furcht, er möchte ihr den gefassten Entschluss ausreden. Sie hat wohl Versuche gemacht, in ein Kloster zu treten — aber man scheint die Unbekannte und Mittellose verschmäht zu haben. Es war das ihr eigener verborgener Wille. Sie lebte nun als Begine. Bei der Aufregung, welche ein so grosser Entschluss, wie ihn Mechthild gefasst hatte, mit sich bringen musste, bei ihrer Flucht vor der Welt in das Gebet zu Gott hatte sie ihre erste Verzückung. Als Gott sie nirgends eingelassen, sagt sie, habe er sie in so minnigliche Süssigkeit, in so heilige Vertrautheit und in so unbegreifliche Wunder gebracht, dass sie darüber der Welt entbehren konnte. Da zuerst wurde ihr Geist aus ihrem Gebet gebracht zwischen Himmel und Luft, und sie sah mit ihrer Seele Augen in himmlischer Wonne die schöne Menschheit unseres Herrn Jesu Christi, die heilige Dreifaltigkeit, ihren Engel, dem sie befohlen war in der Taufe, und ihren Teufel. Statt des einen Engels wurden ihr da zwei andere gegeben, die ihre Kämmerer sein und ihrer in diesen Wundern (Verzückungen) pflegen sollten: ein Seraph, der ihre Minne entbrennen

---

wird bestätigt durch die sonst bekannten Nachrichten über den Vorfall: die Anfechtung des Dominikanerordens durch Pariser Meister. Dass nicht bloss die Anfechtung des Ordens sondern auch die Mittheilung der Mechthild darüber von 1256 ist, geht daraus hervor, dass der Vf. die Entscheidung des Papstes von demselben Jahre noch nicht bekannt sein kann, denn sie bittet da noch, dass der Herr seine eigene Ehre an dem Orden wahren wolle. Fällt aber das IV, 27 Mitgetheilte in's J. 1256, so dürfte der Anfang desselben Buches kaum mehr als 1—2 Jahre früher zu setzen sein. Nehmen wir 1255, und ist dieses Jahr ihr 43. Jahr (s. o.), so ist sie um 1212 geboren, und $1212+65 = 1277$ gestorben.

macht und ihre Seele erleuchtet, und ein Cherub, der die Gaben schirmt, und in der minnenden Seele die Weisheit ordnet. Auch zwei Teufel hat sie von nun an zu bestehen. Der eine versucht sie, dass sie sich um ihrer Offenbarungen willen als Heilige vom Volke verehren lasse, der andere, dass sie sich heimlicher Unkeuschheit ergebe. Ihr hoher Geist und ihre starke Frauennatur waren zwei Quellen der Versuchung für sie. Von der Stärke ihrer Sinnlichkeit spricht sie selbst: „Da ich zu geistlichem Leben kam und von der Welt Urlaub nahm, da sah ich meinen Leichnam (Leib) an: da war er gewaffnet sehre auf meine arme Seele mit grosser Fülle der starken Macht und mit vollkommener Naturen Kraft." Wollte sie dem ewigen Tod entgehen, so musste sie sich daniederschlagen. Da sah sie nach ihrer Seele Waffen, das war die hehre Marter unseres Herrn Jesu Christi: „damit wehrte ich mich".

Die gewaltige Minne zwingt sie, was sie Wunderbares schaut zu verkünden. Es kostet sie einen schweren Kampf, denn sie fürchtet für ihre Einfalt, für die Ruhe ihrer Seele. „Eia, milder Gott, was hast du an mir gesehen? Du weisst ja, dass ich ein arm Mensche bin. Diese Dinge solltest du weisen Leuten geben." Da erzürnt sich der Herr wider sie, die Arme, viel sehr und fragt sie eines Urtheils: „Nun sage mir, bist du doch mein?" — Ja, Herre, das begehre ich zu dir. „Muss ich denn mit dir nicht thun das ich will"? — Ja, Allerherzliebster, viel gerne, sollte ich auch zu nichte werden. „Da sprach unser Herre: du sollst mir in diesen Dingen folgen und getrauen. Da ging ich Arme bebend in demüthiger Scham zu meinem Beichtiger und sagte ihm diese Rede. Da sprach er, ich solle es fröhlich vollfahren; Gott, der mich hätte dazu gezogen, werde mich wohl bewahren. Da hiess er mich das, dessen ich mich oft weinend schäme. Denn meine grosse Unwürdigkeit vor meinen Augen offen steht, das ist, dass er einem schnöden Weibe hiess aus Gottes Herzen und Mund dies Buch schreiben."

Ihre Mittheilungen preisen die Seligkeit und Herrlichkeit der Gottesminne; es sind Stimmen der Sehnsucht in der Verlassenheit, des Jubels in der bräutlichen Vereinigung mit Jesus; sie schildern die Qualen der Hölle und des Fegfeuers und die Seligkeit der Heiligen im Himmel; sie führen in den Rath der Dreieinigkeit bei der Weltschöpfung und Erlösung; sie strafen mit hohem Ernste die Verweltlichung der Kirche, trösten in der Noth der Zeit mit den Friedensgedanken Gottes über die Menschen und verheissen eine Hilfe in der bevorstehenden letzten Zeit durch Erneuerung des Predigerordens.

Im 4. Theile ihres Buches beginnen diese Hinweisungen auf die letzte Zeit. Dieser Theil ist um 1256 geschrieben, wo die Kirche wie das Reich in gleich trostlosem Zustande sich befanden. Von dieser Zeit an beschäftigten sich ihre Offenbarungen viel mit Dominikus und seinem Orden. Heinrich von Halle, Lector der Dominikaner in Neuruppin, ein Schüler Alberts des Grossen, wird um diese Zeit ihr bekannt und vertraut. Er hat die Gabe Gottes in Schwester Mechthild geliebt, wie das Buch der Mechthild von Hackeborn sagt, und seiner Verehrung für sie später ein Denkmal in der erwähnten lateinischen Uebersetzung ihres Werkes gesetzt. Vielleicht ist ihr durch ihn die Bekanntschaft mit den dem Abt Joachim zugeschriebenen Schriften vermittelt, an dessen Weissagungen vom Ende die der Mechthild vielfach erinnern.

Es mögen ihre an die joachitischen Sätze erinnernden prophetischen Hinweisungen auf das Ende, deren Voraussetzung unter andern auch die sittliche Versunkenheit des Klerus bildete, es mögen insbesondere auch Aeusserungen über den sittenlosen magdeburgischen Klerus gewesen sein, welche ihr manche Verfolgung zuzogen. Aus einem Schreiben an den neuerwählten Domdekan Dietrich in Magdeburg ersehen wir ihren Ernst und rücksichtslosen Freimuth. Er solle, so schreibt sie ihm, bei seiner Haut sich kleiden mit hartem Gewand, schlafen auf Stroh zwischen zwei wollenen Tüchern, auch zwei Besen haben bei seinem Bette, sich zu kästigen, wenn er erwacht. Die Böcke aber, d. i. die Domherrn, deren Fleisch von Unkeuschheit stinkt vor der heiligen Dreifaltigkeit, sollen das Futter essen, das ihnen Herr Dietrich in die Krippe legt, das ist die heilige Busse, dann mögen sie noch Lämmer werden.[1] Hatte Dietrich ihre Weisungen sich erbeten, so kamen ähnliche Aeusserungen Andern gewiss unerbeten, und die Sittenlosigkeit und Unwissenheit ertrug die Strafe aus dem Munde eines Laien, eines Weibes nicht. Auch die zünftige Theologie mochte sich beschämt und gereizt fühlen durch eine Gottesweisheit, die ihre eigenen Wege ging. „Reine, heilige Einfalt", so verkündigte sie, „ist eine Mutter der wahren Gottesweisheit. Die andere Weisheit ist von natürlichen Sinnen, in ihr sind befangen viele verkehrte Laien und falsche Pfaffen und thörichte Leute. Was hilft es, dass ein thörichter Mann viel Pfennige hat, und kauft doch damit nichts denn Hunger und Durst und dazu ewiges Herzeleid."

Mechthild deutet mehrfach an, in welcher Weise der Hass gegen

---

1) Theil VI, 2 u. 3. cf. lat. Uebersetung III, 2: *De Decano Magdeburgensi. Exorata a domino Th. venerabili Magdeburgensis ecclesiae decano etc.*

sie sich äusserte. Auch sonst christlich Gesinnte meinten: „was ihnen ein solches Deutsch solle? Es sei aus Muthwillen erdacht und aus falscher Heiligkeit vorgebracht." Von einem Geistlichen, den sie nach seinem Tode im Fegfeuer sah und für dessen Seele sie bat, erfährt sie durch eine Offenbarung: er leide die Strafe, weil er die Anklagen falscher Heiliger gegen Unschuldige angenommen, und sie es habe entgelten lassen. Er habe sich, fügt sie hinzu, auch an ihr vergessen. Es scheint, man habe ihr Buch verbrennen wollen. Sie hörte wenigstens eine Drohung dieser Art. „Da thät ich, wie ich von Kind an pflegte: wenn ich betrübt war, so musste ich beten. Eia Herre, nun bin ich betrübt um deiner Ehre willen, soll ich nun ungetröstet von dir bleiben? Du hast mich dazu verleitet, denn du selbst hiessest mich es schreiben." Da offenbarte sich Gott sofort ihrer traurigen Seele und hielt das Buch in seiner Hand und sprach: Lieb meine, betrübe dich nicht zu sehr, die Wahrheit mag niemand verbrennen.

Und Mechthildens kräftige Natur machte sich von der Furcht frei. Sie bittet noch, als sie sich endlich entschliesst Magdeburg zu verlassen, für ihre „Christenpeiniger", aber ihr Urtheil über sie steht fest. Ihre Feinde sind von Finsterniss befangen. Sie stossen sich den ungebundenen Rindern gleich im finstren Stalle. Für die Rinder, meint sie, sei doch wohl nur das Stroh. Dass der Adler so hoch fliegt, sagt sie an einer andern Stelle, das mag er nicht der Eule danken.

Mechthild hatte ihr Beginenleben nun dreissig Jahre geführt. Kränklichkeit und die erwähnten Bedrängnisse bestimmten sie wohl, in ein Kloster zu treten. Sie wählte das Cisterzienserinnenkloster Helfta, eine halbe Stunde östlich von Eisleben und eine Tagereise westlich von Halle. Dieses Kloster war 1229 von dem Grafen Burkhard von Mansfeld gegründet worden, und von Mansfeld nach Rodardesdorf, von da 1258 nach Helfta verlegt worden. Es hatte vornehmlich Töchter des thüringischen Adels zu seinen Mitgliedern. Das geistige Leben stand damals unter der ausgezeichneten Aebtissin Gertrud von Hackeborn in hoher Blüthe. Gertrud selbst und ihre jüngere Schwester Mechthild waren Jüngerinnen des mystischen Lebens. Hier konnte sie auf liebendes Entgegenkommen und Verständniss ihres Lebens hoffen. Vielleicht trug auch die Nähe von Halle, wo ihr Freund Heinrich lebte, zur Wahl dieses Klosters bei. In ihrem 53. Jahre 1265 trat sie daselbst ein. Der sechste und siebente Theil ihres Buches stammen aus dieser Zeit. Bald nach ihrem Eintritt verfiel sie in eine schmerzliche Krankheit. Aber sie fand nun die sorgfältigste liebevollste Pflege. Die

Schrift der Mechthild von Hackeborn bezeugt an einer Stelle, welche
Verehrung sie von den Schwestern genoss. Sie sehnte sich unter ihrem
Leiden nach dem Tode; aber der Herr offenbart ihr: Du sollst noch reicher
werden mit Leiden. Auf ihre Frage, was sie in dem Kloster thun
solle, ist die Antwort: Du sollst sie erleuchten und lehren. So fasste sie
ihre Aufgabe. Und die Stücke der beiden letzten Theile sind reich an
Licht und Lehre. Sie beschränken sich nicht auf das Leben des Einzelnen.
Ihr Blick richtet sich auf die gesammte Christenheit. Sie lebt mit ihrer
Zeit und ihr Wohl und Wehe bewegt ihr Herz. Sie wäre einst selbst
gerne hinausgezogen unter die Heiden, wie Jutta von Sangershausen,
die in ihrer Nähe gelebt hatte. Sie hatte gewünscht, „es möge ihr sündiges
Herzblut fliessen unter der ungläubigen Ketzer Füssen." Jutta
war aus der Familie der Herren von Sangershausen, von denen einige
um diese Zeit dem deutschen Orden gegen die Preussen zu Hilfe zogen.
Sie selbst hatte, nachdem ihr Mann auf einer Pilgerfahrt nach Palästina
gestorben und ihre Kinder in Klöster gebracht waren, Kutte und Strick
genommen und dann eine Zeit lang wie die Landgräfin Elisabeth den
Armen und Aussätzigen gedient. 1260 zog sie nach Preussen und
wirkte bei Culm als Waldschwester oder Einsiedlerin durch Wort und
Beispiel für die Befestigung und Verbreitung des Christenthums. Sie
starb 1264 und wurde später im Lande wie eine Heilige verehrt.[1]
Das Vorbild dieser Frau, mit der sie wohl auch persönlich in Berührung
gekommen ist, scheint sie tief berührt zu haben. Aber sie wird
sich doch zuletzt des ihr eigenen Berufes klar bewusst. „Ihr Buch",
sagt ihr der Herr, „ist zum Boten gesandt allen geistlichen Leuten, den
bösen und den guten."

Mechthild glaubte mit dem 6. Theile ihres Buches die Feder niederlegen
zu dürfen. Sie setzt am Ende desselben ein das ganze Werk
abschliessendes Wort, welches zugleich sagt, dass sie eigenhändig das
Buch geschrieben habe. Aber bald fühlt sie sich vom Geiste getrieben,
noch weitere Offenbarungen niederzuschreiben, wiewohl sie den Herrn
gebeten hatte, sie möchte es unterlassen dürfen. Wir haben diese letzten
Stücke im siebenten Theil gesammelt. Sie führen uns bis in die Nähe

---

1) Ihr Leben in den *A. A, S.S. Mac. Tom. VII. f. 604 sq.* Da ihr Todesjahr
1264 feststeht, und Mechthild sie Buch V, 34 als lebend vorauszusetzen scheint,
mit Buch VI aber erst die Angaben auf den Eintritt der Mechthild in ein Kloster
deuten, so empfängt unsere Annahme, dass Mechthild um 1265 in's Kloster getreten,
durch jene Angabe des Todesjahrs der Jutta eine weitere Bestätigung.

ihres Todes. Sie sagt zuletzt, dass sie sich fremder Augen und Hände
bedienen müsse. Im Jahre 1277 starb sie, nachdem sie 12 Jahre im
Kloster gelebt hatte. Aus dem Buche der jüngeren Mechthild ersehen
wir, wie hoch sie ihren Mitschwestern stand. Mechthild von Hackeborn
schildert in mehreren ihrer Visionen die Herrlichkeit, die sie nach
ihrem Tode unter den Seligen geniesse. Die sonderliche Gabe der
Liebe, die sie hatte, die Erkenntniss, von welcher sie auf Erden mehr
als die Uebrigen erleuchtet war, die hohe Gabe der Schauung, in der
sie dem Adler gleich geradeauf gegen das Antlitz des Herrn fliegt —
mit diesen Vorzügen erscheint sie in den erwähnten Visionen: ein
Zeichen, wie nachhaltig und tief der Eindruck war, den sie auf die
Schwestern von Helfta gemacht hatte, und wie Liebe und Verehrung
ihr über dieses Leben hinausfolgten.

Das fliessende Licht der Gottheit, wie Mechthild selbst ihr Buch
nach göttlicher Weisung, wie sie sagt, genannt hat, ist wohl das älteste
bis jetzt bekannte Werk seiner Gattung in deutscher Sprache. Man
kann mit Recht sagen, dass diese Schrift einen Höhepunkt deutscher
Frauenbildung und religiösen Lebens im Mittelalter bezeichne. Mit
der Freiheit und Klarheit des Gedankens eint sich bei der Verfasserin
zarte und innige Empfindung, mit kindlicher und naiver Auffassung eine
wahre Erhabenheit des Gemüths. Mechthild berührt vielfach die Tiefen,
welche das Element der speculativen Mystik bilden, und ihr Einfluss ist
selbst bei ihrem tiefsinnigen Landsmanne, bei Meister Eckhart erkenn-
bar, in dessen Schriften ihre Sprache nachtönt. Diese Sprache, die sie
mit Leichtigkeit handhabt, geht wohl vielfach den Gang lehrhafter Rede,
aber eben so oft erhebt sie sich in rythmischer Bewegung zu lyrischem
Gesang und epischer Schilderung. Durch die Mannigfaltigkeit und
Lebendigkeit, sowie durch die plastische Anschaulichkeit des Ausdrucks
unterscheidet sich dieses Werk weit von der Monotonie ähnlicher
jüngerer Schriften. Das Innigste und Erhabenste kommt hier zu einem
Ausdruck, der sofort die entsprechende innere Empfindung oder Anschauung wachruft. Es ist nirgends die nüchterne Symbolik des Verstandes, die man so leicht mit der poëtischen Gestaltung verwechselt,
sondern eine grosse individualisirende Kraft, die Gestalten wie aus
Einem Gusse bietet.

In den Mittheilungen der Mechthild lassen sich zwei Richtungen
unterscheiden: die prophetische, welche auf die Mitwelt einwirken will,
und die contemplative, welche sich ganz und gar in das Leben der Gottheit versenken möchte, um im Verkehr mit dem, den die Seele liebt,

der Welt und der Zeit zu vergessen. Hinsichtlich der ersteren erinnert Mechthild an Hildegard und Elisabeth von Schönau, hinsichtlich der letzteren an die Art des späteren Suso.

Mechthild ist von jenem reformatorischen und prophetischen Geiste ergriffen, welcher mit Hildegard, Elisabeth von Schönau und Joachim von Floris gegen den Verfall der Kirche sich erhoben hat und warnend und strafend auf die bevorstehenden letzten Zeiten hinweist. Die Schrift der Elisabeth scheint ihr nicht unbekannt geblieben zu sein. Die Schilderung des Verfalls der Kirche, welche wir zunächst folgen lassen werden, enthält wenigstens manches, was auch in der Form an die oben mitgetheilte Stelle aus jener Schrift erinnert. Sicher aber waren ihr die unter dem Namen des Abtes Joachim verbreiteten Weissagungen über die letzten Zeiten bekannt. Die Frage, ob die Schriften, welche man dem Joachim zuschreibt, ächt oder unächt seien, ist von uns anderwärts erörtert worden. Hier ist sie von keinem Gewicht. Die wichtigsten derselben waren um die Zeit, da Mechthild ihre Anschauungen über die letzten Zeiten niederschrieb, in Deutschland bekannt. Das „ewige Evangelium", welches die drei Hauptschriften Joachims enthielt, hatte um die Mitte des Jahrhunderts durch den Streit, der von Paris aus dagegen erhoben wurde, allenthalben das grösste Aufsehen erregt. Die Franziskaner und Dominikaner verbreiteten die darin enthaltenen Weissagungen im Interesse ihrer Orden. Mechthild erwähnt der Anfechtungen, welche sie deshalb hatten. Wahrscheinlich ist Mechthild durch ihren Vertrauten, den Dominikaner Heinrich von Halle, mit diesen Weissagungen bekannt geworden. Die Umbildung, welche dieselben durch Mechthild erfuhren, ist im hohen Grade merkwürdig. Sie sind in dieser Gestalt theilweise in Dante's *Divina Commedia* übergegangen.

Der Grund, auf den sich Mechthild's Weissagungen vom Ende aufbauen, ist der Verfall der Kirche in der damaligen Zeit. In der Schilderung des Verderbens, welche ihr Buch enthält, offenbart sich die Erhabenheit ihrer Sinnesrichtung, die Grösse ihres sittlichen Ernstes. Es ist zu beklagen, dass wir das niederdeutsche Original nicht mehr haben; aus der hochdeutschen Uebersetzung Heinrich's von Nördlingen wie aus der lateinischen Heinrich's von Halle vermögen wir zu ersehen, mit welcher Kraft und Freiheit der Rede sie ihrer Zeit die Grösse des Verderbens vor Augen zu stellen verstand.

In Rom war auf Urban's IV. dreijährige Regierung die ebenso kurze Clemens IV. gefolgt, dann war nach fast dreijähriger Vacanz des päpstlichen Stuhles 1271 Gregor X. gewählt worden. Der weltliche Sinn der Vorgänger Gregor's, die Unterstützung, welche Clemens dem Mörder Konradins geliehen hatte, die Erlasse, durch welche er Abgaben von allen Kirchen erpresste, die Sittenlosigkeit am päpstlichen Hofe überhaupt, der traurige Zustand, in welchen bei solchen Regenten die Kirchen aller Länder geriethen, musste bei allen christlich Gesinnten Schmerz und Unwillen hervorrufen. Wir geben die Worte der Mechthild nach dem minder abgeschwächten lateinischen Texte: „O du glänzende Krone der heiligen Kirche", so hört Mechthild den Herrn zu dem Papste und dem Klerus sprechen,[1] „wie ist von hässlichem Russe dein Glanz verdunkelt! Deine köstlichen Steine, die heiligen Lenker und Lehrer, sind dir entfallen, und deine Sittenlosigkeit gereicht dem Volke Gottes zur Schwächung und zum Aergerniss. Dein Gold ist verfaulet im Pfuhle der Laster. Du bist bettelarm geworden und dir fehlt der köstlichste Schatz — die Liebe. Verbrannt ist und schwarz geworden über den Kohlen im Feuer der schändlichsten Begierden, o Braut, das Antlitz deiner so lauteren Keuschheit. Deinet Hauses Bau ist zusammengebrochen, als das Fundament, die tiefe Demuth, durch den Hochmuth umgestürzt wurde, und verschwunden ist das schlichte Wesen deiner Wahrhaftigkeit und auf deinen Lippen wohnt die Lüge und die Bosheit des falschen Wesens. Die Blumen der Tugend und Ehrbarkeit in dir sind abgefallen und verwelkt, und deine Frucht ist verdorben und weggetilgt von der Erde. O du Krone meiner auserwählten Priesterschaft, wie bist du geniedrigt und wie ist die Schönheit deines Anblicks geschwunden! Nun ist an dir keine Gestalt noch Schöne und keine Kraft ist dir geblieben als jene, welche der Anlass deines Zerfalls war, die klerikale Jurisdiction, mit welcher du Gott und seine Auserwählten bekämpfest und sprichst den Gottlosen gerecht um Geschenkes willen und nimmst dem Rechtschaffenen sein Recht. Darum hat Gott beschlossen dich zu erniedrigen und es wird über dich kommen die Rache am Tag, da du es nicht meinst, und zur Zeit, die du nicht kennst; denn also spricht der Herr: Ich will dem obersten Priester das Ohr öffnen und sein Herz innerlich rühren mit dem Wehe meines Grimms, darum dass meine Schafhirten von Jerusalem Räuber und Wölfe geworden sind. Mit Grausamkeit morden sie vor meinen Augen meine Lämmer und verschlingen sie. Auch die grösseren Schafe sind matt und

---

1) *Cod. Bas. B. IX*, *11 f. 68.* cf. die hochdeutsche Uebersetzung bei Morel Buch VI, 21.

schwach darum dass ihr sie wegruft von der gesunden Weide und es nicht zulasst in eurer Gottlosigkeit, dass sie sich nähren auf den hohen Bergen mit den grünen Kräutern; denn mit Drohen und Schelten wehrt ihr es, dass man ihrer pflege mit der gesunden Lehre und den heilsamen Rathschlägen derer, die gross sind an Glauben und Wissen. Wer den Weg zur Hölle nicht weiss und begehrt ihn zu wissen, der sehe Leben und Sitten der schändlichen und entarteten Pfaffen an, die mit frevler Meisterschaft in Ueppigkeit und andern Lastern unaufgehalten den Weg zur Hölle eilen."

„Wenn das hergebrachte Kleid alt wird", so heisst es bei Mechthild weiter, „dann deckt es überall nicht mehr und wärmt es auch nicht mehr: darum ist noth, dass ich mit neuem Mantel decke und schirme meine Braut, die Kirche: und das sind die Prediger der letzten Zeit, durch die ich sie ankleide und schirme wider die Fallstricke und die Bosheit des Antichrist. Darum auf, mein Sohn, Papst und oberster Priester, der du meine Stelle auf Erden vertrittst, sei jenen förderlich mit allem Eifer, auf dass ich dein Leben verlängere und die Gnade dir mehre! Denn deine Vorgänger sind so schnell dahin gegangen,[1] weil sie den verborgenen Rath meines Willens nicht erfüllt haben."

Die joachitischen Schriften reden von drei Weltaltern, dem des Vaters, des Sohnes und des heiligen Geistes. Den Eintritt des letzteren erwarten sie um das J. 1260. Dem Eintritt geht ein tiefer Verfall der Kirche voraus. Der Klerus ist in Ueppigkeit und Habgier versunken und für seinen Beruf unfähig. Da erweckt Gott neue Prediger von einfach apostolischem Leben, welche die Wahrheit in neuer Weise der ganzen Welt verkünden, der Ketzerei entgegentreten, eine Einigung der wahrhaft Gläubigen herbeiführen und so für den Kampf mit dem Antichrist vorbereiten, welcher zu ihrer Zeit auftreten wird. Es sind Prediger von höherer Würde und Ansehen als die Prediger der ersten Kirche.[2]

Ein Nachklang der joachitischen Lehre von den drei Weltaltern des Vaters, des Sohnes und des heiligen Geistes scheint es zu sein, wenn Mechthild von dreierlei Blute der Zeugen spricht, welche von Anfang

---

1) Alexander IV. 1254—1261, Urban IV. 1261—1264, Clemens IV. 1265—1268, Gregor X. 1271—1276. Der Stellung nach, welche obiges Capitel in der Urschrift einnahm, Lib. VI, Cap. 21, kann der angeredete Papst nur Gregor X. sein.

2) *Divini vatis Abbatis Joachim liber concordiae novi ac veteris Testamenti. Venetiis 1519. Lib. V. cap. V, 18 et a. l.*

der Welt her die Wahrheit vertreten haben. Alles Märtyrerblut von Abel bis auf Johannes den Täufer ist des Sohnes Blut, denn diese Märtyrer litten um seinetwillen den seligen Tod. Das andere Blut, das Christus aus seinem unschuldigen Herzen vergoss, war des himmlischen Vaters Blut. Das Blut, welches vor dem jüngsten Tage vergossen werden soll im Christenglauben, ist des heiligen Geistes Blut.

Den „Predigern" welche nach Joachim in der letzten Zeit auftreten werden, gehen bei Mechthild fünf Boten voran, Boten Gottes an die „verboste" Christenheit. Mechthild nimmt die Christenheit, die unreine Jungfrau in ihrer Seele Arm: „Lass, sie ist dir allzuschwer", ruft ihr der Herr zu. „Eia, mein süsser Herre, ich will sie aufheben und vor deine Füsse tragen mit deinen eigenen Armen, mit denen du sie an dem Kreuze trugst." Und der Herr will der Unreinen sich annehmen, er will sie zuletzt waschen in ihrem eigenen Blute. Die erste jener fünf Boten war Elisabeth von Thüringen; sie wurde gesandt zu den unseligen Frauen die in den Burgen sassen. Dann kam St. Dominikus, ein Bote den Ungläubigen, ein Lehrer der Unwissenden, ein Tröster für die Betrübten. Franziskus war ein Bote für die gierigen Pfaffen und hochmüthigen Laien. Der neue Märtyrer der Dominikaner Petrus († 1252) soll den heiligen Opfermuth unter den Christen entflammen, die ihr Fleisch lieber haben als Christum. Die fromme Waldschwester Jutta von Sangershausen, welche unter den heidnischen Preussen lebt, ist mit ihrem Gebete und mit ihrem guten Vorbild eine Botin für die Heiden. Am Schlusse erwähnt sie dann ihres eigenen Buches, das jetzt der Herr sende zum Boten allen geistlichen Leuten, den bösen und den guten. „Denn wenn die Säulen (der Klerus) fallen, so mag der Bau nicht stehn. Ich sage dir wahrlich, sprach unser Herr, in diesem Buche steht mein Herzblut geschrieben, das ich in der letzten Zeit von neuem vergiessen will."[1] Aber das alles fruchtet wenig. Papst und Pfaffen gehen der Hölle Weg. So ist noth, dass die jüngsten Brüder kommen.

Die Weissagung von diesen jüngsten Brüdern oder Predigern ruht nun wohl auch völlig auf den joachitischen Aussprüchen, aber sie gewinnt bei Mechthild eine ganz neue, viel bestimmtere und zugleich nationale Gestalt. In den joachitischen Schriften ist bald von einem bald von zwei Orden der letzten Zeit die Rede und es findet sich vieles, was die Franziskaner auf ihren Orden deuten konnten. Bei Mechthild

---

1) Theil V, 34.

ist vor allem der Dominikanerorden hervorgehoben und der Orden der letzten Zeit erscheint wie eine Wiederholung desselben in verbesserter Gestalt. Die Lebensweise, die Gliederung dieses Ordens, seine Schicksale werden genau dargestellt, und dabei ist von besonderer Bedeutung, was von dem Meister dieses Ordens gesagt wird. In den joachitischen Schriften ist von einem solchen nicht nur nicht die Rede, sondern es nimmt auch in denselben das deutsche Kaiserthum eine der Kirche feindliche Haltung ein, während es hier in eine merkwürdige Verbindung mit jenem Ordensmeister gebracht ist, durch welchen der grösste Segen über die vom Antichrist bedrängte Kirche gebracht werden soll.

Mechthild knüpft ihre Weissagung von den jüngsten Predigern an den seit 1255 durch Wilhelm von St. Amour erhobenen Kampf gegen die beiden Bettelorden. Der Orden der Dominikaner liegt ihr vor dem andern am Herzen. Denn „sie liebt Dominikus vor allen Heiligen". Sie fragt aus jenem Anlass, ob der Orden bestehen werde bis zum Ende der Welt. Der Herr bejaht es. „Dann", so heisst es im unmittelbaren Anschluss an diese Stelle, „werden Leute eines neuen Ordens erstehen, welche jene Prediger an Weisheit, Gewalt, Armuth und Gluth des Geistes übertreffen werden. Sie haben nicht Silber und Gold und tragen die zahlreichen Beschwerden der Armuth. Auf Stroh werden sie schlafen, ein weisses Wollentuch auf dem Lager und ein anderes von gleicher Farbe über sich. Aller Orten sind sie Fremdlinge und Gäste. Dreissig Jahre lang werden sie im Frieden wirken und die Christenheit in einem Maasse erleuchten, dass niemand ist der nicht alle Irrlehren der Zeit erkennen könnte. Der Begründer dieses Ordens ist der Sohn des römischen Königs. Sein Name ist *CoraM Deo aLLeLVIa*. Diesem überträgt der Papst die zweite *(proximam)* Gewalt. Hierauf aber wählt er freiwillig jenen Orden und empfängt die Weihe des Papstes hiezu. Sein Titel als Meister des Ordens ist *Princeps*. Wenn er mit seinen Brüdern dreissig Jahre gepredigt, wird der Antichrist kommen. Aber die Prediger fürchten die Verfolgung nicht, sie predigen fort, und weil sie ein heiliges Leben führen, so werden viele Juden und Heiden die Taufe annehmen, viele unter den Christen das Martyrium mit ihnen theilen. Sie bewirken, dass sich die Guten von den Bösen scheiden. Henoch und Elias kommen aus dem Paradiese den Predigern zum Beistand, helfen die Gläubigen „aus dem Walde" führen, stärken sie unter den Verfolgungen und bereiten sie zum Tode. Auch der Ordensmeister stirbt den Tod des Märtyrers mit vielen seiner Brüder. Die Boten des

Antichrist kommen und durchstechen den heiligen Prediger mit eiserner Stange, aber auch sterbend stärkt er das Volk im Glauben und preiset Gott.

Mechthild's Weissagung hat wenige Jahrzehnte später in Dante's *Divina Commedia* eine Stätte gefunden, von wo aus sie in die weitesten Kreise drang. Denn es kann, wie ich dies anderwärts zu erhärten gesucht habe, kaum bezweifelt werden, dass Dante's *Veltro* oder der Windhund, „der nicht von Erde und Metall, sondern von Weisheit, Tugend und Liebe sich nähren wird, dessen Stätte zwischen *feltro e feltro*, zwischen Filz und Filz sein wird", der für ein Gemeinwesen eintritt, für das in alten Zeiten schon edles Opferblut geflossen, der die Wölfin, die den Austritt aus dem Walde verhindert, in die Hölle zurücktreibt, dass dieser *Veltro* jener Predigerorden der Mechthild, speciell jener *Princeps* des Ordens, jener zweite Dominikus ist. Derselbe, den Mechthild als Sohn des römischen Königs, als Erben der zweiten Gewalt nach dem Papste, und dann als *Princeps* bezeichnet, dessen Namens Zahl 1556 sei, wird von Dante an einer andern Stelle als Erbe des Adlers d. i. des Kaiserthums und mit der Zahl 515 = DXV = *Dux* bezeichnet. Er erbt das Kaiserthum; aber nicht unter dem Namen des Kaisers sondern eines *Dux* macht er, wie der Königssohn bei Mechthild als *Princeps*, der Tyrannei der entarteten geistlichen und weltlichen Macht über die Gläubigen ein Ende.

Eine *Matelda* ist Dante's Führerin an dem Orte, wo er die Weissagung von dem Erben des Adlers aus dem Munde Beatricens vernimmt. Eine *Matelda* ist es, die in dem Gedicht des Florentiners das übersinnliche Schauen in Bild und Gleichniss repräsentirt im Gegensatz zum wesenhaften Schauen, und wie ihr Name, wie Form und Inhalt der Weissagung, so stimmt auch was über den Geist dieser *Matelda* gesagt ist, mit unserer Mechthild.

Mechthild's Schrift zeigt, wie weit sich dieser Geist der Mystik der Welt und ihrer Erscheinungen bereits bemächtigt hat. Die Geschichte der Gegenwart wie der Zukunft, Lehre wie Prophetie, Individuellstes wie Allgemeines sind hier in eine Seelenrichtung aufgenommen, die ihr einziges und höchstes Ziel in der Vereinigung mit der Gottheit sucht. Mit der Gottheit eins glaubt sie ihrem Blick die Abgründe der Hölle wie die seligen Höhen des Himmels erschlossen.

Ihre Vision von der Hölle beginnt mit den Worten:

> Ich habe gesehen ein stat,
> Ir name ist der ewige hass.

Die Stadt ist gebaut von den Steinen der Hauptsünden, und je grösser die Sünde, desto tiefer ist die Stätte des Sünders. Im obersten Theile ist die Pein am mindesten, da sind die Heiden nach ihren Werken eingeordnet. Im mittleren sind die Juden, im untersten die falschen Christen. Hier ist Feuer und Finsternis, Stank und Eisunge und allerlei Pein allergrösst. Da sitzt Lucifer, den der Hochmuth in diese Tiefe gestürzt, und es fliesst aus seinem feurigen Herzen ohne Unterlass alle Sünde und Pein in Hölle, Fegfeuer und auf Erden. Da werden von ihm die grössten der Sünder gequält. Den Hochmüthigen ergreift er zuerst und drückt ihn unter seinen Zagel (Schwanz). Die falschen Heiligen setzt er in seinen Schoss und küsset sie viel gräulich, die Wucherer nagt er ohne Unterlass, die Geizigen frisst er. Der Zornige wird da mit feurigen Geisseln geschlagen. Der viel arme Spielmann, der mit hohem Muthe sündliche Eitelkeit machen kann, der weint in der Hölle mehr Thränen, denn alles Wassers ist in dem Meer.

„Ich sah unter Lucifer der Hölle Grund, das ist ein harter schwarzer Flinsstein, der trägt den gesammten Bau für ewig. Und wiewohl die Hölle an sich grundlos ist, so hat sie doch in ihrer von Gott gesetzten Ordnung Grund und Tiefe."

„Wie die Hölle brennet undin sich selber grimmet und wie die Teufel sich mit den Seelen unterschlagen, und wie sie sieden und braten und wie sie schwimmen und waden in dem Stanke und im Moore und in den Würmern und in dem Pfuhl, und wie sie baden in Schwefel und Pech — das mögen sie selber und alle Creaturen nimmer aussprechen. Da ich von Gottes Gnade diese Noth hatte gesehen, da ward mir Armen so viel wehe, dass ich nicht mochte sitzen noch gehen und war aller meiner fünf Sinne ungewaltig dreier Tage als ein Mensch den der Donner hat geschlagen."

Sehen wir von der dichterischen Kunst ab, so erinnern diese Schilderungen nicht bloss in den Hauptzügen, sondern auch in der Auffassung und Individualisirung, so wie in der Weise, wie die Subjectivität des Darstellenden sich einmischt, vielfach an Dante's Gemälde von der Hölle.

Aber weder in ihren prophetischen Mahnungen noch in ihren epischen Schilderungen tritt, was sie ihrem innersten Wesen nach ist, unmittelbar hervor. Die Liebe ist die Seele ihres Wesens. „O Weib, das an der Liebe Strahlen sich wärmt", so redet Dante seine Matelda an, und er hört sie singen und sieht sie über Blumen her im Wirbeltanze sich entgegenschweben. Hätte er auch nicht unsere Begine im Auge gehabt, sie wäre mit seinen Worten doch ihrem Wesen nach bezeichnet. Die Liebe kommt namentlich in den früheren Stellen ihres Buchs in einer Kraft und Innigkeit und Lieblichkeit zu Worte, wie späterhin nur etwa noch bei Suso.

Hätte ich dich doch nie erkannt, so klagt die Seele in süssem Verdruss ihrer Kämmererin, der Minne ihre Noth: du hast mich gejagt, gefangen, gebunden und so tief verwundet, dass ich nimmer werde gesund. Aber die Minne antwortet:

> Dass ich dich jagte, das lüstete mich,
> Dass ich dich fing, das begehrte ich,
> Dass ich dich band, des freute ich mich —
> Ich hab den allmächtigen Gott vom Himmel getrieben
> Und hab ihm genommen sein menschlich Leben —
> Wie möchtest du, schnöder Wurm, vor mir genesen?[1]

Von ihrer Sehnsucht getragen kommt die minnende Seele „geschwungen als ein Aar aus der Tiefe in die Höhe". „Seht wie sie kommt gestiegen", ruft der Herr, „die mich verwundet hat!" Er fragt:

> Du jagest sehre in der Minne,
> Sage mir, was bringest du mir, mein Königinne?

Sie antwortet: Herre, ich bringe dir mein Kleinod, das ist grösser denn die Berge, breiter denn die Welt, tiefer als das Meer, höher denn die Wolken, schöner als die Sonne, mannigfaltiger als die Sterne, und wieget mehr denn alles Erdreich. Und wie heisset, o Bild meiner Gottheit, so fragt der Herr weiter, dein Kleinod? Und sie antwortet: Herre, es heisset meines Herzens Lust; die hab ich der Welt entzogen, mir selbst enthalten und allen Creaturen versagt. Nun mag ich sie nicht weiter tragen: Herre, wohin soll ich sie legen? Und der Herr spricht: Deines Herzens Lust sollst du nirgends legen denn in mein göttlich Herze.[2]

„Er, dein Leben", sagt sie an einem andern Orte, „ist gestorben von Minne um deinetwillen; nun minne ihn so sehr, dass du möchtest sterben um seinetwillen. Dann brennest du immermehr unverloschen als ein lebender Funke in dem grossen Feuer der lebenden Majestät."

Unter den Kämpfen mit den Versuchungen des Teufels, der Welt und des eigenen Fleisches ist die Seele müde geworden und die Sehnsucht nach dem Geliebten ihr erwacht. Und der Herr ist beweget, er

---

1) I, 3.   2) I, 38 ff.

muss ihr entgegen, denn sie ist die, die Kummer und Minne miteinander trägt. Die Sinne verkünden ihr seine Ankunft:

> Wir haben das Raunen wohl vernommen:
> Der Fürst will euch entgegenkommen
> In dem Thaue und schönen Vogelsange;
> Eia, Fraue, so säumet nicht lange!

Nun kleidet sie sich mit den Kleidern der Demuth, der Keuschheit und aller Tugenden und geht in den Wald der Gesellschaft heiliger Leute. Da singen die allersüssesten Nachtigallen von der lieblichen Einung mit Gott Tag und Nacht und manchen süssen Klang hört sie da von den Vögeln der heiligen Erkenntniss. Aber der Jüngling kommt noch nicht. Nun versucht sie nach heiligen Vorbildern zu leben, ihnen „nachzutanzen, als die Auserwählten vortanzen"; aber das gibt ihr noch nicht was sie sucht. Den Herrn selbst will sie haben und sie spricht zu den Sinnen, die ihre Kämmerer sind: nun bin ich eine Weile Tanzens müde. Weichet mir, ich muss gehen, dass ich mich erkühle. Die Sinne heissen sie sich erkühlen in Thränen, wie sie Maria Magdalena geweint; aber sie will davon nichts hören, sie will trinken „den ungemischten Wein". Da weisen sie die Sinne auf das Gut, das in der Keuschheit der Mägde liege. Aber auch das bietet ihr keine Erquickung: „das mag wohl sein — das ist das Höchste nicht an mir." Auch der Märtyrer Blut, wozu jetzt die Sinne ihr rathen, vermag sie nicht zu kühlen: „Ich bin gemartert so manchen Tag und mag doch nicht zur Ruhe kommen." Auch des Beichtigers Rath, der Apostel Weisheit, der Engel Schönheit, in denen sie nach dem Rathe der Sinne Ruhe suchen soll, weist sie zurück:

> Der Engel Wonne macht mir Minneweh,
> Wenn ich ihren Herrn und meinen Bräutigam nicht seh.

Da rathen sie ihr, sich in der Jungfrau Schoss zu dem kleinem Kinde zu neigen; aber auch das verschmäht sie:

> Das ist eine kindische Liebe,
> Dass man Kinder säuge und wiege,
> Ich bin eine vollgewachsene Braut,
> Ich will gehen nach meinem Traut.

O Frau! so rufen ihr die Sinne zu, kommst du dahin, so musst du erblinden, denn die Gottheit ist so feurig heiss — wie magst du da bleiben auch nur eine Stunde? Aber ihre Antwort ist:

> Der Fisch mag in dem Wasser nicht ertrinken,
> Der Vogel in den Lüften nicht versinken,

Das Gold mag in dem Feuer nicht verderben,
Denn es empfäht da seine Klarheit und leuchtende Farbe.
Gott hat allen Creaturen das gegeben,
Dass sie ihrer Nature pflegen:
Wie möchte ich denn meiner Natur widerstehn?[1]

Tritt in dieser schönen Stelle mehr der Gedanke hervor, dass nichts die Seele befriedigen kann, was nicht er selbst ist, während der andere, dass nichts zu diesem Frieden führen könne, was Menschen zu thun vermögen, mehr zurücksteht, so sehen wir diesen letzteren Gedanken in der folgenden Stelle vorwalten: „Die arme Dirne" meint zum Genusse des heiligen Mahles die guten Werke mitbringen zu müssen. Aber sie fehlen ihr, sie hat nur guten Willen. Da benahm ihr Gott die irdischen Sinne und sie sah sich in einer schönen Kirche. Jünglinge kamen nacheinander und streuten Blumen, Schüler setzten Lichter auf den Altar; dann kam Johannes der Täufer, ein hagerer langer Mann in ärmlichem zerrissenem Gewand, der setzte ein weisses Lamm auf den Altar; dann der Evangelist Johannes, ein Jüngling, verzartet in seinem Gelasse, der trug einen Adler vor seiner Brust, und St. Peter, „ein einfältig Mann", und nach ihnen eine grosse Schaar, das „kräftige Gesinde des Himmelreichs", das füllete die Kirche also, dass sie selbst sich eine Stelle in dem unteren Gelasse des Thurmes suchte. Aber da fand sie Leute in gutem Gewande, und schämte sich unter ihnen zu stehn, denn sie war übel gekleidet. Nun ging sie an eine andere Stätte, um von da in den Chor hineinzusehen, wo „unsere liebe Frau stand an der höchsten Statt" und Heilige, Märtyrer, Engel und Jungfrauen gar viele. Als sie die sah und hierauf wieder sich ansah, ob sie da bleiben könne vor ihrer Schnödigkeit, da gewahrte sie sich in einem rothen Mantel, der war gemacht von der Minne und geziert mit einem Liede, das lautete: „Ich stürbe gerne von Minnen." Auch trug sie edlen Jungfrauen gleich ein golden Stirnband, an dem ein Lied stand das also lautete: Seine Augen in meine Augen, sein Herze in mein Herze, seine Seele in meine Seele umfangen und umschlossen. Da winkte ihr unsere Frau und sie ging, so dass nun „die unedle Krähe bei der Turteltaube stund". Nun wurde die Messe gesungen: *Gaudeamus omnes in Domino.* Da sprach die Schnöde, die da zu der Messe gekommen war: Eia Fraue, möchte ich hier Gottes Leichnam empfangen? Da winkte die himmlische Königin Johannes dem Täufer, der hörete ihre Beichte. Als das Evangelium gelesen war, fragte die Arme unsere Frau: Soll ich opfern?

---

1) I, 44.

Da sprach unsere Fraue: Ja wenn du es nicht wieder nehmen willst. Aber die Arme muss die Gabe hiezu von Gott empfangen. Maria reichte ihr einen güldenen Pfenning, das ist den eigenen Willen, und Gottes Stimme rief ihr zu: Opferst du mir diesen Pfenning also dass du ihn nicht wieder nimmst, so will ich dich erlösen von dem Kreuze und dich bringen zu mir in mein Reich. Als dann Johannes der Täufer bei der stillen Messe die weisse Oblate in seine Hände nahm, da erhob sich das Lamm vom Altar und fügte sich bei den Worten unter die Zeichen seiner Hand, in die Oblate und die Oblate in das Lamm, so dass sie die Oblate nicht mehr sah, sondern ein blutig Lamm gehangen an einem rothen Kreuze:

> Mit also süssen Augen sah es uns an,
> Dass ich es nimmer vergessen kann.

Da bat die arme Dirne unsere liebe Frau also: Eia liebe Mutter, bitte deinen Herrn Sohn, dass er sich selber mir Armen wolle geben. Da sah sie einen leuchtenden Strahl aus unserer Frauen Munde (ihr Gebet), der rührete das Lamm, und es sprach: Mutter, ich will mich gerne legen in die Statt deiner Begierde. Da ging die arme Dirne zu dem Altar mit grosser Liebe und mit einer offenen Seele. Da nahm St. Johannes das weisse Lamm mit seinen rothen Wunden und legte es in ihren Mund. Da legte sich das reine Lamm auf sein eigen Bilde und sog ihr Herze mit seinem süssen Munde. Je mehr es sog, je mehr sie es ihm gönnte.

So concret und sinnlich nun auch das alles aufgefasst ist, so wenig ist es doch bei Mechthild in dieser Gestalt gemeint; sie bewegt sich auch in einer höheren, der Natur des Himmlischen angemesseneren Sprache, und hier ist merkwürdig, wie die Sprachelemente der speculativen Mystik, die wir bei Eckhart finden, schon vielfach bei ihr vorkommen. Mechthild ist selbst nicht die Schöpferin dieser speculativen Ausdrucksweise, da ihre ganze dichterische Natur nach einem sinnlicheren Ausdruck des Gedankens hinneigt. Es sind vielmehr vor Mechthild und Eckhart einzelne charakteristische Theoreme der speculativen Mystik zumeist in gebundener Rede in's Deutsche umgesetzt und stereotyp geworden. Wir werden darauf bei Eckhart zurückkommen. Sie bilden den Stamm zu dem Sprachcapital, mit welchem namentlich durch Eckhart die deutsche Sprache bereichert worden ist. Mechthild ist darum für die Bestimmung, in wie weit Eckhart sich an den vorhandenen Sprachschatz anschliesst, von Bedeutung, insofern die auch bei ihr sich findenden Ausdrücke nur jenem älteren Schatze entnommen sein können.

Mechthild führt, wie gesagt, das Wechselverhältniss der Seele zu Gott zuweilen auf die principiellen Auffassungen und abstracten Verhältnissbestimmungen der speculativen Mystik zurück, welche letztere durch die areopagitischen Schriften im Abendlande geweckt war, und es liegt nahe, Heinrich von Halle, der uns anderwärts als ein Schüler Albert's des Grossen bezeichnet wird, als den Vermittler dieser speculativen Auffassung bei Mechthild zu denken. Dass eine über das sinnliche hinausstrebende Seelenrichtung geneigt war diese Sprache anzunehmen, lässt sich von vornherein bei einer geistig so bedeutenden Persönlichkeit erwarten. So finden wir denn bei Mechthild die apophatische Weise des Dionysius, das Göttliche zu bezeichnen, in Ausdrücken wie: die überhohe Gottheit; da fand ich nichts denn Gott, Gott, Gott, unmesslich grossen Gott; die Bezeichnung des göttlichen Wesens als des „Nicht" im Gegensatze zu dem Geschaffenen als dem „Icht". Ebenso sind die Fragen von der Natur der Seele und der Natur der Gottheit und damit die speculativen Fragen über die Dreieinigkeit berührt:

> Ja ich frage ihn wohl, wann wir wollen gehn
> In die Blumen der heiligen Erkenntniss,
> Und ich bitte ihn viel gerne
> Dass er mir aufschliesse
> Die spielende Fluth
> Die in der heiligen Dreifaltigkeit schwebet,
> Da die Seele allein von lebet. [1]

Sie spricht von dieser Fluth auch als „dem ewigen Brunnen der Gottheit, da ich ausgeflossen bin und alle Ding",[2] in die wir eingerückt werden in der Verzückung; denn der wahre Gottesgruss, der da kommt von der himmlischen Fluth aus dem Brunnen der fliessenden Dreifaltigkeit, benimmt dem Leichnam alle seine Macht, und machet die Seele ihr selber offenbar und diese empfängt dann an sich göttlichen Schein. [3]

Sie berührt die Frage, in wiefern die Seele selbst göttlicher Natur sei, „dass die Gottheit mein Vater sei von Natur", und die entgegengesetzte Meinung: Alles das Gott mit uns gethan das ist alles von Gnaden und nicht von Natur. „Du hast wahr, und ich hab auch wahr" antwortet sie: „die minnende Seele hat ein Auge, das hat Gott erleuchtet, damit sieht sie in die ewige Gottheit, wie die Gottheit gewirkt hat mit ihrer Natur in der Seele. Er hat sie in sich beschlossen und hat seiner

---

1) Th. IV, 12.   2) Th. IV, 21.   3) Th. I, 2.

göttlichen Natur so viel gegossen, dass sie anders nicht sprechen mag, denn dass er mit aller Einung mehr denn ihr Vater ist."[1] Nicht bloss die Unterscheidung zwischen Gott und Gottheit, sondern auch die pantheistische Auffassung des Verhältnisses der letzteren zu der Creatur, dessen Erörterung Pseudodionysius veranlasste, treten hier bei Mechthild unverkennbar hervor. Nicht minder die Theorie von den Vermittlungen des Lebens durch die höheren Geschöpfe. Es sind die Strahlen des Lichtes der Gottheit die durch die neun Chöre der Engel schiessen und jeglichen treffen.[2] Sie spricht von der Formlosigkeit und Unbegränztheit des Wesens und der in sich begränzten Ordnung.[3] Daneben begegnen uns Sätze für den mystischen Weg zu Gott, wie wir sie z. B. bei Albrecht dem Grossen und dann überall in der späteren Mystik finden. Dieser Weg geht in der Nachfolge von Jesu Menschheit, und nur so gelangt man in seine Gottheit. Mit Hinblick wohl auf die Brüder des freien Geistes bezeichnet sie es als der Sünden grösste und als den höchsten Unglauben, sich in die ewige Gottheit wollen ziehen und dabei vorbeigehen der heiligen Menschheit unseres Herrn Jesu Christi. „Wenn sich die finden in der Obenheit (versetzt glauben in das göttliche Wesen), so geben sie sich in den ewigen Fluch. Und dabei wollen sie doch die heiligsten sein. Sie haben ihren Spott auf die Gottesworte, welche von der Menschheit unseres Herrn sind geschrieben."[4] Auch solche Ausdrücke wie „das Fliessen der Seele" in Gott, das Verbranntsein der Seele in der Minne, das Blosssein der Seele sind hier zu verzeichnen, weil sie in der Sprache der späteren Mystik stereotyp sind. Wir entnehmen daraus, dass die deutsche Terminologie der Mystik in manchen ihrer Begriffe schon vor Eckhart eine bleibende Gestalt gewonnen hat, wobei indess immer Eckhart's grosse Bedeutung für die Sprache bestehen bleibt, da er im Anschluss an diese ersten glücklichen Versuche und Ansätze das deutsche Sprachmaterial in umfassendster Weise den Gedanken der Theosophie und Mystik zugebildet hat.

Wenn wir das religiöse Leben, wie es in Mechthild von Magdeburg zur Erscheinung kommt, nach seinen unterscheidenden Merkmalen bezeichnen wollen, so ist zuerst hervorzuheben, dass sie der unmittelbaren Gemeinschaft mit Gott sich bewusst werden will oder sich ihrer bewusst ist. All ihr Sehnen, Ringen und Kämpfen, wie hinwieder ihr Friede,

---

1) Th. VI, 31.   2) Th. II, 3.   3) Th. III, 1.
4) Th. VII, 47.

ihr Jubel, sowie ihre Freiheit und Selbständigkeit gegenüber der kirchlichen Autorität bezieht sich oder gründet sich auf das Erleben Gottes in ihrer eigenen Persönlichkeit. Während die Mehrzahl ihrer Zeitgenossen an Gotte hing, soferne er in Cultus und Lehre, in den Heiligen oder der Institution der Kirche sich gleichsam eine Stellvertretung gegeben, und dabei beruhigt waren, betrachtet Mechthild alle diese Dinge nur als Hilfe für eine unmittelbare Gemeinschaft mit Gott. Diese allein kann sie befriedigen. Sie ist sich ferner bewusst, in ein solches Verhältniss zu Gott nur durch Gottes Gnade gekommen zu sein, und hinwieder ist das, was sie darinnen erhält, lediglich die freie Gnade. Wohl spricht sie viel von Verdiensten, und namentlich hebt sie Maria und ihre Vermittlung hervor; aber damit gibt sie nur dem herrschenden Glauben der Zeit einen Tribut, ohne dass man sagen könnte, dass sich darin ihre eigenste Richtung ausspräche. Denn nur in Bezug auf Andere huldigt sie der Meinung von der Verdienstlichkeit menschlichen Thuns, für sich selbst hat sie ein anderes Gesetz, wie schon aus jenen oben mitgetheilten Stellen hervorgeht, nach welchen ihr keine Zurechnung der Werke Anderer Friede geben kann, und „der guten Werke" sagt sie von sich selbst, „hab ich leider nicht."[1] Schiebt Gott den Riegel der Gerechtigkeit vor des Himmels Thür — „ich klag es Jesu, deinem lieben Sohne, der hat den Schlüssel deines Reiches in seiner menschlichen Hand mit deiner allmächtigen Gewalt. Derselbe Schlüssel ward geschmiedet in demselben Land von der Juden Hand. Wenn Jesus den Schlüssel umwendet, so mag der verworfene Sünder kommen zu deinen Hulden".[2] Und was bei dieser Frage die Hauptsache ist: Mechthild gründet den Frieden nicht auf eine eingegossene Gerechtigkeit, sondern auf eine zugerechnete: „Das ist grundlos", sagt sie, „dass Gott den Sünder ansieht für einen bekehrten Menschen."[3]

Bei dieser evangelischen Richtung kann man sich indess des Eindrucks nicht erwehren, dass sie auf der Höhe ihrer Gottesgemeinschaft die sichere Bahn wohl auch verliert. Die Ursache hievon ist, dass sie die untergeordnete Stellung, welche sie der Sinnlichkeit und der Verknüpfung des Göttlichen mit dem Menschlichen durch die Kirche gibt, auch dem göttlichen Wort selbst, wie wir es in der Schrift haben, anweist. Dieses bleibt nicht der Ring, in welchem ihr neues Leben gefasst ist; ihre Seele sucht sich darüber hinauszuschwingen, um die Gewissheit

---

1) Th. I, 27.   2) Th. VI, 16.   3) Th. VI, 17.

ihres Gnadenstandes auf neue unmittelbare Einsprechungen Gottes noch fester zu begründen. Deutlich spricht sich das in einer Stelle aus, in welcher sie sich auf die visionäre Abendmahlfeier durch den Täufer Johannes bezieht, die wir oben wiedergegeben haben. Hinsichtlich der Worte, die sie bei dieser Vision gehört hat, sagt sie, man möge göttliche Gabe mit menschlichen Sinnen nicht begreifen. Was man mit fleischlichen Augen möge sehen, mit fleischlichen Ohren möge hören, mit fleischlichem Munde möge sprechen, das sei also ungleich der für die minnende Seele geöffneten Wahrheit als ein Wachslicht der klaren Sonne. Der Leichnam, das ist der im Sinnenleben befangene Mensch, habe von diesem höheren Lichte nichts, darum müssten (für diesen) die Worte menschlich lauten.[1] Nach dieser Anschauung ist das Schriftwort und das göttliche Wort geschieden, sie gehen sich nur parallel. Es ist die Aufgabe, wie den Sinnen so auch dem creatürlichen Worte zu ersterben, um das göttliche zu vernehmen. Mit dieser Auffassung, welche der Mystik eigen ist, ist die sichere Bahn verloren und das weite Meer subjectiver Willkür geöffnet. Man hat wohl eine Ahnung dieser Gefahr, man fühlt das Bedürfniss sicherer Pfade: darum erklärt Mechthild es für die grösste Sünde, in der Gottheit Christi wandeln zu wollen ohne den Weg seiner Menschheit zu gehen; aber mit dieser Nachfolge in den Fusstapfen Christi wird wohl ein sittlicher Tact erreicht, welcher die über sich hinausgehobene Seele vor manchen Ausschreitungen bewahren kann, keineswegs aber schon jene Sicherheit göttlicher Erkenntniss, welche da ermöglicht ist, wo man das Schriftwort selbst als Same göttlicher Erkenntniss und die menschlichen Kräfte als den Boden, in welchem derselbe sich entfaltet, auffasst. An Mechthildens Kanon:

> Von der Minne in die Erkenntniss
> Von der Erkenntniss in die Gebrauchung
> Von der Gebrauchung über alle menschlichen Sinne

wäre nichts auszusetzen, wenn bei ihr das „über alle menschliche Sinne" nicht schon bei der Erkenntniss und dem in der Schrift vorhandenem Gottesworte anfinge.

---

1) Th. VI, 36.

3. Kloster Helfta. Gertrud von Hackeborn und Mechthild von Wippra.

In seinem Todesjahre 1229 gründete Graf Burkhard von Mansfeld mit seiner Gemahlin Elisabeth, einer Gräfin von Schwarzburg, ein Kloster für Cisterzienserinnen bei Mansfeld. Fünf Jahre später verlegte die Gräfin das Kloster nach dem stilleren Rodardesdorf bei Eisleben,[1] wo sie dann im Kreise der Nonnen ihr Leben beschloss. Das Kloster wurde bald von den Töchtern des thüringischen Adels bewohnt, welche in der schweren an Drangsalen reichen Zeit hier abgeschieden von der Welt unter der Regel Benedicts ihr Leben führen wollten. Als die erste Aebtissin Kunigunde von Halberstadt im Jahre 1251 gestorben war, folgte ihr Gertrud von Hackeborn im Amte, unter deren ausgezeichneter Leitung, die sie durch volle vierzig Jahre übte, das Kloster zu einer ausserordentlichen Blüthe gedieh. Sie war aus dem Geschlechte der von Eisleben bis nach dem Harze hin begüterten und angesehenen Freiherren von Hackeborn, denen auch das eine halbe Stunde östlich von der Stadt Eisleben gelegene Schloss und Vorwerk Helfta gehörte. Hieher wurde im J. 1258 das Kloster verlegt, als auch Rodardesdorf wegen Wassermangels sich als ein ungünstiger Ort erwiesen hatte, und in Helfta blieb nun das Kloster, bis es in einer Fehde der Herzoge von Braunschweig mit dem Grafen von Mansfeld im J. 1342 zerstört wurde, worauf dann die Helftaer Nonnen in der Vorstadt von Eisleben ihre bleibende Stätte fanden.[1]

Gertrud von Hackeborn war durch ihre Geburt wie durch ihren Geist zur Leitung des Klosterlebens in Helfta berufen. Schon in ihrem 19. Jahre wurde sie Aebtissin. Ihr verdankte das Kloster die Verlegung nach Helfta, indem sie ihre Brüder Albrecht und Lutold vermochte, gegen andere Güter das Vorwerk Helfta für das Kloster abzutreten. Die Urkunden des Klosters aus der folgenden Zeit verzeichnen nicht wenige Schenkungen der Freiherren von Hackeborn an das Kloster. Es wird in verschiedenen bemerkt, dass die Schenkungen gemacht werden um der Angehörigen willen, welche dieses Geschlecht im Kloster hat.

---

1) „Von wem und wie das junckfrawen closter Helffede etc. etc. gestifftet und vorandert worden." Der Leipz. Ausgabe des Mechthildenbuchs von 1503 beigebunden. Weitere Nachrichten bei Spangenberg l. c., Moser, Diplom. u. hist. Belustigunge Bd. 2 (Urkunden), Ed. Böhmer, *Matelda*, im Jahrbuch der deutschen Dante-Gesellschaft III, 101 ff.

Gertrud scheint nach den Mittheilungen des Gertruden- und Mechthildenbuchs in richtiger Weise Liebe und Besonnenheit, Sanftmuth und Ernst, Bildung und praktischen Verstand in sich vereint zu haben. Der vorherrschende Eindruck, den die Schwestern von ihr behielten, war der ihres liebreichen Wesens. „Die Süssigkeit meiner Liebe, die im Innersten meines Herzens bleibt, möge auch in ihrem Herzen bleiben", solchen Wunsch glaubt ihre Schwester Mechthild von der Abgeschiedenen für ihre zurückgelassenen Töchter zu vernehmen. Sie lässt sich in ihrer letzten Zeit und schon gelähmt unter grossen Schmerzen zu kranken Schwestern tragen, um ein Wort des Trostes ihnen zu sagen. Als sie auch die Sprache verloren hat, gibt ihr leuchtendes Auge, die Freundlichkeit ihrer Mienen, die Liebkosung ihrer Hand Zeugniss ihrer Liebe den an ihrem Lager stehenden Schwestern. Ihr ganzes Wesen macht, dass die Schwestern nicht mit Bangen sondern mit Freudigkeit an ihrem letzten langen Krankenlager weilen. Es war nicht so, dass diesem Reichthum von Liebe der Ernst der Zucht und die Weisheit und Besonnenheit gemangelt hätten. Sie war es vornehmlich, welche Ordnung, Arbeitsamkeit, Eifer des Lernens unter den durch ihre Geburt zur Ungebundenheit geneigteren Töchtern des Adels herstellte. Ihr Beispiel, ihr kräftiges Wort, ihre Entschiedenheit bewirkten es. Das Leben in Helfta hat dabei nichts von engherziger Gesetzlichkeit und scheuem Wesen. Mit dem religiösen Eifer zeigt sich dort ein freies, freudiges Gemüth.

Gertrud forderte vor allem Beschäftigung mit der Schrift. Sie sorgte unablässig, dass das Kloster um gute Bücher reicher werde, die sie entweder kaufte oder durch Klosterschwestern abschreiben liess. Sie äusserte: wenn der Eifer des Studiums abnehmen werde und Verständniss der hl. Schrift, so werde auch das wahre geistliche Leben untergehen. Bald blühte eine treffliche Schule, welche in Mechthild von Wippra eine hochbegabte Lehrerin hatte. Das Mechthilden- und Gertrudenbuch sind Zeugnisse der Bildung, welche in Helfta herrschte. Beide sind von Klosterfrauen geschrieben und hier zeigt wenigstens der zweite Theil des Gertrudenbuchs, der von der Nonne Gertrud selbst geschrieben ist, eine Fertigkeit in der lateinischen Sprache, wie sie unter Frauen des Mittelalters selten war. Die alte Relation über das Kloster berichtet von zwei Töchtern des Grafen Hermann von Mansfeld aus dieser Zeit, von denen die eine, Sophia, eine gute Schreiberin, die viele nützliche Bücher dem Kloster geschrieben habe, die andere, Elisabeth, eine gute Malerin gewesen sei, welche

Bücher und anderes zum Gottesdienst gehörige mit ihrer Kunst geziert habe.

Von Gertrud selbst werden uns keine Visionen berichtet. Die ekstatischen Zustände sowie die Offenbarungen, welche sie, wie bisher allgemein angenommen wurde, gehabt haben soll und welche im Gertrudenbuch enthalten sind, gehören nicht ihr, sondern einer jüngeren Gertrud an, wie wir nachgewiesen haben. Aber in der Zeit der Aebtissin Gertrud wurde das Kloster Helfta eine Stätte für solche Zustände. Hier hatte bereits, wie wir sahen, in den ersten Jahrzehnten, da Gertrud Aebtissin war, Mechthild von Magdeburg die Offenbarungen, welche in den letzten Theilen des fliessenden Lichts der Gottheit verzeichnet stehen. Dann war es die Schwester der Aebtissin Gertrud, Mechthild von Hackeborn, welche durch ihre Ekstasen und Offenbarungen einen grossen Ruf gewann; sie und die Nonne Gertrud sind in den beiden Jahrzehnten nach dem Tode der Aebtissin die gefeiertsten Schwestern des Klosters.

Neben ihnen hat auch die Sang- und Lehrmeisterin einen Ruf durch ihre Visionen; mehr noch ist sie durch ihre Lehrgabe und durch die eindringende Macht ihrer Rede ausgezeichnet. „Ihre Worte waren süsser als Honig, ihr Geist glühender als das Feuer", heisst es von ihr im Gertrudenbuch. Ihr hauptsächlich war die Blüthe der Schule zu Helfta zu danken. Als die Nachfolgerin der Aebtissin Gertrud Sophie von Querfurt vom Jahre 1298 an sich vom Amte so gut wie ganz zurückzog, und aus unbekannten Gründen eine Neuwahl sich bis zum Jahre 1303 verzog, da war sie es vornehmlich, welche im ersten Jahre die Zucht und Ordnung des Klosters aufrecht erhielt. Denn schon am 19. November 1299 starb sie. Den Bericht, den das Gertrudenbuch über ihren Tod bringt, zeigt wie hoch sie den Schwestern stand. Am Vorabend des Elisabethtages fing ihr Todeskampf an. Während der Convent sich um das Sterbebett sammelte und die Gebete für sie sprach, sah die Nonne Gertrud ihre Seele in Gestalt eines zarten Mägdleins, wie sie all ihren Odem dem Herrn durch seine Seitenwunde ihm in's Herz athmete. Und sein göttliches Herz in überreicher Liebe zieht den Hauch ihres Odems ein, und in Liebe überwallend vergilt er jeden Hauch mit einem Gnadenthau, den er über das ganze weite Gebiet der Kirche spendet und insbesondere über die für die Sterbende betenden Schwestern. Und die Nonne Gertrud erkennt darin einen Lohn für die brennende Begierde, die sie noch im Sterben für das Heil aller, der Lebenden und Todten, gehabt. So lag sie einen Tag lang im Todeskampfe, von ihren

8*

Lippen hörte man nur die wiederholten Rufe: Guter Jesus! oder auf die Bitten der Schwestern, die sich ihrem Gebete befahlen, ein: Eia! gar gerne! Gertrud sieht, wie der Herr selbst einen wunderbar strahlenden Edelsteinschmuck, der aus den Verdiensten seiner Mutter und aus jener Würdigkeit, kraft deren sie Jungfrau und Mutter zumal heisst und ist, der Kranken auf die Brust legt und ihr damit das Vorrecht gewährt, gleich seiner jungfräulichen Mutter beides Jungfrau und Mutter zu heissen. Von Schriften erwähnen die Insinuationen einer *„memoria mortis"*, die sie verfasst habe.

4. Mechthild von Hackeborn.

Mechthild war die jüngere Schwester der Aebtissin Gertrud und mag um 1240 auf der Burg zu Helfta geboren sein. Als einst die Aeltern mit dem siebenjährigen Kinde das nahe Kloster in Rodardesdorf besuchten, wo sich die ältere Schwester befand, war Mechthild nicht zu bewegen, das Kloster wieder zu verlassen. Die Aeltern mochten in dem Willen des Kindes den Willen Gottes erkennen und liessen es zurück. Die Bildung, welche ihre Schrift bekundet, lässt voraussetzen, dass sehr günstige Einflüsse auf ihre Erziehung eingewirkt haben, vor allem wohl der ihrer Schwester Gertrud. Seit ihrem 25. Jahre stand sie unter den Einwirkungen, welche von Mechthild von Magdeburg auf die Schwestern des Klosters ausgingen. Diese gab ihrem Geist die Richtung auf das contemplative Leben oder bestärkte ihn darin. Auch die Brüder des Predigerordens, welche seit der älteren Mechthild wohl im bleibenden Verkehr mit dem Kloster blieben und jene Art wunderbaren Verkehrs mit dem Göttlichen nährten, wirkten, wie ihr Buch zeigt, auf sie ein.

Mechthild war eine feinsinnige bewegliche Natur; grosse Kämpfe mit einer starken Sinnlichkeit, wie sie die ältere Mechthild zu bestehen hatte, scheint sie nicht gehabt zu haben. Es fällt ihr leicht, vom Aeusseren sich loszumachen. Während des Essens weiss sie nicht, dass sie isst und was sie isst, so dass die Schwestern mit ihrer Zerstreutheit oft unschuldigen Scherz treiben. Ihre Kleidung vernachlässigt sie. Im Geiste zu leben ist ihr Natur. Nicht sowohl Anschauungen als Gedanken bewegen ihren Geist. Das sinnliche Bild ist bei ihr nur symbolische Einkleidung: daher entbehrt es der Einheit, und gewährt keine poetische Anschaulichkeit. Nicht so ist es freilich, dass ihre Bilder den Eindruck des Gesuchten machen, sie fliessen ihr leicht zu; aber sie haben für sich kein Leben, sie sind nur Hilfsmittel des Gedankens. Bei der Unselbstständigkeit, die das Bild von vorneherein bei ihr hat, löst es sich sofort in den reinen Gedanken auf, und dem im Symbole Geschauten folgt unmittelbar die Deutung. Ihre Gedankenwelt ist keine besonders tiefe und reiche; aber sie gewährt doch einen Reiz, weil sie zugleich ihr eigenstes Leben ausmacht, und weil sich ihre edle und feinsinnige Art darinnen spiegelt. Der Pulsschlag ihres Herzens lässt sich überall durchfühlen, Das was ihren Geist lebendig erfüllt, macht sie zu einer Verkünderin, der alsbald die Wange in Begeisterung glüht. Ihre Hingenommenheit von den Gedanken göttlicher Dinge lässt sie oft unter dem Gesange, für den sie eine bewunderte Stimme hatte, oder unter der Rede als eine Verzückte erscheinen, ohne dass dieser Zustand in Wirklichkeit eingetreten wäre. Doch ist sie häufig in der Ekstase. Ihr reizbares Nervenleben bildet die Basis für diese Zustände. Einst hatte sie Schmerzen des Hauptes bei einen Monat lang, so dass sie weder Schlaf noch Ruhe fand. Darüber ging ihr auch die Empfindung von Gottes Nähe verloren. Der Schmerz darüber steigerte sich bei ihr bis zum lauten Schreien, das bis in die entfernteren Theile des Klosters vernehmbar war. Nachdem sie so sieben Tage lang den Schmerz innerer Verlassenheit gefühlt, wurde sie von einem Strome des Trostes und der Süssigkeit in solchem Masse ergriffen, dass sie oft von der Matutine bis zur Prim, von der Prim bis zur None mit geschlossenen Augen einer Todten gleich „in Gottes Gebrauchung" lag. Da hatte sie Offenbarungen von den wunderbaren göttlichen Geheimnissen, und so übermächtig wurde das Gefühl der Seligkeit über die süsse Nähe des Herrn, dass sie wie eine Trunkene ihrer selbst nicht mächtig jene innere Gnadenheimsuchung, von der sie bisher so viele Jahre geschwiegen, von nun an allen die zu ihr kamen, auch Gästen des Klosters und Fremden, zu offenbaren begann.[1]

In dieser Zeit verlor sie ihre Schwester Gertrud durch den Tod. Daraus können wir entnehmen, dass die Mittheilung ihrer Offenbarungen vom Jahre 1291 an begann. Nach dem Vorwort zu ihrem Buche stand sie damals in ihrem fünfzigsten Jahre. Bis gegen das Jahr 1310 hin reichen diese Mittheilungen. Noch in demselben Jahre ist sie aller Wahrscheinlichkeit nach gestorben, nach dreijährigem schmerzlichen Leiden.

---

1) Th. II, 27.

In jener Zeit, da sie von Schmerzen des Hauptes gequält wurde und den Verlust ihrer Schwester erlitt, wurden ihr, wie die Schreiberin ihres Buchs erzählt, diese Leiden reichlich durch die inneren Offenbarungen Gottes aufgewogen. Ihre Klagen über Schlaflosigkeit konnten die Schwestern nicht begreifen, und meinten sie rede in ihrer Krankheit irre, denn sie schien ja zu schlafen, wenn sie oft lange Zeit mit geschlossenen Augen da lag. Als ihre Vertraute sie dann fragte, was sie thue, wenn sie also unbeweglich wie im Schlafe liege, antwortete sie: Meine Seele freuet sich in göttlicher Gebrauchung, und schwimmt in der Gottheit wie der Fisch im Wasser, und es ist kein anderer Unterschied zwischen jener Einung, in der die Heiligen jetzt Gottes geniessen, und meiner Seele, als dass jene in der Freude sind und ich in der äusseren Pein.

Ihre Krankheit zog sich bis in die Quadragesimalzeit des folgenden Jahres hinüber. Am Ende dieser Zeit, in der sie beständig an Schmerzen des Hauptes litt, schien es ihr, als wäre sie mit dem Herrn auf einem blühenden Felde. Und sie sprach zu ihm: O du mein süssester Freund, segne mich wie du einst deinem Knecht Jakob gethan. Und gütig, so heisst es, streckte er seine Hand aus, segnete sie und sprach: Sei gesund an Leib und Seele. Sofort fühlte sie ihre Schmerzen sich mildern, und von grosser Freude erfüllt bat sie die selige Jungfrau Maria und alle Heiligen, dass sie für diese ihr erwiesene Wohlthat Gott loben möchten. Und sie alle, die selige Jungfrau voran, brachen in Lobpreisung aus für Mechthild und für alle die Güter, die Gott ihr gegeben. Von da an, so fügt ihre Freundin hinzu, wurde es besser mit ihr, doch nicht ganz, und dies besonders deshalb, weil sie sogleich, wenn es ihr etwas besser ging, sich mit geistlichen Uebungen also anstrengte, dass ihr Körper wieder darunter litt. So wurde ihre durch die Krankheit gesteigerte Empfindung der Gnade, welche der Christ hat, lebendiger inne und dies wirkte hinwieder wohlthuend und ausgleichend auf ihr körperliches Befinden zurück. Dabei dienen ihr die wiederkehrenden und anhaltenden Leiden zu immer stärkerer Verläugnung ihres eigenen Willens: „So ich auch jetzt", ruft sie einmal nach mehrmonatlichem Leiden aus, „alle Gesundheit und Stärke, so ich je gehabt, erwerben möchte, so wollte ich doch nur das, dass ich niemals möchte zwieträchtig sein von deinem Willen, sondern alles das du willst, es sei glücklich oder widerwärtig, dass ich dasselbe mit dir wolle."

Dieses sich selbst Aufgeben hat dann das Bewusstsein bei ihr zur Folge, dass ihr Leben ein Leben Gottes in ihr sei. Dabei zeigt uns die

Weise, wie davon die Rede ist, dass diese Mystik nicht blos den Untergang des Eigenen im Willen, sondern den Untergang des Willens, der Persönlichkeit überhaupt als ein wenn auch vorübergehendes Mittel für jenes Ziel in's Auge fasst. Denn als sie bittet, dass der Herr ihr ein Erinnerungszeichen an sich geben wolle, da zog er die Seele Mechthildens ganz in sich und vereinigte sie also mit sich, dass sie dachte wie sie sehe mit den Augen Gottes und hörte mit seinen Ohren und redete mit seinem Munde und empfand dass sie kein ander Herz hatte als das Herz Gottes. Die Aufzeichnerin bemerkt, das sei ihr auch hernachmals oft zu empfinden gegeben worden. Es erinnert diese Stelle an viele ähnliche Stellen in den Schriften der Mystik. Wenn wir z. B. später den noch kühneren Ausdruck in Eckhart's Schwester Katrei von Strassburg lesen: „Freuet euch mit mir, ich bin Gott worden", so ist das dasselbe was hier Schwester Mechthild zu empfinden glaubt.

Das symbolische Material, mit welchem Mechthild den Weg zu Gott, das Wesen der christlichen Tugenden, die Ehre und Herrlichkeit der zu Gott Erhobenen, die Gemeinschaft der Seele mit dem Herrn in diesem Leben schildert, ist kein besonders mannigfaltiges. Das Feld mit seinen Blumen, die Lilie, die Rose, das Veilchen, der Quell, der Strom, Gold und Silber, die edlen Steine und Aehnliches kehren immer wieder. Sie zeigt hiebei auch gerade keine besondere Originalität und wir finden in späteren Schriften feinere und tiefere Blicke in die Gleichnisssprache der Natur. Aber doch fesselt uns der Geist dieser Frömmigkeit um des evangelischen Hauches willen, der von ihm ausgeht, und durch die Anmuth, mit welcher ein edles und sinniges Gemüth sich hier kundgibt.

Einmal, nach der Beichte und nachdem sie die auferlegte Busse geleistet, bat sie die ruhmwürdige Jungfrau Maria, dass sie den Herrn für sie bitten möchte, und es schien ihr als ob die heilige Jungfrau selbst sie führe an einen überaus anmuthigen Ort, da die herrlichsten Bäume waren, durchsichtig und leuchtend wie die Sonne leuchtet durch den Kristall. Sie bat geführt zu werden zu dem Baum der Erbarmung, um welchen Adam auf so lange Zeit betrogen wurde. Es war aber dieser Baum sehr gross und von wunderbarer Höhe, stehend auf einem Grunde von Gold, auch waren seine Blätter und Früchte von Gold und es flossen von ihm aus drei Bächlein, davon das eine rein wusch, das andere lauter machte, das dritte einfloss und tränkte. Unter diesem Baume lagen die selige Maria Magdelena und Zachäus mit gebogenen Knieen und beteten an. Da fiel auch sie nieder und betete an und flehte um Vergebung. Man sah daselbst auch einen Baum, sehr hoch und schön, der bedeutete Gottes Geduld, und seine Blätter waren silbern und seine Frucht roth, aussen an der Schale etwas hart und bitter, aber innen im Kern überaus süss. Da war auch ein niedriger Baum, den man mit der Hand erreichen konnte, und wenn der milde Südwind wehte, da neigte er sich lieblich allen entgegen. Damit war des Herrn Sanftmuth bedeutet. Das Grün seiner Blätter übertraf alles Grün; Früchte aber wurden keine an ihm gesehen, darum dass die Kraft der Frucht in seinen Blättern war. Man sah daselbst auch einen lieblichen Baum voll Ergötzlichkeit gleich wie der reinste Kristall, seine Blätter waren von Gold und in allen Blättern waren goldene Ringe eingewebt, seine Frucht aber war weiss wie Schnee, gar süss und zart. Damit war die lichtstrahlende und natürliche Reinheit des Herrn bezeichnet, die sich allen zu eigen geben möchte. Dieser Baum that sich auf und der Herr trat hinein und einigte die Seele mit sich also sehr, dass da erfüllet schien was der Psalmist sagt: Ich habe gesagt, dass ihr Götter seid. Unter dem Baume waren Rosen, Veilchen, Crocusblumen und die Pflanze die man Benedicta heisst, und an diesen Blumen freute sich der Herr, das ist an der Liebe, an der Demuth, an der Selbstverläugnung und dass der Mensch in allem, das ihm widerfährt, spreche: der Name des Herrn sei gelobt und Gott sei Dank, und zu allen Zeiten den Herrn preise.[1]

Schon die hier angeführte Stelle mag unserer Bemerkung, dass auch in Mechthildens Offenbarungen ein evangelischer Geist sich vielfach kund gebe, mit zur Stütze dienen. Bereits aus dem Anfang ihres Werkes tritt uns dieser Geist entgegen. Als sie am Tage der Verkündigung des Herrn im Gebete lag und in Bitterkeit der Seele ihre Sünden überdachte, da sah sie sich bekleidet mit aschfarbenem Gewande und fiel ihr auch ein das Wort: Gerechtigkeit wird der Gurt seiner Lenden sein, und sie fing an zu denken was sie thun wolle, wenn der Herr der Herrlichkeit mit Gerechtigkeit gegürtet kommen würde, in der Gewalt seiner göttlichen Allmacht, darum dass sie nachlässig gewesen. Da sie nun in solcher Zerknirschung dastand, sah sie den Herrn Jesum, sitzend auf erhabenem Throne und bei seinem honigfliessenden Anblick ward die Asche verzehret und sie stand in seinem Anblick rothglühend wie Gold. Da erkannte sie, dass alle ihre guten Werke, welche sie versäumt hatte, durch Christi allerheiligsten Wandel und durch seine vollkommensten Werke erfüllt seien und

---

1) Th. III, 56.

dass alle ihre Unvollkommenheit durch die höchste Vollkommenheit des Sohnes Gottes vollkommen gemacht sei. Denn wenn Gott mit dem Auge seiner Erbarmung die Seele ansieht und sich erbarmend zu ihr niederneigt, da werden alle ihre Missethaten der ewigen Vergessenheit übergeben. Als sie daher von Gott eine so herrliche Gabe nämlich die Vergebung aller Sünden und aller Verdienste Erfüllung empfangen hatte, da neigte sie sich mit der Sicherheit und Kühnheit, die sie davon nahm, an die Brust ihres Liebhabers Jesu, und unter mancherlei Geberdungen vor übergrosser Liebe sprach sie Worte unaussprechlicher Süssigkeit mit dem Herrn.

Es ist diese Stelle kein vereinzelter Lichtblick; wir begegnen noch andern Stellen von gleichem Geiste. „Da sie einmal", heisst es an einem andern Orte,[1] „in der Bitterkeit ihrer Seele alle ihre Jahre überdachte, wie nachlässig sie gelebt und wie viel Gutes sie von Gott umsonst empfangen, und wie sie als eine Gott geweihte Braut dies Vorrecht durch ihre Sünden befleckt habe, da sprach zu ihr der Herr: Wenn dir ein Wunsch gewährt würde, was würdest du lieber wählen: dass du alles Gute, das ich dir gegeben, mit Werk und Tugend durch dich selbst erworben hättest oder dass ich dir alles umsonst gegeben hätte? Und sie antwortete: Mein Herr, auch das mindeste Gut, das mir von dir umsonst gewährt wird, ist mir lieber, als wenn ich alles, was die Heiligen verdient haben, auch mit den höchsten Tugenden und Arbeiten verdienen könnte. Und der Herr sprach: Sei darum in Ewigkeit gesegnet. Und er setzte hinzu: Wenn du dein Gelübde erneuern willst, so komme zu meinen Füssen und danke für das Kleid der Unschuld, das ich dir umsonst verliehen habe, denn du hast es durch kein Verdienst dir verdient, und bitte, dass durch meine vollkommenste Unschuld, was an dir mangelhaft ist, gebessert werde. Dann sage Dank meinen Händen für alle meine Werke, die ich dir verdient habe, und auch für die deinen, die ich in dir gewirkt habe. Dann erneuere in dem Camine meines göttlichen Herzens den Ring deines Glaubens und deiner Liebe wieder, dass sie bewähret seien wie Gold im Feuerofen und wasche sein Kleinod im Wasser und Blut meines Herzens, dass es davon seinen Werth und Glanz wieder empfange."

Um der ersten der beiden zuletzt mitgetheilten Stellen willen hat schon Flacius unsere Mechthild unter die Zeugen der Wahrheit gestellt. Aber es gilt von diesen wie von vielen ähnlichen Kundgebungen einer

---

1) Th. IV, 11.

tieferen evangelischen Erkenntniss in jenen Zeiten: es ist noch nicht der Fall, dass diese Wahrheiten in ihrer principiellen Bedeutung erfasst wären und ihre Consequenzen dem Blicke vorlägen. Dazu kommt es erst im Zeitalter der Reformation. Hier treten vielmehr solche Erkenntnisse noch mit aller naiven Unbefangenheit neben Aeusserungen hin, wie sie der römischen Werktheorie oder ihren Voraussetzungen und Folgen entsprechen, ohne dass der innere Widerspruch zum Bewusstsein käme. Ja bei Mechthild überwiegt diese letztere Seite, während bei ihrer geisteskräftigen Klosterschwester, der Nonne Gertrud, das evangelische Element sich einen viel weiteren Raum verschafft.

Mechthild hatte von ihren Offenbarungen vieles allen ohne Unterschied verkündet, die zu ihr kamen. Da unter ihren Aussagen auch nicht wenige waren, welche sich auf das Schicksal Verstorbener bezogen, verbot ihr der Propst, was ihr von den Seelen geoffenbart werde, auszusagen, denn er fürchtete, es möchte daraus grosse Fahrt werden und das Kloster dadurch in Beschwerung kommen. Andere Offenbarungen theilte sie nur zweien ihrer vertrauten Freundinnen mit, andere verschwieg sie ganz, theils aus Bescheidenheit, theils weil sie dieselben durch's Wort nicht auszudrücken vermochte. Dass die beiden Freundinnen ihre Offenbarungen niederschrieben, wusste sie lange nicht. Sie ist sehr betrübt, als sie es erfährt und flüchtet sich zu dem Herrn und offenbart ihm ihre Traurigkeit. Da erschien ihr, so heisst es,[1] der Herr und hatte das Buch in seiner rechten Hand auf seinem Herzen und tröstete sie und sprach: Alle Dinge, die in diesem Buche geschrieben sind, sind geflossen aus meinem göttlichen Herzen und werden wieder darein fliessen. Sie fragte den Herrn: was der Name des Buchs sein solle? Er sprach: Es wird genannt das Buch der geistlichen Gnaden.

---

5. Die Nonne Gertrud.

Die Nonne Gertrud, auch „die grosse Gertrud" genannt, welche bisher allgemein mit der älteren Gertrud von Hackeborn verwechselt worden ist, und deren religiöses Leben und Wirken den Inhalt des Buches *Insinuationes divinae pietatis* oder Eingebungen göttlicher Güte ausmacht, ist, was die religiöse Erkenntniss betrifft, unter

---

1) Th. II, 43.

den bisher besprochenen Erscheinungen die bedeutendste, denn bei keiner hat sich diese Erkenntniss zu solcher Höhe und Selbstständigkeit hindurchgerungen, bei keiner zeigt sie sich mit solcher Freiheit und bewussten Sicherheit des Handelns und fruchtbaren Wirksamkeit auf Andere gepaart.

Sie ist am 6. Januar 1256 ohne Zweifel in Thüringen und wie es scheint von armen Aeltern geboren und wurde schon in ihrem 5. Jahre in's Kloster Helfta aufgenommen. Sehr bald erwacht ein ungewöhnlicher Wissensdurst in ihr, und nach wenigen Jahren ist es die Beschäftigung mit den sogenannten freien Künsten, darunter besonders mit der Grammatik, der sie sich mit kaum zu mässigendem Eifer hingibt. Sie lässt bald auch die älteren Schülerinnen weit hinter sich zurück. In dieser Richtung bleibt sie bis in ihr 25. Jahr. Da erwacht eine Unruhe in ihr: die ungeordnete Begierde nach Wissen befriedigt sie nicht, sie verlangt eine Sättigung für den Hunger ihres Geistes, die ihr bisher nicht zu Theil geworden. Diese Unruhe tritt plötzlich mit ausserordentlicher Stärke bei ihr ein — sie bezeichnet die Zeit, da sie anfing — und bereitet den Moment vor, welcher der Wendepunkt für ihr Leben wird. Sie berichtet: Als sie gegen zwei Monate lang, seit der Adventzeit des Jahres 1280, von der Empfindung der inneren Leerheit und damit ihrer Unwürdigkeit als Ordensschwester gequält gewesen, da am 27. Januar 1281, am Montag vor Mariä Reinigung, als sie in der Dämmerungsstunde im Schlafsaal der Schwestern stand, und eben das Haupt wieder emporrichtete, das sie vor der vorübergehenden Oberin geneigt hatte, habe sie mit dem Auge der Seele Jesum in Gestalt eines lieblichen Jünglings von etwa 16 Jahren vor sich stehen sehen und aus seinem Munde die Worte vernommen: Dein Heil kommt bald. Warum verzehrt dich der Kummer? Hast du niemand, der dir Rath gibt, weil dich der Schmerz von neuem ergriffen hat? Ihre Sinne sagten ihr, dass sie im Schlafsaal stehe, und doch war es ihr, als sei sie im Chor der Kirche, wo sie zu beten pflegte, und vernehme da die weiteren Worte: Ich will dich selig und frei machen, fürchte nichts. Und wie zur Bekräftigung legte Jesus seine Rechte in ihre Rechte und sprach weiter: Mit meinen Feinden hast du die Erde geleckt und Honig unter den Dornen gesucht, kehre endlich wieder, ich will dich annehmen und dich trunken machen von dem Strome meiner göttlichen Freude. Da schmolz ihre Seele dahin. Als sie aber dem Herrn noch näher treten wollte, sah sie zwischen ihm und sich einen endlosen Zaun von Dornen, den sie weder zu umgehen noch zu durchdringen vermochte. Damit sollten, wie sie meint, ihre Sünden bezeichnet werden. Und als sie nun so da stand und seufzte und ihr Herz in Sehnsucht wallete und vergehen wollte, da ergriff sie Jesus abermals bei der Hand und alsbald stand sie neben ihm. Und als sie seine Hand ansah, da erkannte sie in ihr die Nägelmale, womit er die Handschrift aller Feinde ausgelöscht hatte.

So veranschaulicht sich ihrem erregtem Gemüthe das wichtigste Ereigniss ihres Lebens, ihre Busse, ihr Glaube an die sündentilgende Liebe Jesu, ihre Rechtfertigung aus Gnaden.

Nicht minderer Aufmerksamkeit werth ist, was sie über die Zeit, welche zunächst folgte, bemerkt. Jetzt erst, im Lichte der Gnade beginnt sie Gottes Heiligkeit und ihre Sündhaftigkeit recht zu erkennen. „Darnach", so schreibt sie in den Bekenntnissen ihres zweiten Buches weiter, „hat dich, mein einzig geliebter Jesus, weder deine Heiligkeit noch alle meine Nichtswürdigkeit abgehalten, mich häufig an jenen Tagen, da ich zu der lebendigmachenden Speise deines Leibes und Blutes ging, deiner sichtbaren Gegenwart zu würdigen, wiewohl ich dich nicht deutlicher sah, als man etwa in der Dämmerung sieht. Aber damit wolltest du nur meine Seele anreizen, dass sie dir inniger verbunden würde, dass sie dich um so heller erkenne, um so freier geniesse." Und als sie nun ihr Gemüth zu ordnen suchte, um am Tage von Mariä Verkündigung dieser ersehnten noch innigeren Gemeinschaft theihaftig zu werden, da habe der, welcher sich finden lässet, ehe man ihn ruft, jenen Tag vorweggenommen am Vorabend des Festes mit solchen Segnungen seiner Süssigkeit, dass ihr die Worte fehlen sie auszusprechen. „Wenn ich nun überlege die Beschaffenheit meines Lebens, sowohl des vorherigen als des nachfolgenden, so bekenne ich in Wahrheit, es sei nichts als Gnade, welche so ohne alles Verdienst der so Unwürdigen geschenkt ist. Denn du begnadigtest mich von da an mit einem helleren Lichte deiner Erkenntniss, wobei mich stets mehr anlockte die süsse Liebe deiner Freundlichkeit, als mich je hätte zurechtbringen können die Strafe, die mir gebührt von deiner strengen Gerechtigkeit."

Die grosse und gesunde Kraft ihres Gemüths konnte sich indess nicht dabei genügen lassen, in den Visionen auszuruhen, die ihr zu Theil wurden. Sie suchte nach einem festeren Anhalt für ihr neues Leben, nach einer Quelle, die dauernd und nachhaltig ihr ganzes Gemüth sättige. Und mit der ganzen Energie ihres Wesens, mit der sie vorher den freien Künsten sich zugewendet hatte, warf sie sich nun auf das Studium der heiligen Schrift und ihrer Auslegung durch die Lehrer, so namentlich durch Augustin und Bernhard.

Wie tief sie empfand, welches Gut ihr in der Schrift geboten war, das gibt die freudige Begeisterung kund, von der sie sich darüber ergriffen zeigte. „Sie konnte aber", sagt die Verfasserin der Insinuationen, „in jenen Tagen nicht ersättigt werden von der wunderbaren Süssigkeit andauernder Betrachtung und von der Forschung nach dem verborgenen Lichte, das sie in der heiligen Schrift fand, die ihr jetzt süsser war denn Honigseim und lieblicher als Orgelklang; daher sie einen fast unaufhörlichen Jubel in ihrem Herzen empfand."

Sie stellte nun aus der Schrift und ihren Auslegern ganze Bücher zusammen, die sie für sich und die Klosterschwestern schrieb, und war oft von früh bis in die Nacht bemüht, schwierigeren Stellen der Schrift für ihre Mitschwestern eine leichtere Fassung zu geben. Denn es entsprach ihrer Natur, andere in die gleiche Bahn zu führen, auf die Umgebung heilsam, umbildend, fördernd einzuwirken; auch andere Klöster, die Mangel hatten, versah sie mit Abschriften aus der Bibel. So ist die Schrift das A und O ihrer Gedanken, von einer Stelle der Schrift pflegt sie bei ihren Betrachtungen, bei ihren Mahnungen und Tröstungen auszugehen. Es war staunenswerth, sagt ihre Freundin, wie sehr das rechte Wort aus der Schrift ihr in allen Fällen zur Hand war, und sie mochte strafen oder Rath ertheilen, so gebrauchte sie das Zeugniss der heiligen Schrift, als dem niemand widersprechen könne.

Dieser allgemeinen Richtung ihres Gemüths, auch die umgebenden Kreise mit sich zusammenfassen, auf sie einzuwirken, entspricht es, dass sie sofort und willig von der stillen Contemplation sich losriss, um jede sich darbietende Gelegenheit zur Thätigkeit, zur Einwirkung auf Andere zu benützen. Die unmittelbare Rückkehr zur Contemplation war ihr dann sehr leicht. Wir erkennen aus dieser Bemerkung zugleich die Weite und Stärke ihres Gemüths sowie die Harmonie ihres inneren und äusseren Lebens. Damit steht nicht im Widerspruch, wenn ihre Freundin eine gewisse Ungeduld und Heftigkeit als Fehler hervorhebt, dessen sie sich selbst beschuldigt habe. Er entsprang aus ihrem Triebe wirkend einzugreifen.

Sie entschloss sich auch endlich, das, was sie selbst erlebt hatte, für Andere nutzbar zu machen. Lange Zeit hatte sie dem Antriebe hiezu aus weiblicher Scheu und Bescheidenheit widerstanden. Der Kampf dieser widerstreitenden Empfindungen stellte sich ihr selbst in mancherlei Visionen dar, bis endlich der erstere Antrieb siegte, der ihr dann zu einem Befehle aus des Herrn Munde selbst wurde. So schrieb sie denn im neunten Jahre nach ihrer Bekehrung 1289 und 1290 jenes merkwürdige Buch, welches in den Insinuationen das zweite ausmacht. Es sind Bekenntnisse in ergreifender Sprache auf der Höhe stärkster Empfindung und hellster Erkenntniss geschrieben, welche die grossen ihr zu Theil gewordenen Gaben in der liebenswürdigsten Demuth preisen. Sie gehören mit ihren „Uebungen der Frömmigkeit", einem Buche von Gebeten, zu den schönsten Erzeugnissen der mystischen Literatur. Die grosse Zahl der göttlichen Einsprachen, die sie in den Jahren 1290—1310 zu vernehmen glaubte, hat sie einer Freundin zum Niederschreiben mitgetheilt. Sie machen den Inhalt des 3.—5. Buchs der Insinuationen aus. Auch zahlreiche Briefe hat sie geschrieben, sowie ein zweites Gebetbuch, das *Psalterium magnum,* von denen aber bis jetzt nichts bekannt ist, als was in den Insinuationen davon mitgetheilt wird.

Bei Gertrud ist eine Entwicklung von gesetzlicher Gebundenheit zu immer grösserer Freiheit wahrnehmbar. Nachdem einmal der Anfang ihres neuen religiösen Lebens in evangelischer Weise gemacht worden war, musste bei der Stärke und Gesundheit ihres Gemüthes die Entfaltung zu dieser Freiheit trotz aller widerstrebenden religiösen Tradition sich siegreich durchsetzen. Es ist von hohem Interesse, diesen Gang, soweit es möglich ist, zu verfolgen.

In den ersten Jahren ihres neuen Lebens zeigt sie sich noch in der Strenge mönchischen Wesens befangen. Sie hofft von da aus eine Erneuerung der verfallenen Kirche, deren Loos sie, wie bei ihrem auf das Grosse und Allgemeine gerichteten Sinn nicht anders zu erwarten ist, auf der Seele trägt. „Zu einer Zeit", so berichtet ihre Freundin, „erschien ihr Jesus der Herr, der da schön ist vor allen Menschenkindern, und schien mit seinen königlichen Schultern ein Haus, weit und gross, zu stützen, und er redete seine Erwählte folgendermaassen an: Siehst du, sprach er, mit was für Mühe, Sorge und Wachsamkeit ich dieses mein geliebtes Haus, d. i. die Religion stütze? Denn fast durch die ganze Welt neigt sie sich zum Zusammensturz, darum dass so wenige in der Welt gefunden werden, die zu ihrem Schutz und Förderung treu für sie wirken und leiden wollen. Darum ziemt es dir, o meine Geliebte, Genossin meiner Mühsal zu sein. Von diesen Worten des Herrn im innersten Herzen getroffen, fühlte sie sich noch heftiger als bisher zur Förderung und Mehrung des religiösen Lebens durch höchste Anstrengung getrieben, so dass sie eine Zeit lang über ihre

Kräfte auch in den strengen Gebräuchen ihres Ordens sich abmühte, um
Andern ein gutes Beispiel zu geben."

Es war die Einwirkung einiger treuer Freunde, welche sie davon
abbrachte. Der Herr, heisst es, mahnte sie durch diese Freunde, sich
derartiger Mühsal zu entschlagen und auf das Innerliche gewendet, ganz
und gar ihm Raum zu geben. Sie mochte wohl eine solche Weisung
ersehnt haben, denn mit grossem Danke nahm sie dieselbe auf und mit
Freuden gab sie sich wieder der gewohnten Betrachtung hin.

Sie konnte unmöglich von jener klösterlichen Askese auf die
Dauer sich befriedigt fühlen, da die Grundrichtung ihres Lebens sie so
viel höhere Wege wies. Diese Richtung ist mit dem Worte: Glaubens-
zuversicht bezeichnet. „Zu aller Zeit erfreute sie sich", so sagt ihre
Freundin, „einer solchen sicheren Zuversicht, dass weder Drangsal noch
Verlust noch irgend ein Hemmniss, ja nicht einmal ihre Vergehungen
oder Mängel dieselbe derart hätten überschatten können, dass sie nicht
allezeit die feste und gewisse Zuversicht zu der gnadenreichen Barmherzigkeit Gottes sich bewahrt hätte. Fühlte sie sich, so heisst es weiter, von
Vergehungen befleckt, dann war es ihre Gewohnheit zu Christi Füssen
sich zu flüchten, um durch sein Blut von aller Befleckung sich waschen
zu lassen. Wenn sie aber dann des Einflusses der göttlichen Gnade in
reicherem Maasse inne ward, dann gab sie sich nicht den Uebungen der
Busse hin, sondern frei sich lassend dem göttlichen Gnadenzuge gab sie
sich in allem dar als ein Werkzeug zu jeglichem Werk der Liebe, das
Gott an ihr und mit ihr ausrichten wollte, dass sie dann auch nicht zau-
derte, mit dem Gott und Herrn aller Dinge — menschlich zu reden:
gleich und gleich zu spielen."

Aus dieser Zuversicht entsprang ihr auch, so heisst es in dem
merkwürdigen Abschnitt weiter, ihre so grosse Gnadengabe hinsichtlich
der Communion. Denn niemals vernahm sie durch Schrift oder Wort,
wie gross die Gefahr sei unwürdig zum heiligen Abendmahl zu gehen,
um sich dadurch auch nur einmal von dem Genusse abschrecken zu
lassen; vielmehr stützte sie sich nur noch mehr auf die göttliche Gnade
und trat immer freudig und mit fester Hoffnung hinzu. So zu thun trieb
sie aber ihre Demuth, in der sie alle ihre guten Werke und die Uebungen,
wodurch sich die Menschen dazu vorzubereiten pflegen, für so gering
und fast nichtig ansah, dass sie wegen Mangels derselben niemals von
der Communion wegblieb, indem sie dafür hielt, dass alles Bestreben
eines frommen Menschen gegen die Herrlichkeit dieser Gnadengabe im
hl. Abendmahle kaum ein Tropfen genannt werden könne gegenüber dem

unermesslichen Meer. Was sie nun, so heisst es weiter, Gutes von Gott empfangen hatte, das schrieb sie allein der gläubigen Zuversicht zu, und sah jene Gaben um so mehr als Gnadengeschenke an, je mehr sie überzeugt war, dass sie wahrhaft umsonst und ohne alles Verdienst jenes edle Geschenk der Zuversicht von Gott dem Geber aller Gnade empfangen hätte.

Wir sahen bereits aus ihren eigenen Worten, wie von der Macht ihres Glaubens der gesetzliche Standpunkt ihrer Zeit so gut wie überwunden ist. Sie weiss sich wie ein freies Kind im Vaterhause. Als sie einst bei einem Spaziergange von einer Anhöhe herabstürzte, rief sie aus: „O mein lieber Jesus, wie wohl wäre mir, wenn mich dieser Fall schneller zu dir gebracht hätte." Und als die sie begleitenden Schwestern verwundert fragten: ob sie sich nicht fürchte, ohne die Sacramente zu sterben? meinte sie: „Wohl wäre es mir wünschenswerth: doch steht mir unzweifelhaft höher meines Gottes und Herrn Vorsehung und sein Wille. Das ist die beste Zurüstung auf den Tod. Denn ich mag sterben wie ich will, so hoffe ich, dass Gottes Barmherzigkeit mir niemals mangeln wird, denn ohne diese wäre ich verloren, mag der Tod unversehens kommen oder lange vorhergesehen."

Auch der klösterlichen Askese gegenüber gibt sich nun ihr freigewordenes Gemüth in bezeichnender Weise kund. Sie sicht sich nicht mehr ausser Christus sondern in ihm und ihn in sich, darum glaubte sie auch im Verhalten gegen sich selbst sich als Kind und Eigenthum Christi betrachten zu dürfen, und „ob sie schlief oder ass oder sich irgend einen Vortheil oder Ruhe gönnte, so freute sie sich nicht anders als ob sie es dem Herrn gethan hätte".

Es lässt sich natürlich nicht erwarten, dass Gertrud die herrschende Theorie von der Verdienstlichkeit der Werke völlig abgestreift hätte. Sie spricht an vielen Stellen von den Verdiensten der Heiligen, von Verdiensten der Gläubigen. Aber sich selbst lässt sie dabei nimmer aus dem Spiele. Für sie gibt es nur ihre eigene Unwürdigkeit und die göttliche Gnade. Und die Werke Anderer erscheinen ihr nur dann verdienstlich, wenn sie ohne Absicht etwas damit zu verdienen gethan seien. Sie sieht den Evangelisten Johannes die Werke der Christen verzeichnen. Die, welche aus Gewohnheit gethan werden, sind mit schwarzer Farbe verzeichnet, die um Christi willen und in seiner Kraft gethan sind, mit rother Farbe; aber die in rother Farbe sind schwarz unterstrichen, wenn sie in der Absicht auf Verdienst gethan sind, und mit Gold, wenn sie lediglich zu seinem Lobe und ohne jene Absicht vollbracht sind.

Die Erregung der Andacht durch äusserliche Mittel, die Aufstellung von Krippen zur Weihnachtszeit, die sinnlichen Darstellungen des Leidens und Sterbens Christi in der Charwoche und Aehnliches, wie es so ganz im Geiste jener Zeit war, erregt ihr Bedenken. Sie fürchtet dadurch zu sehr von dem unmittelbaren persönlichen Verkehr im Geist und in der Wahrheit auf das Sinnliche und Aeusserliche abgezogen zu werden.

So konnte sie auch zu dem Reliquiendienste nicht die gleiche Stellung mit den meisten ihrer Zeitgenossen einnehmen. „Die würdigsten Reliquien auf Erden", so offenbart ihr der Herr, „sind meine Worte."

Bei einer Seele, der Christus so ganz der Mittelpunkt des Lebens war, tritt natürlich auch Maria in grössere Entfernung zurück, so sehr sie auch dem Zeitglauben noch an vielen Stellen ihres Buchs den gewohnten Tribut bringen mag. Sie ist von tiefem Schmerz erfüllt, als sie an einem Marientage in der Predigt immer nur Mariens Verdienste rühmen hört, und von dem Werthe der Menschwerdung Christi nichts vernimmt. Sie kann darum, als sie nach dieser Predigt am Altar Mariens vorüber geht, nicht die süsse Andacht zu ihr fassen, die sie sonst hatte; sie ist fast unwillig auf Maria selbst, weil sie ihrem Geliebten im Wege gestanden. Als sie diese Empfindung wahrnimmt und erschrickt, weil sie fürchtet, Maria damit beleidigt zu haben, hört sie den Herrn sagen: Grüsse nicht mich, sondern Maria. Da ruft sie aus: Nimmermehr! Und sie findet nur Ruhe in dem mildernden Worte Jesu: Thue es in dem Sinne, dass du um meinetwillen das Theuerste verlässest. Fürwahr ein bewunderswerthes Ringen wahrer christlicher Empfindung mit den Gebrechen der Zeitanschauung!

Als sie einst hörte, dass ein Ablass auf viele Jahre verkündigt werde, wünscht sie sich grossen Reichthum: dann würde sie viel Pfund Goldes und Silbers darbringen, „um durch jenen Ablass von den Sünden losgesprochen zu werden". Und der Herr antwortet ihr: Wohlan! Kraft meiner Autorität habe volle Vergebung aller deiner Sünden und Unterlassungen! Und sofort sah sie ihre Seele ohne alle Flecken weiss wie Schnee. Als sie nach einigen Tagen ihre Seele noch in derselben Reinheit schimmern sieht, fürchtet sie einen Selbstbetrug; denn, meint sie, wäre jene Reinheit wirklich ihr gegeben, dann müsste sie doch durch ihre mannigfachen Vergehen einigermassen getrübt erscheinen. Aber der Herr tröstet sie und spricht: Ist's nicht so, dass ich mir selbst immer grössere Macht vorbehalte, als ich den Creaturen gebe? Kann die Sonne durch die Kraft ihrer Wärme den Flecken auf weissem Tuche ausziehen und es weisser machen denn es zuvor war, um wie viel mehr kann ich, der Schöpfer der Sonne, die Seele, welche ich nach meiner Erbarmung leite, rein und unbefleckt erhalten, indem ich in ihr durch die Kraft meiner brennenden Liebe alles an ihr reinige was befleckt ist (III, 11).

Was uns in diesen so wie in vielen andern Stellen sofort entgegentritt, das ist das Ringen ihres Geistes nach weiterer Erleuchtung. Von niedereren Anschauungen, wie sie die Zeit bietet, geht sie aus, und das Resultat ist zumeist eine höhere Erkenntniss. Die Sehnsucht nach Gewissheit charakterisirt ihr Gemüthsleben; ihr kräftiger Geist ist nur befriedigt in der unmittelbaren Empfindung der Wahrheit. Daraus geht ihr Verlangen nach göttlicher Einsprache hervor. Und was ihrem gehobenen Gemüthe als recht und wahr sich erschliesst, dessen ist sie dann auch so gewiss, dass es ihr als übernatürliche Offenbarung erscheint. In dieser Sicherheit eines geordneten Gemüthes ruht dann auch die Unmittelbarkeit ihres Handelns. Die Schwestern sind erstaunt über die Plötzlichkeit ihrer Entschlüsse und deren unmittelbare Ausführung, über die Zweifellosigkeit mit der sie allen Eingebungen ihres Gemüthes Folge leistet. Und die ihr befreundete Mechthild, die darüber Bedenken hat und den Herrn fragt, erfährt dass er selbst in ihr wohne, denke und wolle.

Von solcher Macht des sich frei und sicher ausbreitenden Gemüths ist eine feine und starke Empfindungskraft nur die Voraussetzung. Die Stärke ihres inneren Sinnes ist es, wenn sich ihr die Ahnungen der Wahrheit unter unbewusster Mitwirkung ihrer Erkenntnisskraft zu Visionen und Einsprachen gestalten, die sie von Seite des Herrn in unmittelbarer Weise zu haben glaubt. Und sie hat diese vermeinten Offenbarungen fast immer ohne besondere ekstatische Zustände, wie es scheint. Ein Zeichen, dass die Stärke ihres Empfindungsvermögens nicht die Folge momentaner Ueberreizung, sondern bleibende Naturanlage war. Diese Empfindungskraft zeigt sich dann wohl auch im Rapport mit den dem äusseren Sinne noch verborgenen Dispositionen der Natur und des Menschenlebens. Sie besitzt eine wenn auch nicht in besonders starkem Masse entwickelte Gabe der Prophetie. Und die innere Empfindung pflanzt sich wohl auch in die äussere Sinnenempfindung fort. So liest sie einmal ein Gebet, in welchem die Worte vorkamen: Schreibe, barmherziger Gott, deine Wunden in mein Herz mit deinem kostbaren Blute. Und sie sehnt sich nach einer realen Erfüllung dieser Worte und betet stets von neuem darum. Da gab ihr der Herr die Erfüllung dieser Worte in einer Stunde, da sie sich eben wieder mit ihnen beschäftigte. „Denn inwendig in meinem Herzen leiblich an bestimmten Stellen sah ich durch den Geist jene hehren und anbetungswürdigen allerheiligsten Wundenmale mir eingeprägt." Und die Empfindung hievon bleibt ihr.

Mit der Kraft und Freiheit dieser Frauennatur zeigt sich doch eine zarte Weiblichkeit innig verbunden. Ihren keuschen jungfräulichen Sinn vergleicht ihre Freundin mit dem Mondlicht. Erröthend eilt sie beim Vorlesen der Schrift über Stellen hinweg, welche sich auf geschlechtliche Verhältnisse beziehen. Nie habe sie, sagt ihre Freundin, einem Manne so lange in's Angesicht gesehen, dass sie die Erinnerung seines Aussehens behalten hätte. Wir glauben nun zwar, dass damit mehr eine Flucht als eine Ueberwindung des Feindes angedeutet ist, erkennen aber auch hierin ein Wahrzeichen ihrer zarten Empfindung.

Wir haben schon oben eine Stelle mitgetheilt, in welcher ihre Sehnsucht abzuscheiden und bei ihrem Herrn zu sein ausgesprochen war. Diese Sehnsucht steigerte sich in den letzten Jahren ihres Lebens zu einem immer heftigeren Verlangen; gegen das sie ankämpft. In den letzten Capiteln der Insinuationen stellt sich dieser Widerstreit ihrer Empfindung in einer Reihe von Visionen und göttlichen Einsprachen dar, welche zeigen, dass die geduldige Ergebung in den Willen ihres Herrn zuletzt den Sieg behielt. Zu welcher Reinheit und Sicherheit aber ihr evangelisches Bewusstsein sich durchgebildet hatte, das zeigt die freudige Zuversicht, welche sie im Blick auf Tod und Gericht bewährt. Sie findet in den letzten Capiteln ihres erwähnten Gebetbuchs einen Ausdruck, den wir zum Schlusse noch mittheilen wollen, da sich darin die Grundrichtung ihres religiösen Lebens noch einmal in klarer und edler Sprache zusammenfasst.

„O Wahrheit, du hast zu unzertrennlichen Gefährten die Gerechtigkeit und Billigkeit. In Zahl, Mass und Gewicht steht all dein Gericht. Was du ergreifest, wägst du in allzugerechter Wage. Wehe mir und tausendmal wehe, wenn ich dir übergeben werde und keinen Anwalt habe der mich vertritt. O Liebe, mögest du den Vertreter für mich senden. Du antworte für mich. Du erlange mir Vergebung. Du führe meine Sache, dass ich leben möge um deinetwillen. Ich weiss, was ich thun will. Den Kelch des Heils will ich nehmen. Den Kelch Jesu will ich setzen auf die leere Wagschale. So, so will ich allen meinen Mangel ergänzen; so alle meine Sünden zudecken; durch jenen Kelch alle meine Trümmer ergänzen; durch jenen Kelch alle meine Unvollkommenheit übergenug erfüllen.

Eia, o Liebe, gib mir meinen Jesus, jenen deinen königlichen Gefangenen, den die Empfindungen deiner Erbarmung bis in's Mark erregt und geschwächt haben, dem du um diese Stunde (die Primzeit = 6 Uhr) mit solcher Gewalt vor Gericht gezogen hast, um ihm die Sünde der ganzen Welt aufzulegen, da er doch ohne Fehl war, nur dass er ob der Liebe zu mir verklagt war und du meine Schuld von ihm fordertest. Eia, jenen Allerunschuldigsten, jenen Geliebtesten, ob der Liebe meiner Liebe Verdammten und für mich in den Tod Gesprochenen, ihn will ich heute von dir empfangen, o theuerste Liebe, zum Begleiter in's Gericht. Gib mir solchen Bürgen, dass er meiner ganzen Sache walte. O theure Wahrheit, ohne meinen Jesus zu dir zu kommen würde mir unerträglich sein, aber mit meinem Jesus vor dir zu erscheinen das ist meine Wonne und Lust. O Wahrheit, nun mögest du dich setzen auf den Richtstuhl, nun in's Richthaus treten und wider mich bringen was du willst. Ich fürchte nichts Schlimmes. Ich weiss, ich weiss, dass mich dein Antlitz nicht verwirrt, denn mit mir ist der, welcher meine grosse Hoffnung und all meine Zuversicht ist. Wissen möchte ich, wie du mich nun verurtheilen wolltest, da ich meinen Jesus bei mir habe, jenen theuersten, jenen treuesten, der all mein Elend getragen, um mir von dir die grosse Barmherzigkeit zu gewinnen. Mein süssester Jesus, theueres Unterpfand meiner Erlösung, du wollest mit mir kommen vor Gericht. Mit einander wollen wir da stehen. Du mögest Richter und Anwalt sein. Verkünde was du für mich geworden, wie gnädig du mein gedacht, wie theuer du mich erworben, dass ich um deinetwillen gerechtfertigt werde. Du hast mir gelobt, dass ich nicht verloren wäre. Du hast meine Sünden getragen. Du bist für mich gestorben, dass ich in Ewigkeit nicht sterben möchte. Alles was dein ist, hast du mir geschenkt, dass ich durch dich an Verdienst reich werden möchte. Eia, in der Stunde des Todes richte mich nach jener Unschuld, nach jener Reinheit, die du mir geschenkt hast in dir, da du alle meine Schuld bezahlt hast mit dir selbst, gerichtet und verdammt um meinetwillen, um mich, die ich arm und hülflos bin an mir selbst, durch dich an allen Gütern überreich zu machen."

IV.
Das südliche Deutschland im XIII. Jahrhundert.

Der reformatorische Ernst, mit welchem Hildegard von Bingen auf ihre Zeit zu wirken suchte, scheint in manchen Klöstern ihres Ordens nicht ohne Früchte geblieben zu sein. Der Biograph der Hildegard berichtet uns, dass sie auf ihren Reisen auch nach Ostfranken gekommen sei. Einer der Orte, die genannt werden, ist Kitzingen am Main, wo eine Tochter Karl Martel's ein Kloster mit einer Erziehungsschule für adelige Frauen gegründet hatte. In dieser Schule empfing unmittelbar nach der Zeit der Hildegard Hedwig, eine Gräfin von Andechs, die Richtung ihres religiösen Lebens.

Der Geist des Hauses, aus welchem Hedwig stammte, hat etwas von der hohen und grossen Art nach der guten wie nach der schlimmen Seite hin. Die Geschichte dieses Geschlechts bietet uns nicht wenige Beispiele eines kühnen, hochstrebenden Sinnes, schwerer sittlicher Verirrungen sowie sittlicher Grösse. Sie zeigt zugleich, wie sehr die Kirche die mächtigsten Familien der Nation sich dienstbar gemacht hatte. Gerade zu Hedwig's Zeit finden wir zahlreiche Glieder ihres Hauses in bischöflichen Stellen oder in Klöstern. Vierzehn Jahre vor ihrer Geburt zu Andechs war in dem nahen Diessen die frühere Meisterin dieses Klosters und nachmalige Aebtissin von Oedelstätten, Mechthild, im Rufe einer mit Wunderkraft begnadigten Heiligen gestorben, 1160. Von deren Bruder Berthold stammten Hedwig [1174—1243] und ihre Schwester Gertrud, die Mutter der Landgräfin Elisabeth.

Hedwig verliess schon im 12. Jahre das Kloster, wo sie bisher erzogen worden war, um als Gemahlin Herzog Heinrich's des Bärtigen von Niederschlesien nach Breslau zu ziehen. Von den sechs Kindern, die

sie ihrem Gatten gebar, war eines jener Heinrich der Fromme, der auf
der heldenmüthig vertheidigten Walstatt bei Liegnitz gegen die
Mongolen sein Leben liess. Hedwig brachte in das wilde von Zwietracht
zerrissene Fürstenhaus der Piasten und unter die in Sclaverei und Elend
lebende slavische Bevölkerung den milden, versöhnenden Geist des
Christenthums, welcher bis dahin nur in dürftigen Formen dort ge-
herrscht hatte. Das Volk lebte in Schmutz und Armuth unter der grau-
samen Willkür des Adels. Tausende, welche den Willen einer harten
Herrschaft nicht gethan, verkümmerten am Leibe verstümmelt oder
barbarisch gequält in der Moderluft der Gefängnisse. Das Land war
zum grossen Theile unbebaut, mit Wäldern und Sümpfen bedeckt.
Schon mit den deutschen Frauen der Vorgänger Heinrich's des Bärtigen
waren deutsche Ansiedler zahlreicher in das Land gekommen; aber erst
mit Hedwig kam das Christenthum als erlösende, wohlthuende Macht
für das gequälte Volk. Der grosse Einfluss, den sie auf das Gemüth
ihres Mannes übte, richtete dessen unternehmenden Sinn auf wohl-
thätige Gesetze. Die Justiz wurde eine mildere; die Stiftung von
Kirchen und Klöstern half den Bau von Dörfern und Städten und den
Anbau des Landes fördern. Hedwig steuerte dem Elend in den Gefäng-
nissen, der Noth in den Hütten mit unermüdlicher Hingabe ihrer selbst
und ihrer Güter. So hat unter Heinrich's Regiment und Hedwig's Einfluss eine neue und bessere Zeit für Schlesien begonnen.

Das beschauliche und visionäre Leben tritt bei Hedwig hinter das
praktische zurück, und wenn auch, was von ihrem prophetischen Hell-
sehen und einigen an die Ekstase streifenden Vorkommnissen aus ihrem
Leben erzählt wird, zuverlässiger berichtet wäre als es der Fall ist, so
würde es doch nicht bedeutend genug sein, um eine besondere Erörterung zu verdienen. Der Grund, warum wir ihr trotzdem in der
Geschichte der Mystik eine Stelle gegeben, ist ein ähnlicher wie bei
ihrer Nichte Elisabeth. Es ist der Umstand, dass ein so weithin bewun-
dertes Leben in der Meinung derer, welche von ihr erzählten, nicht
ohne jenen unmittelbaren wunderbaren Verkehr mit der Gottheit war,
den die Mystik erstrebte. So hat ihr Name gleich jenem der Elisabeth
die neue Richtung wesentlich mit fördern helfen.

Denn als eine neue Richtung stellt sich diese Mystik mehr und
mehr heraus, je weiter sie sich verbreitet und gerade in ihrer Verbreitung. Es zeigt sich, dass man anfängt, den unmittelbaren visionären Verkehr mit Gott nicht mehr, wo er eintritt, als eine Ausnahme von der Regel anzusehen, sondern als die Regel selbst, als

das vollkommene und überall zu erstrebende Leben. Durch die Mönche der Bettelorden, so viel wir sehen, wird dieses allgemeine Verlangen vornehmlich geweckt. Und auch hier sind es mehr noch die Dominikaner als die Franziskaner, welche sich zu Herolden und Pflegern der neuen Richtung machen, da in den Franziskanerklöstern, welche sich zumeist aus den niederern Kreisen des Volkes ergänzten, das geistige Leben hiefür wohl noch zu tief stand. Die Mönche jener Orden kommen, wie wir bei Thomas von Chantimpré, Heinrich von Halle und später bei Tauler, Suso und Heinrich von Nördlingen wahrnehmen, auf ihren Reisen durch das Land als regelmässige Gäste auch in die Frauenklöster. Ihre Mittheilungen, ihr Rath führt dann die eine, bald auch die andere „geistliche Tochter" auf die Bahn des mystischen Lebens. Die späteren Aufzeichnungen der beiden Ebnerinnen merken es regelmässig an, wenn „der Gottesfreund" zum Besuche gekommen war.

In Franken ist es das Kloster der Dominikanerinnen zu Engelthal bei Nürnberg, wo die neue Mystik schon im 13. Jahrhundert gepflegt wurde. Christine Ebner aus Nürnberg, welche 1289 dort eintrat, und deren visionäres Leben mit dem Jahre 1291 beginnt, hat wie über ihre eigenen Zustände so über das Leben ihrer Klosterschwestern[1] ein Buch geschrieben, welches zeigt, dass sie nicht die erste der visionären Frauen in Engelthal war. Ueber sie wird später noch zu berichten sein. Vermuthlich sind auch die visionären Zustände der Dominikanerin Margaretha Ebner in Maria Medingen bei Donauwörth, welche im zweiten Jahrzehnt des 14. Jahrhunderts beginnen, nicht die ersten dieser Art in jenem Kloster gewesen.

Es ist schon oben darauf hingewiesen worden, dass der Franziskaner Lamprecht von Regensburg, der gegen Ende des 13. Jahrhunderts seine Tochter von Sion dichtete, neben Brabant auch Baiern nennt, wo diese „Kunst" oder Wissenschaft von göttlichen Dingen unter den Weibern zuerst erstanden sei. Mag er nun aber Baiern im engeren Sinne nehmen, oder in einem weiteren, nach welchem der ganze weite Sprengel der Provinz seines Ordens mit darunter begriffen ist, so fehlen doch die Spuren, welche andeuten, dass jenes neue Leben, welches er meint, hier eben so alt sei wie in den Niederlanden. Vielleicht dass Lamprecht aus dem Umstand, dass zu seiner Zeit in den Niederlanden wie in Oberdeutschland die ekstati-

---

1) Handschr. im germ. Museum zu Nürnb. Nr. 1338.

schen Zustände unter den Frauen häufiger waren als anderwärts, auf
ein gleich hohes Alter derselben in beiden Gebieten schloss. Wie es gegen
die Mitte des 13. Jahrh. in Baiern und dem angrenzenden Schwaben
damit stand, lässt sich vielmehr aus einer Stelle bei dem Lehrer des
grossen Predigers Berthold von Regensburg, dem Franziskaner David
von Augsburg entnehmen, welcher um 1240 eine Vorschrift geistlichen
Lebens für Novizen verfasste, in welcher es heisst, dass jenes
mystischen Verkehrs mit Gott und seiner Süssigkeit jetzt kaum gedacht
werde, dass man auch nicht wirksam darnach begehre oder
ihn erstrebe, auch nicht von Seite solcher, welche sich auf einer
hohen Stufe des geistlichen Lebens dünken, ja dass man ihn vielmehr
verachte, verspotte, verfolge und verketzere. Mit diesem Tadel
aber will David, wie er sagt, diejenigen nicht loben, welche betrügerischer
Weise die Eingebungen ihres Geistes mit denen des Geistes
Gottes verwechseln.[1] Muss man annehmen, dass David hier von jenen
Gebieten spreche, die ihm am nächsten lagen, so ergibt sich aus
seinen Worten, dass ekstatische Zustände mit Visionen und Offenbarungen
in Baiern und Schwaben in jenen Zeiten wohl vorkamen,
dass sie aber nicht häufig waren und dass man ihnen als einer neuen
Erscheinung von Seiten des Klerus mit Misstrauen begegnete. Dieses
Misstrauen scheint theilweise auch in dem Umstande begründet gewesen
zu sein, dass Fälle vorgekommen waren, welche häretische Einflüsse
vermuthen liessen. Dass diese Deutung unserer Stelle auf häretische
Einflüsse einen thatsächlichen Hintergrund habe, wird sich weiter unten
zeigen, wo von der Secte des freien Geistes die Rede sein wird.

Wir werden noch sehen, welche Auffassung David von dem mystischen
Leben hat, wenn von der Geschichte der mystischen Lehre
die Rede sein wird. Es wird sich zeigen, dass er die damit verbun-

---

[1] *Formula novitiorum de reformatione interioris hominis cap. 33: De spiritualibus autem deliciis et gustu aeternae dulcedinis, quae sine comparatione omnes mundi delicias superant sicut mel favum, vix est iam mentio vel efficax desiderium aut studium etiam inter illos, qui sibi alti videntur in religione, imo despicitur, deridetur et quasi stultitia et abominatio iam habetur et ab aliis religiosis persecutionem huiusmodi patiuntur et daemoniaci reputantur et haeretici dicuntur. Quam vero spirituales ipsi sint, qui devotionis gratiam despiciunt et persequuntur, ab Apostolis discant, qui etiam animales appellat, qui non intelligunt, quae sunt spiritus dei quia stultitia est eis. Non tamen laudo vel approbo deceptores vel deceptos, qui spiritum suum vel alienum pro spiritu Dei sequuntur et seducuntur, sed probandi sunt spiritus et sic iudicandi.*

denen Zustände sehr nüchtern und besonnen beurtheilt. Die Empfehlung aber eines so bedeutenden Mannes wie David war, konnte überall, wo sein Wort hochgehalten wurde, insbesondere in Regensburg, wohin er seine Schrift richtete, nicht ohne Einfluss bleiben, und wenn wir später den Minister der süddeutschen Provinz, den Franziskaner Gerhard, auf den genannten Lampert, einen seiner Mönche in Regensburg, einwirken sehen, dass dieser in seiner Tochter von Sion das mystische Leben darstelle, so mag Davids Empfehlung zur Werthschätzung der Mystik in diesen Kreisen und zur Ausbreitung derselben nicht wenig beigetragen haben.

Während es uns an Aufzeichnungen über das mystische Leben in Baiern im 13. Jahrh. fehlt, besitzen wir ziemlich reichhaltige für die nördliche Schweiz aus den dortigen Dominikanerinnenklöstern.[1] Sie stammen aus der erstenHälfte des 14.Jahrh. und berichten über das mystische Leben zu Katharinenthal bei Diessenhoven, zu Thöss bei Winterthur und zu Oedenbach bei Zürich. Sie zeigen uns, dass die Anfänge dieses Lebens, dessen Blüthezeit hier in die ersten Jahrzehnte des 14. Jahrh. fällt, zum Theil ziemlich weit in das 13. Jahrh. hinaufreichen. Doch hat keine von den der früheren Zeit angehörigen Persönlichkeiten die Bedeutung, wie sie etwa die beiden Mechthild oder die Nonne Gertrud in Helfta besitzen; auch lassen die Beschreibungen die verschiedene Natur jener Zustände zu wenig erkennen. Von Helena Brumsin in Katharinenthal, welche nach Steill[2] 1285 starb, wird berichtet, dass sie sich so tief in das Leiden Christi versenkt habe, dass alle ihre Nerven und Gliedmassen von unaussprechlichen Schmerzen erfüllt wurden; von Mechthild von Stanz in Thöss: sie habe eine so grosse Andacht zu den Wunden Jesu getragen, und so sehr nach den Schmerzen derselben begehrt, dass sie derselben auch theilhaftig geworden. Ein Jahr und 13 Wochen sei sie an diesen Schmerzen darniedergelegen wie in einem beständigen Todeskampfe. Von den Schwestern zu Thöss gehören noch Anna von Klingenau hieher, die um 1300 starb, und Jützi Schultess, die um die Zeit des Streites bei Winterthur, also

---

1) Leben der Schwestern Predigerordens: Handschr. auf der Nürnberger Stadtbibliothek *Cent. V, 10 fol.* Enthält das Leben der Schwestern zu Thöss, Dissenhofen und Oedenbach (Zürich). Aus einer in der Stiftsbibliothek zu St. Gallen (*Cod. 603*) befindlichen Handschrift gibt Mittheilungen Greith, Die deutsche Mystik im Predigerorden. Freiburg 1861.; über die Schwestern zu Katharinenthal auch Murer, *Helvetia sancta*. St. Gallen 1751 f. 318 ff.

2) *Ephemerides Dominicano — Sacrae.* Cöln und Hildesheim 1727. 2 Bde. 4.

um 1292, lebte. Von der ersteren heisst es, wenn sie zuweilen in die Innerlichkeit gekommen, so hätte einer mit einem Heerhorn ihr in die Ohren blasen können, sie würde es nicht gehört haben. Von letzterer wird berichtet, dass sie zur unmittelbaren Anschauung der göttlichen Geheimnisse und alles creatürlichen Seins erhoben worden sei. Wir würden die Aeusserungen der Schultess als eine willkommene Hilfe benützen, um auch von dieser Seite her festzustellen, welche Ideen der speculativen Mystik unabhängig von Meister Eckhart bereits im 13. Jahrhundert in Deutschland wirksam waren, wenn es nicht Elisabeth Stagel wäre, welche uns jene Aussage bringt. Denn diese, die geistvolle Schülerin Eckhart's und Suso's, hat vermuthlich die Aeusserungen der Schultess in die Terminologie der Mystik der beiden genannten Männer umgesetzt.

Sehr frühe schon zeigt sich die mystische Ekstase auch in dem vorherrschend aus Adeligen bestehenden Convent der Dominikanerinnen zu Adelhausen bei Freiburg im Breisgau. Von den 36 Schwestern, aus deren Leben uns Anna von Münzingen um 1318 berichtet,[1] sind die meisten zur Zeit der Abfassung des Berichtes schon gestorben. So fällt das Leben einer dieser Schwestern, der Adelheid von Breisach, in die Zeit von 1245.

Jenseits des Rheines, im Elsass, ist es namentlich das Kloster der Dominikanerinnen zu Unterlinden bei Colmar, wo die Mystik frühe Pflege findet. Daselbst hat uns Katharina von Gebweiler ungefähr um die gleiche Zeit mit Elisabeth Stagel das Leben der Schwestern ihres Klosters in lateinischer Sprache verzeichnet.[2] Auch hier reichen die Anfänge der Mystik ziemlich weit in's 13. Jahrhundert hinauf. Schon von

---

1) Auszüge aus dem Buche der Anna enthielt *Cod. G. 180* (4. Pap. 15 sc.) der zu Grunde gegangenen Stadtbibliothek zu Strassburg: *Excerpta libelli de sanctitate primarum sanctarum sororum monasterii beatae virginis de annunciatione in Adlenhusen*. Geschrieben 1482. „Da man (Anna) dies Büchlein schreib, da war der schwestern das mehr theil tod." „Da schwester Anna von Münzingen das Buch schreib, da zählt man 1318 jar." Der Codex wurde 1482—87 von Agnes Huber geschrieben und gehörte früher nach Adelhausen. Steill hat in seinem genannten Buche aus dem MS. der Anna von Münzingen das Leben von zwölf dieser Schwestern mitgetheilt.

2) Bei *Petz bibliotheca ascetica* Bd. VIII. Wenn Thanner im Vorwort meint, dass Katharina 1330 gestorben sei, so ist dies falsch. 1338 schreibt *Venturini* an sie (s. *Quétif et Echard, Scriptores ordinis Praedicatorum s. t. Venturini*). Nach einem Briefe Heinrich's von Nördlingen (in *Heumann, Opuscula, Norimb. 1747*), der ihr Beichtiger war, starb sie 1345.

der Gründerin dieses Klosters, es wurde 1232 gegründet, von Agnes von Herckenstein werden ekstatische Zustände berichtet. Es ist bezeichnend, wenn dabei hervorgehoben wird, dass Gott sie durch wunderbare Geistesoffenbarung ihres ewigen Heils und der Vergebung ihrer Sünden gewiss gemacht habe. Die Gewissheit, welche alle Christen haben sollen, wird hier auf eine ausserordentliche Offenbarung zurückgeführt. Der Lehre von dem mittlerischen Thun der Kirche und des Einzelnen gegenüber, welche die unmittelbare Gewissheit des Heils unmöglich macht, erscheint denn doch immer wieder die Mystik als ein Versuch von Selbsthilfe, um jenes unvertilgliche Verlangen des Herzens zu befriedigen. Von der leiblichen Schwester jener Agnes, von Benedicta von Egersheim, die mit ihren drei Kindern in den Orden trat, wird erwähnt, dass sie im Zustand der Ekstase die überwesentliche Dreieinigkeit der lichten Gottheit geschaut habe. Eine von den ersten Schwestern war auch Agnes von Ochsenstein, die, als sie im Zweifel war, ob die Propheten ihre mystischen Bilder vom Geiste Gottes oder aus ihrer eigenen Natur geschöpft hätten, in den Zustand der Ekstase versetzt, plötzlich wie mit einem Blicke im Lichte der Ewigkeit alle Mysterien der heiligen Schriften erkannt und die dunkelsten Ausdrücke verstanden haben will. So habe sie auch erkannt, was von dem unfassbaren Wesen der Gottheit und von der Menschwerdung des Sohnes gesagt ist. Wir sehen aus diesen einzelnen Zügen, wie in dieser Richtung denn doch nicht alles auf eine blosse Gefühlsseligkeit hinausläuft, wie vielmehr in dem mystischen Frauenleben jener Zeiten ein Verlangen nach Gewissheit des Heils und nach tieferer Erkenntnis wirksam ist.

Wir können aus diesen Mittheilungen schliessen, wie weit verbreitet unter den Frauen Oberdeutschlands im 13. Jahrhundert der Zug zur Mystik war. Denn was wir hier erfahren ist selbstverständlich nur ein Theil der hieher gehörigen Fälle, da sehr vieles entweder nicht aufgezeichnet worden oder nicht erhalten ist. Es sind meist Frauen, bei welchen die Mystik in Verbindung mit visionären Zuständen auftritt. Es erklärt sich dies aus der Natur des Weibes. Das Blut- und Nervenleben, insbesondere das der Ganglienerven ist bei den Frauen in weit höherem Masse vorherrschend als beim Manne. In den Aufzeichnungen der jüngeren Mechthild, der Nonne Gertrud und der späteren Margaretha Ebner tritt es an verschiedenen Orten deutlich hervor, wie oft die ekstatischen Zustände mit der monatlichen Reinigung im Zusammenhang standen. Bei dem Blutandrang gegen die Organe, in welche die Ganglienerven vorzugsweise auslaufen, tritt leicht ein Zurückdrängen der Nervenkraft ein, so dass die Glieder der Betäubung verfallen und jene Kraft, nach dem Herzen zurückgedrängt, die Lichtkraft des inneren Sinnes verstärkt, die ohnedies in jener kritischen Periode der weiblichen Natur mit dem ganzen Organismus stärker erregt ist.

Auch Kinder werden von dem Geiste der neuen Mystik ergriffen. Jene Erregtheit unter den Kindern im Anfang des Jahrhunderts, welche zu der traurigen Verirrung des Kinderkreuzzugs führte, war von mehr flüchtiger und oberflächlicher Natur. Dagegen haben wir einen den bisher besprochenen Erscheinungen verwandten Fall bei Luitgard, der nachmaligen Stifterin des Klosters Wittichen auf dem Schwarzwald.[1] Sie ist im Jahre 1291 geboren. Noch nicht sechs Jahre alt verwendet sie ganze Stunden der Nacht auf das Gebet. In diesem Alter, so erzählt sie, war sie einst in den Wald hinausgegangen. Da betete sie: Lieber Herre Gott, soll ich je ein gut Mensch werden, so heiss die Vögelein zu mir fliegen. Da kamen die Vögelein, heisst es, und flogen ihr in die Händlein. Sie hat als Kind Verzückungen, liegt in solchen Zuständen wochenlang ohne zu essen und zu trinken, und bekennt nachher, dass sie Gott geschaut habe. So natürlich auch jener Vorgang mit einigen weniger scheuen Vögeln gewesen sein mag: die Weise wie sie ihn sucht und auffasst und die andern Zustände, die sie erwähnt — und dass hier keine absichtlichen Täuschungen vorliegen, verbürgt die Art der ganzen Schrift — beweisen, wie sehr man im Volke mit solchen Zuständen sich beschäftigte und der Sinn darauf gerichtet war. Denn nur so ist es erklärlich, dass auch Kinder davon ergriffen werden konnten.

Aber auch unter den Männern, namentlich des Dominikanerordens, finden sich ekstatische und visionäre Zustände in ziemlicher Zahl in dieser Zeit, wie die Schriften des Chantimpré, des Gerhard von Fraghete[2] und des Johann Meyer von Basel[3] dies bekunden. Bei der

---

1) Ihr Leben, kurz nach ihrem Tode († 1348) von Bertholt v. Bombach geschrieben, herausgegeb. v. Fr. Mone in F. J. Mone's Quellensammlung zur badischen Landesgeschichte Bd. III.

2) In Mone's Quellensammlung etc. Bd. IV.

3) Johann Meyer von Zürich, Dominikaner in Basel, Beichtvater der Nonnen in Adelhausen, um die Reformation der Klöster bemüht, † 1485. Von ihm noch, ausser den Auszügen aus dem Buch der Anna v. Münsingen, in der angeführten Handschrift der ehemal. Strassburger Stadtbibliothek G. 180: *Liber de viribus illustribus ordinis fratrum praedicatorum*, ein Auszug der älteren Werke dieses Inhalts mit Ergänzungen aus dem Leben deutscher Dominikaner, theilweise herausgegeben nach einer Baseler Handschrift von Mone, Quellensammlung Bd. IV; dann noch eine Ordenschronik.

Leichtgläubigkeit der Erzähler darf mit Sicherheit angenommen werden, dass ein grosser Theil dieser Geschichten, wenn die Möglichkeit einer genaueren Prüfung noch gegeben wäre, sich in nichts auflösen würde. Aber vieles trägt auch, wenn wir es mit andern nicht zu bestreitenden Thatsachen zusammenhalten, ganz den Charakter der Wahrscheinlichkeit an sich, wenn wir nur dabei zwischen Thatsache und Auffassung derselben unterscheiden wollen. Um unsere Ueberschau nach dieser Seite hin zu vervollständigen, sei hier nur zweier Dominikanerpriorcn zu Strassburg aus der ersten Hälfte des 13. Jahrhunderts Erwähnung gethan. Von Bruder Walter wird erzählt, dass er an seinem Leibe die fünf Wunden Jesu gefühlt und an den betreffenden Orten unsägliche Schmerzen gehabt habe. Auch er war Visionär und scheint durch die Fähigkeit, seine Nervenkraft auf andere überzuleiten, verschiedene Heilungen bewirkt zu haben. Das alles wurde nun freilich von ihm selbst wie von andern als Wunder betrachtet. Von dem Prior Voland berichtet Chantimpré, er habe sich fort und fort mit dem Daumen das Kreuzeszeichen auf die Brust gezeichnet. Als er gestorben war und man seine Leiche wusch, da fand man das Brustbein, in das die Rippen einlenken, mit einem Kreuze bezeichnet. Dieses Kreuz wird uns von Chantimpré, der, als er die Kunde vernommen, natürlich eilends herbeigereist war, nun ebenso genau beschrieben wie das Gesicht des Erlösers auf jener Hostie zu Douai. Wir streifen auch hier das Wunderbare ab und haben ein Beispiel unter vielen von dem Einfluss der Imagination auf den leiblichen Bildungstrieb.

ZWEITES BUCH.

Mystische Lehre vor Meister Eckhart.

Wesen der speculativen Mystik im allgemeinen und der deutschen insbesondere.

Die Philosophie will das Wesen der Dinge und ihr Verhältniss zum letzten Grunde im Lichte der Vernunftideen und mittelst der Gesetze des Verstandes begreifen, die speculative Mystik hält diese Mittel für ungenügend. Sie will den Grund aller Dinge, die Gottheit, durch unmittelbare Berührung gewinnen, und glaubt erst dann das Wesen aller Dinge verstehen und annähernd in die Sprache des Denkens fassen zu können. Sie trägt darum von vorneherein einen religiösen und recht eigentlich theurgischen Charakter.

Von der scholastischen Theologie des Mittelalters unterscheidet sich die mystische Theologie nach Inhalt und Form. Die scholastische Theologie ist philosophische Dogmatik. Sie nimmt die einzelnen Kirchenlehren, wie sie sind, um sie mit Hilfe der aristotelischen Logik zu analysiren und vor der Vernunft zu rechtfertigen. Sie hat keinen Mangel an philosophischen Principien, aber es fehlt ihr ein theologisches Princip und damit der theologische Charakter und die wissenschaftliche Einheit. Die mystische Theologie will das Wesen aller Wesen zunächst erleben, mit ihm unmittelbar eins werden und die innere Erfahrung wird Grund und Richtmass für ihre Aussagen. Soferne sie sich über die überlieferte kirchliche Lehre verbreitet, wird diese zersetzt und aufgelöst, damit sie auf Grund des inneren Erlebnisses in neuer Weise zur Aussage komme. Was von Werth und Bedeutung für die Theologie sei, das wird bemessen nach der Beziehung, in welcher es zu dem inneren Erlebnisse steht und wird in Formen darzustellen versucht, welche der Natur jenes Erlebnisses entsprechen. Denn da sie das Göttliche nicht mittelst der durch die Philosophie ermittelten Vernunftideen und der Verstandesgesetze erreichen zu können glaubt, so sind ihr dieselben auch ungenügend für die Darstellung. Während so die Scholastik die Dienerin des Gewordenen, des Traditionellen ist und mit fertigen Mitteln arbeitet, tritt die mystische Theologie in den allgemeinen Entwickelungsprocess des menschlichen Geisteslebens schöpferisch mit ein und zeigt sich dabei, wie wir sehen werden, als ein in hohem Masse förderndes Element.

Die mystische Theologie geht auf einem gefahrvollen Wege und ihr bedeutendster Vertreter, Meister Eckhart, ist sich dessen wohl bewusst. Er bezeichnet die mystische Erkenntnis als „den hohen Weg", und er bekennt, dass nichts „ängstlicher und sorglicher" sei, als diesen Weg zu wandeln; „aber", so fügt er hinzu „es ist auch nichts nützlicher, so lange der Mensch von Gott geleitet wird in der Wahrheit."[1] Darauf allerdings kam es an, dass diese Theologie auf ihrem Wege der Führung des christlichen Gemeingefühls sich überliess, den christlichen Tact sich wahrte, da sie die Schranken und Normen, welche die Aeusserlichkeit des Schriftworts und die natürlichen Erkenntnissmittel stellten, übersprang. Sie strebt nach der Empfindung des Unendlichen, und das Unendliche, in das sie den Geist sich versenken heisst, wird diesem leicht das Uebermächtige, vor dem er den inneren Halt verliert. Er wird geneigt, alles Seiende als ein Nichts, Gott als Alles anzuschauen und steht in Gefahr dem Pantheismus zu erliegen, sowie die Regungen der menschlichen Natur mit den Antrieben und Kundgebungen des göttlichen Geistes zu verwechseln. So bildete sich denn auch eine häretische Mystik im Mittelalter aus, welche an die älteren Lehren bei Dionysius und Erigena sich anlehnend den kirchlichen, ja den christlichen Boden völlig unter den Füssen verlor. Nicht zwar aus ihr entsprungen aber vielfach durch sie bestimmt entwickelt sich die mehr kirchliche Mystik. Wir werden daher von den älteren Systemen aus zuerst die häretische, dann die mehr kirchliche mystische Lehre darstellen, um sodann ausschliesslich der mystischen Theologie in Deutschland uns zuzuwenden.

Wenn wir die letztere gesondert behandeln, so wird damit doch keineswegs eine Particulargeschichte der mystischen Theologie gegeben sein. Denn seit sie nach Deutschland verpflanzt ist, gewinnt sie hier ihre eigentliche Fortentwicklung und Blüthe; die Geschichte der mystischen Lehre in Deutschland ist in den letzten Jahrhunderten des Mittelalters die Geschichte der mystischen Lehre überhaupt.

Wir sagten, dass die mystische Theologie in Deutschland eine neue

---

1) S. m. Ausgabe von Eckhart's Tractat von zweierlei Wegen in Niedner's Zeitschrift f. hist. Theol. 1864. II. Heft. S. 170.

Stufe der Entwicklung erreicht habe. Sie theilt zwar die gleichen Grundanschauungen mit Dionysius, aber diese werden richtiger bestimmt, allseitiger entwickelt und über den Pantheismus des Dionysius hinausgeführt. Und wenn durch Erigena die Mystik des Dionysius in scholastischer Weise entfaltet wurde, und ihr darüber die religiöse Wärme und schöpferische Kraft ausging, so gewinnt sie bei den Deutschen nicht nur ihren religiösen und theurgischen Charakter wieder, sondern auch in den höchsten Fragen neue und tiefere Erkenntnisse der Wahrheit. Im Unterschiede aber von den Scholastikern, welche wie die Victoriner und Bonaventura auf das Gebiet der mystischen Theologie übertraten, ohne ihre scholastische Art verläugnen zu können, sehen wir hier die mystische Theologie von fremdartigen Elementen mehr und mehr befreit und aus ihren eigenen inneren Antrieben heraus entfaltet. Die Anregung neuer, namentlich psychologischer Fragen, die jene Verbindung mit der Scholastik gegeben, kommt ihr jetzt zu gute, da sie nun, nicht wie ein Zweig am andersgearteten Baume, sondern von jenem losgelöst und in entsprechenden Boden gepflanzt, selbstständig zum früchtereichen Baume emporwächst. Und diese Früchte reifen auch dem Volke. Denn die mystische Theologie in Deutschland bricht wie den Bann der scholastischen Formen so auch den der lateinischen Sprache. Wie die praktische Mystik, seit sie auf deutschem Boden ersteht, nicht als Ausnahmeerscheinung gelten will, sondern als das von allen zu erstrebende vollkommene Leben, so muthet auch jetzt die mystische Theologie ihre Wege der Erkenntniss den weitesten Kreisen des Volkes zu, und sie thut dies, obwohl sie ihr Ziel sich noch höher stellt als die alte Mystik. Die deutsche Mystik popularisirt ihr Thema, sie redet deutsch und findet bei der sinnigen Richtung des deutschen Gemüths auch im Laienstande weithin Verständniss und Pflege. So sehr aber sagt diese mystische Theologie dem deutschen Gemüth zu, dass sie die eigentlich deutsche Theologie wird, denn eine eigene hatte Deutschland vorher nicht und hat auch bis zur Reformation keine andere gewonnen. Mit vollem Rechte kann man daher den Titel jener kleinen, später von Luther herausgegebenen Schrift, in welcher die Hauptlehren der mystischen Theologie zusammengefasst sind, als Ueberschrift für diese Theologie überhaupt nehmen und sie als die „deutsche Theologie" bezeichnen.

I.
Aeltere Systeme.

1. Plotinus.

Die mystische Lehre des Mittelalters nimmt ihren Ausgangspunkt vornehmlich von den Schriften, welche dem Namen des Areopagiten Dionysius untergeschoben und wahrscheinlich gegen Ende des 4. Jahrhunderts entstanden sind.[1] Des Pseudodionysius Speculation ist ein Versuch, das Christenthum unter die Gesichtspunkte des Neuplatonismus zu stellen, es mit dessen Hilfe als die wahre Philosophie zu erweisen. Der bedeutendste Vertreter des Neuplatonismus ist Plotin [† 270]. Wir stellen daher, ehe wir auf den Inhalt der areopagitischen Schriften eingehen, die wesentlichen Lehrsätze des Plotin voraus.

Nach Plotin ist das unterschiedslose Eine der Grund und die Quelle alles Scienden. Es ist die Potenz alles Seienden, die, indem sie das Seiende setzt, doch bei sich selbst bleibt und sich nicht vermindert oder erschöpft und in den Dingen aufgeht.[2] Es ist als unterschiedslose Einheit nicht Bewusstsein, sondern steht noch über demselben. Aus ihm entsteht durch Ausstrahlung sein Bild, der Nus,[3] der indem er aus

---

1) Hipler, Franz, Dionysius der Areopagite. Untersuchungen über die Aechtheit und Glaubwürdigkeit der unter diesem Namen vorhandenen Schriften. Regensb. 1861 und Ed. Böhmer, Dionysius Areopagites. Damaris, Zeitschr. v. L. Giesebrecht u. Ed. Böhmer. 1864. S. 99 ff.

2) *Plotini opera ed. Kirchhoff. Lips. 1856. Enneadis IX,* 5 (Baseler Ausgabe 1580 p. 763): καὶ αὐτοῦ ἡ φύσις τοιαύτη, ὡς πηγὴν τῶν ἀρίστων εἶναι καὶ δύναμιν γεννῶσαν τὰ ὄντα μένουσαν ἐν ἑαυτῇ καὶ οὐκ ἐλαττουμένην οὐδ' ἐν τοῖς γινομένοις ὑπ' αὐτῆς οὖσαν, ὅτι καὶ πρὸ τούτων etc.

3) *Enn. X,* 7 (Bas. A. p. 488): εἰκόνα δὲ ἐκείνου εἶναι λέγομεν τὸν νοῦν· δεῖ γὰρ σαφέστερον λέγειν· πρῶτον μέν, ὅτι δεῖ πως εἶναι ἐκεῖνο τὸ γεννώμενον καὶ ἀποσώζειν πολλὰ αὐτοῦ καὶ εἶναι ὁμοιότητα πρὸς αὐτό, ὥσπερ καὶ τὸ φῶς τοῦ ἡλίου.

dem Urbild heraus und ihm gegenübertritt, ein Seiendes, und indem er durch fortgehende Einstrahlung des an sich gestaltlosen Einen sich selbst gegenständlich und fassbar wird,[1] ein Sehendes, sich selbst Bewusstes wird. Der Nus ist der Inbegriff aller Ideen der Einzeldinge. Er ist Einheit und Vielheit zugleich. Die Vielheit ist die intelligible Welt der Ideen oder Kräfte, zu welcher sich die Erscheinungswelt verhält wie zu dem wirklichen Sein das Schattenbild oder der Schein. Unter den Ideen des Nus ist die höchste die ihm ähnlichste und das ist die Idee der Seele. Sie verwirklicht sich mit derselben Nothwendigkeit, d. h. sie ist ein ebenso natürlicher Ausfluss der Kraft des Nus, wie der Nus ein solcher der höchsten Einheit ist.[2] Sie ist wie der Nus Einheit und Vielheit zugleich: Weltseele und Einzelseele. Aus der Seele entsteht durch weitere Entäusserung der Kraft die Körperwelt, welcher die Seele innewohnt. Die Materie, aus der diese durch die Seele gebildet ist, ist an sich ein Schatten des wahren Seins, das im höchsten Denken, im Nus sich verwirklicht. Sie ist an sich nichts bestimmtes, das Leere, ein Nichts, und erst durch das Eingehen der Seele in dieselbe entsteht die Körperlichkeit. Die Seele, statt im Nus zu bleiben, ist in die Sinnlichkeit herabgesunken, hat sich in die Materie verfangen. So ist die Materie die Quelle des Bösen in der Welt geworden. Das Ziel des Menschen ist, durch Negation alles Sinnlichen und selbst alles eigenen Denkens zu dem ihrem Wesen zu Grunde liegenden Einen selbst zurückzukehren. Dies geschieht in diesem Leben in der Ekstase. In ihr ist die Seele eins mit dem ewigen unbeweglichen Einen, selbst

---

[1] *Enn. XI, 1 ed. Kirchh., p. 494* der Basl. Ausg.: ὃν γὰρ τέλειον τῷ μηδὲν ζητεῖν μηδὲ ἔχειν μηδὲ δεῖσθαι οἷον ὑπερερρύη καὶ τὸ ὑπερπλῆρες αὐτοῦ πεποίηκεν ἄλλο· τὸ δὲ γενόμενον εἰς αὐτὸ ἐπεστράφη καὶ ἐπληρώθη καὶ ἐγένετο πρὸς αὐτὸ βλέπον καὶ νοῦς οὕτως. καὶ ἡ μὲν πρὸς ἐκεῖνο στάσις αὐτοῦ τὸ ὂν ἐποίησεν, ἡ δὲ πρὸς αὐτὸ θέα τὸν νοῦν· ἐπεὶ οὖν ἔστη πρὸς αὐτό, ἵνα ἴδῃ, ὁμοῦ νοῦς γίνεται καὶ ὄν. Zeller hält die ältere Lesart πρὸς αὐτῷ gegen die obige πρὸς αὐτό bei Kirchhoff fest, allein sie ist sicher falsch, da ja für das zuerst Ausgeflossene das Eine, das an sich gestaltlos ist, auch unsichtbar ist, und erst im Ausgeflossenen, wo es Sein gewinnt, gesehen werden kann. cf. X, 7: ὁρᾷ δὲ αὐτὸ ἐκεῖθεν οἷον μεριστῷ ἐξ ἀμερίστου καὶ τὸ ζῆν καὶ τὸ νοεῖν καὶ πάντα, ὅτι ἐκεῖνο μηδὲν τῶν πάντων· ταύτῃ γὰρ πάντα ἐξ ἐκείνου, ὅτι μή τινι μορφῇ κατείχετο ἐκεῖνο· μόνον γὰρ ἓν ἐκεῖνο. Somit entsteht nach Plotin das Bewusstsein, der νοῦς, dadurch, dass das Eine sein Bild erzeugt, das sich durch die fortgehende Ausstrahlung mit sich selbst füllt, sich selbst zum Object gewinnt und so sehend wird.

[2] *Enn. X, 7*: ψυχὴν γὰρ γεννᾷ νοῦς νοῦς ὢν τέλειος· καὶ γὰρ τέλειον ὄντα γεννᾶν ἔδει καὶ μὴ δύναμιν οὖσαν τοσαύτην ἄγονον εἶναι.

nun unbewegt.¹ Wir sehen, die Welt ist hier die in das Sein herausgetretene und zur Vielheit gewordene höchste Einheit. Das Eine, die Gottheit hat sich in stufenweisem Herabsteigen durch eine Reihe von Ekstasen oder Ausströmungen, die mit jeder Stufe schwächer werden, in das Sein umgesetzt. Der Nus ist nicht das Höchste, sondern darüber steht die auch über das sich selbst Denken als über eine Zweiheit hinausliegende Einheit. Wohl gehen freie Wesen aus diesen Evolutionen der höchsten Einheit hervor; aber ihr Ziel ist, aus dieser Freiheit sich wieder zurückzuversetzen in die ewige Einheit. So ist Gott das als Welt von sich ausgehende und wieder in sich zurückkehrende Eine.

2. Pseudodionysius.

Es ist begreiflich, dass die christliche Speculation sich von dem Neuplatonismus mächtiger als von Plato selbst angezogen fühlte. Denn die Kluft, welche bei Plato noch zwischen dem Weltbildner und der höchsten Idee liegt, die allem was ist Sein und Wahrnehmbarkeit verleiht, scheint hier ausgefüllt. Der Weltbildner ist mit der höchsten Idee identificirt, aber auf Kosten eines jeden dieser beiden Principien. Das Bewusstsein, mit dem der Weltbildner schafft, ist aufgehoben, und die Bestimmtheit der Idee des Guten nicht minder; aus ihnen ist eine über alles Denken hinausliegende Einheit geworden, die als unbestimmt und intentionsvoll zugleich gedacht wird und sich mit innerer Nothwendigkeit zum Weltall vervielfältigt.

Als eine Accomodation an den Neuplatonismus darf man nun des Dionysius Lehre nicht bezeichnen, wohl aber glaubte der unter dem angenommenen Namen auftretende Lehrer die christliche Lehre als die

---

1) *Enn. IX, 11:* τοῦτο δὴ ἐθέλον δηλοῦν τὸ τῶν μυστηρίων τῶνδε ἐπίταγμα τὸ μὴ ἐκφέρειν εἰς μὴ μεμυημένους — —. ἐπεὶ τοίνυν δύο οὐκ ἦν, ἀλλ' ἓν ἦν αὐτὸς ὁ ἰδὼν πρὸς τὸ ἑωραμένον, ὡς ἂν μὴ ἑωραμένον, ἀλλ' ἡνωμένον, ὃς ἐγένετο ὅτε ἐκείνῳ ἐμίγνυτο εἰ μεμνῷτο, ἔχοι ἂν παρ' ἑαυτῷ ἐκείνου εἰκόνα. ἦν δὲ ἓν καὶ αὐτὸς διαφορὰν ἐν ἑαυτῷ οὐδεμίαν πρὸς ἑαυτὸν ἔχων οὔτε κατὰ ἄλλα· οὐ γάρ τι ἐκινεῖτο παρ' αὐτῷ, οὐ θυμός, οὐκ ἐπιθυμία ἄλλου παρῆν αὐτῷ ἀναβεβηκότι, ἀλλ' οὐδὲ λόγος οὐδέ τις νόησις οὐδ' ὅλως αὐτός, εἰ δεῖ καὶ τοῦτο λέγειν· ἀλλ' ὥσπερ ἁρπασθεὶς ἢ ἐνθουσιάσας ἡσυχῇ ἐν ἐρήμῳ καὶ καταστάσει γεγένηται ἀτρεμεῖ τῇ αὐτοῦ οὐσίᾳ οὐδαμοῦ ἀποκλίνων οὐδὲ περὶ αὐτὸν στρεφόμενος ἑστὼς πάντῃ καὶ οἷον στάσις γενόμενος.

wahre Weltweisheit erweisen zu können, wenn er die Ideen des Neu-Platonismus hineinleitete und durch diese Fermentation die christliche Lehre zu einer christlichen Philosophie erweiterte. Ob er nun aber die Fragen gelöst, die der Neuplatonismus unbeantwortet hat stehen lassen müssen? Und ob er den Pantheismus der Neu-Plotoniker wirklich überwunden hat?

Das Eine wird bei Dionys zu der göttlichen Wesenheit; die Vernunft und ihr Hervorgang aus dem Einen gibt ihm die Handleitung, die Trinität und ihr Verhältniss zum Wesen zu bestimmen; der Sohn wird wie die Vernunft bei Plotin zum Inbegriff der Weltidee; die stufenweise Emanation der Kräfte vom Höheren zum Niederen wird auf eine himmlische Hierarchie von Engelkräften übertragen; die Sünde ist als das zur Herrschaft gekommene Nichtseiende gefasst; Christus ist es, der den Erlösungsprocess einleitet; und auf demselben Wege der Negation und der Ekstase soll die Einheit mit der über alle Vernunft hinausliegenden göttlichen Wesenheit, welche allem Sein als deren wahres Sein zu Grunde liegt, als das letzte Ziel erreicht werden.

Der Ausgangspunkt des Dionysius[1] ist wesentlich derselbe wie bei Plotin. Der Grund von allem ist die Monas oder Einheit, die weil sie alles das, was die Dinge sind, im eminenten Sinne ist und hinwieder weil sie mit allem dem, was die Dinge sind, nicht bezeichnet werden kann, in allerlei superlativen und negativen Formen bei ihm zur Aussage kommt.[2]

Das Sein in dieser höchsten Einheit genommen ist noch ohne allen Unterschied und vermag in keinen Begriff gefasst zu werden.[3] Aber

---

1) *Διονυσίου τοῦ Ἀρεοπαγίτου τὰ σωζόμενα πάντα*. Studio et opera B. Corderii, accurante et denuo recognoscente J._P. Migne. Lut. Paris. 1857. Tom. I § II. J._P. Migne, Patrologiae cursus completus. Series Graeca. Tom. III § IV.

2) De mystica theol. c. 1, 2: δέον ἐπ' αὐτῇ (αἰτίᾳ πάντων) καὶ πάσας τὰς τῶν ὄντων τιθέναι καὶ καταφάσκειν θέσεις, ὡς πάντων αἰτίᾳ, καὶ πάσας αὐτὰς κυριώτερον ἀποφάσκειν, ὡς ὑπὲρ πάντα ὑπερούσῃ, καὶ μὴ οἴεσθαι τὰς ἀποφάσεις ἀντικειμένας εἶναι ταῖς καταφάσεσιν, ἀλλὰ πολὺ πρότερον αὐτὴν ὑπὲρ τὰς στερήσεις εἶναι τὴν ὑπὲρ πᾶσαν καὶ ἀφαίρεσιν καὶ θέσιν.

3) De div. nominibus c. 13, 3: Διὸ καὶ μονὰς ὑμνουμένη καὶ τριὰς ἡ ὑπὲρ πάντα θεότης οὐκ ἔστιν οὐδὲ μονὰς οὐδὲ τριὰς ἡ πρὸς ἡμῶν ἢ ἄλλου τινὸς τῶν ὄντων διεγνωσμένη, ἀλλὰ ἵνα καὶ τὸ ὑπερηνωμένον καὶ θεογόνον ἀληθῶς ὑμνήσωμεν, τῇ τριαδικῇ καὶ ἑνιαίᾳ θεωνυμίᾳ τὴν ὑπερώνυμον ὀνομάζομεν τοῖς οὖσι τὴν ὑπερούσιον. Οὐδεμία δὲ μονὰς ἢ τριὰς οὐδὲ ἀριθμὸς οὐδὲ ἑνότης ἢ γονιμότης οὐδὲ ἄλλο τι τῶν ὄντων ἢ τινι τῶν ὄντων συνεγνωσμένων ἐξάγει

dennoch trägt es die Potenzen seiner selbst und aller Dinge in sich, welche, sofern sie noch in jenem Uebersein betrachtet werden, mit diesem selbst indentisch sind.[1] In dieser Hinsicht heissen die Principien aller Dinge die göttlichen Einungen.[2] Aber dieses noch unterschiedslose Eine strahlt sich, da es als Kraft zu denken ist, aus, ohne jedoch sich selbst im Ausfliessen auszugeben oder aufzuheben.[3] Diese Ausflüsse werden die göttlichen Verschiedenheiten genannt.[4]

Der erste aller Ausflüsse ist das Sein an sich[5], welches dem plotinischen $νοῦς$ entspricht. Dieses Sein an sich nennt er auch das Leben an sich, das absolute und ursprüngliche Sein,[6] die Weisheit an sich,[7] die erste der Theilnahmen ($μετοχή$, *participatio*).[8] Es ist kein von dem potentiellen Uebersein verschiedenes Sein, sondern dieses selbst,[9] nur die erste Zusammenfassung, Objectivirung, Spiegelung dessen was jenes potentiell in seinem Uebersein ist, in welcher Spiegelung es sich selbst erkennt (Vater), um dann in dem Erkannten (Sohn) als Geist auszugehen.[10]

τὴν ὑπὲρ πάντα ὑπερουσίως ὑπερούσης ὑπερθεότητος· οὐδὲ ὄνομα αὐτῆς ἐστιν, οὐδὲ λόγος, ἀλλ' ἐν ἀβάτοις ἐξῄρηται.

1) *l. c. 5,4*: Ὁ ὢν ὅλου τοῦ εἶναι κατὰ δύναμιν ὑπερούσιός ἐστι ὑποστάτις αἰτία. — Καὶ γὰρ ὁ θεὸς οὔ πώς ἐστιν ὤν, ἀλλ' ἁπλῶς καὶ ἀπεριορίστως ὅλον ἐν ἑαυτῷ τὸ εἶναι συνειληφώς καὶ προειληφώς.

2) *l. c. 2,4*: Καλοῦσι γὰρ οἱ τὰ ἱερὰ μεμνημένοι ἑνώσεις μὲν θείας τὰς περὶ τῆς οὐσίας ἀκαταλήπτου γνώσεις.

3) *De coel. hierarchia 1,2*: Καὶ γὰρ οὐδὲ αὐτὴ πώποτε τῆς οἰκείας ἑνικῆς ἐνδότητος ἀπολείπεται, πρὸς ἀναγωγικὴν δὲ καὶ ἑνοποιὸν τῶν προνοουμένων σύγκρασιν ἀγαθοπρεπῶς πληθυνομένη καὶ προιοῦσα, μένει τε ἔνδον ἑαυτῆς ἀραρότως ἐν ἀκινήτῳ ταυτότητι μονίμως πεπηγυῖα.

4) *l. c. 2,4*: διακρίσεις δὲ θείας τὰς ἐνυποστάτους (*per se subsistentes*) προσκυνητὰς ὑπάρξεις, τουτέστι τοῦ μὲν Υἱοῦ τὸν ἐκ Πατρὸς ἀνέκφραστον ἀπαυγασμὸν, τοῦ δὲ παναγίου Πνεύματος τὴν ἐκ Πατρὸς ἀνόητον ἐκπόρευσιν.

5) *l. c. 5,5*: Καὶ γὰρ τὸ προεῖναι καὶ ὑπερεῖναι προέχων καὶ ὑπερέχων τὸ εἶναι πᾶν, αὐτό φημι κατ' αὐτὸ τὸ εἶναι, προυπεστήσατο καὶ τῷ εἶναι αὐτῷ πᾶν τὸ ὁπωσοῦν ὄν ὑπεστήσατο.

6) *l. c. 11,6*: Τί δὲ ὅλως, φῄς, τὸ αὐτὸ εἶναι λέγομεν ἢ τὴν αὐτοζωὴν ἢ ὅσα ἀπολύτως καὶ ἀρχηγικῶς εἶναι καὶ ἐκ θεοῦ πρώτως ὑφηστεκέναι τιθέμεθα.

7) *ib.*
8) *l. c. 5,6*.
9) *l. c. 11,6*.
10) *l. c. 7,2*: Οὐ γὰρ ἐκ τῶν ὄντων τὰ ὄντα μανθάνων οἶδεν ὁ θεῖος νοῦς, ἀλλ' ἐξ αὐτοῦ καὶ ἐν αὐτῷ κατ' αἰτίαν τὴν πάντων εἴδησιν καὶ γνῶσιν καὶ οὐσίαν προέχει καὶ προσυνείληφεν. — Ἑαυτὴν οὖν ἡ θεία σοφία γινώ-

Diese für die spätere theosophische Speculation wichtigen Sätze von dem Sein an sich und dem Ternar erhalten von Dionysius keine weitere Ausführung. Sie sind mehr in dogmatischer Weise hingestellt als philosophisch deducirt, ja in der Fassung, welche wir ihnen gegeben haben, mehr nur das von uns ausgesprochene Resultat der in den Anmerkungen mitgetheilten Stellen.

Das Sein an sich oder die Weisheit oder der Sohn ist nun wohl der bei sich selbst bleibende, aber er fliesst zugleich auch immerdar aus in die wesenschaffenden Principien, welche gleichwohl nichts anderes sind als er selbst.[1] Diese Principien des Seienden subsistiren in dem Sein an sich, sind erst durch die Theilnahme am Sein an sich.[2] Aus dem Zusammenwirken dieser Principien gehen dann als weitere Ausflüsse die Dinge hervor.

So ist denn das Universum nichts anderes als die sich in einer Reihe von Abstufungen evolvirende Gottheit selbst. Er drückt sich darüber in einer Weise aus, dass über den Sinn kein Zweifel sein kann. „Jede Zahl, sagt er, ist geeint in der Monas, in dem Masse aber als sie aus der Monas herausgeht, scheidet sie sich und vervielfältigt sie sich.[3] Und wieder: „Jenes Eine vermannigfacht sich dadurch, dass es die vielen Seienden aus sich herausführt."[4]

Der Pantheismus des Dionysius zeigt sich consequent auch in der Läugnung der Freiheit Gottes bei der Entstehung der Dinge, in seiner Lehre von dem Wesen der Dinge und vom Wesen des Bösen.

Die Welt ist ihren Principien wie ihrer Wirklichkeit nach ein nothwendiger Process aus dem göttlichen Wesen. Er spricht dies deutlich aus, wenn er die Theilnahmen d. i. nach Dionysius' Redeweise zu-

σκουσα γνώσεται πάντα, ἀυλῶς τὰ ὑλικά, καὶ ἀμερίστως τὰ μεριστά, καὶ τὰ πολλὰ ἑνιαίως, αὐτῷ τῷ ἑνὶ τὰ πάντα γινώσκουσα καὶ παράγουσα. cf. die oben angeführte Stelle *l. c.* 2, 4: *διακρίσεις δὲ* etc.

1) *l. c. 11, 6*: ἀλλ' αὐτοεῖναι καὶ αὐτοζωὴν καὶ αὐτοθεότητά φαμεν ἀρχικῶς μὲν οὖν θεικῶς καὶ αἰτιατικῶς τὴν μίαν πάντων ὑπάρχιον καὶ ὑπερούσιον ἀρχὴν καὶ αἰτίαν· μεθεκτῶς δὲ τὰς ἐκδιδομένας ἐκ θεοῦ ἀμεθέκτου προνοητικὰς δυνάμεις, τὴν αὐτοουσίωσιν etc.

2) *l. c. 5, 5*: Καὶ γοῦν αἱ ἀρχαὶ τῶν ὄντων πᾶσαι τοῦ εἶναι μετέχουσαι καὶ εἰσι καὶ ἀρχαί εἰσι, καὶ πρῶτόν εἰσι, ἔπειτα ἀρχαί εἰσι.

3) *l. c. 5, 6*.

4) *l. c. 2, 11*: οἷον ἐπειδὴ ὤν ἐστιν ὁ θεὸς ὑπερουσίως, δωρεῖται δὲ τὸ εἶναι τοῖς οὖσι καὶ παράγει τὰς ὅλας οὐσίας, πολλαπλασιάζεσθαι λέγεται τὸ ἓν ὂν ἐκεῖνο τῇ ἐξ αὐτοῦ παραγωγῇ τῶν πολλῶν ὄντων, μένοντος δὲ οὐδὲν ἧττον ἐκείνου καὶ ἑνὸς ἐν τῷ πληθυσμῷ καὶ ἡνωμένου κατὰ τὴν πρόοδον, καὶ πλήρους ἐν τῇ διακρίσει.

gleich die Schöpfungen oder Ausflüsse mit derselben Naturnothwendigkeit aus der Gottheit hervorgehen lässt, wie die Strahlen aus der Sonne hervorgehen.[1]

Allerdings verwendet Dionysius die Begriffe des Willens und der Schöpfung in seinen Darstellungen, allein der Wille ist hier nicht freier Wille, sondern Naturnothwendigkeit, Trieb. Der potentielle Trieb der Monas manifestirt sich in der Weisheit zugleich als Einheit und Vielheit im Sohne. Die Vielheit im Sohne sind die Ideen der Welt, die Vorbilder, die in Gott einig vorausbestehenden, wesenschaffenden Verhältnisse des Seienden, die Vorbestimmungen, die göttlichen guten Wollungen.[2] Nur so viel bleibt bei den Ausführungen des Dionysius übrig, dass die Welt nicht ohne das begleitende Mitwissen des Ternars in's Dasein tritt. Denn sind die Vorbilder Willensbestimmtheiten, und subsistiren dieselben in und mit dem Sohne, der Weisheit, und lässt die göttliche Monas diese göttlichen Verschiedenheiten ohne Vorsatz und Absicht ausfliessen, gleichwie die Sonne nicht mit Vorsatz und Absicht, sondern durch ihr Dasein alles erleuchtet, so folgt, dass die wesenschaffenden Vorausbestimmungen nichts anderes sind, als der triebmässig sich evolvirende potentielle Grund des Seins oder der Monas.

Ist nun aber die Welt die vervielfältigte Gottheit, so ist die Creatur nichts an sich, und alles was ist, ist Gott.[3] Darum setzt bei Dionysius auch der Begriff der Theilnahme am Sein der Gottheit nicht ein Sein

---

1) *l. c. 4, 1:* Καὶ γὰρ ὥσπερ ὁ καθ' ἡμᾶς ἥλιος οὐ λογιζόμενος ἢ προαιρούμενος ἀλλ' αὐτῷ τῷ εἶναι φωτίζει πάντα τὰ μετέχειν τοῦ φωτὸς αὐτοῦ κατὰ τὸν οἰκεῖον δυνάμενα λόγον· οὕτω δὴ καὶ τἀγαθὸν — — ἀναλόγως ἐφίησι τὰς τῆς ὅλης ἀγαθότητος ἀκτῖνας. Διὰ τοῦτο ὑπέστησαν αἱ νοηταὶ καὶ νοεραὶ πᾶσαι καὶ οὐσίαι καὶ δυνάμεις καὶ ἐνέργειαι, διὰ ταύτας εἰσὶ καὶ ζωὴν ἔχουσι τὴν ἀνέκλειπτον καὶ ἀμείωτον etc.

2) *l. c. 5, 8:* Παραδείγματα δέ φαμεν εἶναι τοὺς ἐν θεῷ τῶν ὄντων οὐσιοποιοὺς καὶ ἐνιαίως προϋφεστῶτας λόγους, οὓς ἡ θεολογία προορισμοὺς καλεῖ, καὶ θεῖα καὶ ἀγαθὰ θελήματα, τῶν ὄντων ἀφοριστικὰ καὶ ποιητικά, καθ' οὓς ὁ ὑπερούσιος τὰ ὄντα πάντα καὶ προώρισε καὶ παρήγαγεν.

3) *l. c. 8, 5:* Τὸ γὰρ καθόλου μηδεμίαν δύναμιν ἔχον οὔτε ἐστίν οὔτε τί ἐστιν οὔτε τίς ἐστιν αὐτοῦ παντελῶς θέσις. 8, 3: Αὕτη δ' οὖν ἡ ἀπειροδύναμος τοῦ θεοῦ διαδίδοσις εἰς πάντα τὰ ὄντα χωρεῖ καὶ οὐδέν ἐστι τῶν ὄντων ὃ παντελῶς ἀφήρηται τὸ ἔχειν τινὰ δύναμιν.

De coel. hierarchia 4, 1: τὸ γὰρ εἶναι πάντων ἐστὶν ἡ ὑπὲρ τὸ εἶναι θεότης.

De div. nom. 5, 4: Ἐκ τοῦ ὄντος αἰὼν καὶ οὐσία καὶ ὂν καὶ χρόνος καὶ γένεσις καὶ γινόμενον, τὰ ἐν τοῖς οὖσιν ὄντα καὶ τὰ ὁπωσοῦν ὑπάρχοντα καὶ ὑφεστῶτα. — — ἀλλ' αὐτός ἐστι τὸ εἶναι τοῖς οὖσι· καὶ οὐ τὰ ὄντα μόνον, ἀλλὰ καὶ αὐτὸ τὸ εἶναι τῶν ὄντων ἐκ τοῦ προαιωνίως ὄντος.

voraus, was nicht Gott wäre, sondern nur eine weitere Evolution der Gottheit, welche dadurch, dass sie an der vorhergehenden Theil nimmt, als Seiendes fortbesteht.

Dieser Pantheismus bestimmt dann auch des Dionysius Theorie über das Böse. Denn ist alles Sein nur die Evolution der Gottheit, so sind Sein und Gutsein identische Begriffe,[1] und das Böse kann daher kein Sein haben. Es ist ein Mangel des Guten.[2] Das, was wir böse nennen, ist nur ein verfehltes Streben oder vielmehr ein Verfehlen des eigentlichen Strebens. Denn alles Streben ist ein Ringen nach einem Sein, das Sein aber ist das Gute. Dieses Verfehlen kommt aus der Schwäche.[3] Aber woher ist die Schwäche? Da sie kein absolutes Nichts, sondern nur eine nicht zureichende Stärke ist, also doch ein Sein, so bleibt nichts übrig, als sie auf Gott zurückzuführen, und so sagt denn auch Dionysius deutlich genug, dass das Gute auch des Bösen Ursprung und Ziel sei, dass es um des Guten, nicht um seiner selbst willen geworden sei.[4]

Ist aber die Gottheit Ursache des Bösen, so ist es nur eine missglückte Accomodation an das Christenthum, wenn er das Böse für strafbar um des willen erklärt, weil dem Menschen das Können dargeboten werde und dieses in seiner Gewalt stehe.[5] Denn das dargebotene Können nicht gebrauchen wollen ist eben auch Schwäche, und solcher Schwächezustand einzelner Geschöpfe gehört eben auch zur Harmonie des Ganzen, da ja das Böse um des Guten willen geworden ist. Von diesem Gesichtspunkt aus bleibt denn auch seine Behauptung, dass wir kein der Nothwendigkeit unterworfenes Leben hätten, nur eine Behauptung, welche mit obiger Theorie im Widerspruch steht.

Man versteht Dionysius und die auf ihm fussenden Mystiker nicht

---

1) *De div. nom.* 4, 20: μᾶλλον δέ, ἵνα συλλαβὼν εἴπω, τὰ ὄντα πάντα, καθ᾽ ὅσον ἔστι, καὶ ἀγαθά ἐστι καὶ ἐκ τἀγαθοῦ, καθόσον δὲ ἐστέρηται τοῦ ἀγαθοῦ, οὔτε ἀγαθὰ οὔτε ὄντα ἐστίν.

2) *l. c.* 4, 30: Λείπεται ἄρα τὸ κακὸν ἀσθένεια καὶ ἔλλειψις τοῦ ἀγαθοῦ εἶναι.

3) *l. c.* 4, 23: κακοὶ δὲ εἶναι λέγονται (δαίμονες) διὰ τὸ ἀσθενεῖν περὶ τὴν κατὰ φύσιν ἐνέργειαν.

4) *l. c.* 4, 31: Πάντων καὶ τῶν κακῶν ἀρχὴ καὶ τέλος ἔσται τὸ ἀγαθόν· τοῦ γὰρ ἀγαθοῦ ἕνεκα πάντα καὶ ὅσα ἀγαθὰ καὶ ὅσα ἐναντία· καὶ γὰρ καὶ ταῦτα πράττομεν τὸ ἀγαθὸν ποθοῦντες· (οὐδεὶς γὰρ εἰς τὸ κακὸν ἀποβλέπων ποιεῖ ἃ ποιεῖ) διὸ οὔτε ὑπόστασιν ἔχει τὸ κακὸν, ἀλλὰ παρυπόστασιν, τοῦ ἀγαθοῦ ἕνεκα καὶ οὐχ ἑαυτοῦ γινόμενον.

5) *l. c.* 4, 35.

richtig, wenn man ihn lehren lässt, das Ziel alles Strebens des Scienden sei die Theilhabung an der Urmonas in dem Sinne, dass alles Bestehende wieder in die unterschiedlose Urmonas aufgelöst werde. Alle Ausflüsse sollen vielmehr fortbestehen und die Vermannigfachung aus dem Einen nie rückgängig werden. Die höchste Einheit gibt allem die Kraft und das Streben, einerseits an der Einheit nach seiner Weise Theil zu haben, anderseits aber in seiner Besonderheit zu beharren. Erst durch dieses doppelte Streben wird die volle Harmonie, die volle Schönheit und der Weltfriede erzeugt.[1] Das der menschlichen Seele eigene Streben oder ihre Bewegung ist aber eine dreifache: die kreisförmige, die schräge und die directe. Die kreisförmige ist die von den äusseren Dingen sich in's Innere zurückwendende Bewegung, da die Seele aus der Zerstreuung ihrer Kräfte sich sammelt und einförmig wird, um so als geeinte Kraft in das Gute und Beste geführt zu werden, das über allem Scienden ist. Unter der schrägen Bewegung versteht er die durch Vernunftschlüsse vermittelte Erkenntniss oder das discursive Erkennen, unter der directen Bewegung das durch die Aussendinge als Symbole und Gleichnisse des höheren Lebens vermittelte Aufsteigen zu höheren Anschauungen.[2]

Jene kreisförmige Bewegung ist allerdings die höchste; aber Dionysius sagt nicht, dass die andern Bewegungen untergehen sollen: er weist ihnen wohl eine untergeordnete aber bleibende Stelle an[3], und

---

1) *l. c. 4, 8*: Τοῦτο τὸ ἓν ἀγαθὸν καὶ καλὸν ἑνικῶς ἐστι πάντων τῶν πολλῶν καλῶν καὶ ἀγαθῶν αἴτιον. Ἐκ τούτου πᾶσαι τῶν ὄντων οὐσιώδεις ὑπάρξεις, αἱ ἑνώσεις, αἱ διακρίσεις, αἱ ταυτότητες, αἱ ἑτερότητες, αἱ ὁμοιότητες, αἱ ἀνομοιότητες, αἱ κοινωνίαι τῶν ἐναντίων, αἱ ἀσυμμιξίαι τῶν ἡνωμένων, αἱ πρόνοιαι τῶν ὑπερτέρων, αἱ ἀλληλουχίαι τῶν ὁμοστοίχων, αἱ ἐπιστροφαὶ τῶν καταδεεστέρων, *αἱ πάντων ἑαυτῶν φρουρητικαὶ καὶ ἀμετακίνητοι μοναὶ καὶ ἱδρύσεις*. Da Dionysius aller Wahrscheinlichkeit nach dem Vater der deutschen speculativen Mystik, dem Meister Eckhart, in der Vermittlung durch Erigena bekannt war und auf seine Anschauungen Einfluss übte, so will ich eine Stelle *De div. nom. 2, 11* auch nach der Uebersetzung des Erigena hier beifügen, die dem griechischen Texte des Corderius zufolge hier nicht beigezogen werden könnte, nach der Uebersetzung aber die ewige Dauer der Verschiedenheiten aussagt: *Et ut aperte de omnibus deinceps praedefiniamus, discretionem divinam dicimus pulchras divinitatis processiones. Donans enim omnibus quae sunt et superfundens omnium bonorum participationes, unite quidem discernitur, plurificatur vero singulariter et multiplicatur ex uno irremeabiliter.*

2) *l. c. 4, 8. 9.*

3) *cf. l. c. 11, 3*: Καὶ ἔστι καὶ τῆς καθ' ἕκαστον ἀμιγοῦς ἰδιότητος ἡ παντελὴς εἰρήνη φυλατική, ταῖς εἰρηνοδώροις αὐτῆς προνοίαις τὰ πάντα

jene höchste Bewegung soll nicht mit einem Untergehen alles Schauens enden, sondern nur das höchste Schauen erzielen, das reine Anschauen der verborgenen Form, in der alles erkannt wird.[1] Dieses letzte und höchste Schauen aber ist ein ekstatisches, bewirkt durch die göttliche Liebe, die den Menschen aus sich heraussetzt und nicht duldet, dass die Liebenden ihr eigen seien, sondern dessen, den sie lieben.[2]

3. Johannes Scotus Erigena.

Erigena [† um 877] erneuert das System des Dionysius, er bildet es weiter durch, er entkleidet es von seiner dunklen Hülle und sucht seine Sätze mit Hilfe der aristotelischen Dialektik, wie sie ihm durch Porphyrius, Boëthius und Andere vermittelt war, dem Verstande annehmbar zu machen; aber er hat den Pantheismus desselben so wenig überwunden, dass derselbe vielmehr gerade durch ihn in deutlichster Weise blossgelegt wird. Dass man dies hat verkennen können, ist nur daher begreiflich, dass man die christlich dogmatische Terminologie, deren er sich bedient, nicht von den speculativen Grundlagen seines Systems aus verstanden hat.

Dionysius sucht wie Plotin das Wesen Gottes mit Bezug auf die Welt in kataphatischer und apophatischer Weise zu bestimmen. Gott ist all das was die Geschöpfe sind, aber in eminenter Weise; Gott ist nichts von dem, was die Geschöpfe sind. Erigena[3] legt an das so bestimmte Wesen die zehn Kategorien des Aristoteles, welche er im ersten Buche

---

ἀστασίαστα καὶ ἀσύμφυρτα πρός τε ἑαυτὰ καὶ εἰς πρὸς ἄλληλα διασώζουσα καὶ πάντα ἐν σταθερᾷ καὶ ἀκλίτῳ δυνάμει πρὸς τὴν ἑαυτῶν εἰρήνην καὶ ἀκινησίαν ἑστῶσα.

1) *De mystica theologia cap. 2:* Κατὰ τοῦτον ἡμεῖς γενέσθαι τὸν ὑπέρφωτον εὐχόμεθα γνόφον, καὶ δι᾽ ἀβλεψίας καὶ ἀγνωσίας ἰδεῖν καὶ γνῶναι τὸ ὑπὲρ θέαν καὶ γνῶσιν αὐτὸ τὸ μὴ ἰδεῖν μηδὲ γνῶναι· τοῦτο γάρ ἐστι τὸ ὄντως ἰδεῖν καὶ γνῶναι, καὶ τὸν ὑπερούσιον ὑπερουσίως ὑμνῆσαι διὰ τῆς πάντων τῶν ὄντων ἀφαιρέσεως, ὥσπερ οἱ αὐτοφυὲς ἄγαλμα ποιοῦντες, ἐξαιροῦντες πάντα τὰ ἐπιπροσθοῦντα τῇ καθαρᾷ τοῦ κρυφίου θέᾳ κωλύματα, καὶ αὐτὸ ἐφ᾽ ἑαυτοῦ τῇ ἀφαιρέσει μόνῃ τὸ ἀποκεκρυμμένον ἀναφαίνοντες κάλλος.

2) *De div. nom.* 4, 13: Ἔστι δὲ ἐκστατικός ὁ θεῖος ἔρως, οὐκ ἐῶν ἑαυτῶν εἶναι τοὺς ἐραστὰς, ἀλλὰ τῶν ἐρωμένων.

3) *cf. Plotin, Enn. XXXIX, 1 sq.*

seines Hauptwerks *De divisione naturae* eingehend erörtert.[1] Aber von diesen Kategorien sind weder die vier, welche ein Beharren bezeichnen: die οὐσία, *quantitas, situs* und *locus*, noch die sechs, welche eine Bewegung ausdrücken: die *qualitas, relatio, habitus, tempus, agere, pati* — auf das Wesen Gottes anwendbar. Denn alle diese Kategorien gehen auf das Begränzte; das göttliche Wesen ist unbegränzt, unendlich: es geht nicht bloss über die Schranken der geschöpflichen Fassungskraft hinaus, sondern es hat überhaupt keine Schranke, keine Form: Gott selbst, sofern er Selbstbewusstsein hat, weiss in Bezug auf sein Wesen nicht was er sei.[2] Jede Bestimmung würde das, was es ist, in Gränzen einschliessen und jenseits derselben es negiren (das *omnis determinatio est negatio* des Spinoza!), darum kann man das Wesen Gottes nur mit Ausdrücken bezeichnen, welche seine Nichtbestimmbarkeit oder Unendlichkeit bezeichnen. Das göttliche Wesen, sofern es noch nicht unter die Bestimmungen des Seins fällt, ist jenes Princip des Universums, das „schafft und nicht geschaffen wird",[3] das in Bezug auf das Erscheinende und Seiende als das „Nicht",[4] in Bezug auf das Werden und Sein als die Causalität und Potenzialität aller Dinge, in Bezug auf die Vielheit als die sich gleichbleibende, in sich unterschieds- und gegensatzlose Monas oder Einheit, in Bezug auf seine Unfasslichkeit als die göttliche Finsterniss[5] bezeichnet werden muss.

---

1) *Joannis Scoti opera. Ed. A. J. Floss.* Bei *P. Migne, Patrologiae Cursus Series II. Tom. CXXII, Lut. Paris. 1853.*

2) *De divisione naturae Lib. II, 28* (S. 589): *Aut quomodo infinitum potest in aliquo definiri a se ipso vel in aliquo intelligi, cum se cognoscat super omne finitum et infinitum et finitatem et infinitatem? Deus itaque nescit se, quid est, quia non est quid; incomprehensibilis quippe in aliquo et sibi ipsi et omni intellectui.*

3) *l. c. I, 1: Videtur mihi divisio naturae per quattuor differentias quattuor species recipere: quarum prima est in eam quae creat et non creatur; secunda in eam, quae creatur et creat; tertia in eam, quae creatur et non creat; quarta quae nec creat nec creatur.*

4) *l. c. III, 19: At vero in suis theophaniis incipiens apparere veluti ex nihilo in aliquid dicitur procedere etc. — — Divina igitur bonitas, quae propterea nihilum dicitur, quoniam ultra omnia, quae sunt et quae non sunt, in nulla essentia invenitur, ex negatione omnium essentiarum in affirmationem totius universitatis essentiae a se ipsa in se ipsam descendit, veluti ex nihilo in aliquid, ex inessentialitate in essentialitatem, ex informitate in formas innumerabiles et species. cf. I, 5: Virtus enim seminum eo tempore, quo in secretis naturae silet, quia nondum apparet, dicitur non esse.*

5) *l. c. II, 19.*

Wenn nun gleich dieses Nicht nie aufhört zu sein was es ist, indem es immerdar ein in sich beharrendes ist, so fliesst es doch auch immerdar über und aus, und zwar ist dieses aus sich Heraustreten nicht ein „Zufälliges", denn das würde dem Begriff der Absolutheit des unendlichen Seins widersprechen, und auch das was heraustritt ist kein Zufälliges, sondern es ist das Wesen der unendlichen Möglichkeit selbst, es ist das in der Potenz präformirte wirkliche Sein.[1] Kraft dieser ersten Progression wird das „göttliche Nicht" als die göttliche Güte bezeichnet, die von sich selbst in sich selbst herabsteigt, aus dem Nichts in's Etwas, aus der Unwesentlichkeit in die Wesentlichkeit, aus der Ungestaltetheit in die unzähligen Formen und Arten. Wie Erigena das in sich selbst beharrende „Nicht", sofern es die Ursache alles Seienden ist, als die Natur bezeichnet, *quae creat et non creatur*, so wird es in diesem seinem ersten Ausgang bezeichnet als die Natur *quae creatur et creat*.

Zum Verständniss der Sätze, welche unter dieser Formel zur Aussage kommen, dient der Begriff des Aristoteles von der Form, welchen Erigena verwendet. Das Nicht, das Ungestaltete wird durch die Form zum Unterschiedenen, zu einem Diesen, zu einer Wirklichkeit: *Forma dat esse rei*. Jegliches empfängt erst durch die Hinkehr zu seiner Form sein Dasein, und damit seinen Begriff.[2]

---

1) *l. c. III*, 17: *Omne quod habet, semper et immutabiliter habet, quoniam nihil ei accidit. l. c. III*, 4: *Caetera quae dicuntur esse, ipsius theophaniae sunt, quae etiam in ipso vere subsistunt. Deus itaque est omne, quod vere est, quoniam ipse facit omnia et fit in omnibus, ut ait sanctus Dionysius Areopagita. — — Et hoc exemplis nostrae naturae possumus conficere. Nam et noster intellectus, cum per se sit invisibilis et incomprehensibilis, signis tamen quibusdam et manifestatur et comprehenditur, dum vocibus vel literis vel aliis nutibus veluti quibusdam corporibus incrassatur, et dum sic extrinsecus apparet, semper intrinsecus invisibilis permanet, dumque in varias figuras sensibus comprehensibiles prosilit, semper statum suae naturae incomprehensibilem non deserit et priusquam exterius patefactus fiat, intra seipsum seipsum movet. Ac per hoc et silet et clamat; et dum silet, clamat; et dum clamat, silet etc. — — Sed haec exemplo sufficiunt ad insinuandam divinae bonitatis ineffabilem diffusionem per omnia a summo usque deorsum, hoc est per universitatem ab ipso conditam, quae ineffabilis diffusio et facit omnia, et fit in omnibus, et omnia est. cf. III,12: Vis est substantialis eorum virtus, quae aeternaliter et immutabiliter in monade subsistunt; potestas vero est possibilitas eis insita, qua in genera et species possunt multiplicari.*

2) *l. c. I, 52: Formarum aliae in* οὐσία, *aliae in qualitate intelliguntur; sed quae in* οὐσία *sunt, substantiales species generis sunt. Nam de ipsis genus praedicatur, quia in ipsis subsistit. Genus namque totum in singulis suis formis est, quemadmodum et singulae formae unum in suo genere sunt. Et haec omnia, i. e.*

Jenes „Nicht" nun als die Potenzialität alles Seienden ist als solches Verlangen, Wille in's Sein zu treten.[1] Diesen Willen nennt Erigena den Vater. Im Willen gestaltet sich das Nicht ewiger Weise als Vater und zugleich als Sohn. Denn sich selbst wollen, sich selbst sehen, sich selbst gestalten ist eines und dasselbe. Das göttliche Nichtsein wird im Ausfluss Sehendes, Gesehenes und im Gesehenen sich ausbreitendes Sein (Geist).[2] Die göttliche Wesenheit wird *essentia sive natura* in drei Personen. Erst in diesen drei Formen wird das göttliche Nichtsein zur göttlichen *essentia* oder Natur,[3] welche in der Form des Ternars subsistirt.

Wenn Dionysius der neu-platonischen Monas die göttliche Drei-

---

genera et formae ex uno fonte ousiae manant inque eam naturali ambitu redeunt. Formae vero, quae qualitati attribuuntur, in naturalibus corporibus propriae formae, in geometricis figurae vocantur.

1) *l. c. I, 12: Non enim alium motum in eo oportet credi praeter suae voluntatis appetitum, quo vult omnia fieri.*

2) *l. c. II, 19: Non enim aliud est Patrem velle omnia fieri et aliud Patrem in Filio omnia facere; sed unum atque idipsum est Patrem velle et Patrem facere; ipsius enim actio suum velle est — — et quod facit Filius et Spiritus sanctus perficit, totum refertur ad Patrem facientem et perficientem, quia ex ipso sunt omnia.* Und mit Berufung auf Dionysius *III, 9: Non ergo alia est providentia et alia causa omnium, sed unus atque idem Deus — — quid aliud restat, nisi ut intelligamus, sapientiam Dei Patris, de qua talia praedicantur, et causam creatricem omnium esse et in omnibus, quae creat, creari et fieri et omnia in quibus creatur et fit, continere? III, 17: Non enim accidit ei videre quod videt, quando non aliud est ei esse et aliud videre. Ipsius namque simplex natura est. Si autem semper vidit quod vidit, semper erat quod vidit ac per hoc aeternum esse necesse est quod vidit.*

3) *l. c. II, 34: Siquidem sanct. Dionysius Areopagita et Gregorius Theologus eorumque elegantissimus expositor Maximus differentiam esse dicunt inter οὐσίαν i. e. essentiam et ὑπόστασιν i. e. substantiam; οὐσίαν quidem intelligentes unicam illam ac simplicem divinae bonitatis naturam, ὑπόστασιν vero singularum personarum propriam et individuam substantiam. S. Augustinus ceterique sancti Patres latialiter scribentes fidem s. Trinitatis exprimunt, dicentes unam substantiam in tribus personis, significantes unitatem divinae naturae eo nomine, quod est substantia, trinam vero substantiarum proprietatem trium personarum vocabulis, quod etiam moderni Graecorum recipiunt; dicunt enim μίαν ὑπόστασιν i. e. unam substantiam et τρία πρόσωπα i. e. tres personas. cf. ib.: Non igitur ex essentia sed ex substantia Patris et Filius nascitur et Spiritus sanctus procedit. Nam et apud homines non dicimus ex communi natura sed ex propria natura nasci filios; propriam autem naturam dico uniuscuiusque personae individuam substantiam. Nam si ex communi natura homines nascerentur, nullus pater proprium filium, sic nullus filius proprium patrem possideret.*

einigkeit für den *νοῦς* substituirt, so hat er damit die innere Nothwendigkeit derselben nicht nachgewiesen. Bei Erigena sind Ansätze dazu, aber sie befriedigen nicht. Er macht zwar im Anschluss an Augustin nach der Analogie des menschlichen Selbstbewusstseins die Zeugung des Sohnes als Manifestation der Idee Gottes von sich selbst zur Grundbedingung des göttlichen Selbstbewusstseins, der Selbstgestaltung Gottes [1]; aber die Momente des trinitarischen Processes sind in ihrem Verhältniss zu einander und in ihrer Nothwendigkeit nicht nachgewiesen.

Von entscheidender Bedeutung ist es, wie Erigena das Wort, den Sohn fasst. Er ist die Objectivirung des Nicht, als solche Einheit und Vielheit. Indem der Vater an ihm zu sich selbst kommt, sieht er sich in ihm als Einheit und Vielheit, als das einförmige Bild, das sich zugleich in einer Menge von Urformen vervielfältigt, welche in jenem als der Person subsistiren.[2] Doch bleibt Erigena's Annahme, dass diese Urformen Selbstbewusstsein hätten[3] und dass sie identisch seien mit der Person des Sohnes, für die Vorstellung unvollziehbar. Diese Urformen sind die *rationes rerum*.[4] Wie sie nach oben Momente für die Person

---

1) *l. c. II, 31:* — — *ad similitudinem Dei et Patris, qui de se ipso Filium suum, qui est sapientia sua, gignit, qua se ipsum sapit. — Ex humana mente procedit appetitus quidam, quo se ipsam quaerit, ut suam notitiam pariat. Qui appetitus vel inquisitio, dum ad inventionem notitiae perfectam pervenit, amor efficitur, qui mentem notitiamque sui conjungit — ad imaginem Spiritus sancti etc.*

2) *l. c. III, 9:* Λόγος, Verbum — *quia per ipsum Deus Pater dixit fieri omnia, immo etiam ipse est Patris dicere et dictio et sermo. — — Simplex et multiplex rerum omnium principalissima ratio Dei Verbum est. — — multiplex quoniam per omnia in infinitum diffunditur et ipsa diffusio subsistentia omnium est.*
l. c. II, 20: Simul enim Pater et sapientiam suam genuit et in ipsa omnia fecit.
l. c. II, 18: „In principio fecit Deus coelum et terram": quid in principio de se genito, in Verbo suo, in Filio suo, sapientia sua Pater conderet, quod ipse Filius non esset?
l. c. I, 74: Deus ergo non erat priusquam omnia faceret. cf. III, 8: Non ergo erat subsistens antequam universitatem conderet.
l. c. III, 8: — — *in primordialibus rerum causis, quae non solum in deo, verum etiam deus sunt.*
l. c. II, 18: primordiales causae se ipsas sapiunt, quoniam in sapientia creatae sunt, aeternaliterque in ea subsistunt.

3) *l. c.: cui dubitare permittitur, omnia quae in sapientia facta sunt, sicut ipsa sapientia se ipsam cognoscit, et quae in ipsa facta sunt, non solum se ipsa cognoscere, sed et rerum, quarum principia sunt, notitia non carere?*

4) Sie heissen bei ihm auch: *causae primordiales, ideae, prototypa, praedestinationes, divinae voluntates.* Er nennt von ihnen beispielsweise: *per se*

des Sohnes sind, so sind sie nach unten Momente für die Gestaltung der Menschen und Engel und für die vernunftlosen Dinge. Wie sie nach oben im Sohne subsistiren, so subsistiren sie auch nach unten durch weitere Emanation oder Objectivirung in der der *ratio* entsprechenden Wirklichkeit und Vielzahl. Bei dieser Realisirung kommen sie, als Momente des göttlichen Selbstbewusstseins beständig sich selbst entäussernd, zu der ihnen entsprechenden realen Form, in welcher sie sich als ein eigenes Sein wiederfinden, also zu einer zweiten Selbstgestaltung, die sich zu der ersten wie die Wirklichkeit zu ihrer Idee verhält,[1] welche letztere aber das eigentliche Sein der Wirklichkeit ist.[2] Sofern sie Idee sind, kommt auch in ihnen Gott sich zum Bewusstsein, sofern das Nicht es ist, dessen Evolution sie sind, sind sie ihrem Wesen nach auch für Gott unfassbar. Sofern sie sich entäussern, um aus der Idee in Gott zur Wirklichkeit zu werden, bilden sie die particularisirte, von ihrer besonderen Idee geschwängerte Wesenheit, die in ihrer höchsten Ausgestaltung die menschliche Seele heisst. So ist die menschliche Seele Gott im Kleinen, Bild und Gleichniss Gottes. Wie in der Gottheit das gesammte Nicht in dem Ternar zu seiner Verwirklichung und Selbstgestaltung gelangt, wie in dem Ternar die von der Wesentlichkeit untrennbare substanzielle Differenz von Wesen, Kraft und Werk zur Erscheinung kommt: so ist es in ähnlicher Weise bei der menschlichen Seele,[3] bei der die sich zur

---

ipsam — bonitas, essentia, vita, sapientia, veritas, intellectus, ratio, virtus, justitia, salus, magnitudo, omnipotentia, aeternitas, pax.

1) *l. c. I, 27: Omnis enim spiritus sive rationabilis sive intellectualis sit, per se ipsum informis est. Sie vero conversus fuerit ad causam suam, hoc est ad Verbum, per quod facta sunt omnia, tunc formatur.* Und in Bezug auf den Menschen *II, 23: ipse (intellectus) per se ipsum incognitus est, sed in sua forma, quae est ratio, et sibi ipsi et aliis apparere incipit.*

2) *l. c. III, 8: Porro in Deo vivimus secundum praecedentem in ipso semper vivendi et existendi rationem. Et ne quis aestimaret, aliud nos esse et aliud nostras rationes, non dixit, in quo nostrae rationes vivunt et moventur et sunt, sed dixit, in quo vivimus etc. Nihil enim aliud nos sumus, in quantum sumus, nisi ipsae rationes nostrae aeternaliter in deo substitutae — — primordialibus rerum causis, quae non solum in Deo verum etiam Deus sunt. ib.: Omnia in Verbo Dei non solum aeterna, verum etiam ipsum Verbum esse.*

3) *l. c. I, 62: Recordarisne — essentiam virtutem et operationem trinitatem quandam inseparabilem incorruptibilemque nostrae naturae esse, quae sibi invicem mirabili naturae harmonia conjuncta sunt, ut et tria unum sint et unum tria, neque veluti diversae naturae sunt, sed unius atque eiusdem, non ut substantia eiusque accidentia, sed quaedam essentialis unitas substantialisque differentia trium in uno?*

Zeugung entäussernde Idee oder der Intellect (Wesen) in der *ratio* (Kraft) und dem inneren Sinn (Werk) zur bestimmten menschlichen Natur sich verwirklicht. Da entspricht dann der Intellect dem Vater, die *ratio* dem Sohn, der *sensus interior* dem Geist.[1] In der *ratio* kommt sich der Intellect zum Bewusstsein, erlangt da als menschliche Seele seine Form, um dann als innerer Sinn sich über die ganze Erscheinungswelt auszubreiten, oder von ihr aus die Eindrücke, die der fünfgestaltige äussere Sinn empfangen, als Gedankenbilder der *ratio* zuzuführen, welche sie den allgemeinen Principien des Denkens unterstellt und auf die letzte Ursache zurückführt.[2]

Der paradiesische Leib war ein geschlechtlich ungetheilter, himmlischer, geistlicher Leib. Der jetzige zerstörbare und sterbliche Leib ist dem Menschen von Gott in Folge der Sünde zur Strafe und Besserung zugleich gegeben.[3] Er wird in seiner Zertheiltheit und Zerstörbarkeit aufhören, um in einen himmlischen Leib überzugehen.

Während die menschliche Seele jenen ihren himmlischen Leib in normaler Weise aus sich erzeugte, ist sie für die Erzeugung des jetzigen Leibes theilweise aus sich selber entsetzt und wohnt als Nahrung und Wachsthum gebender Theil der Leiblichkeit inne. So gehört der Mensch noch zu jener zweiten Art des Alls, *quae creatur et creat*, während die sinnlichen Dinge der dritten Art angehören, *quae creatur et non creat*. Der Mensch als Ganzes ist aber hinwieder das in seiner Form alle Formen der sichtbaren und unsichtbaren Dinge zusammenfassende Wesen, und zwar in soferne, als die Begriffe aller Dinge in ihm sind oder sein können, die Dinge aber in ihren Begriffen eigentlich subsistiren.

---

1) *l. c. II, 24: Patris siquidem in animo (intellectu), Filii in ratione, sancti Spiritus in sensu apertissima lucescit similitudo. II, 23: In naturae igitur nostrae essentia paternae substantiae, in virtute vero substantiae filii, in operatione substantiae Spiritus sancti proprietas dignoscitur.*

2) *l. c. II, 23.*

3) *l. c. II, 12:* Im Anschluss an Maximus: *Videsne, quantum aperte denuntiat, hominem ad imaginem et similitudinem Dei conditum sexus differentia omnino caruisse, et adhuc quantum in eo imago et similitudo conditoris permanet, carere, ipsamque divisionem propter peccatum secundum corpus solummodo accidisse. Quanquam enim in anima spiritales sexus intelligantur,* νοῦς *siquidem intellectus veluti quidam masculus in anima est,* αἴσθησις *vero, id est sensus, veluti quaedam femina, non tamen ibi cognoscimus naturae divortium, sed Christi et ecclesiae mysterium.*

l. c. IV, 8: Quapropter et res, quarum notitiae humanae naturae insunt, in suis notionibus subsistere non incongrue intelliguntur.

Durch die Menschwerdung Christi und die Erhöhung der Menschheit in ihm unserem Haupte werden wir nun aus Gnade nicht bloss in den engelgleichen paradiesischen Zustand zurückversetzt, sondern auch über alle Engel erhöht, denn in Christus ist uns vielmehr gegeben, als in Adam verloren wurde. Durch Christus wird die Rückkehr aller Dinge in Gott angebahnt und vollendet.[1] Dieser Zustand ist der, da die aus der Gottheit hervorgegangene Welt unabänderlich wieder in diese zuzurückgeflossen und mit ihr eins geworden ist. Damit ist die vierte Art der Natur erreicht, *quae nec creat nec creatur*. Dann sind wir Gott von Gnade, wie Gott Gott ist nach seiner Natur.[2] Die Momente dieser Rückkehr sind die Auflösung des Leibes in die vier Elemente, die Auferstehung mit einem geistlichen aus den vier Elementen gebildeten geschlechtslosen Leib, die Verwandlung des Leibes in den Geist, die Rückkehr des Geistes in die *rationes* in Gott, die Rückkehr der gesammten menschlichen Natur mit den *rationes* und in dem Menschen der ganzen in ihm subsistirenden und verklärten Welt in die Gottheit.[3] Diese Rückkehr aller Stufen des Seins in die Gottheit ist aber nicht gleich zu setzen dem völligen Untergang, sondern sie ist vielmehr nur die Absorption in eine höhere Seinsweise und dadurch ihre wahre Erhaltung. „Denn auch die Luft verliert nicht ihre Substanz, wenn sie ganz in's Sonnenlicht gewandelt wird, so dass nichts in ihr erscheint als das Licht, da doch das Licht ein anderes und ein anderes die Luft ist; aber das Licht waltet in der Luft vor, so dass nur Licht da zu sein scheint".[4]

Erigena steht, so viel ist aus dem Vorstehenden ersichtlich, auf dem Boden der Lehre des Dionysius. Er baut dieselbe aus, und sucht sie mit Hilfe der aristotelischen Dialektik dem Verständniss näher zu führen. Er verwendet bei der Explication jener Grundanschauungen Sätze

---

1) *l. c. II, 23.*

2) *l. c. II, 28:* — *quod divina natura Deus est excellentia essentiae, humana vero Deus est divinae gratiae largitate.*

3) *l. c. V, 8.*

4) *cf. ib.: Ferrum aut aliud aliquod metallum in igne liquefactum in ignem converti videtur, ut ignis purus videatur esse, salva metalli substantia permanente. Eadem ratione existimo corporalem substantiam in animam esse transituram, non ut pereat quod sit, sed ut in meliori essentia salva sit. Similiter de ipsa anima intelligendum, quod ita in intellectum movebitur ut in eo pulchrior Deoque similior conservetur. Nec aliter dixerim de transitu, ut non adhuc dicam omnium, sed rationabilium substantiarum in Deum, in quo cuncta finem positura sunt et unum erunt.*

Gregor's von Nyssa († 394), und des Anhängers der dionysianischen Lehre Maximus Confessor († 662), auch Augustin's. Wie bei Dionysius so ist bei Erigena die ideale Weltschöpfung ein integrirendes Moment in der Gestaltung des göttlichen Selbstbewustseins; der Sohn und die Weltidee sind ihm identische Begriffe, das Entstehen der sichtbaren Welt daher eine Nothwendigkeit, die aus den Grundanschauungen folgt. Die Versuche, mit der christlichen Lehre von der Schöpfung einen Einklang zu erzielen, reichen nicht zu. Der Versuch, die zeitliche Schöpfung von der ewigen zu trennen und die erstere als einen besonderen Act der göttlichen Vorsehung [1] von der letzteren abzugränzen, wird unhaltbar, weil eine Nichtverwirklichung der Idealwelt eine völlig unmotivirte Hemmung der absichtslos und mit innerer Nothwendigkeit sich evolvirenden Causalität wäre. Der Schein, den der Gebrauch des Begriffs der Participation erregt, als statuire Erigena ein Nichtgöttliches, das durch Theilnahme an der Gottheit zum wahren Sein gelange, wird angesichts seiner eigenen Erklärung dieses Begriffs zerstört. Denn er sagt: „Die Participation ist die Annahme des göttlichen Wesens. Die Annahme aber ist die Ausgiessung der göttlichen Weisheit, welche aller Dinge Substanz und Wesen ist". [2] Damit aber ist die gesammte Welt, die ideale und wirkliche, die sich selbst entfaltende göttliche Weisheit, das ist der Sohn, mithin Gott selbst.

---

1) *III, 8*: Mit Berufung auf Maximus: — *ratione et sapientia secundum opportunum tempus et fecit et facit et quae universaliter sunt et quae per singula etc.*
2) *l. c. III, 9*: *Est igitur participatio divinae essentiae assumptio. Assumptio vero eius divinae sapientiae fusio, quae est omnium substantia et essentia, et quaecunque in eis naturaliter intelliguntur.*

II.
Häretische Mystik im XIII. Jahrhundert.

1. Quellenschriften über die häretische Mystik.

Berichte über Amalrich von Bena.

Krönlein sagt mit Recht, das die meisten Schriftsteller, welche über Amalrich von Bena geschrieben, einen ihrer ältesten Gewährsmänner Heinrich von Ostia unrichtig verstanden hätten: sie hätten das, was er bei der Erwähnung Amalrich's als Lehre Erigena's anführe, als Lehre Amalrich's genommen. Nicht begründet ist es dagegen, wenn Krönlein behauptet, nur von Einer Lehre wüssten wir mit Sicherheit, dass sie von Amalrich ausgesprochen worden sei. Es sei die, welche dessen Zeitgenosse Guilelmus Armoricus[1] anführe: Jeder Christ müsse glauben er sei ein Glied Christi und könne nicht selig werden, wenn er daran nicht eben so glaube wie an die Geburt und den Tod des Erlösers oder an andere wichtige Glaubensartikel.

Krönlein kennt Heinrich von Ostia nur aus einem Citat Gerson's und Tennemann's; Heinrich von Ostia aber, dessen Werk über die Decretalen[2] Krönlein nicht erlangen konnte, sagt über Amalrich mehr, als in jener Stelle sich findet. Diese weitere Aussage findet sich nicht in dem vollständigeren Texte der betreffenden Stelle, mit welchem uns

---

1) *Guilelmus Brito Armoricus: Historia de vita et gestis Philippi Augusti regis Galliae* bei *Bouquet, Recueil des historiens des Gaules et de la France. Tom. XVII, f. 83.*

2) *Lectura sive Apparatus domini Hostiensis super quinque libris decretalium. 1512. 2.*

inzwischen J. Huber in seinem Werke über Erigena[1] bekannt gemacht hat, sondern im 2. Abschnitte vorher, wo Heinrich noch die Sätze des 4. Laterancoucils vom J. 1215 über Joachim von Floris commentirt.

Joachim hatte den Sätzen des Concils[2] zufolge die Einheit der drei göttlichen Personen nicht als Wesenseinheit, sondern als moralische Einheit gefasst und, um dies deutlich zu machen, auf die Einheit der ersten Christen hingewiesen, von denen gesagt werde, sie seien Ein Herz und Eine Seele gewesen. Das Concil aber hatte auf den Unterschied hingewiesen, der zwischen den Gläubigen und Gott bestehe: bei jenen bestehe eine durch Gnade bewirkte Einigung der Liebe, in den göttlichen Personen aber eine Wesensidentität. Diese Scheidung zwischen Geschöpf und Schöpfer durch die Sätze des Concils gibt nun Heinrich von Ostia Anlass, auf Amalrich von Bena überzugehen, der die Wesensverschiedenheit zwischen beiden aufgehoben habe, und zu sagen, das Concil habe mit obigen Sätzen zugleich Amalrich's Lehre zurückgewiesen: *qui dixit, quod deus erat (esset) omnia.* So hätten wir also hier einen zweiten Satz, von dem wir mit Sicherheit wissen, dass er von Amalrich ausgesprochen worden ist.

Ueber Amalrich berichten auch Martin Polonus († 1279)[3] und Bernhard Guidonis († 1331).[4] Die beiden Berichte stimmen fast wörtlich überein; aber der letztere hat nicht den ersteren benützt, sondern die Stelle bei Martinus ist nur ein späterer Eintrag aus dem ersteren. Denn die sehr alte Handschrift, welche der Cölner Ausgabe des Martinus von 1616 zu Grunde liegt, hatte die Stelle über Amalrich nicht, und ein näherer Vergleich des interpolirten Textes mit Bernhard zeigt, dass des letzteren etwas ausführlicherer Text die Quelle war, denn die grössere Ausführlichkeit trägt nicht den Charakter eines nachträglichen Zusatzes.

Bernhard Guidonis stimmt mit Heinrich von Ostia zum Theil wörtlich überein, nur dass Bernhard den Fehler begeht, das als Lehre Amalrich's auszugeben, was Heinrich von Ostia als Lehre Erigena's anführt. Die Gleichheit seines Textes neben den Unterschieden zeigt, dass Bernhard Guidonis aus derselben Quelle geschöpft hat wie Heinrich von Ostia.

---

1) Joh. Huber, Joh. Scotus Erigena. München 1861.
2) Bei Böhmer, *Corpus Juris Canonici* Tom. *II, p. 3.*
3) *Martinus Polonus. Cod. saec. XIII Teplenus coll. evulg. a T. Ph. Klimes.* Pragae 1859.
4) *Vita Innocentii Papae. Ex MS. Bernardi Guidonis ap. Muratorii Rerum Italicarum Scriptores Tom. III, f. 481.*

Heinrich von Ostia aber nennt als seine Quelle den Bischof Odo von Tusculum.[1] Odo von Tusculum ist einer der drei Inquisitoren, welche 1255 zu Rom die Einleitungsschrift zum *Evangelium aeternum* verurtheilten.[2] Es liegt ohnedies die Annahme nahe, dass dem Dominikaner Bernhard Guidonis, der längere Zeit das Amt eines Inquisitors in Toulouse bekleidete, früheres Inquisitionsmaterial werde zu Gebote gestanden sein. Wenn nun auch Bernhard den Fehler gemacht hat, dass er die im Zusammenhang mit der Lehre Amalrich's verdammten Sätze des Erigena sowie dessen Schrift ohne weiteres als Lehre und Schrift des ersteren bezeichnet, so zieht er doch aus dem Material, das ihm vorliegt, auch eine Stelle mit aus, welche nicht zu den verurtheilten Sätzen des Erigena, sondern nur zu denen des Amalrich gehört haben kann. Denn sie steht bei ihm ausser Zusammenhang mit den vorher angeführten verwechselten Sätzen als ein Nachtrag und kann sich auch dem Inhalt nach nicht wohl auf Erigena beziehen. Sie lautet: *Dixit etiam, quod in charitate constitutis nullum peccatum imputabatur (imputaretur). Unde sub tali specie pietatis eius sequaces omnem turpitudinem committebant.*

Berichte über die Ortliebarier, über das *Evangelium aeternum* und über die Secte vom neuen Geiste.

Der Jesuit Gretser bringt im 25. Bande der *Maxima bibliotheca veterum Patrum* ein Werk: *Raineri ordinis Praedicatorum contra Waldenses haereticos liber*. Gieseler hat bereits darauf aufmerksam gemacht, dass dieser Titel unrichtig sei, dass allerdings ein Buch der Rainer Sacchoni († 1259)[3] einen Bestandtheil der von Gretser mitgetheilten Stücke bilde, dass aber die übrigen von einem deutschen Inquisitor herrühren. Wenn er nun aber meint, dieser Inquisitor habe gegen Ende des 13. Jahrhunderts die Stücke zusammengestellt, und wenn er diese Zusammenstellung eine sehr verwirrte und gedankenlose Compilation nennt, so erklärt sich sein Urtheil nur daraus, dass er das Original-

---

1) Heinrich von Ostia: *Dictum autem librum (Erigenae) exposuit errores singulos condemnando venerabilis pater dominus Oddo episcopus Tusculanus, a quo et habuimus hanc doctrinam.*
2) *Quétif et Echard. Scriptores ordinis praedicatorum T. I, p. 202 f. t. Hugo de S. Charo.*
3) Seine *Summa de Catharis et Leonistis.*

werk nicht kannte, aus welchem die bei Gretser sich findenden Stücke herstammen.

Von diesem Originalwerk besitzt die Staatsbibliothek zu München zwei Handschriften, von denen die eine aus dem 14. Jahrhundert stammt, die zweite etwas jünger ist.[1] Der Vorwurf verworrener Zusammenstellung trifft nur Gretser oder einen späteren Compilator, bei welchem Gretser seine Stücke fand, keineswegs die ursprüngliche Quelle. Auch ist das Werk nicht gegen Ende des 13. Jahrhunderts verfasst, wie Gieseler meint, sondern im Jahre 1260, da der Verfasser an zwei Orten als einen Beweis für die Wahrheit des Christenthums anführt, dass es nun schon 1260 Jahre bestehe.[2] Daraus, dass der Verfasser alle Orte der Passauer Diöcese anführt, wo sich Waldenser und Schulen derselben befanden, und dass er ferner im Zusammenhang damit bemerkt, er habe den Gerichten gegen diese Waldenser häufig beigewohnt,[3] lässt sich vermuthen, dass er ein Priester dieser Diöcese war. Da der Verfasser die *Summa Rainers*, die er gleich andern fremden Stücken in sein Werk mit aufgenommen hat, durch Aufschrift und Abgränzung deutlich von dem übrigen Texte unterscheidet, so werden wir in der Folge die seit Gieseler gebräuchliche Bezeichnung *Pseudo-Rainer* fallen lassen, und sein Werk unter dem Namen des Passauer Anonymus citiren.

Dieser Passauer Anonymus will ein Werk über die Secten zusammenstellen, und fängt einen sehr umständlichen Titel an,[4] kommt aber damit nicht zu Ende, sondern zieht es vor, nachher den Inhalt der 11 Theile seines Buchs einzeln anzuführen. Er nimmt in sein umfassendes Werk ältere und neuere Schriften und Actenstücke ganz oder theilweise mit auf. Für uns hat nur der fünfte Theil[5] des Werkes Interesse,

---

1) *Cod. lat. Monac. 311.* Perg. 2⁰ und *9558.* Perg. 2⁰.

2) *Cod. 311, f. 63*ᵇ: *tertio probat diuturnitas fidei. Duravit enim MCCLX annis.* Die gleiche Zeitangabe findet sich noch an einer andern Stelle. An beiden Orten ergibt der Context, dass es der Verfasser des Werkes selbst ist, der die Zeitangabe macht.

3) *l. c. f. 81*ᵃ. *f. 90*ᵃ.

4) *De patribus, qui ante circumcisionem fuerunt et de patribus ante legem et de iudeis qui sub lege fuerunt et de iudeis modernis blasphemis etc.* Die Einleitung beginnt: *Fides catholica impugnatur a iudeis, hereticis et paganis et falsis christianis.*

5) Ich citire nach *Cod. 311.* Der fünfte Theil zerfällt in die Abtheilungen: 1) *De commendatione fidei christiane f. 79*ᵃ, 2) *de causis heresum f. 79*ᵇ, 3) *causa quare pauperum de Lugduno heresis perniciosior est ceteris f. 80*ᵃ, 4) *articuli in*

dem die Mittheilungen bei Gretser und die des Flacius über die Waldenser in dessen *Catalogus testium veritatis* entstammen. Hier sind einige wichtige Actenstücke, die, weil sie bisher unter falschem Titel oder ohne Kenntniss ihrer Abstammung oder unvollständig bekannt waren, gar nicht oder ungenügend verwerthet worden sind.

Im Werke des Passauer Anonymus ist an der unten angegebenen Stelle die Lehre der Secte der Ortliebarier verzeichnet. Die Frage ist, wo und wann trat diese Secte zuerst hervor? Dasselbe Werk bringt das Verzeichniss der Lehren der Secte vom neuen Geiste. In einem ihrer Sätze heisst es: *Dicere homines debere abstinere ab exterioribus et sequi responsa spiritus intra se, heresis est cuiusdam Ordevi, qui fuit de Argentina, quem Innocentius III condempnavit.* Gretser las in der Handschrift, welche er abdrucken liess: *Orcleni,* und in einem Nachtrag bemerkt er, eine Lambacher Handschrift lese: *Ortleni.* Schon Gieseler vermuthete, der ursprüngliche Text werde *Ortlevi* gehabt haben. Diese Vermuthung wird durch das „*Ordevi*" der zweiten Münchener Handschrift bestätigt.[1] Da der Satz des Strassburger

quibus errant Leoniste et probationes errorum per catholicum. Dieser Abschnitt zerfällt wieder in drei Theile: a) *de blasphemiis quibus blasphemant Romanam ecclesiam et santa statuta ipsius et omnem clerum*, b) *errores contra ecclesiastica sacramenta et sanctos*, c) *Detestationes quibus omnes ecclesie honestas et approbatas consuetudines detestantur contra Romanam ecclesiam f. 82*ᵃ. An diesen Abschnitt schliesst sich f. 86 ein Document der lombardischen Waldenser: *Rescriptum heresiarcharum Lombardie ad pauperes de Lugduno qui sunt in Alamannia*, an dessen Schlusse der Verfasser die deutschen Waldenser-Gemeinden (der Diöcese Passau) aufzählt, und an dieses 5) eine Anzahl von Sätzen unter der Aufschrift: *Evangelium aeternum quod noviter est confictum continet 30 errores qui excepti sunt de libris quinque Joachim f. 90*ᵃ, und als zweiter Anhang 6) *de Runchariis f. 93*ᵇ. Nachdem so der Verfasser die Waldenser und was ihnen verwandt schien als erste der aufzuführenden Secten behandelt, geht er 7) zu einer „zweiten" Secte über, jener der „Ortlibarier", dann 8) zur „dritten Secte" f. 94ᵇ, und hier bringt er statt des Eigenen die *Summa fratris Reinheri quondam heresiarche contra Katharos,* hieran schliessen sich 9) die als vierte Secte bezeichneten *Manichei f. 98*ᵇ, worauf 10) von den Namen der Secten die Rede ist f. 99ᵃ, und in mehreren Capiteln von einigem, das sich auf die Vertheidigung und Widerlegung der angeführten Irrlehren bezieht. Auf diese folgte 11) in der Originalhandschrift der Abschnitt über die Secte *de novo spiritu,* welche aber durch ein Versehen des Abschreibers in unserer Handschrift um mehrere Blätter zu früh f. 91ᵃ—93ᵇ eingerückt wurde, was f. 104ᵃ angemerkt wird. Dies der Inhalt des fünften Theils unseres Werkes. Die übrigen Theile sind alle nur sehr kurz und für uns ohne weiteres Interesse.

1) *Cod. 9558 f. 123*ᵇ. *Cod. 311* hat den Namen nicht.

Ortlieb zu den Sätzen der Ortliebarier passt, so ist wohl kaum zu bezweifeln, dass es dieser unter Innocenz III. verurtheilte Ortlieb war, welcher der Secte der Ortliebarier Ursprung und Namen gegeben hat.

Von grossem Werthe ist der Passauer Anonymus für die definitive Entscheidung der Frage, was unter der vielgenannten Schrift, dem *Evangelium aeternum* zu verstehen sei? Mosheim behauptete, das *Evangelium aeternum* habe aus drei dem Abt Joachim von Floris untergeschobenen und verloren gegangenen Schriften bestanden; Gieseler meinte, eine besondere Schrift unter jenem Titel habe überhaupt nicht existirt, sondern man habe darunter die Lehre Joachim's von dem dritten Weltalter und uneigentlich eine Einleitungsschrift zu dieser Lehre, den Introductorius des Franziskaners Gerhard verstanden; Engelhardt dagegen suchte nachzuweisen, dass das *Evangelium aeternum* aus den drei im 16. Jahrhundert zu Venedig gedruckten Schriften Joachim's, der *Concordia veteris et novi testamenti*, der *Expositio super Apocalypsin* und dem *Psalterium decem chordarum* bestanden habe. Engelhardt traf das Richtige; aber seiner Beweisführung fehlte es an der nöthigen Sicherheit und Vollständigkeit, so dass sich Gieseler's Ansicht neben jener Engelhardt's noch aufrecht erhalten konnte.

Engelhardt suchte seinen Nachweis mit Hilfe von Sätzen zu führen, welche nach seiner Meinung dem Introductorius des oben erwähnten Gerhard entnommen sind, und die er in Eymerich's *Directorium inquisitorum* (*14. sc.*) und bei dem Chronisten Corner (*15. sc.*) fand. Diese Sätze geben die Lehre des ewigen Evangeliums, und zwar, wie Engelhardt meint, nach der Auffassung des Gerhard an. Aus der Verwandtschaft der Lehre dieser Sätze mit jener in den drei genannten Schriften Joachim's zog nun Engelhardt den Schluss, dass diese die drei Theile des ewigen Evangeliums gebildet hätten, deren Aufschrift, wie wir aus Quétif wissen, dieselbe oder nahezu dieselbe war, wie die jener Werke Joachim's. Allein Verwandtschaft des Inhalts und Gleichheit oder Aehnlichkeit des Titels sind an sich noch nicht ausreichend, die Identität einer Schrift mit einer andern nachzuweisen; sie sind es besonders in unserem Falle nicht, wo gleichzeitige Nachrichten vorhanden sind, welche das ewige Evangelium einen Auszug aus Joachim's Schriften nennen.

Es ist darum für den definitiven Abschluss der Frage von Werth, dass unser Passauer Anonymus jene Sätze mit Zusätzen des ersten Zusammenstellers bringt, welche einen vollständigen und sicheren Beweis für die Identität des ewigen Evangeliums mit jenen drei dem Joachim zugeschriebenen Werken möglich machen. Diese Zusätze zeigen nämlich, dass die betreffenden Sätze im Jahre 1254, das ist in dem Jahre, da man zuerst in Paris die Anklage wider das ewige Evangelium erhob, geschrieben sind; dass von den 28 Sätzen nur 7 dem Introductorius angehören, die 21 übrigen aber „dem ersten Theil des ewigen Evangeliums oder der *Concordia novi et veteris testamenti*" entnommen sind. Sie verweisen endlich auf die Theile und Unterabtheilungen der *Concordia* des ewigen Evangeliums, in welchen die ausgehobenen Sätze sich finden sollen, und die Vergleichung mit der *Concordia* Joachim's ergibt das sichere Resultat, dass der erste Theil des ewigen Evangeliums und die *Concordia* Joachim's identisch sind. Ich habe dies sowie die Identität des zweiten und dritten Theils des ewigen Evangeliums mit den beiden andern obengenannten Schriften Joachim's anderwärts ausführlich dargelegt und muss hier auf jene Abhandlung[1] verweisen, da ein weiteres Eingehen auf die Frage die Gränze unserer hier gestellten Aufgabe zu sehr überschreiten würde. In eben dieser Abhandlung habe ich zugleich meine Bedenken gegen die Aechtheit jener drei dem Abte Joachim zugeschriebenen Werke zu begründen gesucht.

Der Passauer Anonymus ist eine sehr wichtige Quelle für die Secte der Brüder des freien Geistes. Er enthält ein Verzeichniss von 97 Lehrsätzen derselben und dieses Verzeichniss ist, da der Verfasser sein Werk im J. 1260 geschrieben hat, vor 1260 zusammengestellt worden. Es ist somit das älteste Actenstück, das wir über diese Secte haben. Zwar ist ein Theil desselben bisher nicht unbekannt gewesen: Gretser theilt ungefähr die Hälfte der Sätze mit; aber er bringt diese Sätze mit denen einer andern Richtung unter der falschen Aufschrift der Stertzer, und das war wohl der Grund, warum sie bisher für die Geschichte der Brüder des freien Geistes nicht verwerthet worden sind. Mosheim kannte die sämmtlichen Sätze, aber er mochte sie einer späteren Zeit angehörig glauben, und in seinem nachgelassenen Werke über die Begarden sind sie ausser Acht gelassen. Er suchte lange Zeit nach den Sätzen des Albertus Magnus über die Begarden und ging hiefür dessen Werke durch — und er hatte, was er suchte, wahrscheinlich in diesen Sätzen ohne es selbst zu wissen.

---

1) Das *Evangelium aeternum* und Joachim von Floris. Abhandl. der hist. Classe der k. b. Akademie der Wissenschaften Bd. XII. Abth. 3. 1874, und gesondert: München, Verlag der k. Akademie bei G. Franz.

Johann Nyder (um 1430) sagt nämlich in seinem Formicarium, er habe in einem Handbuch, das sich Albertus Magnus mit eigener Hand zusammengestellt, eine Reihe von Sätzen der Secte vom freien Geiste verzeichnet gefunden, die so scheusslich und grundstürzend seien, dass die Feder sich sträube sie mitzutheilen.[1] Ich vermuthe, dass es die vom Passauer Anonymus aufbewahrten sind. Sie tragen die Aufschrift: *Compilatio de novo spiritu. Hec continet C errores minus tribus.*

Einer dieser Sätze findet sich gelegentlich bei Albertus in ganz gleichartiger Weise an zwei verschiedenen Orten ausgesprochen. Ich setze die beiden Stellen dem Satze unseres Actenstückes zum Vergleiche gegenüber:

Pass. An. de novo spiritu:
Dicere quod omnis creatura sit deus heresis Alexandri est, qui dixit materiam primam et deum et noym (νοῦν) hoc est mentem idem esse in substantia, quem postea quidam David de Dinanto secutus est.

Alberti Summa P. I, tract. 4, qu. 20:
Alexander etiam in quodam libello, quem fecit de principio incorporeae et corporeae substantiae, quem secutus est quidam David de Dinanto in libro quem scripsit de tomis h. e. de divisionibus, dicit Deum esse principium materiale omnium. Und
l. c. P. I, tract. 6, qu. 29:
Sunt quidam haeretici dicentes Deum et materiam primam et νοῦν sive mentem idem esse — — et in hoc errore fuit David de Dinanto.

Ausserdem zeigt die kurze Widerlegung, welche den Sätzen der Secte jedesmal beigegeben ist, eine umfassende Kenntniss in der Geschichte der ketzerischen Lehren und den geübten Scholastiker. Auch stimmt die Zeit. Wir werden diese Sätze in dem Anhang, welcher einige Quellenmittheilungen enthalten soll, zum Abdrucke bringen.

---

2. Amalrich von Bena und seine Secte.

Die Aufregung, welche Gregor's VII. Eingriff in die Rechtssphäre des einzelnen wie des nationalen Lebens hervorrief, musste in einer Zeit, wo der Gestaltungstrieb im öffentlichen Leben so kräftig war, auf religiösem Gebiete auch Sectenbildungen zur Folge haben. Der unwahren

---

1) *Formicarium J. Nyder. Duaci 1602. lib. III, 5.*

Vergötterung der kirchlichen Autorität, welche man in so rücksichtsloser Weise dem Glauben zumuthete, wurde bald ebenso rücksichtslos die individuelle Anschauung gegenüber gestellt, und diese fand, wenn sie irgendwie dazu angethan war, bei der Menge, welche einmal aus der Stetigkeit des bisherigen Lebens herausgerissen war, einen empfänglichen Boden. Der Abfall von der Kirche wurde durch Umstände erleichtert, welche zum Theil auch die Voraussetzung für die neue Gewalt der Kirche selbst bildeten. Würde man den christlichen Glauben nicht vor allem als einen Glauben an die Autorität der Kirche gepredigt, würde man einen Glauben gefordert haben, der seiner selbst sich unmittelbar gewiss ist, die Kirche würde jetzt nicht einen so plötzlichen Umschlag von der blinden Unterwürfigkeit in offenbare Feindschaft bei vielen Tausenden erlebt haben. Dazu kam, dass sie sich selbst durch ihre Verweltlichung in einen so grellen Widerspruch mit ihrer Idee gebracht hatte. Es bedurfte nur noch eines Zuflusses häretischer Elemente von aussen her, wie ihn die Völkerströmung in den Kreuzzügen mit sich brachte, und dem willkürlichsten und gefährlichsten Subjectivismus auf religiösem Gebiete war auch im Abendlande die Bahn eröffnet.

Die Secten des Mittelalters, wenn sie sich nicht wie die Waldenser auf den Boden der Schrift stellten, suchten meist entweder in den Theoremen des Dualismus oder in denen des Pantheismus ihren Rückhalt. Von ihnen haben die im 12. und 13. Jahrhundert sehr zahlreichen Neu-Manichäer oder Katharer wenig Verwandtschaft mit der deutschen Mystik; andere Secten übten grösseren Einfluss, Secten, deren Mystik ebenso wie die mehr kirchliche in den Lehren des Dionysius und Erigena wurzelt. Aber während jene den in den genannten Lehrsystemen verhüllten Pantheismus nun offen bis zum vollen Widerspruch mit den Lehren der Kirche ja des Christenthums selbst ausprägt, sucht diese ihn zu überwinden und sich soviel als möglich im Einklang mit der kirchlichen Lehre zu erhalten.

Der erste bedeutende Vertreter häretischer Mystik, welchen wir für unsere Geschichte in's Auge zu fassen haben, ist Amalrich von Bena, ein Magister der Theologie zu Paris um das Jahr 1200. Eine etwas unvollständig ausgerüstete und zu weit gehende Kritik hat, wie wir gesehen haben, für Amalrich nur Eine Lehre als mit Sicherheit bezeugt stehen lassen und die Lehren seiner Anhänger von den seinen streng geschieden wissen wollen. Wir haben nachgewiesen, dass mit Sicherheit drei seiner Sätze bezeugt sind, und es wird sich zeigen, dass auch die Lehren seiner Anhänger im wesentlichen schon die seinigen gewesen sein müssen.

Jene drei Sätze Amalrich's sind:

Gott ist Alles.

Jeder Christ muss glauben er sei ein Glied Christi und dieser Glaube ist ebenso nothwendig zur Seligkeit wie der Glaube an die Geburt und den Tod des Erlösers.

Den in der Liebe stehenden wird keine Sünde zugerechnet.[1]

Diesen Sätzen des Meisters stellen wir gleich die seiner Anhänger zur Seite, für welche die Quellen reichlicher fliessen. Wir finden ihre Lehren vorzugsweise in einem alten Verzeichniss bei Martene und Durand,[2] und in den Berichten der gleichzeitigen Schriftsteller Cäsar von Heisterbach[3] und Guilelmus Armoricus.[4] Die dreierlei Berichte bekunden durch Einzelheiten, dass sie mittelbar oder unmittelbar auf den gerichtlichen Acten ruhen. Dass sie im wesentlichen das Richtige über die Lehren der Amalrikaner enthalten, ergibt sich aus dem inneren Zusammenhang, in welchem die Sätze stehen, und den darzulegen nicht in der Absicht der Aufzeichner lag. Für Unrichtigkeiten im einzelnen bietet die Vergleichung der Sätze untereinander die Möglichkeit der Zurechtstellung.

Unter den Sätzen der Amalrikaner vergleicht sich der dritte des oben genannten Verzeichnisses dem ersten Satze Amalrich's. Dieser hatte gelehrt, dass Gott alles sei, und als ein Satz der Amalrikaner wird angegeben: „Alles ist Eines, weil, was da ist, Gott ist." Wenn nun fortgefahren wird, dass dieser Ansicht gemäss einer der Schuldigen gesagt habe: er, soferne er sei, könne nicht verbrannt werden, da er in dem, dass er sei, Gott sei;[5] so scheint dieser Zusatz vorauszusetzen, dass die

---

1) 1. *Deus est omnia.*
2. *Quod quilibet christianus teneatur credere se esse membrum Christi, nec aliquem posse salvari qui hoc non crederet, non minus quam si non crederet Christum esse natum et passum, vel alios fidei articulos, inter quos articulos ipse hoc ipsum audacter audebat dicere adnumerandum esse.*
3. *Quod in charitate constitutis nullum peccatum imputetur.*

2) *Martene et Durand, Thesaurus novus anecdotorum Tom. IV f. 163.*

3) *Illustr. miraculorum et historiarum memorabilium Libr. XII. Lib. V, 22.*

4) s. o. Was ausser den genannten noch an Quellennotizen vorhanden, hat Chr. U. Hahn, Geschichte der Ketzer im Mittelalter, Bd. 3. Stuttg. 1850, mit grossem Fleisse gesammelt. Ebenso verdienstlich ist hier und besonders bei David von Dinant Krönlein's Arbeit a. a. O.

5) *Hi e contra, omnia unum, quia quicquid est, est Deus. Unde quidam*

Stofflichkeit des Leibes, welche dem Verderben unterliegt, als ein Nichtseiendes von ihm betrachtet wurde. Dies würde auf die platonische und neuplatonische Lehre von der Materie als einem Nichtseienden hindeuten, und würde zugleich den Zusammenhang der Lehre Amalrich's mit jener Erigena's bestätigen, welcher auf Grund der aristotelischen Anschauung die Form als das Princip des Seins der Dinge bezeichnet hatte.[1] Dieser Zusammenhang mit Erigena wird uns aber auch noch durch eine bisher übersehene Stelle bei Thomas Aquin bekräftigt, nach welcher die Amalrikaner Gott als das formale Princip aller Dinge bezeichnet haben sollen.[2] Dieselbe Ansicht liegt auch dem vierten Satze des Verzeichnisses bei Martene zu Grunde, nach welchem Gott, sofern er den Creaturen sichtbar wurde, durch äusserliche Accidentien zerstörbar war.[3]

Nur eine unmittelbare Anwendung der pantheistischen Grundanschauung war es, wenn die Amalrikaner Gott oder wie der Ausdruck lautet, den Leib Christi schon vor der Consecration im Brode des Altars sein liessen,[4] da ihnen Gott in jeder Sache gegenwärtig war, oder wenn sie sagten, Gott habe ebenso in Ovid wie in Augustin geredet,[5] oder Christus sei in keiner andern Weise Gott gewesen als wie jeder Mensch[6]; und eine Consequenz ihrer Auffassung von der Materie als einem Nichtseienden scheint es zu sein, wenn sie Auferstehung, Paradies und Hölle läugneten.[7]

---

eorum nomine Bernardus ausus est affirmare, se non posse cremari incendio, nec alio torqueri supplicio, in quantum erat, quia in eo quod erat, se deum dicebat.

1) S. oben S. 162.

2) *Summa theolog. Patavii 1698. Quaest. III, Art. 8: Alii autem dixerunt, Deum esse principium formale omnium rerum et hoc dicitur fuisse opinio Amalrinorum.*

3) *Tum Deus visibilibus erat indutus instrumentis, quibus videri poterat a creaturis, et accidentibus corrumpi poterat extrinsecis. Thes. 4.*

4) *Corpus Christi ante verborum prolationem visibilibus panis accidentibus subesse. ib. Thes. 5. cf. Caesar v. Heisterbach: Dicebant non aliter esse corpus Christi in pane altaris quam in alio pane et in qualibet re.*

5) *Caes. v. Heisterbach.*

6) *Item Filius incarnatus, id est visibili formae subjectus, nec aliter illum hominem esse Deum quam unum ex eis cognoscere voluerunt.* Thes. 6 des Verz. Daraus erklärt sich auch der Satz aus Rob. Gaguin bei Krönlein: *Amalricus — palam docuit, quosque christianos membra Christi corporis esse, et dum a Judaeis Christus pateretur, una cum ipso dolorem atque afflictionem fuisse revera perpessos.*

7) *Negabant resurrectionem corporum, dicentes nihil esse paradisum neque*

Die bisher angeführten pantheistischen Sätze würden für die Bildung einer Secte nicht hingereicht haben. Um dem Verlangen nach einer von der Kirche gesonderten Gemeinschaft als Mittel zu dienen, musste dieser Pantheismus noch in besonderer Weise entwickelt werden. Mit Verwerfung der kirchlichen Dreieinigkeitslehre lehrten daher die Amalrikaner eine successive und sich steigernde Offenbarung Gottes in der Geschichte und gaben derselben je nach ihren Stufen die Bezeichnung des Vaters, des Sohnes und des heiligen Geistes. Mit der Incarnation Gottes in Abraham beginnt die Zeit des Vaters, mit der Incarnation in Maria offenbarte sich Gott als Sohn, mit der Incarnation in den Amalrikanern offenbart sich Gott als heiliger Geist.[1] Diese Lehre von den drei Zeitaltern der Vaters, des Sohnes und des Geistes, welche auch bei dem gleichzeitigen Joachim von Floris, aber hier nicht in pantheistischer Auffassung, sich findet, muss nun in ihrer weiteren Exposition dazu dienen, dem Antinomismus der Amalrikaner, sowie ihrer oppositionellen Stellung zur damaligen Kirche eine religiöse Rechtfertigung zu geben. Denn wie mit dem Eintritt des Zeitalters Christi, so lehrten sie, das mosaische Gesetz, so hätten mit dem Eintritt des Zeitalters des heiligen Geistes die Sacramente des neuen Bundes ihre Kraft und Bedeutung verloren.[2]

Sie verwarfen die Sacramente und alle äusserlichen Handlungen, sofern durch sie das Heil vermittelt werden sollte. Der heilige Geist wirke innerlich ohne äusserliche Mittel.[3] Auch der Heiligendienst musste ihnen von ihrem pantheistischen Standpunkte aus als eine

---

infernum, *sed qui haberet cognitionem Dei in se, quam ipsi habebant, haberet in se paradisum, qui vero mortale peccatum, haberet infernum in se sicut dentem putridum in ore. Caes. v. Heisterb.*

1) *Pater a principio operatus est sine Filio et Spiritu Sancto usque ad eiusdem Filii incarnationem. ib. thes. 1. Pater in Abraham incarnatus, Filius in Maria, Spiritus sanctus in nobis quotidie incarnatur. ib. thes. 2.*

2) *Quod potestas patris duravit quamdiu viguit lex Mosaica; et quia scriptum est: Novis supervenientibus abjicientur vetera, postquam Christus venit, aboleverunt omnia Testamenti veteris sacramenta, et viguit nova lex usque ad illud tempus. In hoc ergo tempore dicebant Testamenti novi sacramenta finem habere, et tempus sancti Spiritus incepisse, quo dicebant confessionem, baptismum, eucharistiam et alia sine quibus salus haberi non potest, locum de caetero non habere, sed unumquemque tantum per gratiam Spiritus sancti interius, sine actu aliquo exteriori, inspiratum salvari posse. Guil. Arm.*

3) s. vor. Satz.

götzendienerische Thorheit erscheinen.¹ Da sie das Heil vornehmlich in der in ihrer Secte herrschenden Erkenntniss oder Aufklärung sahen, so erklärt sich damit zugleich die in dem achten Satze des Verzeichnisses ausgesprochene Ansicht, dass die Geburt in ihrer Secte die Taufe ersetze.² Diese höhere Erkenntniss in ihrer Secte galt ihnen als die Offenbarung des göttlichen Geistes. Mit ihr, so sagten sie, sei die Auferstehung der Todten eingetreten; eine andere sei nicht zu erwarten.³

Erwägen wir von den bisher dargelegten Sätzen aus den zweiten Satz des Amalrich, „jeder müsse glauben, er sei ein Glied Christi, und dieser Glaube sei ebenso nothwendig zur Seligkeit wie der Glaube an die Geburt und den Tod des Erlösers", so soll dieser Satz, welcher pantheistisch im Lichte des ersten Satzes des Amalrich verstanden sein will, nach der Art, wie er betont wird, den bisherigen Glauben als lückenhaft darstellen. Eine neue Offenbarung ist jetzt geschehen, das Zeitalter des heiligen Geistes ist gekommen, die Zeit der Incarnation des Geistes in den Gliedern ihrer Secte. Sie sind jetzt die Stätte der Offenbarung Gottes, wie sie ehedem Christus war; sie sind jetzt der Christ.

Den Amalrikanern wird nun aber noch von Guilelmus Armoricus und von Cäsar von Heisterbach der Satz zugeschrieben, dass das, was sonst Sünde sei, dann es nicht mehr sei, wenn es in der Kraft der Liebe geschehe. Versteht man diesen Satz im Lichte der bereits besprochenen, so heisst er: die zur Secte Gehörigen sind solche, in denen der heilige Geist Fleisch geworden ist. Die Regungen ihres Willens sind Regungen des göttlichen Willens. Die Regungen fleischlicher Liebe sind deshalb auch keine Sünde, weil sie Regungen des Geistes Gottes in uns sind. Dass der Satz in diesem Sinne gemeint und dass die freie sinnliche Liebe unter dem Schilde dieses Satzes bei ihnen in Uebung gewesen sei, geht aus beiden Berichten hervor⁴ und es hat das auch

---

1) *Altaria sanctis statui et sacras imagines thurificari, idolatriam esse dicebant; eos qui ossa martyrum deosculabantur subsannabant. Caes. v. Heist.*

2) *Bonorum baptismatis non egere parvulos ex eorum sanguinibus propagatos, si suae conditionis mulieribus carnali possent copula commisceri.*

3) *Spiritus sanctus in eis incarnatus, ut dixerunt, eis omnia revelabat, et haec revelatio nihil aliud erat quam mortuorum ressurrectio. Inde semetipsos jam resuscitatos asserebant, fidem et spem ab eorum cordibus excludebant, se soli scientiae mentientes subjacere.* thes. 7 des Verz.

4) *Charitatis virtutem sic ampliabant, ut id quod alias peccatum esset, si in virtute fieret charitatis, dicerent jam non esse peccatum. Unde et stupra et adulteria et alias corporis voluptates in charitatis nomine committebant, mulieribus*

nichts unwahrscheinliches, da dieselbe Lehre mit ihren Wirkungen, wie wir sehen werden, in der späteren Geschichte dieser Secte wiederkehrt. Eben dieser Satz der Amalrikaner wird aber auch schon dem Amalrich zugeschrieben, denn er lehrte, wie der dritte der oben mitgetheilten Sätze sagt: dass den in der Liebe stehenden keine Sünde zugerechnet werde.

So ist es uns schon durch den Vergleich der Sätze des Meisters und der Jünger sehr nahe gelegt, anzunehmen, dass bereits Amalrich selbst alle die Lehren aufgestellt habe, welche man nachher bei seinen Anhängern fand. Auf denselben Gedanken kommt man, wenn man die äusseren Umstände in Erwägung zieht.

Amalrich war in Bena in der Diöcese Chartres geboren und las gegen Ende des 12. Jahrhunderts in Paris erst über Philosophie, dann über Theologie. Aufsehen erregte bei seinem Leben nur sein Satz von der Gliedschaft der Gläubigen am Leibe Christi. Der bischöfliche Kanzler besass damals eine fast unbeschränkte Macht über die theologischen Schulen zu-Paris. Neben der theologischen bischöflichen Schule und jener der Victoriner bestanden noch die Schulen auf dem Berge der heiligen Genovefa. Hier, wo einst Abälard seine Schule gehabt hatte, wurde besonders die Dialektik betrieben und eine freiere Richtung gepflegt.[1] An einer dieser zuletzt bezeichneten Schulen wird Amalrich Lehrer gewesen sein. Er wird als ein subtiler Dialektiker gerühmt. Dass er mit seinen Lehren in den Anschauungen des Johannes Erigena wurzele, darauf haben wir oben hingewiesen; es war dies auch die Meinung der Pariser Magister und des Bischofs Odo von Tusculum,[2] den wir

---

cum quibus peccabant, et simplicibus, quos decipiebant, impunitatem peccati promittentes, Deum tantummodo bonum et non justum praedicantes. Guil. Arm. — Sic aliquis est in Spiritu sancto, ajebant, et faciat fornicationem aut aliqua alia pollutione polluatur, non est ei peccatum, quia ille Spiritus, qui est Deus, omnino separatus a carne, non potest peccare, et homo, qui nihil est, non potest peccare, quam diu ille Spiritus, qui est Deus, est in eo. Ille operatur omnia in omnibus. Unde concedebant, quod unusquisque eorum esset Christus et Spiritus sanctus. Caes. v. Heist.

1) *cf.* Thurot, *de l'organisation de l'enseignement dans l'université de Paris au moyen-age.* Par. 1850. p. 3 ff.

2) *Lectura sive Apparatus dom. Hostiensis etc. sub tit.:* „Reprobamus": *Impii Amalrici dogma istud colligitur in libro magistri Joannis Scoti, qui dicitur peri physion i. e. de natura. Quem secutus est ille Almaricus, de quo hic loquimur. — In quo libro, qui et per magistros damnatus fuit Parisius — —. Dictum*

später als Inquisitor des Papstes bei der Verurtheilung joachitischer Meinungen treffen werden. Im J. 1225 verdammte denn auch, wahrscheinlich auf Veranlassung des genannten Odo, Honorius III. die Hauptschrift des Erigena περὶ φύσεως oder *de divisione naturae*.[1] Wie weit Amalrich öffentlich die kirchliche Redeweise abgestreift und den nackten Pantheismus gelehrt habe, lässt sich nicht näher bestimmen. Doch ist er keinesfalls öffentlich so weit gegangen, als er dies bei seinen vertrauten Anhängern that, aber immerhin weit genug, um die Befehdung anderer Magister und eine Anklage des bischöflichen Kanzlers, der die Aufsicht über die Schulen hatte, gegen sich hervorzurufen. Was zunächst Anstoss erregte, scheint seine Lehre von der Gliedschaft der Gläubigen an dem Leibe Christi gewesen zu sein.

Wenn Guilelmus Armoricus nur diese Lehre von ihm hervorhebt, so beweist das nicht, dass er sonst nichts anstössiges gelehrt hat, sondern zunächst nur, dass er es nicht öffentlich gethan hat. Amalrich sah sich genöthigt, sich wegen jener Lehre in Rom selbst zu verantworten. Innocenz III., dem eine Anklageschrift seiner Gegner vorlag, entschied 1204 gegen ihn, und Amalrich, nach Paris zurückgekehrt, musste widerrufen. Nicht lange hernach starb er und erhielt bei dem Kloster St. Martin des Champs ein kirchliches Begräbniss.

Kurze Zeit nach dem Tode Amalrich's kam man der von ihm gegründeten Secte auf die Spur. Wir legen bei der Erzählung des Schicksals, das sie traf, den Bericht des Cäsar von Heisterbach zu Grunde, der sich hier wenigstens auf das genaueste unterrichtet zeigt.

Ein Mitglied der Secte, Wilhelm der Goldschmied, kam im Jahre 1209 auf Antrieb des Herrn, wie er sagte, zu dem Magister Rudolf von Nemours, um diesem die Kunde von der Incarnation des heiligen Geistes und der neuen Gemeinschaft zu bringen. Er gab sich selbst für einen der sieben neuen Propheten aus, durch welche vor allen der Geist sich offenbare. Innerhalb der nächsten fünf Jahre, so verkündete er, würden vier Plagen kommen: Hunger werde das Volk heimsuchen, durchs Schwert würden die Fürsten fallen, die Erde werde sich aufthun

---

autem librum (Joannis Scoti) exposuit errores singulos condemnando venerabilis pater dominus Oddo, episcopus tusculanus, a quo et habuimus hanc doctrinam.

1) Bulle v. 23. Jan. 1225: *libellum, qui Perifisis titulatur et inventus est scatens vermibus haereticae pravitatis.* Die Bischöfe sollen überall dem Buche nachspüren und die Exemplare zum Verbrennen nach Rom schicken oder selbst sie öffentlich verbrennen. *Chronic. Alberici Trium Fontium* bei *Bouquet l. c. Tom. XXI. ad a. 1225.*

und die Bürger verschlingen, Feuer vom Himmel werde die Prälaten
verzehren. Die Prälaten seien Glieder des Antichrist, das ist des
Papstes, und Rom sei Babylon; der Antichrist sitze auf dem Oelberge,
d. i. in der Fülle der Macht. Dem Könige von Frankreich aber und
seinem Sohne würden alle Reiche unterworfen werden, er werde nicht
sterben; er werde 12 Brode empfangen, nämlich das Verständniss der
Schrift und Gewalt.

Auf die Frage des Magisters Rudolf, ob das auch andern offenbart
worden sei, nannte der Prophet ihm nicht weniger als 13 Geistliche.
Rudolf erheuchelte Zustimmung und theilte die Sache dem Abt von
Sanct Victor und zwei andern Vertrauten mit, worauf man beschloss,
den Bischof Petrus von Paris, den Rath des Königs Frater Garinus[1]
und einige Magister der Theologie davon in Kenntniss zu setzen. Von
diesen beauftragt gesellten sich nun Rudolf und ein anderer Priester
den Amalrikanern scheinbar als Anhänger bei und durchzogen mit
diesen drei Monate lang die Bisthümer Paris, Langres, Troyes und das
Erzbisthum Sens, wobei sie fanden, dass die Secte sehr viele Anhänger
zähle. Um unbezweifeltes Vertrauen zu finden, stellte sich Rudolf zuweilen selbst als ein Verzückter, trat in ihren Conventikeln auf und
gelobte einer ihrer Verkünder zu werden.[2] Als der Bischof so durch
Rudolf hinreichend orientirt war, liess er eine bestimmte Zahl der
Sectirer in der Provinz aufgreifen — nur einer der von Rudolf genannten befand sich damals in der Stadt — und berief eine Synode nach
Paris. Die Synode, welche im Jahre 1209 stattfand, und bei welcher der
Erzbischof von Sens, Peter von Corbeille, der Bischof von Paris und noch
mehrere andere Bischöfe anwesend waren, verurtheilte neun Geistliche
und Wilhelm den Goldschmied zum Tode, vier Geistliche zu lebens-
länglichem Gefängniss. Die zum Tode Verurtheilten oder, wie die
gewöhnliche Formel lautete, die als Häretiker dem weltlichen Arm
Uebergebenen wurden am 21. November 1209 auf dem „Felde"
(campellus) vor Paris verbrannt. Amalrich wurde von der Synode
excommunicirt. Seine Gebeine sollten wieder ausgegraben und auf das
Feld geworfen werden, da sich unzweifelhaft ergeben hatte, „dass er
der Stifter der Secte" war. Dieselbe Synode verurtheilte zugleich eine

---

1) *Guil. Arm.*

2) *Ut itaque ipsi haeretici plene de ipso magistro Rudolpho confiderent,
quandoque vultu elevato se spiritu in coelum raptum simulabat, et postea aliqua
se vidisse dicebat, quae in conventiculis eorum narrabat, et publice eadem fidem
de die in diem se praedicaturum spopondit.*

Schrift des David von Dinant, des Aristoteles Bücher über die Naturphilosophie, einige in der Volkssprache geschriebene theologische Schriften sowie ein französisches jedenfalls umgeändertes apostolisches Glaubensbekenntniss und Vaterunser.[1]

Wenn Guilelmus Armoricus von Amalrich nur die eine Lehre von der Gliedschaft am Leibe Christi hervorhebt, und dann fortfährt: nach seinem Tode hätten Einige, von dem Gift seiner Lehre angesteckt, neue und unerhörte Irrthümer erdichtet, von denen er dann die wichtigsten der von uns angeführten aufzählt: so hat es ganz den Anschein, als seien gerade die am meisten charakteristischen Lehren der Amalrikaner, gerade die, welche die Secte zur Secte machten, erst nach Amalrich's Tode aufgebracht und aus jenem pantheistisch aufzufassenden Satze von der Gliedschaft am Leibe Christi abgeleitet worden. Allein gegen diese Angabe des Guilelmus sprechen sehr gegründete Bedenken, wie mir scheint. Es ist nicht wohl denkbar, dass obiger Satz nicht mit dem andern von den drei Zeitaltern des Vaters, des Sohnes und des Geistes zugleich gedacht worden sei. Auch sahen wir, dass einer von den Irrthümern, welche dem Guilelmus zufolge nach dem Tode des Amalrich aufgestellt worden sein sollen, nach einer andern Quelle schon dem Amalrich selbst zugeschrieben wird. Und wie soll man angesichts des Synodalbeschlusses, welcher die Gebeine Amalrich's wieder auszugraben und zu entweihen befahl, angesichts der eigenen Worte des Guilelmus Armoricus: es habe sich unzweideutig herausgestellt, dass die Secte von Amalrich ihren Ursprung habe, und endlich angesichts der Bulle Innocenz' III. vom J. 1215, welche das Dogma des Amalrich nicht bloss ein häretisches, sondern ein geradezu wahnsinniges nennt[2]: nicht auf

---

1) *Decreta Magistri Petri de Corbolio Senonensis archiepiscopi, Parisiensis episcopi et aliorum episcoporum Parisius congregatorum super haereticis comburendis et libris non catholicis penitus destruendis.* Bei *Martene et Durand l. c. IV, f. 164 — — Quaternuli magistri David de Dinant infra natale episcopo Parisiensi afferantur et comburantur, nec libri Aristotelis de naturali philosophia nec Commenta legantur Parisius publice vel secreto. Et hoc sub poena excommunicationis inhibemus. Apud quem invenientur quaternuli David a natali Domini in antea, pro haeretico habebitur. De libris theologicis scriptis in Romano praecipimus quod episcopis dioecesanis tradantur, et Credo in Deum et Pater noster in Romano praeter vitas sanctorum. Et hoc infra Purificationem, quia apud quem invenientur pro haeretico habebitur.*

2) *Reprobamus etiam et condemnamus perversissimum dogma impii Amalrici, cujus mentem sic pater mendacii excaecavit, ut ejus doctrina non tam haeretica quam insana sit censenda.* Bei **Böhmer**, *Corpus juris canonici II, p. 4.*

die Vermuthung kommen, dass es nicht jener Satz allein gewesen sein könne, um dessen willen man jetzt so über ihn urtheilte. Zu dem allen kommt aber noch ein weiterer Umstand, welcher des Guilelmus Angabe ganz unwahrscheinlich macht. Er liegt in der Kürze der Zeit, welcher von Amalrich's Tode bis zur Synode verlief. Selbst wenn wir Amalrich's Tod auf das Jahr 1205 zurücksetzen, so ist doch nicht wohl annehmbar, dass von da an bis zu Anfang des Jahres 1209 Amalrich's pantheistische Lehre nicht nur zu jenen Sätzen der Amalrikaner sich fortentwickelt, sondern auch die Secte auf Grund derselben organisirt und dann noch durch vier bischöfliche Diöcesen verbreitet worden sein und zahlreiche Anhänger gewonnen haben soll. Reicht aber die Gründung der Secte, welche ohne die mitgetheilten charakteristischen Lehren nicht denkbar ist, noch in Amalrich's Zeit hinein, dann kann nicht bezweifelt werden, dass er selbst die wesentlichsten der den Amalrikanern zugeschriebenen Sätze bereits aufgestellt und die Bildung der Secte direct veranlasst habe.

Die Frage, wie die falsche Angabe des Guilelmus zu erklären sei, da er doch diese Dinge mit erlebt hatte, und zu Paris im Besitze der Mittel war, um das Richtige angeben zu können, lässt sich vielleicht beantworten. Guilelmus war königlicher Caplan, er schrieb seine Geschichte Philipp August's bei Lebzeiten dieses Königs und des Kronprinzen Ludwig, und Amalrich hatte die Gunst des Kronprinzen Ludwig genossen.[1] Rücksicht auf diesen mag es gewesen sein, dass er den grössten Theil des Schlimmen, das er über Amalrich zu sagen hatte, von diesem auf dessen Secte ablud.

Es waltet hier offenbar ein ganz ähnlicher wenn nicht der gleiche Grund vor, wie bei dem Lateranerconcil vom J. 1215, wo Innocenz III. das Dogma des Amalrich wohl als ein wahnsinniges bezeichnet, aber nicht nennt. Heinrich von Ostia gibt hiefür den merkwürdigen Grund an: es hätten zur Zeit des Concils noch einige Anhänger Amalrich's gelebt, die man anzutasten Scheu getragen habe. Und auch jetzt noch, so fährt er fort, und er schreibt um die Mitte des Jahrhunderts zur Zeit Ludwigs IX., des Sohnes jenes Kronprinzen und späteren Königs Ludwig's VIII., ist es rücksichtsvoller für die Autorität, jene Namen nicht zu nennen.[2] Das Ansehen von Priestern und Magistern anzu-

---

1) *Chron. Anonymi* bei *Bouquet XVIII, f. 714: Item sciendum quod ille magister Amalricus fuit cum Domino Ludovico, primogenito Regis Francorum, quia credebatur vir esse bonae conversationis et opinionis illaesae.*

2) *Lectura Hostiensis etc. f. 5*ᵇ. *Commentat. § Reprobamus: Si quaeras*

tasten hatte sich die Synode von Paris vom J. 1209 nicht gescheut, und würde sich sicher auch das Concil vom J. 1215 nicht gescheut haben. Es liegt nahe anzunehmen, dass Heinrich von Ostia hier an jenen Kronprinzen, den nachmaligen König Ludwig VIII., gedacht habe, der sich uns somit nicht blos als Begünstiger Amalrich's sondern auch als Anhänger von dessen Lehre herausstellen würde. Damit würde dann auch jene Prophetie Wilhelm's, welche dem Könige von Frankreich „und seinem Sohne" die Weltherrschaft und die Gabe höherer Erkenntniss verhiess, noch ein besonderes Licht erhalten.

Amalrich hat den bei Erigena verhüllten Pantheismus in seiner Geheimlehre ganz unverhüllt ausgesprochen; er hat ihn zugleich zur Grundlage für eine religiöse Gemeinschaft gemacht, welche sich der bestehenden Kirche feindlich gegenüber stellte, eine antinomistische und spiritualistische Richtung einschlug, und als Quelle der Wahrheit die Regungen des eigenen Herzens ansah. Diese Regungen galten als Wirkungen des mit der Welt identischen Gottes. Insoferne sie als für die Gemeinschaft massgebend gelten wollten, scheint als Kennzeichen für sie ein ekstatischer Zustand gefordert worden zu sein.[1]

3. David von Dinant.

Es war ohne Zweifel die Entdeckung der amalrikanischen Häresie, welche dieselbe Synode von Paris im Jahre 1209 zur Verurtheilung der Schriften (*quaternuli*) des David von Dinant, und zum Verbot von Vorlesungen über die erst jetzt in die Kenntniss des Abendlandes eingeführten naturphilosophischen Schriften des Aristoteles und der Commentare derselben veranlasste.[2] Sehr wahrscheinlich trugen zu diesem Verbot der naturphilosophischen Schriften des griechischen Philosophen, welchem Verbote dann durch den päpstlichen Legaten Robert 1215 das

---

quaere dogma istud (*Almarici*) *non fuit specificatum in hoc concilio? Respondeo in genere: quod Almaricus iste habuit quosdam discipulos tempore hujus concilii adhuc superstites, ob quorum reverentiam suppressum extitit dogma istud, quorum etiam nomina adhuc honestius est supprimere quam specialiter nominare.*

1) Vgl. die oben S. 181 Anm. 2 angeführte Stelle.
2) S. den Beschluss der Synode oben S. 182 Anm. 1.

der metaphysischen Schriften hinzugefügt wurde,[1] die Commentare bei, welche den Aristoteles im Sinne des Neuplatonismus umdeuteten;[2] denn man liess, als man mit dem wahren Inhalt der bezeichneten Schriften des Aristoteles vertrauter geworden war, jenes Verbot in Vergessenheit kommen, und es wurden im Jahre 1254 die Vorlesungen über die Physik und Metaphysik an der Universität wieder erlaubt. Man hatte allmählich erkannt, dass man in diesen Schriften vielmehr eine Hilfe wider den Neuplatonismus und die in demselben wurzelnden Häresien des Amalrich und David von Dinant besitze.

Dass Amalrich's Lehre auf dem Boden des Neuplatonismus und Erigena's stehe, scheint mir nach den oben angegebenen Darlegungen unzweifelhaft. In welchem Verhältniss aber steht zu Erigena und zu Amalrich David von Dinant? Ist er ein Anhänger der Lehre Amalrich's gewesen, wie man vielfach gemeint hat? Seine Schrift *de tomis*, welche Albertus Magnus wenigstens stückweise kannte, ist verloren. Der Titel erinnert an die Hauptschrift Erigena's *de divisione naturae*. Bei Thomas Aquin und Albertus Magnus findet sich noch eine Anzahl seiner Sätze.[3] Ueber David's Leben ist sehr wenig bekannt. Du Boulay führt ihn im Verzeichniss der Pariser Akademiker als Magister der Philosophie und Theologie an und sagt, dass er zu Anfang des 13. Jahrhunderts gelebt habe. Krönlein vermuthet, dass er zur Zeit der Pariser Synode 1209 schon gestorben gewesen, denn die Pariser Synode verurtheilt nur seine Schrift.

Bei dieser Dürftigkeit der Nachrichten über ihn ist ein Satz in dem Verzeichniss der Irrthümer der Secte vom neuen Geiste von Werthe, welcher uns sagt, dass David zur Zeit der Synode von 1209 noch gelebt hat; denn diese Thatsache lässt einen Schluss zu, dass David kein Anhänger der Lehre Amalrich's war, sondern eine unabhängige Stellung neben ihm behauptete, wie dies auch schon Krönlein aus seinen Sätzen richtig geschlossen hat. Der erwähnte Satz lautet: „Sagen, dass alle Creatur Gott sei, ist die Häresie Alexander's, welcher sagte, die *materia*

---

1) Bei *Du Boulay hist. univ. Paris. III, 82*: Non legantur libri Aristotelis de *Metaphysica* et *Naturali Philosophia*, nec Summa de eisdem, aut de doctrina *M. David de Dinant, aut Almarici Haeretici, aut Mauricii Hispani.*

2) Vgl. Ueberweg, Grundriss der Geschichte der Philosophie der patristischen und scholast. Zeit. Berl. 1868. S. 180 ff.

3) Sie sind am vollständigsten bei Krönlein a. a. O. S. 302 ff. zusammengestellt. Krönlein hat das frühere Material aus Thomas und Albert um die Hälfte vermehrt.

prima und Gott und der *νοῦς* seien Eine Substanz. Dieser Lehre folgte nachher David von Dinant, der zu unserer Zeit um dieser Häresie willen aus Frankreich fliehen musste und gestraft worden wäre, wenn man ihn ergriffen hätte."[1] Das Verzeichniss, dem dieser Satz entnommen ist, ist um die Mitte des Jahrhunderts verfasst, und rührt, wie oben zu zeigen versucht wurde, sehr wahrscheinlich von Albertus Magnus selbst her. Es ist zweifellos, dass die Strafe, welcher sich David durch die Flucht entziehen wollte, diejenige war, welche ihm von der Pariser Synode des Jahres 1209 drohte, denn nur so erklärt sich, dass die Synode nur seine Schrift verurtheilte, von ihm selbst aber schwieg. War aber David zur Zeit der Synode unter den Lebenden, dann kann er kein Mitglied der Secte der Amalrikaner gewesen sein, denn dann würde sein Name unter den hervorragenden Namen nicht fehlen, welche Wilhelm der Goldschmied jenem Rudolf, welcher die Untersuchung gegen die Secte veranlasste, genannt hat, und deren Verzeichniss wir noch besitzen.

Dass David dem Amalrich gegenüber eine selbständige Haltung eingenommen bei aller Verwandtschaft in der pantheistischen Grundanschauung, darauf deutet schon jene bei Amalrich's Lehre berührte Stelle des Thomas Aquin hin, die wir voranstellen wollen, indem wir jetzt zu einer Erörterung seiner Sätze übergehen.

Thomas Aquin sagt nämlich da, wo er in der Lehre von Gott die Frage behandelt, ob Gott Bestandtheil eines andern sei: dass es drei Irrthümer in dieser Frage gebe. Der eine mache Gott zur Weltseele; der andere, den man als die Meinung der Amalrikaner bezeichne, mache Gott zum Formalprincip aller Dinge; der dritte, und das sei der des David von Dinant, mache Gott zur *materia prima*.[2] In welchem Sinne dies David gemeint habe, lässt sich schon aus dem Satze des Verzeichnisses im Passauer Anonymus vermuthen, welchem wir die Notiz über Davids Flucht entnommen haben. Denn dort heisst es von

---

1) *Dicere, quod omnis creatura sit Deus, haeresis Alexandri est, qui dixit, materiam primam et deum et νοῦν h. e. mentem esse unam substantiam, quem postea quidam David de Dinanto secutus est, qui temporibus nostris pro hac haeresi de Francia fugatus est et punitus fuisset, si fuisset deprehensus.*

2) *Summa Pars I, Quaest. III, Art. VIII: — alii autem dixerunt, Deum esse principium formale omnium rerum et haec dicitur fuisse opinio Amalrinorum. Sed tertius error fuit David de Dinando, qui stultissime posuit deum esse materiam primam.*

David, er sei der Häresie Alexander's gefolgt, welcher gesagt habe: die *materia prima* und Gott und der *νοῦς* seien Eine Substanz.

Alexander, an den sich dem Albertus Magnus zufolge David von Dinant angeschlossen haben soll, ist wohl kein anderer, als der berühmte Aristoteliker Alexander von Aphrodisias, welcher um 200 nach Chr. die peripatetische Philosophie zu Athen lehrte. Nach ihm ist der *νοῦς ποιητικός*, welcher nach Aristoteles das Princip des Denkens in uns ist, identisch mit der Gottheit selbst. Derselbe Alexander hat dem Albertus Magnus zufolge in seiner Schrift *de principio incorporeae et corporeae substantiae* auch gelehrt, dass Gott das *Principium materiale* aller Dinge sei.

Ist es nach dieser Bezugnahme auf den Aristoteliker Alexander und nach den Berufungen auf Aristoteles, die bei David sehr häufig vorkommen, zweifellos, dass David von Gesichtspunkten aus, welche der peripatetischen Schule angehören, seine pantheistische Weltanschauung durchgebildet hat, dann darf David's Satz, dass Gott die *materia prima* sei, nicht in materialistischem Sinne gefasst werden, so nämlich, als hätte er das Geistlose zum Grunde aller Dinge gemacht.

Schon der Titel seiner Schrift „*de tomis*" erinnert, wie bereits hervorgehoben wurde, an die Hauptschrift des Erigena. Es wird sich zeigen, dass David einen Pantheismus gelehrt hat, wie er den Lehren des Dionysius und Erigena zu Grunde liegt und dass er denselben nur nach einer Seite hin entwickelt hat, nach welcher hin er von den bezeichneten Systemen nicht fortgebildet worden war, oder vielmehr, dass er einen Widerspruch philosophisch zu lösen bestrebt war, in welchem jene Systeme noch befangen waren. Er betraf das Verhältniss Gottes zu dem materialen Substrat der Dinge.

Wenngleich Aristoteles das letzte stoffliche Substrat für die Erscheinungswelt, die *materia prima*, in eine weit nähere Verwandtschaft zur Form setzt, als Plato, der es nicht als intentionvolle Potenz, sondern als ein Unbestimmtes und Leeres fasst, so hat er doch ebensowenig wie dieser das materiale Princip aus der höchsten schöpferischen Ursache abzuleiten verstanden. Und auch die Neuplatoniker kommen in dieser Beziehung über den Dualismus nicht hinaus. Anders scheint es bei Dionysius und Erigena, welche auf dem Neuplatonismus stehen. Sie reden häufig in der Sprache der christlichen Lehre von der Weltschöpfung, aber die Frage von dem Verhältniss der *materia prima*, als der Grundlage der Erscheinungswelt, zu Gott findet bei ihnen doch keine philosophische Lösung. Ebensowenig ist dies bei Amalrich von Bena der Fall, wie wir dies aus seinen Sätzen und denen seiner Secte schliessen können. Da ist es nun ein Fortschritt in der Entwicklungsgeschichte der pantheistischen Lehre des Mittelalters, wenn David den philosophisch noch unüberwundenen Rest des Dualismus zu überwinden versucht, indem er bemüht ist, die Materie aus der ersten Ursache abzuleiten, ohne dabei den Standpunkt des Idealismus zu opfern.

David will beweisen, dass die *materia prima* oder das Substrat für alle körperlichen Dinge, der νοῦς oder das Princip für alle Einzelseelen, und Gott als die Quelle der himmlischen Wesenheit eins und dasselbe seien.[1] Abstrahirt man von den körperlichen Dingen das, was

---

1) *Sunt quidam haeretici dicentes Deum et materiam primam et νοῦν sive mentem idem esse. Quod sic probant: quaecunque sunt et nullam differentiam habent eadem sunt. Idem enim est, ut dicit Aristot. 7 top., quod non differt differentia. Deus, νοῦς et materia prima sunt et nullam differentiam habent, ergo eadem sunt. Quod autem haec tria sint et plura principia rerum, ex hoc volebant probare, quod res sint triplices, scilicet materiales, spirituales et divinae nec ex uno principio proprio formabiles. Primum ergo principium formationis materialium est materia, ut dicunt, et primum principium formationis spiritualium, in quibus principium vitae est, dicunt, quod est νοῦς sive mens. Dicunt enim, quod omnia, quae sunt in uno genere, ex uno aliquo principio simplici formantur, ut patet in omnibus generibus entis, scilicet substantia, quantitate, qualitate et sic de aliis. Similiter divinum esse multiplex est, ut dicunt, et necesse est, quod aliquid ex aliquo uno formetur principio, et hoc dicunt esse Deum. Haec ergo tria sunt simplicia prima, et si sunt simplicia, nullam differentiam habent; quaecunque enim habent differentias, sunt composita. Et sic suam volunt probasse intentionem. Et in hoc errore fuit David de Dinanto. Alb. Magn. Summa part. I, tract. 6, quaest. 29 art. 2. Alexander etiam in quodam libello, quem fecit de principio corporeae et incorporeae substantiae, quem secutus est quidem David de Dinanto in libro, quem scripsit de tomis h. e. de divisionibus, dicit Deum esse principium materiale omnium. Quod probat sic: quia νοῦς h. e. substantia mentalis, primum formabile est in omnem substantiam incorpoream. Primum autem formabile in res alicujus generis primum materiale est ad illa; νοῦς ergo primum principium est ad omnes incorporeas substantias. Materia autem possibilis ad tres dimensiones primum formabile est in omnes corporales substantias; ergo est primum materiale ad illas. Quaero, si νοῦς et materia prima differant an non? — Si differunt, sub aliquo communi, a quo illa differentia egreditur, differunt, et illud commune per differentias formabile est in utrumque. Quod autem unum formabile est in plura, materia es' vel ad minus principium materiale; — — si ergo dicatur una(m) materia(m) esse materiae primae et νοῦς, erit primae materiae materia, et hoc ibit in infinitum. Relinquitur ergo, quod νοῦς et materia prima sunt idem. — Similiter Deus et prima materia et νοῦς aut differunt aut non. Si differunt, oportet, quod sub aliquo communi, a quo differentiae illae exeunt, differant, et sequitur ex hoc quo illud commune genus sit ad illa et quod hoc genus materialis principii sit notitia?*

Unterschied zwischen ihnen macht — die Form, so bleibt ein gemeinsames Substrat eine *materia prima*, die eben weil alles Determinirende von ihr weggedacht ist, nichts ist als reines Sein ohne Form. Auf denselben Punkt aber kommt man, wenn man von den Seelen auf deren gemeinsamen Grund den νοῦς, und von den himmlischen oder ewigen Substanzen auf deren gemeinsamen Grund auf Gott zurückgeht. Sind aber die *materia prima*, der νοῦς und Gott in ihrem letzten Grunde jedes ein unterschiedsloses Sein, so sind sie nicht dreierlei, sondern eins und dasselbe.

Wir besitzen nicht mehr die Mittel um bestimmen zu können, wie David dieses formlose reine Sein nun doch näher zu erklären versuchte und auf welche Weise er aus dieser Einheit die drei von ihm angeführten verschiedenen Gattungen des Seins ableitete; wir sehen aber, dass er auf diese Weise ganz zu derselben letzten Quelle alles Seienden gelangt, von der auch der Neuplatonismus ausgeht, und die Frage ist nicht, ob er dieses letzte und höchste Sein materialistisch fasse — denn dass dies nicht der Fall sei, geht ja schon daraus hervor, dass er die Form oder das Unterschiedmachende nicht als etwas nur den körperlichen Dingen Inhärirendes auffasst, — sondern die Frage ist, wie es komme, dass David es so sehr betont, dass die *materia prima* und Gott eines und dasselbe seien? denn dass die Geltendmachung dieses Satzes der Hauptzweck seiner philosophischen Deductionen gewesen, geht daraus hervor, dass Albert und Thomas kein anderes als dieses sehr vielfach von ihm variirte Thema hervorzuheben wissen.

Er konnte seinen Gedanken, dass auch die materielle Welt ein Bestandtheil Gottes, und nur eine von der geistigen Welt verschiedene Existenzform Gottes sei, entweder gegen den Manichäismus der Katharer, welche in der Materie das Princip des Bösen sahen, oder gegen den Neuplatonismus geltend machen wollen, welcher letztere in der Materie zwar nicht das Böse, aber das geringe und schlechte Sein oder einen Abfall des Seins und einen Anlass zum Bösen sah. Bei Dionysius und Erigena war diese Geringschätzung des materiellen Seins

---

ad illa, et quod primorum materialium sit materia, quod inconveniens est, sicut prius habitum est. Et ex hoc videtur relinqui, quod Deus et νοῦς *et materia prima idem sunt secundum id quod sunt, quia quaecunque sunt et nulla differentia differunt, eadem sunt. Deus autem et* νοῦς *et materia prima sunt et nulla differentia differunt ut iam probatum est; ergo eadem sunt, dicente Aristotele etc. Ab. M. Summa theol. I, tract. 4, quaest. 20, membr. 2.* Vgl. die andern gleichart. Stellen b. Krönlein a. a. O. S. 304 ff.

der Ausgangspunkt für eine Ethik geworden, welche der christlichen Unterscheidung von Fleisch und Geist und der Forderung der Ertödtung des Fleisches zu entsprechen schien. Bei David nun hat es die höchste Wahrscheinlichkeit für sich, dass er seinen Satz so sehr betont habe, um im Unterschied von jenen auch die Regungen der sinnlichen Natur als göttliche Regungen zu rechtfertigen. Diese Wahrscheinlichkeit ist einestheils in dem Umstand begründet, dass er mit seinem Pantheismus vollen Ernst machte und ihn unverhüllt aussprach, andrerseits in der Auffassung der Zeitgenossen, welche in David eine in der Gattung mit Amalrich gleiche und nur in der Art verschiedene Erscheinung sahen.

So liesse sich Davids Stellung zum Neuplatonismus des Dionysius und Erigena dahin zusammenfassen, dass er ganz auf dieser Basis stehe, dass er aber dessen Consequenzen seinen beiden christlichen Vertretern gegenüber philosophisch strenger und allseitiger noch, als es Amalrich that, gezogen habe, und dass er dies mit Hilfe von Sätzen gethan habe, wie sie ihm die durch das Bekanntwerden neuer Schriften des Aristoteles mit Eifer betriebene Philosophie dieses Meisters darbot.

Die Anlehnung an Aristoteles und seinen Exegeten Alexander von Aphrodisias aber hat auch noch nach einer andern Seite hin in den Neuplatonismus des Dionysius und Erigena grössere Klarheit gebracht und ist in dieser Hinsicht für die spätere Mystik von Bedeutung geworden. David führt die Mystik des Neuplatonismus von den vagen und überschwänglichen Formeln von der Vereinigung mit der höchsten Einheit auf eine klarere an die Terminologie jenes Meisters sich anschliessende Formel zurück. Aristoteles sah in der Form das Wesen des Dinges. Die Dinge erkenne ich, so deducirt nun David,[1] durch Aneignung ihrer Form. Ihre Aneignung geschieht durch Assimilation. Ich abstrahire ihre Form von ihnen, reproducire sie in mir, und so ist das thatsächliche Wissen das Erkannte selbst. Der Erkennende und das Erkannte sind Eins, insofern ja das Wesen des Erkannten das ist, was den Erkennenden zum Erkennenden macht. Nun sind aber die ὕλη

---

1) *Intellectus intelligit Deum et ὕλην sive materiam, sed nihil intelligit intellectus, nisi per assimilationem ad ipsum; oportet igitur, quod assimilatio sit intellectus ad Deum et ὕλην. Haec autem assimilatio vel est per identitatem vel per simplicem assimilationem. Sed non est per simplicem assimilationem, quia assimilatio non fit nisi per formam abstractam ab eo, quod intelligitur, ὕλη autem et Deus nullam habent formam. Si ergo intelliguntur, oportet, quod per identitatem, quam habent ad intellectum, intelligantur. Intellectus igitur et ὕλη et Deus idem sunt in substantia. Alb. Summa II. tract. 12. quaest. 72. membr. 4. art. 2.*

oder die Materie und Gott ohne Form. Will ich sie erkennen, so kann ich sie nur erkennen, insofern ich mich mit ihnen verbinde. Mich ihnen durch die Form zu verbinden vermag ich nicht, da sie formlos sind. So bleibt nur übrig, dass ich mich der Substanz nach mit ihnen verbinde. Es muss also der *νοῦς* selbst formlos werden, auf seine eigene Formlosigkeit zurückgehen, es muss das formlose Sein mit dem formlosen Sein identisch werden. Also nur insofern ich identisch mit der *ὕλη* und Gott werde, nur insofern ich blosse *essentia* ohne alle Form werde, kann ich Gott und die *ὕλη* erkennen. Ich vermag dies aber, weil der Grund des *νοῦς*, und die *ὕλη* und Gott ein und dasselbe sind in der Substanz.

Wir werden sehen, wie sehr die Frage der Erkenntniss Gottes *per essentiam* die spätere Mystik beschäftigt, und wie nahe sich diese mit den Formen, unter denen David von Dinant die Frage beantwortet, berührt.

4. Die Ortliebarier.

Mit der Lehre Amalrich's von Bena berührt sich vielfach die Lehre eines andern Sectenhauptes, des Ortlieb von Strassburg; doch ruht sie auf andern Grundlagen und es ist unrichtig, wenn man sie mit der Lehre Amalrich's identificirt. Ueber Ortlieb wissen wir nur, dass er mit seiner Lehre von Innocenz III. verurtheilt wurde. Wir lesen in Cäsar von Heisterbach, dass zehn Häretiker zur Zeit dieses Papstes zu Strassburg verbrannt wurden, nachdem sie durch die Probe mit dem glühenden Eisen „überführt worden waren"[1], und die Strassburger Annalen[2] berichten, dass im J. 1215 viele Ketzer in Strassburg verbrannt worden seien. Es könnten der Zeit nach Ortliebarier oder es könnte wenigstens eine Anzahl derselben unter jenen Unglücklichen gewesen sein. Die Secte scheint sich nicht lange erhalten zu haben. Manche ihrer Anhänger mögen sich den bald auch im Elsass mächtiger auftretenden und in der Lehre verwandten Brüdern des neuen Geistes angeschlossen haben.

Mehrere Sätze der Ortliebarier erinnern an den Pantheismus der

---

1) *l. c. lib. III, cap. XVII* cf. Schluss des vorhergehenden Capitels.
2) Bei Böhmer, *Fontes rerum germ. II.*

Amalrikaner. Sie lehrten: die Welt sei ewig,[1] sie erklärten Christus für einen blossen Menschen,[2] welcher erst Gott geworden sei,[3] so wie jeder, der zu ihrer Secte trete, Gott werde.[4] Sie nannten den eigenen Leib den wahren Leib Christi.[5] Allein das streift doch nur alles an den Pantheismus der Amalrikaner hin, ohne dass es dieser wirklich ist. Nach jenen ist Gott und die Welt eins, Gott ein Moment im Begriff der natürlichen Welt. Auf Grund dieses allgemeinen Pantheismus verwirklicht sich dann Gott in der Secte der Amalrikaner in einer noch höheren Weise. Bei den Ortliebariern fehlt jene allgemeine pantheistische Voraussetzung, und es macht sich in verschiedenen Sätzen eine Einwirkung des Dualismus geltend, wie er in jener Zeit von den Neu-Manichäern oder Katharern gelehrt wurde. So liessen sie zwar die Ehe, aber nicht die fleischliche Verbindung in derselben zu.[6] Sie hatten eine sehr strenge Askese.[7] Sie behaupteten wohl eine Fortdauer der Seele, läugneten aber die Auferstehung des Leibes.[8] Wir wissen zwar, dass auch die Amalrikaner die Auferstehung läugneten, aber bei den Ortliebariern hat dies doch, wenn man die beiden vorausgehenden Sätze daneben hält, einen andern Charakter.

Wenn wir auf Grund der angeführten Sätze die Ortliebarier als Spiritualisten bezeichnen, deren Ziel mit dem der pantheistischen Amalrikaner wohl zusammenfiel, deren Weg aber ein durchaus anderer war, so wird dies durch die andern Sätze, welche von ihnen noch berichtet werden, bestätigt.

Die Ortliebarier strebten eine Vergottung des Menschen an, aber

---

1) *Quod mundus non habeat principium. — Mundum aeternum esse nec est creatus secundum eos.*

2) *Quod Christus filius fuerit Joseph et Mariae et quod fuerit peccator.*

3) *Unde ipsum dicunt factum fuisse deum* (so *Cod. lat. Mon. 311*, bei Gretser fehlt „*deum*") *ex creatura.*

4) *Quod ipsi sint Pater et Filius et Spiritus sanctus.*

5) *Corpus Christi dicunt esse purum panem. Corpus autem proprium appellant verum corpus Christi.*

6) *De matrimonio dicunt, quod matrimonium licitum est et bonum, si velint continenter vivere, sed opus carnale conjugatorum damnant. Tamen si quaeritur an liceat talibus generare pueros, dicunt quod sic, et intelligunt de spirituali generatione per praedicationem.*

7) *Tamen in se austere vivunt et graves poenitentias agunt, multi quoque ex eis alternis diebus jejunant.*

8) *Resurrectionem corporum negant — sed vitam aeternam spirituum non negant.*

sie wissen nichts von einer successiven Offenbarung Gottes in der Geschichte, von einem Zeitalter des Vaters, des Sohnes und des Geistes, wie die Amalrikaner. Denn es hat doch eine wesentlich andere Bedeutung, wenn sie sagen, dass vor der Geburt Christi Gott nicht dreieinig gewesen sei.[1] Der historische Christus ist ihnen nur eine symbolische Redefigur für den Gläubigen im Sinn ihrer Secte,[2] darum können sie in scheinbar ganz widersprechender Weise die Dreieinigkeit erst mit Christus beginnen lassen und gleich daneben sie auch schon vor Christus finden.[3] Gott wird nämlich nach ihnen zum Sohne, wenn sein Wort in einer Menschenseele sich offenbart.[4] Das ist bei Christus geschehen in einer allen kundigen Weise. Er ist nur einer der grössten Gläubigen gewesen, ein Reformator der Gemeinde der Gläubigen, „der Arche Noah's", wie sie ihre Gemeinde nennen.[5] Und auch der heilige Geist ist nichts anderes als der Gläubige selbst, und er heisst heiliger Geist und nicht Christus dann, wenn er nicht ein Bekehrender oder Bekehrter, sondern ein die Bekehrung Unterstützender ist, wie etwa Petrus nach-

---

1) *Quod Trinitas non fuerit ante nativitatem Christi.*

2) *De passione dicunt, quod filius Dei suscepit crucem vera fide, vera confessione, communi consilio, hoc est veram poenitentiam sive vitam ipsorum, in quam non cadit mortale peccatum. Tunc autem crucifigitur filius Dei et flagellatur, male tractatur vel affligitur vel occiditur, tunc moritur filius, quatenus aliquis ipsorum cadit in mortale peccatum vel redit a secta; resurgit autem per poenitentiam.*

3) *Quod Trinitas non fuerit ante nativitatem Christi, sed primo tunc Deus Pater habuerit filium, quando Jesus suscepit verbum; et dicunt ipsum esse filium Mariae virginis non carnaliter ex ea sed spiritualiter per praedicationem ejus genitum et secundum hoc ipsius (?) prius fuit filia quam ipse filius. — Si quaeratur, quomodo Adam dicatur protoplastus* (gegen ihre Lehre von der Ewigkeit der Welt?) *dicunt, quod fuit primus homo, qui secundum eos per praedicationem Dei ex praedicatione primo creatus fuit, qui primus facit voluntatem Dei credendo sectae eorum.*

4) *Dicunt enim, quod* (Maria) *praedicando traxit eum* (Jesum) *in sectam ipsorum, et sic factus est filius Dei credendo, qui ante fuit filius carnalis et peccator. Sic verbum caro factum est, quando cor carnale domini Jesu mutatum est per verbum. — Est autem Pater, qui aliquem trahit praedicatione sua in sectam; Filius, qui trahitur, Spiritus sanctus qui cooperatus est trahenti, confortando tractum ut in secta permaneat.*

5) *Item dicunt, quod arca Noe nihil aliud sit quam secta ipsorum: et quod extra sectam ipsorum omnes perierunt, usque ad octo, qui servabant eam. Item dicunt quod Christus filius fuerit Joseph et Mariae et quod fuerit peccator; et ipse Christus eorum sectam reparaverit et quod fuerit de numero illorum octo et quod per sectam ipsorum salvus factus sit.*

her Christum unterstützt hat und um deswillen neben ihm als der heilige Geist zu bezeichnen ist.[1] Während also bei den Amalrikanern eine, so zu sagen, successive Trinität, eine im Lauf der Geschichte sich steigernde Offenbarung zu stufenweise höherer Vollkommenheit und Geistigkeit gelehrt wird, die je nach ihren Stufen die des Vaters, des Sohnes und des Geistes heisst, nehmen die Ortliebarier eine solche Steigerung nicht an. Die Vollkommenheit der Offenbarung besteht seit Adam, sie ist entstellt und wieder hergestellt worden, aber sie tritt nicht erst mit der Zeit Ortlieb's in ihre Volkommenheit ein. Und weil sie in der Verwerfung der Trinität so weit gehen, dass sie selbst eine geschichtliche Verschiedenheit in der Offenbarung läugnen, so hat dann auch die Verwerfung der gesetzlichen Ordnungen bei den Ortliebariern eine ganz andere Bedeutung als bei den Amalrikanern. Die letzteren sahen z. B. das mosaische Gesetz für göttlich berechtigt an, so lange die Zeit des Vaters dauerte, der es entsprach; dagegen konnten die äusseren Ordnungen und Satzungen der Religion und der Kirche den Ortliebariern zufolge zu keiner Zeit ein Recht haben, da die Arche Noah's, ihre Geistgemeinde, immer bestanden hat. Von einer Geschichte des Heils, durch welche dieses vorbereitet und in Christus verwirklicht worden wäre, fehlt jede Andeutung. Und wie das äussere Geschehen selbst, so ist auch der buchstäbliche Sinn der Schrift werthlos.[2] Das Gleiche gilt von den Sacramenten der Kirche und von deren Anordnungen. Wie das Erfülltsein vom Geiste ein besonderes Priesterthum überflüssig macht,[3] so die Gemeinschaft ihrer Secte die Sacramente.[4] Sie verwarfen deshalb auch den Zehnten für die Kirche, insofern damit ein beson-

---

1) *Quando praedicavit Jesus et attraxit alios, tunc primo accessit tertia persona, scilicet Petrus vel Andreas. Hoc secundum ipsos est Trinitas.* — cf. oben Anm. 4: *Est autem Pater, qui aliquem trahit praedicatione sua in sectam* etc.

2) *Omnes articulos qui sunt de humilitate Christi exponunt moraliter nihil credentes ad literam. — Ad literam de passione, resurrectione et caeteris articulis nihil credunt.*

3) *— — qui est perfectus in secta ipsorum — talis absolvit, et ligat, et omnia potest.*

4) *De baptismo dicunt, quod nihil valeat nisi quantum valeant merita baptizantis. Parvulis vero non prodest, nisi fuerint perfecti in secta illa. Item dicunt quod Judaeus possit salvari in secta sua sine baptismo. Confirmationem dicunt bonam esse, sed intelligunt, quod bonum sit confirmatum esse in secta, de confirmatione ecclesiae nihil curantes. Item corpus Christi dicunt esse purum panem Corpus autem proprium appellant verum corpus Christi.*

deres Priesteramt anerkannt werden sollte.¹ In der Kirche und dem damaligen Priesterthum sahen sie das Reich Satans verwirklicht.² Aber Papst und Kaiser werden sich einst zu ihrer Secte bekehren und dann alle vertilgt werden, welche nicht zu der Secte gehören. Das wird dann das jüngste Gericht sein. Die ewige Seligkeit wird in einer Fortsetzung des Erdenlebens bestehen mit Geburt und Tod wie jetzt, nur mit dem Unterschiede, dass das Leben dann ein Zustand höchster Ruhe sein wird.³ So macht sich auch nach dieser Seite hin der Einfluss des Neu-Manichäismus geltend. Das Aeusserliche, die gesetzlichen Ordnungen des alten wie des neuen Bundes werden mehr als ein Ungöttliches, ja Widergöttliches von ihnen betrachtet.

Es war übrigens nicht der Fall, dass die Secte alle äussere Ordnung verworfen hätte. Sie hatten gewisse Gebräuche, in denen sich ihre Ansichten über die göttlichen Dinge symbolisch darstellten. So versinnbildlichten sie ihre Ansicht von der Dreieinigkeit damit, dass sie stets zu dreien beteten, wobei der eine den Vater, der andere den Sohn, der dritte den Geist vorstellte.⁴

Wir haben nach allem in den Ortliebariern eine Secte vor uns, welche die Aeusserlichkeit der Kirche und ihre Ordnungen verachtend auf die Einheit mit Gott hinstrebt, den sie als einpersönlich fasst und

---

1) *Decimas non dandas dicunt esse sacerdotibus et clericis ex debito officii. Dicunt enim quod de officio deberent vivere sicut faber et sutor de suo officio vivit, non magis aestimantes officium sacerdotis quam sutoris.*

2) *Quod nihil sit cantus ecclesiae nisi clamor inferni. Item dicunt, Papam caput totius mali et esse illam magnam meretricem de qua legitur in Apocalypsi* (so nach *Cod. lat. Mon.* 2631, während in anderen Handschriften die Worte nach *mali* abgeschwächt sind in: *et doctorem erroris*). *Item dicunt sacerdotes factores viae mendacii.*

3) *Judicium extremum dicunt futurum esse tunc scilicet, quando Papa et Imperator ad sectam eorum convertentur. Tunc enim tollentur de medio omnes qui non fuerunt de secta illa; et postea in aeternum vivent cum maxima tranquillitate, tamen nascentur homines et morientur sicut modo.*

4) *Hoc secundum ipsos est Trinitas, quae est in coelo. Et ad hujus imitationem formant trinitates suas in terris, dicentes quod nemo potest venire ad regnum coelorum, nisi inveniatur in aliqua trinitate, sed quod sit vel Pater vel Filius vel Spiritus sanctus. Est autem Pater, qui aliquem trahit praedicatione sua in sectam; Filius qui trahitur, Spiritus sanctus, qui cooperatus est trahenti, confortando tractum ut in secta permaneat. In itaque Trinitate personarum oportet eos convenire, quandocunque volunt orare, et tunc, scilicet Pater, in medio duorum, filius ad dexteram Patris, Spiritus sanctus ad sinistram Patris. Pater in primo loco sive altiori, filius in medio, dignitate scilicet, Spiritus sanctus in novissimo loco. Hi tres vocantur proximi.*

durch dessen Offenbarung eine Vergottung des Menschen herbeigeführt wird. Diese Offenbarung ist eine unmittelbare, innerliche. Sie in sich zu vernehmen, ist das Höchste. Sie wird durch Verwerfung des Aeusserlichen und strenge Askese erreicht.[1] Sie geschieht in ihrer Secte. Die Schrift, soweit sie an dieser Offenbarung gemessen sich bewährt, ist nützlich.[2] Die Schriften der gerühmten Kirchenlehrer, wie eines Hieronymus, Augustin, Ambrosius und Bernhard, sind werthlos, und ihre Urheber um ihrer Irrthümer willen verdammt mit Ausnahme Bernhard's, welcher sich von seinem Irrthume noch bekehrt hat.

Auf die Amalrikaner lässt sich, wenn wir die Lehre der Ortliebarier im wesentlichen richtig verstanden haben, diese Secte nicht zurückführen, so verwandt sie ihnen in mancher Hinsicht ist. Die Möglichkeit einer Einwirkung auf sie durch die Amalrikaner soll indess keineswegs damit geläugnet werden.

---

5. Joachim von Floris und die Joachiten.

Die gleiche enthusiastisch-spiritualistische Richtung wie die Amalrikaner und Ortliebarier vertreten auch die Joachiten, nur dass sich dieselbe hier zu einer dritten, von jener der beiden vorigen Parteien scharf unterschiedenen Form durchbildet. Hatte dort die Willkürherrschaft einer verderbten Hierarchie zum entschiedenen Bruch mit der Kirche und ihrem Dogma geführt, so finden wir hier eine reformatorische Richtung, welche mit der kirchlichen Lehre so viel als möglich im Einklang zu bleiben sucht. Aber der Spiritualismus ist derselbe, insofern auch hier die Form, der Buchstabe, das Aeusserliche für unwesent-

---

1) *De novo spiritu*, thes. 78: *Dicere hominem debere abstinere ab exterioribus et sequi responsa spiritus intra se heresis est cuiusdam (Ortleui) qui fuit de Argentina, quam Innocentius condempnavit.*

2) *Scripta Patrum non recipiunt dicentes quod quatuor Evangelistae scripserunt utiliter quia in cordibus, sed quatuor alii inutiliter, quia in pellibus. Primos quatuor scilicet, qui utiliter scripserunt, interpretantur Matthaeum, Lucam, Marcum et Joannem. Istos dicunt recipiendos et ipsi eos recipiunt sed tantum moraliter exponunt. Alios quatuor dicunt Hieronymum, Augustinum, Ambrosium et Bernardum. Horum scripta contemnunt et ipsos dicunt damnatos praeter Bernardum, eo quod ipse conversus ab errore suo sit et salvatus, ut ipsi dicunt.*

lich gehalten wird, und nicht minder ist die enthusiastische Richtung vorwaltend, insoferne man die ausserordentliche Erleuchtung durch den Geist und die Beschaulichkeit als letztes und höchstes Ziel in Aussicht nimmt. Unter die häretische Mystik aber stellen wir den Joachitismus wie alle die bisher unter diesem Titel genannten Richtungen selbstverständlich nur, um das Verhältniss zu bezeichnen, welches derselbe im Verlauf seiner Geschichte zur herrschenden Kirche einnahm, keineswegs aber, um damit schon unser eigenes Urtheil über ihn auszusprechen.

Der Anfang des Joachitismus wurzelt noch ganz in dem Glauben an die Berechtigung der gregorianischen Idee von der Hierarchie. Er sieht die Herrschaft des Papstthums über die weltliche Gewalt als das normale Verhältniss an und erblickt in der Opposition gegen dasselbe das Antichristenthum. Aber doch nicht in jeder Art der Opposition. Denn er selbst ist aus einer Reaction des sittlichen Geistes gegen die Verweltlichung der Kirche entsprungen. Bei dem siegreichen Aufschwung, den die päpstliche Macht seit Gregor VII. genommen, schien es nur einer Umwandlung von Fleisch in Geist, von der Veräusserlichung in die Verinnerlichung zu bedürfen, um den vollendeten Zustand der Kirche herbeizuführen.

Wir sahen schon, wie bei den Amalrikanern der Fortschritt von der Aeusserlichkeit zur Innerlichkeit unter den Gesichtspunkt eines geschichtlichen Processes der Gottheit, einer successiven Vergeistigung der Offenbarung von der des Vaters zu jener des Sohnes und von dieser zu der des heiligen Geistes gefasst wurde. Um die gleiche Zeit wie Amalrich tritt in Calabrien Abt Joachim von Floris[1] mit seiner Verkündigung von den drei Weltaltern, dem des Vaters, dem des Sohnes und jenem des Geistes hervor, von welchen das zweite nun zu Ende sich neige, das dritte im Anzug begriffen sei. Er sah die Kirche mächtig, aber ihren Klerus verweltlicht. Nur durch Rückkehr des Klerus zur apostolischen Weltverläugnung kann der Kirche Heil kommen, das Zeitalter des Geistes herbeigeführt werden. Ein strenges mönchisches Leben schien ihm die Form zu sein, unter der die Hirten der letzten Zeit ihren Beruf an der Welt erfüllen könnten. Er selbst stiftete zu diesem Zwecke die Congregation der Mönche von Floris. Unter der Versicherung, vom Geiste Gottes besondere Offenbarung empfangen zu haben, muss er seine Lehre vom Gang der Geschichte und ihrem Verlaufe vorgetragen haben. Die herrschende Theologie und deren scho-

---

1) Die Biographien des Lucas von Cosenza und Jakobus Gräcus in den *A. A. S. S. Mai. Tom. VII*. Beide sind nur mit grosser Vorsicht zu gebrauchen.

lastische Methode mochte eine enthusiastische Natur wie die seinige wenig befriedigen. Gegen die Definition des Petrus Lombardus von der Dreieinigkeit hat er sich in einer eigenen Schrift mit Heftigkeit erklärt; diese Schrift wurde 1215, dreizehn Jahre nach seinem Tode, auf dem vierten Laterauconcil von Innocenz III. verurtheilt. Das Wenige, was wir von derselben aus der Bulle Innocenz' III. wissen,[1] zeigt, dass er ein theologisch gebildeter Geist war.

So viel dürfte zur Charakterisirung Joachim's mit einiger Sicherheit gesagt werden können. Denn Gründe, die ich anderwärts dargelegt und auf die ich oben verwiesen habe, halten mich ab, die drei ihm noch allgemein zugeschriebenen Schriften der Concordia, der Auslegung der Apokalypse und des Psalteriums als die seinigen zu gebrauchen. Die Frage, ob sie ächt seien oder nicht, ist übrigens für unsere Geschichte der deutschen Mystik von geringer Bedeutung, da wir sie hier nur auf ihren Inhalt hin anzusehen haben und zwar mit Rücksicht auf die Wirkung, welche etwa dieser Inhalt auf die Entwickelung der deutschen Mystik gehabt hat.

In der Chronik des Franziskanerbruders Salimbene aus Parma ist uns vor wenigen Jahren eine reichliche Quelle über den Joachitismus zugänglich geworden.[2] Salimbene gehört der nächsten Generation nach Joachim an, und war selbst längere Zeit ein Joachite. Wir ersehen aus ihm, wie zahlreiche Anhänger Joachim's Prophetie in Italien und Frankreich gehabt hat und welche Fragen sie vornehmlich beschäftigten. Es ist der Kampf zwischen Kaiserthum und Papstthum, der Beruf der beiden Bettelorden und die bevorstehende letzte Zeit. Salimbene bemerkt einmal, dass die Joachiten in der Bestimmung des Eintritts der letzten Zeit viel bestimmtere Zeitangaben machten oder Joachim machen liessen, als dieser selbst gemacht habe.[3]

Der Joachitismus zählte ganz besonders unter den Franziskanern sehr viele Anhänger. Diesem Orden, der wie jener der Dominikaner seinen Ursprung der religiösen Verwahrlosung des Volkes verdankt,

---

1) Dass diese Schrift nicht identisch mit dem 1. Theil des *Psalterium decem chordarum* sei, wie Engelhardt meint, darüber s. meine Schrift: Das ewige Evangelium und Joachim von Floris S. 28.
2) *Chronica Fr. Salimbene Parmensis Ord. Minorum ex cod. biblioth. Vaticanae nunc primum edita. Parmae 1857. Monumenta historica ad provincias Parmensem et Placentinam pertinentia Tom. III.*
3) *l. c. p. 104: Igitur abbas Joachim non limitavit omnino aliquem certum terminum, licet videatur quibusdam quod sic.*

war schon durch seinen Stifter ein schwärmerischer Zug aufgeprägt. In den Brüdern dieses Ordens lag aber auch ein starker Trieb, die kirchlichen Verhältnisse ihren Anschauungen gemäss umzugestalten, sich an die Stelle der bisherigen kirchlichen regierenden Gewalten zu drängen oder sie wenigstens unter ihren Einfluss zu bringen. Durch die seelsorgerliche Thätigkeit, welche sie, auf päpstliche Privilegien gestützt, durch alle Bisthümer übten, brachten sie Bischöfe und Pfarrer gegen sich auf; durch ihr Eindringen in die Pariser Universität, deren Ordnungen sie trotzdem nicht annehmen wollten, zogen sie einen mit höchster Leidenschaft geführten Kampf von Seiten der letzteren sich zu. Sie waren bei den Päpsten und bei dem Könige von Frankreich einflussreich vor allen ihren Gegnern. Mit dem Gedanken von einem Papstthum, das sich ganz auf den Orden stütze, von einer Kirche, die vornehmlich durch Mönche geleitet werde, verband sich bei den Franziskanern leicht die Idee Joachim's von einem bevorstehenden Zeitalter des heiligen Geistes, dessen Träger vornehmlich die Mönche sein würden.

Ich will hier die Grundzüge in den Anschauungen der Joachiten, wie sie in den Schriften des ewigen Evangeliums sich kundgeben, in Kürze zusammenstellen und hiefür die Concordia,[1] welche man dem Abt Joachim zuschrieb und welche den ersten Theil des ewigen Evangeliums bildete, zu Grunde legen.

Es sind nach der Lehre dieses Buches drei grosse Perioden, *status mundi*, in welchen die Geschichte der Menschen verläuft: das Zeitalter des Vaters, das mit Johannes dem Täufer sich abschliesst, das Zeitalter des Sohnes, das von Christi Erscheinung in der Welt bis zum Jahre 1260 reicht, und das des heiligen Geistes, das nach 1260 eintreten wird und in welchem die Geschichte ihr Ende findet, das als ein vollkommneres sich über die zweite Weltära erheben wird wie die zweite über die erste. Wie das Zeitalter des Vaters das Zeitalter der Verheiratheten oder der Laien, das des Sohnes das Zeitalter der Kleriker ist, so ist das dritte das der Mönche und des beschaulichen Lebens.[2] Da wird das Verständniss der Schrift die höchste Stufe erreicht haben, und dieses höchste Schriftverständniss, in welchem die ganze bisherige Geschichte in klarem Lichte erkannt wird, wird den Inhalt des ewigen Evangeliums ausmachen.

1) *Diuini vatis Alb. Joachim liber concordie noui ac veteris Testamenti etc.* Am Schlusse: *Venetijs — per Simonem de Luere.* 1519. ff. 135. 4⁰.
2) *Conc. V, 21.*

Das Zeitalter des Vaters zerfällt in sieben Zeiten und ebenso das des Sohnes. Je einer Zeit der ersten Aera entspricht eine Zeit der zweiten Aera. Diese sieben Zeiten der ersten und zweiten Aera sind in den sieben ersten Tagen der Schöpfung vorgebildet. In der Concordia werden im fünften Buche die Schriftworte über diese sieben Tage viermal hintereinander ausgelegt, jedesmal nach einer der vier verschiedenen Arten der Schriftauslegung. Denn die allegorische Auffassung der Schrift zerfällt in vier Hauptarten:[1] in die historische, welche das bestimmte Factum der Schrift in seiner historischen Gestalt belässt und damit das einer späteren Person oder Sache vergleicht; in die moralische, welche in der Schriftstelle den Ausdruck einer allgemeinen moralischen Wahrheit sieht; in die contemplative, welche die Schriftstelle auf den Gegensatz des activen und schauenden Lebens anwendet; und endlich in die typische, welche die Schriftstellen als Typen für spätere geschichtliche Entwicklungen nimmt. So sind denn nun auch z. B. in den sieben ersten Tagen die sieben Zeiten der ersten und zweiten Aera vorgebildet. Das Charakteristische der verschiedenen Zeiten, wie es an verschiedenen Orten der joachitischen Schriften immer wieder angeführt wird, wird nun auch hier künstlich in die Worte des Textes hineingelesen. Wir sehen von der Künstlichkeit ab und betrachten nur die Meinung über die Zeiten selbst und zwar nur die über die beiden letzten Zeiten, da nur diese hier ein Interesse für uns hat. Von den sieben Zeiten bildet die siebente den Sabbath. Die sechs vorhergehenden dauern in der zweiten Weltära oder dem Zeitalter des Sohnes 1260 Jahre, entsprechend den 42 Generationen bei Matthäus, von denen je eine zu 30 Jahren genommen wird.[2] Diese 42 Perioden vertheilen sich nicht gleichmässig auf die sieben Zeiten; diese sind von ungleicher Länge. Die sechste Zeit dauert von 1200 — 1260.[3] In ihr finden grosse Verfolgungen statt durch Vorläufer des grossen Antichrist. Die verwelt-

---

1) *l. c. V, 1 § 2.*
2) *l. c. II, 16.*
3) *Conc. V, 18: Bestiae et reptilia, quae creavit deus sexto die, regna sunt paganorum et sectae pseudoprophetarum, quae sexto tempore ecclesiae, quod in januis est, atrocius permittentur saevire contra ecclesiam propter peccata.*
l. c. V, 89: Mansit autem Judith in viduitate sua annis tribus et mensibus sex. Magnum istud plane et aptum mysterium. Hic est enim ille magnus numerus qui universa haec continet sacramenta. Sunt etenim menses 42, sive dies 1260, nihilque aliud designant quam annos 1260, in quibus novi testamenti sacramenta consistunt.

lichte Kirche soll durch die Bedrängnisse, welche ihr durch Ketzer, durch falsche Christen, durch die weltliche Macht und durch die Sarazenen widerfahren, geläutert werden. Ein Orden ist es, der in dieser Zeit der bedrängten Kirche zu Hilfe kommt, ein Orden der „*parvuli*", ein Mönchsorden, der alle andern Orden an Würde und Herrlichkeit übertreffen wird. In apostolischer Armuth werden seine Glieder ausziehen, dem Volke predigen, es sammeln, auch die griechischen Christen wieder zur Einheit mit den abendländischen Christen zurückführen. Es ist nicht richtig, wenn man gesagt hat, es trete die Hinweisung auf einen einzigen Orden, der die Hilfe bringen werde, in den drei Schriften des ewigen Evangeliums nicht so bestimmt hervor als in den Commentaren zu Jesajas und Jeremias, oder es werde in denselben dem Cisterzienserorden die wichtigste Aufgabe für die letzte Zeit zugeschrieben.[1] Das letztere beruht auf einem Missverständniss, das erstere auf einem Uebersehen der entscheidenden Stellen. „Es wird geschehen, heisst es in der *Concordia V, 18,* dass Ein Orden auf Erden mächtig werden wird gleich Joseph und Salomo und selbst gleich dem, der des Menschen Vater und Sohn genannt ist vom Propheten: denn in ihm und durch ihn und nach ihm wird der Orden gestaltet sein an Herrlichkeit und Ansehen, und er wird unterwerfen die Thiere (die Feinde der Kirche) und die ganze Erde — und fragt man nach der Heiligkeit jenes Volkes oder Ordens, welcher Art sie sein wird, so zeigt das der Prophet Sacharja, welcher sagt: Ich werde meine Hand ausstrecken zu den kleinen *(ad parvulos)* und sie werden auf der ganzen Erde sein, spricht der Herr." Dass diese Stelle sich nicht auf den Cisterzienserorden beziehen könne, zeigt der Zusammenhang, in dem sie steht. Am sechsten Tage, so heisst es vorher, sind vom Herrn allerlei Thiere geschaffen: so erweckte der Herr in dieser sechsten Zeit aus den Laien Leute zur Unterstützung der Kleriker und Mönche, wie die Templer und Johanniter und die spanischen Ritterorden und die Conversen der Cistercienser. Zuletzt nach allem wurde der Mensch geschaffen, der Herr über alle Thiere. Das erinnert an die Söhne von Lea und Rahel. Nachdem Lea sechs Söhne geboren gleichsam in den sechs Zeiten, wurde gegen den Schluss hin Joseph geboren, der ein Herr wurde über seine Brüder und ganz Aegypten beherrschte. Und nun wird damit der neue Orden verglichen, der Hilfe bringen wird in der letzten Zeit.[2] Die Anwendung des Ausdrucks *par-*

---

1) Chr. U. Hahn, Geschichte der Ketzer im Mittelalter. Stuttg. 1845—50. Bd. 3, S. 120 ff.

2) *Cf. Expositio magni prophete Abbatis Joachim in Apocalipsim* etc. (Am

vuli auf diesen Orden, die Unterscheidung von drei Arten von Mönchen in Cap. 13, in welchen diejenigen welche Christum in vollkommenerer Weise nachahmen und nichts von weltlichem Gut suchen, der Sonne verglichen werden, von der das Weib der Apokalypse umkleidet ist, lassen keinen Zweifel, dass unter diesem letzten Orden die Minoriten oder Franziskaner verstanden sein wollen.

Gegen das Ende der sechsten Zeit wird der Antichrist auftreten, der König des Nordens, der mit dem Könige des Südens, d. i. mit Christus und seiner Kirche streiten wird. Da werden dann die zwei Zeugen der Apokalypse kommen, welche 1260 Tage zeugen werden, die beiden Oelbäume, die beiden Fackeln, welche von der traditionellen Auslegung als Henoch und Elias bezeichnet werden, oder auch als Moses und Elias. Der Verfasser des Commentars zur Apokalypse gesteht, dass die buchstäbliche Deutung auf die genannten Personen mancherlei Unzukömmliches habe; er meint, dass hierüber erst die Zukunft Klarheit bringen werde.[1] Es wird eine schwere Zeit sein und ein grosser Abfall vom Glauben, denn die Furcht vor der Macht des Antichrist, dem Werkzeug des Teufels, befällt die Menschen. „Wehe, wehe", so ruft der Verfasser des Commentars zur Apokalypse aus, „wie viele, dünkt mich, sind bereits geboren, welche der Drangsal dieses Unheils nicht entrinnen werden."[2]

Der Verfasser ist im Zweifel, ob nicht ein zweifacher Antichrist, ein weltlicher Herrscher und ein geistlicher, ein Papst, der in späteren Schriften verwandter Richtung der *Antichristus mysticus* genannt wird, zugleich aufstehen werden.[3] Nach der kurzen aber schweren Drangsal dieser letzten Zeit wird dann der Herr erscheinen zum Gericht, und dann wird die dritte Weltära, das Zeitalter des heiligen Geistes, des ewigen Evangeliums, der höchsten Erkenntniss, der Sabbathruhe gekommen sein.

Schlusse: *Venetijs in Edibus Francisci Bindoni: ac Maphei Pasini socii.* 1527. ff. 224. 4°. Daran mit fortlaufender Foliirung sich anschliessend: *Psalterium decem cordarum Abbatis Joachim.* f. 226—280). f. *83*[b]: *Qui videlicet ordo prae multis aliis qui praecesserunt cum, amabilis et praeclarus, infra limitem quidem secundi status initiandus est, hoc est in tempore sexto, si tamen usque adhuc non est in aliquibus initiatus, quod tamen mihi adhuc non constat, quia initia semper obscura et contemptibilia sunt: multiplicandus vero et dilatandus in tertio illo statu saeculi, qui in tempore novissimo futurus est.*

1) *Apoc. f. 146 ff.*
2) *l. c. f. 165*[b].
3) *l. c. f. 168.*

Die Richtung der Prophetie, welche in den gleichfalls dem Abt Joachim untergeschobenen Commentaren zu Jesajas[1] und Jeremias[2] vertreten ist, geht zwar wesentlich von den gleichen Grundanschauungen aus wie die drei Schriften, welche das ewige Evangelium bilden; allein sie unterscheidet sich von denselben dadurch, dass sie viel rücksichtsloser das Verderben der Kirche straft, dass sie viel unvorsichtiger den Minoritenorden als die Hilfe der Kirche in der letzten Zeit preist und dass sie unverkennbar Friedrich II. als den Antichrist bezeichnet.[3] Da diese beiden Commentare vor dem Tode Friedrich's II., wie wir aus Salimbene wissen, entstanden sind, so begreift sich, wie man in diesem Kaiser den Antichrist gekommen glauben konnte. Und ebenfalls begreiflich ist es, wenn Salimbene sagt, wie bestürzt man unter den Joachiten gewesen sei, als dieser Kaiser starb, ohne dass die Merkzeichen des Antichrist an ihm hervorgetreten waren.[4] Dass in den drei Schriften des ewigen Evangeliums die Signalisirung Friedrich's II. als des Antichrist nicht mehr hervortritt, dass jetzt mit Anspielung auf ihn von Vor-

---

1) *Eximij profundissimique eloquiorum perscrutatoris ac futurorum prenunciatoris Abbatis Joachim florensis scriptum super Esajam prophetam etc.* Am Schlusse: *Impr. Uenetijs per Lazarum de Soardis 1517. ff. 60. 4⁰.*

2) *Eximij profundissimique sacrorum eloquiorum perscrutatoris ac futurorum prenunciatoris Abbatis Joachim Florensis scriptum super Hieremiam prophetam etc.* Am Schlusse: *Impr. Uenetijs per Lazarum de Soardis 1516. ff. 61. 4⁰.*

3) *Super Hieremiam f. 46*: *Videtur (ecclesia) quadripartitam ab imperio sustinere jacturam. Et primo quidem ab Henrico primo (Heinrich V.) Alemanorum rege quasi a leaena. Secundo a Federico patre tuo quasi a leone. Tertio quasi a vipera a te ipso Henrico secundo (Heinrich VI.). Quarto quasi a Regulo* (Friedrich II. schon als Kind König von Neapel und Sicilien) *successore suo alias tuo qui idcirco volatilis dicitur quia majoris forte dignitatis erit ceteris regibus filiae Babylonis. Quod si ita est, imo quia sic futurum est, videtur quod sub eo fastigium imperiale deficiat et protendatur vita eius quasi vita regis unius in 60. annis. In quibus necesse est dolorem et laborem perpeti ecclesiam tam ab extraneis quam a suis. Vide autem tu, qui vipera diceris, ne te pariente morteque prevento imperii latera disrumpantur et aliqui quasi duo vipera ad apicem potestatis ascendant* (Philipp I. 1298—1308. Otto IV. 1298—1318), *et quasi alter Evilmerodach unus eorum obtineat* (Otto IV.), *qui in brevi tempore a morsu Reguli* (Friedrich II.) *retrocedat. Sane ipse Regulus altius volabit et latius, ut per cunctam imperii latitudinem affligat ecclessiam et quasi absorpturus volucrem in se ipso vel in semine in templo sedeat quasi deus.*

4) *Salimbene l. c. p. 58*: Bei der Nachricht von Friedrich's Tode: *Horrui cum audirem et vix potui credere. Eram enim Joachita et credebam et expectabam et sperabam, quod adhuc Fridericus majora mala esset facturus, quam illa quae fecerat, quamvis multa fecisset.*

läufern des Antichrist die Rede ist, dass endlich auch schonender mit
den Gebrechen des Papstthums und der Kirche umgegangen und überhaupt eine grössere Vorsicht beobachtet wird, das erklärt sich uns, wenn
diese drei Schriften, wie wir annehmen, die erste Frucht des Joachitismus nach jener grossen Enttäuschung des J. 1250 sind.

Indessen wollen wir hier nicht übergehen, dass schon in der Zeit,
welcher die Commentare zu Jesajas und Jeremias angehören, also in
der Zeit vor dem Tode Friedrich's II., da die Kirche noch keine feindliche Stellung gegen den Joachitismus eingenommen hatte, die Anfänge
der späteren Entwicklung desselben sich zeigen. Wie schon in den beiden genannten Commentaren das entartete Papstthum und der Klerus
mit rücksichtsloser Schärfe behandelt werden, so finden sich auch damals Joachiten, welche in dem mit dem Papste kämpfenden Kaiser weder den Antichrist noch einen Vorläufer desselben sehen mochten, sondern es mit ihm hielten.[1] Dahin geht dann schliesslich auch der schwärmerische Joachitismus, so weit er in dem Franziskanerorden vertreten
war, hinaus, dass er im Bunde mit jenen Franziskanern, welche wegen
ihrer strengen Auffassung des Gelübdes der Armuth in Conflict mit dem
Papstthum geriethen und als Häretiker excommunicirt wurden, in dem
Papstthum die grosse Hure,[2] in dem Kaiserthum aber eine Hilfe für die
Kirche erblickte. In dieser Auffassung des Kaiserthums aber geht jenen
Joachiten, wie wir bei Mechthild von Magdeburg sahen, schon eine apokalyptische Richtung in Deutschland voran, und steht ihnen der grösste
Dichter des Mittelalters, Dante, zur Seite.

Wie die Stellung des Papstthums zu der strengeren Auffassung des

---

1) *Salimbene l. c. p. 101:* — *Bartholomaeus Guisculus. De civitate mea erat,
curialis et spiritualis homo, sed magnus prolocutor et magnus Joachita, et partem
imperialem diligens.*

2) *Petrus Johannes Olivi, ord. Minorum* († 1297) *Postilla super Apocalypsi.*
Die aus dieser Postille als häretisch angeführten Sätze in *Steph. Baluzii Miscellaneorum lib. 1. cf. ib. p. 261 Th. 54: Decimo septimo capitulo circa principium
dicit sic: Nota quod haec mulier stat hic pro Romana gente et imperix, tam
prout fuit quondam in statu paganismi quam prout postmodum fuit in fide Christi
multis tamen criminibus cum hoc mundo fornicata. Vocatur ergo meretrix magna,
quia a fideli cultu et a sincero amore et deliciis Dei Christi sponsi sui recedens
adhaeret huic saeculo et divitiis et deliciis ejus et diabolo propter ista, et etiam
regibus et magnatibus et praelatis et omnibus aliis amatoribus hujus saeculi.*
Und die Bemerkung der Theologen hiezu: *Haereticus, quoad omnia mala, quae
dicit de hac muliere, per Romanam gentem et imperium, intelligendo Ecclesiam
Romanam et universalem, sicut sua principia et verborum connexio manifestant.*

Armuthsgelübdes bei vielen Franziskanern zur offensten Feindschaft wider das Papstthum führte, so wirkte die Feindschaft, welche die Bettelorden von Seiten der Bischöfe, des Weltklerus und der Universität Paris zu erfahren hatten, ohne Zweifel dazu mit, dass die Joachiten die bestehenden kirchlichen Ordnungen als etwas Vorübergehendes betrachteten, und von der dritten Weltära eine ganz neue Ordnung der kirchlichen Verhältnisse, in welcher Contemplation und Mönchthum die Hauptrolle spielen würden, erwarteten. Sie kamen dahin, die Sacramente des neuen Bundes als einer niederern Stufe des religiösen Lebens angehörig und das Aeussere, die Form überhaupt als ein Hemmniss für den Geist zu betrachten, und diese Auffassung trat insbesondere in der Einleitungsschrift zum ewigen Evangelium hervor, und zwar hier mit grösserer Bestimmtheit[1] als in den Schriften des ewigen Evangeliums selbst, weil in diesen die gewählte Form, unter der sie sich einführte, der Darlegung Schranken setzte.

Wir werden indess nicht irren, wenn wir die ketzerischen Sätze, welche die Pariser Ankläger den Introductorius lehren lassen, zum Theile als eine Uebertreibung bezeichnen, da wir in der ihnen von den Gegnern gegebenen Form den eigentlichen Gedanken und was darin zur Uebertreibung Anlass gegeben haben kann, noch wohl zu erkennen vermögen. Denn wenn beispielsweise der erste Irrthum, welchen der Passauer Anonymus verzeichnet, lautet: „dass das ewige Evangelium oder die Lehre Joachims die Lehre Christi und das ganze alte und neue Testament übertreffe"; so ist das doch offenbar nur die Umsetzung eines ängstlichen Eiferers von Sätzen, wie sie etwa die Concordia bringt und in welchen darauf hingewiesen wird, dass im dritten Weltalter der heilige Geist das tiefere Verständniss der Schrift bringen werde, den *Intellectus spiritualis*[2]; oder dass, wie es im Commentar zur Apokalypse heisst, im dritten Weltalter erfüllt werde, was Christus gesagt: Ich habe

---

1) Vgl. die im Passauer Anonymus nicht mitgetheilten Sätze aus dem *Introductorius* in: *Excerpta pertinentia ad librum, quod Evangelium aeternum inscribitur* bei Du Plessis d'Argentré, *collectio judiciorum de novis erroribus I, 163: Comparat vetus Testamentum claritati stellarum, novum claritati lunae, Evangelium aeternum sive Spiritus sancti claritati solis.* — *Quod alia est Scriptura divina, quae data est fidelibus eo tempore, quo Deus Pater dictus est operari; et alia, quae danda erit eo tempore, quo Spiritus sanctus proprietates mysterii Trinitatis operabitur.* — *Quod tertius status mundi, qui proprius est sancti Spiritus, erit sine aenigmate, et sine figuris.* —

2) *Conc. Lib. II, tr. I. p. 6: Sed et nos qui, cum essemus novissimi, facti*

euch noch viel zu sagen, aber ihr könnt es jetzt nicht tragen.[1] Es ist natürlich hier nicht gemeint, dass neue Heilswahrheit im dritten Zeitalter verkündet, sondern dass die alte in hellerem Lichte erkannt werden solle. Aber immerhin bleibt gewiss, dass in den Sätzen des Introductorius in noch unverhüllterer Weise als es in dem *Evangelium aeternum* selbst geschah, die Mittel des Heils, welche Christus angeordnet, als auch schon für die Gegenwart von geringer Bedeutung angesehen wurden, und dass das, was durch Joachim, Dominikus und Franziskus in's Leben geführt worden war, dem was Christus gebracht hatte, völlig gleichgestellt, wo nicht übergeordnet wurde.[2] Durch diese Geringschätzung der Formen und Mittel des Heils, wie sie die Kirche hatte, berührt sich der Joachitismus mit den Amalrikanern und der Secte des

---

sumus gratia primi, tanquam consecuti gratiam, spiritui magis quam literae obtemperare debemus, euntes de claritase in claritatem, ac si de primo caelo ad secundum, de secundo ad tertium, ac si de loco tenebroso ad claritatem lunae, ut demum de claritate lunae ad majus luminare pervenire possimus. Erat autem locus tenebrosus et quasi caelum obscurum vetus illud testamentum, quod litera dictum est. — — Secutum autem est tempus gratiae ut panderetur secundum caelum, ut conderetur testamentum novum velut in claritate lunae (cf. die in der vorigen Anmerkung aus dem *Introd.* citirten Sätze), *apparente benignitate et humanitate salvatoris nostri dei, qui nos ineffabili sacramento illuminavit per semet ipsum, promittens nobis adhuc majora in spiritu sancto etc.*

1) *Exp. Apoc. f. 84: Quomodo itaque ipse dicit, Johannes quidem baptizavit aqua, vos autem baptizabimini Spiritu sancto, cum aquae adhuc baptismus necessarius sit, nisi quod id, quod Joannes significat, in statu secundo agendum erat per Christum, et id quod designat dominus, consumandum erat in statu tertio per spiritum sanctum, ut compleretur illud quod ipse ait: Multa habeo vobis dicere, sed non potestis portare modo, cum autem venerit ille spiritus veritatis, docebit vos omnem veritatem etc.*

2) Cf. Satz 3—6 des Passauer Anonymus aus dem *Introductorius: Tertius (error) est, quod novum testamentum est evacuandum, sicut vetus evacuatum est. Quartus est, quod evangelium Cristi non durabit in virtute sua, nisi per sex annos proximo futuros. — — Quintus error est quod illi qui erunt ultra tempus predictum, non tenentur recipere novum testamentum. Sextus est, quod evangelio Cristi aliud evangelium succedit* und damit vergl. der Satz aus dem *Introductorius* bei du Plessis d'Argentré: *Quod, sicut in principio primi status apparuerunt tres magni viri scil. Abraham, Isaac et Jacob, quorum tertius, scil. Jacob habuit XII: et sicut in principio novi apparuerunt tres, scil. Zacharias, Johannes Baptista, homo Christus Jesus, qui similiter secum habuit duodecim; sic in principio tertii erunt tres similes illorum, scilicet vir indutus lineis* [Joachim], *et Angelus quidam habens falcem acutam* [Dominicus], *et alius Angelus, habens signum Dei vivi* [Franciscus]. *Et habebit similiter Angelus XII, inter quos ipse fuit unus, sicut Jacob in primo, Christus in secundo.*

neuen Geistes, und von hier aus wird es verständlich, wenn Wilhelm von St. Amour in einer Umarbeitung seiner Schrift *de periculis novissimorum temporum* vom J. 1264 sagen kann, die Irrthümer des ewigen Evangeliums seien schon vor 55 Jahren ausgesprochen worden.[1] Denn das Jahr 1209 ist das Jahr, in welcher die Secte Amalrich's von Bena an das Licht gezogen wurde. Weitere Folgerungen jedoch, wie etwa auf den Ursprung des Joachitismus, sind aus diesem Hinweis Wilhelm's von St. Amour auf das Jahr 1209 nicht zu ziehen.

6. Die Secte des freien Geistes.

Wir sind durch die oben besprochene Münchener Handschrift in dem günstigen Falle, Sätze, welche etwa der Mitte des 13. Jahrhunderts angehören, die wenigstens auf keinen Fall über 1260 herabgehen, zur Charakterisirung der Secte, welche hier noch die Secte vom neuen Geiste heisst, verwenden zu können. Da zeigt sich nun gleich in den grundlegenden Sätzen derselbe Pantheismus wie bei den Amalrikanern. „Alles ist Gott", „Alles ist Eines, weil, was da ist, Gott ist", so hiess es dort. Hier: Alle Creatur ist Gott (76. 104.)[2], und dies angewendet auf die menschliche Seele: die Seele ist ewig (96.), ist von der Substanz Gottes (7. 97.); das Geschlecht begründet hierin keinen Unterschied (13.).

Wenn bei den Amalrikanern die Materie neuplatonisch als ein Nichtseiendes, Unwesentliches vorausgesetzt wird, wenn dort einer der Verurtheilten sagt, er, soferne er sei, könne nicht verbrannt werden, da er in dem, dass er sei, Gott sei:[3] so scheint den Sätzen dieser Secte: die Gottheit sei vom Leibe Christi getrennt[4] (47.), Gott sei beim Leiden Christi nicht verletzt worden (91.), dieselbe Voraussetzung zu Grunde

---

1) *l c. cap. 8: Et certum est quod hujus undecimae (horae) jam transacti sunt 1264 anni — — Primum (signum) est, quod jam transacti sunt 55 anni, quod aliqui laborabant ad mutandum Evangelium Christi in aliud Evangelium, quod dicunt fore perfectius et melius et dignius, quod appellant Evangelium Spiritus sancti sive Evangelium aeternum etc.*
2) Die Zahlen verweisen auf die Sätze im Anhang I.
3) S. o. S. 175.
4) *Divinitatem separatam esse a corpore Christi.*

zu liegen, wenn man nämlich diese Sätze zusammenhält mit dem Satze: Christus habe bei der Passion nicht gelitten (59.) oder: Jesus Christus sei auf keine Weise in der Passion verwundet worden (99.). Dann muss man aber auch den 37. Satz: dass der Gute mit dem Leibe Gott werde, so verstehen, als hiesse es, er werde in der Zeit seines leiblichen Lebens zu Gott. Denn diesen Satz wörtlich nehmen, eine Verwandlung der Leiblichkeit in göttliche Substanz hier gelehrt finden, wäre unthunlich, da die Lehre der Secte von der Auferstehung, von welcher nachher die Rede sein wird, dieser Annahme widerspricht. Ob die Amalrikaner bei ihrem Pantheismus noch Zwischenstufen von Gott zu den Menschenseelen beibehielten, lässt sich nicht mehr erkennen. Denn damit etwa, dass sie das Bestehen einer Hölle bestritten, wäre ja die Existenz höherer Wesen als der Menschenseelen noch nicht geläugnet. Aber die Secte vom neuen Geiste kennt weder Engel noch Dämonen, sondern deutet rationalistisch die ersteren in gute, die letzteren in böse Gedanken um (45. vgl. 62. 101.). Wenn daher ihr 75. Satz lehrt: der Engel wäre nicht gefallen, wenn er in guter Absicht gethan hätte, was er that, so ist das nur eine gleichgültige, dem dogmatischen Material der Kirche entliehene Form, um die noch zu erwähnende Lehre der Secte, dass nur die Absicht die Sünde zur Sünde mache, auszusprechen.

Die pantheistische Grundanschauung erscheint in der Lehre der Secte consequent zum Determinismus fortgebildet. Sie lehrte, dass alles, was die Menschen thun, aus göttlicher Anordnung geschehe,[1] womit der christliche Begriff von der Sünde natürlich dahinfällt. Von ihrem Determinismus aus darf man dann auch wohl ihren Satz verstehen, dass der Mensch den Act einer Todsünde ohne Sünde thue (6.), sowie die weiteren Sätze: dass für Sünder nicht zu bitten sei (89.), dass Fürbitten nichts nütze seien (8.), dass es nutzlos sei, die Sünden zu beklagen (117.), dass man um den Tod der Aeltern nicht klagen, für ihre Seele nicht bitten solle (68.), und dass man des Uebels sich ebenso freue wie des Guten (117.).

Sie kommen freilich mit solchen Sätzen in Widerspruch mit sich selbst, indem sie z. B. sagen, dass der Mensch durch Willensentschluss Gott werden könne (36.); allein das ist das Schicksal der Deterministen überhaupt, dass sie die Appellation an freie Willensacte nicht umgehen können und damit ihre eigenen Voraussetzungen wieder aufheben.

---

1) *Th. 66: Dicere, quod quidquid faciunt homines, ex dei ordinatione faciunt, etc. cf. th. 117.*

Denn eigentlich ist alle Bewegung der Seele zu Gott hin, alles was Religion heisst, vom Standpunkte dieses Pantheismus aus nur eine Rückbewegung des sich äusserlich gewordenen Gottes zu sich selbst. Und dies spricht sich denn auch in einer Reihe von Sätzen aus. Es gehören hieher alle jene Sätze, welche im Unterschiede von dem, dass der Mensch Gott sei, von einem Gott werden reden, von einer immer wachsenden Vervollkommnung und von Gnade. So kann unter jener Voraussetzung der Mensch von sich sagen, er habe die Gnade und habe sie nicht (2.), denn es kommt ja doch eigentlich nur z. B. in der Communion Gott zu Gott (84.). Wenn der Mensch aus der Aeusserlichkeit in die Innerlichkeit sich wendet, Gott um Gott lässet,[1] dann wird er Gott gleich (26. 27.), Gott selbst,[2] und bedarf Gottes nicht mehr [als eines andern, da er es selbst ist] (10. 74.); dann ist er auch über die Liebe hinausgekommen, [da diese ein Aussereinander voraussetzt] (12.), dann ist er dahin gekommen, dass Gott in ihm alles wirkt (15.).

Diesem Pantheismus muss begreiflicher Weise die Heilsgeschichte allen objectiven Werth verlieren. Christus ist wie jeder andere Mensch und jeder andere Mensch wie Christus. Wenn die Amalrikaner sagten: es sei zur Seligkeit nothwendig, dass jeder sich für ein Glied Christi halte, und damit nichts anderes meinten, als die ganze Menschheit sei Ein Christus, das ist Ein Gott, so heisst es hier: dass jeder Mensch gleich dem Frohnleichnam zu verehren sei (28.), dass des guten Menschen Blut gleich dem Blute Christi sei (51. 85. 120.); daher hat auch das Gedächtniss des Leidens Christi keinen besonderen Werth (67. 118.). Damit, dass ihre Lehre Christum auf gleiche Linie mit allen Menschen stellte, fällt dann auch wie bei den Amalrikanern die Schriftlehre von der Auferstehung Christi dahin: auch sie sagten, Christus sei nicht auferstanden (48.). Für ihren Spiritualismus, welchem Leib und Raum ein Nichtseiendes war, gab es überhaupt keine Auferstehung des Leibes (40. 107.), und von selbst versteht es sich, dass sie auch die sinnlichen Vorstellungen der Zeit von Fegefeuer und Hölle verwarfen. Sie lehrten, es gebe kein Fegefeuer und keine Hölle (46.).

Wie der Pantheismus der Amalrikaner die Rückbewegung Gottes aus der Aeusserlichkeit zu sich selbst als einen Stufengang vom

---

1) *Th. 19: Quod dicitur, quod homo non est bonus, nisi dimittat deum propter deum etc.*
2) *Th. 14: Item est quod dicitur, quod homo possit fieri deus. cf. th. 77.*

Niederen zum Höheren mit den Kategorien des Vaters, des Sohnes und des Geistes bezeichnet, so betrachtet auch die Secte des Geistes, wie schon ihr Name kundgibt, die Zeit des Geistes als die höchste und glaubt dieselbe mit ihrer Secte eingetreten. Denn sie sagten: dort, wo der Herd ihrer Secte damals war, in Rhätien sei die Wahrheit,[1] das was der Geist ihnen sage, sei die Wahrheit (5.), der Geist sei es, der sich ihnen zu Diensten stelle (57.), der Mensch sei nun frei von den Vorschriften Christi (83.), bedürfe nicht der religiösen Belehrung durch Andere (17.), denn bei ihnen habe man Gott in unmittelbarer Erfahrung, während die gelehrten Theologen nichts verständen und die Decke vor ihren Augen hänge (116.). Der Glaube an diese nun eingetretene höchste Offenbarung des Geistes ist es, welcher dann Sätze begründet wie die, dass man über die Verdienste Mariens und aller Heiligen hinauskommen (31. 70.), dass man selbst Christum übertreffen könne (58. 98.). Aufgabe ist es jetzt, sich frei zu machen von gesetzlicher Gebundenheit, zu ruhen von äusserlichem Werk, den Leib nicht anzustrengen, um auf diese Weise die Einwohnung des Geistes vorzubereiten (121.) und dann dessen Weisungen zu folgen (78.).

Wir finden unter den Sätzen der Geistsecte keinen, in welchen die Theorie von den drei Weltaltern förmlich ausgesprochen wäre, wie dies bei den Amalrikanern der Fall ist. Aber dies ist wohl nur Zufall, denn jene Theorie bildet die leichtzuerkennende Voraussetzung für sie selbst und gibt sich auch zu erkennen in dem, was die Secte über den Geist sagt, der sie aus der Aeusserlichkeit in die Innerlichkeit führe und von den Vorschriften Christi entbinde.

Die spiritualistische Grundanschauung zieht nun auch wie bei den Amalrikanern ihre praktischen Consequenzen der bestehenden Kirche gegenüber und, soviel sich erkennen lässt, noch allseitiger und entschiedener als dort. Es erklärt sich das aus der Natur aller Entwickelung, die im Conflict mit dem Bestehenden einen Gegensatz um den andern herauszukehren gezwungen wird. Gehören die Vorschriften Christi und der Kirche in's Gebiet der Aeusserlichkeit, so erscheinen sie von der Grundanschauung der Secte aus natürlich als werthlos, ja sie werden jetzt sogar als schädlich bezeichnet. Es heisst: die Beichte, die kirchlichen Gebete, das Fasten und andere Disciplin hindern den Vollkom-

---

1) *Th. 88: Dicere in Rhaetia esse veritatem haeresis Donati est, qui dixit, deum esse in Africa et non alibi.*

menen (50. 79. 110.), es ist Sünde dem Priester zu beichten (64.). Der Gegensatz gegen die bestehende Kirche geht so weit, dass überhaupt schon der Zwiespalt mit der Kirche als eine Tugend bezeichnet werden kann.[1]

So wird denn im einzelnen das kirchliche Priesterthum (16.), die Messe,[2] die Beichte,[3] die Ehe[4] verworfen. Es ist selbstverständlich, dass auch Taufe, Firmung und Oelung für die Secte keine Bedeutung hatten, wenn wir auch besondere Sätze darüber nicht finden. Gleiche Geringschätzung wird begreiflich auch den Fastengeboten (50 etc.), den kirchlichen Gebeten (4. 35. 44.), den Festtagen (32.), dem Heiligendienste (39.) zu Theil. Aus den Sätzen, dass man gelobte Gebete nicht zu vollbringen brauche (4. 34.), scheint mir wahrscheinlich, dass sich die Mitglieder der Secte, um Gefahren zu vermeiden, den kirchlichen Ordnungen mit einer Art inneren Vorbehalts noch unterworfen haben.

Die bisher dargelegten Anschauungen führten für die Sittlichkeit zu den gefährlichsten Folgerungen, und was wir bei den Amalrikanern angedeutet finden, zeigt sich hier bereits reichlich entfaltet. In dem mit Gott Geeinten wirkt Gott alles (15.), und ein solcher kann nicht sündigen (24.), er hat nun die Macht zu thun was er will (72.), und was er auch thun möge — er sündigt nicht mehr (94. 100.). Für ihn ist Sünde keine Sünde, ihm schadet die Sünde nicht (55. 74. 94.), denn nichts ist Sünde, was nicht dafür geachtet wird (61.). So wenig die Sünde ihn hindert, so wenig fördert ihn die Tugend (85.).

Da werden denn auch die fleischlichen Begierden als Regungen des göttlichen Geistes in uns angesehen, und nicht bloss „bis zum Gürtel wohnt der Gott", sondern auch unter ihm.[5] Beischlaf ausser der Ehe ist keine Sünde (53. cf. 81. 82.), und der mit Gott Geeinte kann ungescheut jegliche Begierde des Fleisches befriedigen.[6] Ueberhaupt hat der mit Gott Geeinte nicht nöthig, dem Fleische Entsagung oder

---

1) *Th. 20: Dicere haereticum esse in via recta.*
2) *Th. 3: Quod XX. Pater noster praevaleant missae sacerdotis. Th. 65: Non aportere inclinari coram corpore Christi eo quod homo deus sit.*
3) *Quod homo unitus deo non debet confiteri etiam peccatum mortale* (41. cf. 50. 9. 63. 79.).
4) *Th. 53: Quod soluta concubendo cum soluto non plus peccat quam admittendo matrimonialiter conjunctum.*
5) *Th. 63: Dicere, quod hoc quod sub cingulo fit, bonis non sit peccatum, haeresis est Elyoristae, qui fuit discipulus Juliani, et Pelagicum.*
6) *Th. 106: Item quod unitus deo audacter possit explere libidinem carnis per qualemcunque modum, etiam religiosus, in utroque sexu.*

Arbeit aufzulegen; Ruhe und leibliches Wohlsein befördern die Einwohnung des Geistes in ihm.[1]

Einem solchen gehört dann überhaupt die Erde mit ihren Gütern, er kann ohne Sünde fremdes Eigenthum behalten (113.) oder wegnehmen (43.) oder andern geben (92.), und auch die Lüge ist ihm keine Sünde (69.).

Wie die Amalrikaner, so haben diese Anhänger der Secte vom neuen Geiste ihre geheimen Versammlungen, in denen die Lehre der Secte vorgetragen wird (1.), und bei welchen vielleicht auch eine an die Communion erinnernde Feier stattfand.[2] Auch scheinen in ihren Versammlungen wie bei den Amalrikanern Propheten aufgetreten zu sein.[3]

Es kann nach der Darlegung der Sätze der Secte des neuen Geistes kein Zweifel mehr sein, dass diese Secte keine andere ist als die der Amalrikaner. Denn es ist keine Seite in der Lehre der letzteren, welche nicht auch in der Secte des neuen Geistes hervorträte, und kein Lehrsatz bei dieser Secte, von dem nicht wenigstens die Wurzeln schon dort sich fänden. Die Auseinanderlegung einzelner Anschauungen in eine Anzahl besonderer Sätze, welche sich auf diese oder jene Lehren und Ordnungen der Kirche beziehen, ergab sich, wie schon bemerkt ist, von selbst, da alles Neue sich nach und nach mit dem Alten, dem es gegenübertritt und von dem es bekämpft wird, auseinandersetzen muss.

Da die Sätze, welche wir zur Charakterisirung der Lehre der Secte verwendet haben, dem Werke des Passauer Anonymus entnommen sind, so sind sie vor dem Jahre 1260 aufgezeichnet worden, und es ist, wie wir sahen, Grund zu vermuthen, dass es dieselben Sätze sind, welche nach Nider[4] Albertus Magnus zusammengestellt hat. Nider fand den Sätzen von Albert die Bemerkung beigefügt, dass Anhänger dieser Secte sich zu seiner Zeit in Cöln gefunden hätten. Von dem Wege,

---

1) *Th. 121:* *Item quod libertas mala et quies et commodum corporale faciant locum et inhabitationem in homine Spiritui sancto.* cf. *th. 111. 112.*

2) *Th. 114: Item quod absque peccato in secreto comedant, quotiens volunt et quidquid habent.*

3) *Th. 18: Dicere alicuem, quod videat in alio conscientiae secretum, contra virtutem evangelii, ubi dicitur, quod nemo novit cogitationes nisi solus Deus. De futuro autem fine, qualis sit, nemo potest scire, sicut dicit Augustinus.*

4) *Formicarium Lib. III, cap. 5.*

welchen die Amalrikaner von Paris aus genommen, lassen sich die Spuren zum Theile noch auffinden.

Die Absicht dieser Secte, auch im Volke Boden zu gewinnen, eine besondere religiöse Genossenschaft zu bilden, ergibt sich aus dem bisher Berichteten, und wird auch noch dadurch weiter bekräftigt, dass die Synode von Paris in dem Urtheil, welches über das Schicksal der Amalrikaner entschied, theologische Bücher sowie ein *Credo* und ein *Pater noster* in der Landessprache *(in Romano)* verbot. Als Gebiete, in welchen die Secte zahlreiche Anhänger gefunden hatte, werden ausser dem Pariser Bisthum das Erzbisthum Sens und die Bisthümer Troyes und Langres genannt. Sie liegen alle von Paris in südöstlicher Richtung nach dem Elsass zu. Schon im Jahre 1216 finden wir die Spuren dieser Secte im Elsass und Thurgau. Denn wenn da von einer neuen und schändlichen Häresie gesprochen wird, welche die Fastengebote verachtete und die freie Liebe für erlaubt und naturgemäss erklärte, so ist dies doch wohl auf die Secte der Amalrikaner zu beziehen.[1]

Auch nach Nordosten gegen Belgien hin breitete sich die Secte aus. Der Mönch Alberich berichtet zum J. 1235[2] von einer für sehr fromm gehaltenen alten Frau Aleydis zu Cambrai, welche einen Mann, der gewöhnlich Wein in den Strassen mit dem Rufe: guter Wein! kostbarer Wein! feilbot, dazu bewog, dass er statt dessen rufe: gnädiger Gott, barmherziger Gott, guter Gott, bester Gott! Sie selbst folgte ihm dabei nach und rief: er spricht wahr! er redet wohl! Diese Geschichte hat nur dann einen Sinn, wenn wir sie mit der Lehre der Amalrikaner zusammenhalten, nach welcher Gott in Brot und Wein schon vor der Consecration des Priesters sei. Mit Aleydis, so berichtet Alberich, wurden gegen 20 andere Personen verbrannt und 21 eingekerkert, und auch in dem nahen Douay fielen zu derselben Zeit 31 Personen als Opfer der Inquisition. Die Strenge, mit der man in Frankreich gegen die Amalrikaner verfuhr, musste viele ihrer Anhänger in die Nachbarländer

---

1) Nicht auf die Ortliebarier, wie Gieseler meint, dem wir diese Stelle entnehmen, und der die Ortliebarier und Amalrikaner für eine und dieselbe Secte hält; denn die Ortliebarier zeichneten sich durch strenge Enthaltsamkeit aus. Die Stelle bei *Hartmannus, annal. Eremi ad a. 1216*: *Sub idem tempus in Alsatia et etiam in Turgovia haeresis nova et pudenda emersit adserentium carnium et aliorum ciborum esum quocunque die et tempore, tum vero omnis veneris usum nullo piaculo contracto licitum et secundum naturam esse.*

2) *Chron. Alberici Monachi Trium fontium ap. Bouquet XXI, f. 615.*

vertreiben. Bedeutendere Mitglieder scheinen in die französische Schweiz
geflüchtet zu sein, wo die Sprache verwandt war, und die örtlichen wie
die politischen Verhältnisse mehr Sicherheit boten. Die Vermuthung,
dass es der romanische Theil der Schweiz war, wo flüchtige Amalrikaner eine Zuflucht fanden — vielleicht auch David von Dinant — wird
dadurch nahe gelegt, dass die Anhänger der Secte des neuen Geistes um
die Mitte des Jahrhunderts, wie wir sahen, Rhätien als den Herd ihrer
Secte bezeichneten, indem sie sagten, dass die Wahrheit in Rhätien sei.
Immer stärker tritt dann im Verlaufe des Jahrhunderts die Secte im
Süden und Westen des Reiches auf. Jemehr hier der Kampf des Kaiserthums mit dem Papstthum die kirchliche Zucht gelockert hatte, um
so günstiger musste der Boden für die Verbreitung häretischer Meinungen erscheinen. Gegen die Mitte des Jahrhunderts finden wir die
Secte, wie angeführt ist, im Cölnischen, bald nacher, im J. 1261, in
Schwaben, wo sie bei Mönchen und Nonnen solchen Erfolg hatte, dass
mehrere Klöster aufgelöst werden mussten.[1] Die Erfolge, welche die
Secte in der Verbreitung ihrer Lehren hatte, nöthigten bald Bischöfe
und Synoden, sowie den Papst zu Beschlüssen wider sie. Im Jahre 1306
verurtheilt sie der Erzbischof Heinrich von Virneburg auf einer Synode
zu Cöln, 1311 Papst Clemens V. zu Vienne, 1317 Bischof Johann von
Ochsenstein zu Strassburg, und so sind auch noch anderwärts um diese
Zeit von Bischöfen und Synoden Beschlüsse gegen sie gefasst worden.
Unter den Sätzen, welche von Erzbischof Heinrich und Bischof Johann
ihnen zugeschrieben werden, ist keiner, der sich nicht auch schon im
Verzeichniss des Passauer Anonymus nachweisen liesse, doch enthalten
einzelne Sätze für uns manches bemerkenswerthe. Wir erinnern uns,
dass Thomas Aquin die Amalrikaner lehren lässt, dass Gott das formale
Princip aller Dinge sei, während nach demselben Zeugen David von
Dinant Gott als die *materia prima* aller Dinge bezeichnete. Es ist eine
Bestätigung der Aussage des Thomas und des Resultats, zu dem wir
gekommen, dass die Amalrikaner und die Secte des neuen oder freien
Geistes eine und dieselbe Secte seien, wenn von Johann von Ochsenstein
gleich zuerst als ein Lehrsatz der Secte angeführt wird: Gott sei
formaliter alles was ist.[2] Nach dem fünften Satz bei Johann von

---

1) Die Nachweisungen aus den Quellen, so wie die Beschlüsse der Bischöfe
und Synoden gegen sie finden sich zusammengestellt bei Mosheim *De beghardis
et beguinabus p. 199 sqq.*

2) *Quod Deus sit formaliter omne quod est. Mosh. l. c. 256.*

Ochsenstein behauptete die Secte: „sie hätten alle Dinge geschaffen".[1] Das ist nun freilich nur eine neue Wendung des alten Satzes: dass alle Dinge Gott seien, aber diese Formel ist insofern von Interesse, als wir derselben auch bei Eckhart begegnen, wobei es sich nur fragt, ob sie bei Eckhart auch den gleichen Sinn habe wie hier. Auch der neunte Satz bei Johann von Ochsenstein „unwandelbar sind die auf dem neunten Felsen stehen, denn sie freuen sich keines Dinges und tragen um keines Leid"[2] bietet keinen neuen Gedanken, aber der Ausdruck „der neunte Fels" ist insoferne von Interesse, als er uns an das spätere Buch „von den neun Felsen" erinnert.

Durch viele dieser Sätze werden wir zugleich von neuem erinnert, dass philosophisch gebildete Männer die Secte in's Leben riefen, und sie lassen vermuthen, dass es der Secte auch im Verlaufe ihrer Geschichte an solchen Männern nicht fehlte. Die beiden genannten Bischöfe geben uns in ihren Verzeichnissen auch Aufschluss über die Namen, mit welchen die Mitglieder dieser Secte bezeichnet wurden oder sich selbst bezeichneten. Der Name Amalrikaner musste natürlich verschwinden, als die Secte sich von Paris aus in immer weitere Kreise und nach dem Auslande verbreitete. Es ist sehr naheliegend, dass sich die Mitglieder schon sehr frühe nach ihrer Hauptlehre die Brüder des Geistes genannt haben. Darauf deutet auch das Verzeichniss des Passauer Anonymus, welcher die Secte wohl unter Hinzufügung des eigenen Urtheils die „vom neuen Geiste" nennt. In dem Erlass des Johann von Ochsenstein wird gesagt, dass ihre Mitglieder sich selbst „die Brüder des freien Geistes" nannten. Sie haben damit für ihre Anschauung und Richtung zugleich einen Namen gefunden, der durch die Beziehung auf das Wort des Apostels: Wo der Geist des Herrn ist, da ist Freiheit" (2 Kor. 3, 17) sie rechtfertigen sollte. Aus dem Erlass des Heinrich von Virneburg vom J. 1306 erfahren wir, dass die der Secte Angehörigen vom Volke gewöhnlich als Begarden bezeichnet wurden. Dass der Name Begarden und Beginen ursprünglich jenen religiösen Vereinigungen eignete, welche von dem Priester Lambertus Beghe herkommen, wissen wir aus der Einleitung zu unserer Geschichte. Die Bezeichnung ist also eine unrichtige, aber sie sagt uns, dass diese Secte unter den Begarden und Beginen grossen Eingang fand. Zunächst unter den

---

1) *Item dicunt se omnia creasse et plus creasse quam Deus.*
2) *Quod sunt immutabiles in nona rupe, quod de nullo gaudent et de nullo turbantur, unde se ipsos nollent a quacunque morte solo verbo, si possent, liberare.*

in der grauen Begardentracht umherschweifenden und bettelnden Begarden und Beginen, bei denen jegliche Art neuaufkommender Häresie leichten Eingang fand, wie wir aus den Beschlüssen der Synoden jener Zeit ersehen. Dann aber auch unter den geregelt lebenden Begarden- und Beginenvereinen. So konnte es kommen, dass zu Anfang des 14. Jahrhunderts Viele die Namen Begarden und Brüder des freien Geistes als Wechselbegriffe gebrauchten und dass weniger unterrichtete Päpste wie Clemens V. durch ihre Erlasse gegen „die Begarden" Verfolgungen gegen jene älteren Vereine veranlassten, welche bisher unbehelligt gelebt hatten, während sie doch nur die Unterdrückung der Brüder des freien Geistes oder auch der „fahrenden" Begarden bezweckten.

III.
Kirchliche Mystik.

Die ungemessenen Ansprüche der Kirche auf Gehorsam bei der sittlichen Entartung ihrer Vertreter hatten tausende von Gemüthern frei gemacht von der Scheu, in religiösen Dingen selbstgewählte Bahnen zu betreten, und die Bedrohungen und Verfolgungen statt einzuschüchtern vermehrten nur den Hass. Wir haben unter den kirchenfeindlichen Richtungen diejenigen besprochen, welche sich mit der deutschen Mystik berühren und welche deshalb in deren Geschichte eine Stelle beanspruchen können. Schon vor dieser härctischen Mystik und dann ihr zur Seite entwickelte sich in Frankreich auch eine mystische Lehre, welche auf's engste an die Kirche sich anschloss, wiewohl sie durch die Verweltlichung derselben und insbesondere durch deren kalte und veräusserlichte Theologie in's Leben gerufen war. Tiefere Gemüther von mehr conservativer Natur, in dem Glauben der Kirche wurzelnd, strebten eine Gotteserkenntniss an, welche das Gemüth befriedigen sollte, indem sie es erhob, und welche damit auch der Schultheologie neue Lebenswärme zuzuführen im Stande wäre. So bildete sich die Mystik eines Bernhard, eines Hugo und Richard von St. Victor und Anderer. Auch ihre Lehren müssen hier erörtert werden, da die der deutschen Mystik an sie anknüpfen. Die ersten bedeutenden Namen auf diesem Gebiete sind die des Bernhard von Clairvaux und des Hugo von St. Victor. Beide sind Zeitgenossen, der ersten Hälfte des 12. Jahrhunderts angehörig, der letztere der wissenschaftlich bedeutendere und von unverkennbarem Einfluss auf den ersteren. Wir lassen jedoch die Darstellung Bernhard's vorausgehen, um Hugo nicht von seinem Schüler Richard trennen zu müssen.

1. Bernhard von Clairvaux.

Wir sind in unserer Darstellung Bernhard bereits begegnet. Er hatte auf seiner ersten Fahrt in's Rheinland, da er mit der Macht seines Wortes Konrad III. bewog das Kreuz zu nehmen, und das vom Mönche Radulf aufgeregte Volk, von der Verfolgung der Juden abzulassen, auch einen Brief an Hildegard gerichtet, von deren Visionen er gehört hatte; und sie hinwieder hatte ihm, um die Zeit, da er zu Trier war, über die Natur ihrer visionären Gabe Mittheilungen gemacht, und ihre Verehrung ihm ausgesprochen. Bernhard war für den grösseren Kreis der abendländischen Kirche in höherer Weise das, was Hildegard für einen Theil der deutschen Kirche war, der prophetische Busspediger, der Eiferer für den wieder aufzurichtenden verfallenen Bau der Kirche. Er ist ein Sohn des Geistes, der von Clugny aus den Anstoss zu einer neuen Gestaltung in der Geschichte der Kirche gab, und der dort noch in dem ausgezeichneten Abte Peter und seiner Jünger so bedeutend vertreten war. Jener mönchisch-theokratische Geist, der in Gregor VII. mit gesetzlicher Härte der Welt entgegengetreten war und die Kirche in den schroffsten Gegensatz zu ihr gestellt hatte, zeigt sich in Bernhard in vielfach gemilderter Weise. Stellt ihm Gregor in der ersten Zeit seine gross angelegte altrömische Natur zu Diensten, so bringt ihm Bernhard das feurige und zugleich verständige, das unternehmende und ritterliche Wesen des Franzosen entgegen. Der Geist der Templer, denen er die Regel gab, erfüllt ihn selbst; den Kreuzzug nach dem Morgenlande, zu welchem sein hinreissendes Wort entflammte, unternimmt er im Abendlande wider die Rohheit und die Streitlust der Grossen, wider eine verweltlichte Wissenschaft, wider einen verweltlichten Klerus, wider die von der kirchlichen Theokratie losgerissenen ketzerischen Richtungen. Die wankende Theokratie hat er vor allen mit stützen, den kirchlichen Glauben mit festigen, ein strengeres Mönchthum durch seine Regel mit begründen helfen; aber nachhaltiger als all das war die Richtung der Frömmigkeit, die er in unzähligen Gemüthern anbahnen half, und die auch in Jahrhunderten noch bemerkbar ist, wo die Spuren seiner sonstigen Thätigkeit längst geschwunden sind.

Bernhard ist keine speculative Natur in umfassendem Sinne. Die Fragen nach dem universalen Zusammenhang der Dinge, nach dem Wesen und Werden derselben liegen ihm ferne. Nicht Gott tiefer erkennen, sondern ihn inniger haben ist vor allem sein Ziel. Ihn zu finden, in das Leben jenseits der Sinnlichkeit einzudringen, dafür ist sein Gefühl auf das feinste organisirt; und er erfasst den er gefunden mit seiner ganzen feurigen Willensenergie. Die Energie seiner Seele ist gesteigert durch die härteste Askese. Das, was ihn erfüllt, dann nach aussen zu wenden, in's Leben der Mitwelt einzuführen, ist ihm durch seine nationale Anlage nahe gelegt. Er thut dies mit jener feurigen Kraft, die dem Franzosen eigen ist: sein Reden, sein Thun überwältigt und reisst mit sich fort. Seine äussere Erscheinung schien nur das durchsichtige Organ oder nur eben noch die Folie dieser Feuerseele zu sein. Auch wo man seine Rede nicht verstand, ergriff doch sein Geist, der durch Blick und Ton und durch die ganze Erscheinung des Redenden sprach. Und mit der Gluth der Begeisterung paart sich bei ihm Geist, feinsinnige Verständigkeit, Menschenkenntniss, Vorsicht. Den Brief, den er an Hildegard schreibt, ist ein Beispiel für die zuletzt genannten Eigenschaften. Er hat von ihrer prophetischen Gabe vernommen, aber kein Wort im Briefe zeigt, dass er auch schon von dem göttlichen Werthe derselben überzeugt sei. Er ist zurückhaltend ohne sie zu verletzen, er ermuntert ohne sich selbst dabei zu binden.

Diese Weise seiner Natur und Persönlichkeit lässt uns bereits vermuthen, nach welcher Seite hin seine Mystik von Bedeutung ist. Nicht die tieferen speculativen Fragen sind es, die ihn vorzugsweise beschäftigen, sondern die Wege die zu Gott führen. Von diesem Gesichtspunkte aus durchschaut er die Welt und die menschliche Seele, hier weiss er der Innigkeit und Grösse seiner Empfindung Feinheit der Beobachtung, und Klarheit und Kraft des Ausdrucks zu Diensten zu stellen.

Man hat gesagt, in Bernhard und Abälard hätten sich Mystik und Scholastik bekämpft. Es ist nicht so, sondern es hat vorwiegend nur Bernhard mit Abälard, der conservativere Bernhard mit dem freieren Abälard, der minder productive mit dem reicheren wissenschaftlichen Geiste gekämpft. Es ist wahr, Abälard hat die Vernunft im Verhältniss zum Glauben höher gehalten als Bernhard, aber er hat dabei einen Glauben im Auge, der nur ein blosses Meinen, blinder Autoritätsglaube ist. Bernhard hat den Glauben über die Vernunft gestellt, aber er meint einen andern Glauben als Abälard, einen Glauben, der von der Wahrheit innerlich überführt und zuversichtliche Gewissheit ist. Abälard bestreitet nicht, dass die Vernunft einer Erleuchtung von oben bedürfe und dass sie zur Ergründung der göttlichen Geheimnisse unzureichend sei,[1] Bernhard bestreitet nicht, dass das Schauen Gottes ein Schauen sei, das in der Vernunft wurzele,[2] dass die verständige, glaubensvolle Abwägung der Erscheinungen auch zur unmittelbaren und höchsten Erkenntniss führen könne.[3] Aber das Princip, welches er selbst anderwärts anerkennt, wird in Abälard bestritten, als es durch diesen eine zu rücksichtslose Anwendung zu finden scheint und seine Aeusserungen werden entstellt und auf die Spitze getrieben.[4] Bernhard hätte auf gleichem Grunde mit Abälard ringen können ohne die eigenen Grundsätze zu verläugnen; aber er fühlte sich ihm hier wohl nicht gewachsen und bestritt nun bei Abälard den Grund selbst, den er anderwärts anerkennt. So sucht oft, von dem eigenen Auge unentdeckt, Eigenliebe den Mangel der eigenen Natur als das Normale zu rechtfertigen und als Gesetz Andern aufzuzwingen.

Die Mystik war genöthigt, weil sie von den Wegen der Seele zu Gott reden musste, die psychologischen Fragen in den Kreis ihrer Erörterungen zu ziehen, und es ist hier im Verlaufe ihrer Geschichte mancher Fortschritt in der Erkenntniss bei ihr zu verzeichnen; aber in ihren Anfängen steht sie noch ganz unter der herrschenden unlebendigen Anschauung der Seele als eines Aggregates von Kräften, und nach einer einheitlichen genetischen Auffassung, insbesondere nach einer befriedigenden Darlegung des Begriffs der Persönlichkeit sucht man vergebens.

---

1) *Abälardi Opera* ed. *Migne Lut. Par. 1855. Patrologiae Cursus Tom. 178. Introductio ad theologiam Lib. II, 2*: — — *de diversitate personarum in una et individua penitus ac simplici divina substantia, et de generatione Verbi seu processione spiritus. De quo quidem nos docere veritatem non promittimus, ad quam neque nos, neque mortalium aliquem sufficere credimus: sed saltem aliquid verisimile atque humanae rationi vicinum, nec sacrae fidei contrarium proponere libet, adversus eos, qui humanis rationibus fidem se impugnare gloriantur, nec nisi humanas curant rationes quas noverunt, multosque facile assentatores inveniunt, cum fere omnes animales sint homines, ac paucissimi spirituales. cf. II, 1*: — — *beato attestante Augustino in omnibus auctoritatem humanae anteponi rationi convenit; maxime autem in his quae ad Deum pertinent, tutius auctoritate quam humano nitimur judicio.*
2) S. u.
3) S. u.
4) *De erroribus Abälardi c. 1* (*Bernardi Opp. ed. Migne. Lut. Par. 1854 Voll. I—IV. Patrologiae Cursus 182—185.*): *Et dum paratus est de omnibus reddere rationem etiam quae sunt supra rationem, et contra rationem praesumit et contra fidem. Quid enim magis contra rationem, quam ratione rationem conari transscendere? Et quid magis contra fidem, quam credere nolle, quicquid non possis ratione attingere?*

Nicht ohne Bedeutung ist indessen bei Bernhard, wie er das Verhältniss des Glaubens zum Schauen und des Wissens zu beiden bestimmt. Wille und Vernunft *(voluntas* und *ratio)* sind auch ihm die höchsten Kräfte der Seele; bald bezeichnet er die eine bald die andere derselben als das den Menschen vom Thiere Unterscheidende. Wir haben, so sagt er in der Abhandlung vom freien Willen,[1] das Leben mit den Pflanzen; Leben, Sinne und Begierden mit den Thieren gemein: das, was uns von Pflanzen und Thieren unterscheidet, ist der Wille. Der Wille ist ein vernunftmässiger Antrieb, welcher Sinne und Begierden regiert. Wohin er sich wenden möge, er hat immer die Vernunft zur Begleiterin; diese belehrt ihn, aber sie nöthigt ihn nicht; er ist nichts ohne sie, wiewohl er auch gegen sie handeln kann.

Der Wille sucht Gott mittelst der Vernunft. So entsteht die *consideratio*, die Betrachtung. Sie ist das Edelste und Beste.[2] Denn die Betrachtung gibt Erkenntniss der göttlichen und menschlichen Dinge, sie bringt Ordnung in die Verwirrung, eint das Zerstreute, sie ahnt im Glücke das Unglück, und macht uns unempfindlich, wenn dieses uns trifft, sie ist eine Mutter der Tugenden.

So ist ihm also die *ratio* das Auge, mittelst dessen das Göttliche erkannt wird. Denn alles, was ist, ist entweder unser eigenes Sein, oder es ist unter uns, oder neben uns, oder über uns. Was über uns ist, ist Geist. Ein höheres Sein kann nicht gedacht werden. Geist ist Gott, Geist sind die Engel. Das Beste, was wir haben und was die Engel haben, ist die *ratio*. Gott aber hat nicht ein Bestes, er ist selbst das Beste. So werden Gott und die seligen Geister nur mittelst der *ratio* erkannt.[3]

Die Betrachtung oder die vom frommen Willen geleitete *ratio* kann in dreierlei Art thätig sein: sie ist dispensativ, d. i. in geordneter und gemeinnütziger Weise die Sinnenwelt und die Sinne gebrauchend, um sich Gottes würdig zu machen, oder sie ist ästimativ, das ist verständig und sorgfältig das Einzelne erforschend und erwägend, um Gott zu finden, oder sie ist speculativ, das heisst mit gesammelter Kraft unter

---

1) *De gratia et libero arbitrio, cap.* 2.
2) *De consideratione lib. I, cap. VII: Quid sit pietas quaeris? Vacare considerationi. Dicas forsitan in hoc dissentire me ab illo, qui pietatem difinivit cultum dei? Non est ita. Si bene consideras, illius sensum eius expressi verbis, etsi tamen ex parte.*
3) *l. c. lib. V,* 3.

Hintansetzung aller menschlichen Dinge nach dem Masse der helfenden Gnade sich zum Schauen Gottes erhebend.[1]

Bernhard spricht auch von dreierlei Wegen der Betrachtung, dem Wege der Meinung, des Glaubens, der Einsicht *(opinio, fides, intellectus)*. Die Einsicht stützt sich auf die Vernunft, der Glaube auf die Autorität, die Meinung auf die blosse Wahrscheinlichkeit. Einsicht und Glaube haben die Wahrheit mit Sicherheit, die erstere bloss und offenbar, der letztere verschlossen und unentwickelt. „Denn", so äussert er sich über beide, „der Glaube ist eine freiwillige und gewisse Vorwegnahme der noch verhüllten Wahrheit. Der Intellect ist das gewisse und offenbare Wissen unsichtbarer Dinge."[2] Offenbar denkt sich Bernhard diese zweite Reihe nicht parallel mit der ersten, sondern er meint, beides, die dispensative und ästimative Betrachtung, bringe es nur zur Meinung, wenn sie nicht vom Glauben, den er als eine Bestimmtheit des Willens fasst, geleitet werde. Wird sie aber vom Glauben geleitet, dann ist die speculative Betrachtung die Frucht der dispensativen und ästimativen, dann wird sie Schauen, *contemplatio,* die er dann wohl auch als das Ziel von der *consideratio* im engeren Sinne, als dem Streben nach diesem Ziele, unterscheidet.[3] Beachtenswerth ist, dass Bernhard sich also doch auch die vom Glauben geleitete dispensative und ästimative Betrachtung als zum Ziele führend denkt. Nur kommt hier der Mensch langsamer zum Ziele.[4] Bernhard weiss aber noch von einem anderen und besseren Wege. Gross ist der, so sagt er, welcher Sinne und sinn-

---

1) *l. c. lib. V, cap. 2.*

2) *l. c. lib. V, cap. 3: Is (Deus) et qui cum eo sunt beati spiritus tribus modis veluti viis totidem nostra sunt consideratione vestigandi, opinione, fide, intellectu. Quorum intellectus rationi innititur, fides auctoritati, opinio sola verisimilitudine se tuetur. Habent illa duo certam veritatem, sed fides clausam et involutam, intelligentia nudam et manifestam. — Fides est voluntaria quaedam certa praelibatio necdum propalatae veritatis. Intellectus est rei cujuscunque invisibilis certa et manifesta notitia. Opinio est quasi pro vero habere quod falsum esse nescias.*

3) *l. c. lib. II, cap. 2: Et primo quidem ipsam considerationem quid dicam considera. Non enim idem per omnia quod contemplationem intelligi volo; quod haec ad rerum certitudinem, illa ad inquisitionem magis se habeat, juxta quem sensum potest contemplatio quidem definiri verus certusque intuitus animi de quacunque re, sive apprehensio veri non dubia. Consideratio autem intensa ad investigandum cogitatio, vel intentio animi vestigantis verum: quamquam soleant ambae pro invicem indifferenter usurpari.*

4) *l. c. lib. V, cap. 2: Quod prima optat, secunda odorat, tertia gustat. Ad quem tamen gustum perducunt et caetereae etsi tardius: nisi quod prima laboriosius, secunda quietius pervenitur.*

liche Dinge zu seinem und Anderer Wohl verwendet; nicht geringer, wer philosophirend mittelst des Sinnlichen zum Uebersinnlichen aufstrebt; am grössten, wer Dinge und Sinne verachtet und, soweit es der Mensch bei seiner Gebrechlichkeit kann, nicht stufenweise, sondern durch plötzliche Entrückung zuweilen zum Schauen nach jenen Höhen aufzufliegen pflegt.[1] Denn die Sinnlichkeit niederdrücken, sie zwingen, oder sie fliehen macht stärker, freier, reiner, und zu jenem Fluge bedarf es der Flügel der Reinheit und der freudigen Kraft.[2]

Wir sehen bei der Anpreisung dieses letzteren Weges die mönchische Anschauung mit hereinwirken und Bernhard's Vorschrift und Beispiel hat der Mystik der folgenden Zeit zur Regel gedient. Der mönchischen Anschauung sind Welt und Gott, Natur und Geist, Leib und Seele Gegensätze, die sich wie böse und gut gegenüberstehen, und dieser Auffassung unterliegt auch Bernhard in vielen Fällen. Er ist in diesem Punkte nicht zur klaren Unterscheidung hindurchgedrungen. Nicht das Böse in der Natur, in der Leiblichkeit, sondern diese selbst wird wie ein Feind betrachtet. Durch Flucht aus dem Bereich des Sinnlichen, durch Ertödtung der natürlichen Regungen wird das Unsichtbare, wird Gott gewonnen. Bernhard hat selbst diese Regel befolgt wie kaum ein anderer in seiner Zeit. Das war es, was ihn in den Augen seiner und der folgenden Zeit so hoch stellte, wärend der mindere Eifer in der Selbstabtödtung das Bild Hugo's von St. Victor in ihren Augen verdunkelte.[3]

Die Liebe ist es, welche den Menschen zu jener Selbstverläugnung treibt, welche seine Kräfte läutert, dass sie eine Stätte für die Heimsuchung Gottes werden können. Die Liebe aber ist eine Frucht des

---

1) *l. c. V, 2: — At omnium maximus, qui srepto ipso usu rerum et sensuum, quantum quidem humanae fragilitatis fas est, non ascensoriis gradibus, sed inopinatis excessibus avolare interdum contemplando ad illa sublimia consuevit. Ad hoc ultimum genus illos pertinere reor excessus Pauli: excessus non ascensus. Nam raptum potius fuisse quam ascendisse ipse se perhibet.*

2) *Consideratio etsi in loco peregrinationis suae, virtutis studio et adjutorio gratiae facta superior, sensualitatem aut premit, ne insolescat, aut cogit, ne evagetur, aut fugit, ne inquinet. In primo potentior, in secundo liberior, in tertio purior. Puritatis siquidem et alacritatis pariter alis fit ille volatus.*

3) *Cantipratani Bon. univ. de apibus lib. II, cap. XVI, 5: Habebat enim, ut mihi dictum est, carnem tenerrimam et nimis a pueritia delicatam. Quia ergo naturam vel consuetudinem minus bonam in se virtutis exercitio non evicit, audi quid cum inde sustinere contigerit.* Folgt nun eine abgeschmackte Erzählung, was er im Fegefeuer dafür habe erleiden müssen.

Glaubens. „Die Gläubigen wissen, wie nöthig sie Jesum haben und zwar Jesum den Gekreuzigten, und indem sie in ihm bewundern und umfassen die Liebe, welche alle Erkenntniss übersteigt, werden sie beschämt, dass das so Geringe, was sie sind, kein Ersatz für eine so grosse Liebe und Herablassung ist. Die Braut des Herrn sieht den Eingebornen des Vaters die Last des Kreuzes tragen, sieht geschlagen und bespeiet den Herrn der Majestät, sieht den Urheber des Lebens und der Herrlichkeit mit Nägeln angeheftet, mit der Lanze durchstossen, mit Schmähungen überschüttet und endlich jene seine geliebte Seele für seine Freunde lassen. Sie sieht das, und in erhöhtem Masse geht durch die eigne Seele das Schwert der Liebe und sie spricht: Er erquicket mich mit Blumen und labet mich mit Aepfeln, denn ich bin krank vor Liebe (Cant. 2, 5).[1]

Die Liebe wächst mit der Erkenntniss seiner Liebe. Es ist bemerkenswerth, wie Bernhard, indem er die Stufen der Liebe nennt, hierbei von einer Voraussetzung ausgeht, welche das Natürliche nicht wie sonst öfters als das Böse und zu Vernichtende, sondern als das zu Befreiende und Verklärende hinstellt. Die Selbstsucht, so meint er, sei nur die entartete Liebe.[2] Die Liebe auf der niedersten Stufe ruht auf der von Gott selbst gewollten natürlichen Selbstliebe. Der sündige Mensch lässt diese Liebe zur Selbstsucht und Weltlust entarten. Da setzt uns Gott in Noth, und die Noth führt uns wieder zu Gott. Das ist die erste Stufe. Lässt er uns da seine Freundlichkeit erfahren, so fangen wir an zu ihm zu kommen um seiner Freundlichkeit willen. Jemehr wir dann erkennen, wie selbstlos diese Freundlichkeit ist, desto mehr sucht dann auch unsere Liebe nicht das Ihrige, sondern das was des Andern ist, oder vielmehr das was Gottes ist. Und hieraus entwickelt sich die vierte und höchste Stufe, auf welcher die Selbstliebe so untergeht in Gott, dass der Mensch auch sich selbst nur liebt um Gottes willen. Diese Liebe liebt ohne Rücksicht auf Lohn, aber doch nur, weil sie auch einen inneren Grund dafür hat. „Gott lieben hat seinen Lohn, aber die Liebe liebt

---

1) *De diligendo deo cap. 3.*
2) *l. c. cap. VIII: Et est amor carnalis, quo ante omnia homo diligit seipsum propter seipsum — nec praecepto indicitur, sed naturae inseritur. Quis nempe carnem suam odio habuit? At vero si coeperit amor idem (ut assolet) proclivior esse, sive profusior, et necessitatis alveo minime contentus — statim superfluitas obviante mandato cohibetur, cum dicitur: Diliges proximum tuum sicut teipsum.*

ohne Rücksicht auf Lohn. Die wahre Liebe genügt sich selbst. Sie hat ihren Lohn in sich, das ist das was sie liebt."[1]

Wenn so im Glauben und in der Sehnsucht der Liebe die geläuterte Seele auffliegt zu der Erhabenheit Gottes, dann schaut das geistige Auge in unmittelbarer Weise Gott und in Gott erkennt es dann alle Dinge höher und wahrer, als es sie aus ihnen selbst erkennen würde. Denn wenn wir auf der höchsten Stufe das Wort schauen, so sehen wir den Engeln gleich auch alles, was durch das Wort geschaffen worden ist. Die himmlischen Geister brauchen sich nicht aus den Geschöpfen die Erkenntniss des Schöpfers zu erbetteln. Und auch nicht um diese selbst zu erkennen, steigen sie zu ihnen herab, weil sie dieselben da erkennen, wo sie weit besser sind als in sich selbst. Daher bedürfen sie dazu auch nicht der Vermittlung des leiblichen Sinnes, sondern sie sind sich selbst Sinn, indem sie sich selbst empfinden. Die beste Art zu sehen, wenn du keines bedarfst, wenn du zu allem, was du kennen willst, dir selbst genügst. Denn fremder Hilfe bedürfen, heisst pflichtig werden, und das ist unter der Vollkommenheit und mindere Freiheit.[2]

Es lässt sich nun wohl bei Bernhard ein Schwanken bemerken in der Auffassung des Verhältnisses, in welchem der creatürliche Geist zu dem göttlichen Geiste in jenem Zustande der unmittelbaren Anschauung steht. Denn während er an dem einen Orte, wie wir gesehen haben, die Activität des creatürlichen Geistes betont, von der Contemplation sagt, dass sie sich auf die *ratio* stütze, lässt er anderwärts den Menschen

---

1) *l. c. cap. VII: Non enim sine praemio diligitur deus, etsi absque praemii intuitu diligendus sit. Vacua namque vera charitas esse non potest, nec tamen mercenaria est. Quippe non quaerit, quae sua sunt. Affectus est non contractus, nec acquiritur pacto, nec acquirit. Sponte afficit et spontaneum facit. Verus amor se ipso contentus est. Habet praemium, sed id quod amatur.*

2) *De consider. V, 1: Si tamen ita versatur in his (visibilibus), ut per haec illa (invisibilia) requirat, haud procul exulat. Sic considerare vel appropiare, repatriare est. — Sane hac scala cives non egent sed exules. — Et vere quid opus scalis tenenti jam solium? Creatura coeli illa est, praesto habens per quod potius ista intueatur. Videt verbum et in verbo facta per verbum. Nec opus habet ex his quae facta sunt factoris notitiam mendicare. Neque enim ut vel ipsa noverit ad ipsa descendit, quae ibi illa videt, ubi longe melius sunt quam in se ipsis. Unde nec medium requirit ad ea corporis sensum: sensus ipsa sibi, se ipsa sentiens. Optimum videndi genus, si nullius egueris, ad omne quod nosse libuerit te contentus. Alioquin juvari aliunde, obnoxium fieri est: minusque a perfecto istud et minus liberum.*

so in Gott auf- und untergehen, dass wir nahezu pantheistische Redeweisen zu hören glauben. Aber das sind doch nur scheinbare Widersprüche und Schwankungen. Man muss hier wie bei späteren Mystikern, insbesondere auch bei Meister Eckhart, als Regel der Auslegung festhalten, dass die Absolutheit des Ausdrucks nur aus dem Bestreben kommt, eine Seite der Betrachtung nachdrucksvoller hervorzuheben, und man muss, um den Schriftsteller richtig zu fassen, solche Stellen mit andern zusammenhalten, welche sie einschränken und modificiren.

Mit solcher Einschränkung müssen wir denn auch das verstehen, was Bernhard von dem Verhältniss der Seele zu Gott sagt, wenn sie die vierte und höchste Stufe der Liebe erreicht hat.[1] „Selig und heilig, heisst es da, möchte ich den nennen, dem es gestattet ist, etwas derartiges zuweilen oder auch nur einmal und zwar im Nu und kaum auf einen Augenblick zu erfahren. Denn dich gleichsam verlieren, als ob du nicht mehr seiest und deiner selbst ledig und fast vernichtigt werden, das ist himmlische Weise und über menschliche Empfindung.[2] — — O heilige und keusche Liebe, o süsse und liebliche Empfindung! o reines und lauteres Streben und Wollen, und gewiss um so lauterer und reiner, als dabei vom Eigenen nichts mehr beigemischt ist und zurückbleibt, um so lieblicher und süsser, als es alles göttlich ist was da empfunden wird. So ergriffen werden heisst vergottet werden.[3] Wie der kleine Wassertropfen in vielen Wein gegossen von seiner Natur ganz zu lassen scheint und sowohl den Geschmack als die Farbe des Weines annimmt, und wie das im Feuer glühende Eisen ganz ähnlich dem Feuer wird und seine vorige und eigene Form verliert, und wie die vom Sonnenlicht durchgossene Luft in dieselbe Klarheit des Lichtes umgewandelt wird, so dass sie nicht sowohl erleuchtet sondern das Licht selbst zu sein scheint: so muss dann alle menschliche Empfindung in den Heiligen auf eine unaussprechliche Weise an sich selbst zerfliessen und gänzlich in Gottes Willen umgegossen werden. Wie soll denn sonst Gott alles in allem sein, wenn im Menschen vom Menschen etwas zurückbleibt? Die Substanz zwar wird bleiben, aber in einer andern Form, in einer andern Herrlichkeit und in einer andern Kraft."[4]

---

1) *De diligendo deo cap. X.*
2) *Te enim quodammodo perdere tanquam qui non sis, et omnino non sentire te ipsum, et a te ipso exinaniri et pene annullari, coelestis est conversationis, non humanae affectionis.*
3) *Sic affici deificari est.*
4) *Manebit quidem substantia, sed in alia forma, alia gloria, aliaque potentia.*

Unter den Ursachen, welche diesen seligen Zustand der Contemplation zu einem in diesem Leben so seltenen machen, führt Bernhard die aus der Sünde kommenden Zustände der Welt und unserer Leiblichkeit, dann aber auch die Pflichten der Liebe an.[1] Denn wiewohl das schauende Leben *(vita contemplativa)* das höhere ist, so steht es doch hinter dem wirkenden *(vita activa)* zurück, so oft die Liebe es verlangt. Auch soll es sofort in das wirkende übergehen, wenn das Licht der Betrachtung, wie es in diesem Leibe nicht anders sein kann, nach kurzem wieder erlischt. Um so leichter kehrt es dann zum schauenden Leben zurück. Maria und Martha sind ja Geschwister.[2] Es erhellt hieraus und es lässt sich bei einer Persönlichkeit wie der seinen auch nicht anders erwarten, wie ferne Bernhard davon war, bei seiner mystischen Richtung einer quietistischen Selbstgenügsamkeit das Wort zu reden. Wir werden derselben Auffassung auch bei Meister Eckhart und seiner Schule wieder begegnen.

---

2. Hugo von St. Victor.

Hugo ist der erste bedeutendere Theologe deutscher Herkunft, welcher der mystischen Richtung zugezählt wird, und derjenige Theologe, welcher die mystische Theologie von kirchlichem Charakter in Frankreich begründet hat. Denn auch Bernhard von Clairvaux ist von ihm abhängig. Er ist überhaupt seit Johannes Erigena die erste hervorragende Erscheinung auf diesem Gebiete, der jenem an speculativer Begabung zwar nicht gleichkommt, aber an Tiefe des Gemüths ihn übertrifft.

Die Zeugnisse, welche die französischen Benedictiner für Hugo's

---

1) *De dilig. deo c. 10: Et siquidem e mortalibus quispiam ad illud raptim interdum (ut dictum est) et ad momentum admittitur, subito invidet saeculum nequam, perturbat diei malitia, corpus mortis aggravat, sollicitat carnis necessitas, defectus corruptionis non sustinet, quodque his violentius est, fraterna revocat charitas.*

2) *In Cant. Serm. LI, 2: Quis enim non dico continue, sed vel aliquamdiu, dum in hoc corpore manet, lumine contemplationis fruatur? At quoties, ut dixi, corruit a contemplativa, toties in activam se recipit, inde nimirum tanquam e vicino familiarius reditura in id ipsum, quoniam sunt invicem contubernales hae duae et cohabitant pariter; est quippe soror Mariae Martha.*

Herkunft aus Flandern anführen,[1] sind das einer alten Anchiner Handschrift, nach welcher er aus dem Gebiete von Ypern stammen soll; das des Fortsetzers der Chronik Sigeberts, Robertus de Monte, welcher ihn einen Lothringer nennt; und das einer Handschrift von Marchienne, welche ihn gleichfalls aus dem Gebiete von Ypern stammen lässt. Allein das dritte Zeugniss ist ohne Werth, da es, wie die Vergleichung zeigt, der ersten Quelle entnommen ist, und das des Robertus de Monte, der viel später gelebt hat, als Mabillon und Liebner meinen,[2] ist nach Mabillon's eigener Vermuthung nur eine allgemeinere Fassung der Angabe des ersten Zeugnisses. Wir haben somit kaum mehr als dieses einzige Zeugniss der Anchiner Handschrift für Hugo's flandrische Herkunft,[3] und dieses fällt den zahlreichen Angaben gegenüber, dass er aus Sachsen stamme, nicht stark in's Gewicht. Denn diese Angaben sind zu zahlreich und unabhängig von einander, als dass sie nicht entscheidend sein sollten, umsomehr als ihnen noch ein andeutendes Zeugniss Hugo's selbst zur Seite steht. Hugo widmet nämlich seine Schrift: *Soliloquium de arrha annimae* den Conventualen des Klosters Hamersleben bei Halberstadt. Die Schrift will dem Prolog zufolge die Brüder an ihn erinnern. Dem Tone des Prologs nach kann Hugo dort nicht als Gast nur wenige Tage verweilt haben; er spricht, wie wenn er Hausrecht daselbst hätte, ein Recht die Conventualen zur Liebe zu ermahnen. Er grüsst einzelne Brüder mit Namen. Hugo war seit seinem 18. Jahre Conventuale von St. Victor bei Paris. Jene nähere Bekanntschaft mit dem fernen Hamersleben erhält allein ihr Licht durch die Angaben der andern Quellen, nach welchen Hugo bis zu seinem 18. Jahre die Schule zu Hamersleben besucht hat. Hinwieder dient aber auch dieser Prolog Hugo's jenen Angaben zur Bestätigung. Denn er ist nicht darnach beschaffen, dass man ihn etwa als die Quelle für die so bestimmt auftretende Angabe, dass er bis zu seinem 18. Jahre die Schule von

---

1) Die Zeugnisse über Hugo's Herkunft bei Liebner, Hugo von St. Victor. Leipz. 1832. S. 17 ff., und vollständiger bei E. Böhmer, Hugo von Sancto Victore in der Zeitschrift Damaris 1861. S. 222 ff.

2) Der erstere lässt ihn *fere aequalis* sein, Liebner ihn ohngefähr 50 Jahre nach Hugo's Tode (1141) schreiben. Aber um 1190 ist Robert kaum erst geboren. Er starb 1186.

3) Das von Liebner angeführte Zeugniss eines Anonymus von Jumiège: — — *Hugo Lothariensis, sic dictus a confinio Saxoniae*, ist werthlos, da es, wie Bethmann, Pertz *Mon. Scr. VI, p. 484* nachgewiesen, aus Robertus de Monte abgeschrieben, und der erläuternde Zusatz *sic dictus etc.* ohne Sinn ist.

Hamersleben besucht habe, ansehen könnte. Hat aber Hugo in seiner Jugend jene Schule besucht, dann spricht dies für Sachsen als seine Heimath und nicht für Flandern.

Die Notiz der Anchiner Handschrift: *Hugo — qui ex Iprensi territorio ortus a puero exulavit* könnte vielleicht durch einen Lesefehler entstanden sein. Denn die Worte „*a puero exulavit*" erinnern zu deutlich an Hugo's eigene Worte in einer seiner Schriften:[1] *Ego a puero exulavi*, als dass wir nicht auch den diesen Worten folgenden Satz darauf ansehen sollten, ob er nicht Anlass zu jenem Irrthum gegeben haben könnte. Hugo's Worte lauten im Zusammenhang: *Ego a puero exulavi et scio quo moerore animus arctum aliquando pauperis tugurii fundum deserat, qua libertate postea marmoreos lares et tecta laqueata despiciat.* Böhmer hat bemerkt, dass der erste der beiden letzten Sätze auf eine Stelle bei Virgil, der letztere auf eine Stelle bei Cicero anspiele. Bei Virgil nun ist *tugurii* in *tugurī* zusammengezogen. Es ist nicht so unmöglich, dass der Verfasser jener Notiz in der Anchiner Handschrift das *tugurī* bei Hugo für einen Ortsnamen genommen und dass entweder er selbst oder ein Abschreiber dafür *Ypreti* (Ypern) gelesen habe. Die Worte *ego a puero exulavi* mit den französischen Benedictinern als Instanz gegen die sächsische Herkunft gebrauchen zu wollen, ist unstatthaft. Hugo konnte auch in dem sächsischen Hamersleben das *exulavi* von sich sagen. Hatte er ja die nächste Heimath, das Aelternhaus und das Leben in der Familie, mit dem Kloster vertauscht. Das war auch ein *exulare* in dem Sinne; in welchem Hugo in jenem Capitel überhaupt sich ausspricht. Denn jener Satz gehört in einen Zusammenhang, in welchem von dem Segen die Rede ist, den das Verzichten auf die sichtbaren und vergänglichen Güter dieser Welt hat.

Wenn uns nun angesichts dieser Umstände das Zeugniss der zahlreicheren Quellen für den sächsischen Ursprung Hugo's nicht zweifelhaft sein kann, so dürfen wir auch den weiteren Angaben Vertrauen schenken, nach welchen Hugo aus dem Geschlechte der Grafen von Blankenburg am Harze war. Von seinen Aeltern als Knabe in die Schule zu Hamersleben gebracht, blieb er daselbst trotz des Widerstrebens seiner Aeltern, bis der Krieg Heinrich's V. mit den Sachsen ihn nöthigte, eine andere Stätte zu suchen. Sein Oheim, der Bischof Reinhard von Halberstadt, sandte ihn nach St. Victor bei Paris.

---

1) *Eruditionis didascalicae lib. III, c. 20.*

In Paris gab es eine Verbindung von Kanonikern, welche nach der Regel Augustin's lebten, und zu deren Kloster auch die Capelle St. Victor bei Paris gehörte. In einem zu dieser Capelle gehörigen Hause hatte Wilhelm von Champeaux, nachdem er selbst Mitglied des Klosters geworden war, eine Schule eingerichtet, welcher sein Ruf zahlreiche Schüler auch aus der Ferne verschaffte. Bald wurde St. Victor ein selbstständiges Kloster, und, kurz nachdem Wilhelm 1113 zum Bischof von Chalons ernannt worden war, eine Abtei. Im Jahre 1115 nahm der erste Abt Guildin den achtzehnjährigen Hugo als Kanoniker in das Kloster auf. Er starb am 11. Februar 1141.[1]

Hugo beschreibt uns selbst einmal,[2] wie er als Knabe nach eigener Wahl seine Studien angestellt habe. Er schrieb sich die Benennungen aller Dinge, die ihm in den Sinn kamen, auf, um nun ihren Begriff festzustellen. Er übte sich im Angriff oder in der Vertheidigung bestimmter Sätze. Er zeichnete mit der Kohle geometrische Figuren auf den Boden und fand die Eigenschaften der verschiedenen Winkel durch eigenes Bemühn. Durch abgemessenes Aufspannen von Saiten auf ein Holz stellte er sich eine Art von Harfe her, um das Gehör für die Differenz der Töne auszubilden.[3] Hugo ist ein selbstständiger Denker, dessen Geist das ganze Gebiet des Wissens umspannen, die Gesetze des Seins ergründen möchte. Er war von einer feinen, zarten Natur, die starke asketische Uebungen nicht ertragen konnte. Dass er auch von zartem und dabei tiefem Gefühl gewesen, zeigen seine Schriften. Sie sind zahlreich. Eine rasche Empfänglichkeit und eine ordnende Verstandesthätigkeit scheinen ihm Lehren und Schreiben leicht gemacht zu haben. Sein Ruf verdunkelte bald den des Begründers der Schule, des Wilhelm von Champeaux. Man nannte ihn den zweiten Augustinus. Die Geschichte der Theologie rühmt von ihm, dass er die beiden Richtungen der dialektischen Schulwissenschaften und die Mystik zu verbinden ge-

---

1) Eine Notiz über seinen Tod, die Hugo's Biograph Liebner nicht kennt, findet sich am Schlusse einer Handschrift des 15. sc. auf der k. k. Bibliothek zu Wien Cod. 273: *Hugo de Sancto Victore Parisius claruit. De contemplatione et moribus multa scripsit. Huic in extremis laboranti hostiam non consecratam monachi propter vomitus periculum attulerunt, sacram eucharistiam simulantes. Sed Hugo per spiritum intelligens exclamavit: cur me fallere, fratres, voluistis; iste non est dominus meus Jesus Christus.*

2) *Eruditionis didascalicae lib. V, cap. 3.*

3) *Saepe et numerum protensum in ligno Magadan ducere solebam ut et vocum differentiam aure perciperem et animum pariter meli dulcedine oblectarem.*

wusst habe. Aber die speculative Mystik ist denn doch nur ein in seine
scholastische Theologie eingefügtes Gebiet. Es ist ähnlich wie nachher
bei Richard von St. Victor und Albertus Magnus. Diese Männer sind
vorherrschend Scholastiker. Ihre Mystik wandelt ihre Theologie nicht
um. Sie geben die Stelle an, wo das Gebiet der Mystik beginnt, aber
diese wird nicht das Princip für ihr sonstiges wissenschaftliches Denken.
Sowie sie über das Gebiet der psychologischen und ethischen Fragen in
das der specifisch theologischen übergehen, herrscht die scholastische
Methode von neuem. Und hier treffen wir Hugo gleich Bernhard auf
dem Boden der traditionellen Lehre. Die Lehre des Areopagiten,
welche er in seinem Werke über die himmlische Hierarchie des Dionysius commentirt, hat er in kirchlich-orthodoxem Sinn umgebogen.

Wir haben oben gesehen, dass Bernhard von Clairvaux die *consideratio* oder Betrachtung in eine distributive, ästimative und speculative
unterschied und dass er die speculative Betrachtung Contemplation
nannte, der gegenüber er dann die beiden ersten Arten auch als *consideratio* im engeren Sinne fasst. Die Betrachtung verhielt sich zu der
Contemplation wie Weg und Ziel, wie Mittel und Zweck, wie Streben und
Erreichen. Wir haben ferner gesehen, wie Bernhard Glaube und Liebe
als die treibenden und beseelenden Kräfte auf dem Wege der Betrachtung auffasst. Das alles findet sich in ähnlicher Weise schon bei Hugo,
von dessen Anschauungen Bernhard ohne Zweifel ausgeht. Hugo unterscheidet in der Einleitung zu seinen Anmerkungen über den Prediger
Salomonis drei Stufen des Sehens der vernünftigen Seele: *cogitatio,
meditatio, contemplatio.* Die *cogitatio* ist ihm das Concipiren der Dinge
mittelst der sinnlichen Vorstellung, die *meditatio* das Nachdenken über
das Concipirte, um ein Verborgenes in den Dingen zu ermitteln, die
contemplatio ist die erreichte und freie Einsicht in das Innere der
Dinge.¹ Es geht schon aus diesen ersten Sätzen hervor, dass Hugo hier
nicht von dreierlei Kräften der Seele, sondern von einem Process des
Geistes oder der *mens* redet, in welchem sich derselbe allmählich zur
vollen Einsicht erhebt. Dies wird in den auf jene Stelle folgenden
Sätzen noch deutlicher, wo er wiederholt die *meditatio* und *contemplatio*

---

1) *In ecclesiasten homilia I: Cogitatio est cum mens notione rerum transi-
torie tangitur, cum ipsa res sua imagine animo subito praesentatur vel per sensum
ingrediens vel a memoria exurgens. Meditatio est assidua et sagax retractatio
cogitationis, aliquid vel involutum explicare nitens vel scrutans penetrare occultum.
Contemplatio est perspicua et liber animi contuitus in res perspiciendas usquequaque diffusus.*

mit dem Suchen und Finden, mit dem Kämpfen und Siegen parallel setzt. Er thut dies in einem schönen und glücklich gewählten Bilde. In der Meditation gleicht das Herz anfänglich dem grünen Holze, das von einem Funken der Furcht oder Liebe zu Gott entzündet wird. Anfangs dunkle Rauchwolken widerstrebender Leidenschaften und verkehrter Gelüste, bis die Flamme der Liebe siegt, der Rauch schwindet, der heitere Glanz aufleuchtet und nun nach und nach der ganze Holzstoss ergriffen und das Feuer alles was es ausser sich gefunden in sich gerissen und in seine Natur verwandelt hat. Dann tritt Friede und Ruhe ein. Das erste Sehen ist Feuer mit Flamme und Rauch, das zweite ist Feuer mit Flamme ohne Rauch, das dritte ist Feuer ohne Flamme und Rauch.

Dann, wenn das Herz ganz in das Feuer der Liebe verwandelt ist, empfindet man, dass Gott alles in allem sei; denn mit so inniger Liebe wird er aufgenommen, dass dem Herzen auch von sich selbst nichts mehr übrig ist; nur Er ist noch da. So geht also bei Hugo Lieben und Schauen mit einander. In der Liebe haben wir Gott und erkennen wir Gott. Der gesteigerten Liebe entspricht ein gesteigertes Schauen. In der Meditation umwölkt den Geist, der von frommer Andacht entzündet ist, noch das Widerwärtige der fleischlichen Leidenschaften. Wächst die Liebe, dann ist wohl noch die Flamme da, aber kein Rauch mehr, dann breitet sich mit reinem Geiste *(pura mente)* das Herz zur Contemplation der Wahrheit aus. Das ist die erste Stufe der Contemplation, welche Hugo mit dem Namen *speculatio* bezeichnet, Die höhere Stufe ist die Contemplation im engeren Sinne, wenn das Herz in der gefundenen Wahrheit ruht, nichts ausser dem Einzigen mehr sucht. Unruhe begleitet die Meditation, Bewunderung die Speculation, Süssigkeit die Contemplation.

Es ist nach alle dem dieselbe Kraft, welche sich Hugo als meditirend und contemplirend denkt. Er nennt sie *intelligentia*. Zwar braucht er diesen Ausdruck im Commentar zum Prediger nur bei der Contemplation, aber er drückt sich dabei so aus, dass seine Anwendbarkeit auf die *meditatio* als selbstverständlich vorausgesetzt wird.[1]

Da wir nun aber bei der angeführten Stelle über das Wesen des intelligenten Geistes und die Grenzen seines natürlichen Bereiches noch wenig aufgeklärt sind, so vergleichen wir was Hugo in seinen An-

---

1) *l. c.*: *Contemplatio est vivacitas illa intelligentiae, quae cuncta in palam habens manifesta visione comprehendit.*

merkungen zur himmlischen Hierarchie des Dionysius in einer der angeführten ähnlichen Stelle sagt. Der Mensch, so wird da gelehrt,[1] hat ein dreifaches Auge, das des Fleisches, das der *mens* oder *ratio*, das der *contemplatio*. Das erste ist offen, das zweite trübe, das dritte geschlossen und blind. Mit dem Auge des Fleisches sieht der Mensch was ausser ihm ist, mit dem Auge der Vernunft was in ihm ist, mit dem Auge der Contemplation was in ihm und über ihm ist. Mit dem ersten die Welt und was in ihr ist, mit dem zweiten den Geist und was im Geiste, mit dem dritten Gott und was in Gotte ist. Also ist Gott, was er sei, für die menschliche *ratio* undenkbar *(incogitabilis)*, denn diese erfasst nur das, was sie kennt, oder das was diesem gemäss ist: das, was in ihr oder ausser ihr ist. Die aber den Geist Gottes und Gott in sich haben, die sehen Gott, weil sie das erleuchtete Auge haben, mit welchem Gott gesehen werden kann, und sie werden ihn inne nicht in einem andern oder gemäss einem andern, das er nicht selbst ist, sondern ihn selbst und in ihm was ist, was gegenwärtig ist. Das aber kann nicht ausgesagt werden, weil es unaussprechlich, weil es undenkbar ist; man wird es wohl inne, aber es kann nicht ausgedrückt werden.[2]

Wir beachten, dass hier die *contemplatio* in einer andern Verbindung steht als dort im Commentar zum Prediger. Dort ist sie als die letzte Stufe des von der *cogitatio* durch die *meditatio* aufstrebenden Geistes bezeichnet; hier ist gesagt, durch welches Mittel des Schauens die Contemplation das sei, was sie ist. Hier ist nicht die *ratio* oder das ihr entsprechende Denken dasselbe was dort die *meditatio* ist. Denn in der *meditatio* ist das Feuer, Gott selbst, der Licht gebende, schon gegenwärtig, wenn auch in beschränkter Weise; in der *ratio* als solcher fehlt dieses Licht. Die Ansicht Hugo's ist hier die, dass der *mens* oder *ratio*, wie sie jetzt beschaffen ist, das Mittel Gott zu erkennen fehlt, da sie nur mittelst der Idee ihrer selbst zu erkennen vermöge und die Idee dessen, was über ihr ist, nicht in sich trage. Die *ratio* oder *mens* kann nur

---

1) *Annotationes elucidatoriae in coelestem hierarchiam L. III, c. 2.*

2) *l. c.: Ergo deus, quod est, incogitabilis est sed hominum et* (verderbte Stelle; vielleicht ist zu lesen *sensui hominum et*) *humanae rationi, quae non percipit nisi quod novit, vel secundum id quod novit, quod est in se vel extra se. Qui autem spiritum dei in se habent et deum habent, hi deum vident, quia oculum illuminatum habent, quo deus videri potest et sentiunt non in alio vel secundum aliud quod ipse non est, sed ipsum et in ipso quod est, quod praesens est. Nec tamen id dici potest, quia ineffabile est, quia incogitabile est et sentitur et non exprimitur.*

sagen, dass das was in das Bereich ihres Erkennens fällt, Gott nicht ist; aber sie kann nicht sagen was er ist.[1]

Hugo sagt hier offenbar zu wenig, und merkt nicht, dass sein Satz einen Widerspruch in sich trägt. Denn wenn die *ratio* von einer Sache sagen kann, sie ist nicht Gott, so kann sie das doch nur, wenn sie selbst eine Idee von Gott hat. Dass Hugo über die Natur der menschlichen Seele keine klare Vorstellung gehabt und Gedanken adoptirt habe, welche mit den zuletzt mitgetheilten im Widerspruche stehen, zeigt sich auch, wenn wir seine psychologischen Sätze im Didaskalion vergleichen. Er geht da von dem Unterschiede aus, den Boëthius, aristotelische Anschauungen mit neuplatonischen verbindend, zwischen dem Intellectiblen und Intelligiblen macht. Intellectibel sind ausser den himmlischen Geschöpfen ursprünglich auch die menschlichen Seelen, so lange sie nicht den sinnlichen Dingen ähnlich waren. Sie sind ihnen ähnlich geworden durch die Schwere der Körper *(corporum tractu)*. Sie sind so von intellectiblen Geschöpfen zu intelligiblen degenerirt, d. h. zu solchen Geschöpfen, welche zwar selbst noch durch den Intellect erfassen, aber nicht mittelst des Intellects allein es thun sondern auch mittelst der Sinnlichkeit.[2] Dass indess Hugo nicht meine, die Verbindung mit der Leiblichkeit mache es jetzt der Seele überhaupt unmöglich, intellectibel zu werden, geht daraus hervor, dass er in einem der folgenden Capitel die Degeneration und Restitution als einen Vorgang innerhalb der Leiblichkeit bezeichnet. Die Seelen, sagt er, entarten *(degenerant)* von intellectiblen Geschöpfen zu intelligiblen, wenn sie von der Reinheit der einfachen Intelligenz, die durch kein Bild körperlicher Dinge geschwärzt wird, zur Imagination des sichtbaren herabsteigen; und sie werden wieder seliger, wenn sie sich von dieser Zertheilung zu der einfachen Quelle ihrer Natur zurückwenden und da gleichsam mit dem Zeichen der besten Form geprägt und gestaltet werden.[3]

---

1) Vgl. auch *l. c.*: *Habemus erga quod dicamus non est hoc deus, sed non habemus quod dicamus hoc est deus, quia omne quod habemus hoc non est deus, et non habemus in his omnibus neque invenimus quod est deus. Omne enim hoc aliud est a deo, quia non est deus omne quod factum est a deo, et non videt oculus neque mens capit nisi hoc vel secundum hoc quod non est deus sed a deo. Homo enim sensum hominis habet et sentit secundum sensum hominis, vel quod extra est secundum carnem vel quod intus est secundum mentem et non habet amplius homo.*

2) *Eruditionis didascalicae Lib. II*, 4. Der Text ist mehrfach verdorben.

3) *l. c. II, 6*: *rursumque beatiores fiunt, quando se ab hac distractione ad simplicem naturae suae fontem colligentes quasi quodam optimae figurae signo impressae componuntur.*

Es ist also, so fährt Hugo fort, das Intellectible in uns dasselbe was die Intelligenz, das Intelligible aber das was die Imagination. Die Intelligenz aber ist eine reine und sichere Erkenntniss von den blossen Principien der Dinge, d. i. von Gott, von den Ideen und der Hyle und von den unkörperlichen Substanzen. Die Imagination ist die Erinnerung der Sinne an das, was in der Seele noch von den körperlichen Dingen zurückgeblieben ist. Der Sinn ist ein leidenlicher Zustand der Seele im Körper, bewirkt durch Qualitäten, welche von aussen her kommen und accidenteller Natur sind.[1]

Aus dieser ganzen Stelle geht hervor, dass Hugo der menschlichen Seele in ihrem jetzigen degenerirten Zustande mehr zuschreibt als in jener Stelle des Commentars zu Dionysius. Dort ist der Seele die Idee Gottes nicht geblieben, durch übernatürliche Erleuchtung wird sie inne was Gott sei, und wenn sie es inne wird, so vermag sie es weder zu denken noch auszusprechen; sie vermag es nur zu empfinden. Hier wird eine reine und sichere Erkenntniss *(cognitio)* der letzten Principien als möglich bezeichnet und die Intelligenz nicht als ein der Natur der Seele hinzugefügtes Gnadengut, sondern als ein die wahre Natur der Seele als mitconstituirendes Gut bezeichnet. Dort in dem Commentar zur Mystik des Dionysius bleibt was wir im höchsten Sinne Vernunft nennen oder das Vermögen im Lichte der höchsten Idee zu erkennen, völlig unbeachtet, und der menschliche Geist kommt nur als *ratio* oder als eine Art von niederer Vernunft, die auf die Ideen des Geschöpflichen beschränkt ist, in Betracht, hier wird jenes erste als die eigentliche Natur der Seele bezeichnet. Es ist hier Hugo der Scholastiker, der sich mit Hugo dem Mystiker nicht zu verbinden weiss.

Diese doppelte, sich widerstreitende Auffassung lässt sich sogar in einer und derselben Schrift wahrnehmen. Denn in dem Didaskalion lässt er die Seele, wo sie als ein Bild der Dreifaltigkeit nachgewiesen werden soll, aus ihrem einfachen Wesen in die Kräfte *mens, intellectus* und *amor* ausfliessen, hier an Augustin sich anschliessend; während er an einer andern Stelle dem Plato folgend die drei Kräfte derselben *concupiscentia, ratio* und *ira* nennt.

---

1) *l. c. II,6: Est igitur (ut apertius dicam) intellectibile in nobis id quod est intelligentia, intelligibile vero id quod est imaginatio. Intelligentia vero est de solis rerum principiis, id est de deo, ideis et hyle et de incorporeis substantiis pura certaque cognitio. Imaginatio est memoria sensuum ex corporum reliquiis inhaerentibus animo, principium cognitionis per se certum non habens. Sensus est passio animae in corpore ex qualitatibus extra accidentibus.*

Da vermag denn auch Hugo, wo er auf Grund seiner an Boëthius sich anschliessenden Anschauungen von der Seele den Begriff der Theologie und Philosophie zu bestimmen sucht, denselben nicht so zu bestimmen, dass seine Aussagen mit dem was er im Commentar zu Dionysius über das Auge der *ratio* und der *contemplatio* gesagt hat, in Einklang zu bringen wären.

Hugo bezeichnet nämlich[1] als Gegenstand der Philosophie jene Weisheit, welche in Gott ist und die ursprüngliche Form und Weise aller Dinge *(primaeva rerum ratio)* ist. Diese Weisheit ist Gottes Natur und unsere Form. Je mehr wir ihr ähnlich werden, desto weiser sind wir. Denn dann beginnt in uns wieder zu leuchten, was in dem göttlichen Verstand *(in eius ratione)* immer bestanden hat. Er theilt dann die Philosophie in die theoretische oder speculative, in die praktische, in die mechanische und logische, und bringt unter diese vier Kategorien sämmtliche Wissenschaften. Unter die Kategorie der theoretischen Philosophie fallen die Theologie, die Mathematik und die Physik. Und die Theologie identificirt er wie Boëthius dann wieder mit dem intellectiblen Denken, wovon er das intelligible als das mit der Imagination verbundene unterscheidet, für welches die Mathematik die entsprechende Wissenschaft ist, und diesem beiderlei Denken setzt er das naturale als drittes mit der Wissenschaft der Physik zur Seite.

Wenn nun aber nach Hugo's weiterer Darlegung die Theologie oder die intellectible Philosophie die Beschäftigung mit dem ist, was eins und dasselbe an sich ist, was in der eigenen Göttlichkeit immerdar besteht und niemals durch die Sinne, sondern allein durch den Geist *(mens)* und den Intellect erfasst wird, so muss Hugo doch hier wohl ein Denken für möglich halten und ein Aussprechen desselben. Wie stimmt dann aber hiemit wieder das, was Hugo über das Auge der

---

1) *Erud. did. II, 1—3. cap. 1: Philosophia est amor sapientiae, quae nullius indigens, vivax mens et sola primaeva rerum ratio est. — — Divina sapientia, quae propterea nullius indigere dicitur, quia nihil minus continet, sed semel et simul omnia intuetur praeterita, praesentia et futura. Vivax mens idcirco appellatur, quia quod semel fit in divina ratione, nulla unquam oblivione aboletur. Primaeva rerum ratio est, quia ad eius similitudinem cuncta formata sunt. Dicunt quidam, quod illud unde agunt artes semper maneat. Hoc ergo omnes artes* (im weiteren Sinn: Wissenschaften) *agunt, hoc intendunt, ut divina similitudo in nobis reparetur, quae nobis forma est, deo natura: cui quando magis conformamur, tanto magis sapimus. Tunc enim in nobis incipit relucere, quod in eius ratione semper fuit, quod quia in nobis transit, apud illum incommutabile consistit.*

Anschauung gesagt hat, das an sich blind ist, und wenn es durch den Geist Gottes erschlossen wird, nun Gott wohl schaut, aber ihn in keiner Weise aussprechen kann?

In alle dem fehlt es bei Hugo an Klarheit und wenn man von ihm gesagt hat, er habe scholastische und mystische Theologie vereinigt, so wird man das dahin beschränken müssen, dass man sagt, er habe es versucht, aber es sei ihm nicht gelungen.

Obwohl Hugo den Dionysius, dessen Werk von der himmlischen Hierarchie er commentirt hat, hoch verehrt, so ist er doch von dessen Pantheismus weit entfernt. Er steht mit seiner Speculation über Gott und Welt auf der Seite der kirchlichen Lehre, obwohl er sich der Redeweise des Dionysius vielfach anschliesst. Aber der Pantheismus des Dionysius ist nicht auf speculativem Wege überwunden; er ist durch Hugo's Positionen negirt, aber einen wahrhaft wissenschaftlichen Versuch, das Wesen Gottes und das Verhältniss desselben zur Welt auf Grund des kirchlichen Glaubens der Erkenntniss näher zu bringen, finden wir nicht. Indess ist doch vieles, was er sagt, beachtenswerth, weil er noch weitere Elemente aus der griechischen Philosophie in die abendländische Theologie einführt und die folgenden Theologen wieder vielfach von ihm ausgehen.

So ist es der Beachtung werth, welchem der traditionellen Begriffe über die Natur sich Hugo anschliesse. Er sagt, man habe erstlich darunter die Vorbilder aller Dinge im göttlichen Geiste verstanden, welche die ersten Ursachen der Dinge seien *(primordiales causae)*, denn sie verliehen den Dingen nicht bloss das Sein, sondern auch das So sein. Dann habe man unter Natur auch die Eigenthümlichkeit eines jeden Dinges, und endlich habe man darunter jene feurige schaffende Potenz verstanden, welche aus einer gewissen Kraft ausgehe, um die sinnlichen Dinge zu erzeugen. Denn den Physikern zufolge werde alles aus der Wärme und Feuchtigkeit erzeugt.[1]

Jn Gott ist Ursache des Seins und Sein nicht verschieden. Von dem Sein Gottes unterscheidet sich alles andere Sein darin, dass es selbst nicht die Ursache seines Seins ist, dass es sein Dasein einer vorausgehenden Ursache verdankt. Dieses von Gott verschiedene Sein ist entweder ein solches, welches ohne eine andere Mittelursache als Gottes Willen *(solo divinae voluntatis arbitrio)* aus den ersten Ursachen in's Dasein tritt, und das ist die Natur der Welt. Er versteht hier unter Natur ein

---

1) *Erud. didasc. I*, 11.

unwandelbares ohne Ende bestehendes Sein, die Wesenheiten der Dinge, welche die Griechen οὐσίας nennen, und alle Weltkörper über dem Monde, welche auch, weil sie unveränderlich sind, göttliche genannt werden. Die andere Art des geschöpflichen Seins ist jenes, welches durch Mitwirkung der genannten Natur als der Mittelursache in's Dasein tritt, Anfang und Ende hat, und als Werk der Natur bezeichnet wird. Dahin gehört alles, was in der sublunarischen Welt auf der Erde entsteht. Dieses ist zeitlicher Art, während die superlunarische Welt wohl Zeit heisst, aber nur weil das Dasein der vergänglichen sublunarischen Welt an ihr gemessen wird. Denn jene superlunarische Welt selbst ist unwandelbar.[1]

Wir fragen nach dieser Darlegung zuerst, wo nach Hugo die Gränze zwischen Schöpfer und Geschöpf zu setzen sei? Hugo deutet an, wo er sich dieselbe denkt. Er bezeichnet die Idealwelt als eins mit Gott selbst, aber ihre Verwirklichung ist ihm eine That des freien Willens Gottes. Jene Idealwelt schlägt ihm nicht um in die wirkliche Welt, sie bleibt ihm was sie ist, eins in sich, eins mit Gott.[2] Sie ist der Sohn, die Weisheit, das Wort, die Natur, das Licht, die Klarheit des

---

1) *l. c. I, 7 § 8. cf. ib.* über die Natur: *Illud vero, cui aliud est esse et id quod est, id est quod aliunde ad esse venit et ex causa praecedente in actum profluxit ut esse inciperet, natura est, quae mundum continet omnem* (Idealwelt). *Idque in gemina secatur. Est quiddam, quod a causis suis primordialibus ut esse incipiat nullo movente ad actum prodit, solo divinae voluntatis arbitrio, ibique immutabile omnis finis atque vicissitudinis expers consistit. Eiusmodi sunt rerum substantiae, quas Graeci* οὐσίας *dicunt, et cuncta superlunaris mundi corpora, quae etiam, quod non mutentur, divina appellata sunt. Tertia pars rerum est, quae principium et finem habent et per se ad esse non veniunt, sed sunt opera quae oriuntur super terram sub lunari globo, movente igne artifice, qui vi quadam descendit in res sensibiles procreandas.*

2) *Annot. elucid. in Evang. Joannis:* „*Quod factum est in ipso vita erat*" *id est: Deus a quo omnia, quod ab aeterno providit, immutabiliter tempore complevit. Deus enim per sapientiam, quae ipse est, omnia ab aeterno disposuit et disposita tempore complevit. Unde et a sapientia dei omnia et vitam et esse habent. Unde et bene ibi vita esse dicuntur quia inde vitam contrahunt. Vel ibi vita fuit, quia iuxta sapientiam dei, quae vita omnium est, factum est omne, quod factum est. Hoc enim exemplar dei fuit, ad cuius exemplaris similitudinem totus mundus factus est, et est hic ille archetypus mundus ad cuius similitudinem mundus iste sensibilis factus est. Neque enim dicendum est quasdam rationes in mente divina esse infra creatorem et supra creaturas consistentes. Nihil enim in deo est, quod deus non sit. Neque varietas proprietatum ibi potest esse ubi nihil nisi esse est. Est enim deo idem esse et vivere. Unde et simplex essentia est carens partibus et proprietatibus.*

Vaters. „Der Vater hat eine einige Weisheit gezeugt, durch die er alle seine Werke gemacht hat. Denn das Wort des Vaters ist Licht vom Lichte, Ein Wort und Ein Strahl und das Wort selbst ist die Weisheit und die Weisheit ist Licht, ausgehend von dem, von dem es geboren ist. Eine von dem Einen, und deshalb Ein Strahl von Einer Klarheit, von der erleuchtet werden, welche ihm gemäss umgestaltet werden." Wenn nun aber auch Hugo in seinen Ausdrücken sich enger an die kirchliche Terminologie anschliesst als Dionysius und Erigena, wenn er auch den Uebergang von der Idealwelt in ihre Verwirklichung durch den freien Willen Gottes vermittelt sein lässt, innerlich überwunden ist der Pantheismus jener Vorgänger so lange nicht, als die Schöpfung der Idealwelt nicht von der Zeugung des Sohnes unterschieden wird.

Auch den Begriff der Theilhabung, der *participatio*, fasst Hugo kirchlicher als Dionysius und Erigena. Denn bei Erigena ist die Theilhabung, wie wir sahen, doch im Grunde nur die Emanation des göttlichen Wesens selbst und identisch mit der Schöpfung. Hugo unterscheidet Schöpfung und Theilhabung. Er braucht den Begriff Schöpfung allerdings in unklarer Weise, er setzt dafür auch *operatio*, und man weiss nicht, ist der Sohn darin einbegriffen oder nicht. Aber consequenter Weise ist er dies, denn es fällt ihm ja der Sohn und die Weisheit in eins zusammen. Aber er trennt wenigstens schärfer als die beiden Vorgänger die Participation davon: das erste Wirken Gottes, sagt er, ist das, da er aus sich herausgeht. Die erste Participation, wenn er sich dann denen, welche die ersten Wirkungen dieses aus sich Herausgehens sind, unmittelbar mittheilt.[1]

Hugo schliesst sich in dem Satze: *deus qui est et essentia et creator et causalis omnium, et adducens ad esse primas essentias*,[2] an die kirchliche Ausdrucksweise an. Aber es ist zu beachten, dass er *essentia* und Natur als Wechselbegriffe nimmt. Dionysius unterscheidet zwischen dem Uebersein und dem Sein an sich; letzteres ist ihm der erste Ausfluss des Ueberseins, die Weisheit. Erigena bezeichnet diese Weisheit im Anschluss an des Aristoteles Begriff von der Form als der Wesenheit der Dinge, als *essentia* und als Natur. Auch Hugo nennt die göttliche

---

1) *Annot. eluc. IX, 13: Propria operatio dei est quando per semet ipsum operatur sine mediante creatura, ex qua nimirum prima participatio venit, quia illi cum sine medio suscipiunt, qui eius operationis primi effectus fiunt. Prima siquidem dei operatio est, quando se movet a se, prima participatio, quando sese praebet per se.*

2) *l. c.*

Weisheit die göttliche Natur und die *essentia rerum*, denn alle Dinge bestehen nur dadurch, dass sie an dem göttlichen Uebersein participiren, welches die *essentia* der Dinge ist.[1] Diese *essentia* ist die göttliche *providentia*, welchen Ausdruck er dann wieder in *provisa gratia* umsetzt, oder in den der göttlichen Güte. Diese göttliche Güte ist die Ursache alles Seienden. Unter dieser Ursache alles Seienden aber ist der Sohn oder die Weisheit gemeint.[2]

Hugo versteht also unter dem Wesen, der *essentia* der Dinge, ihre Idee, wie sie als Gedanke Gottes dem Sein der Dinge zu Grunde liegt.

Und wie diese Idee unser geschöpfliches Dasein begründet, so ist sie es wieder, welcher wir durch die Gnade mehr und mehr zugebildet werden. Diese Gnade ist der Sohn selbst, jene Weisheit, von welcher der Sohn als Träger gedacht ist. „Die Klarheit des Vaters will uns für ihr ursprüngliches Licht wieder zubereiten. Sie reizt uns zuerst durch die Erleuchtung, vermittelst des Vaters die Klarheit der Engel zu betrachten (d. h. wohl, sie versetzt unsere Seele zuerst in die Region der superlunarischen Welt), damit wir so zum Anschauen der höchsten Klarheit fähig werden." Denn die Klarheit des Vaters (der Sohn) sendet einen einfachen Strahl aus, welcher erleuchtet und durch alles sich ergiesst, weil der Vater eine einige Weisheit gezeugt hat, durch die er alle seine Werke gemacht hat. Diese Weisheit gibt sich den zu erleuchtenden je nach ihrer Fähigkeit ein, und bleibt doch eins in sich. Wir vermögen in ihr eins zu werden, sie aber vermag nicht in uns getheilt zu werden.

---

1) *l. c. V, 4: Esse enim omnium est superesse divinitatis*, erklärt er so, dass nicht das Sein Gottes das Sein der Creatur selbst ist, sondern dass durch das göttliche Sein das creatürliche Sein bewirkt ist: *quia per esse divinitatis, quod super omne esse est, esse habet et subsistit, quidquid est.*

2) *l. c. V, 4: Ergo omnia quae sunt, participant providentiam, id est provisum bonum et provisam gratiam manantem ex ipsa divinitate quasi de fonte et primo principio omnis bonitatis, quae superessentialis est quia in suae naturae excellentia omnibus essentiis et subsistentibus naturis supereminet et causalissima est, i. e. omnium causarum causa et prima causa, quoniam ab eius bonitate procedit bonum omne, quod rebus a se conditis omnibus ut subsistant participandum praebet. — Omnia quae sunt, divinam providentiam participare, quia aliter subsistere non possent, nisi divinae bonitatis a qua omnia esse acceperunt et in qua omnia subsistunt, participatione subsisterent. Omnia enim quae sunt, nisi a divina bonitate principium accepissent non incepissent, et nisi in illa essentiam haberent, in eo quod sunt non permanerent. Propterea ipsa principium omnium est quam assumendo et participando incipiunt et essentia omnium est quam assumendo et participando subsistunt.*

Wir sehen aus dieser Darlegung zwar, dass Hugo zwischen dem Sohne und der Weisheit noch einen Unterschied machen will, aber auch er ist in der Bestimmung des Verhältnisses beider so unbestimmt wie Erigena. Nur sieht man hier mehr noch als bei Erigena, dass diese Unterscheidung zu Gunsten der kirchlichen Lehre von der Freiheit Gottes gemacht ist. Die Erleuchtung durch Gott ist keine Naturnothwendigkeit, er bezeichnet sie als Gnade. Als solche kann sie sich freilich nicht enthalten, sich allen mitzutheilen. Sodann ist auch hier der Grad der Mittheilung abhängig von der sittlichen Disposition des Geschöpfes; denn dieses Gut hält sich nicht fremd und ferne von allem, was es geschaffen hat; aber es erleuchtet nur das, was es nach seinem Gleichniss geschaffen hat. Denn das Licht vermag nur zu fassen, was demselben nicht unähnlich ist, und dann bewirkt das eingegossene Licht eine erhöhte Gleichheit.[1]

Wenn dann Hugo das Wesen des Menschen zur Gleichheit und Einerleiheit mit Gott erhoben sein lässt, indem er fortfährt: — „so wird Licht, der das Licht empfängt. Wenn also Licht ist, der das Licht erzeugt, und Licht ist, der das Licht empfängt: so ist dasselbe, der da erzeugt und der da empfängt:" so sucht er sich doch mit der kirchlichen Lehre im Einklang zu erhalten durch den später von der Mystik so oft gebrauchten Zusatz: so doch, dass jener es ist von Natur, dieser von Gnaden.[2]

3. Richard von St. Victor.

Richard, ein Schotte, Hugo's Schüler, Prior und in seinem letzten Jahre Abt zu St. Victor, war unter dem ersten Abt Guildin in dieses Kloster eingetreten und starb daselbst am 10. März 1173.

Bei Hugo fanden wir zwei divergirende Ansichten von der Seele unvermittelt neben einander stehen. Nach der einen erschien das mystische Schauen als ein Vorgang, der so gut wie keinen Anknüpfungspunkt in den Erkenntnisskräften des natürlichen Menschen hat; die andere von Hugo vorgetragene Ansicht fasst den Begriff der Seele zwar voller und reicher, aber Hugo weiss die Seele unter diesem Begriff in seine mystische Theorie nicht einzufügen. Richard, an die letztere An-

---

[1] Ann. eluc. in Dion. hier. II, 1.
[2] l. c.: Si ergo lumen est qui lumen genuit et lumen est qui lumen suscepit, iam quodammodo invenitur esse idem et qui genuit et qui suscepit. Ita tamen ut ille hoc esse credatur per naturam, iste vero hoc esse agnoscatur per gratiam.

sicht seines Meisters sich anschliessend und diese bestimmter entwickelnd, versucht es das mystische Schauen auf dieselben zu gründen, und es gelingt ihm, die einzelnen Seelenkräfte in lebendigere Beziehung zu einander und zum mystischen Schauen zu setzen; aber er verwechselt das, was wir mittelst der Gottesidee von Gott inne werden mit dem unmittelbaren Schauen Gottes.

Das Bestreben, Scholastik und Mystik zu verbinden, zeigt sich in dem, was er als die Aufgabe dessen hinstellt, der zum unmittelbaren Anschauen des Lichts der göttlichen Weisheit hindurchgedrungen ist. Derselbe unterzieht das Geschaute wieder und wieder seiner Betrachtung und Untersuchung, um es zu fassen und theils durch Vernunftgründe theils durch Gleichnisse zur gemeinen Intelligenz zu bringen.[1] Richard fordert hier seinem reicheren Begriff von der Seele zufolge mehr als Hugo noch für möglich hält, welcher das unmittelbar Geschaute für undenkbar und daher für unaussprechlich hält. Doch beschränkt auch Richard das, was er hier gesagt, einigermassen wieder, wenn er später äussert: dass die Wiedervergegenwärtigung und Erkenntniss des Geschauten immer nur eine sehr mangelhafte und unvollkommene sei.[2]

Einen selbständigen Gang nimmt indess Richard's Theologie in den höchsten Fragen durchaus nicht. Wie die Scholastik das zum Erkenntnissobjecte nimmt, was die Autorität der Kirche zu glauben vorschreibt, so sagt auch Richard am Eingange seiner Schrift über die Dreieinigkeit: „In der Erkenntniss oder Erhärtung solcher Dinge pflegen wir uns vielmehr auf den Glauben als auf Vernunftschlüsse zu stützen,

---

1) *Richardi S. Victoris opera. Rothomagi 1650 fol. De gratia contemplationis Lib. IV, cap. 11*: *Sed ille quasi de tabernaculo in advenientis domini occursum egreditur, egressus autem quasi facie ad faciem intuetur, qui per mentis excessum extra semet ipsum ductus summae sapientiae lumen sine aliquo involucro figurarumve adumbratione denique non per speculum et in aenigmate sed in simplici, ut ita dicam, veritate contemplatur. Exterius visum introrsum trahit, quando id quod per excessum vidit, multa retractatione vehementique discussione capabile seu etiam comprehensibile sibi efficit, et tum rationum attestatione tum similitudinum adaptatione ad communem intelligentiam deducit.*

2) *l. c. IV, 23*: *Et item cum ab illo sublimitatis statu ad nosmet ipsos redimus, illa quae prius supra nosmet ipsos vidimus, in ea veritate, qua prius perspeximus, ad nostram memoriam revocare omnino non possumus. Et quamvis inde aliquid in memoria teneamus et quasi per medium velum et velut in medio nebulae videamus, nec modum quidem videndi nec qualitatem visionis comprehendere vel recordari sufficimus. Et mirum in modum reminiscentes non reminiscimur et non reminiscentes reminiscimur, dum videntes non pervidemus et aspicientes non perspicimus et intendentes non penetramus.*

auf die Autorität vielmehr als auf Argumente." Er bezeichnet den Glauben als den Ausgangspunkt für alles theologische Denken, als den Anfang und das Fundament aller Güter; aber dieser Glaube ist ihm lediglich ein Autoritätsglaube.[1] In die von dem Kirchenglauben vorgestellten Erkenntnissobjecte soll man sich dann in mystischer Weise versenken um so zur Erkenntniss hindurchzudringen. Wo Glaube ist, da ist Hoffnung, wo Hoffnung da Liebe, wo Liebe da offenbart sich Gott, wo Offenbarung da ist Contemplation, wo Contemplation da ist Erkenntniss, wo Erkenntniss da ist ewiges Leben. Diese Stufenleiter wird von Richard in ziemlich willkürlicher Weise zusammengesetzt, und bedeutsam ist nur, dass er die Erkenntniss sehr hoch stellt. „Das Leben", sagt er, „kommt also aus dem Glauben und das Leben kommt aus der Erkenntniss. Aus dem Glauben das innere Leben, aus der Erkenntniss das ewige Leben (Joh. 17, 3). Aus dem Glauben das Leben, welches uns hier unten fröhlich, aus der Erkenntnis das Leben, welches uns dort oben selig macht. — — Darum sollen wir uns nicht begnügen lassen mit der Kenntniss der ewigen Dinge, welche wir allein durch den Glauben haben, wenn wir nicht auch jene erlangen, die wir durch die Erkenntniss gewinnen."[2]

So betritt denn auch Richard bei der Behandlung der Trinitätslehre ganz die Bahn der Scholastik, indem er bemüht ist, für das dem Glauben von der Kirche Vorgehaltene „nicht bloss wahrscheinliche, sondern auch zwingende Gründe" beizubringen. Er sucht die Nothwendigkeit der Dreieinigkeit aus dem Wesen der Liebe nachzuweisen, hier einen von Augustin schon angedeuteten Gedanken weiter entwickelnd. Ist Gott, so argumentirt er, das höchste und vollkommenste Gute, so kann bei ihm die wahre und höchste Liebe nicht fehlen. Folglich muss er eine andere Person haben die er liebt. Die geschaffene Persönlichkeit kann dies nicht sein, denn diese steht nicht in gleichem Verhältnisse zu Gott, sie wäre für die höchste Liebe kein entsprechender

---

1) *De trinitate. Prologus: Fides itaque totius boni initium est atque fundamentum. Lib. I, cap. 2: Sed hoc in his supra modum mirabile, quia quotquot veraciter fideles sumus nihil certius nihil constantius tenemus quam quod fide apprehendimus. Sunt namque patribus coelitus revelata et tam multis, tam magnis tam miris prodigiis divinitus confirmata, ut genus videatur esse dementiae in his vel aliquantulum dubitare.*

2) *l. c. Prologus: Nec nobis sufficiat illa aeternorum notitia, quae est per fidem solam, nisi apprehendamus et illam, quae est per intelligentiam, si needum ad illam sufficimus quae est per experientiam.*

Gegenstand.[1] Entsprechend kann dieser Liebe nun eine Person sein, die selbst Gott ist. Da ferner Gott, was er will, immer will, da sein Wille unwandelbar ist, so musste die ewige Person eine gleich ewige Person für ihre Liebe haben. Die höchste Weise der Liebe fordert einen Gegenstand, der die höchste Vollkommenheit besitzt, folglich die höchste Gleichheit und Aehnlichkeit.[2] Nun kann die Göttlichkeit nicht zugleich mehreren Substanzen eignen; ist aber jede der Personen gleich göttlich, gleich allmächtig u. s. w., so können die beiden nur Ein Gott sein. Folglich müssen beide eine und dieselbe Substanz gemeinsam haben oder wenn dies besser lautet, es müssen beide zugleich eine und dieselbe Substanz sein. Die höchste vollkommenste Liebe fordert nun aber zur Vollständigkeit ihres Begriffs, zu wollen, dass eine andere Person ebenso geliebt werde wie sie selbst. Es ist ein Zeichen grosser Schwäche, keine Genossenschaft in der Liebe dulden zu können. Dagegen ist es ein Zeichen höchster Vollkommenheit, mit Sehnsucht danach zu begehren. Bei jenen beiden göttlichen Personen, deren eine von der andern geliebt wird, erfordert also ihre Vollkommenheit noch einen Genossen ihrer Liebe.[3]

Auf diese Weise wird die Dreieinigkeit aus dem Wesen der vollkommensten Liebe nachzuweisen gesucht. Mir scheint diese Art der Beweisführung ziemlich werthlos zu sein. Denn damit, dass aus der

---

1) *De trinitate Lib. III, cap. 2*: *Ubi ergo pluralitas personarum deest, charitas omnino esse non potest. Sed dicis fortassis etsi sola una persona in illa vera divinitate esset, nihilominus tamen erga creaturam suam charitatem quidem et habere posset, immo et haberet, sed summam certe charitatem erga creatam personam habere non posset. Inordinata enim charitas esset. Est autem impossibile in illa summae sapientiae bonitate charitatem inordinatam esse. Persona igitur divina summam charitatem habere non potuit erga personam, qua summa dilectione digna non fuit etc.*

2) *l. c. III, 7*: *Sicut itaque in vera divinitate charitatis proprietas exigit personarum pluralitatem, sic eiusdem charitatis integritas in vera pluralitate requirit summam personarum aequalitatem. Ut autem sint per omnia aequales, oportet ut sint per omnia similes. Nam similitudo potest haberi sine aequalitate, aequalitas vero nunquam sine mutua similitudine.*

3) *l. c. III, 11*: *Est itaque indicium magnae infirmitatis non posse pati consortium amoris. Posse vero pati signum magnae perfectionis. Sic magnum est pati posse, maius erit gratanter suscipere, maximum autem ex desiderio requirere. Bonum magnum illud primum, melius secundum, sed tertium optimum. Demus ergo summo, quod praecipuum est, optimo quod optimum est. In illis ergo mutuo dilectis, quos disputatio superior invenit, utriusque perfectio, ut consummata sit, exhibitae sibi dilectionis consortem aequa ratione requirit.*

Liebe das Bedürfniss einer zweiten und dritten Person demonstrirt wird, ist die Genesis selbst noch nicht erklärt, und dann sieht man auch bei dieser Weise der Demonstration die Nothwendigkeit nicht ein, warum die Pluralität der Personen gerade bei dem Ternar stehen bleiben müsse, warum es z. B. der höchsten Liebe der beiden Personen nicht noch angemessener sei, statt der einen noch mehr Genossen ihrer Liebe zu haben.

Bedeutender für die Geschichte der speculativen Mystik als diese Behandlung der Trinitätslehre sind die psychologischen Erörterungen Richard's. Es gelingt ihm hier ein Fortschritt über Hugo hinaus, indem er den Begriff der Intelligenz bestimmter fasst, und ihn so in lebendigere Beziehung zu den übrigen Seelenkräften und zu dem mystischen Schauen zu setzen weiss. Die Intelligenz, so hebt er mit Nachdruck hervor, ist das die *ratio* bestimmende und in ihr wirksame, sie richtet sich auf das Zeitliche und Ewige, sie umfasst Unzähliges wie mit Einem Blick, und durch sie kann das ganze Gebiet des Universums Gebiet der Contemplation werden.[1] Die Intelligenz ist ein im höchsten Grade lebendiges Denken, das bald auf die Anfänge zurückgeht, bald zu den Folgen sich wendet, bald aus den Wirkungen, bald aus den Ursachen und Voraussetzungen die Weise und Beschaffenheit eines jeden Dinges zu erforschen sucht, welches das Einzelne mit dem Vielen, das Viele mit dem Einzelnen vergleicht, und welches zuletzt wie unbeweglich auf einem Punkte haftet und das Sein und Wesen eines Dinges mit bewunderndem Blicke durchschaut.[2] Auf diesem Grunde der Intelligenz ersteht die Contemplation, „der freie bewundernde Durchblick des Geistes in die Schauspiele der Weisheit". Er fasst so auch den Begriff Hugo's von der Contemplation, von dem er ausgeht, genauer. Denn Hugo ist gemeint, wenn er sagt, „jener vorzügliche Theologe unserer Zeit" habe

---

1) *De gratia contemplationis I, 3: Nunquam enim contemplatio potest esse sine quadam vivacitate intelligentiae. Sicut enim ex intelligentia est, quod oculus mentis in corporeis figitur, sic ex eiusdem vi esse constat, quod sub uno intuitu in rebus corporeis ad tam infinita comprehendenda dilatatur. Denique quoties contemplantis animus dilatatur ad ima, quoties elevatur ad summa, quoties acuitur ad inscrutabilia, quoties agilitate miranda pene absque mora rapitur per innumera, ex quadam intelligentiae vi hoc esse non dubia. Haec propter illos dicta sunt, qui ista inferiora sub intelligentiae aspectum cadere vel ad contemplationem pertinere usquequaque indignum ducunt. Specialiter tamen et proprie contemplatio dicitur, quae de sublimibus habetur, ubi animus pura intelligentia utitur.*

2) *l. c. I, 5.*

sie als den durchschauenden und freien Blick des Geistes bezeichnet, der nach allen Seiten hin in die zu erkennenden Dinge ergossen sei.[1]

Nach diesen Beschreibungen scheint Richard unter Intelligenz im Grunde das zu verstehen, was wir mit Vernunft bezeichnen, wenn wir es dem Verstande gegenüberstellen. Es sind die Ideen, in deren Lichte wir denken, und der persönliche Geist, insoferne er in ihrem Lichte denkt, welche er damit meint. Die Intelligenz ist ein höherer Sinn als die *ratio;* sie durchdringt die *ratio* und regelt sie, aber sie reicht auch zugleich über sie hinaus,[2] sie strebt, in der *ratio* befangen, „durch das Gestaltbild der sichtbaren Dinge zu der Kenntniss des Unsichtbaren aufzusteigen."

Damit nun dass Richard diese Kräfte der *imaginatio, ratio* und *intelligentia* sich als lebendig ineinanderwirkend denkt, ergibt sich seinem systematisirenden Geist folgende Stufenleiter des geistigen Lebens. Die tiefste Stufe ist die des reinen Sinneneindrucks, der blossen Imagination des Aeusserlichen; die zweite, wenn der Geist durch die in der Imagination wirkende *ratio* das vereinzelt Wahrgenommene zum einheitlichen Geistbild gestaltet; die dritte, wenn er von dem sinnlichen Bilde auf Unsinnliches schliesst; die vierte, wenn er von seiner unsinnlichen Seele und ihren Kräften auf eine noch höhere Weise des geistigen Lebens, auf die himmlischen Seelen und überweltlichen Intellecte sich führen lässt, d. h. zur inneren Anschauung der Ideenwelt gelangt; die fünfte, wenn er sich über dieselben hinaushebt zur Anschauung Gottes, sofern dessen Sein noch ein auch durch die *ratio* noch nachweisbares oder zu begründendes erscheint; die sechste und höchste, wenn sie auch in das von der *ratio* nicht mehr erreichbare Wesen der

---

[1] *l. c. I, 4: Contemplatio est libera mentis perspicacia in sapientiae spectacula cum admiratione suspensa, vel certe sicuti praecipuo illi nostri temporis theologo placuit, qui eam in haec verba definivit: Contemplatio est perspicax et liber animi contuitus in res perspiciendas usquequaque diffusus.* S. die von uns oben im Zusamenhang angeführte Stelle bei Hugo, *In ecclesiasten homil. 1.*

[2] *l. c. I, 3: Ecce tria ista: imaginatio, ratio, intelligentia. Intelligentia obtinet supremum locum, imaginatio infimum, ratio medium. Omnia quae subiacent sensui inferiori, necesse est ea etiam subiacere sensui superiori. Unde constat, quia cuncta, quae comprehenduntur ab imaginatione, ea etiam aliaque multa quae supra eam sunt, comprehendi a ratione. Similiter ea quae imaginatio vel ratio comprehendunt, sub intelligentia cadunt, et ea etiam quae illae comprehendere non possunt.*

Gottheit eindringt, wenn sie z. B. den einigen Gott als den Dreieinigen erkennt.[1]

Es ist diese ganze Auffassung, so schablonenmässig sie aussieht, doch von Bedeutung. Denn Richard gewinnt damit eine Aussage über die menschliche Persönlichkeit, wie sie vor ihm kaum bezeichnender aufgestellt ist. Die Intelligenz ist es, sagt er, welche sich auf den drei ersten Stufen noch eines Spiegels bedient, auf der vierten Stufe scheint sich die Intelligenz ohne Imagination selbst zu intelligiren.[2] Und ferner ist bei dieser Auffassung beachtenswerth, dass Richard hier im Begriffe steht, die alte hergebrachte Ansicht, nach welcher die Seele ein in den Leib gesperrtes, an sich vollendetes, und nur durch die Verbindung mit der Leiblichkeit degenerirtes Wesen ist, abzustreifen; er fasst hier die Persönlichkeit als ein Werdendes, das sich aus der Potenz, der Idee durch einen aufsteigenden Process aus und mittelst der Leiblichkeit zum reinen sich selbst befassenden Geist zum Subject-Object erhebt. Richard zieht diese Consequenz nicht, aber wir sehen ihn unmittelbar nahe der Wahrheit, welche die erste Offenbarung der Idee in der Aeusserlichkeit und Leiblichkeit als Grund und Anlass zu einer zweiten Evolution der Idee als verständiges Seelenleben, und diese hinwieder als Grund und Anlass zur höchsten und innerlichsten Evolution der Idee als persönliches Geistleben nimmt.

Richard's Ausführungen liegt die richtige Anschauung zu Grunde, dass die Idee des Menschen die Welt in sich wiederspiegele und dass diese Idee das ihm immanente schöpferische Princip sei. Er sagt: Erforsche die Tiefe deiner selbst und du wirst da staunenswerthes finden, einen anderen Erdkreis und eine andere Fülle des Erdkreises, eine eigene Erde und drei Himmel, den imaginären, den rationalen und den intellectualen.[3]

---

1) *De gratia contemplationis* (*Benjamin maior*) *I, 6* : *Sex autem sunt contemplationum genera a se et inter se omnino divisa: Primum itaque est in imaginatione et secundum solam imaginationem. Secundum est in imaginatione secundum rationem. Tertium est in ratione secundum imaginationem. Quartum est in ratione et secundum rationem. Quintum est supra sed non praeter rationem. Sextum supra rationem et videtur prater rationem. Duo itaque sunt in imaginatione, duo in ratione, duo in intelligentia.*

2) *l. c.: In hac primum contemplatione humanus animus pura intelligentia utitur et semoto omni imaginationis officio ipsa intelligentia nostra in hoc primum negotio se ipsam per semet ipsum intelligere videtur.*

3) *l. c. I, lib. 3, cap. 8: Si ergo et tu scrutari paras profunda dei, scrutare prius profunda spiritus tui. — In hoc sane profundo invenies multa stupenda et*

Indem Richard in jener vierten Stufe das die Menschenidee realisirende und specifisch unterscheidende sieht, führt er nun auch das mystische Schauen der Gottheit, für dass er die Intelligenz das Auge sein lässt, auf eine natürliche Basis zurück. „Man könnte fragen, sagt er, ob es nicht ein anderer Sinn ist, mit dem wir unser Unsichtbares und ein anderer, mit dem wir das göttliche Unsichtbare sehen. Aber die diesen Unterschied machen, die sollen ihn beweisen."[1]

Richard schliesst sich bezüglich der verschiedenen Stufen der *intelligentia* an Hugo an, nur dass er auch hier im Einzelnen genauer durchbildet. Die *cogitatio* ist ihm das Concipiren einer Sache mittelst der *ratio*, die *meditatio* das forschende Denken, welches ein noch verborgenes Ziel zu erreichen sucht, die *contemplatio* das Schauen der Wahrheit ohne Hülle. Er unterscheidet von der letzteren die *speculatio*, das Schauen der Wahrheit im Spiegel, also das Erkennen des Göttlichen in und aus den niederen Formen, also die *meditatio* in ihrer Anwendung auf das Höchste.[2]

Richard redet von der Cotemplation in zweifacher Weise. Einmal betrachtet er sie ganz abgesehen vom Objecte, was sie als Zustand der Seele ist. Da unterscheidet er sie von der *cogitatio* und *meditatio* als Erweiterung, Erhebung und Entäusserung der Seele. Erweiterung und Erhebung sind mehr noch Uebergangsstufen. Erstere besteht darin,

---

admiratione digna, ibi invenire licet alium quandam orbem, latum quidem et amplum, et aliam quandam plenitudinem orbis terrarum. Ibi sua quaedam terra suum habet coelum, nec unum tantum sed secundum post primum et tertium post primum et secundum. Et ut hoc triplex coelum congrua possimus distinctione discernere, primum dicatur imaginale, secundum est rationale, tertium intellectuale Tenet itaque imaginatio vicem primi coeli, ratio secundi, intelligentia vero vicem tertii. — — In primo itaque coelo continentur omnium visibilium imagines et similitudines. Ad secundum vero pertinent visibilium omnium rationes, definitiones et invisibilium investigationes. Ad tertium autem spectant spiritualium ipsorum etiam divinorum comprehensiones et contemplationes.

1) l. c. *I,3, cap. 9: Hinc tamen esse credo, quod huius vocabuli, hoc est intelligentiae significationem toties confundunt, nam nunc circa superiorem tantum nunc solum circa inferiorem speculationem eius significationem restringunt, nunc utrumque sensum sub unius huius vocabuli significatione comprehendunt. IV, 22: Nam uno eodemque tempore humana intelligentia et ad divina illuminatur et ad humana obnubilatur. cf. de praep. 72.*

2) l. c. *V, 14: Quamvis enim contemplatio et speculatio per invicem poni soleant, — — aptius tamen et expressius speculationem dicimus quando per speculum cernimus, contemplationem vero quando veritatem sine aliquo involucro umbratumque velamine in sui puritate videmus.*

dass die Sehkraft der Seele erweitert wird durch eigene Anstrengung. Erhebung findet statt, wenn die Gnade mitwirkt, aber der menschliche Geist selbst noch mitthätig ist und sich von dem Gewohnten noch nicht ganz zurückzieht. Da schaut indess der Geist schon Dinge, die über das Wissen und die Intelligenz hinausliegen; das dritte, die Contemplation im eigentlichen Sinne ist die Entäusserung.[1] Sie kann auch niederen Objecten gegenüber stattfinden. Sodann aber redet Richard von der Contemplation mit Bezug auf ihr höchstes Object, mit Bezug auf Gott. Da unterscheidet er das Contempliren Gottes von der Erfassung Gottes mittelst des Glaubens und jener mittelst der *ratio*. Wenn er sagt, die Erfassung Gottes mittelst des Glaubens sei unter der Vernunft, so versteht er unter dem Glauben den damals herrschenden kirchlichen Begriff vom Glauben, das blosse Fürwahrhalten dessen, was die Kirche anzunehmen vorschreibt. Dagegen steht die Erfassung Gottes in der *contemplatio* über der *ratio*. Gott wird hier mittelst der reinen Intelligenz gesehen, und zwar so, dass diese, das Subject-Object, ihr Object, sich selbst verliert, und Gott allein das sie erfüllende und bestimmende wird.[2] Den Anfang dazu macht die göttliche Weisheit, wenn sie die Strahlen ihres Lichts in das Auge des Geistes fallen lässt oder sie ihm wieder entzieht. So lässt sie zuerst eine Art Vorspiel der wunderbaren Vision vor dem Auge des Schauenden entstehn und reizt den Geist zum Aufflug, wie durch Hin- und Wiederfliegen der Adler seine Jungen. Hier erlangt der Geist zuerst seine alte Würde wieder und nimmt die angeborene Ehre der eigenen Freiheit für sich in Anspruch.[3] Die Ent-

---

[1] *l. c. V*, 2: *Mentis alienatio est quando praesentium memoria menti excidit et in peregrinum quendam et humanae industriae invium animi statum divinae operationis transfiguratione transit.*

[2] *De praeparatione animi ad contemplationem (Beniamin minor) Cap.* 74: *Beniamin itaque nascente Rachel moritur. — — Aliter siquidem deus videtur per fidem, aliter cognoscitur per rationem, atque aliter cernitur per contemplationem. Prima ergo visio ad primum coelum, secunda ad secundum, tertia pertinet ad tertium. Prima est infra rationem, tertia supra rationem. Ad primum itaque et secundum contemplationis coelum homines sane ascendere possunt, sed ad illud quod est supra rationem nisi supra se ipsos rapti nunquam pertingunt.*

[3] *De gratia contemplationis II, 13: Incipit hic demum quoddam mirae visionis praeludium ante intuentis aspectum formare, et sicut aquila provocans ad volandum pullos suos assiduo revelationum suarum evolatu et revolatu se ipsam (dei sapientiam) in diversa rapere et contemplantis animum ad volandi desiderium primo inflammare, et quandoque ad plenum volatum perfecte informare. Hic primum animus antiquam dignitatem recuperat et ingenitum propriae libertatis honorem sibi vendicat.*

fremdung (*alienatio*) des Geistes tritt ein auf der Höhe der Andacht oder der Bewunderung oder des Jubels (*devotionis, admirationis, exultationis*). Bei grosser Andacht, wenn der Geist von dem Feuer himmlischer Sehnsucht so entzündet wird, dass die Flamme der innigsten Liebe über menschliche Weise wächst, dass die Seele wie Wachs zerfliesst und in ihrer alten Art aufgelösst wird, und wie zu Rauch verdünnt nach oben steigt. Die Entfremdung tritt ferner ein bei hoher Bewunderung, wenn die vom göttlichen Licht durchstrahlte und zur Bewunderung der höchsten Schönheit erhobene Seele durch plötzliches Staunen so erschüttert wird, dass sie völlig aus ihrer Fassung kommt und nach Art eines leuchtenden Blitzes über sich selbst hinausgezückt wird. Die Entfremdung geschieht endlich vor grosser Wonne (*iucunditas et exultatio*), wenn der Geist von der Fülle der inneren Lieblichkeit trunken und völlig vergessend, was er ist oder war, im Uebermasse der Lust ausser sich geräth und plötzlich in eine Art von überweltlicher Ergriffenheit und glückseligem Befinden umgestaltet wird.[1]

Was wir bei diesen anagogischen Entzückungen wahrnehmen, geht über alle sinnlichen Vorstellungen und Begriffe hinaus. Da ist keine Veränderung noch Wechsel, da ist der Theil nicht kleiner als sein Ganzes, noch das Ganze ein Allgemeineres als sein Glied, da wird der Theil durch's Ganze nicht verkürzt und das Ganze aus den Theilen nicht gebildet, weil einfach ist was allgemein sich darstellt, und allgemein was wie ein Einzelnes erscheint, wo das Gesammte das Einzelne, wo alles eines und eines alles ist.[2]

Aber Richard warnt, solchen Offenbarungen unbedingt zu vertrauen. Sie können auch dämonische Täuschungen sein. Nur dann darf man sie als göttlich ansehen, wenn sie mit der Schrift, und zwar nicht bloss mit der symbolisch redenden, sondern mit der offen und klar redenden Schrift übereinstimmen.[3]

---

1) *l. c. V,5.*
2) *l. c. IV,4*: *Quid enim imaginatio possit ubi ratio succumbit? Quid ibi faciat imaginatio ubi nulla est transmutatio nec vicissitudinis obumbratio? Ubi pars non minor est suo toto, nec totum universalius suo individuo, imo ubi pars toto non minuitur et totum ex partibus non constituitur, quia simplex est quod universaliter proponitur et universale quod quasi particulare profertur, ubi totum singula, ubi omnia unum et unum omnia.*
3) *De praepar. etc. cap. 81*: — — *nec rata poterit esse quamlibet verisimilis revelatio sine attestatione Moysis et Eliae, sine scripturarum auctoritate. Adhibeat igitur sibi Christus duo testimonia in transfiguratione sua, si vult ut non sit mihi*

Richard bespricht nun auch in sehr ausführlicher Weise die sittlichen Voraussetzungen, unter denen man zur höchsten Contemplation gelangen kann. Um dahin zu gelangen, sagt er unter anderm, bedarf es mehr der innersten Zerknirschung als tiefer Forschung, mehr der Seufzer als der Argumente. Selig sind die reines Herzens sind, denn sie werden Gott schauen, sagt der Herr.

4. Bonaventura.

Johannes Fidanza, dem ein weissagendes Wort des Franz von Assisi den Beinamen Bonaventura gegeben haben soll, ist 1221 zu Bagnarea im Toskanischen geboren. Nachdem er 22 Jahre alt in den Minoritenorden getreten, wurde er sehr bald nachher nach Paris geschickt, wo er Alexander von Hales zu seinem Lehrer hatte. Er wurde in demselben Jahre wie Thomas von Aquino 1253 Doctor und Magister der Theologie zu Paris und schon drei Jahre nachher 1256 General seines Ordens (*minister generalis*). Von Gregor X. zum Cardinal erhoben, starb er am 15. Juli 1274, in gleichem Jahre mit Thomas Aquin, auf dem allgemeinen Concil zu Lyon, das er im Auftrage des Papstes mit zu leiten hatte.

Nach Hugo's und Bernhard's Tode waren nicht bloss die logischen Schriften des Aristoteles vollständiger bekannt geworden, sondern es wurden nun auch die physischen und metaphysischen Schriften dieses Philosophen durch Uebersetzungen aus dem Arabischen und nicht lange nachher aus dem Griechischen in die abendländische Theologie eingeführt. Der Franziskaner Alexander von Hales, der Lehrer Bonaventura's, bedient sich dieser reicheren Mittel zuerst bei der Darstellung der kirchlichen Lehre. So ist denn auch bei Bonaventura der Einfluss der physischen und metaphysischen Schriften des Aristoteles in seinen mystischen Schriften stark bemerkbar, und seine verschiedenen Contemplationsstufen bilden die Basis, auf welcher die Gotteslehre mit den

suspecta claritatis suae lux illa tam magna et tam insolita. Ut ergo secundum huius rei documentum in ore duorum vel trium suum confirmet testimonium, ad comprobandum revelationis suae veritatem non solum figurativae sed etiam apertae scripturae exhibeat auctoritatem. — Alioquin ab altitudine diei timebo, verens ne forte seducat (r?) a daemonio meridiano. Unde enim tot haereses unde tot errores nisi quia spiritus erroris transfigurat se in angelum lucis?

Hilfsmitteln, welche Aristoteles bietet, darzustellen versucht wird. Damit konnte sehr wohl bestehen, dass Bonaventura sich in einzelnen wichtigen Punkten, wie in der Ideenlehre zu Plato gegen Aristoteles bekannte, dessen Polemik gegen Plato indess Bonaventura nicht verstand, indem er meinte, Aristoteles kämpfe überhaupt gegen die Lehre von den Ideen, während er nur ihre abstrakte Scheidung von den Dingen und ihre falsche Verselbständigung bestritt.

Bonaventura hat in noch viel umfassenderer Weise als Richard das, was er mystische Theologie nennt, unter Kategorien gebracht, die nicht aus dem darzustellenden Objecte selbst entnommen, sondern willkürlich von aussen herzugebracht sind. Er ist ein geistvoller, gewandter Registrator, aber keine tiefere wissenschaftliche Natur. Es sind auch diejenigen Schriften Bonaventura's, welche man als eigentlich mystische Schriften bezeichnet, nur scholastisch behandelte Fragen der Mystik. Um des Einflusses willen, den sie durch einzelne Bestimmungen auf die spätere Mystik ausübten, müssen wir hier näher auf sie eingehen.

In seinem *Itinerarium mentis ad deum* bezeichnet er das Gebet als die innere Voraussetzung, das All der Dinge als die Leiter für das mystische Aufsteigen zu Gott. Wie Hugo und diesem folgend Richard das All in die drei Kategorien des „ausser uns, in uns und über uns" befasst, so thut es auch Bonaventura. Nachdem er in ganz willkürlicher Weise für diesen Ternar eine Reihe von Parallelen aufgestellt,[1] fragt er nach den Organen, welche der Seele für jene drei Gebiete gegeben seien. Er bezeichnet aber nicht sofort wie Richard die drei Kräfte der *imaginatio, ratio* und *intelligentia* als diese Organe, sondern nennt *sensualitas, spiritus* und *mens,* aus welchen drei Fassungen oder Bestimmtheiten der Seele er je zwei Kräfte hervorgehen lässt, *sensus* und *imaginatio, ratio* und *intellectus, intelligentia* und συντήρησις.[2] Wir wissen, auch Richard gründet seine sechs Contemplationsweisen auf die verschiedenen Kräfte, aber er gewinnt diese sechs Contemplationsweisen auf natürlicherem Wege, indem er die drei Kräfte der *imaginatio, ratio* und *intelligentia* einmal für sich und dann in ihrer Wechselwirkung auf

---

1) *Itin. cap. 1.* Auf diesen Ternar, meint Bonaventura, weise des Mose Forderung, dass Pharo das Volk Israel drei Tagereisen weit zum Opfer in die Wüste ziehen lasse, oder auch der Ternar von *materia, intelligentia* und *ars divina* (die Ideen in Gott), sodann das *fiat, fecit, factum est,* die leibliche, geistige und göttliche Substanz in Christus.

2) *Hieronymus in Ezech. C. 1*: *Item* συντήρησιν *dici ajunt partem animae, quae semper adversatur vitiis.*

einander betrachtet. Hier erscheinen je zwei Kräfte den drei Fassungen der Seele zugetheilt, bei denen man vergebens fragt, mit welchem Rechte Bonaventura nur diese Kräfte nennt, oder warum ergerade diese Kräfte der zweiten, jene der dritten Fassung der Seele zutheilt? Er nennt für die dritte Fassung der Seele die *intelligentia*, für die zweite den *intellectus*. Was soll für ein specifischer Unterschied zwischen beiden sein? Ist, wie es scheint, die *intelligentia* eine aus dem *intellectus* resultirende Zuständlichkeit der Seele, wo ist dann das Analogon für die *imaginatio* oder die *ratio*? Und welches Recht hat die συντήρησις, welche Bonaventura als die wider das Böse und für das Gute erregende Gabe bezeichnet, an einer Stelle aufzutreten, wo es sich um Organe für die Erfassung der Wahrheit und nicht um die Hilfen für die richtige Erfassung derselben handelt? Und warum nennt er dann nicht auch die *conscientia*, die er anderwärts der συντήρησις ganz parallel stellt?[1] Und wie sollte die συντήρησις der *mens* im höheren Grade eignen als der zweiten Fassung der Seele, dem *spiritus*? Es ist hier überall mehr willkürlicher Schematismus als organische Gliederung. Wir wollen es indess hier verzeichnen, dass Bonaventura die συντήρησις als *apex mentis* und als *scintilla* bezeichnet,[2] da Meister Eckhart diese Bezeichnungen: „hohes Gemüth, Funken der Seele" wieder aufnimmt.

Wir können leicht erkennen, wozu Bonaventura gerade sechs Kräfte sich zusammengestellt hat. Die drei Gebiete der Betrachtung, welche Hugo und Richard festgestellt hatten, zerfallen dem Bonaventura in sechs, indem er jedes Gebiet in zweifacher Weise betrachten will, einmal insoferne auf jedem Gott entweder als durch den Spiegel erscheinend oder als in dem Spiegel seiend betrachtet wird, oder auch insoferne jedes dieser drei Gebiete rein für sich oder in Verbindung mit den andern genommen wird. Indem also so Bonaventura, hier offenbar Richard nachahmend mit dem Bestreben ihn zu verbessern, sechs Regionen und damit sechs Betrachtungsweisen Gottes gewinnt, veranlasst ihn dieser Umstand bei seinem Eifer zu schematisiren, für diese sechs Betrachtungsweisen auch die obenangeführten sechs Kräfte

---

1) *cf. Breviloquium, Pars II, cap. 11: benignissimus deus quadruplex contulit ei adiutorium, scilicet duplex naturae et duplex gratiae. Duplicem enim indidit rectitudinem ipsi naturae, videlicet unam ad recte indicantum et haec est rectitulo conscientiae, aliam ad recte volendum, et haec est [rectitudo] synteresis, cuius est remurmurare contra malum et stimulare ad bonum.*

2) *Itinerare c. 1: apex mentis seu synteresis scintilla.*

der Seele als entsprechende Organe für die Betrachtung zusammenzustellen.

Diese sechs Kräfte aber sind durch die Sünde verderbt; sie müssen wiederhergestellt werden durch die Gnade, gereinigt werden durch die Gerechtigkeit, geübt durch die Wissenschaft und vollendet durch die Weisheit. Die Verderbniss ist eine zweifache: sie zeigt sich in der Begierde des Fleisches und der Verfinsterung des Geistes. Da hilft die Gnade mit der Gerechtigkeit gegen die Begierde, die Wissenschaft und Weisheit gegen die Verfinsterung. Der Gnade entspricht auf Seite des Menschen das Gebet, der Gerechtigkeit der Wandel, der Wissenschaft die Meditation, der Weisheit die Contemplation. Christus ist und bewirkt diese vierfache Hilfe, die auch allgemeiner als zweifache, als Gnade und Wahrheit bezeichnet werden kann, und zwar heiligt die Gnade den Menschen nach jenen drei Organen der *sensualitas*, des *spiritus* und der *mens*, und die Wahrheit lehrt ihn durch eine dreifache Theologie, die symbolische, die eigentliche *(propria)* und die mystische, damit wir durch die erstere die sinnlichen Dinge und durch die „eigentliche" Theologie die intelligiblen recht verstehen lernen, und damit wir durch die mystische Theologie in das Aussersichsein des Geistes gerissen werden.

Die unterste Stufe der sechs Betrachtungsweisen nimmt die Welt als einen Spiegel des Schöpfers. Da vermittelt der äussere Sinn dem inneren Sinn, und der Intellect hat ein dreifaches Geschäft: er forscht verstandesmässig, er glaubt, er contemplirt vernunftmässig.

Die verstandesmässige[1] Contemplation betrachtet die Dinge, wie sie an sich sind. Der Contemplirende sieht an ihnen Gewicht, Zahl und Mass. Hiedurch erkennt er ihre Weise, ihre Gestalt, ihre Ordnung; ebenso ihr Wesen, ihre Kraft, ihre Wirksamkeit; das alles führt ihn auf die drei Eigenschaften des Schöpfers, seine Macht, Weisheit, Güte. Der gläubige Blick sieht die Welt an nach Ursprung, Verlauf und Ziel. Nach dem Ursprung: dass sie durch's Wort gemacht ist, nach dem Verlauf: wie sich nacheinander ein dreifaches Gesetz geltend macht, das der Natur, der Schrift, der Gnade; nach dem Ziel: dass das Gericht der Welt

---

1) Der Text hat *Primo modo aspectus contemplantis etc.* Und weiter unten: *tertio modo aspectus ratiocinantis investigans*. Allein diesem ersten und dritten Blicke entspricht im Texte nicht, was gesehen wird. Dies ist nur der Fall, wenn wir im Texte eine gleich anfangs eingetretene Verwechslung annehmen, und es an erster Stelle *Primo modo aspectus ratiocinantis investigans*, an dritter Stelle *tertio modo aspectus (intellectualiter) contemplantis* heissen lassen.

ein Ende macht. Im Ursprung der Welt bedenkt er die Macht, im Verlauf derselben die Vorsehung, im Ziel die Gerechtigkeit des höchsten Princips.

Der vernunftmässige Blick (*aspectus intellectualiter contemplantis*) unterscheidet Geschöpfe, die nur Sein, Geschöpfe die Sein und Leben, Geschöpfe die Sein, Leben und Unterscheidungsvermögen haben. Er sieht Geschöpfe, die nur körperlich, solche die körperlich und geistig sind, und schliesst endlich auf solche, die nur geistig sind. Er sieht Dinge, die wandelbar und zerstörbar sind, das sind die irdischen; Dinge, die wandelbar und unzerstörbar sind, das sind die himmlischen; er schliesst auf Dinge, die unwandelbar und unzerstörbar sind, das sind die überhimmlischen. Dadurch erhebt er sich zur Betrachtung der Macht, Weisheit und Güte Gottes als einer seienden, lebenden und erkennenden, als einer rein geistigen, unwandelbaren und unzerstörbaren.

In dieser Weise werden nun auch die fünf folgenden Betrachtungsstufen beschrieben; aber es ist klar, dass bei dieser Art des Verfahrens, bei welcher alles einem willkürlich gemachten Parallelismus und Schematismus dient, an einen Gewinn für die Erkenntniss nicht gedacht werden kann.

Wir wollen deshalb, ohne weiter in's Detail zu gehen, nur die folgenden Stufen angeben und dabei diejenigen theologischen Anschauungen kurz mittheilen, welche bei den eigentlichen Mystikern der späteren Zeit noch Einfluss üben.

Die zweite Stufe der Betrachtung lehrt uns Gott aus den innern Gesetzen der sichtbaren Welt kennen. Wir erhalten hier eine Art Physik. Es wird von der Welt als dem Makrokosmus gesprochen. Die himmlischen Körper und die vier Elemente sind Erzeuger. Denn aus den Elementen werden durch die Kraft des Lichts die aus den Elementen zusammengesetzten Körper erzeugt. Regenten aber der himmlischen und irdischen Körper sind die geistigen Substanzen, die entweder ganz an die Leiblichkeit gebunden oder trennbar verbunden sind wie die himmlischen Geister, welche den Philosophen zufolge die himmlischen Körper bewegen.

Die Dinge werfen ihr Bild in ein Medium, aus dem Medium in den äusseren Sinn, dieser gibt es dem inneren Sinn, dieser der geistigen Fassungskraft, welche *dijudicatio* heisst, eine Art inneren Geschmackssinnes, welche nach der Idee des Gleichartigen die Dinge prüft und der *potentia intellectiva* überweist. Diese Idee des Gleichartigen weist uns auf Gott die höchste Idee, die Form der Formen, von der jene Gesetze, nach welchen wir die Dinge beurtheilen, stammen. Diese Gesetze sind unwandelbar, unzerstörbar, ungeschaffen, ewig stehend in der ewigen Kunst (*in arte aeterna*), von welcher, durch welche und nach welcher alles, was erscheint, gebildet ist. Diese ist im letzten Grunde die Form, welche alle Dinge hervorruft, erhält und unterscheiden macht, die leitende Regel, durch welche unser Geist alles beurtheilt.

Auf der dritten Stufe der Betrachtung suchen wir Gott mittelst des Spiegels, welcher unser Geist ist. Da finden wir die drei Kräfte *memoria, intellectus, voluntas* als Abbild der Dreieinigkeit. Die *memoria* fasst Bonaventura mit Augustin nicht nur als die Kraft, welche die vergänglichen Dinge sich einbildet und festhält, sondern auch als die Stätte, wo die einfachen Formen d. h. die Principien für alle Erkenntniss, die Ideen eingeboren sind.[1] Die intellective Kraft ist die mittelst dieser Ideen erkennende und die Dinge begreifende Kraft. Die dritte Kraft, die *virtus electiva*, hat ein durch die Idee des Guten bestimmtes Schlussvermögen und ein dem entsprechendes Verlangen. Indem so der Geist sich selbst betrachtet, erhebt er sich mittelst seiner als eines Spiegels zur Betrachtung der Dreieinigkeit, des Vaters, des Worts, der Liebe, die gleich ewig und sich gleich und Einer Substanz sind, so dass jedes dieser drei im andern ist und doch nicht so, dass das eine das andere wäre, sondern die drei sind Ein Gott.

Die vierte Stufe der Contemplation sucht Gott wieder wie auf der zweiten nicht mittelst des Spiegels, sondern im Spiegel, nämlich im menschlichen Geiste. Aber um Gott in uns zu finden, muss das Bild Gottes in uns hergestellt werden, und dies geschieht durch die drei theologischen Tugenden des Glaubens, der Liebe und der Hoffnung, die Jesum Christum zum Gegenstande haben, und durch welche die Seele gereinigt, erleuchtet und vollendet wird. Der Glaube gibt der Seele Gehör und Gesicht wieder für Christi Wort und Licht, die Hoffnung den Geruch; die Liebe, die das fleischgewordene Wort umfasst, gehet über in dasselbe durch Ekstase und erlangt Geschmack und Gefühl wieder. Damit aber wird die Seele fähig zu den Verzückungen des

---

1) *Itin. cap. 3: retinet etiam simplicia sicut principia quantitatum continuarum et discretarum, ut punctum, instans et unitatem, sine quibus impossibile est meminisse aut cogitare ea, quae principantur per haec; retinet nihilominus scientiarum principia et dignitates* (= *axiomata*), *ut sempiternalia et sempiternaliter, quia nunquam potest sic oblivisci eorum, dummodo ratione utatur, quin ea audita approbet et eis ascentiat, non tanquam de novo percipiat sed tanquam sibi innata et familiaria recognoscat.*

Geistes (*ad mentales excessus*), welche, wie er hier ganz an Richard sich anschliessend sagt, geschehen durch Ueberschwang der Andacht, der Bewunderung und des Frohlockens (*exultatio*). Durch diese wird der Geist aufgeführt. Aber er würde es nicht ohne der Engel Geschäft, welche das Bild Gottes in uns erneuern, welche die Schriftoffenbarung vermittelt haben, und welche, indem wir sie selbst in ihren neun Chören betrachten, uns Gott sehen lassen wie er in ihnen ist.

Die fünfte Stufe der Contemplation sieht Gott über und durch das Licht, welches über unserem Geiste ist, und welches kein anderes ist als das Licht der ewigen Wahrheit, durch welches der Geist selbst unmittelbar seine Form empfängt.[1] Auf den zwei ersten Stufen steht man im Vorhof, auf den zwei folgenden im Heiligthum, auf den zwei letzten im Allerheiligsten. Da sind über der Bundeslade die beiden Cherubim, welche den Deckel der Bundeslade überschatten: das sind die beiden Weisen der fünften und sechsten Stufe der Contemplation, von denen die fünfte das Wesen Gottes, die sechste die drei Personen betrachtet. Bonaventura bespricht nun, indem er des Aristoteles Lehre von Gott als *actus purus* mit der neu-platonischen Anschauung von dem Einen und Vielen verbindet, das Wesen Gottes. Er betrachtet Gott, sofern er Sein ist, sofern er das absolute Sein ist, das nichts von Möglichkeit in sich hat (*quia omne possibile aliquo modo habet aliquid de non esse*), und welches deshalb die höchste Actualität ist, reines Wirken (*actus purus*), die höchste Einfachheit und Einheit. Und weil er die höchste Einheit ist, so ist er alle Weise. Denn weil er die höchste Einheit ist, so ist er das Princip aller Vielheit. Und eben dadurch ist er die allgemeine wirkende Ursache aller Dinge, so wie ihr Vorbild und ihr Ziel. Er ist alle Weise nicht als das Wesen aller Dinge, wie er im Gegensatz zum Neuplatonismus betont, sondern als aller Wesenheiten übervollkommenste und allgemeinste und zureichendste Ursache.[2] Weil er reinstes und absolutes Sein ist, so ist er das Erste und Letzte, Ursprung

---

1) *Itin. cap. V: contemplari — extra nos per vestigium, intra nos per imaginem et supra nos per lumen, quod est signatum supra mentem nostram, quod est lumen veritatis aeternae, cum ipsa mens nostra immediate ab ipsa veritate formetur.*

2) *Itin. cap. V: Ideo omnimodum quia summe unum. Quia enim summe unum ideo est omnis multitudinis universale principium. Ac per hoc ipsum est universalis omnium causa efficiens, exemplans et terminans, sicut causa essendi, ratio intelligendi, et ordo vivendi. Est igitur omnimodum non sicut omnium essentia, sed sicut cunctarum essentiarum super excellentissima et universalissima et sufficientissima causa.*

und Ziel aller Dinge. Weil er ewig und allgegenwärtig, so umfängt und durchdringt er alles, was da währet, gleichsam ihr Centrum und ihre Peripherie zugleich. Weil er das Einfachste und Höchste ist, deshalb ist er ganz in allem und ganz ausser allem, sein Centrum ist überall und seine Peripherie nirgends (*cuius centrum est ubique et circumferentia nusquam*). Weil er höchste Actualität und unwandelbar ist, so ist er unbewegt und bewegt doch alle Dinge (*stabile manens moveri dat universa*). Weil er die höchste Einheit und alle Weise ist, so ist er alles in allem; wiewohl alles ein vieles anzeigt, und es selbst nur eines ist, und er ist dies, weil vermöge seiner einfachsten Einheit, lautersten Wahrheit und reinsten Güte in ihm alles Vermögen, alle Urbildlichkeit und alle Mittheilbarkeit ist, und deshalb sind aus ihm und durch ihn und in ihm alle Dinge.

Auf der sechsten Stufe der Contemplation wird die Trinität aus dem Begriff des Guten abgeleitet, also ähnlich wie bei Richard. Aber Bonaventura fasst hier seine Aufgabe tiefer. Er schliesst nicht, wenn Gott die ewige Liebe ist, so muss er von Ewigkeit einen Gegenstand seiner Liebe haben, sondern er entwickelt aus der Natur des Guten selbst den Ternar. Gut wird genannt, was sich mittheilt. Das höchste Gute ist das im höchsten Grade sich Mittheilende. Von diesem Grunde aus sucht er den Ternar zu erschliessen.[1] Er lenkt dann bei der Beweisführung für die dritte der Personen in die Bahn Richard's wieder ein; doch gelingt es ihm ebensowenig wie jenem, die Wahrheit seines Schlusses evident zu machen. Wie bei Richard so wird auch bei Bonaventura die Symbolik der Bundeslade für die Stufen der Contemplation verwendet. Die beiden letzten Stufen sind, wie schon hervorgehoben, durch die Cherubim auf dem Gnadenstuhl angedeutet. Sie neigen ihr

---

[1] *Itin. cap. 6: Sicut autem visionis essentialium ipsum esse est principium radicale et nomen per quod cetera innotescunt; sic contemplationis emanationum ipsum bonum est principalissimum fundamentum. — — Nam bonum dicitur diffusivum sui. Summum igitur bonum summe diffusivum est sui. Summa autem diffusio non potest esse, nisi sit actualis et intrinseca, substantialis et hypostatica, naturalis et voluntaria, liberalis et necessaria, indeficiens et perfecta. Nisi ergo in summo bono aeternaliter esset productio actualis et consubstantialis et hypostaticalis aeque nobilis, sicut est producens per modum generationis et spirationis, ita quod sit aeternalis principii aeternaliter conprincipiantis, ita quod esset dilectus et condilectus* (vergl. oben Richard), *genitus scilicet et spiritus, hoc est Pater et Filius et Spiritus sanctus, nequaquam esset summum bonum, quia non summe se diffunderet.*

Antlitz gegen den Gnadenstuhl. So sieht man auf der fünften Stufe der Betrachtung wie das Sein Gottes so auch das Geheimniss der Menschwerdung des Sohnes, und auf der sechsten Stufe wie die Dreieinigkeit so auch das Wunder des Verhältnisses der beiden Naturen in Christo, wie in ihm die persönliche Einheit mit der Trinität der Substanzen (*substantia* = ὑπόστασις) und der Zweiheit der Naturen besteht.

Nach diesen sechs Stufen folgt, wie auf das Werk der sechs Tage, der Tag der Ruhe. Denn hat der Contemplirende die letzte Stufe erreicht, dann gilt es die Welt und sich selbst zu vergessen und den Blick in Christus zu senken, nach aussen gestorben sein, allem eigenen Denken entsagen und sich ganz mit der höchsten Begier in Gott werfen und verbilden. Das ist ein mystischer Zustand und ein höchstes Geheimniss, das nur der kennt, dem es gegeben wird. Fragst du, wie solches geschehen mag, so frage die Gnade und nicht die Wissenschaft, die Sehnsucht und nicht die Vernunft, das Seufzen des Gebets und nicht die Bücher, den Bräutigam und nicht den Lesemeister, Gott und nicht den Menschen; die Finsterniss und nicht die Klarheit, nicht das Licht, sondern das Feuer, das alles in Flammen setzt und dich mit Salbung ohne Mass und glühender Begierde in Gott trägt. Und dieses Feuer ist Gott und sein Ofen in Jerusalem und der Mensch Christus hat ihn in Brand gesetzt in der Gluth seines brennenden Leidens, die allein der wahrhaft kennt, der da sagt: Meine Seele wünschet erhangen zu sein und meine Gebeine den Tod (Hiob 7, 15). Wer diesen Tod liebt, der kann Gott schauen; denn gewiss und wahrhaftig ist: Kein Mensch wird leben, der mich siehet (Ex. 33, 20). So lasst uns sterben und eindringen in das Dunkel, allen Sorgen und Begierden und Einbildungen Schweigen gebieten und mit dem gekreuzigten Christus aus dieser Welt zum Vater gehen und wenn uns der Vater gezeigt wird, mit Philippus sprechen: Es genüget uns.

Es hat den Anschein, als ob wir im *Breviloquium* des Bonaventura eine befriedigendere Erörterung der psychologischen Fragen erhalten sollten, als es im *Itinerarium* der Fall ist, denn Bonaventura will hier in einem besonderen Abschnitte über die Natur der menschlichen Seele Aufschluss geben.[1] An die aristotelische Redeweise sich anschliessend bezeichnet er die Seele als Form, die er dann nach ihren vier Eigenschaften als *ens, vivens, inelligens* und *libertate utens* betrachtet. Hinsichtlich ihres Seins sagt er, wohl im Blick auf den Neuplatonismus des

---

1) *Breviloquium Pars II, cap. 9—11.*

Dionysius und Erigena, sie sei nicht *de divina natura,* sondern von Gott aus dem Nichts durch die Schöpfung in das *esse* geführt. In Bezug auf ihr Leben, sie habe dieses nicht von einer ausser ihr stehenden Natur, sondern an sich (*a se ipsa*), und dieses Leben sei ein dauerndes. In Bezug auf ihre Intelligenz, sie vermöge nicht bloss die geschaffene Wesenheit, sondern auch die schaffende (*creatricem essentiam*) zu erkennen, nach deren Bild sie geschaffen sei nach Gedächtniss, Vernunft und Wille (*memoria, intelligentia, voluntas*). In Bezug auf ihre Freiheit, sie sei immer frei von Zwang, doch gelte dies nur vom Stande der Unschuld.

Die Seele ist die Form des Leibes (d. i. das was den Leib zum Leibe macht), aber da sie vom Leibe trennbar ist, so ist sie auch etwas für sich (*hoc aliquid*), und als solche ist sie das den Leib durch ihre Kraft bewegende. Die Seele gibt nicht nur Sein, sondern auch Leben, Fühlen und Erkennen, darum muss sie eine vegetative, sensitive und intellective Kraft haben. Durch die erste zeugt, nährt und mehrt sie. Durch die zweite erfasst sie das Sinnliche, hält das Erfasste, verbindet und theilt das Gehaltene; sie erfasst durch die fünf Sinne, sie hält durch das Gedächtniss, sie verbindet und theilt durch die Phantasie. Durch die dritte, die intellective Kraft unterscheidet sie das Wahre, flieht sie das Böse, begehrt sie das Gute. Das Wahre unterscheidet sie durch die Kraft des Verstandes (*per rationalem*), das Böse stösst sie ab durch die zürnende Kraft (*per irascibilem*), das Gute begehrt sie durch die begehrende Kraft (*per concupiscibilem*). Doch kann man auch die beiden letzten Kräfte als eine ansehen. da sie beide Affection (des Willens) sind und somit die ganze Seele in eine erkennende und wollende theilen (*cognitiva* und *affectiva*). Nun richtet sich das Erkennen entweder auf das Wahre, sofern es wahr, oder auf das Wahre, sofern es gut ist, und dieses Wahre ist entweder ein Ewiges oder ein Zeitliches, ein über oder unter der Seele Stehendes: daher theilt man auch die erkennende Kraft in *intellectus* und *ratio* und versteht unter *intellectus* die speculative und praktische Vernunft (von denen die eine das Wahre sofern es wahr, die andere das Wahre sofern es gut ist, erfasst), unter *ratio superior* den Verstand sofern er auf das Ewige, unter *ratio inferior* den Verstand sofern er auf das Zeitliche gerichtet ist. Bonaventura scheint somit die *ratio superior* dem *intellectus* gleich zu setzen; doch bemerkt er über diese ganze Eintheilung, sie bezeichne vielmehr verschiedene Thätigkeiten als verschiedene Kräfte. In Bezug auf das Begehren unterscheidet Bonaventura zwischen einem natürlichen Willen oder Trieb und dem an sich neutralen wahlfreien Willen, welcher letztere eigentlich Wille genannt werde. Dieser letztere Wille, der freie Wille, ist ein Product der Ueberlegung und des Triebs oder des natürlichen Willens, also eine Aeusserung der gesammten Seelenthätigkeit.

Damit nun aber die intellectuelle Kraft recht erkenne und wolle, sind ihr von Natur zwei Beihilfen gegeben: die *conscientia*, um richtig zu urtheilen, und die συντήρησις, um richtig zu wollen.

Alle Dinge können in dreifacher Beziehung zu Gott betrachtet werden: insoferne er das schöpferische Princip, insoferne er das bewegende Objekt (*obiectum motivum*), insoferne er die einwohnende Gabe ist. Alle Dinge tragen in ersterer Beziehung die Spur der Trinität (*vestigium*); diejenigen, denen er Object ist, das geistig erfasst werden soll durch *memoria, intelligentia* und *voluntas*, sind sein Bild (*imago*); die ihn in sich tragen als einwohnendes Gut durch Glaube, Hoffnung und Liebe, sind sein Gleichniss (*similitudo*). Der vernünftige Geist nimmt die Mitte ein zwischen der ersten und letzten Conformität. Er trug die Spuren Gottes an sich, er hatte das Bild Gottes in sich, das Gleichniss die Gottähnlichkeit über sich d. i. vor sich. Durch die Gnade im Stande der Unschuld war er zu dieser letzten Stufe erhoben und schaute Gott schon im Buch der Schöpfung. Denn es genügte für den ersten Menschen das Buch der Schöpfung, um sich darinnen zu üben in der Beschauung des Lichtes der göttlichen Weisheit, und durch dasselbe weise zu sein; da sah er alle Dinge in sich, in ihrer eigenen Art, in der Kunst (*in arte* d. i. in der göttlichen Weisheit, der Idealwelt). Denn die Dinge haben ein dreifaches Sein, nämlich in der Materie oder eigenen Natur, in der geschaffenen Intelligenz, und in der ewigen Kunst.[1] Um in dieser dreifachen Weise die Dinge zu schauen, so fährt Bonaventura fort, empfing der Mensch ein dreifaches Auge, wie Hugo von St. Victor sagt, das des Fleisches, das der Vernunft (*ratio*), das der Contemplation. Das des Fleisches, durch welches er die Welt und was in ihr ist, das der Vernunft, durch das er den Geist und was im Geiste ist, das der Contemplation, durch welches er Gott und was in Gott ist,

---

1) *l. c. II, 12: Et ideo in statu innocentiae, cum imago non esset vitiata sed deiformis per gratiam effecta, sufficiebat liber creaturae, in quo se ipsum exerceret homo ad contuendum lumen divinae sapientiae, ut sic sapiens esset, cum universas res videret in se, videret in proprio genere, videret in arte; secundum quod tripliciter habent esse res, scilicet in materia vel in natura propria, in intelligentia creata, et in arte aeterna. Secundum quae tria dicit scriptura: dixit deus: fiat; fecit et factum est ita.*

sehen sollte. Dieses Auge der Contemplation kommt nicht zur vollen Activität ohne die Verherrlichung (*per gloriam*).[1] Er verlor diese durch die Schuld, und erlangt sie wieder durch die Gnade, den Glauben und die Erkenntniss der Schrift, als wodurch der menschliche Geist gereinigt, erleuchtet und vervollkommnet wird um das Himmlische zu schauen.

Betrachten wir die Anschauung Bonaventura's von der Seele nach dieser Auseinandersetzung im *Breviloquium,* so ist das Motiv, das ihn bestimmt, der Seele jene drei Kräfte der *memoria, intelligentia* und *voluntas* zuzuschreiben, dass er einen Beleg für die Lehre von der Seele als dem Bilde der Trinität sucht. Gleich nachher aber sehen wir ihn auf dem Boden der aristotelischen Philosophie, und von den Grundanschauungen dieser Philosophie aus sieht er sich genöthigt, jenen Ternar von *memoria, intelligentia* und *voluntas* aufzulösen und die *memoria* in die sensitive Kraft der Seele zu setzen. Um dann doch einen Ternar für die intellective Kraft wieder herzustellen, lässt er jetzt diese mit Plato in die *potentia rationalis, irascibilis* und *concupiscibilis* auseinander gehen. Weil ihm dann aber doch auch diese Dreiheit wieder nicht taugt, wo er nöthig hat, den diese Kräfte bestimmenden Normen eine Stätte zu suchen, da er nur zwei solcher Normen anzuführen weiss, die *conscientia* und die συντήρησις, so reducirt er auch jenen letztgenannten Ternar von Kräften wieder auf eine Zweiheit, auf die erkennende und begehrende Kraft.

In jener erstgenannten Schrift aber, dem *Itinerarium,* bestimmt ihn der Vorgang Hugo's, für die drei Gebiete der Welt ausser uns, in uns und über uns ein dreifaches Organ in der Seele zu suchen und da ihm ausser der *sensualitas* nur die intellective Kraft übrig ist, so muss sich letztere bequemen, in *spiritus* und *mens* zu zerfallen. Um des Schematismus willen, da sich ihm jenes „ausser uns, in und über uns" in sechs Betrachtungsstufen zerlegt, müssen dann wieder *sensualitas,*

---

1) Ueber den Begriff der *gloria* cf. die Sätze *brevil. II, 11: et quoniam homo ratione naturae defectivae ex nihilo formatae, nec per gloriam confirmatae poterat cadere; benignissimus deus quadruplex contulit ei adiutorium, scilicet duplex naturae et duplex gratiae. — — Duplicem etiam superaddidit perfectionem gratiae, unam gratiae gratis datae, quae fuit scientia illuminans intellectum etc. — aliam vero gratiae gratum facientis, quae fuit caritas habilitans affectum ad diligendum deum etc. Et sic ante lapsum homo perfecta habuit naturalia, supervestita nihilominus gratia divina.*

spiritus und *mens* in drei Kräftepaare auseinandergehen, und wir sahen schon oben, wie wenig innere Berechtigung diese Aufstellung hat.

Indem er sich aber in dem *Breviloquium* auf den Vorgang Hugo's beruft, ruft er eine Instanz an, die mit derselben Schrift, in der er dies thut, im Widerspruch steht; denn eben diese seine eigene Schrift spricht dem Auge der *ratio* das zu, was Hugo ihr abspricht, selbst in dem Falle abspricht, wo sie durch die Gnade erleuchtet ist.

So sehr ist Bonaventura in einem äusserlichen Formalismus befangen. Er zeigt sich durchweg als Scholastiker, der mit fremdartigen Mitteln das Material, welches er in den Kreis seiner Betrachtungen zieht, zu ordnen sucht.

5. Albertus Magnus.

Der Versuch, Scholastik und Mystik zu vereinen, war keinem der Theologen, deren Lehren wir bisher besprochen haben, gelungen. Ein solcher Versuch konnte überhaupt nicht gelingen, weil der Ausgangspunkt beider ein ganz verschiedener ist, und weil dieser Ausgangspunkt das Wesen einer jeden bestimmt. Die Scholastik hat die Tradition zur Voraussetzung, die Mystik das innere Erlebniss. In diesem hat die Mystik ein Kriterium für das, was zur Aussage zu bringen sei und wie weit dies zu geschehen habe, während die Scholastik des Gesetzes hiefür entbehrt. Die Scholastik ist aber auch unselbständig in den Mitteln, mit denen sie arbeitet. Es ist wohl richtig, dass sich in ihr eine freie Erhebung des Subjects dem stofflich Gegebenen gegenüber bekundet, da sie ein Versuch ist, letzteres durch die Thätigkeit der Vernunft und des Verstandes dem Bewusstsein zu vermitteln; aber diese Erhebung geschieht doch nur, um sich einer neuen Knechtschaft zu überliefern. Die Scholastik will das kirchliche Dogma dem Bewusstsein vermitteln — aber durch ein philosophisches Dogma. Ihre Denkthätigkeit steht unter der Herrschaft der philosophischen Tradition, der Principien und Denkgesetze der peripatetischen Schule. Nicht so die Mystik. Sie will das Göttliche, wie sie es an der eignen Seele erlebt hat, zur Aussage bringen, und da ist ihr das erneuerte Seelenleben zugleich die Form, unter der sie Gott zu begreifen sucht. Im Wesen der Seele sucht sie die Gesetze für die Auffassung und Darstellung des Göttlichen. Hiebei lehnt sie sich zwar auch an die Begriffe der älteren Philosophie an, und ihrer Natur gemäss mehr an die des Platonismus und Neuplatonismus; aber sie steht doch zu der älteren Philosophie in einem weit freieren Verhältniss als die Scholastik, und tritt zugleich productiv in die philosophische Geistesarbeit mit ein. So bricht sie allmählich die Bahn für die Selbständigkeit der Theologie der kirchlichen wie der philosophischen Ueberlieferung gegenüber. Wir heben diese Unterschiede von Scholastik und Mystik hier noch einmal hervor, wo wir auf Albertus Magnus zu sprechen kommen, da man auch von ihm wie von den Victorinern und Bonaventura gesagt hat, er habe Scholastik und Mystik in sich vereinigt.

Albertus oder Albrecht, 1193 zu Lauingen in Schwaben aus dem adeligen Geschlechte der Ballstädt geboren, trat zu Padua, wo er studirte, 1223 in den Dominikanerorden, durch den zweiten Meister dieses Ordens Jordanus hiezu bestimmt. Bald lehrte er als Lector in verschiedenen deutschen Klöstern, bis er an die Schule des Ordens zu Cöln kam, wo Thomas Aquinas sein Schüler wurde. 1245 wurde er nach Paris gesendet, um hier Magister zu werden und zu lesen. Nach Cöln mit Thomas, der ihm gefolgt war, zurückgekehrt, wurde er 1254 Provinzialprior der deutschen Ordensprovinz und 1260 Bischof von Regensburg. Nach zwei Jahren legte er dieses Amt nieder und zog sich in sein Kloster nach Cöln zurück, um hier sein Lehramt wieder aufzunehmen und wie früher den Wissenschaften zu leben. Er starb zu Cöln im J. 1280.

Albrecht hat vornehmlich die Höhezeit der Scholastik mit heraufgeführt. Er hat die aristotelische Philosophie in umfassenderer Weise, als es bisher geschehen war, für die Darstellung der christlichen Dogmen brauchbar gemacht und vor allem die aristotelischen Principien des Seins so modificirt, dass sie auf jene Dogmen angewendet werden konnten. Allerdings zieht auch Albrecht die Fragen der Mystik in den Kreis seiner Darstellungen; aber seine Mystik ist ohne Einfluss auf seine sonstige wissenschaftliche Methode. Auch bringt sie nichts wesentlich neues zu der Mystik seiner kirchlichen Vorgänger hinzu; sie fasst das Bisherige nur in klarer Weise und vollendeterer Form zusammen. Albrecht hat indess bei dem grossen Ansehen, das ihm sein umfassendes Wissen, seine dialektische Durchbildung, seine grosse Lehrgabe verschafften, mit dem, was er in seinem Commentar über den Areopagiten und in einigen kleineren mystischen Schriften sagte, einen grossen Einfluss auf die folgenden Mystiker geübt. Wir werden darum seine Ansichten hier im wesentlichen darlegen und benützen hiefür als die geeignetste seine kleine Schrift *de adhaerendo Deo*,[1] welche aus der späteren Zeit seines Lebens herrührt.

Albrecht unterscheidet religiöse (katholische) und philosophische Contemplation. Während die letztere nur erkennen will, will die erstere Vereinigung mit Gott.[2] Ihre Seele ist die Liebe; der Liebe Art ist es, den Liebenden aus sich heraus und in den Geliebten zu versetzen. Denn die Seele ist mehr da wo sie liebt, als wo sie athmet. Wo sie athmet, im Leibe, ist sie nur nach ihrem äusserlichen Sein als des Leibes Form; dagegen da, wo sie liebt, in dem Geliebten, ist sie nach ihrem eigentlichen Wesen.[3]

Gott nun ist das höchste, das wahre Gut, der in der einfältigsten Weise von Ewigkeit her aller Creaturen Vollkommenheit in sich enthält (also aller Dinge Urbild), in dem nichts ist, das nicht er selbst ist, in dem aller wandelbaren Dinge unbewegliche Ursprünge, aller zeitlichen Dinge ewige Ursachen leben, der den Dingen dem Wesen nach näher und gegenwärtiger ist, als diese es sich selbst sind.[4] Er ist nicht für die Sinne fassbar, nicht in sinnlichen Vorstellungen zu begreifen.

Der Mensch ist nach dem Bilde Gottes geschaffen. Das Bild der Dreiheit in der Einheit sind die drei Kräfte der Seele in dem Einen Wesen, die *ratio, memoria, voluntas* in der Einen *mens*. Die Form

---

1) *Alberti — de adhaerendo Deo libellus. Antverpiae 1621*. Mit der *Vita Alberti* von *Petrus de Prussia*.

2) *Cap. IX*: *Contemplatio Philosophorum est propter perfectionem contemplantis et ideo sistit in intellectu et ita finis eorum in hoc est cognitio intellectus. Sed contemplatio Sanctorum, quae est Catholicorum, est propter amorem ipsius, scilicet contemplati Dei: idcirco non sistit in fine ultimo in intellectu per cognitionem, sed transit ad affectum per amorem.*

3) *Cap. XII*: *Nec quiescit, donec naturaliter totam amabilis penetraverit virtutem et profunditatem ac totalitatem, et unum se vult facere cum amato, et si fieri potest, ut hoc idem ipse sit quod amatum. Et ita nullum patitur medium inter se et obiectum dilectum, quod amat. — Est enim amor ipse virtutis unitivae et transformativae, transformans amantem in amatum, et econtra, ut sit unum amatorum in altero et econverso, in quantum intimius potest. — Trahit enim amor amantem extra se et collocat eum in amato, faciens ei intissime inhaerere. Plus enim est anima ubi amat, quam ubi animat; quia sic est in amato secundum propriam naturam, rationem et voluntatem: sed in eo, quod animat, tantum est secundum quod est forma, quod etiam brutis convenit.*

4) *Cap. IX*: *In quo omnium mutabilium immutabiles manent origines, necnon rationabilium irrationabiliumque atque temporalium in eo sempiternae vivunt rationes, quia omnia complet, universa singulaque se toto essentialiter implet: cuique rei intimior est et praesentialior per essentiam, quam res sibi ipsi.*

dieser Kräfte ist Gott. Ihnen muss er unmittelbar eingedrückt sein, wie dem Wachs das Siegel; so lange dies nicht ist, ist die Seele nicht wahrhaft gottförmig.[1]

Nun aber kann der Mensch aus eigener Kraft das nicht beseitigen, was Mittel macht zwischen ihm und Gott, d. h. was beide von einander trennt, die Sünde. Der Mensch kann sich aus seiner Kraft auch nicht von einer einzigen Sünde befreien, er vermag von sich selbst nicht einmal Gutes zu denken, er vermag das nur durch Gott. Dieser weckt in uns die *fiducia*, die Zuversicht, welche gewisslich schliesst, dass Gotte alle Dinge möglich sind, so dass das geschehen muss, was er will, dass er also auch im Stande ist, unsere Sünde aufzuheben. Er weckt zugleich die Liebe, welche zu Gott hinführt. Dafür aber, dass man leichter zu diesem letzten und höchsten Ziele gelange, dienen diejenigen Dinge, welche man über die Gebote hinaus gehende evangelische Rathschläge nennt; denn durch ihre Beobachtung wird das ausgeschlossen, was die Energie der Liebe hindert.[2]

Um nun zur unmittelbaren Erfahrung Gottes zu gelangen, müssen wir uns entschlagen aller Bilder und Formen, welche durch die Sinne in uns entstehen; denn auch das macht Mittel zwischen uns und Gott. Die Seele soll sich zunächst richten auf die Menschheit Jesu, um von da zu fliessen in das Licht seiner Gottheit, von dem Geschaffenen in das Ungeschaffene.[3] So wird negirt alles körperliche und sinnenfällige, so abstrahirt man von allen intelligiblen Formen der Dinge, von dem Sein selbst, sofern es in den Creaturen verbleibt.[4] So lehrt Dionysius. Das

---

1) *Cap. III: Imago enim Dei in his tribus potentiis in anima expressa consistit, videlicet ratione, memoria et voluntate. Et quamdiu illae ex toto Deo impressae non sunt, non est anima deiformis iuxta primariam animae creationem. Forma nempe animae Deus est, cui debet imprimi, sicut cera sigillo et signatum signo signatur.*

2) *Cap. I.*

3) *Cap. IV: Nuda igitur te a phantasmatibus omnibus rerum corporearum iuxta tui status et professionis exigentiam, ut nuda mente et sincera inhaereas ei cui te multipliciter et totaliter devovisti, ut nihil quodammodo possibile sit medii inter animam tuam et ipsum, ut pure fixeque fluere possis a vulneribus humanitatis in lumen suae divinitatis.*

4) *Cap. IX: Porro dum anima ab omnibus abstrahitur et in seipsam reflectitur, contemplationis oculus dilatatur et se scalam erigit, per quam transeat ad contemplandum Deum. — Unde quando in Deum procedimus per viam remotionis, primo negamus ab eo omnia corporalia et sensibilia et imaginibilia, ad ultimum hoc ipsum esse secundum quod in creaturis remanet.*

ist das Dunkel, in welchem Gott wohnt, in das Moses trat, und durch welches man zu dem sonst unzugänglichen Lichte kommt. So gelangt man von der Arbeit des Thuns zur Ruhe der Beschauung, von den moralischen Tugenden zu denen des Schauens und Speculirens.

Unter den Kräften ist es der Wille, d. i. der durch die Tugend der Liebe bestimmte Wille, welcher zu dem Schauen emporträgt. Denn die Liebe will eins sein mit dem Geliebten, sie duldet kein Mittleres, sie ruht nicht, bis sie wesenhaft (*naturaliter*) die Kraft, Tiefe und Allheit des Liebenswerthen durchdrungen hat; sie möchte, wenn es geschehen könnte, selbst das sein, was der Geliebte ist. Die Liebe hat eine umbildende Kraft. Sie vermag den Liebenden mit dem Geliebten gleichförmig zu machen. Aber nicht unmittelbar erfasst der durch die Liebe bestimmte Wille das Göttliche, sondern mittelst der andern Kraft der Seele, der Vernunft (*ratio*), welche, insofern ihre Gedanken auf das Göttliche gerichtet sind, Intellect heisst. Da starret nun gleichsam die Vernunft in das Licht der Gottheit, da hat sie den Anblick der Wunder, da sieht sie die Dreiheit in der Einheit, die Einheit in der Dreiheit.

Der Mensch soll nicht ruhen, bis er in diesem Leben wenigstens einige Erfahrung von dieser uns in der Zukunft beschiedenen Fülle der Seligkeit gemacht hat. Durch andauerndes Abscheiden von allem Niederen, durch andauernde Sehnsucht nach diesem Höchsten gewinnt die Seele allmählich eine Stätte in dem höchsten Gut innerhalb ihrer selbst, bis sie unwandelbar darin bleiben kann, bis sie unwandelbar zu dem wahren Leben, das der Herr selbst ist, gelangt.[1] Da ist sie dann Ein Geist mit ihm, da ist sie in dem Nun der Ewigkeit, da ist sie von Gnaden, was Gott ist von Natur.[2]

---

1) *Cap. VII*: *Oportet ergo et necesse est, ut cum humilitatis reverentia ac fiducia nimia mens elevet se supra se et omne creatum per abnegationem omnium — —. Et tunc fertur in mentis caliginem et altius intra se elevatur et profundius ingreditur. Et hic modus ascendendi usque ad aenigmaticum contuitum sanctissimae Trinitatis in unitate, unitatis in Trinitate, in Jesu Christo tanto est ardentior, quanto vis ascendens illi est intimior etc. Quapropter desistas, nunquam quiescas, donec futurae illius plenitudinis aliquas (ut ita dicam) arrhas seu experientias degustes et donec divinae suavitatis dulcedinem per quantulascumque primitias obtineas, et in odorem ipsius post eam currere non desinas, donec videas Deum deorum in Sion in illo nunc aeternitatis.*

2) *Cap. V*: *Haec vero unitas spiritus et auctoris est, quo homo omnibus votis supernae et aeternae voluntati conformis efficitur, ut sit per gratiam, quod Deus est per naturam.*

6. David von Augsburg.

Wenn Albrecht's Bedeutung für die deutsche Mystik darin liegt, dass er seinen zahlreichen Schülern die Resultate der kirchlichen Mystik vermittelte und ihnen diese Weise der Betrachtung Gottes durch sein Ansehen empfahl, so haben David von Augsburg und Berthold von Regensburg einen grossen Antheil an dem Verdienste, die deutsche Sprache zur Trägerin jener Richtung gemacht zu haben. Von Albrecht lesen wir nicht, dass er theologische Abhandlungen in deutscher Sprache geschrieben habe. Bei ihm erscheint die Theologie noch zünftisch abgeschlossen. Wie gering und bedenklich den Klerikern eine Gottesweisheit erschien, die in deutscher Sprache reden wollte, haben wir bei Mechthild von Magdeburg gesehen, und auch ihrem Freunde Heinrich von Halle ist das Deutsche eine *barbara lingua*, und er setzt die Mittheilungen der Mechthild in's Lateinische um. Jene beiden Franziskanermönche dagegen haben die Fähigkeit der deutschen Sprache, dem religiösen Gedanken zum Ausdruck zu dienen, im hohen Masse erweitert und gesteigert, und bei den Klerikern musste die Muttersprache an Ansehen gewinnen, je angesehener die Männer waren, die sich ihrer für die religiöse Belehrung bedienten.

Unsere Germanisten rechnen die Abhandlungen David's zu den schönsten Zierden unserer alten Prosa. Pfeiffer vergleicht seine Sprache der ruhigen Flamme, die im milden Glanze strahle, und deren stille, tiefe Gluth das Herz und Gemüth des Lesers belebe, erwärme und zur Liebe entzünde. In der That zeigt sie sich bereits bildsam genug, den Empfindungen des bewegten Gemüths wie dem Gedankengang des erkennenden Geistes zum klaren unmittelbar ansprechenden Ausdruck zu dienen. Seine Weise zu reden lässt die Innigkeit und Herrlichkeit durchfühlen, mit der er für ein Leben zu gewinnen sucht, dem er selbst ganz ergeben ist, so zum Beispiel, wenn er uns von unserem sittlichen Unvermögen überzeugen will und uns mahnet „allezeit der Gnadenhand zu warten als das Kind der Mutter und als die Räblein in dem Neste, die den Mund allezeit offen haben gegen den Himmelthau, so lange sie noch nicht gefiedert sind, und rufen nach ihrer Speise." Und in unmittelbar einleuchtender Gleichnisssprache überzeugt er uns von der Nothwendigkeit seiner Forderungen, wie etwa, wenn er uns aus der Aeusserlichkeit in die Innerlichkeit ruft und darauf hinweist, dass „so wir das Fenster der Gehügede (der inneren Anschauung) versperren und ausfüllen mit irdischer äusserlicher Geschäftigkeit in unnöthiger Weise, der wahren Sonne Schein in unser Herz nicht mildiglich und tröstiglich fliessen mag, weil ihm der Flussgang verlegt ist, so dass es weder das Licht der lauteren Erkenntniss noch die Hitze der göttlichen Liebe darein giessen mag. Daher bleibt es finster aus Unverständigkeit und kalt aus geringer Liebe."

Pfeiffer bietet uns in seiner Sammlung[1] acht deutsche Stücke unter David's Namen.

Dass die beiden ersten Stücke „die sieben Vorregeln der Tugend" und „der Spiegel der Tugend" von David herrühren, kann nach den von Pfeiffer mitgetheilten Zeugnissen nicht bezweifelt werden. Zu dem dritten Stücke „Christi Leben unser Vorbild" hat Pfeiffer später noch den vollständigen Text gefunden,[2] der das von ihm mitgetheilte an Umfang um das fünffache übertrifft. Auch dieses Stück rührt, wie die Vergleichung mit den ersten Stücken und mit einigen Stellen in David's lateinischen Schriften ergibt, von David her. Pfeiffer überschreibt nun die vollständige Abhandlung „Von der Offenbarung und Erlösung des Menschengeschlechts". Richtiger hätte er sie *Cur Deus homo?* überschrieben. Denn eine nähere Durchsicht ergibt, dass diese Schrift zum Theil Uebersetzung, zum Theil freie Nachbildung und Ausführung der unter dem angeführten Titel bekannten Schrift des Anselm von Canterbury ist.[3] David will wie Anselm die Weise, wie die Welt erlöst wor-

---

1) Franz Pfeiffer, Deutsche Mystiker des 14. Jahrhunderts. Bd. I. Leipz. 1845. Anhang I. Bruder David von Augsburg.

2) Von ihm mitgetheilt in Haupt, Zeitschrift für deutsches Alterthum. IX. Band. 1853. S. 1 ff.

3) *Cur Deus Homo (ed. Laemmer. Berol. 1857) II, 8: Quatuor modis potest Deus facere hominem; videlicet aut de viro et de femina, sicut assiduus usus monstrat; aut nec de viro nec de femina, sicut creavit Adam; aut de viro sine femina, sicut fecit Evam; aut de femina sine viro, quod nondum fecit. cf.* David *l. c. p. 19:* Vier hande wise maht du einen menschen machen. daz erste ist ane man und ane wip, alse Adamen, den du von erden mahtest. daz andere: von manne ane wip, alse Even, diu von Adames rippe gemachet wart. daz dritte: von manne und von wibe, alse wir alle sin. dise drie wise hast du uns gezeiget. das vierde: von einer frouwen ane man einen menschen machen, daz hast du behalten dem menschen der got und mensche ist.

Cur Deus Homo, ib.: Ac ne mulieres desperent se pertinere ad sortem beatorum quoniam de femina tantum mali processit, oportet, ut ad reformandam spem earum de muliere tantum bonum procedat. cf. David l. c. S. 19: Sit er denne ein man ist der uns erlöset hat, so geziemet daz wol, daz er die menscheit, diu

den ist, rechtfertigen und folgt durch ganze Abschnitte hindurch den Worten und Gedanken Anselm's.

Anderer Meinung als Pfeiffer bin ich über die fünf letzten der von ihm unter David's Namen mitgetheilten Stücke. Vom 7. Stück „von der unergründlichen Fülle Gottes" erklärt Pfeiffer gleich selbst in der Einleitung, dass er sich nach geschehenem Abdruck überzeugt habe, dass es nicht von David sei. Bei den Stücken der 8. Nummer „Betrachtungen und Gebete", oder wie es zutreffender heissen würde: Betrachtungen in Gebetsform, fühlt er sich gleichfalls nicht ganz sicher: er meint, einige könnten wohl auch von Berthold herrühren. Doch glaubt er eine gewisse Verwandtschaft mit David's Darstellung und Anschauungsweise herauszufühlen. Aber eine nähere Betrachtung lässt erkennen, dass diese Stücke ursprünglich nicht deutsch sondern lateinisch gedacht, dass sie eine ziemlich unbeholfene Uebersetzung aus dem Lateinischen sind. Wortstellung und Construction der Sätze machen dies unzweifelhaft [1].

---

uns alle erlösen sol, von einer frouwen enpfahe; anders die frouwen wanden, sie hete got verworfen von der gemeinen erlösunge.

Cur Deus homo II, 9: Sie quaelibet alia persona incarnetur, erunt duo filii in Trinitate, filius scilicet Dei, qui et ante incarnationem filius est, et ille qui per incarnationem filius erit virginis; et erit in personis, quae semper aequales esse debent, inaequalitas secundum dignitatem nativitatum. cf. David l. c. S. 20 f. waere der vater mensche worden oder der heilige Geist, so wären zwene süne in der heiligen drivaltekeit: gotes ewiger sun unde des menschen sun, unde möhte des menschen sun so edel niht sin nach siner gebürte also gotes sun, und wäre auch uns ein irretuom, so wir enwesten, weder man gotes sun nante oder des menschen sun. nu ist der strit also zu dem besten gescheiden etc.

1) Anzeichen, dass hier eine Uebersetzung vorliege, finden sich gleich in den ersten Sätzen der ersten Nummer, wo wir versuchen wollen, einen lateinischen Text, wie er etwa gelautet haben könnte, einem der deutschen Sätze gegenüber zu stellen, um zu zeigen, dass wohl die Construction des ersteren, nicht aber die des letzteren die der betreffenden Sprache gemässere ist.

Quum enim homo propter peccata a fructu vitae in paradiso repulsus esset, tu Domine, reducens nos ad coelestem paradisum, quem moriens nobis aperuisti, vitae cibum reddidisti, panem coelestem, qui ipse es, ut vitam in nobis habeamus ex eo quod ipse es.	Wan der mensch von den sünden die er tat, des lebens vruht in dem paradise verstozen wart, do du uns, lieber herre, wider brähte zu dem himelischen paradise daz du uns mit dinem tode geoffent hast, do gebe du uns wider die spise des lebens: daz himelische brot daz du selbe bist, daz wir daz leben do an uns enphingen da von daz du selbe bist.

Und auch die ursprüngliche lateinische Fassung wird kaum von David gewesen sein, da in David's lateinischen Schriften die Exposition der Gedanken eine einfachere ist.

Pfeiffer glaubt durch einige weitere Vergleichungspunkte, welche jener von ihm gefundene vollständige Text des dritten Stückes bietet, nun auch für die Stücke IV—VI die davidische Abfassung entschieden sicher gestellt, die er gleich anfangs für wahrscheinlich gehalten habe.

Allein das vierte Stück „die vier Fittige geistlicher Betrachtung" hat einen ganz andern Stil als die drei ersten Stücke David's; der Inhalt aber trägt bereits völlig den Stempel der eckhartischen Schule,[1] wie es denn auch in der Berliner Handschrift, der es Pfeiffer entnommen hat, mit eckhartischen Stücken zusammensteht. Und wie das vierte Stück Eckhart's Geist trägt, so hat das fünfte und sechste Stück ganz die Weise Suso's an sich. Dass die beiden letzteren Stücke den gleichen Verfasser haben, geht aus dem Zusammenhalt der gleichartigen Stellen hervor,[2] und dass es der Stil Suso's ist, den wir hier vor uns haben, dafür bedarf es nur des Hinweises auf die folgende Stelle, in der er die Seligkeit der Gemeinschaft mit Gott preist: Owe, wie milde der Wirth da ist, der seinem Gesinde so manche Wonne von dem minnereichen

---

Vielleicht auch die Stellung des Wortes „unserm" wenigstens in dieser Stelle: „mit dem lieben, reinen, säligen und erwelten unserm himelischen Gesinde." In der 7. Nummer die ganz undeutsche, nur aus dem Lateinischen zu erklärende Construction: „wann wir aber den lip mit müen unde mit arbeiten haben getragen, des wildu uns ergetzen da mite, daz du uns zu der gemeinen urstende, der du uns ein gewissez urkünde gegeben hast mit din selbes urstende, wilt den lip wider geben mit grozen eren etc." In der 3. Nummer Pf. S. 377 Z. 7: Und dar umbe daz diu sele etc. — so bedarf sie wol daz du si uf haltest, du da (!) niht ze nihte worden bist, du da ie waere und immer ewic bist volkommen und ungeminnert und alle stunde gleich ewic bist etc. Und a. a. O.

1) Ich brauche hiefür nur die Stelle Pf. S. 357 anzuführen: Diu minne ist diu uns in gotliche nature sol verwandelen, wan got ist diu ewige saelikeit. Und süllen wir eweeliche saelic sin, so muoz unser armekeit verwandelt werden in sine sälikeit, daz wir mit gote ein geist werden. Aber diu vereinunge kan niht geschehen niwan in der minne, da des menschen wille mit gote ein wille wirt, daz er niht welle wan got unde daz got wil. Er mac niht werden mit gote ein wisheit noch ein maht noch ein ewekeit, daz er wizze waz got weiz oder müge swaz got mac oder mit gote ie gewesen si. Da von muoz diu vereinunge mit gote sin in dem willen, daz er allez daz welle daz got wil. Daz ist auch ganziu minne etc. Hier lässt sich Satz für Satz mit eckhartischen Parallelen, sowohl was den Inhalt als was die Form betrifft, belegen.

2) Vgl. V: Pf. S. 362, 20 ff. und VI: Pf. S. 366,13 ff. Sodann V: Pf. S. 363, 16 ff. und VI: Pf. S. 366, 19 ff.

Keller, das ist von deinem getreusten Herzen, so überflüssig schenket! Owe, wie überselig das liebe Gesinde da ist, das seinen süssen begierlichen Durst von dem grundlosen Brunnen des obersten Gutes alle Zeit nach allem Wunsche kühlet! Owe, wären wir nu da bei dem lieben Gesinde, bei der lustlichen Menge, bei den reinen und allergetreuesten Herzen, unter denen nicht Argwohn ist noch Trübsal noch keinerlei Unfriede, sondern nur Friede und Minne und Freude und Reinigkeit und allerlei Wonne."[1]

So unbegreiflich es ist, wie Pfeiffer diese Stücke dem David hat zuschreiben können, so unbegreiflich ist uns sein Urtheil, wenn er sagt, dass diese von ihm mitgetheilten Stücke durchaus nichts mystisches enthielten.

Dieses Urtheil ist kaum zutreffend bei den drei Stücken, welche mit Sicherheit David zugeschrieben werden können, völlig unrichtig aber bei denen, deren Herkunft von David er für wahrscheinlich hält, die wir aber als nicht von ihm herrührend hier ausser Betracht lassen.

Gleich das erste der unzweifelhaften Stücke bietet den von der Mystik viel behandelten augustinischen Gedanken: „Die Seele ist nach Gott geformet und gebildet, darum mag sie auf keinem andern Dinge ruhen, denn auf ihrer eigentlichen Form, darauf sie geprägt ist als ein Insiegel auf seinen Stempel. Und mit vollem Rechte dürfte die Mystik die hierauf folgende Ausführung dieses Gedankens für ihr Gebiet in Anspruch nehmen, in der David sagt: So ist die sichtbare Welt viel kleiner und unwerther denn die geistliche Welt; denn da ist die Weisheit inne, darinnen sich die lauteren Geister erschwingen sollen und erweitern und dann über sich fliegen in die Höhe, die nicht Endes hat, darinnen alle Dinge ihr Ziel haben und beschlossen sind, das ist in Gott selber, aller Dinge Ursache und Anfang und Ende. Da ruhet die Seele inne, denn nun ist sie an dem Ziel, da sie nicht weiter braucht; vor diesem Ziel mag sie nicht ruhen. Zu sichtlichen Dingen weisen uns die leiblichen Sinne, zu unsichtbaren Sachen weiset uns das unterscheidende Verständniss, zu göttlichen Dingen weiset uns der heilige Geist. Weil die Seele über allen Dingen unter Gott ist, so findet sie die Dinge, die unter ihr sind und neben ihr, in sich selber; denn sie ist ein nach Gott geschaffenes Exemplar aller Dinge, wiewohl der Engel in seiner Natur noch eines Theils lauterer ist; ihr wird aber ersetzet von Gnaden was sie minder hat von Natur; aber die Dinge, die über ihr sind, die mag sie nicht von sich selber finden, sondern

---

1) Pfeiffer a. a. O. S. 363.

dern nur mit des Hilfe, der allein über ihr ist, unser Herre Gott, aller Dinge Herre."

Wir sehen, wie ganz aus Hugo's mystischer Lehre heraus diese Gedanken genommen sind.

Aber auch abgesehen von diesen speciell das Gebiet der Mystik berührenden Fragen zeigt doch auch alles andere in den ersten Stücken, dass David von jenem Geiste der Mystik eines Hugo und der anderen kirchlichen Mystiker berührt ist. Weit entschiedener tritt dies allerdings in seinen lateinischen Schriften hervor.

Zwei umfänglichere lateinische Schriften David's, *Formula novitiorum* und *De septem processibus religiosi* liegen uns in einer Augsburger Ausgabe vom J. 1596 vor.[1] Die erstere Schrift besteht aus zwei Theilen, deren erster *de exterioris hominis reformatione* und deren zweiter *de interioris hominis reformatione* überschrieben ist. Die Schriften David's, welche sich nach Andreas Sander in Grünthal bei Brüssel handschriftlich befunden haben sollen,[2] waren den Titeln nach zu schliessen sehr wahrscheinlich nur Fragmente der genannten grösseren Schriften. Dagegen scheint mir die Angabe einer Franziskanerchronik,[3] dass David auch einen Tractat *de oratione* verfasst habe, eine weitere selbständige Schrift anzudeuten, da in der Schrift *de septem processibus religiosi* jene Theile, welche über das Gebet handeln, die Merkzeichen des Anfangs *(Vacate et videte)* nicht haben, welche nach jener Chronik der Tractat gehabt haben soll. Pfeiffer hält David auch für den Verfasser einer Schrift *de haeresi pauperum de Lugduno,*

---

1) *Beati Fratris David de Augusta Ordinis minorum, Pia et deuota opuscula. Pleraque post trecentos amplius annos ex quo scripta sunt, nunc primum edita. Augustae Vindelicorum ad insigne pinus. Apud Joannem Praetorium. Anno MDXCVI. Cum privilegio Caesaris perpetuo.* Diese Ausgabe, dem Jesuiten Johann Anton Welser gewidmet, ruht auf Handschriften der Klöster Polling, Ettal und Diessen, hat aber viele Fehler, wie die Collationen aus einer Ebersberger und Diessener Handschrift zeigen, welche dem Exemplar der Staatsbibliothek in München beigeschrieben sind. Der Text obiger Schriften im 13. Band der Cölner und im 25. Band der Lyoner Ausgabe der *Maxima bibliotheca veterum patrum* ist nur ein Wiederabdruck der Augsburger Ausgabe.

2) *De modis revelationum; de generibus visionum; de speciebus tentationum; de virtutibus; de profectu religiosorum; de affectu orationis.*

3) Es ist die Chronik Bernhard Müller's, die nach Mone aus dem Archiv der Franziskanerprovinz Strassburg, zu der Augsburg gehörte, geschöpft ist. Die früher ungedruckte Stelle über David in F. J. Mone's Quellensammlung zur badischen Landesgeschichte III, 411.

welche bisher unter dem Namen eines Dominikaners *Ivonet* bekannt war und vielfach für die Geschichte der Waldenser benützt worden ist. Die von Pfeiffer beigebrachten Beweise scheinen mir aber nicht ausreichend.

Ueber David's Leben haben wir nur sehr wenige Angaben. Er heisst in Handschriften, die seine Abhandlungen bringen, und in Chroniken David von Augsburg. Ob damit seine Vaterstadt oder das Kloster, dem er dauernd angehörte, bezeichnet sei, ist ungewiss. Dass er längere Zeit im Minoritenkloster zu Regensburg, das schon im J. 1226 gegründet wurde, gewirkt habe, ist aus dem Briefe gewiss, in welchem er seine *Formula novitiorum* dem Bruder Berthold in Regensburg widmet. Aus diesem Briefe ersehen wir, dass David zur Zeit, als Berthold sein Noviziat im Kloster zu Regensburg durchmachte, dort Novizenmeister war.[1] Dass er dieses Amt für alle Novizen gehabt habe, geht aus dem vorhergehenden Briefe, welcher an die Novizen und jungen Mönche des Klosters gerichtet ist, hervor. Der Ausdruck, mit dem er seiner Bestimmung zum Novizenmeister gedenkt *(deputatus)*, könnte darauf deuten, dass er von auswärts her zu diesem Amt berufen worden sei. Nicht lange, nachdem er Regensburg verlassen hatte, schrieb er, seinem dem Berthold gegebenen Versprechen folgend, seine *Formula novitiorum*. Denn er will Berthold nur das schreiben, „was für einen Novizen passt", er will einem „Anfänger" dienen; in den tieferen Fragen werde ihn der Herr unterweisen, „wenn er bis zu denselben gelangt sein werde". Sind anders die in einem Briefe des päpstlichen Legaten vom 31. December 1246 an die Aebtissin vom Niedermünster in Regensburg[2] genannten beiden Minoritenbrüder Berthold und David unsere Mönche, so ist die *Formula novitiorum* früher geschrieben als jener Brief. Denn Berthold gehört nach letzterem schon zu den angeseheneren Gliedern des Klosters; er wird wie David als einer der „*viri providi et fideles*" bezeichnet, welche an den Legaten über die Freiheiten des Klosters zum Niedermünster zu berichten haben. Auch ist jetzt David wieder für längere Zeit in Regensburg, wie es scheint. Dazu kommt, dass Berthold seinen Ruf als grosser Prediger schon im Laufe der vierziger Jahre begründet haben muss, wie sich aus einzelnen Stellen seiner Predigten und aus einer

---

1) *Desiderasti a me, ut aliquid scriberem tibi ad aedificationem, ex quo absens sum a te, sicut aliquando praesens tibi ore dicere solebam, quando ad tempus novitiatus tui magister tibi eram deputatus.*

2) Bei Franz Pfeiffer, Berthold von Regensburg. Wien 1862. Einleitung S. XX.

Stelle des gleichzeitigen Hermannus Altahensis[1] so wie der Augsburger Chroniken[2] schliessen lässt.

Von Regensburg aus mag David wieder nach Augsburg gezogen sein, wo er jedenfalls den grösseren Theil seines übrigen Lebens verbrachte. Denn wo von seiner späteren Wirksamkeit in Chroniken überhaupt die Rede ist, da wird gesagt, dass sie „in Augsburg" stattgefunden habe. Dass sie nicht auf Augsburg beschränkt war, ergibt sich daraus dass er als *socius fratris Bertholdi*, als Bruder David, „der mit Bruder Berthold ging" mehrfach angeführt wird. Auch er galt als ein bedeutender Prediger in der Landessprache,[3] wenn ihm auch bei seinem ruhigeren Gemüthe und seinem mehr reflectirenden Geiste die feurige hinreissende Kraft des unvergleichlichen Berthold gefehlt hat. Aufzeichnungen seiner deutschen Predigten sind bis jetzt nicht wieder aufgefunden. In Augsburg ist David gestorben und begraben worden. Seinen Tod setzt Rader, welchem Pfeiffer folgt, auf den 15. November 1571. Das Anniversar des Augsburger Minoritenklosters und die oben angeführte Ordenschronik auf den 19. November (die Chronik: 15. Nov.) 1572.[4] Die Angabe des Anniversars dürfte wohl die zuverlässigere sein.

David's berühmter Schüler Berthold tritt in der Geschichte der deutschen Mystik hinter David zurück. Seine Bedeutung liegt nach einer andern Seite hin. Mit einer Gewalt des Wortes ausgerüstet wie kaum ein zweiter Prediger des Mittelalters hat er in einer Zeit sittlicher Verwirrung und Auflösung seit den vierziger Jahren in seinem engeren Vaterlande, seit 1250 auch im übrigen Deutschland und der Schweiz, seit 1260 in den östlichen Landen die Massen des Volkes angezogen, erschüttert und in den Bahnen des religiösen Lebens zu erhalten und zu stärken versucht. Dass die Meisterschaft, mit welcher er die

---

1) *Ad. a. 1250: His diebus quidam frater Bertoldus de ordine minorum de domo Ratisponensi tantam gratiam habuit predicandi, ut sepe ad eum audiendum plus quam XL millia hominum convenirent. Pertz, Monum. Script. Tom. XVII.*

2) Bei Ben. Greiff, Bertholt von Regensburg in seiner Wirksamkeit in Augsburg. Gymnasialprogr. v. St. Anna zu Augsb. 1864/65 S. 24 ff.

3) *Trithemius de scriptor. ecclesiasticis: in declamandis sermonibus ad populum excellentis ingenii fuit.*

4) Anniversar nach Pfeil: *Obitus fratris Davidis, socii fratris Perchtoldi magni predicatoris a. d. 1272 XIII. Cal. Decembris, sepulti ante altare corporis Christi in ecclesia nostra.* In Bernh. Müller's Ordenschronik: *1272 die 15. Nov. ex hac mortali vita etc. fr. David Augustae, patria Augustanus, — in declamandis sermonibus ad populum excellentis ingenii (Trithemius?).*

deutsche Sprache den religiösen Gedanken dienstbar zu machen verstand, der deutschen Mystik zu gute kommen musste, ist schon hervorgehoben worden. Auf die eigentlichen Fragen der Mystik aber geht Berthold nicht ein. Es sind die Thatsachen des christlichen Glaubens und die Gebote der christlichen Sittlichkeit, unter welche er die Herzen der Menge zu beugen versucht. Nur in einer Hinsicht berührt mehrfach der Inhalt seiner Predigten unser Gebiet; es sind solche Predigten, in denen er, gleich Hildegard von Bingen, mit prophetischem Ernste auf die nahenden Gerichte hinweist. Er fasst seine Zeit im grossen und ganzen. Der Schaden „der heiligen Christenheit", ihre Wiederherstellung ist es, was ihn vor allem beschäftigt. Er sieht das Weltende nahe bevorstehen. Die zahlreichen Ketzer sind ihm wie den Joachiten ein Vorzeichen desselben. Er hat sich mit den Fragen der Apokalypse eingehend beschäftigt. Ich finde bei seinem Zeitgenossen und Ordensbruder Salimbene die bis jetzt unbeachtete Notiz, dass er einen Commentar zur Apokalypse geschrieben habe.[1] Auch in dem umfassenden Bande von Predigten, den Salimbene von ihm in Händen hatte, behandelte er die apokalyptischen Fragen. Die zwei Predigten, deren Text Salimbene anführt, und die vom Antichrist handelten, finden sich nicht unter seinen deutschen Predigten. Sie waren mit den andern, deren der italienische Franziskaner gedenkt, ohne Zweifel in lateinischer Sprache und schwerlich eine Uebersetzung. Vor einer solchen schreckte wohl schon die Schwierigkeit ab, welche Berthold's Art dem Uebersetzer bietet. Vielleicht sind Berthold's lateinische Aufzeichnungen die Grundlagen für viele seiner deutschen Predigten

---

1) *Chronica, Mon. Parm. III, 325 (ad a. 1284)*: *Nunc ad fratrem Bertholdum de Alemannia accedamus. Hic fuit ex ordine fratrum Minorum sacerdos et praedicator, et honestae et sanctae vitae, sicut religiosum decet: Apocalypsim exposuit, ex qua expositione non scripsi, nisi de septem episcopis Asiae, qui in Apocalypsis principio sub angelorum nomine inducuntur; et hoc ideo feci ad cognoscendum qui non fuissent illi angeli, et quia expositionem abbatis Joachim super Apocalypsim habebam, quam super omnes alias reputabam. Item per anni circulum fecit magnum volumen Sermonum, tam de festivitatibus quam de tempore, id est de dominicis totius anni, ex quibus non nisi duos scripsi, pro eo quod optime de antichristo tractabat in illis. Quorum primus sic inchoabat: Ecce positus est hic in ruinam; alius erat: Ascendente Jesu in naviculam, secuti sunt eum discipuli ejus; in quibus plenissime continetur tam de antichristo quam de tremendo judicio. Et nota quod frater Bertholdus praedicandi a Deo habuit gratiam specialem; et dicunt omnes, qui eum audiverunt, quod ab apostolis usque ad dies nostros in lingua theotonica non fuit similis illi.*

gewesen. Hat aber Berthold Zeit gefunden, lateinische Commentare und Predigten zu schreiben, dann hat er wohl auch einen Theil seiner deutschen Predigten selbst aufgezeichnet.

Berthold's Wirksamkeit endete im gleichen Jahre mit der seines Lehrers David. Er starb am 13. December 1272 zu Regensburg.

In Gottes Antlitz begraben sein, Ein Geist mit ihm werden, — das ist nach David das Höchste was der Mensch in diesem Leben erreichen kann. Durch Sammlung der Seele aus der Zerstreuung, durch ihre Richtung auf das Höchste, durch Verzückung[1] oder auch durch das wirkende und schauende Leben, die *vita activa* und *contemplativa*, wird es erreicht. Das wirkende Leben ordnet die Begierden.[2] Da wird alles zur Liebe, welche die Seele fliessen macht, über sich hinaus und in Gott führt, so dass ihr hier die göttliche Form aufgeprägt werden kann.

Die Organe, mit dem wir ihn aufnehmen, die von ihm überformt werden, sind die drei Kräfte der Seele, *ratio, memoria, voluntas*. Er sieht in der Seele mit diesen drei Kräften, wie Augustin, das Bild des dreieinigen Gottes. Bemerkenswerth ist, dass er die *memoria* nicht bloss als den Sitz der Ideen, sondern auch als das Organ bezeichnet, durch welches die Seele die Kraft der Ewigkeit Gottes aufnimmt, so dass sie in Ewigkeit nicht von ihm getrennt werden kann.[3]

David nimmt von Bernhard die drei Stufen des anhebenden, des fortschreitenden und des vollkommenen Menschen herüber, auf denen die Seele zur Einigung mit Gott sich erhebt. Diese Unterscheidung wird seitdem auch in der deutschen Mystik gebräuchlich.[4] Von der

---

1) *De septem processibus cap. 35.*

2) *l. c. 25: Et quia de voluntatis profectu supra tractatum est, quae consistit in ordinata dispositione affectuum, in qua attenditur activae vitae profectio, consequenter et ad contemplativae vitae profectum appropinquare considerationis passibus studeamus.*

3) *Form. novit. de interioris hominis reformatione cap. X: Rationalis autem spiritus est imago summae trinitatis et sicut est deus trinus et unus, ita anima cum sit una, habet tres potentias, quibus est capax dei, scilicet rationum, memoriam et voluntatem. Per rationem potens est capere sapientiam dei. Per voluntatem potens est capere bonitatem dei. Per memoriam potens est capere virtutem aeternitatis dei, ut in aeternum nunquam ab eo possit separari. cf. cap. 14: Voluntas est in anima quasi imperans, ratio est docens, memoria quasi ministrans utrique, illi quid iubeat, isti unde doceat.*

4) *l. c. cap. 9.*

leiblichen Uebung, welche der anhebende Mensch vollzieht, urtheilt er mit dem Apostel, dass sie nur einen untergeordneten Werth habe. Sie kann nicht selbst Zweck sein, sondern sie ist richtig angewandt Mittel, die Tugend in uns habituell zu machen.¹ Die innere Umwandlung vollzieht sich in dem fortschreitenden und vollkommenen Menschen, und zwar an den drei Kräften der Seele, deren Verderbniss durch die Sünde er mit Worten bezeichnet, die an das erinnern, was Hugo über das dreifache Auge gesagt hat.²

Die *memoria* ist die Stätte, wo die Liebe Gottes sich kundgibt. Von da aus erregt diese unseren Willen zur Liebe, und lehrt unsern Verstand, die *ratio,* was es um Gott sei.³

Der Weg der *ratio* zur Vollkommenheit, zur unmittelbaren Erkenntnis Gottes, ist wie bei Hugo ein dreifach abgestufter, er führt vom Autoritätsglauben durch die Erkenntniss der Rationalität des Geglaubten, zur höchsten Stufe, da der Geist ausser sich kommt und nicht mehr im Bild und Gleichniss, sondern in reinster Erkenntniss *(intelligentia)* Gott schaut.⁴ Diese höchste Erkenntniss ist von der Liebe tingirt, und um dieses Beigeschmacks *(sapor)* willen ist sie *sapida scientia, sapientia.*⁵

Und das ist dann die höchste Stufe, welche der Mensch in diesem Leben erreichen mag, dass die Seele mit allen ihren Kräften in Gott geeint, Ein Geist mit ihm wird, so dass sie an nichts denkt, nichts

---

1) *l. c. cap. 10: Omnia autem quae ad religionis observantiam exterius videmus, ad interioris hominis reformationem sancti spiritus inspiratione ordinata sunt, quae qui nondum intelligit, ipsa instrumenta pro arte reputat.*

2) *l. c. 11: Ratio data erat ei ut deum agnosceret. Voluntas ut cum amaret. Memoria ut in eo quiesceret. Sed per peccatum ratio caeca facta est (cf. cap. 12: ratio lippa facta est. Et ib.: ratio vel intellectus), voluntas curva et foeda, memoria instabilis et vaga.*

3) *Form. nov. de int. hom. reform. cap. 14: Voluntas est in anima quasi imperans, ratio est docens, memoria quasi ministrans utrique, illi quid iubeat isti unde doceat.*

4) *l. c. cap. 12: Perfectio rationis in hac vita est per mentis excessum super se rapi, et non per aenigmata corporearum similitudinum nec per ratiocinationis argumenta, sed purissima mentis intelligentia Deum in contemplatione videre.*

5) *De sept. process. cap. 36: Et quia deus summe suavis et bonus est, et omnia quae ab ipso fluunt, sapida sunt et bona, ideo cum intellectus ceperit in agnitionem veri dilatari, statim et gustus animae, hoc est interior affectus incipit in quodam spirituali sapore in incognitis delectari et sic quod in solo intellectu fuit scientia, accedente sapore affectus dicitur sapientia id est sapida scientia. Scientia ex cognitione veri, sapientia ex adiuncto amore boni.*

empfindet, nichts erkennt als Gott, und alle Begierden in der Freude der Liebe geeint in lieblicher Weise im alleinigen Geniessen ihres Schöpfers ruhen.[1]

David erwähnt die Bezeichnungen, welche dem Zustande der Seele auf der Stufe des Entrücktseins von den Theologen gegeben worden seien: *iubilus, ebrietas, spiritus, spiritualis iucunditas, liquefactio*. Aber er will nur kurz darauf eingehen, und weitere Erläuterungen, wie er bezeichnend hinzufügt, solchen „die Erfahrung und Musse haben" überlassen.[2]

Wenn Bernhard, Hugo und Richard über mystisches Leben redeten, so bot ihre Zeit noch wenig Stoff zu Beobachtungen desselben. Aber nach ihnen war das mystische Leben unter den Frauen der Niederlande in mannigfaltigen und auffallenden Formen hervorgetreten und hatte sich zur Zeit David's auch in Thüringen und Sachsen, in Baiern und Schwaben gezeigt. Die Minoriten in den Anfangszeiten ihres Ordens in Deutschland waren häufig auf Reisen; von David wissen wir ohnedies, dass er oft der Begleiter Berthold's war. So mochte er das ekstatische Leben aus eigener Beobachtung kennen.

Auch Erscheinungen von bedenklicherem Charakter konnten ihn zu einer schärferen Prüfung ekstatischer Zustände veranlassen. Er erwähnt in der schon früher angeführten Stelle solche „Betrüger oder Betrogene, welche ihren eigenen oder einen fremden Geist für Gottes Geist ansehen und sich verführen lassen". Man müsse, meint er, die Geister prüfen. Wir fanden, dass gegen die Mitte des Jahrhunderts Anhänger der Secte „des neuen Geistes" oder wie sie später genannt werden, „des freien Geistes" am Rheine und in Schwaben Anhang gewannen. Es ist nicht unwahrscheinlich, dass David in obiger Stelle jene Brüder des neuen Geistes bereits im Auge hat.

David sucht sich die eigenthümlichen Zustände, welche bei dem Leben der Ekstatischen vorkommen, zu erklären. „Zuweilen, sagt er, erstarrt bei diesem Zustande gleichsam der Leib und die Glieder versagen den Dienst und werden steif, wenn die Gluth und die Wonne den Menschen plötzlich erfasst. Das kann daher kommen, dass alle Lebensgeister im Körper gleichsam von der entflammten Begierde des Herzens erfüllt werden, so dass sich die Nerven ausdehnen und die Wege für

---

1) *l. c. cap. 36.*
2) *l. c. cap. 37.*

den Geist versperrt sind.[1] Er weist darauf hin, wie auch im gewöhnlichen Leben plötzlicher Schrecken, unmässige Freude, plötzlicher Schmerz, unmässiger Hass, ungezügelte Liebe ekstatisch machen und ähnliche Zustände hervorrufen können. Auch für die ekstatischen Freudenausbrüche, für das unstillbare Weinen weist er auf analoge Erscheinungen des gemeinen Lebens hin. Die Macht der göttlichen Süssigkeit kann der schwache irdische Leib nicht ertragen. Das Herz in seiner Fülle will sich ausbreiten, aber die Brust ist ihm zu enge, oder die Scheu von den Menschen hält den Ausbruch zurück; dann entstehen jene wundersamen inneren Qualen und der Leib sinkt ohnmächtig zusammen.[2]

David sucht den Werth der Frömmigkeit und mystischen Vereinigung mit Gott mehr in einer Erhebung der Gefühle als in einer Bereicherung der Erkenntniss, wiewohl die vollkommene Frömmigkeit nicht ohne Erleuchtung ist. Aber diese Erkenntniss der einfältigen Frommen ist eine andere als die der Gelehrten. Während diese, was einfach ist und keiner Erklärung bedarf, in hochtrabende Worte hüllen, um vor den einfältigen Leuten als grosse Philosophen zu gelten, haben jene eine sichere unmittelbare Empfindung von der Wahrheit, wenn sie es auch nicht mit Worten zu unterscheiden und verstandesgemäss auszusprechen vermögen.[3]

---

1) *De septem gradibus cap. 37*: *Quandoque etiam corpus quasi obrigescit et membra inhabilia et inflexibilia fiunt ex subita fervonis et suavitatis influentia. Et hoc potest esse, quod spiritus omnes vitales in corpore quasi implentur affectu cordis inflammato, ita quod extensione nervorum et obstructione viarum spiritualium membra officiorum suorum priventur ut lingua loquelae, manus operationum et pedes et crura gradiendi, quousque fervor iterum remittatur et viae apertae fiant ut prius.*

2) *l. c. Deus noster ignis consumens est et deus charitas est, quid miri si fervor divinae charitatis cordi infusus, totum hominem commovet, sicut si vitro fragili vel vasi fictili bullientem liquorem vel ignem ardentem infundas, crepitationis fragorem concitas. Cor namque cum divini amoris gaudio vel divinae fruitionis desiderio inflammatur, in se dilatatur et extenditur et quasi inter angustias pectoris se capere non sufficiens ex animo erumpere conatur, ut flammam, quam intus patitur, foris eructet et ardoris sui refrigerium qualecunque inveniens evaporet. Quod cum non potest illud, vel ex humano pudore non audet, mirabiliter in semet ipso cruciatur et corpus valde ex talibus motibus debilitatur. Quia virtus divinae dulcedinis intolerabilis est imbecillitati terreni corporis sicut si ignem vitro immitas. Unde legimus sanctos ex divinis visitationibus vel revelationibus corruisse et viribus emarcuisse. Dan. 10.*

3) *l. c. cap. 38: Cum autem devotio sit piae affectionis pinguedo et magis se habeat ad affectum quam ad intellectum, sicut videri potest in simplicibus devotis,*

Während ihm die sittliche und geistige Veredlung der wesentliche Gewinn der mystischen Vereinigung mit Gott ist, erscheinen ihm die Visionen und Offenbarungen von zweifelhaftem Werthe. Er unterscheidet die Visionen in körperhafte, bildhafte bei wachem Zustande, bildhafte beim Schlafe, und intellectuale. Eine Vision der ersten Art war es, als der Herr dem Mose im brennenden Busche erschien, Visionen der zweiten Art kommen im nüchternen oder ekstatischen Zustande vor. Beispiele sind die Gesichte Daniel's und Ezechiel's. Eine Vision der dritten Art war Jakob's Traumgesicht von der Himmelsleiter. Bei der vierten Art, der intellectualen Vision, sieht der Mensch die Wahrheit wie sie an sich ist, oder wenn er sie im Bilde sieht, so sieht er dabei doch auch die dadurch vorgestellte Wahrheit. So Paulus, als er in den dritten Himmel verzückt wurde, oder Johannes in der Apokalypse.

Die drei ersteren Arten machen nicht zum Heiligen und werden nicht bloss Heiligen zu Theil. Sie haben Vielen oft mehr geschadet als genützt, indem sie ihnen Anlass zur Ueberhebung gaben. Sie können oft blosse Sinnentäuschung oder Vorspiel des Wahnsinns sein. Wenn, wie häufig berichtet werde, einzelne Heilige oder Fromme Christum als Kind oder als Gekreuzigten gesehen haben, so war das eben bildhafter Weise und nicht war es Christus selbst. Manche, so meint er, glauben, von verführerischen Geistern getäuscht oder im eigenen Wahne, Christum oder seine Mutter zu sehen, von ihnen umarmt oder geküsst zu werden und empfinden dabei auch körperliche Wollust und Süssigkeit. Dies kommt aber sicher nicht vom Geiste Gottes, welcher die leibliche Lust vielmehr niederschlägt als sie fördert. Sie stammt aus fleischlichem Grunde und macht die ganze Vision verdächtig.[1]

Ebenso nüchtern zeigt sich David gegenüber den „Offenbarungen", wie er im Unterschiede von den Visionen die wunderbaren

---

tamen perfecta devotio non est sine lumine intellectus. Sed aliter se habet intelligentia simplicium devotorum et aliter literatorum. Literati enim sciunt subtiliter loqui de quacunque etiam spirituali materia et verbis propriis exprimere quae velint et pulchre dividere et distinguere — — et ex parvis quandoque longum texere tractatum et ea quae plana sunt et nota per se verbis artificiosis involvere, ut rudibus de intimis philosophiae medullis extracta videantur. Devoti autem simplices clarius vident veritatem in se et profundius sciunt de ea cogitare et pondus eius pensare et saporis intimi venas per gustum affectus scrutari et per purae intelligentiae radium quaeque lucidius discernere, ut licet nesciant verbis expressivis proprie distinguere, tamen ex ipso saporis gustu valent veritatis differentias cognoscere magis quam per argumentorum coniecturas.

1) *l. c.* 39.

Mittheilungen von Verborgenem und Zukünftigem nennt. In den meisten Fällen, meint er, beruhten sie auf Täuschungen; man halte für Worte des heiligen Geistes, was ein Product des eigenen Geistes sei. Bis zum Ueberdruss werde jetzt die Welt mit Weissagungen überhäuft vom Antichrist, von Vorzeichen des Endgerichts, vom Untergang der Orden, von Verfolgungen der Kirche, vom Sinken des Reiches und allgemeinen Plagen. Auch angesehene und fromme Männer schenkten ihnen mehr Glauben als sich gebühre, und machten aus Joachim's und anderer Weissager Schriften Auszüge und Interpretationen. Selbst wenn sie wahr und authentisch wären, meint er, so könnten doch fromme Leute ihre Zeit fruchtbarer anwenden. [1]

Auch hier unterscheidet David vier Arten der Offenbarung: das im wachen Zustand sinnlich vernommene äussere Wort, wie es die drei Apostel auf dem Berge der Verklärung hörten; das im Schlafe vernommene Wort, wie es Joseph und die drei Magier vernahmen, das durch einen Engel im wachen Zustande aber innerlich kundgegebene Wort wie Sach. 4, 5: *Et respondit Angelus, qui loquebatur in me et dixit ad me: Numquid nescis, quid sunt haec?* und endlich die innerliche Offenbarung, welche durch den heiligen Geist geschieht. Diese sei entweder eine specielle auf ein besonderes Thun oder Reden gehende Weisung wie bei den Propheten, oder eine Erleuchtung im allgemeinen, wie bei den Frommen, so dass sie unterwiesen würden im Gemüthe das Böse zu meiden und das Gute zu thun, oder es sei die Wirkung des Geistes eine ausserordentliche Versicherung der Gebetserhörung in eigener oder fremder Sache. Dieser letztere Fall komme bei frommen Gemüthern besonders häufig vor, doch seien Täuschungen dabei sehr gewöhnlich. Denn wenn jemand bereits in einer durch den Geist gehobenen Glaubensstimmung sich befindet und ihn ein anderer um seine Fürbitte angeht, so vermischt sich leicht der Wunsch für diesen mit jener Stimmung so, dass er jenes Gebet ebenso wie sich selbst angenommen glaubt, namentlich wenn über dem Gebete sich seine Andacht gesteigert hat.

---

1) *l. c. 40: Et ideo multivariis vaticiniis iam usque ad fastidium repleti sumus — —. Quibus etiam viri graves et devoti plus quam oportuit creduli extiterunt, de scriptis Joachim et aliorum vaticinantium varias interpretationes extrahentes, quae etsi vera essent et authentica, tamen religiosi plurima invenirent in quibus fructuosius occuparentur, cum Christus dominus in apostolis tales curiosas inquisitiones represserit dicens: Non est vestrum nosse tempora vel momenta, quae pater posuit in sua potestate.*

Bei allen Arten der Visionen oder der Offenbarungen also, das ist sein Schluss, sei grosse Vorsicht von nöthen, und es erscheine sicherer, dergleichen überhaupt nicht zu suchen und, wenn es dargeboten wird, ihm eine mehr gleichgültige und zweifelnde Stimmung entgegenzusetzen. Besser sei es immer den Geist zu richten auf das was wirklich noth thut· Noth aber sei die Sünden auszutilgen, der Tugend nachzustreben, den gesunden Schriftsinn zu erforschen, durch das Gebet die Andacht zu entzünden. Das allein begründe Verdienst und Ruhm bei Gott.

---

7. Mystische Lehre in deutscher Sprache gegen Ende des XIII. Jahrhunderts.

Noch spärlich fliesst die mystische Lehre in dem von David und seinem Schüler Berthold gegrabenen Bette der deutschen Sprache in den letzten Zeiten des 13. Jahrhunderts dahin. Die beiden Prosastücke mystischen Inhalts: „die sieben Staffeln des Gebets" und „von der Menschwerdung Christi", welche Pfeiffer mittheilt[1] und die er bis in die Mitte des Jahrhunderts hinaufrückt, sind jedenfalls jünger und gehören einer Zeit an, da die Mystik Eckhart's bereits ihre Wirkungen zu äussern begonnen hat. Wir werden daher diese Stücke erst später besprechen. Dagegen ist es hier am Platze, zunächst zweier grösserer Gedichte zu gedenken, deren Entstehung zwar auch in die eckhartische Zeit fällt, die aber noch ganz innerhalb des Ideenkreises der älteren kirchlichen Mystik stehen. Beide Gedichte sind „die Tochter von Sion" überschrieben. Das eine weit umfänglichere[2] ist das schon mehrmals angeführte, von dem Minoritenbruder Lamprecht von Regensburg verfasste, das andere[3] wird von Einigen einem Mönch von Hailsbronn bei Ansbach zugeschrieben, von welchem später die Rede sein wird. Beide Gedichte sind sich ihrem Inhalte nach so verwandt, dass Gervinus mit

---

1) Deutsche Mystiker I, 387 u. 398.
2) Die Tochter von Sione von Bruder Lampreht zu Regenspurc. Handschriften: 1. Vom J. 1314, Perg., in einer schles. Privatbibliothek. 2. Ende des 14. Jahrh. Perg. Giessener Bibl. Aus der ersteren finden sich Mittheilungen in H. Hoffmann's Fundgruben für Geschichte deutscher Sprache und Litteratur I, 307 ff. Eine Uebersicht des Inhalts aus der letzteren von Welcker in den Heidelbergischen Jahrbüchern der Litteratur. IX. Jahrgg. 2. Hälfte. S. 713 ff. Heidelberg 1816.
3) Die Tochter Syon oder die minnende Seele. Herausgegeb. von Graff, Diutiska II, 3 ff., und von Schade: Daz buochlin von der tochter Syon. Berol. 1849.

Gödeke das längere Gedicht nur für eine breitere Ausführung des kürzeren hält, während Wackernagel das kürzere später entstanden glaubt. Allein wir werden sehen, dass beide Gedichte von einander unabhängige Ausführungen eines älteren lateinischen Stückes sind. Der Gedankengang dieser lateinischen in Prosa geschriebenen *Filia Sion*, die sich einigemal lateinisch in Wiener Handschriften[1] und mehrfach übersetzt in München[2] findet, ist in Kürze folgender:

Eine Tochter von Sion — so heisst in Anschluss an *Cant. cant. 3, 11* die menschliche Seele, welche ausgeht den himmlischen König zu schauen[3] — war von Gott abgewendet und zu einer Tochter Babylons geworden. Sie fühlt in sich den Trieb zu lieben und sendet die Erkenntniss in die Welt aus, aber diese kehrt zurück und kann ihr nichts bringen, denn sie hat gefunden, dass alles eitel sei. Die Tochter wird von diesem Bescheid wie von einem Pfeile getroffen, sie wird krank vor Leid: da kommen ihr die Jungfrauen Glaube und Hoffnung zu Hilfe. Der Glaube weist sie auf das Ewige, die Hoffnung sagt, dass das Ewige nur durch sie ergriffen werden könne. Da ruft die Tochter von Sion: wer gibt mir Fittige als den Tauben, dass ich zur Höhe der Himmel möchte kommen? Nun senden ihr Glaube und Hoffnung die Weisheit, welche mit dem Ewigen alle Dinge regieret. Die Weisheit preist ihr den, der schön ist über alle Menschenkinder, zu dem aber nur die Liebe führen kann, denn sein Wesen ist Liebe. Man sendet nach der Liebe, und als sie kommt, wird sie herrlich empfangen von der Jungfrau und allen Tugenden, und es entsteht ein Schweigen im Saal bei einer halben Stunde um ihrer grossen Würde willen; denn sie ist eine Königin und hat den König der Ehren also gedemüthigt, dass er die blöde Menschheit an sich nahm; sie ist Jakob der Patriarch, der da rang mit dem Engel, das ist mit der göttlichen Majestät, sie hat Gott den Sohn geworfen aus dem

---

1) *Cod. Vindob. 1197. Perg. 12. 14 sc. (cf. Cod. 1747: Speculum filiae Syonis.) Inc. fol. 47ᵇ: Filia Syon a deo aversa imo iam filia Babylonis — — se tamen videns naturaliter aliquid debere amare, et sine amore non posse subsistere mittit cognitionem ad explorandum si quid sit in mundo etc.*

2) *Cod. germ. 470. 8º. Pap. 14 sc.* und verschiedene jüngere Handschriften. *Codd. germ. 255. 411. 830 etc.*

3) *Cf. Richard v. St. Victoris. In cant. cant. P. II, c. XIII. Opp. f. 508: Exhortatio est ad fideles et devotas animas, ut considerent et in mente contemplentur decorem et gloriam Jesu Christi, quam in coelis per poenam martyrii sui possidet. Hae animae filiae sunt Sion, id est supernae illae civitatis, quae est mater nostra, quae Deum speculantur. Hae spiritualiter sunt renatae et regeneratae in Christo ad hoc ut filiae et haeredes illius visionis sint etc.*

Herzen des Vaters in den Schoss der Jungfrau, in die Krippe, an das Kreuz, und wirft ihn täglich von der Höhe der Himmel in die Gestalt des Brod's im Sacrament. Als die Liebe hintritt zur Tochter, wird diese von der Weisheit belehrt, dass man jenem König, bevor man ihm nahe, eine würdige Botschaft entgegensendem müsse. Schon voll der Sehnsucht, welche die Liebe geweckt hat, fragt sie schmerzlich verzagend, wen sie senden solle? Da wird von der Liebe die Jungfrau, das Gebet herbeigerufen, damit diese hinaufziehe in das himmlische Wesen. Die Liebe ergreift nun einen Bogen mit vielen Pfeilen; das Gebet ein Kännlein mit Wasser, das sind die Thränen. Sie ziehen aufwärts, die Pforten der Himmel thun sich auf. Als die Jungfrau, das Gebet, einen Blick auf den König der Ehren und in die Herrlichkeit des Himmels gethan, erschrickt sie und kommt von Sinnen; nicht so die Liebe. Diese nimmt ihren Bogen und legt darauf einen Pfeil; aber sie zittert dabei und der Pfeil berührt nur das Herz des Geliebten. Da legt sie wieder auf und schiesst zum zweiten Mal. Da fliessen aus dem Herzen des Königs vier Tropfen: göttliche Gnade, göttliche Erkenntniss, himmlische Begierde und göttliche Freude. Diese vier Tropfen nimmt die Liebe und kommt mit ihnen der Tochter entgegen. Hast du ihn gesehen, den mein Herz liebt? fragt mit Verlangen und Seufzen die Liebe. Ich habe ihn gesehen, antwortet die Liebe, der da ist ein Abglanz des ewigen Lichtes, und giesst ihr die vier Tropfen in's Herz. Da weicht alle Furcht; sie empfängt inwendig mit schauendem Gemüth den sie liebt, sie küsset ihn, ihr Herz ist entzündet und bricht aus in jubelndes Bekenntniss und Gelöbniss ewiger Liebe und Treue.

Das ist die Grundlage des Gedichtes, das Lampert in mehr als 4000 Versen ausführt. Er war, wie er selbst sagt, der üppigen Welt ergeben, bis er ihrer müde in das Minoritenkloster zu Regensburg trat, wo ihn Bruder Gerhard, der *minister provincialis* der oberdeutschen Ordensprovinz, liebend aufnahm. Dieser veranlasste ihn zu dem Gedichte, und gab ihm zugleich die Gedanken an, die er ausführen sollte. So könnte also wohl Gerhard der Verfasser des lateinischen Stückes sein, dessen wesentlichen Inhalt wir dargelegt haben. Das Gedicht Lamprecht's ist vor 1314 entstanden, wenn anders die Notiz genau ist, dass die eine der beiden Handschriften, in welchen wir das Gedicht haben, vom Jahre 1314 stamme.[1]

---

1) Die Zeit liesse sich genauer bestimmen, wenn wir ein Verzeichniss der *ministri provinciales* der oberdeutschen Franziskanerprovinz aus jenen Zeiten hätten. Ich habe bis jetzt vergebens darnach gesucht.

Das was Lamprecht in den ihm gegebenen Aufriss hineindichtet, ist, soweit die Auszüge es erkennen lassen, weit schwächeren Gehalts als dieser. Von Interesse ist für uns nur jene schon oben von uns verwerthete Stelle, in welcher Brabant und Baiern als die Heimath der neuen „Kunst" oder Erkenntniss unter den Frauen bezeichnet wird, und die Erklärung, welche er für das Vorherrschen der ekstatischen Zustände unter den Frauen zu geben sucht. Er sagt:

> Wie tumb ich doch sonst auch sei:
> Mir ist dennoch die Weisheit bei,
> Dass ich wohl weiss Jesum Christ,
> Dass er oberste Weisheit ist,
> Die das Herze durchgräbet
> Und den inneren Sinn erhebet
> In die Kunst, die nieman
> Mit Rede zu Ende bringen kann.
> Ueber den Sinn sie so hohe geht,
> Dass man sie viel besser versteht
> Denn man davon könne sagen:
> Die Kunst ist bei unsern Tagen
> In Brabant und in Baierlanden
> Unter den Weibern aufgestanden.
> Herre Gott! was Kunst ist das?
> Dass sich ein alt Weib bass
> Versteht als witzige Mann.

Lamprecht sieht den Grund, warum die Frauen diese Gabe häufiger als die Männer hätten, in der weicheren, demüthigeren, einfacheren und für die Liebe empfänglicheren Natur des Weibes. Der Mann sei härter, ungelenker, auch breche bei ihm die tiefe Empfindung nicht so leicht hervor als beim Weibe. Doch dringe er, wenn er von der Gnade ergriffen sei, weiter in der Erkenntniss vor.

Ist nun auch Lamprecht's Gedicht an sich ohne weitere Bedeutung, so hat es doch ohne Zweifel durch seine populäre, vielfach freilich auch recht platte Sprache nicht wenig dazu beigetragen, die Anschauungen der kirchlichen Mystik in weiteren Kreisen zu verbreiten.

Weit massvoller, geordneter und in der Form durchgebildeter stellt sich das kürzere Gedicht dar. Ich finde es zuerst erwähnt von Christine Ebner in Engelthal im J. 1344.[1] Der Verfasser folgt dem

---

1) Gesichte und Offenbarungen der Christ. Ebner. Ebner'sches Archiv (Nürnb.) Handschr. N. 91. 4°: Do sprach ein stimm: „es soll euer etlichs kommen mit einem spiegel". Sie verstand dies Wort nicht. Zu jüngst da fand sie es geschrieben in dem Buch der tochter von Syon, da steht wohl von einem Spiegel.

Gange des lateinischen Stückes im Aufbau desselben; aber er führt alles im Sinne und mit der Terminologie Bernhard's von Clairvaux und Hugo's von St. Victor aus. Da ist *imaginatio* die Bildnerin und *ratio* die Leuchterin. Der *speculatio* geht die *meditatio* voraus und weiset auf die rechte Spur.

> Hienach folgt ein höher Leben,
> Ob allen Creaturen schweben,
> Sein selbst und aller Dinge frei,
> Ohn Mittel sehen, was Gott sei.
> Das heisst contempliren.
> Darnach geht jubiliren
> Eine Herzensfreude unsägelich
> Der niemals eine Freude glich.
> Komm ich auf dieser Freude Thron,
> So heiss ich nimmer von Sion,
> Ich heisse *virgo Israel*.[1]

So genau nun auch der Verfasser dem Gange seines lateinischen Vorbildes folgt und so sehr er sich von den Gedanken eines Bernhard und Hugo beherrscht zeigt, so hat das doch bei ihm alles auch ein eigenes Leben gewonnen und die Ausführung ist frei und dabei theilweise sehr ansprechend. So insbesondere wo er das ausführt, was sein lateinisches Vorbild über die Macht der Liebe sagt, wie sie Christum den König der Ehren gedemüthigt und ihn unter das Leiden geworfen habe. Da sagt die Liebe von der Macht, die sie über den, der die Gewalt, die Freiheit, die Wahrheit selbst ist, ausgeübt habe:

> Die Gewalt ward überwunden,
> Die Freiheit ward gebunden,
> Die Wahrheit ward überlogen,
> Das Recht mit Falschheit überzogen;
> Der die Engel verstiess, Adam verbannt',
> Der ward an des Kreuzes Holz gespannt —
> Der König ward Knecht, das Leben starb:
> Ich bin, die es alles warb.

Dann verkündet sie ihre Macht über die Menschenseelen:

> Welche Seele kommt in meine Gluth,
> Der thu ich als Feuer dem Golde thut,

---

1) Wackernagel, W., Altdeutsche Predigten und Gebete (noch nicht herausgegeben), Pred. 57: Israel, die himelschauerin, die ihr herz und girde aufwerfen in das himmelreich vor gottes stuel und got schauent in seiner götlichen schönheit etc.

Ich läutre und reine,
Ich scheide und vereine,
Ich bringe dem Sünder Reue,
Aus Alten mach ich Neue,
Alle Sünde in meinen Flammen
Sinkt alsobald zusammen,
Gleichwie der Ganster, das Fünklein klein,
Verlischet mitten in dem Rhein.
Was Gott hat, das ist alles mein,
Ich seine Kellnerin schenke ein, —
Ich mag die grössten Gaben geben,
Ich nehm' den Tod und geb' das Leben —
Wen ich salbe, der ist gesund,
Darnach wird Ruhe in Gott ihm kund.
Hierauf so wird entzücket
Und süssiglich entrücket
Der Geist aus Leib und Seel in Gott,
Derweil der Leichnam liegt als todt:
Hier lernet sie contempliren.

Es wird kaum bezweifelt werden können, dass die beiden deutschen Gedichte unabhängig von einander und auf Grund des lateinischen Textes entstanden seien. Denn in beiden ist bei gleicher Grundlage die Ausführung so eigenartig, dass wenn das eine dem andern zum Vorbilde gedient hätte, sicher diese oder jene Besonderheit in das Gedicht des andern Verfassers mit übergegangen wäre. Der theologisch selbstständigere an Bernhard und Hugo gebildete Verfasser des kürzeren Gedichtes erlaubt sich an der lateinischen Vorlage einige kleine Modificationen, welchen der unselbstständigere Lamprecht ohne Zweifel gefolgt wäre, wenn er sie vor sich gehabt hätte; und umgekehrt würde der Verfasser des kürzeren Gedichtes durch irgend einen Zug aus dem, was Ausführung Lamprecht's ist, sein Vorbild verrathen müssen. Ebensowenig kann der lateinische Text einem der beiden Gedichte entnommen sein. Denn als ein Auszug würde er schwerlich in solcher Einheitlichkeit sich darstellen wie es der Fall ist, und so frei von der Besonderheit eines jeden der beiden Gedichte.

Wir haben oben bei Besprechung der Schrift der Mechthild von Magdeburg angemerkt, dass vor dieser und also auch vor Eckhart einzelne charakteristische Theoreme der speculativen Mystik zumeist in gebundener Rede in's Deutsche umgesetzt und einzelne Ausdrucksweisen dadurch für die folgenden Zeiten feststehend geworden seien. Diese Bezeichnungen hätten den Stamm zu dem Sprachcapital der späteren Mystik gebildet, das namentlich durch Eckhart begründet worden sei.

F. Mone theilt mit,[1] dass er in den niederländischen Bibliotheken verschiedene solcher gereimter mystischer Stücke aus dem 13. Jahrhundert getroffen habe. Es mag dahingestellt bleiben, ob nicht manche dieser Stücke einer späteren Zeit angehören; denn jenes von ihm im Anzeiger mitgetheilte Stück, das ihm Anlass zu jener Bemerkung bot, hat sich als ein eckhartisches herausgestellt. Dass aber solche gereimte Stücke aus der Zeit vor Eckhart vorhanden seien, welche die Sprache der neuen deutschen Mystik mit begründen halfen, dafür glauben wir auch auf ein Lied über die Dreifaltigkeit hinweisen zu können, welches Bartsch[2] aus einer Nürnberger Handschrift mitgetheilt hat. Wenn Bartsch im Hinblick auf Sprache und Versbau dieses Lied in die zweite Hälfte des 13. Jahrhunderts stellt, so tritt jenen Kriterien auch noch die fast scheue Art, wie hier der Inhalt der geheimnissvollsten christlichen Lehre überliefert wird, bestätigend zur Seite. Es ist die Mystik des Areopagiten Dionysius, welche hier in deutscher Sprache zu uns redet. In der rythmischen Bewegung spricht sich eine tiefe Innigkeit und hoher Ernst aus. Wir theilen das schöne Lied vollständig mit, in der Uebersetzung nur leise ändernd wo der Reim oder das Verständniss es fordert.

    Im Anbeginn,
    Entrückt dem Sinn,
    War stets das Wort.[3]
    O reicher Hort,
  5 Wo Anfang stets gebar.[4]
    O Vaterbrust
    Aus der mit Lust
    Das Wort stets floss;
    Doch hat der Schoss
  10 Das Wort behalten, das ist wahr.

---

1) Anzeiger für Kunde des deutschen Mittelalters III, S. 177.

2) Bibliothek der gesammten deutschen National-Literatur. Bd. 37, S. 193 ff.

3) In dem begin | hoch über sin | was ie daz wort | „sin" nicht „sin" fordert hier der Reim, so nahe hier auch der Gedanke an die ὑπερουσία des Dionysius liegt. Aber ebenso ganz der mystischen Anschauungsweise angehörig ist der Gedanke, dass das Göttliche für die Sinne unfassbar sei. Vgl. unten V. 43—44.

4) „do ie begin gebar". Es fehlen zwei Silben; doch ist wohl kaum, wie Bartsch glaubt, zu lesen: „den ie got von begin gebar." Vgl. Eckhart's Glosse über das Evang. Johannis b. Pfeiffer, Mystiker II, 580: Ich spriche: daz in dem anevange der veterlicheit der selbe anevanc si dem vater ein ursprunc aller siner gotheit, daz si personlich und wesentlich ze verstan.

Von zwein ein Fluss,
Der Minne Guss,
Der beiden Band,
Den zwein bekannt
15 Fliesset der viel süsse Geist,
Gar gleich fürwahr
Und unscheidbar.
Eins sind die drei;
Doch was es sei
20 Weiss es nur selber allermeist.[1]
Der dreie Kranz
Hat tiefen Glanz;[2]
Denselben Reif
Nie Sinn begreift:
25 Er ist ein Tiefe sonder Grund.
Ist Leiden und That,
Zeit, Form und Statt,
Der Wunderring
Ist Quell der Ding;
30 Ein Punkt stets unbeweglich stund.
Zu seiner Höh
Ohn' Wege geh
Verständiglich,
Der Weg trägt dich
35 In eine Wüste wunderlich.
Die Weit und Breit:
— Unmesslichkeit.
Die Wüste hat
Nicht Zeit noch Statt,
40 Ihr Weise die ist sonderlich.
Das wüste Gut
Verschlossen ruht.[3]
Geschaffner Sinn
Kam nie dahin.
45 Es ist, und weiss doch niemand — was?
Ist hie, ist da,
Ist fern, ist nah.
Ist tief, ist hoch;[4]
Es ist also,
50 Dass es ist weder dies noch das.

---

1) diu dri sind ein | wesn: du weist nein, | ez weiz sich selbe aller meist |.
2) der drier stric | hat tiefen schric |.
3) daz wüeste guot | nie fuoz durchwuot |.
4) ez hie ez da | ez ferre ez na | ez tief ez ho |.

Ist licht, ist klar,
Ist finster gar
Ist ungenannt,
Ist unbekannt,
55 Beginnes und auch Endes frei.
Es stehet still,
Ist bloss der Hüll,[1]
Wer weiss sein Haus,
Der geh heraus
60 Und sage, was sein Forme sei?
Werd als ein Kind,
Werd taub und blind,
Dein eignes Icht
Muss werden nicht:
65 All Icht, all Nicht treib ferne nur;
Lass Statt, lass Zeit,
Auch Bild lass weit,
Geh ohne Weg
Den schmalen Steg,
70 So kommst du auf der Wüste Spur.
O Seele mein,
Aus Gott geh ein,
Sink als ein Icht
In Gottes Nicht,
75 Sink in die ungegründte Fluth.
Flieh ich von dir,
Du kommst zu mir.
Verlass ich mich,
So find ich dich,
80 O überwesentliches Gut!

---

1) ez stille stat | bloz ane wat |.

IV.
Theodorich von Freiburg.

1. Theodorich's Leben.

Bei den Mystikern der Scholastik ist die Mystik noch nicht soweit erstarkt, dass sie umbildend auf die scholastische Methode wirkt; auch sind es nicht die höheren speculativen Fragen, die sie beschäftigen. Dies letztere ist erst bei Theodorich von Freiburg der Fall, der dann, so viel ich sehe, seinen theosophischen Grundanschauungen eine Folge auch nach dem Umkreis der einzelnen kirchlichen Lehren hin zu geben sucht. Seine Darstellung hat noch die scholastische Art, aber sie steht im Dienst der mystischen Grundgedanken. So bildet Theodorich den Uebergang von jenen oben bezeichneten Mystikern zu Eckhart, von der Stufe der Unterordnung der Mystik zu der ihrer Selbstständigkeit und Freiheit.

Von Theodorich's Leben war früher nichts bekannt; von seiner Lehre hatten wir nur die wenigen Sätze, welche von Mystikern des 14. Jahrhunderts überliefert waren. Tauler führt ihn einmal neben Thomas Aquin und Meister Eckhart an; eine Coblenzer Handschrift spricht von einem „Meister Dietrich, der by sinen ziten der grosste pfaffe und der heiligsten man eyner war, so do uff ertrich lebete." Dieser Meister Theodorich oder Dietrich ist, wie ich auf Grund einer Leipziger Handschrift nachweisen konnte,[1] jener Theodorich von Freiburg, von welchem uns Quétif und Echard in ihrem Werke über die Schriftsteller des Dominicanerordens einige Nachrichten bringen. Sie

---

1) Theodorich von Freiburg, in m. Vorarbeiten zu einer Geschichte der deutschen Mystik in der Zeitschrift f. hist. Theologie 1869 1, 13 ff.

theilen von ihm ausser einem Verzeichniss seiner Schriften mit, dass er ein Dominikaner gewesen sei, dass er zwischen 1280—1290 als Magister der Theologie zu Paris gelesen habe und dass er im Jahre 1310 zum Vicar für die Ordensprovinz Deutschland ernannt worden sei. Diese Mittheilungen lassen sich auf Grund von zumeist handschriftlichen Quellen einigermassen vervollständigen.

Theodorich ist um die Mitte des 13. Jahrhunderts in oder bei Freiburg im Breisgau geboren und dort in den Dominikanerorden getreten,[1] der damals in seiner ersten Blüthe stand und überall die besten Kräfte an sich zog. An der Hochschule des Ordens in Deutschland, an dem *Studium generale* zu Cöln empfing er seine Ausbildung, dann wurde er um 1280 Lector in dem Kloster zu Trier.[2] Seine Seele ist um diese Zeit noch erfüllt von dem Bilde Albrecht's des Grossen, dessen Schüler er in Cöln gewesen war. Es war nicht lange nach dem Tode des Meisters, als er, wie Petrus von Prussia[3] erzählt, vom Studiren an seinem Pulte aufblickend eine vor zwei Wochen Verstorbene, deren Beichtvater er gewesen, vor sich zu sehen glaubte. Sie sagte ihm, sie sei von Gott gesandt, ihm Aufschluss zu geben über Dinge, worüber er sich nach Gewissheit sehne, und auf die Frage, welcher Art ihr Leben sei, versichert sie ihm: sie geniesse des Anblicks der heiligen Dreieinigkeit. Seine nächste Frage gilt seinem grossen Lehrer Albrecht, und er vernimmt, dass derselbe eine unaussprechliche Freude weit über der ihren geniesse. Die spätere Hauptschrift Theodorich's auf dem Gebiete der Mystik beschäftigt sich mit dieser Frage. Sie behandelt das Thema von dem beseligenden Schauen Gottes durch die Wesenheit.

Im Jahre 1285 treffen wir Theodorich als Prior in Würzburg.[4] Nicht lange nachher sendet ihn der Beschluss des Ordens nach Paris, damit er dort Magister werde und als solcher nach herkömmlicher Weise ein bis zwei Jahre des Lehramts walte. Hier hatten vor nicht langer Zeit Albrecht und Thomas von Aquin den Orden glänzend vertreten; mit nicht geringem Ruhme that dies jetzt in der Zeit von

---

1) s. u.
2) s. Vorarbeiten a. a. O. S. 42.
3) *Vita Alberti Magni* mit der Antwerpner Ausgabe von Albert's Schrift *de adhaerendo Deo* v. J. 1621 gedruckt. S. das. cap. 56.
4) Schenkungsurkunde vom 22. Febr. 1285 im Reichsarchiv in München: *Nos frater Theodoricus prior et conventus domus Herbipolensis. MCCLXXXV in die cathedrae sancti Petri.*

1285—1289[1] Theodorich. Auf den Verzeichnissen der Ordensvorstände der Provinz Deutschland wird er als „ein grosser Meister" bezeichnet.[2] Auch sein Leben muss ein Vorbild für andere gewesen sein. Die Coblenzer Handschrift[3] rühmt, wie wir sahen, sein heiliges Leben, und die Stelle, welche mit jener Bemerkung eingeleitet wird, zeigt wie sehr ihm ein solches als Bedingung für die höchste Erkenntniss galt. Meister Dietrich, heisst es da, ward gebeten von einem seiner Studenten, dass er ihn lehrete, wie er sollte kommen in das übernatürliche Licht, das ob unserer Vernunft schwebt. Da antwortete Meister Dietrich und sprach: Diese Kunst mag niemand den andern lehren; aber der zu dem Lichte kommen soll, der muss lesen und Gott innerlich bitten, dass er ihm das Licht offenbare. Er muss lesen mit Fleisse alle Sinne, die von diesem Lichte geschrieben sind, leben abgeschieden, wahr, lauter, aufgezogen, Gott bitten innerlich, einfältig, demüthig, dringlich, sich üben allem Eigenen abzusterben, vollwachsend in der Tugend vollkommener Gelassenheit in Christo Jesu.

Neben dem Rufe seines Namens war es wohl auch sein klarer Blick für die Bedürfnisse der Gemeinschaft, der seine Ordensgenossen bestimmte, ihm wiederholt die Regierung der deutschen Provinz zu übertragen. So finden wir ihn 1293—1297 als Provinzialprior; 1303 ist er als Prior von Würzburg einer der vier Definitoren, deren Amt es ist, im Verein mit dem Provinzialprior die Provinz zu regieren.[4] Als Definitor begleitete er im J. 1304 den Provinzialprior Antonius von Coblenz zum Generalcapitel des Ordens nach Toulouse. Hier traf er persönlich mit Meister Eckhart zusammen, den die Provinz Sachsen, welche von der Ordensprovinz Deutschland im vorhergehenden Jahre abgetrennt worden war, zu ihrem ersten Provinzialprior erkoren hatte. Damals standen beide in der Blüthe ihrer Kraft und ungeschwächt in ihrem Ansehen. Schon nach wenigen Jahren lastete auf beiden der Verdacht der Ketzerei. Von Toulouse nahm Dietrich die Anregung zu

---

1) *Magistri in Theologia Parisius*, aus einer Frankfurter Handschrift des 14. sc. abgedr. in m. Vorarbeiten etc. S. 17 u. Erläuterungen hiezu. cf. die Würzb. Urkunde vom J. 1285.

2) Handschriftl. Verzeichnisse zu Wien (*Cod. 1507*), Strassburg (*Cod. G. 172*) und St. Gallen (*A. N. I.*). Vgl. die Provinzialprioren des Dominikanerordens in Deutschland etc. in den Vorarbeiten.

3) Papierhandschrift der Gymnasialbibliothek zu Coblenz. N. 43, f. 98.

4) Urkunde des Klosters Retz v. J. 1303 bei Lamatsch, Beiträge zur Geschichte des Dominikanerordens S. 171 vgl. oben die Würzb. Urkunde v. J. 1285.

einer Schrift mit nach Hause, die der eben erst erwählte Ordensmeister Aymerich von Placentia von ihm verfasst zu sehen wünschte, eine Schrift über den Regenbogen und andere Strahlenbrechungen. Er schrieb sie in den folgenden Jahren als Hauptlehrer an dem *Studium generale* des Ordens zu Cöln.[1] Die Leipziger Handschrift, welche diesen Tractat, wiewohl nicht ganz vollständig, enthält, bringt noch vier andere Tractate Theodorich's: *de mensuris entium, de summis principiis moventibus corpora coelestia, de beatifica visione Dei per essentiam, de accidentibus*, letztere drei unter dem gemeinsamen Titel: *de tribus difficilibus*. Zu Wien findet sich seine Schrift *de origine rerum praedicabilium*.[2] Aus diesen, mehr noch aus den Titeln anderer Schriften Theodorich's, welche man bei Leander Alberti[3] angegeben findet, ist ersichtlich, dass er vorherrschend naturphilosophische Fragen behandelte. Nur drei unter ihnen deuten einen speciell theologischen Inhalt an: der angegebene Tractat *de beatifica visione*, dann die Tractate *de corpore Christi sub sacramento* und *de corpore Christi mortuo*. Die beiden letzteren scheinen wie der erstere Fragen behandelt zu haben, welche zur *Physica sacra* gehören. Und religiöse Physik oder Metaphysik wird mehr oder weniger wohl der Inhalt auch der andern Schriften sein. Mit diesen seinen Schriften scheint er allmählich in den Verdacht der Ketzerei gekommen zu sein. Noch einmal finden wir ihn als interimistischen Verweser des Provincialats in Deutschland im Jahre 1310 und dann nicht mehr. In dem Eingang zu seiner Schrift *de tribus difficilibus* klagt er über Verleumdungen. Einige Sätze von ihm finden sich in späterer Zeit als begardische Häresie verzeichnet, ohne dass sein Name genannt wird. Dass er sie gelehrt habe, ersehen wir aus einem Tractate „von der wirkenden und möglichen Vernunft", in welchem die erwähnten Sätze als Sätze Meister Dietrich's citirt werden.[4] Vielleicht ist er jener Theodorich von St. Martin, welchen der Ordensmeister

---

1) *De iride. Cod. 512* der Uv.-Bibl. zu Leipzig. 4. *Perg. 14 sc.* Die Stelle, aus welcher wir diese Notizen entnehmen, abgedruckt in den Vorarbeiten a. a. O. S. 37.

2) *Cod. 273. 4°. 14 sc. perg. f. 169—181.* Am Schluss: *Explicit tractatus de origine rerum predicamentalium magistri Theodorici de Vriburgo ord. fratr. predic. provinciae theotonice.* Die Abschrift ist v. J. 1363.

3) *De viris illustribus ordinis praedicatorum libri sex 1517 fol.*

4) Der in Docen's Ausgabe arg verstümmelte Tractat auf Grund weiterer Quellen von mir herausgegeben in den Sitzungsberichten der Münchner Akademie 1871. 2. Phil. hist. Cl.

Hervéus im J. 1320 zugleich mit Meister Eckhart wegen ketzerischer Verbindungen in Untersuchung ziehen liess.[1] In dem genannten Jahre beauftragt nämlich Hervéus die Prioren von Mainz und Worms in Bezug auf das Verhalten Bruder Eckhart's des Priors von Frankfurt und des Bruders Theodorich von St. Martin eine Untersuchung vorzunehmen, denn beide seien ketzerischer Verbindungen beschuldigt. Der Annahme, dass der angeklagte Theodorich unser Meister sei, steht nicht im Wege, dass er hier nicht als Meister bezeichnet ist, denn diese Bezeichnung fehlt auch bei Eckhart; wohl aber scheint die Benennung von St. Martin ein Hinderniss zu bieten. Allein dass eine und dieselbe Persönlichkeit mit verschiedenen Zunamen bezeichnet wird, kommt bei Ordensgeistlichen in jenen Zeiten mehrfach vor. Der Familienname wechselt dann etwa mit dem des Heimathklosters. Nach den Ordensgesetzen trat einer in jenem Kloster in den Orden, in dessen Sprengel seine Heimath lag. Dieses Kloster wurde seine zweite Heimath, und nach diesem Kloster wurde er gewöhnlich genannt. So finden wir einen Mystiker Heinrich, von dem später die Rede sein wird, als Heinrich de Calstris und als Heinrich von Löwen angeführt. Die erstere Benennung bezeichnet ihn nach seiner Familie, die zweite nach seinem Heimathkloster. Nun verzeichnet der Nekrolog der Dominikaner von Freiburg mehrere Brüder aus der Familie von St. Martin.[2] Eine solche Familie muss also im Gebiete des Freiburger Sprengels gewohnt haben. Also könnte gar wohl Bruder Theodorich von St. Martin Theodorich von Freiburg sein. Dass unser Theodorich nicht immer als Theodorich von Freiburg bezeichnet worden sei, ergibt sich auch aus Matthäus Dresser, bei dem er *Theodoricus Thamninus* heisst. Dass er nun so geheissen habe, bezweifle ich; es ergibt sich aus dieser Form nicht wohl ein deutscher Name. Die Handschrift, in der Dresser diesen Namen fand, scheint unleserlich oder entstellt gewesen zu sein. Es ist möglich, dass die ursprüngliche Handschrift statt *Thamninus_Martinus* hatte. Das Alter Theodorich's von Freiburg steht unserer Vermuthung, dass er der von Hervéus zur Rechenschaft gezogene Theodorich sei, nicht im Wege. Theodorich hat zwischen 1285—1289 zu Paris das Magisterium erlangt. Rücken wir nun auch seine Geburt bis zum J. 1250 hinauf, so würde er im J. 1320 etwa 70 Jahre gewesen sein. Nicht sehr viel jünger war der mit ihm zugleich in Untersuchung ge-

---

1) Die Stelle aus dem Briefe des Hervéus s. u. bei Meister Eckhart.
2) Nach einer briefl. Mittheilung des Hrn. Dr. Frideg. Mone in Karlsruhe.

zogene Eckhart. Nehmen wir hinzu, dass er selbst sich über Verdächtigungen beklagt, dass einige Sätze von ihm später als begardische Häresie bezeichnet werden, dass um das Jahr 1320 die Untersuchungen gegen die Begarden in den Rheinlanden in vollem Gange waren und endlich auch, dass er in seiner ganzen Richtung ein Geistesverwandter Eckhart's ist, so dürfte unsere obige Annahme nicht so unwahrscheinlich sein. Wie die Untersuchung für Theodorich endete, ist nicht bekannt. Nur so viel wissen wir, dass auf dem folgenden Generalcapitel des Ordens das Verbot der Verbindung mit Häretikern von neuem in Erinnerung gebracht wurde. Auch über das Ende Theodorich's fehlen die Nachrichten.

2. Theodorich's Lehre.

Wir legen für die Darstellung der Lehre Theodorich's seine Schrift *de beatifica visione Dei per essentiam,*[1] zu Grunde. Der Tractat von der wirkenden und möglichen Vernunft, in welchem ein Schüler Theodorich's und Eckhart's, wahrscheinlich der jüngere Eckhart, Stellen aus den Schriften seiner Meister anführt, wird uns dabei zur Ergänzung dienen.

Anknüpfend an Dionysius geht Theodorich aus von der Ordnung der Dinge in obere, mittlere und untere. In der Reihenfolge der Wesen wird der innere Zusammenhang dadurch gewahrt, dass jedes Wesen nach seinem höchsten Sein sich berührt mit dem über ihm stehenden nach dessen unterstem Sein. Will nun der Mensch zu der seligen Anschauung Gottes gelangen, so muss dies mittelst des Höchsten geschehen, welches in unsere Natur gepflanzt ist. Dieses Höchste ist unser erkennendes Leben und dieses ist ein zweifaches, die wirkende und die mögliche Vernunft.

Die Begriffe von der wirkenden und möglichen Vernunft sind von Aristoteles aufgestellt worden und bilden ein wesentliches Moment seiner Philosophie. Aber es hat bis jetzt nicht gelingen wollen, eine völlig genügende Erklärung derselben aufzustellen, wenngleich die Commentatoren sich bis auf die Gegenwart herab bemüht haben, das was der

---

1) *Cod. Lips. 512 f. 14*ª*—f. 43*ª. Am Schluss: *Explicit tractatus magistri theodorici teutonici ordinis predicatorum de beatifica visione dei per essentiam.*

Meister daran dunkel gelassen hat, aufzuhellen. Mit Bestimmtheit lässt sich wohl so viel sagen, dass Aristoteles unter der wirkenden Vernunft das die Erkenntniss bewirkende Princip im Menschen versteht. Wir mögen hier an die Vernunftideen denken, in deren Lichte wir das Wesen der Dinge zu erfassen bemüht sind. Die wirkende Vernunft ist ihm ein einfaches, unsterbliches, immerwirkendes Sein. Sie wirkt innerhalb einer geistigen Kraft, die von ihr befruchtet zur actuellen Erkenntniss sich entfaltet. Diese letztgenannte geistige Kraft, die an sich nur Möglichkeit ist und zur wirklich erkennenden Kraft unter dem Einfluss der wirkenden Vernunft erst wird, nennt Aristoteles die leidende oder mögliche Vernunft.

Unter den Aristotelikern lehrten Alexander von Aphrodisias und Averroës, jene wirkende Vernunft sei eine und dieselbe in allen Menschen, nicht habe jedes Individuum eine besondere. Wie das Licht der Einen Sonne in den verschiedenen Augen das Sehen bewirke, so bewirke die Eine wirkende Vernunft bei den verschiedenen Menschen in deren möglicher Vernunft das geistige Sehen. Da sie nun mit Aristoteles von der wirkenden Vernunft lehrten, dass sie allein das Unsterbliche im Menschen sei, so war damit die individuelle Fortdauer der menschlichen Seele geläugnet, und da ferner Alexander die wirkende Vernunft, die doch das wesentliche Merkmal des Menschen sein sollte, mit der Gottheit identificirte, so musste seine Lehre als Pantheismus bezeichnet werden.

Aristoteles ist, wie wir wissen, mit seiner Methode der Untersuchung, mit seinen Kategorien und Begriffsbestimmungen der Gesetzgeber für die scholastische Theologie des Mittelalters geworden, und so sind denn auch die beiden Begriffe von der wirkenden und möglichen Vernunft ein von der Scholastik viel behandeltes Thema. Aber wir finden sie z. B. bei Albertus Magnus oder Thomas von Aquino in einer Weise bestimmt, dass die Lehre von der Fortdauer der Seele gewahrt und der Pantheismus ausgeschlossen bleibt.

Es ist nun von hohem Interesse, aus Theodorich und Eckhart zu ersehen, wie auch die deutsche speculative Mystik zu diesen beiden Begriffen Stellung genommen, und wie innig sie dieselben mit ihren Grundanschauungen zu verflechten gwusst habe.

Die Lehre vom Bilde Gottes ist es, in welche Theodorich jene aristotelischen Begriffe einführt. Das wodurch wir Bild Gottes sind, so lehrt er, müsse das die Verbindung mit Gott Bewirkende sein. Dieses Bild Gottes aber sei unser erkennender Geist. In diesem aber sei ein zweifaches zu unterscheiden, eines womit wir durch äusseres Denken verstandesmässig uns mit den Dingen beschäftigen, und ein anderes, welches in unserem Innern in verstandesmässiger Weise leuchtet, und welches die Quelle und das Princip ist für jenes äussere Denken. Diese zweifache Seite des erkennenden Geistes werde von Aristoteles als mögliche und als wirkende Vernunft bezeichnet. Der Mensch konnte aber als Bild Gottes nur bezeichnet werden, wenn das was ihn zum Bilde Gottes machte, nicht in einzelnen Momenten nur hervortrat, sondern einen bleibenden Charakter seines Wesens ausmachte.[1] Nun ist die

---

1) *Cod. Lips. f. 14: Ex dictis sumendum est hoc generaliter, quod ens quodcunque, quod quantum ad summum gradum suae perfectionis in deum immediate reducitur secundum participationes divinarum bonitatum, necesse est hoc fieri secundum suae substantiae supremum, quod deus in natura sua plantavit. In der menschlichen Seele ist dieses ens supremum, quo etiam ad imaginem et similitudinem dei sumus facti: intellectuale nostrum, quod secundum Augustinum in duo dividitur, unum quo exteriori cogitativae informatione circa intellectualia intellectualiter versamur, aliud autem quod in abstruso, ut verbis eius utar, et in abdito mentis intelllectualiter fulget, ex quo tanquam ex fontali et intellectuali principio nascitur hoc quod exteriori cogitatione intellectualiter a nobis agitur. Istud est quod quamvis verbis aliis non tamen in sensu discrepans invenimus apud philosophos, qui distingunt in intellectuali nostro intellectum agentem ab intellectu possibili, ut idem sit intellectus agens apud philosophos, quod abditum mentis apud Augustinum, et intellectus possibilis apud philosophos idem, quod exterius cogitativum apud Augustinum quod ex eo patet, quod quaequae unquam philosophus (Aristoteles) tractavit de intellectu agente et possibili, totum verificatur de abdito mentis et exteriori cogitativa secundum Augustinum et econtrario. Considerata autem natura et conditione istorum duorum, scilicet intellectus agentis et possibilis et comparatione ipsorum ad invicem et ad alia entia, manifestum est, quod intellectus agens incomparabiliter praeeminet et gradu suae entitatis excudat (?) intellectum possibilem, et quod ipse est illud supremum, quod deus in natura nostra plantavit, et ideo, ut praemissum est, secundum ipsum immediatam approximationem ad deum sortimur in illa beata visione.* In Bezug auf die Uebersetzung der *Vulgata* von *Gen. 1, 26*: *Faciamus hominem ad imaginem et similitudinem nostram*, schliesst er sich an die alte Glosse zu *imago* und *similitudo* an, welche *imago* auf Wesen und Personen der Gottheit, *similitudo* auf die Heiligkeit Gottes bezieht, und setzt dann beides in Beziehung zum *intellectus agens* und *possibilis*: *Quod dicitur ad similitudinem hoc pertinet ad exterius cogitativum seu intellectum possibilem et ea quae suae dispositioni subsunt. Quod autem dicitur ad imaginem, quae consistit in aeternitate et unitate trinitatis, refertur ad abditum mentis seu intellectum agentem, quo substantia animae figitur (?) in aeternitate, ut infra patebit, et in quo solo invenitur illa unitas trinitatis et trinitas in unitate — — haec autem non possunt competere intellectui possibili, cum sit ens penitus in potentia et nihil eorum quae sunt antequam intelligat secundum philosophum* (*cf. Arist. de anima III*,

mögliche Vernunft nach Aristoteles die mögliche Form aller denkbaren Gegenstände, sie ist als Möglichkeit nichts Wirkliches, was der Handlung des Denkens vorherginge, sie ist vorher nicht das was sie hernach ist, wenn sie die Dinge wirklich denkt. Sie wird zur gestalteten wirklichen (nicht: wirkenden) Vernunft durch ein anderes ausser ihr. Dieses andere aber, welches macht, dass sie wirklich denkt, dass sie ein Dieses denkt, dass sie so denkt, wie sie denkt, ist einerseits das Object, welches sie denkt, anderseits und vor allem die wirkende Vernunft, in deren Lichte sie die Dinge sieht, und unter deren Einfluss sie sich zu dem Auge gestaltet, welches sicht. So ruht der Mensch oft von dem Act des Denkens: Sokrates denkt nicht, wenn er schläft; aber die Möglichkeit des Denkens ist in ihm. Wenn nun diese mögliche Vernunft zum wirklichen Denken sich erhebt, so hat sie dieses wirkliche Denken, diese Disposition nicht aus sich, sondern durch ein Etwas was nicht sie selbst ist, was ausser ihr ist, sie wird also ein wirklich Denkendes nicht durch ihre eigene Substanz, sondern durch etwas was für sie ein *accidens* ist, sie denkt also *per accidens*. Das aber was für sie ein Accidens ist, ist darum nicht an und für sich ein Accidens. So ist der, welcher sich geschminkt hat, durch ein Accidens geschminkt, denn in dem Wesen des Menschen liegt nicht, dass er geschminkt sei; darum ist aber die Farbe selbst, die er aufgetragen hat, kein Accidens, sondern eine Substanz. Nach diesen aristotelischen Unterscheidungen ist es zu verstehen, wenn Theodorich das Denken der möglichen Vernunft ein Denken *per accidens* nennt[1] und daraus folgert, dass der Begriff des Bildes Gottes nicht in der möglichen Vernunft liegen könne; denn Bild Gottes könne nur das genannt werden, was nicht durch ein Accidens sei was es sei, sondern nur das, was Bild sei durch seine eigene Natur oder Substanz; das aber sei die wirkende Vernunft.

Theodorich knüpft bei der Darlegung des Begriffs der wirkenden Vernunft an Augustin[2] an. Augustin sieht in der Einen *mens*, in dem

---

cap. 4.). Ergo ex ipso non fingitur per naturam substantia animae in sua perpetuitate, sed ipsa potius est res delata super aliud per quod sustentatur in esse, quod habet ut habere potest.

1) *Cod. lips. f. 43ʰ: Intellectus possibilis est aliquid ens conceptionale quod sola conceptione naturatur atque res delata super aliud modo actuali ipsam perficiens videlicet substantiam intellectus et cuius substantia non est suum intelligere, ut anima vel homo vel angelus, quibus competit intelligere accidentaliter non essentialiter, ergo secundum hunc modum impossibile quod interius possit uniri intellectui possibili ut forma materiae.*

2) *cf. Aug. de trinitate Lib. X sub fin.*

Einen Geist die drei Unterschiede des Innewerdens, des Denkens und des Wollens *(memoria, intelligentia, voluntas)*. Diese drei Unterschiede, sagt er, weil sie nicht drei Leben sondern Ein Leben, nicht drei Geister sondern Ein Geist, sind consequenter Weise nicht drei Substanzen sondern Eine Substanz. Das Innewerden, *memoria*, heisst Leben, Geist, Substanz, insoferne man es an sich betrachtet, *memoria* aber wird es genannt in seiner Beziehung auf ein anderes. Dasselbe gilt auch von der *intelligentia* und der *voluntas*. Deshalb sind diese drei insofern eins, als sie Ein Leben, Ein Geist, Eine Essenz sind. Und was sie als Einzelnes gesondert in ihrem Verhältniss zu einander heissen, das wird auch nicht von ihnen als dreien, sondern von ihnen einzeln ausgesagt. Insofern aber sind sie drei, als sie auf einander bezogen werden, welche, wenn sie nicht gleich wären, und zwar nicht bloss das eine dem andern, sondern jedes einzelne allen, sich auch nicht wechselseitig begreifen würden. Denn es begreift nicht nur das einzelne das einzelne, sondern das einzelne alle. Denn ich werde inne, dass ich ein Innewerden und eine Erkenntniss und einen Willen habe; und ich erkenne, dass ich erkenne und will und inne werde, — und ich will, dass ich will und inne werde und erkenne.

Daran anknüpfend sagt nun Theodorich von dem *intellectus agens* oder der wirkenden Vernunft, er erkenne nicht durch ein *accidens*, sondern durch sein eigenes Wesen, und er stehe immerdar im Lichte thätiger Erkenntniss, und er erkenne sich selbst durch sein Wesen, weil er in sich selbst immerdar zurückgewandt sei, wenn man anders das eine Reflexion, ein Zurückgewandtsein nennen wolle, dass man die directe Erkenntniss seiner Wesenheit sehe. Sodann sei er nach der Weise der erkennenden Wesenheit ein Urbild und Gleichniss des ganzen Seins und die verschiedenen Weisen aller seienden Wesen leuchteten in ihm auf erkenntnissmässige Weise und so sei der That nach die Kenntniss aller Dinge in ihm. Und auf dieselbe einfache Weise wie er sich selbst erkenne, so erkenne er auch alles andere durch seine Wesenheit.[1] Dieser *intellectus agens* aber ist nach Theodorich nicht Einer

---

1) *Cod. Lips. f. 17*ᵇ: — *Augustinus, qui probat, haec tria scilicet mentem, notitiam et amorem esse substantialiter in mente et singulum eorum esse substantiam, quoniam nullum accidens excedit subiectum suum, mens autem sua notitia et amore excedit se ipsam. — — Ipse intellectus talis intelligit se ipsum per suam essentiam, stans semper in lumine suae actualis intelligentiae, quia in se ipsum semper reflexus est, si tamen potest dici reflexio vere videre directam suae essentiae intellectionem. Tertio etiam patuit, ipsum secundum rationem intellectualis*

für alle Menschen, sondern er ist in allen Engeln und Menschen ein besonderer. Theodorich setzt ihn auf eine Linie mit den Intelligenzen, die noch über den Engeln stehen. Doch ist es schwer, sich aus Theodorich's Worten eine Vorstellung von diesen Intelligenzen zu machen.[1] Er nennt sie Creaturen, er gibt ihnen Denken und lässt ihr Wesen im Denken bestehen, aber er gibt ihnen kein selbständiges Sein. Sie stehen nicht in ihnen selber, sie fliessen vernünftiglich aus Gott und ebenso fliessen sie wieder ein. Sie sind also gewissermassen die sich selbst denkenden Gedanken Gottes selbst.[2]

Diesen Gedanken Gottes nun ist der einzelne Mensch und sind die Engel hinzugeschaffen. Sie nehmen Theil an den Intelligenzen, oder

---

essentiae esse quoddam exemplar et similitudinem totius entis et omnium entium varias rationes in ipso intellectualiter splendere et sic omnium entium notitiam sibi inesse secundum actum. Quarto etiam visum est, ipsum eodem simplici modo sicut se ipsum sic omnia alia per suam intelligentiam intelligere etc.

1) *Cod. lips. f. 18: Invenimus enim in entibus ipsarum rerum species seu id quod sunt secundum speciem. Sunt etiam in rebus individua seu id quod sunt in quantum individua. Tertio etiam reperiuntur in universitate rerum quaedam substantiae spirituales intellectualiter participantes intellectu quoad scientiam et intellectuales opiniones, cuiusmodi sunt spiritus illi quos angelos dicimus. Quarto et supremo ordine sunt res, quae sunt intellectus per essentiam, qui in diversos gradus distinguntur secundum philosophos.* cf. Tract. v. der wirk. u. m. V. l. c. 182.

2) Tractat von der wirkenden und mögl. Vernunft l. c. S. 186 ff.: Nu ist ein vrage, wie man diz versten sol, daz meister Dietrich sprichet, daz die intelligenzien niht ensin deheine geschaffen substancien, mer ein geschaffen sin, daz ist in dem vernunftigen vliezen uz got. Nu merket wie man diz versten sol in ganzer warheit. Sumelich liute wellent daz also versten, daz sie stent uf gotlicher substancie und wellent daz die intelligencien da von dester edeler und dester subtiler sin. Nu merkent: die intelligencien nement ir wesen in einem vernunftigen uz vliezen ir selbes uz got: wan ir vernemen ist ir wesen und ir wesen ir vernemen, wan sie ein gerecht einvaltic ein sint an alle teil oder stücke. Hier umbe mügen sie niht zuoval han an deheinem bekanntnisse, wan waz sie niht versten in irem wesen daz enlerent sie ouch niht. Alsus schribet Averroës über daz dritte buoch von der sel, und heizet sie daz würkende bekantnisse, wan si hant keinen zuoval irer substancie, wan sie zemale sint ein einvaltic wesen und ein weslich einvalticheit der würkenden vernunft, wan ir substancie ist ir würken. cf. l. c. S. 182: und diese creaturen sint niht geschaffen substancien; mer ir geschaffen sin daz ist daz sie vliezent vernunfteclichen uz got, und als sie vernunfteclichen uz got vliezent und vliezent wider in, so belieben sie niht stende in in selber. Bestüenden sie in in selber, so müesten sie geschaffen substancie sin als die engel, und also möhten sie niht saelec sin von nature.

jedes Engel- oder Menschenindividuum trägt einen solchen *intellectus agens* in sich als sein Höchstes, und dieser ist es dann, der ihn denken macht, dadurch dass er auf die mögliche Vernunft einwirkt.

Wohl seien wir uns, bemerkt Theodorich, oft nicht bewusst, dass ein solcher *intellectus* in uns wohne. Allein daraus folge nicht, dass er nicht da sei. Der Erfahrnere kenne sein Dasein wohl.[1]

Wir ersehen aus diesen Darlegungen, dass für Theodorich das was die Persönlichkeit des Menschen ausmacht, nicht in dem *intellectus agens* begriffen sein kann, ebensowenig kann sie der *intellectus possibilis* sein; sie ist vielmehr ein aus der Vereinigung beider resultirendes Drittes. Darum kann er sagen, dass viele sich dieses *intellectus agens* nicht bewusst seien, darum kann er ferner sagen, dass die Pein der Verdammten darin bestehe, dass die selige Anschauung Gottes, wie sie der *intellectus agens* habe, sich ihnen nicht mittheile.

Von dem *intellectus agens* geht eine doppelte Wirkung aus, eine allgemeine, durch welche alles äussere Denken überhaupt möglich gemacht wird, und welche nicht durch das sittliche Verhalten bedingt ist, und eine besondere, welche durch die Gnade und unser sittliches Verhalten zu derselben bedingt ist.

Diese besondere Wirkung, welche von dem *intellectus agens* ausgeht, hat zu ihrem Ziele die Ueberformung der möglichen Vernunft durch sie selbst. Im Naturzustande gestaltet sich die mögliche Vernunft zwar zum erkennenden Auge durch die wirkende Vernunft, aber das was diesem Auge informirt wird, sind die Phantasmata, welche ihren Ursprung aus der sinnlichen und sündigen Welt haben. Nun aber soll das das Ziel alles unseres Strebens sein, dass der *intellectus agens*, sofern in ihm Gott sich unmittelbar zu schauen und zu erfahren gibt, die mögliche Vernunft überforme, womit dann unser ganzes Wesen dem Wesen und Erkennen des *intellectus agens* gleichförmig wird und ebenso wesenhaft Gott erkennt, in ihn aus- und einfliesst, in unmittelbarer seliger Vereinigung mit ihm steht wie der *intellectus agens*.

Zu diesem Ziele verhilft uns nach Theodorich die Gnade. Die Gnade ist es, welche die Sünde in uns tilgt; die Sünde aber ist das was

---

1) *Cod. lips. f. 42*^{b}: — — *nec obstat — si quis opponat dictum philosophi qui dicit, quod impossibile est esse in nobis aliquos habitus nobiles et quod eos ignoremus. Primo inquam non obstat ei quod dictum est sc. quod intellectus agens semper intelligit. Quamvis enim ruditas dicat se ignorare saepe — — nobilem operationem intellectualem, quae est esse eius, apud peritos tamen non est huius rei dubitatio.*

jene Ueberformung durch die wirkliche Vernunft hindert. Mittelst der Gnade vermögen wir von der Selbstsucht, von der Liebe zu uns und zu dem geschaffenen Sein frei zu werden. Die Gnade wirkt also nicht in der wirkenden Vernunft, die ist keiner Gnade bedürftig, die ist an sich ihrem Wesen nach selig, selig durch ihre Natur.[1] Die Gnade wirkt vielmehr auf die mögliche Vernunft,[2] disponirt sie, dass sie von der Herrschaft der sie bestimmenden Phantasmata frei und ledig werde, wozu die Persönlichkeit mitwirken muss, dadurch dass sie sich der Gnade mit Willen hingibt, und von der Sünde abkehrt.[3]

Theodorich hat die wirkende Vernunft als denjenigen Factor bezeichnet, welcher vorzugsweise den Begriff des Menschen constituirt. In ihr ist das göttliche Ebenbild. Er hat dieser wirkenden Vernunft die Kraft zugeschrieben, Gott in höchster Weise, so weit es überhaupt Crea-

---

1) Von der wirkenden u. mögl. Vern. a. a. O. S. 180: — — meister Eckhart und die andern, die hant bewiset, daz sälicheit lige an dem daz der geist got lide übernaturliche. Diz will meister Dietrich daz daz nicht ensi unde sprichet: „ich spriche, daz des niht ensi und sage daz etwaz si in der sel, daz so edel si, daz sin wesen sin vernunftee würken si; ich spriche, daz diz saelec si von nature."

2) l. c. S. 181: Ez spricht ouch mer der selbe meister: Ich han dicke gesprochen und sprich ez noch, enwaere niht zuoval, so enwaere ouch kein genade. Dar umbe ist nature edeler denne genade; wan genade ist gegeben der zuovallecheit miner krefte, daz sie saelec sin und werden über mitz genaden unde glorien also als ich saelec bin von natur in der würkender vernunft.

3) l. c. S. 185 (dass der Verf. das Tractat in der ff. Stelle Dietrich's Lehre vortrage, ist aus der Vergleichung mit den directen Citaten aus Dietrich leicht zu erkennen). Wan diu mügelichiu vernunft hat so vil naturliches bevallens ir selbes und ist so vil unledec mit bilden und formen, wan sie ist ein berihterin des geistes in der wise als er zit berüeret in lichame. Nu ist daz diu meinunge gotes als er mir git genade, daz ich min selbes uz gan in der wise mines naturlichen sins nach der wise miner mügelicheit, unde wenne min müglich vernunft alsus ist quid worden aller dinge über mitz der genaden gotes und bin komen dar zuo daz ich ledec stan von allen bilden: so überhebt got die mügliche vernunft und überformet sie von der würkenden vernunft, und also ist sie ledec aller irre mügelicheit und wird beroubet irs lidens und irs würkens. Als diu oberst vernunft daz von naturen hat, daz sie saelec ist, also hat ez disiu von genaden. Diz ist daz sant Augustinus saget: niemant mac saelec werden von genade, er ensi ez von nature. Und also als der mensch in diser wise saelec wirt, als sin müglich vernunft überformet wird von der würkenden vernunft und er got schouwet sunder mittel: also sprich ich von den vertymneten, daz ist ir helle, daz sie über mitz totlicher sünde, die sie getan haben, in selber hant beroubet, daz disiu überformunge in in niht ist geschehen.

turen möglich ist, zu erkennen. Er hat von dieser wirkenden Vernunft so gesprochen, dass man erkennen kann, er meine damit die Idee des Selbstbewusstseins und Gottes, wie sie dem Dasein des Menschen als schöpferisches Princip zu Grunde liegt. Er stellt das, was seine Vorgänger als das mystische Schauen bezeichneten, in das Bereich der wirkenden Vernunft. Er hebt damit den Gegensatz auf, welchen seine Vorgänger zwischen der menschlichen Wissenschaft und der Contemplation aufstellten. Er führt das, was jene als ein mit menschlichen Erkenntnissmitteln absolut unerfassbares bezeichneten, in das Bereich des möglichen Erkennens ein. Es ist eine Wissenschaft des Göttlichen möglich, welche dem wahren Wesen der Gottheit einigermassen adäquat ist. Die Gottesidee, wie wir sie in uns tragen, ist wirklich der Wiederglanz der Gottheit selbst. Sie ist nicht durch die Sünde vernichtet, sondern nur in die Verborgenheit unseres Wesens zurückgesunken. Durch die Gnade wird unser Denken mehr und mehr befähigt, wieder unter ihrer Form, in ihrer Weise Gott zu erfassen. Durch die Gnade werden wir, was wir unserer Idee nach sind. Diese Idee ist ein unzerstörbares in sich seliges Sein. Es ist die Qual des Menschen in der Zeit, die Hölle des unbussfertigen Sünders in der Ewigkeit, dass der Grund seines Seins im Widerspruch steht mit dem was er ist. Es ist die Seligkeit des Menschen, wenn seine „mögliche Vernunft" überformt ist von der wirkenden Vernunft, wenn er „erkennet sein eigen Sein in der Weise der wirkenden Vernunft".

DRITTES BUCH.

Meister Eckhart.

I.
Eckhart's Schriften.

1. Zeit einzelner Schriften.

Wir suchen, ehe wir an die Darstellung von Eckhart's Leben und Lehre gehen, die Zeit einzelner seiner Schriften zu ermitteln, da ohne Einblick in den Entwicklungsgang, den sein Geist genommen hat, Eckhart nicht genügend verstanden werden kann.

Wir beginnen mit einem Tractate, welcher uns in der Aufschrift eine Spur für die Zeit der Abfassung bietet. Pfeiffer[1] gibt ihn auf Grund zweier Münchner und einer Frankfurter Handschrift, sämmtlich Papierhandschriften des 15. Jahrhunderts. Er hat die Aufschrift: „Daz sint die rede der unterscheidunge, die der vicarius von Düringen, der prior von Erfort, bruder Eckehart Predier Ordens mit solichen kinden hete, diu in dirre rede frageten vil dinges, do sie sazen in collationibus mit einander." Mit derselben Aufschrift findet sich der Tractat in einer Papierhandschrift des 14./15. Jahrhunderts auf der Universitätsbibliothek zu Prag. An der Zuverlässigkeit der Aufschrift zu zweifeln ist kein Grund vorhanden. Bei der auffallenden Dürftigkeit der Quellen über Eckhart's Lebensumstände ist diese Aufschrift von höchstem Werthe. Wir werden sehen, dass die hier gegebene Notiz über seine Stellung eine Stütze erhält in Eckhart's Wahl zum Provinzialprior der Dominikaner für die Provinz Sachsen auf dem Provinzialcapitel zu Erfurt im Jahre 1303. Eckhart kann die Stelle eines Priors von Erfurt und Vicarius von Thüringen nur eingenommen haben, bevor er Provinzial-

---

1) Deutsche Mystiker des vierzehnten Jahrhunderts. II. Meister Eckhart. Leipzig 1857.

prior von Sachsen wurde, oder da er in den drei vorhergehenden Jahren 1300—1302, wie sich zeigen wird, zu Paris war, vor diesem seinem Pariser Aufenthalt. Denn erstlich ist kaum ein Raum für Eckhart's Vicariat in Thüringen in der Zeit vom Jahre 1300 bis zu seinem Tode 1327, da diese Jahre, wie sich zeigen wird, ausgefüllt sind von seinem Provinzialat in Sachsen, von einem zweiten Aufenthalt in Paris und von seinem Aufenthalt zu Strassburg, Frankfurt und Cöln. Dann heisst Eckhart in der Aufschrift nicht Meister sondern Bruder Eckhart. Wäre Eckhart damals Meister gewesen, so würde diese Bezeichnung hier nicht fehlen, wo der Schreiber, wie die Fassung der Aufschrift darthut, eine genauere Angabe über Eckhart's Stellung geben wollte. Auch ist nach seinem ersten Pariser Aufenthalt die Bezeichnung Eckhart's als Meister, wenn er überhaupt genannt wird, das Gewöhnliche. Den sichersten Beweis aber, dass die Reden der Unterscheidung in Eckhart's frühere Zeit gehören, bietet ein Vergleich mit den übrigen Schriften Eckhart's. Der Ideenkreis ist hier noch ein sehr eng begränzter; die ethischen Fragen sind noch nicht getragen von der mystischen Speculation; kein einziger Zug überhaupt in der verhältnissmässig umfangreichen Schrift, der uns an die dem Eckhart eigenthümlichen Theosopheme erinnerte, während nur sehr wenige eckhartische Stücke dieses Merkmal nicht tragen; keine Hindeutung auf die Meister von Paris oder die neueren Meister; neben einigen Hinweisungen auf Augustin und Bernhard wird ein einziges Mal Dionysius citirt, und da in einer mehr untergeordneten Frage. Es gleicht der Geist dieser Schrift nur erst noch dem lebensvollen Bache, der in der Abgeschlossenheit der Berge dahinfliesst; noch nicht dem Strom, der bei seinem Laufe durch die Länder, von allen Seiten her durch Zuflüsse bereichert, ein immer weiteres und tieferes Bette gewinnt.

In der Pfeiffer'schen Sammlung der Schriften Eckhart's sind die Predigten 16, 17, 26—28, 30—39, 41, 44, 46, 48, 50—53 einer Strassburger Handschrift des 14. Jahrhunderts entnommen. Bei einem Vergleiche ergibt sich, dass verschiedene dieser Predigten sich auf einander beziehen, und dass sie ihrem Inhalte nach einer gleichen Entwicklungsstufe angehören. So deuten Predigt 17 und 37 auf die gleiche Zeit, in beiden ist wenigstens von den „uzerwelten friunden gotes, die da sind in seiner verborgenen heimlichkeit" die Rede. Die Frage von dem Verhältnisse des Verständnisses zur Minne wird in der 35. und 37. Predigt erwogen. Die 35. und 36. Predigt bringen die gleichen Gedanken bezüglich der Ordnung und Unterordnung der Kräfte und der

Gleichheit mit Gott, und hinwieder weist die 35. Predigt mit dem, was sie über die Minne sagt, auf die 34. Predigt zurück. Die 35. Predigt erinnert dann aber wieder an Predigt 33, denn in beiden ist von der „Porte" und dem „us smelzen" Gottes in gleicher Weise die Rede. Wir werden nachher noch einige Punkte der Lehre nennen, welche diese Predigten als einer und derselben Periode Eckhart's angehörig kennzeichnen. Dafür, dass diese Predigten der Zeit nach zusammengehören, spricht auch noch, dass sie in einer und derselben Handschrift stehen, oder vielmehr standen; denn die Handschrift ist inzwischen mit allen andern der Strassburger Stadtbibliothek durch die bekannte unglückselige Sorglosigkeit im letzten Kriege zu Grunde gegangen. Die 17. Predigt verräth als Aufzeichner dieser Predigten einen Schüler Eckhart's; denn hier fällt die Predigt mit einem male ab und der Aufzeichner tritt mit einem „und daz sprichet unser meister" dazwischen hinein. Diese Predigten aber sind zu Strassburg gehalten worden, wie sich ergibt, wenn man einige weitere Umstände zusammennimmt. Erstlich den, dass sie in einer Strassburger Handschrift standen, welche allem Anscheine nach die älteste für diese Predigten war. Dann dürfte in Predigt 37 das Wort „hätte ich ein Münster voll Gold" auf Strassburg deuten. Endlich enthielt auch diese Strassburger Handschrift die älteste bekannte Recension des eckhartischen Tractats „daz ist swester Katrei, meister ekeharts tohter von strazburc", welcher Tractat einen längeren Aufenthalt Eckhart's zu Strassburg voraussetzt, und das was in der 37. Predigt von den Gottesfreunden gesagt ist, stimmt mit vielen Aussagen in dem genannten Stücke zusammen.

Somit werden wir schwerlich irre gehen, wenn wir die bezeichneten Predigten in die Zeit, da Eckhart sich längere Zeit zu Strassburg aufhielt, setzen. Das sind aber, wie sich zeigen wird, die Jahre 1312—1317. Nicht lange nachher aber muss der Tractat „Schwester Katrei" entstanden sein, wie sich aus dem Inhalte desselben ergeben wird.

Eckhart hat am 13. Februar 1327 in der Dominikanerkirche zu Cöln eine Erklärung abgegeben,[1] die man seinen Widerruf genannt hat, und in dieser Erklärung bekennt er sich zu der Lehre, wegen derer ihn der Erzbischof von Cöln der Ketzerei beschuldigte: dass etwas in der Seele sei, was ungeschaffen und unschaffbar sei, und das sei der Intellect. Es wird sich zeigen, dass Eckhart auf den früheren Stufen seiner Entwicklung die wirkende Vernunft, von der hier die Rede ist, noch nicht

---

1) S. Anhang.

als ungeschaffen bezeichnete. Nun enthält eine Handschrift der Nürnberger Stadtbibliothek,[1] welche Pfeiffer nicht gekannt hat, eckhartische Stücke, und unter diesen findet sich auch eine Predigt, in welcher dieselbe von dem Erzbischof verurtheilte Lehre vorgetragen wird. Da sich zeigen wird, dass diese Predigt Eckhart angehört, so wird sie uns dienen, diejenigen Stücke aufzusuchen, welche in der Lehre die gleiche Entwicklung zeigen.

Nachdem wir so eine Anzahl von Schriftstücken, welche drei verschiedenen Zeiten Eckhart's angehören und den Zeiten seines Erfurter, Strassburger und Cölner Aufenthalts entsprechen, ermittelt haben, nehmen wir eine der in ihnen behandelten Fragen vor, um zu sehen, welches die Auffassung Eckhart's von derselben in den drei verschiedenen Perioden ist. Wir wählen als am geeignetsten für unseren Zweck die Lehre von der Seele und ihren Kräften. Lassen sich hier charakteristische Unterschiede finden, so werden sie dienen, die Zeit anderer Eckhart angehöriger Schriften darnach zu bestimmen.

In jener seiner früheren Erfurter Zeit angehörigen „Rede der Unterscheidung" sagt Eckhart: Um das Ziel, Gott wahrhaft und wesentlich zu besitzen, zu erreichen, muss der Mensch ein Nicht werden den Creaturen gegenüber und sein Gemüth mit den oberen Kräften, Vernunft und Willen, zu Gott erheben (551).[2] Der Vernunft ist Gott der liebste Vorwurf, aber sie ist verbildet und muss zu Gott gewöhnet werden. Der von der Minne entzündete Wille ist's, der sie aufwärts trägt. Dieser Wille ist es der noch über die Vernunft hinausdringt, der sein selbst ausgegangen und in den Willen Gottes geformt alle Dinge vermag (552 ff.). Der da hitziglich ein Ding minnet mit ganzer Kraft, in allen Dingen findet er des Dinges Bilde und ist ihm also gegenwärtig, als viel der Minne mehr und mehr ist (549).

Während in diesem durch den ganzen Tractat herrschenden Gedanken eine philosophische Begründung noch mangelt, und der Wille noch bei weitem mehr betont wird als die Vernunft, sehen wir in den Predigten der Strassburger Zeit einen sehr bedeutenden Fortschritt. Jetzt tritt in die Frage von der Vereinigung mit Gott die Lehre vom

---

1) Cod. VI, 45^b. 15 sc. f. 73 sqq.
2) Wo keine weitere Bemerkung beigefügt ist, bedeuten die in Klammern beigesetzten Zahlen hier und in späteren Abschnitten die Seiten in Pfeiffer's Ausgabe.

Bilde entscheidend ein. Nur das in uns dem göttlichen Wesen Gleiche ist das Medium, durch welches wir mit Gott vereinigt werden. Die drei oberen Kräfte *memoria, intellectus* und *voluntas* sind Bild der göttlichen Personen. Aber nicht die Vereinigung der Person mit den göttlichen Personen, sondern des Wesens mit dem göttlichen Wesen ist vor allem zu erstreben. Eckhart bezeichnet jetzt als jenes Medium, als jenes Bild, in welchem wir mit dem göttlichen Wesen eins werden, den Funken, den er von den drei oberen Kräften der Seele unterscheidet und in das Wesen der Seele setzt. Dieser Funke oder Ganster der Seele ist etwas von Gott geschaffenes, ein Licht, ohne Mittel eingedrückt in die Seele, ein Bild der göttlichen Natur. Es ist nicht eine Kraft der Seele, wie etliche Meister lehrten. Er nennt es die Vernünftigkeit, das Haupt der Seele, den Mann der Seele (der mit unbedecktem Haupte dasteht Gott gegenüber), das alle Zeit auch in den Verdammten zum Guten geneigt sei. In diesem Funken müssen alle Kräfte der Seele aufgehn, in ihm gesammelt wird die Seele eins mit dem göttlichen Wesen. Nun hatte Eckhart den Funken als das Licht der Vernünftigkeit bezeichnet, hatte im Anschluss an die Lehre des Aristoteles den Funken mit dem, was bei Aristoteles die wirkende Vernunft ist, identificirt, und daraus folgt von jetzt an für ihn, dass er bei der Frage, ob wir mehr durch die Minne oder das Verständniss mit Gott geeint werden, die frühere Anschauung von dem Vorzug des Willens verlässt und der Vernunft oder dem Verständniss den Vorzug gibt. So sagt er Pred. 31: Vernünftigkeit ist eigentlicher Knecht denn Wille und Minne. Wille und Minne fallen auf Gott als er gut ist; Vernünftigkeit dringt in das Wesen. Hier gleicht sich Vernünftigkeit der obersten Herrschaft der Engel. Die nimmt Gott in seinem Kleidhause bloss, als er Ein ist ohne Unterschied. Und Predigt 30: Nun fragen die Meister, ob der Kern ewigen Lebens mehr liege an Verständniss oder an Willen? Wille hat zwei Werk: Begehrung und Minne. Verständnisse, deren Werk ist einfältig, darum ist sie besser. Ihr Werk ist bekennen und ruhet nimmer, sie rühre bloss (unmittelbar), das sie bekennt.

Während nun Eckhart in der Strassburger Zeit jenen Funken noch als etwas geschaffenes auffasst, sehen wir ihn in der letzten Zeit denselben als ungeschaffen, als die wesentliche Vernunft, als das wesentliche Bild, als die Natur der Gottheit selbst bezeichnen. Den aristotelischen Ausdruck der wirkenden Vernunft behält Eckhart auch jetzt noch für dieses wesentliche Bild bei, hat aber nun freilich damit sich der Auffassung des Alexander von Aphrodisias genähert. Doch wird sich zeigen, dass er damit noch nicht in dessen Pantheismus verfällt.

Vermittelst der gewonnenen Merkmale sind wir nun im Stande, die Zeit einer weiteren Anzahl von Schriften Eckhart's annähernd zu bestimmen. So gehört Predigt 55 der ersten Periode an. Die speculative Begründung für die Frage der Einigung mit Gott tritt da noch ganz zurück. Der Gedankenkreis und die Darstellung ist dieselbe wie in den Reden der Unterscheidung.

Zunächst den Stücken der früheren Erfurter Zeit stehen die Tractate „von der übervart der gotheit" und „von dem anefluzze des vater", bei Pfeiffer Tractat XI und XIII. Dass beide Tractate ein und derselben Entwicklungsstufe angehörig seien, geht daraus hervor, dass sie nicht nur die gleichen Gedanken bringen, sondern auch die Hauptgedanken in der gleichen Form. Dass sie später seien als die Reden der Unterscheidung, ergibt sich einerseits daraus, dass in ihnen bereits eine entwickelte Speculation über Gott hervortritt, die dort nicht etwa nur hintangehalten, sondern bei Eckhart überhaupt noch nicht entwickelt ist, und anderseits aus dem Fortschritt, der sich in der psychologischen Frage zeigt. Es tritt hier die bereits von Erigena verwendete Unterscheidung von Wesen, Kraft und Werk hervor. Das Wesen wird geoffenbaret von den Kräften, die Kräfte werden geoffenbaret von den Werken. Im Anschlusse an Augustin bezeichnet er die oberen Kräfte der Seele als Gehügnisse *(memoria)*, Verständniss und Wille, und sieht wie jener in diesen drei oberen Kräften und ihrem Verhältniss zum Wesen das Bild der Dreieinigkeit. Auf das Bekenntniss wird hier bereits ein grösserer Nachdruck gelegt als in den ältesten Stücken. Denn hier wird betont: „das mir mein Bekenntniss gab, das minnte ich; das ich nicht bekannte, das konnte ich auch nicht minnen." Dass beide Tractate aber zunächst an jene älteren Stücke sich anschliessen, erweist sich dadurch, dass es in beiden noch heisst: der Wille ist edler als das Bekenntniss; er will Gott begreifen über alles Bekenntniss" (vgl. 496 und 521).

Dagegen ist in den Predigten 107—108, welche einer Melker Handschrift entnommen sind, dieser Standpunkt bereits überschritten und die „vernünftige Kraft" tritt bedeutender hervor. „Unter den Meistern", heisst es da (359), „ist eine Frage: welches der rechte Kern des ewigen Lebens sei? Dazu sprechen sie: es sei Erkenntniss, und etliche sprechen: es sei die Minne. So spreche ich: sie sind es beide. Die Minne ist zwar die Tugend der Tugenden, aber wenn sich die

Seele in dem halten liesse und sich daraus nicht wirkte in ihre vernünftige Kraft, so würde sie auch beraubt des ersten Zunehmens" (352). So ist der Fortschritt bereits angebahnt, welcher sich dann in den Predigten und Tractaten der zweiten Periode oder seiner Strassburger Zeit vollzieht. Dass die Predigten der Melker Handschrift (bei Pf. Pr. 105—111) in die nächste Zeit nach seinem ersten Pariser Aufenthalt, also vor die Strassburger Zeit fallen, hat auch schon Pfeiffer daraus geschlossen, dass in ihnen Eckhart häufig Meister Eckhart von Paris genannt wird, was auf eine Zeit hindeute, da die Erinnerung an seinen Pariser Aufenthalt noch frisch war.

Unter den Predigten der Strassburger Zeit, welche auf die seines zweiten Pariser Aufenthalts (1312) folgt, stehen die Predigten 52 und 18 der Zeit nach voran, denn er lässt hier noch eine der Kräfte das Medium für die Vereinigung mit der Gottheit sein, aber nicht mehr den Willen, sondern die zornliche Kraft *(irascibilis)* (78.), deren Begriff er der platonischen Dreitheilung der Kräfte in ein λογικόν, θυμικόν, ἐπιθυμητικόν entnimmt. Auf der gleichen Entwicklungsstufe steht auch der 12. Tractat bei Pfeiffer „von dem zorne der sele". Wir sehen ihn im Suchen; jene Ansicht, dass die Kraft des Willens mit Gott vereinige, entspricht seinen Grundanschauungen nicht mehr. Entsprechen die Kräfte den Personen der Gottheit, und liegt es doch vor allem daran, dass Wesen mit Wesen vereinigt werde, dann muss das Medium der Vereinigung im Wesen und nicht in den Kräften liegen. Und so geht er denn in den folgenden Strassburger Predigten dahin vor, dass er von jenem Funken spricht, der über den Kräften steht und dem Wesen der Seele eingedrückt ist. Er überträgt anfangs den Begriff der Zornlichkeit noch auf den Funken, wogegen er die *memoria,* die auf einige Zeit in der Reihe der drei oberen Kräfte der *irascibilis* hatte weichen müssen, in ihre alte Stelle wieder einsetzt. So lange der Begriff Plato's von der Zornlichkeit noch fortwirkt, nennt er den Funken mit dem seit Hieronymus gebräuchlichen und auf Plato zurückzuführenden Ausdruck *συντήρησις* oder wie die Handschriften haben Synderesis. Man hat diesen Ausdruck in der späteren Theologie zur Bezeichnung des Gewissens gebraucht[1] und so fasst ihn auch Eckhart, wenn er sagt: die Meister sprechen, das Licht ist so natürlich, dass es immer mehr ein kriegen hat, und heisset *sinderesis* und lautet so viel als ein zubinden und abkehren. Es hat zwei Werke: eines ist

---

1) S. o. Bonaventura S. 252 ff.

ein Widerbiss wider das, was nicht lauter ist; das andere ist dass es locket zum guten. (Pred. 32.)

In diese Zeit, in welcher sich ihm der Begriff des Funkens als über den Kräften stehend auszubilden anfängt, und er zuerst dahin kommt, dass er den Begriff der συντήρησις auf denselben überträgt, muss der zweite Tractat bei Pfeiffer fallen. Denn hier finden wir bereits die drei Kräfte *memoria, intellectus, voluntas* wieder, und die Lehre, dass keine für sich, sondern alle drei in ihrer Einheit und wechselseitigen Hilfe die Einigung mit der Gottheit bewirken. Aber wenn er auch diese Einheit der Kräfte in die Natur der Seele setzt, und diese bereits als das Gewissen der Seele bezeichnet, so fällt da doch noch nicht der Accent auf die Natur, welche mit der Natur der Gottheit vereinigt, sondern noch auf die Kräfte, und das, was er als Natur und Gewissen der Seele bezeichnet, ist hier noch allgemeiner, noch nicht in dem bestimmten Begriff der Zornlichkeit erfasst. Auf der gleichen Stufe steht auch der bei Pfeiffer zunächst folgende 3. Tractat: „von der sele werdikeit und eigenschaft", der übrigens nur ein Auszug aus einer grösseren Schrift Eckhart's ist, wie aus S. 399 und 414 zu entnehmen ist.

Eine Fortbildung des Begriffs von dem Medium, in welchem wir mit Gott eins werden, zeigt sich sodann in denjenigen Predigten, in welchen er den Funken, das Licht der Vernünftigkeit, als über den Kräften stehend und als das bezeichnet, was eigentlich mit Gott einige. Die meisten der oben angeführten Strassburger Predigten, sowie die Glosse über das Evangelium Johannis, bei Pfeiffer unter den Tractaten das 18. und letzte Stück, und das 6. Stück: „daz ist swester Katrei meister Ekehartes tohter von Strazburc" gehören auf diese Entwicklungsstufe.

Dagegen dürfen wir die Tractate IV. und V. bei Pfeiffer in die letzte Periode setzen, da hier Eckhart jenes Medium unserer Vereinigung mit Gott als etwas ungeschaffenes bezeichnet. Das göttliche Wesen, heisst es in dem 4. Tractate, der „von dem adel der sele" überschrieben ist, ist ausgeflossen in einem gegenwärtigen Nun. Und dieses ist für die Seele zugleich ihr endloses und ihr ewiges Bild. Nach dem endlosen Bilde hält sich der Geist allewege inne und nach dem ewigen Bilde hält er sich als eine ewige Frage, d. h. nach dem endlosen Bilde ist der Geist identisch mit sich selbst, und da ist er ein vernünftig Sein des ewigen Wesens; nach seinem ewigen Bilde ist er aber dieser Identität entsetzt, und sucht als eine Creatur die Wiedervereinigung mit dem göttlichen Wesen. Es ist dasselbe, wenn es im Tractat der Nürnberger

Handschrift heisst, er suche das ewige Bild zu durchbrechen um in das wesentliche Bild zu gelangen. Und im 5. Tractat bei Pfeiffer, welcher „daz buoch der götlichen tröstunge" überschrieben ist, heisst es: Und darum habe ich gesagt, dass die Seele ihr Gleichniss hasset, und dass sie sich minnet um des Einen willen, das in ihr verborgen ist und ein wahrer Vater ist. Von diesem Einen sagt er dann weiter: Und darum so muss etwas innigeres und höheres sein und ungeschaffen, ohne Mass und ohne Weise (s. o. das endlose Bild), da sich der himmlische Vater ganz einbilden und ergiessen möchte. Die Worte, welche nun im Texte folgen: das sind der Vater und der Sohn, stehen im Widerspruch mit dem ganzen Contexte, und sind die orthodoxe Correctur eines Abschreibers an der in diesem Punkte für ketzerisch erklärten Lehre Eckhart's.

Wir glauben auf diese Weise ein Kriterium gewonnen zu haben, um an der Lehrgestalt der besprochenen Tractate und Predigten, deren Zeit der Hauptsache nach feststeht, die Lehre der übrigen eckhartischen Stücke genauer bemessen zu können.

2. Einige bisher unbekannte Schriften.

Eine Erörterung über Eckhart's Stil und Lehrweise würde zunächst am Platze sein, wo es sich darum handelt, für die Darstellung von Eckhart's Lehre etliche weitere Stücke des nicht unbedeutenden eckhartischen Materials zu gewinnen, das unbekannt und ohne Eckhart's Namen noch in den Bibliotheken liegt oder auch unter anderen Namen veröffentlicht worden ist. Allein da eine solche Erörterung uns für die Darstellung von Eckhart's Leben unentbehrlich ist, so können wir hier nur auf das später Folgende verweisen, und führen an dieser Stelle lediglich die andern Gründe aus, welche uns bestimmen, einige noch unbekannte oder wenigstens unerkannte Stücke als Meister Eckhart angehörig zu bezeichnen.

Pfeiffer hat im 8. Bande der Zeitschrift für deutsches Alterthum eine Anzahl von Predigten und Tractaten herausgegeben, welche zumeist dem Schülerkreise Eckhart's angehören. Darunter finden sich drei Stücke, die wir für Meister Eckhart selbst in Anspruch nehmen müssen. Das eine ist fälschlich dem Franke von Cöln, das andere dem Kraft von Boyberg, das dritte dem Johann von Sterngassen zugeschrieben.[1]

Das dem Franke von Cöln zugeschriebene ist von Pfeiffer auf Grund von vier Handschriften edirt. Es ist eine Münchener und eine Kloster-Neuburger Handschrift, eine von Maria Einsiedeln und eine von Basel. Unter diesen hat nur die Baseler Handschrift die Aufschrift: Bruder Franke von Cöln.

Diese Baseler Handschrift (*XI, 10. perg. 14 sc.* 12⁰. 380 Bll.), welche der letzten Zeit des 14. Jahrhunderts angehört, erweist sich bei näherer Untersuchung als unzuverlässig in einigen ihrer Aufschriften. Sie schreibt dem Eckhart ein Predigt zu, welche dem Stile nach nicht von Eckhart herrühren kann und in einer älteren Einsiedler Handschrift dem Heinrich von Egwint zugeeignet wird. Sie schreibt unter den von ihr zusammengestellten Sprüchen und Bescheiden einen dem Johann von Sterngassen zu, welchen Pfeiffer selbst später als eckhartisch erkannt hat, wie er denn auch in Bezug auf die erst erwähnte Predigt die Autorität dieser Baseler Handschrift verlassen hat und der Einsiedler gefolgt ist. Aus der Vergleichung des Textes des dem Franke von Cöln zugeschriebenen Tractats in der Baseler Handschrift mit dem Texte in *Cod. lat. 214* der Münchener Staats-Bibliothek habe ich nachgewiesen, dass dem Urheber der Baseler Handschrift schwerlich ein Text mit einer Aufschrift vorlag. Die inneren Gründe, welche dafür sprechen, dass dieser Tractat, welchem ich die Aufschrift „von zweierlei Wegen" gegeben habe, von Eckhart sei, sind sowohl dem Stil wie dem Inhalt zu entnehmen. Der Ausdruck ist mit dem Eckhart's so gleichartig, einzelne Stellen mit Stellen in Eckhart's Schriften so bis auf's Wort übereinstimmend, dass wir nur die Wahl haben, den Verfasser für einen groben Plagiator oder für Meister Eckhart selbst zu halten. Auf das erstere werden wir verzichten müssen, sobald wir das ganze des Tractats und dann die einzelnen Stellen näher erwägen. Der Geist des Tractats ist gross und bedeutend, dem der bedeutendsten Tractate Eckhart's ebenbürtig. Jene eckhartischen Stellen sind davon nicht verschieden weder durch ein anderes Gepräge in der Form noch durch einen höheren Geist. Es erscheint alles wie aus einem Gusse. Der Verfasser bringt sonst Citate — die

---

1) S. die eingehendere Begründung des über diese Stücke Gesagten in: Ein neuer Tractat Meister Eckhart's. Zeitschr. f. hist. Theol. 1861. II, und: Krit. Studien z. M. E. Zeitschr. 1866. IV.

eckhartischen Stellen bringt er als seine eigenen Gedanken. Um eben solcher Gedanken willen haben ihm seine kirchlichen Obern Schweigen geboten, wie er selbst am Schlusse sagt. Als über eine eigene Gedankenarbeit breitet er schützend seine Hände über diesen Tractat.

Und wäre es nicht auffallend, wenn von einem so bedeutenden Denker, welcher der angebliche Franke von Cöln jedenfalls gewesen ist — Bach stellt ihn um dieses Tractats willen noch über Eckhart — sonst nichts als unser Tractat sich erhalten hätte? wenn keine Quelle jener und der folgenden Zeiten seines Namens gedächte? Denn der Verfasser hat nicht im Winkel gelehrt; er ist in den Geruch der Ketzerei gekommen; seine kirchlichen Obern verbieten ihm seine Lehren weiter zu verbreiten. Erwägen wir nun noch, dass der Tractat in den ältesten Handschriften mitten unter eckhartischen Sachen steht, dass der Compilator der Aufsätze, welche sich ausser den Predigten, Sprüchen und Bescheiden in der erwähnten Basler Handschrift finden, wie ich nachgewiesen, aus einem und demselben Autor die Sätze für seine Themata zusammengetragen zu haben scheint, und dass in der Compilation „von den übunge der sele" ein Stück unseres Tractats mitten unter eckartischen Sachen vorkommt, so dürfte die eckhartische Abfassung ausreichend erwiesen sein.

Diesen Gründen, welche ich bereits früher ausführlicher geltend gemacht habe, tritt nun auch noch ein altes Zeugniss bestätigend zur Seite. Es ist das Zeugniss einer Strassburger Handschrift aus dem 15. Jahrhundert, welche eine grosse Anzahl eckhartischer Stücke enthielt und welche Pfeiffer unbekannt geblieben war. Hier fand sich unser Tractat als von Meister Eckhart herrührend bezeichnet.[1]

Dieselbe Basler Handschrift, welche einen eckhartischen Tractat dem Franke von Cöln zuschreibt, lässt ein anderes eckhartisches Stück von Kraft von Boyberg verfasst sein und auch hier ist Franz Pfeiffer ihr gefolgt. Auch bei diesem Stücke erinnert Stil und Inhalt so wie die Ursprünglichkeit und Frische sofort an Eckhart, und auch hier tritt unserem Nachweis aus der Vergleichung mit eckhartischen Stellen das Zeugniss einer Handschrift zur Seite, die Pfeiffer wohl gekannt und be-

---

1) *Cod. F. 145 der Stadtbibliothek fol. 15 sc. Pap. f. 193*: Dis ist die glose über ettliche evangelium und auch andern gute ler und hat gemacht meyster eckehart und sint ettliche bredigen nit bewert von der heiligen cristenheit, doch so haltent si ettelich lere. f. 214 bringt den Tractat von zweierlei Wegen. Das nächstfolgende Stück f. 219: Eine andere gute lere hat ouch gemacht Eckehart.

nützt, deren Urheber er aber nicht erkannt hat. Es ist die Basoler Pergamenthandschrift IX, 15 in 4⁰, von der W. Wackernagel rühmt, dass sie von einem sorgfältigen und geschmackvollen Schreiber des 14. Jahrhunderts stamme. Sie ist älter als die Handschrift XI, 10, wie sich aus der Art der Schrift, aus dem Fehlen der Punkte über dem *i*, aus den Abkürzungen und einzelnen Wortformen ergibt. Man darf sie, wenn man sie mit XI, 10 und andern ähnlichen vergleicht, um die Mitte des 14. Jahrhunderts, wenn nicht noch früher setzen. Von ihr enthalten die Lagen 16—24, die aber bei der Restauration des Codex zum Theil in verkehrter Weise gebunden sind, Sprüche von Kirchenvätern und Fragmente von Predigten. Bei weitem die meisten dieser Fragmente sind eckhartischen Predigten entnommen, die in der Pfeiffer'schen Sammlung stehen und deren Nummern ich in Niedner's Zeitschrift bezeichnet habe. Die meisten dieser Fragmente im Basoler Codex sind mit keinem Verfassernamen bezeichnet; gegen 12 derselben aber werden mit den Worten eingeleitet: „der meister spricht." Dass der Schreiber unter „dem Meister" einen bestimmten Meister im Auge habe, ist schon an sich wahrscheinlich, wird aber unzweifelhaft durch den Umstand, dass er mehrmals „den Meister" in einem und demselben Stücke andern Lehrern oder Meistern entgegensetzt. So z. B. Bl. 207: Es spricht ein Lehrer — nu spricht der Meister. Bl. 249: Es sprechen die Meister gemeiniglich — nu spricht der Meister. Etwa zwölfmal finden sich Fragmente in der bezeichneten Weise eingeleitet und für acht derselben finden sich die ganzen Predigten und zwar als unzweifelhaft ächte Predigten Eckhart's in Pfeiffer's Sammlung. „Der Meister" ist also kein anderer als Eckhart und der Zusammensteller dieser Fragmente kein anderer als ein Schüler Eckhart's. Es ist ein von der Grösse seines Meisters durchdrungener und begeisterter Schüler, denn er leitet auch einigemale solche eckhartische Fragmente mit den Worten: „ein grosser Meister", „ein göttlicher Meister spricht" ein. Und dass er kein unbedeutender Schüler Eckhart's gewesen sei, geht aus der Beschaffenheit des Textes jener Fragmente hervor. Da noch nicht für alle diese Fragmente die ganzen Predigten wiedergefunden sind, so ist in ihnen eine Spur zur Auffindung derselben gegeben. Haben wir ferner in dem Schreiber resp. Sammler einen Schüler Eckhart's vor uns, zu welcher Annahme auch das Alter unserer Handschrift volkommen passt, und dürfen wir aus der Beschaffenheit des Textes, sowie aus der Verehrung, welche dieser Schüler für den Meister zeigt, auf eine gute Kenntniss von dem, was von seinem Meister herrührt, schliessen: so werden der Autorität unserer Handschrift gegenüber Angaben späterer Handschriften, falls sie der unsern widersprechen, nicht in's Gewicht fallen, am wenigsten die zuerst besprochene Baseler Handschrift XI, 10, deren Unzuverlässigkeit uns aus den angeführten Beispielen bereits bekannt ist. Und diese unsere Handschrift schreibt nun ausdrücklich den von Pfeiffer unter dem Namen Kraft von Boyberg edirten Tractat, den ich in meiner Nachlese zu Eckhart's Werken bei Niedner 1866 mit der Aufschrift „von dem höchsten Gute" bezeichnet habe, dem Meister Eckhart zu. So wird auch hier der Nachweis eckhartischen Ursprungs durch das Zeugniss einer der ältesten und besten Handschriften verstärkt. Dieselbe Handschrift aber bestätigt zugleich, dass das dritte der oben bezeichneten Stücke, „von der Lauterkeit der Seele", welches von Pfeiffer dem Johann von Sterngassen zugeschrieben wird, nicht diesem, sondern Meister Eckhart gehöre. Indem ich für diese und andere bisher unerkannte eckhartische Stücke auf meine früheren Untersuchungen in der Zeitschrift für historische Theologie verweise, wo mit dem Texte auch die Nachweise im einzelnen gegeben sind, bleibt hier nur noch ein Tractat in einer Handschrift der Stadtbibliothek zu Nürnberg zu besprechen.

Diese Nürnberger Handschrift (Papier 4⁰. *Sign. VI, 46*[h]), welche aus dem 15. Jahrhundert stammt, ist noch ungenützt für die Geschichte der Mystik. Sie enthält nicht nur mehrere noch unbekannte Stücke von Meister Eckhart, sondern auch die von Pfeiffer und Wackernagel für verloren gehaltene Schrift des Hermann von Fritzlar: „die Blume der Schauung", welche ich im Anhange des 2. Bandes mitzutheilen gedenke.

Unter den in der Handschrift enthaltenen Tractaten ist der Tractat fol. 78, dem wir den Titel „von dem Schauen Gottes durch die wirkende Vernunft" geben wollen, für Eckhart's Beurtheilung von grossem Werthe.[1] Wir haben ihn oben zur Charakteristik der letzten Periode Eckhart's bereits benützt, und sind nur noch den Erweis schuldig, dass er von Eckhart sei. Der Verfasser beruft sich auf frühere Lehren und Ausdrucksweisen. Schon dieses Sichberufen auf frühere Aeusserungen stimmt mit Eckhart's Gewohnheit. Der Inhalt ist überall eckhartische Lehre und lässt sich Satz für Satz mit Parallelen aus Eckhart's Schriften belegen. Wir heben solche Sätze hervor, in welchen sich der Vf. auf frühere Aeusserungen bezieht.

---

1) S. den Tractat im Anhang.

Gleich im Anfang bezieht er sich auf seine früheren Aeusserungen über die wirkende Vernunft. Unter den uns erhaltenen Predigten beschäftigt sich vornehmlich die dritte bei Pfeiffer mit diesem Begriffe. „Ich habe einst gesprochen, dass der Mensch hat in sich ein Licht, das heisst die wirkende Vernunft. An diesem Licht soll der Mensch Gott sehen, als sie es beweisen wollen." Die letzten Worte deuten darauf, dass er diese Ansicht nicht theile. Und er sagt auch, warum er sie nicht theile; denn der Mensch sei nach seiner Geschaffenheit in grosse Unvollkommenheit gesetzt, und er vermöge auf natürliche Weise Gott nicht anders zu erkennen als auf Creaturenweise unter Bild und Form, wie er das früher schon bewiesen habe. Ein solcher Beweis ist in der erwähnten dritten Predigt Eckhart's in der That gegeben. „Die wirkende Vernunft", sagt er da, „mag nicht geben das sie nicht hat. Sie mag nicht zwei Bilder zugleich haben; sie hat wohl eines vor und das andere nach. Die Luft und das Licht zeigen wohl viel Bilder und viel Farbe (Text: Wärme) miteinander, doch magst du nicht sehen denn eines nach dem andern. Also thut die wirkende Vernunft, da sie auch also ist." „Nun vermöge", so fährt der Vf. des Tractats in der Nürnberger Handschrift fort, „die Seele von ihr selber und von ihrer natürlichen Kraft darüber hinaus nicht zu kommen, es muss geschehen in einer übernatürlichen Kraft als in dem Licht der Gnaden." Und so bestreitet auch die dritte Predigt der wirkenden Vernunft dieses Vermögen, und sagt: was die wirkende Vernunft nicht vermöge, das thue Gott und sei nun selbst der Werkmeister: „er nimmt dem natürlichen Menschen ab die wirkende Vernunft und setzt sich selber wieder an ihre Statt und wirket selber das alles, das die wirkende Vernunft sollte wirken."

Unser Tractat geht dann dazu weiter, dass die Seele durch die Gnade über ihre Natur gehoben dahin gelange, dass sie eins werde mit der Gnade, so dass man von ihr sagen könne, sie sei das was die Gnade ist, sie sei selbst die Gnade. Auch dies ist die eckhartische Ausdrucksweise: „Wer diese Dinge an sich hat, der ist gesandt von Gott und sein Name ist Johannes: denn er ist selbst die Gnade Gottes" (XVIII. Tractat bei Pf.).

Die Gnade ist dem Verfasser unseres Tractats „ein Licht fliessend sonder Mittel aus der Natur Gottes in die Seel". Er bezeichnet das als seine Antwort auf die von den Meistern aufgeworfene Frage. Und dass dies die eckhartische Definition sei, zeigt Predigt 64 bei Pf.: das „Licht der Gnade" „verhält sich zu Gott als der Schein zu der Sonne", „sie entspringt in dem Herzen (Natur) des Vaters", „sie wird empfangen und ohne Unterschied gedrückt in die Seele und ohne Mittel." „Sie ist eine übernatürliche Form der Seele und gibt ihr ein übernatürlich Wesen", sagt unser Tractat, und die erwähnte Predigt Eckhart's sagt: „Sie bildet die Seele nach Gott." Der Verfasser unsers Tractates sagt: Er habe gesprochen und spreche es noch: „Gott hat ewiglich gewirkt ein Werk. In diesem Werk hat er die Seele gewirkt sich selber (gleich). Aus diesem Werk und vermittelst dieses Werkes ist die Seele geflossen in ein geschaffen Wesen und ist Gott ungleich geworden und fremd ihrem eigenen Bilde." Auch im 3. Tractate bei Pfeiffer sowie im 4. geht Eckhart davon aus, dass nichts geschaffen, das Gott so gleich sei, ihm so gleich „wiederluge" als die Seele. Auch hier, wo er von dem ersten Ausbruch spricht, identificirt er das Wesen der Seele mit der Natur Gottes, „da das göttliche Wesen ausfloss in einem ewigen Nu". Das ist die ungewordene Klarheit des ewigen inschwebenden Geistesbildes im Menschen. Davon unterscheidet er dann die Seele, soferne sie eine Gewordenheit ist: da ist sie fremd ihrem eigenen Bilde. „Da ist sie ausgeflossen, dass sie an dem Wesen nicht ist geblieben, sondern sie hat ein fremdes Wesen empfangen."

Im Anschluss an diese doppelte Seinweise des Menschen, einer ungeschöpflichen ewigen dem Wesen nach und einer geschöpflichen, erinnert dann der Vf. unseres Tractats an frühere Lehraussprüche über Gott und Gottheit. „Ich habe gesprochen unterweilen, dass Gott Gott ist, des bin ich eine Ursach; Gott hat sich von der Seele, seine Gottheit von sich selber." Die hier angedeutete Lehrweise findet sich bei Eckhart beispielsweise Pred. 87: „Wäre ich nicht, so wäre nicht Gott." Pred. 56: „Da ich floss, da sprachen alle Dinge Gott." Pred. 87: „Da ich aus Gott floss, da sprachen alle Dinge: Gott der ist." Unser Tractat fährt fort: „Denn ehe die Creatur wurde, da war Gott nicht Gott, aber er war wohl Gottheit"; und in der zuletzt angeführten Predigt sagt Eckhart: „Denn ehe die Creaturen waren, da war Gott nicht Gott; er war das er war." Und Pred. 56: „Gott und Gottheit hat Unterschied so ferne als Himmel und Erde." „Alles das in der Gottheit ist, das ist eines, und davon ist nicht zu sprechen. Gott wirket, die Gottheit wirket nicht."

Indem nun unserem Tractat zufolge die Seele ihre „Gewordenheit", das ewige Bild, das ihre Geschöpflichkeit bedingt, durchbricht, wird sie eins mit dem Wesen Gottes. „Die Seele durchbricht ihr ewig Bild und fället in ein pur Nichte ihres ewigen Bildes, das heisst ein

Sterben des Geistes." „Also durchbricht die Seele mit ihrem ewigen Bild durch ihr ewig Bild in das wesentliche Bild des Vaters" (die göttliche Natur). Und der 12. Tractat Eckhart's sagt von diesem Vorgang: „Da stirbet der Geist all sterbend in dem Wunder der Gottheit." „Also kommt der Geist zu seinem ewigen Bilde, das ist ohne ihn beschlossen wesentlich (wesentliches Bild) und dreifältig nach Rede in den Personen" (ewiges Bild im engeren Sinne). „So ist sein ewig Bild ein anderes, denn das ist Gott wesentlich. Wenn sich der Geist an sich selber kehrt von allen gewordenen Dingen in die Ungewordenheit seines ewigen Bildes — das heisst den Geist gekehret zu seinem Bilde. — Da diese zwei (Geist und Gottheit) in Einigkeit schweben, gegeistet und entgeistet, das ist ein selig Leben." Wenn in diesem 12. Tractat bei Eckhart noch das wesentliche Bild und das ewige Bild unter der letzteren Bezeichnung zusammengefasst und nur unter doppeltem Gesichtspunkt betrachtet werden, so scheidet der 4. Tractat Eckhart's diesen doppelten Gesichtspunkt zugleich so wie unser Tractat, indem er für das Bild die doppelte Bezeichnung des endlosen und ewigen Bildes gebraucht.

Auch der Ausdruck des „Durchbrechens" des ewigen Bildes, wodurch wir in das wesentliche Bild gelangen, findet sich bei Eckhart. So heisst es ganz dem Sinn und Ausdruck unseres Tractats entsprechend in Predigt 87: „In dem Durchbrechen, da ich ledig stehe des Willens Gottes und aller seiner Werke und Gottes (im Unterschiede von der Gottheit) selber, so bin ich ob allen Creaturen." „Denn ich empfahe in diesem Durchbrechen, dass ich und Gott eins sind."

II.
Eckhart's Leben.

In Eckhart's Schriften eröffnet uns kaum einmal eine gelegentliche Bemerkung einen Blick auf sein äusseres Leben. Der äusseren Dinge zu gedenken lag ja überhaupt den Mystikern fern. Die Schriftsteller des Dominikanerordens aber, dem Eckhart angehörte, vermieden es, wo sie konnten, über ihn zu sprechen, da sein Name mit dem Vorwurf der Häresie belastet war. Erst mit Quétif lichtet sich einigermassen das Dunkel, welches über das Leben des tiefsten deutschen Denkers im Mittelalter verbreitet war. Wir wollen versuchen, aus dem, was seither durch Karl Schmidt, Pfeiffer und eigene Bemühungen an thatsächlichem Material gewonnen worden ist, ein Bild von dem Leben Eckhart's, so weit dies bis jetzt überhaupt möglich ist, herzustellen.

1. Eckhart's Lehrjahre.

Eckhart ist um 1260 sehr wahrscheinlich in Thüringen geboren.[1] Die Besten dieser wie der folgenden Zeit sahen in Franziskus und

---

[1] Gegen meine Gründe, welche ich in den „Vorarbeiten etc." für Eckhart's Abstammung aus Thüringen dargelegt habe, ist Herr Jundt von Strassburg mit grosser Lebhaftigkeit aufgetreten, um für Strassburg zu kämpfen: *Essai sur le mysticisme spéculatif de maitre Eckhart. Strasb. 1871.* Er stützt sich auf Peter von Nymwegen, welcher in seiner Ausgabe zu Tauler's Predigten v. J. 1543 sagt: „do lebten auch zu Cöln Dr. Eckard von Strassburg", und auf die Sprache der Handschriften, in welcher wir Eckhart's Schriften haben. Dass letztere für die oberdeutsche Heimath Eckhart's nichts beweise, habe ich unter

Dominikus zwei Boten, welche Gottes Vorsehung dem von seinen Hirten verlassenen Volke Christi zu Hilfe gesandt habe, um es wieder aufzurichten und zu sammeln. Der Eifer, mit welchem die von jenen Männern gestifteten Orden im 13. Jahrhundert ihre Mission für das Volk auffassten, gewann die Menge und zog viele ernste und ideal angelegte Naturen in ihren Dienst. Beide Orden stellten in ihren Reihen nicht wenige Beispiele seltner Weltverläugnung und Gottbegeisterung auf und die Dominikaner standen überdies in dem Rufe, die besten Schulen und die ersten Theologen der Zeit zu haben. Zeigt sich bei den Dominikanern der romanischen Länder ein vorherrschender Eifer für die Kirche und ihre Lehre, so war bei denen der deutschen dieser Eifer mehr ein Eifer für die Religion und für die Förderung des inneren Lebens; daher dort die eifrigsten Streiter gegen die Ketzerei und die bedeutendsten Scholastiker, hier die Hinneigung zu einem mystischen Leben, das bald selbst mit dem Verdachte der Häresie belastet war. Schon der zweite Meister des Ordens, ein Deutscher, der durch Frömmigkeit und Umsicht ausgezeichnete Jordanus, scheint mit seinem Freunde Heinrich, dem ersten Prior der Dominikaner zu Cöln, diese idealere Richtung des Ordens in Deutschland inaugurirt zu haben. Die praktische Mystik, wie sie in den Niederlanden gepflegt wurde, die Richtung der Zeit auf das Wunderbare fand in den Dominikanerschriften: in der *Vita fratrum*, in den Schriften des Thomas von Chantimpré, des Gerhard

---

anderm mit Berufung auf W. Wackernagel und J. F. Mone zu zeigen versucht. Vgl. auch was ersterer über die Sprache Berthold's von Regensburg sagt. Am wenigsten darf auf Eckhart's „Rede der Unterscheidunge" hingewiesen werden, die wir nur von Schreibern des 15. sc. besitzen. Vgl. über diese Wackernagel, Gesch. der deutsch. Litteratur S. 125. Dem gelegentlichen Zeugniss des Peter von Nymwegen aber ziehe ich das Zeugniss Quétif's vor, der auf Grund eines ihm reichlich zu Gebote stehenden Quellenmaterials Nachrichten über die Schriftsteller seines Ordens mit kritischer Sorgfalt zu geben bemüht war, und der Eckhart als einen Sachsen bezeichnet. Dieses Zeugniss für Sachsen wird durch zwei weitere Umstände unterstützt: 1. Eckhart ist da, wo wir ihm zuerst begegnen, Prior zu Erfurt und Vicarius von Thüringen. Es war das Gewöhnliche, dass ein Kloster seinen Prior aus den eigenen Angehörigen wählte, und es war Gesetz, dass einer in dasjenige Kloster eintrat, in dessen Bezirk seine Heimath lag. 2. Eckhart wird auf dem Provincialcapitel zu Erfurt im J. 1303 zum ersten Provinzial der eben erst von der Provinz Deutschland getrennten und selbstständig gewordenen Provinz Sachsen erwählt. In demselben Jahre aber, kurz vor der Wahl zu Erfurt, hatte das Generalcapitel des Ordens zu Besançon verboten, Aemter in einer andern als der heimathlichen Provinz zu bekleiden. Vgl. den Beschluss in m. „Vorarbeiten" S. 5.

von Fraghete einen mächtigen Impuls. Von dem Dominikanerlector Heinrich von Halle wird Mechthild von Magdeburg beeinflusst, ihr Buch übersetzt, und diese hinwieder preist in Magdeburg und Thüringen die Herrlichkeit des Dominikus und seines Ordens. In Erfurt verkündet Theodorich von Apolda den Ruhm des Stifters, die Wunder seines Lebens.

Hier in Erfurt, wo wir ihn später als Prior wieder finden, scheint Eckhart in den Orden getreten zu sein, wenn man annimmt, was das gewöhnliche war, dass die Conventualen einen aus ihrer Mitte zum Prior gewählt haben. Vor seinem 15. Jahre trat er schwerlich ein, da die Ordensgesetze eine frühere Aufnahme nicht gestatteten. Welchen Studiengang Eckhart durchmachen musste, vermögen wir aus den Gesetzen, welche die Generalcapitel jener Zeit über die Studien aufstellten, zu ersehen.[1] Vorausgesetzt, dass Eckhart in den Orden getreten ist, sobald es die Gesetze desselben gestatteten, so hat er erst zwei Jahre im Kloster sein müssen, ehe er anfing, die eigentlichen Studien zu beginnen. Die erste Stufe derselben bildete das dreijährige *Studium logicale,* für das in der Ordensprovinz Deutschland zwei oder drei Schulen bestanden. Dieses Studium umfasste ohne Zweifel die Disciplinen des sogenannten Triviums: Grammatik, Rhetorik und Dialektik, während das dem *Studium logicale* folgende zweijährige *Studium naturale* für die Disciplinen des Quadriviums: Arithmetik, Mathematik, Astronomie und Musik eingetreten sein wird. Nach dieser im ganzen fünfjährigen wissenschaftlichen Vorbildung begann das theologische Studium, das sich auf drei Jahre erstreckte, deren erstes dem *Studium biblicum* gehörte, während die beiden letzten dem Studium der Sentenzen d. i. der Dogmatik gewidmet waren. Die Schule, an welcher in den Sentenzen unterrichtet wurde, hiess das *Studium provinciale* und die Provinz Deutschland hatte zur Zeit als Eckhart studirte wohl nicht mehr als eines, das wahrscheinlich schon damals zu Strassburg sich befand. Hiemit war für die Mehrzahl der geistlichen Brüder das theologische Studium beendet und sie traten, wenn sie mit dem gesetzlichen 25. Jahre die Priesterweihe empfangen hatten, in die volle geistliche Praxis über. Anders war es mit denen, welche nach dem Zeugniss der Lehrer an dem *Studium provinciale* Hoffnung gaben, einst tüchtige Lectoren zu werden. Diese wurden von dem Provinzialprior nach Einverständniss mit den Definitoren des Provinzialcapitels dem *Studium generale,* d. i.

---

1) S. Ordenswesen der Dominikaner etc. in m. Vorarbeiten a. a. O. S. 8 ff.

der eigentlichen Hochschule des Ordens zugewiesen. Der Orden hatte bis 1285 fünf solcher Hochschulen, von denen die zu St. Jakob in Paris die berühmteste war. Ihr an Ruhm nahe stand die deutsche, welche sich zu Cöln befand. Das Studium an diesen Hochschulen dauerte drei Jahre.

Eckhart hat, als er die Hochschule des Ordens zu Cöln bezog, den persönlichen Einfluss des neben Thomas berühmtesten Lehrers seines Ordens, Albrecht's des Grossen, sehr wahrscheinlich nicht mehr erfahren können, denn dieser war 1280 gestorben; aber es kann nicht lange nach dessen Tode gewesen sein, als Eckhart dahin kam. Da beherrschte wenigstens noch Albrecht's Geist die dortige Schule und Eckhart zeigt nachmals, dass er in vielen seiner theologischen Anschauungen von Albrecht dem Grossen und dessen Schüler Thomas von Aquin ausgegangen ist. Die Mystik seiner frühesten Schrift, der Reden der Unterscheidung, erinnert vielfach an Albrecht's Schrift *de adhaerendo Deo*.

2. Eckhart Prior in Erfurt und Vicarius in Thüringen.

Ein viertes Jahr an der Hochschule diente zu praktischen Versuchen für das künftige Lectoramt. Wo nach dieser Zeit Eckhart sein Lectoramt ausgeübt habe, wissen wir nicht; dass er aber mindestens drei Jahre müsse Lector gewesen sein, ist aus einem Beschlusse des Generalcapitels vom J. 1291 zu schliessen, nach welchem keiner zum Prior gewählt werden durfte, der nicht zum mindesten drei Jahre Lector gewesen war. Als Prior zu Erfurt und Vicar von Thüringen aber bezeichnet ihn uns diejenige Notiz, welche die früheste Schrift, die wir von Eckhart haben, einleitet.[1] Dieses doppelte Amt hatte Eckhart jedenfalls im Verlauf der neunziger Jahre inne. Wir ersehen aus dem Umstande, dass Eckhart auch in der Folgezeit noch mehrmals mit solchen Regierungsämtern betraut wurde, dass er auch für das praktische Leben klaren Blick und Thatkraft besessen haben muss. Es ist ein eigenthümliches Zusammentreffen, dass damals auch Theodorich von Freiburg das Amt eines Priors der deutschen Provinz bekleidete, und dass so den zwei bedeutendsten Vertretern der mystischen Richtung

---

1) Die Ueberschrift zu Eckhart's „Rede der Unterscheidunge".

ein grosser Einfluss auf den Orden in Deutschland zu gleicher Zeit eröffnet war. Die *Vicarii nationum*, wie die Provinzialvicare auch hiessen, hatten an des Provinzials Statt einen kleineren Kreis der Provinz zu überwachen. Sie wurden von dem Provinzial in Verbindung mit den Definitoren d. i. einer Art von Ausschuss des Provinzialcapitels, aufgestellt und hatten innerhalb ihres Sprengels alle Gewalt des Provinzials nur mit der Ausnahme, dass sie nicht Prioren ein- und absetzen durften.

Während wir über die äussere Wirksamkeit Eckhart's in seinem Priorate und Vicariate nichts wissen, fliesst uns für die Erkenntniss seines inneren Lebens und seiner Lehrwirksamkeit in dieser Zeit eine reiche Quelle in den „Reden der Unterscheidung", welche Eckhart damals verfasst hat. Sie sind sein nachweisbar ältestes Werk, entstanden aus den Collationen, welche Eckhart mit den Klosterbrüdern hielt, und in denen er seinen früheren Lectorberuf nur in anderer Weise fortsetzte. Denn diese Collationen, die das sind, was man sonst auch Tischreden genannt hat, weil sie an die gemeinsame Mahlzeit sich anschlossen, waren nur eine freiere Form des Unterrichts. Sie wurden unter der Leitung des Lectors oder Priors gehalten. Ein jeder der Anwesenden konnte hier Fragen stellen oder Antwort zu geben suchen. Die Themata waren zumeist solche, welche sich auf Fragen des christlichen Lebens bezogen. Eckhart's Reden der Unterscheidung enthalten Distinctionen, bei denen die evangelische Freiheit und die Tiefe der Auffassung, sowie die Feinheit, Präcision und Fasslichkeit der Darstellung gleich bewundernswerth sind. Sie lehren in einer Reihe sittlicher Fragen das Wesentliche von dem Unwesentlichen unterscheiden. Die Werke der damaligen Frömmigkeit, die Zustände des religiösen Lebens werden nach ihrem wahren Werthe gemessen. Das Wesen, nicht die Form, das Gemüth in den Werken, nicht die Werke sind es, auf die es ankommt. Und dieses Gemüth in den Werken, diese Richtung unseres Willens ist: nichts als Gott meinen, Gott im Wesen haben, von Gottes Willen ganz überformet und durchformet sein. Die Kehrseite davon ist der völlige Untergang alles eigenen Willens, aller „Eigenschaft", die völlige Armuth des Geistes. Das ist der Grundgedanke dieser Schrift, dessen Anwendung in der Erörterung der besonderen Fragen überall in der feinsten und treffendsten Weise vollzogen wird. Und schon hier zeigt sich Eckhart's volle Meisterschaft über die Sprache, in der Leichtigkeit mit der die Rede dahin fliesst, in der treffenden Kürze des Ausdrucks, in der Frische und Anschaulichkeit der Sprache. Ein ungemein lebendiger und doch in sich ruhiger, bestimmter und klarer Geist spiegelt sich in diesen Reden wieder. Die Tiefe der Speculation ist hier noch wie ein unerschlossener Grund. Man fühlt, dass die hier ausgesprochenen Gedanken einer Entwicklung nach jener Seite hin fähig sind, aber diese Entwicklung wird noch nicht vollzogen. Es geht, was hier gebracht wird, noch nicht wesentlich über die obenangeführte Schrift Albrecht's des Grossen hinaus, aber man fühlt, dass hier eine weit originalere und reichere Kraft sich in den Elementen der Mystik bewegt. Von besonderer Wichtigkeit ist die Nüchternheit, mit welcher in dieser Schrift die visionären Zustände, welche damals eine schon häufigere und viel bewunderte Erscheinung waren, und die das nicht ferne von Erfurt gelegene Helfta in Ruf gebracht hatten, von Eckhart aufgefasst werden.

Er meint, das wahre Wesen der Liebe sei nicht immer an den ausserordentlichen äusseren Erscheinungen zu messen. Er rechnet zu letzteren auch Innigkeit, Andacht, Jubiliren. „Das scheint sehr fürwahr! und ist doch allwege das Beste nicht", heisst es. Zuweilen seien solche Zustände auf das erregte Naturleben und siderische Einflüsse oder auf eine lebhafte Einbildungskraft zurückzuführen. Und gesetzt, dass sie in diesem und jenem Falle von Gott seien, so seien sie wohl ein besonderes Erziehungsmittel für besonders geartete Menschen. Und selbst wo solche Zustände die Frucht gesteigerter Liebe sind, sind sie doch noch nicht das Beste. Denn „wäre der Mensch selbst in einer Verzückung, wie dort einmal St. Paulus, und wüsste einen siechen Menschen, der eines Süppleins von ihm bedürfte, so erachte ich es weit besser, du liessest aus Minne von der Verzückung und dientest dem Dürftigen in grösserer Minne."

Fast scheint es auch, als habe Eckhart den speculativen Fragen gegenüber noch eine ähnliche nüchterne Zurückhaltung beobachtet, wie hier diesen ausserordentlichen Zuständen mystischen Lebens gegenüber. Nur allmählich kommt er dazu, wofür wir oben in der Einleitung die Beweise gegeben, das Verhältniss der Vernunft zum Willen anders zu fassen, der ersteren einen bedeutenderen Einfluss zuzuerkennen. Auch finden sich in diesen Reden der Unterscheidung noch nicht die namentlich in seiner mittleren Zeit so häufigen Berufungen auf Autoritäten. Er citirt ein paarmal Augustin und einmal Dionysius, wenn anders das Capitel, in welchem letzterer vorkommt, mit mehreren andern am Schlusse noch zu dieser Schrift gehört. Ueber der Arbeit an der sittlichen Gestaltung des eigenen Lebens treten die Beziehungen zu der wissenschaftlichen Arbeit der Mitwelt und Vorwelt noch zurück.

Erst mit seinem dreijährigen Aufenthalt in Paris tritt er in letztere mit ein. Denn dieser Sammelpunkt der bedeutendsten Vertreter der Wissenschaft musste auf ein auf den Grund der Dinge gerichtetes und so energisches Geistesleben wie das seine wohl anziehend wirken und seine Kräfte zu entsprechender Arbeit aufregen.

Eckhart hat nach dem Jahre 1298 das Doppelamt eines Priors und Provinzialvicars wohl nicht mehr bekleidet, denn ein Beschluss des Generalcapitels[1] von dem genannten Jahre verbot die fernere Verbindung beider Aemter in einer Hand. Hat er überhaupt noch in den zwei folgenden Jahren eines dieser Aemter bekleidet, dann war es wohl das des Vicars, weil es das bedeutendere war, und weil seine nachmalige Wahl zum Provinzialprior zeigt, welches Vertrauen für die Regierung, grösserer Kreise man in ihn setzte.

3. Eckhart's erster Aufenthalt zu Paris.

Vom September des Jahres 1300 an liest Eckhart als *lector biblicus* zu Paris. Der Orden hatte zu Paris seit längerer Zeit zwei Schulen, an deren jeder ein Magister der Theologie als Hauptlehrer stand. Nach einem Capitelsbeschlusse vom Jahre 1301 sollte wenigstens an einer dieser beiden Schulen immer auch noch ein zweiter Magister lesen. Dies war indess keine Neuerung, sondern wurde jetzt nur von neuem eingeschärft. Diese Magister waren mit einzelnen Ausnahmen nicht auf Dauer im Amte, sondern nur auf ein bis zwei Jahre, und in der Regel gleich unmittelbar nachdem sie zu Paris selbst die Vorstufe zum Magisterium überschritten hatten. Wen der Ordensmeister im Einverständniss mit dem Generalcapitel dazu ausersehen hatte, zu Paris sich die Würde des Magisteriums zu erwerben und Vorlesungen daselbst zu halten, der hatte dort zuerst ein akademisches Jahr hindurch, d. i. vom 14. September bis zum 29. Juni, als *Lector biblicus* zu fungiren; den Schluss dieser Thätigkeit machte seine Ernennung zum Baccalaureus. Die Dominikaner, welche zwei Schulen hatten, präsentirten der Facultät stets zwei *lectores biblici* zum Baccalaureat. Der Baccalaureus las dann

---

1) Die Acten der Generalcapitel bis zum Jahre 1316 gedruckt bei *Martene et Durand, Thesaurus novus anecdotorum Tom. IV.* Handschriftlich (*Perg. 14 sc.*) bis zum Jahre 1340 reichend auf der Stadtbibliothek zu Frankfurt.

im folgenden Jahre über die Sentenzen des Petrus Lombardus. Nach dem Beginn des dritten Jahres erfolgte die Ernennung zum Licentiaten und Magister. Die *praestanda* waren meist bis zum Schluss des Calenderjahres d. i. bis zum 25. März vollzogen. Wenn der Baccalaureus Licentiat geworden war, d. h. wenn er die Vollmacht erhalten hatte, zu lehren und alle Functionen eines Magisters der Theologie zu Paris und anderwärts auszuüben, dann erfolgte nach kurzer Zeit im Saale des Bischofshofes der feierliche Abschluss der Promotionen durch die förmliche Erhebung zum Magister. Der Kanzler überreichte ihm den Doctorhut und der neue Magister las eine Dissertation und disputirte. Gegenstand der Disputation war eine Anzahl *Quodlibeta,* die er aufstellte und determinirte. Denn nur der Magister hatte das Recht, über nicht vorgeschriebene *Quaestiones* zu disputiren und deren Beantwortung festzustellen. Der neue Magister las dann noch während dieses und in der Regel auch des nächstfolgenden akademischen Jahres.

Paris und Frankreich waren in einer leidenschaftlichen Erregung, als Eckhart dort weilte. Zwischen dem König Philipp IV. und dem Papste Bonifacius VIII. war jener Kampf ausgebrochen, der für das Papstthum die bekannte so verhängnissvolle Wendung nahm. Eine Anzahl von Beschwerden des Papstes, von dem Legaten desselben in anmassendster Weise geltend gemacht, war von dem Könige mit der Zurückweisung des Legaten und bald nachher mit dessen Gefangensetzung beantwortet worden 1301. Als der erzürnte Papst nun die französische Geistlichkeit zu einem Concil nach Rom berief, als er in einer Reihe von Erlassen, darunter in der bekannten Bulle *Unam sanctam* vom 18. November 1302 die Lehre von der völligen Abhängigkeit der weltlichen Macht von dem Stuhle Petri in dem ausschweifendsten Tone erneuerte, da erfolgte in Frankreich eine Reaction, wie sie geschlossener und consequenter bisher noch nicht aufgetreten war. Nicht nur die weltlichen Stände, auch ein beträchtlicher Theil des Klerus und die Universität zu Paris traten auf des Königs Seite und hielten gegenüber dem Banne, den der Papst auf den König schleuderte, sowie gegenüber den Strafen, mit denen er dessen Anhänger bedachte, entschlossen aus.

In einer Bulle vom 15. August 1303 entzog der Papst der Universität Paris das Recht, zu den akademischen Würden zu ernennen.[1] Es geht aus dieser Bulle hervor, dass die Schule in allen ihren entscheidenden Gliedern es mit dem Könige hielt. Die Anhänger des Papstes unter

---

1) Die Bulle bei Raynald *Cont. Ann. Bar. 1303 N. 38.*

ihnen hatte der König aus dem Lande gewiesen. Auch die französischen Dominikaner und ihr Provinzialprior R. Romani de Marologio hielten es mit dem Könige.[1] R. Romani war als Provinzialprior 1302 Licentiat geworden, in demselben Jahre mit Remigius Clarus und Eckhart. Nach dem Magisterverzeichniss des Bernhard Guidonis[2] wurde Remigius Licentiat „*autoritate papae*". Hier sehen wir also den Conflict zwischen dem Papste und der Pariser Universität schon im Jahre 1302, also in dem Jahre, in welchem auch Eckhart Licentiat der Theologie wurde, praktisch geworden. Der Papst greift hier in die Ordnung der Universität ein und promovirt Remigius zum Licentiaten. Warum? Wollte er nicht, dass die Universität ihn promovire oder hatte ihn die Universität nicht promoviren wollen? Die Antwort ist in den Beschlüssen der Generalcapitel gegeben. Nach der Ordensregel sollte von den beiden Baccalaureis der Dominikaner in Paris immer der ältere im Amte auch zuerst zum Licentiaten und Magister promovirt werden. Die Präsentation hiezu geschah von den fungirenden Magistern der Theologie. Diese Ordnung muss in den Jahren 1301—1303 nicht eingehalten worden sein, denn sie wird auf den Generalcapiteln jener Jahre von neuem eingeschärft und es werden die Magister, welche dagegen handeln, mit dem Verluste ihres Magisteriums bedroht. Jener Remigius Clarus war also übergangen und von der Universität dem Kanzler nicht präsentirt worden. Er war ein Italiener, und stand, wie sich aus diesem Vorgang sowie aus seiner Beförderung zum Generalprocurator des Ordens in den nächstfolgenden Jahren durch den Papst schliessen lässt, auf der Seite des Papstes. Wie nun wurde Eckhart von diesem Conflict berührt? Im Magisterverzeichniss folgen Remigius Clarus, Eckhart, R. Romani als die im J. 1302 promovirten Licentiaten in der angegebenen Ordnung aufeinander. Ist nun Remigius Clarus der allein übergangene, oder war es auch Eckhart? Oder ist Eckhart mit R. Romani der dem Remigius von der Universität vorgezogene?

Eckhart sagt selbst in einem seiner späteren Stücke, dass er zu Paris dreimal bewährt,[3] d. i. dass er zu Paris zum Baccalaureus,

---

1) S. die Actenstücke v. 26. Juni u. 25. Juli 1303 in der *Histoire du differend d'entre le pape Boniface VIII et Philippes le Bel. Paris 1605.*

2) *Magistri in theologia Parisius* in der erwähnten Frankfurter Handschrift abgedruckt bis z. Jahre 1308 in m. Vorarbeiten S. 17 ff.

3) In der Münchner Handschrift *Cod. germ. 365*, welche das Stück „Meister Eckhart's Wirthschaft" enthält. Der Pfeiffer'sche Text hat obige Worte nicht. Herr Jundt, der meine Annahme, dass Eckhart nicht von Bonifacius VIII., son-

Licentiat und Magister promovirt worden sei; daraus folgt, dass er nicht von der Universität übergangen, dass er also nicht gleich jenem vom Papste promovirt wurde. Er war also der dem Remigius vorgezogene und die beiden Baccalaurei der Dominikaner, welche dem Kanzler von der Facultät zur Promotion vorgeschlagen wurden, waren Eckhart und R. Romani. Beide beendeten also, da sie nach Bernhard Guidonis im J. 1302 zu Licentiaten promovirt wurden, am 29. Juni 1303 das erste Jahr ihres Magisteriums, und Eckhart ging dann nach Deutschland zurück, während R. Romani noch im darauffolgenden Jahre die Sentenzen las.

Aus dieser Darlegung wird es sich rechtfertigen, wenn wir von zwei handschriftlichen Quellenangaben über die Promovirung Eckhart's, von denen die eine von Quétif benützte den Zusatz *licentiatus per Bonifacium VIII* hat,[1] die andere ihn nicht hat, der letzteren folgen. Diese letztere in Frankfurt befindliche stammt aus der Mitte des 14. Jahrhunderts und ist überdies sehr wahrscheinlich in dem hieher gehörigen Theile eine vom Original unmittelbar genommene Abschrift.[2]

Setzt somit die Promotion Eckhart's durch die Universität im Jahre des Conflicts mit dem Papste voraus, dass er nicht für den Papst Partei genommen hatte, so folgt freilich damit noch nicht, dass er gegen die Ansprüche des Papstes war. Denn er hätte eine Hinneigung zur päpstlichen Sache als ein Fremder leicht verbergen können. Aber wahrscheinlich ist mir eine solche Hinneigung nicht, wenn ich an den späteren Eckhart denke, der seine Beichttochter Katrei aufmuntert, in der Ueberzeugung von dem eigenen Rechte dem kirchlichen Banne zu trotzen, und ferner an seine auf das Wesentliche gerichtete Sinnesart,

---

dern zu Paris in herkömmlicher Weise zum Magister promovirt worden sei, bekämpft, interpretirt sonderbarer Weise die von mir mitgetheilte Stelle also: *Vous êtes un maître de Paris dont trois grades successivement accordés ont confirmé la haute science.* Aber es heisst ja nicht „von" sondern „zu" Paris: die Worte können also nur zum folgenden gezogen werden, da man selbstverständlich in Cöln zu Eckhart nicht sagen konnte: Ihr seid ein Meister *zu* Paris.

1) In meinen „Vorarbeiten lastete ich Quétif diesen Zusatz auf, und Herr Jundt findet das auffallend, da ich doch selbst Quétif als einen Schriftsteller von kritischer Sorgfalt bezeichne. Er hat ganz recht. Ich hätte in dem Satze: Mir scheint, als habe Quétif erst diesen Zusatz gemacht, verleitet dadurch, dass er in dem Verzeichniss bei Eckhart's Vorgänger steht, denn da heisst es: „*Remigius Florentinus, licentiatus autoritate papae 1302*" — für Quétif schreiben sollen: „der Schreiber der Handschrift, welche Quétif vor sich liegen hatte."

2) S. die Begründung hiefür in den Vorarbeiten S. 16.

nach welcher ihn das auf weltliche Macht ausgehende Treiben der Curie überhaupt anwidern musste.

Es ist zu beklagen, dass wir so wenig bestimmte Mittheilungen haben über die Einflüsse, welche auf die Entwicklung eines so ausserordentlichen Geistes eingewirkt haben, und dass wir hierüber auf diese und jene Nebenumstände angewiesen sind, welche allenfalls einen Schluss zulassen.

Wir ersehen zunächst aus jenen Predigten, welche der Melker Handschrift entnommen sind, und welche sowohl nach den äusseren wie inneren Merkmalen der ersten Zeit nach Eckhart's Pariser Aufenthalt mit Sicherheit zugeschrieben werden dürfen, dass er an der Scholastik, wie sie ihm in ihren damaligen Vertretern zu Paris entgegentrat, wenig Gefallen gehabt haben mag. Denn es wird sich auf seine Erfahrungen, die er in Paris gemacht hat, beziehen, wenn er klagt: „Ihrer ist viel unter uns Meistern, die die Schrift dreissig Jahre oder mehr nun geübt haben, und verstehn sie doch in der Einheit so wenig als eine Kuh oder ein Ross."[1] Den Grund sieht er in dem Mangel an wahrer Frömmigkeit. Man müsse, meint er, das minnen woraus die Schrift ihren Ursprung nimmt und das sei Gott, der sich dann mit seiner Gnade in die Seele senke, dass sie ihn minne über sich, und dann erst werde dieser die Erkenntniss gegeben.

Wir dürfen annehmen, dass Eckhart in dieser von ihm angegebenen Richtung lebte, als er zu Paris die bedeutenderen Schriftsteller der Zeit nach der Sitte der Hochschule in den Kreis seiner Besprechungen ziehen musste, oder vielmehr, als er sie da, wo an ihren Schriften kein Mangel sein konnte, von dem eigenen Wissenstrieb gedrängt, in umfassenderer Weise zu studiren begann. Während, wie oben hervorgehoben ist, in den Reden der Unterscheidungen, die er vor Klosterbrüdern hält, fast keine Autoritäten angezogen werden, finden sich hier, in den Predigten der Melker Handschrift, die er Klosterschwestern vorträgt, mit einem Male Berufungen auf die Lehrer in Menge. Unter den Lehrern werden ausser Origenes, Augustin und Damascenus — Dionysius, Bernhard, die beiden Victoriner, Gilbert und „Meister Linconiensis" angeführt. Mit den meisten von diesen mag Eckhart schon vor seinem Pariser Aufenthalt einigermassen bekannt gewesen sein, dagegen dürften ihm die in Deutschland selteneren Schrif-

---

1) cf. auch kurz vorher Pf. S. 352, 27 ff. Zeinen ziten wart ich in der schuole ze Paris gefraget, wie man die geschrift alle erfüllen müge? etc.

ten des „Linconiensis" d. i. des Robert Greathead, welcher, nachdem er zu
Paris und Oxford gelehrt hatte, 1253 als Bischof zu Lincoln starb, wohl
erst zu Paris in die Hände gekommen sein. Während er bei den andern
nur einfach den Namen anführt, macht die Bezeichnung des Robert als
Meister Linconiensis den Eindruck, als sei derselbe ihm ein besonders
bedeutenderer und vertrauter Meister. Dies weist uns auf die Beschäftigung Eckhart's mit Aristoteles und Dionysius hin, denn Robert's
Werke sind Commentare über beide. Eckhart's Schriften zeigen, wie
sehr er mit Aristoteles vertraut ist, und die areopagitischen Schriften
bilden eine der Grundlagen seiner Theosophie. So scheinen die Anfänge seiner Speculation mit seinem ersten Aufenthalt in Paris in Verbindung zu stehen.

Und von welchen Fragen nahm seine speculative oder seine mehr
wissenschaftliche Auffassung der Wahrheit vornehmlich ihren Ausgang?
Auch darüber vermögen uns die Predigten der Melker Handschrift
einiges Licht zu geben; denn so zurückhaltend Eckhart mit Mittheilungen über sich selbst ist: das was ihn gerade im Geiste bewegt,
hält er aus Rücksichten auf seine Zuhörer niemals ganz zurück, er sucht
überall auch die Schwachen, die Frauen wie die Männer in den Kreis
seiner Gedanken hineinzuziehen. Die Fragen aber, mit denen er sich,
als er diese Predigten hielt, beschäftigt, für die er sich auf Meinungen
der Lehrer beruft, haben ihn sicher nicht erst kurz nach seiner Rückkehr von Paris, sondern schon dort beschäftigt. Es sind die Angel-
punkte, um die sich seine ganze spätere Theosophie bewegt, die Fragen
nach dem Wesen Gottes und nach dem Wesen der Seele. Wir sehen,
dass er für die Hauptfrage, die er sich von Anfang an gestellt: wie Gott
in die Seele und die Seele in Gott komme, eine wissenschaftliche Grundlage sucht. „Es kamen einstmals", sagt er, „etliche der besten Meister
der Schrift zusammen, zu reden, was Gott und die Seele wäre?" Und
er führt ihre Meinungen an, und er verwendet die speculative Frage
zur Beantwortung der praktischen Frage.

Wie sein auf die Erfahrung und reale Einwohnung Gottes gerichtetes Streben ihm schon damals den freien Sinn der Welt gegenüber
gab, das drückt er charakteristisch in derselben Predigt mit den Worten
aus: „Zu einer Zeit kam ein guter Mensch in eine Betrachtung
zwischen ihm und Gott, wovon seine Seele zweierlei Nutzen empfing.
Die eine war eine Lust, die ihm so wohl schmeckte, dass ihm alle Creaturen davon unschmackhaft wurden. Und hätte ihn Gott in dieser Lust
irgend länger erhalten, er hätte keines Dinges mehr begehrt. Der

cess gefasst wissen, in welchem Anfang, Mitte und Ende von Ewigkeit her in einander übergehen und zugleich vorhanden sind, als einen Kreislauf des Lebens, in welchem kein Moment ohne das andere, keines später als das andere, sondern alle nur miteinander zugleich da sind. Unter dieser Voraussetzung spricht Eckhart von dem Wesen als einer Erstigkeit und einem Anfang in der Gottheit. Aber eben weil er einen nach dem Massstab des Zeitlichen begriffenen Anfang nicht meint, darum nennt er ihn „einen unanfänglichen Anfang". Es ist ein Anfang, der nie war ohne in dem Ende wieder aufgehoben zu sein, ein Grund des Lebens, der nie war ohne von seinem eigenen Strome umschlossen und gespeist zu sein.

„Wesen ist das was ungetheilt alle Dinge zumal in sich beschlossen hat nach Ungetheiltheit." (N. 1864. S. 172.) „In ihm ist selbst der Unterschied der Personen (der Gottheit) noch vergeistet in der einfältigen, weiselosen Weise" (669). „In dem ungebornen Wesen ist der Vater wesentlich als das Wesen ohne Persönlichkeit" (499). „Was ist Widersetzung? Lieb und Leid, weiss und schwarz, das hat Widersetzung und die bleibet im Wesen nicht" (264). Es ist das „da die Dinge noch ohne Unterschied der Namen sind", „da alle Dinge noch eine stille Kraft sind", „ein einfältiges Ein" (501 u. a. a. O.). Aus diesen Sätzen ergibt sich erstens, dass Eckhart unter dem Wesen nicht ein leeres inhaltloses sondern ein kraftvolles Sein versteht, zweitens ein Sein, das noch nicht in Unterschieden hervortritt, aber die Potenz aller Unterschiede in sich trägt. Man hat Eckhart in diesen und ähnlichen Aussprüchen von der Formlosigkeit, Gestaltlosigkeit, Unbestimmtheit des Wesens missverstanden, indem man seine Worte nicht in der Beziehung nahm, in welcher er sie genommen wissen wollte. Denn wenn z. B. Eckhart im Hinblick auf das Wesen von Gott sagt: „seine einfältige Natur ist von Formen formlos, von Werden werdelos, von Wesen wesenlos" (497), so hat er den Gegensatz von Potenz und voller Wirklichkeit des Seins im Auge. Das was das Seiende nur dem Vermögen nach ist, ist noch ein Nichtseiendes in Bezug auf das was es wird; aber es ist doch auch eine Wirklichkeit, die unvollendete gegenüber der vollendeten Wirklichkeit. Das Wesen oder die einfältige Natur „entgeht wohl allen werdenlichen Dingen", es ist „ein Nicht" in Bezug auf alles Gewordene, aber darum ist es nicht die Negation des Seins überhaupt, sondern ein positiv Nichtseiendes, ein „Nicht — Icht" (517). Von dem gleichen Gesichtspunkte aus muss man auch die Bezeichnungen des Wesens als der Düsterheit, der Finsterniss, der Wüste der

Gottheit verstehen. Er will damit nicht einen chaotischen Zustand bezeichnen, der jedem logischen Begriffe sich entzieht; sondern die Potenz alles Seins ist ihm das Finstere, sofern es das noch nicht licht und offenbar gewordene ist. Das was nachher in lichter Offenbarung hervortritt, ist in der Wurzel schon vorhanden, ist hier das sein sollende.

So fasst denn Eckhart das Wesen unter dem Begriff der Möglichkeit des Seins, und gebraucht auch diesen Ausdruck selbst, wenn er sagt, dass der Seele, wenn sie von der Betrachtung der Dreieinigkeit auf das Wesen der Gottheit zurückgehe, auf den Ursprung, alle Wunder (der Dreieinigkeit) geworden seien „als ein möglich sein" (632). Noch positiver aber bezeichnet Eckhart das Wesen, wenn er sagt, es sei die Kraft der göttlichen Personen und aller Dinge. „Die Gottheit (das Wesen) ist ein bloss einfältig Ding, das aller Dinge Kraft an sich hat ob den Personen und der drei Personen Kraft in Einfältigkeit" (540). Es ist dies darum eine positivere Bezeichnung, weil der Begriff der Möglichkeit ein indifferenter ist, und das aus ihr entstandene auch ein rein zufälliges sein kann, während die Bezeichnung des Wesens als der Kraft oder der Potenz aller Dinge das, was nachher ist, nicht als ein zufälliges, sondern als ein in gewisser Hinsicht nothwendiges in dem Wesen wurzeln lässt. Aber auch hier ist die Warnung am Platze, Eckhart nicht so zu verstehen, als sei deshalb die Welt mit Nothwendigkeit aus dem Wesen hervorgegangen. Wenn Eckhart das Wesen als die Kraft aller Dinge bezeichnet, so setzt er dabei, wie sich zeigen wird, voraus, dass die Dinge kraft eines freien Willensentschlusses der drei Personen in's Dasein gerufen sind.

Aber da die Formen der Dinge vielfach sind, so scheint auch eine Vielheit der Potenzen angenommen werden zu müssen, und mit dieser Anschauung scheint die von der absoluten Einheit des Wesens nicht bestehen zu können. Doch dieser scheinbare Widerspruch wird sich lösen, wenn wir im Verlaufe den Unterschied kennen lernen werden, welchen Eckhart zwischen dem Urbild aller Formen und den daraus abgeleiteten Formen macht. Eckhart kennt nur Eine Form des Wesens. „So denn Wesen ist, so muss es tragen seine eigene Form an seiner eigenen Wesentlichkeit. Diese Form ist nicht ein anderes, denn dasselbe Wesen ist wesentlich. Unter dieser wesentlichen Form sind Bilder aller Dinge formlos, denn diese wesentliche Form die ist Form aller Dinge einfältiglich" (681. 682). Eckhart nennt diese Form den Vater, sofern er noch nicht wirkende Persönlichkeit ist. „In dem ungebornen Wesen ist er (der Vater) wesentlich als das Wesen ohne Persönlichkeit, da leuchtet sich das Wesen sich selber Wesen ohne Person. Doch ist der Vater dasselbe Wesen wesentlich" (499). Somit ist das Wesen die absolute Persönlichkeit selbst in der Potenz.

Nach Eckhart ist also das Princip aller Dinge der Geist, die Persönlichkeit in der Potenz. Und zwar der Geist mit Ausschluss alles Nichtgeistigen. Es ist nicht so, dass der Geist nur die Form eines Nichtgeistigen in der Gottheit wäre, eines Dinges an sich, zu dem die Form als das andere hinzukäme, sondern das ὑποκείμενον für die Form ist die Form selbst. Denn die absolute Persönlichkeit ist, wie wir schen werden, das sich denkende Denken, das sich sehende Sehen. Insoferne nun in dem Wesen die Persönlichkeit noch in der Potenz ist, noch nicht in Schiedlichkeit und actuelle Wirklichkeit getreten, insoferne in dem Vater, der Form der Formen, der Sohn und Geist noch latent sind, ist die Form mit der Form, das Subject mit dem Wesen noch identisch. „Die Form ist nicht ein anderes, denn dasselbe Wesen ist wesentlich." Somit ist von einem stofflichen materiellen Substrat für die Form in dem absoluten Wesen keine Rede. Das Wesen ist reine Form, und zwar die Form der Formen in der Potenz. „Der Vater ist sein selbst Materie und Form, und seine Form ziehet sich selber aus seiner Materie", d. h. der Vater als bewusst wirkende Persönlichkeit ist seiner selbst Object und Subject, und das Subject tritt aus der Potenz hervor und wird zur actuellen Wirklichkeit erweckt an dem Object: ein Process, der in den nächsten Abschnitten erörtert werden wird.

Eckhart sieht mit Recht das Leben nur dann vollständig gewahrt, wenn sich der potentielle Grund des Lebens nie ausgibt, nie in lautere Wirklichkeit umsetzt, sondern als das erhält was er ist. Die Möglichkeit oder die Kraft des Seins ist zwar die Quelle alles wirklichen Seins; aber durch die Emanation aus der Kraft, welche die erste Stufe zur Selbstoffenbarung des Wesens ist, schwächt sich die Potenz nicht: sie bleibt innerhalb aller Wirklichkeit des Seins deren unwandelbarer Grund, und die Wirklichkeit gestaltet sich immer jung und neu aus diesem Grunde.

Fasst man die potentielle Kraft als bleibenden Grund, so muss man sie als eine sich innehaltende attractive Kraft fassen, wie es Eckhart auch thut. Eckhart's Ausdrücke hiefür sind sehr bestimmt. „Die Einigkeit stehet bei Gotte und hält Gott zusammen und leget nicht zu. Da sitzt er in seinem nächsten, in seinem Isse, alles in sich, nirgends ausser sich" (121). Das Wesen „ziehet in sich", es ist „in einer stillen

Stillheit", „es ist unbeweglich" (388. 389), „es gebiert nicht" (499. 518. 523 etc.), „es vermag sich selbst nicht zu offenbaren" (499. 528), „das einige Ein ist durftlos, das in sich selber schwebt in einer düsteren Stillheit" (516), es ist „ein festes Wesen" (514).

Die Frage ist nun, wie bei diesen Bestimmungen des Wesens als einer in sich ziehenden, sich innehaltenden Kraft eine Offenbarung, ein Heraustreten zur Wirklichkeit des Seins eintreten kann. Eckhart lässt alles wirkliche Sein aus diesem Lebensgrunde entstehen, und man erklärte dies für einen Widerspruch. Aber man konnte diesen Widerspruch bei Eckhart nur finden, weil man Eckhart's Begriff vom Wesen und den aus demselben sich entwickelnden Begriff der Natur nicht richtig erfasst hatte. Man fehlte darin, dass man in Eckhart's Aussagen von der Stille, Unbeweglichkeit und Festigkeit des Wesens die Vorstellung der Starrheit hineintrug und dass man den Unterschied übersah, den Eckhart zwischen Emanation und Geburt macht.

Denkt man sich das Potentielle nicht als den vorübergehenden, sondern als den bleibenden Grund alles Lebens, so muss man es als ein in sich stilles, unbewegliches fassen, da es als bewegtes gedacht aufhören würde, ein nur mögliches zu sein. Wohl aber ist bei dieser Bestimmtheit eine Entäusserung denkbar, durch welche eben das Unbewegliche sich in seiner Unbeweglichkeit affirmirt, und das ist Eckhart's Auffassung. Sie stellt sich dar in dem was er über die Natur der Gottheit lehrt.

2. Die Natur der Gottheit.

Es beruht auf einer richtigen psychologischen Erkenntniss, wenn Eckhart das Bild, die Vorstellung nicht in der bewussten, sondern in der unbewussten Kraft entspringen lässt, wenn er von dem bewussten Willen sagt, er producire nicht das Bild, sondern er folge dem Bilde. „Eine Eigenschaft des Bildes ist, dass es von dem, des Bilde es ist, sein Wesen ohne Vermittelung nimmt abgesehen vom Willen; denn es hat einen natürlichen Aufgang und dringet aus der Natur als der Ast aus dem Baume" (68). Alle Vorstellungen, die des Selbstbewusstseins so gut wie die der sinnlichen Phantasie, kommen aus den potentiellen Trieben in uns und zwar ohne Vermittelung unseres Willens. So lässt denn nun auch Eckhart aus dem potentiellen Grunde, aus dem Wesen das Bild des Wesens fliessen. Wir sahen, das Wesen ist nach Eckhart nichts anderes als der Vater, die einheitliche Form in ihrer Potenzialität, die sich innehaltende Kraft des Vaters. Diese sich innehaltende Kraft hält sich damit inne, dass sie sich zugleich entäussert. Es beruht auch diese Auffassung auf einer richtigen Beobachtung psychischer und physischer Vorgänge. Jedes Innehalten ist ein Versuch sich in sich zu gründen, jedes in sich ziehen ist ein sich entsetzen von der eigenen Aeusserlichkeit, die dadurch Object meiner selbst wird, innerhalb deren ich mich befasse und gründe[1]. Eckhart nennt die erste Entäusserung des Wesens Natur. Wesen und Natur sind aber nicht zwei für sich bestehende Eigenschaften, d. h. geschiedene Seinsweisen, sondern „eins seiend in Einer Eigenschaft und nicht zwei Eigenschaften. — Wesen und Natur ist Ein Licht in Lichtes Eigenschaft. Des Lichtes ist das Wesen ein Ingrund und Intiefe. Im Wesen hält sich das Licht in inwesender Stillheit, und dasselbe Licht leuchtet sich auch in Offenbarkeit nach aussen" (668. 669). Natur und Wesen verhalten sich also wie das Licht zu seinem eigenen dunklen Grunde aus dem es hervorstrahlt. Diese Anschauung Eckhart's von der Einheit der Natur mit dem Wesen hat zur Folge, dass er häufig Natur und Wesen als Wechselbegriffe nimmt, was man im Auge behalten muss, um nicht verwirrt zu werden. Als die Objectivirung des Wesens nennt Eckhart die Natur auch „das bildreiche Licht göttlicher Einigkeit" (668. 669). Sie ist das Wesen nicht mehr als blosse Potenz, sondern als Form und Bild, bildreich und doch nur Ein einfältiges Bild, insoferne alle Formen ihm noch immanent sind; der Vater nicht mehr als Potenz, aber auch noch nicht als sich erfassende Persönlichkeit, sondern das Bild, der offenbare Gedanke des Vaters; das Wort des Vaters, aber das noch unpersönliche Wort. Er wendet, um die Art seines Ausgangs anschaulich zu machen, auf dasselbe an, was Augustin die Person Christi von sich sagen lässt: „Ich bin kommen als ein Wort von dem Herzen, das daraus gesprochen ist; ich bin kommen als ein Schein von der Sonne; ich bin kommen als eine Hitze von dem Feuer; ich bin kommen als ein Ruch von der Blume (die Blume bleibt unbewegt und sich innehaltend während die Kraft ihr entströmt); ich bin kommen als ein Fluss eines ewigen Gespringes" (389).

Diesen Hervorgang des unpersönlichen Wortes aus dem Wesen bezeichnet Eckhart als ein „Ausfliessen", nicht als eine „Geburt", unter

---

1) Also sprichet der vater den sun ungesprochen unde bleibet doch in ime. Ich hab ez ouch me gesprochen: gotes uzganc ist sin inganc. S. 92.

welcher er den Hervorgang des Worts durch Vermittelung der väterlichen Person versteht. Er setzt diesen doppelten Process, den ersten unmittelbaren und den zweiten oder vermittelten ausdrücklich einander gegenüber: „Da das Wort von dem Vater (dem Wesen) fliesset als ein Licht, da ist es ein Bild des Vaters und beweiset den Vater formlos; da das Wort von dem Vater (der wirkenden Person) fliesst als eine Geburt, da beweiset es Geborenheit und beweiset den Vater bärend" (673). Als unmittelbar ausgeflossenes ungeborenes Wort heisst die Natur auch in der Glosse zum Evangelium Johannis „das ungewortete, das verstrickte Wort". Es ist selbst noch unpersönlich, nicht wirkend, nur Object, daher das „wortlose Wort", daher geht „diesem Worte weder zu noch ab, und es ist in sich selber unbeweglich, und darum verstund es sich nie in ihm selber und ist doch die Vernunft des Vaters" (579). Er nennt die Natur auch die Weisheit des Vaters (68. 515), und in dem Tractat der Nürnberger Handschrift im Anschluss an den bekannten aristotelischen Begriff die wirkende Vernunft. Wir sehen aus der Erklärung Eckhart's, die er in seinem Todesjahre in der Dominikanerkirche zu Cöln gibt, dass er bei dieser Bezeichnung stehen geblieben ist, denn auch hier bezeichnet er die Natur der Gottheit als die wesentliche Vernunft.

Wie für die sinnlichen Dinge die Materie der Träger der Form ist, so ist für den materielosen persönlichen Geist die Natur das Substrat. Die Natur aber ist das Bild, die Idee des sein sollenden, nur dieses nicht in seiner Vielheit, sondern in seiner Einheit. Eine deutliche Vorstellung von dieser „einfältigen Form", dieser Form der Formen uns zu machen, ist nun freilich dem menschlichen Geiste nicht möglich. „Was die Creatur davon begreifen mag, das ist wie ein Tropfen gegen das wilde Meer" (N. 1864, 174 u. a. a. O.). Auch sie heisset darum gleich dem Wesen „das Nicht", „die Finsterniss", denn der Geist kann „keine Weise finden, was sie sei"; aber an sich ist sie natürlich ein „Icht" wie das Wesen, und ebenso ist sie, wie wir sahen, „ein Licht", das „ewige Licht".

Eckhart sucht zu verschiedenen Malen den Begriff der Natur näher zu bestimmen und abzugränzen. Er sagt: „kein Ding mag sein ohne seine Natur. Es mag auf sich selbst nicht verzichten. Es muss sein, das es ist" (N. 1864, 176). Er versteht also unter Natur den wesentlichen Begriff eines Dinges, welcher sein Sonderdasein begründet. Anderwärts gibt er uns seinen Naturbegriff in Bezug auf den Begriff der Person. „Aller Menschen Natur heisset die Menschheit, und die Menschheit mag nicht wirken

und gebären an ihr selber, sie muss wirken und gebären an einer
menschlichen Person. Seht, also ist es um die Gottheit: sie hat in ihr
beschlossen alle Dinge, aber sie wirket noch gebirt nicht an ihr selber.
Was sie wirket, das geschieht alles mit den Personen persönlich und wesentlich" (632)[1]. „Die Jungfrau", sagt er an einer andern Stelle (175), „ist
nach ihres Wesens Art wohl mütterlich, und doch nicht Mutter." Er will
auch hier das Verhältniss von Natur und Person deutlich machen. Er
bezeichnet die Natur als „die Macht der Art" der Person. Mutter wird
die Jungfrau erst durch das gebären selbst. So meint er sei die Natur
der Gottheit des Vaters Väterlichkeit, des Sohnes Sohnlichkeit, des
Geistes Geistigkeit. Also ist die Natur das Vermögen, Vater, Sohn und
Geist zu sein, wie denn Eckhart auch die Natur als „die Vermögenheit,
die Mögenheit" der Personen bezeichnet (388. 670). Das Vermögen
Vater zu sein, das heisst hier, den Gedanken seiner selbst aus sich herauszusetzen, den Sohn zu gebären, kann aber eben nur dieser Gedanke
selbst sein, der Wesensbegriff, und dieser Wesensbegriff verhält sich
also zu den Personen wie die Idee zu ihrer Verwirklichung, wie der
Begriff als Vorstellung zu dem sich selbst denkenden Begriff. Die Vorstellung von einem sich selbst denkenden Wesen ist in den Personen
das sich selbst denkende Wesen geworden. Diese Idee Gottes oder
die Natur wird darum von Eckhart als „der begreifende Begriff"
der Person als „dem eigenen Begriff" gegenübergestellt. „Nun merket
Unterschied des Begriffs: es ist ein begreifender Begriff und ein eigener Begriff. Der begreifende Begriff, das ist dass die Natur gemeiniglich begreifet die Personen alle drei. Aber der eigene Begriff ist,
dass eine jegliche Eigenschaft (Person) sich besonders in ihrer Eigenschaft begreift nachdem dass sie ihre Eigenschaft besitzt in der Natur"
(671). Eckhart bezeichnet die Natur als die Einheit in der Dreiheit;
er sagt, sie begreife die Personen alle drei; er lässt in der Natur die
Personen nicht drei Eigenschaften, sondern nur Eine Eigenschaft und
zwar Eine Eigenschaft mit der Natur selbst tragen. Und wo er von der
Natur als dem ersten Ausbruch aus dem Wesen spricht, da versteht er
diese Einheit als unentfaltete Einheit, da ist sie ihm der Vater, die
Form der Formen, welcher die Formen des Sohnes und Geistes noch
immanent sind. So sagt er von der Natur, oder der Väterlichkeit, oder
der Macht der Art des Vaters, dass in ihr die Sohnlichkeit begriffen

---

1) *cf. Scotus Erigena* oben S. 160 Anm. 3.

sei, wiewohl ungeboren, „denn wäre der Sohn nicht in der Macht der Art des Vaters ungeboren, so möchte ihn der Vater nicht gebären; denn was Ausgang haben soll, das muss zuvor inne wesen" (175).

3. Der Vater.

Wir sahen, das Wesen gilt Eckhart als die absolute Causalität. Diese Causalität ist die Potenzialität Gottes, die bestimmte Kraft, der Vater, das sein sollende, aber noch in der Wurzel, in der Potenz. „Denn in dem Wesen ist der Unterschied der Personen noch vergeistet in der einfältigen weiselosen Weise." Aber die Personen sind das, was das Wesen werden soll, sie sind das noch schlummernde Selbst des Wesens, darum können sie auch als mit dem Wesen identisch gefasst werden, und zwar die drei Personen oder auch der Vater allein, da mit diesem Begriff der des Sohnes und Geistes implicite gesetzt ist (499. 518). Von dieser absoluten Causalität unterscheidet Eckhart den Begriff des Grundes d. i. die Natur, die erste Entäusserung und Objectivirung des Wesens, die Idee. Er gebraucht für sie auch entweder den Ausdruck: Grund, oder hat diesen Begriff im Auge bei Ausdrücken wie: „die Natur ist das Untertheil der Gottheit". Eckhart's philosophische Grösse offenbart sich nun in der Anwendung, welche er von seiner Unterscheidung macht: Die Causalität wird ihm erst dadurch, dass sie sich in einen Grund, in eine Fassung ihrer selbst eingeführt findet, actuos. Die potentielle Persönlichkeit gewinnt mit der Objectivirung im Bilde „Mögenheit", „leuchtet sich selber und sagt sich Person" (671). Der Grund, die Objectivirung im Bilde, die Natur ist das, „was dem Vater Vater und dem Wesen Wesen sagt" (682). Sie „erhebt" den Vater (502).

Die Person ist also nicht ein durch das Wesen unmittelbar hervorgebrachtes, denn das Wesen, die Potenz, zieht in sich, ist ein bleibend sich innehaltendes: „Wesen gebiert nicht"; und ebensowenig setzt die Person erst das Wesen, denn die Person ist selbst das Wesen, das Wesen ist nichts anderes als die potentielle Persönlichkeit selbst: „Väterlichkeit und Wesentlichkeit hat in ihm Eine Eigenschaft" (N. 1864, 176), ist identisch. Und wie das Wesen das Licht, die Natur ausstrahlt, ohne dass es aufhört, potentieller Lebensgrund zu sein, so erhebt es sich selbst und wird Person ohne damit aufzuhören Wesen zu sein. Das Wesen, der Begriff in der Potenz, wird „begreifender Begriff" (Natur) und „eigener Begriff" (Person), ohne sich selbst damit aufzugeben oder aufzuheben, und es wird „eigener Begriff" durch Vermittelung des „begreifenden Begriffs".

Die Natur, das Bild, kann nicht aus der Potenz hervorleuchten, ohne dass sich zugleich aus der Potenz die Person erhebt: Subject und Object sind nur miteinander zugleich da. Darum sagt Eckhart: „die Natur möge nicht sein, es sei denn etwas dessen Natur sie sei, und die Person des Vaters möge nicht sein, es sei denn etwas, dessen Person sie sei" (682).

Eckhart versteht unter Person den bei sich selbst seienden und im Unterschiede von seinem Objecte sich behauptenden Geist. „Nun möchte ich fragen", sagt er 387, „wie es sei um die in der Gottheit verlorene Seele, ob sie sich finde oder nicht? Hierauf will ich sprechen wie mich dünkt, dass sie sich finde an dem Punkte, wo ein jeglich vernünftig Wesen verstehet sich selber mit sich selber. Obgleich sie sinket und sinket in der Ewigkeit göttlichen Wesens, sie kann doch den Grund nimmer begreifen. Darum hat ihr Gott ein Pünktlein gelassen, damit kehret sie wieder in sich selber und findet sich und bekennet sich Creatur." Wir haben in dieser Stelle zugleich eine weitere Rechtfertigung für unsere Auffassung Eckhart's bezüglich der Causalität und des Grundes, so bald man nur aus diesem Beispiel von der creatürlichen Vernunft die richtigen Folgerungen zieht. Die Causalität oder die Einheit wird also zur Activität erweckt und zwar zum Bewusstsein ihrer selbst durch das sich selber finden in der Natur. Diesen Begriff der Persönlichkeit ergänzt Eckhart anderwärts durch die Aussage: „Person ist das, was gesondert und mit Vernunft seine Eigenschaft behält, gesondert von einem andern, wiefern es als Person sich davon unterscheidet" (N. 1864, 171). Wenngleich also die Person nicht denkbar ist ohne ein Object, so bildet doch das Object nicht ein Moment in dem Begriffe der Persönlichkeit; die Person ist das durch Unterscheidung von dem Objecte sich in sich behauptende und an dem Object wissende Subject. Wenn darum Eckhart sagt: „Gott ist seiner selbst Materie" 497, so heisst das: das eine alles beschliessende göttliche Wesen, das in sich Subject und Object in ununterschiedener Einheit birgt, wird sich in der Natur Object, Materie, an der es sich zum Subject, zur wirkenden Form, zur Person erhebt.

4. Vater und Sohn.

Wir sahen, dass Eckhart die Erweckung des Vaters durch die Spiegelung der Natur bedingt sein lässt; aber er will damit kein zeitliches Nacheinander aussagen. In gleicher Weise fasst er auch den trinitarischen Process. Der Vater ist nie ohne dass auch der Sohn ist, beide nie ohne dass zugleich der Geist ist. Was er als zeitliches Nacheinander darstellt, will nur als wechselseitige logische Bedingtheit angesehen sein.

So sahen wir die actuelle Persönlichkeit bedingt durch die Rückstrahlung des Objects in das Wesen; aber die actuelle Persönlichkeit ist in demselben Moment nicht dieses allein, sondern sie ist zugleich die sich als Natur befassende Persönlichkeit, sie ist nur jenes, indem sie zugleich dieses ist. Die actuelle Persönlichkeit ist nur actuell wirkend, indem sie das Object befasst, in sich zücket, und dieses in sich zücken ist ein Erkennen, und das Erkennen ist zugleich Geburt des Gedankens, und der Gedanke Gottes von sich selbst ist die Person des Sohnes.

Diese Momente legt Eckhart vereinzelt dar und begründet sie. Wir werden sie im folgenden zusammenstellen.

Die Potenz der Persönlichkeit erwacht zur actuellen Persönlichkeit an dem Bilde das aus dem Wesen strahlt, und dieser Uebergang zur Actualität findet in demselben Masse statt, als die Person das unmittelbar dem Wesen entflossene Bild sich aneignet. „Soviel der Vater seines ungebornen Wesens in sich zücket, soviel ist er väterlich und wesentlich an seiner Väterlichkeit" (499). Vater und Väterlichkeit werden also unterschieden, der Vater zwar als der Urheber der Väterlichkeit bezeichnet, aber die Väterlichkeit doch auch als Bedingung für die Wirksamkeit des Vaters gefasst. Väterlichkeit aber ist die Natur des Vaters. Aber die Natur nun doch nicht mehr in der Auffassung, wie sie der vorige Abschnitt dargelegt hat, nicht die unmittelbar aus dem Wesen hervorleuchtende Natur, sondern die durch die actuelle Persönlichkeit vermittelte Natur, nicht mehr „das ungeborene Wesen", „die ungenaturte Natur", sondern „das geborene Wesen", „die genaturte Natur". Die väterliche Person ist es, welche „naturet", die „genaturte Natur" setzt. Und sie thut dies, weil „das Begehren" dazu in ihr wachgerufen ist. Wir sahen oben, dass Eckhart sagt: das Bild breche aus dem Wesen ohne Vermittlung des Willens; aber der Wille folge dann dem Bilde. Diese Anschauung anwendend auf das unmittelbar aus dem

absoluten Wesen hervorbrechende Bild oder die göttliche Natur, lässt
Eckhart in der Person des Vaters das Begehren nach diesem Bilde oder,
wie er es auch nennt, nach dem verstrickten, dem ungeborenen Worte
erwachen. „Der Vater begehret seines eigenen Wortes" (175). Denn
der Vater wird sich an diesem Worte wohl seiner selbst als Person inne,
aber er ist, soferne er Person ist, nur Subject, er ist als solches unterschieden von seinem Object, „ist ledig der Inbeschliessung nach seiner
eigentlichen Persönlichkeit" (672). So wendet sich denn der Vater als
lichte erkennende Persönlichkeit oder „im Lichte seiner bleibenden
Erkenntniss" aus seiner „Istigkeit" „mit einer wiederumtragenden
Frage" auf sich selber, d. i. auf die ungenaturte Natur, nimmt sie er-
kennend in sich auf, und „da Erkenntniss Geburt ist" (N. 1866, 504),
so wird das ungeborene Wesen oder die ungenaturte Natur damit zum
geborenen Wesen, zur genaturten Natur.

Diese genaturte Natur ist an sich Natur und wird selbst nicht Person, denn „Vater und Väterlichkeit sind nicht unterschieden mit zwei
Unterschossen" (175), aber die Natur ist, wie wir gesehen haben, das
Bild dessen was Gott in seiner vollendeten Wirklichkeit sein soll, der
Begriff Gottes, das vorgestellte Subject-Object. Indem der Vater seine
Form als Vater in der Natur erkennt, sieht er in dem Verhältnissbe-
griff des Vaters zugleich den des Sohnes als Person. Denn „Sohnlichkeit nimmt man in der Macht der Art des Vaters ungeboren. Denn
wäre er (der Sohn) nicht in der Macht der Art ungeboren, so möchte
ihn der Vater nicht gebären. Denn was Ausgang haben soll, das muss
zuvor inne wesen" (175). Mit anderen Worten: Der Vater, indem er
sich gegenständlich wird, durchgründet die Tiefe seiner Natur, welche
das Bild seines Wesens ist, und dieses Bild wird nun zu dem von der
Person durchkannten Bilde, es steht jetzt nicht mehr als unmittelbar
ausgeflossenes, sondern als ein durch das Denken des Vaters vermitteltes Bild, als Selbstgedanke dem Vater gegenüber. Das ist das „geborene" Wesen, die „genaturte" Natur. In diesem Selbstgedanken
Gottes ist nun Vater, Sohn und Geist in ihrer vollendeten Wirklichkeit
vorgestellt mit der ganzen Fülle der Allmöglichkeit ihres Wesens.
Eckhart meint also die „genaturte Natur", wenn er von der Natur als
„der reinen schönen Welt ($\varkappa \acute{o} \sigma \mu o \varsigma$), die in Gott ist", spricht (166);
wenn er auf die Frage, was Gottes Natur sei? mit Berufung auf einen
Meister spricht: Gottes Natur ist Gottes Schönheit, und wenn er dazu
bemerkt: „In der Schönheit geschieht ein Leuchten und Wiederleuch-
ten, da leuchtet sich eine jede Person der andern als sich selber" (389);

er beruft sich auf Dionysius, der da sage: „das sei Schönheit, das wohlgeordnet ist mit einer aufgezogenen (enthüllten, nicht mehr latenten) Klarheit. Darum, so fährt Eckhart fort, ist die Gottheit (Natur) eine Schönheit der drei Personen" (514).

Ist nun aber die genaturte Natur das entfaltete Bild, der entfaltete Gedanke Gottes, so erhellt, wie dieselbe von Eckhart das Vermögen der Personen genannt werden könne, in neuer Weise. Nicht bloss insoferne ist die Natur „Mögenheit" der Person, als sie durch den Gegensatz als äusseres, als Object, zur Begründung des Subjects als des sie befassenden die Bedingung ist, sondern sie ist auch Mögenheit durch das was sie selbst ist. Sie ist das Bild der drei Personen, die in ihrem Reichthum erkannte und entfaltete bildreiche Form des Wesens. In der Idee aber kommt das Wesen zu seinem Ausdruck zu seinem Worte, es kommt bis zur Geburt. Für den Vater als den seines Wesens mächtigen Gott ist die Idee seiner selbst die Macht seiner selbst. Die Macht des Denkenden ist die Idee des sich Denkens. Denn das Denken formirt sich in diesem Lichte zum sich selbst denken.

Diese Naturung der Natur, diese Umsetzung des Bildes Gottes in den entfaltenen Gedanken durch den Vater findet nun nicht statt, ohne dass in der Person des Vaters zugleich eine Scheidung vor sich geht. Das ist die Geburt des Sohnes. Der Schauende, sich in das Bild versenkend und es ergründend und entfaltend, setzt sich selbst für das Erkannte in einer neuen Weise als „Unterschoss". Der Erkennende ist ein anderer, sofern er den Gedanken aus der ungenaturten Natur erzeugt, und ein anderer, sofern er sich als das diesen Gedanken befassende Subject setzt. Der Vater, indem er sich erkennt, fasst sich als einigende Person für das Erkannte in einer neuen Weise. Er macht sich zum Ausdruck, zum Wort für das Erkannte. Dieses Wort ist also eine Formation der Person als Person, nicht eine Formation der Natur zur Person. Darum sagt Eckhart: „der Vater gebar eine Person aus seiner Person, nicht aus dem Wesen (d. i. der Natur), aber mit dem Wesen in das Wesen." Er erkennt seine Natur, er wird ein den Reichthum dieser Natur erfassender, sich damit selbst zum persönlichen Wort für das erkannte Object formirender, persönlich das Object befassender und sprechender Gott. Das ausgesprochene persönliche Wort ist also das, an dem sich der Vater als einen sich selber wissenden weiss und gegenständlich wird. Daher kann Eckhart sagen: „da der Vater floss in die Finsterniss seiner Natur", d. h. da er seine Natur erkannte, „da ward der Sohn sein Unterschied." Dieses persönliche Wort als das die genaturte Natur oder das verstrickte Wort zum Ausdruck, zur Offenbarung bringende Wort ist das, woran sich der Vater selbst erkennt, es schliesst ihm die Tiefe seiner Natur auf, verkündet sie ihm, „redet sein Lob". Darum nennet Eckhart es das „womit sich der Vater kennet"; „die Vernunft, d. i. die väterliche Person urspringet den Kenner aus der Allvermögenheit seiner selbst Person" (670).

Das so als eine weitere Selbstformation der Person entsprungene persönliche Wort ist naturhaft, weil es der Ausdruck, das Wort, das Subject für die erkannte Natur ist, darum sagt Eckhart: „Auch muss die Vernunft des Vaters von der Widerwerfung göttlichen Wesens sich selber bilden oder aussprechen in einer nachfolgenden Natürlichkeit" (580). Aber es leuchtet ein, dass diese Natur des Sohnes keine zweite Natur ist, sondern dieselbe genaturte Natur, an der sich auch „der Vater Person sagt". „Indem der Vater den Sohn gebirt, gibt er ihm eine andere Person als seine ist; er gibt ihm aber nicht ein anderes Wesen oder eine andere Natur, als sein eigen Wesen oder Natur ist" (N. 1864, 172). Und der Sohn „vereint an sich (damit auch) das (ungewortete) Wort, das alle Stund innebleibend war in dem Anfang der Väterlichkeit" (579).

So ist also die erste unmittelbare Objectivirung, die ungenaturte Natur — der Grund, in welchem die absolute Causalität zur actuellen Persönlichkeit wird, und diese, indem sie die ungenaturte Natur „naturet" oder erkennt, formirt sich selbst in ihrer Persönlichkeit zum persönlichen Wort, welches der Ausdruck, die Offenbarung der vom Vater erkannten Natur ist. Diese Natur aber ist dasselbe was Vater und Sohn sind, die Idee beider, und Vater und Sohn das diesen Gedanken ihrer selbst befassende Subject.

5. Der heilige Geist.

Der Vater hat in dem Sohne das Wort seiner eigenen Natur, er erkennt in ihm das, was er sein will, und ruht befriedigt auf dem Bilde seiner selbst. Der Sohn als die persönliche Offenbarung der genaturten Natur ruht befriedigt in diesem seinem eigenen Objecte; aber da dieses Object zugleich die Natur des Vaters ist, so erkennt und will er in seinem Object den Vater. „Der Kenner (der Sohn) kehret wieder ein und schlägt in die Allvermögenheit (die Natur) seines Vaters, wo er ursprünglich ist" (670); und ebenso „erkennet sich der Vater in dem

Sohn" (N. 1866, 504). „In demselben Ursprung erkennen sich die zwei Eigenschaften mit Einem Erkennen" (670). In dem Einen Subject ging durch den Erkenntnissact, durch die Naturung der Natur, eine Scheidung in zwei Personen vor sich: aber in Folge dieser Scheidung erkennen sich beide aneinander, erkennen sich als die gegliederte und so vollendete Einheit, und in dieser Erkenntniss fasst sich das Wesen, die absolute Causalität, in den Personen in einer neuen Form als persönlicher Gemeinwille, als heiliger Geist. So geht der heilige Geist wohl aus vom Vater und vom Sohne, aber insofern sie nach ihrer Scheidung sich als Einheit erkennen, „er gehet aus von zweien und nicht von einem, aber — nicht sofern sie zwei sind, sondern sofern sie eines sind" (175). Die absolute Causalität als die Einheit beider fasst sich in Folge der Erkenntniss des Vaters und des Sohnes in der dritten und den Selbstoffenbarungsprocess abschliessenden Subsistenzweise als persönlichen Gemeinwillen. „Der Vater und der Sohn haben Einen Willen und das ist der heilige Geist" (499). Dieser Gemeinwille ist das in sich und an sich befriedigte Sein der Gottheit, die Minne des Vaters und des Sohnes. Indem sich der Vater an dem Sohne und der Sohn an dem Vater erkennt, „erkennen sie sich selber eine Minne. Die Minne ist ihr beider Geist. In der Minne sind sie eins. Dies ist dritte Eigenschaft (Person)" (670). Dieser in sich durch die Offenbarung befriedigte Wille heisst darum auch die Lust der Gottheit. „Der Baum der Gottheit blühet aus dem Grunde (hier im Sinne von Wesen, der absoluten Causalität). An der Wurzel bricht aus der heilige Geist. Die blühende Blume oder die Lust ist der heilige Geist" (195), d. i. der Abschluss, die Vollendung des Processes des Selbstoffenbarung.

6. Der Ternar und die Natur.

Eckhart's Meinung ist nicht, dass der Process der Selbstoffenbarung Gottes mit einem mal und für immer vollzogen sei. Es ist ein ewig sich erneuernder Act, und erst hiemit erhält sich die Offenbarung in ihrem Bestande, erst hiemit ist Gott in Wahrheit der Lebendige. „Es muss das Wiederblicken natürlicher Gottheit auf sich selber in einen steten Sinn verstrickt sein, davon die Geburt ewig ist. Denn möchte dieser Wiederblick einmal bleiben in einer geistlichen Müssigkeit oder Feiern, so bliebe ein Gott ohne Unterschied der Personen. Also ist das Wort ewiglich in dem Ursprung seiner Geburt. Davon ist es immer empfangen und wird geboren und ist geboren" (580). Wir haben nach Eckhart das Leben als einen Kreislauf zu fassen, da das Ende immer wieder in den Anfang zurückkehrt, der Anfang sich immer in dem Ende wieder aufhebt. „Die Personen neigen sich wieder in das Wesen mit Lobe und reden Lob in das Wesen und das ungeborne Wesen redet mit seiner ungebornen Rede in die Personen und redet der Personen Lob" (528). Auch hier gilt das oben angeführte Wort: „Gottes Ausgang ist sein Eingang" (92).

Eckhart sagt: „Die Natur möge nicht sein, es sei denn etwas, dessen Natur sie sei, und die Person des Vaters möge nicht sein, es sei auch etwas, dessen Person sie sei. Und weil keines ohne das andere sein möge, so ursprunge auch keines das andere" (682). Erst da also, wo beide Potenzen sich einigen, sind sie selbst kräftig zu sein. Aber nicht bloss von der Person des Vaters gilt das, sondern gleicher Weise auch von der Person des Sohnes und des Geistes. Eine jede fasst sich unmittelbar mit der einen Natur zusammen, deren gemeinsames Subject sie sind. „Die drei Personen sind ein Unterschoss. Dieser Satz offenbart zweierlei Sinn. Da es spricht: sie sind — da offenbart es die Eigenschaft einer jeden Person an der Persönlichkeit. Aber da es spricht: ein Unterschoss, da offenbaret es das, dass drei Personen und Eine Natur nicht mehr denn Eine Eigenschaft tragen" (388). Wenn die Natur auf sich selbst gleichsam verzichtet und in die Personen aufgeht und wenn hinwieder die Personen gleichsam zurücksinken und sich aufgeben an die Natur, wenn beide ihre gesonderten Eigenschaften aufgeben und nur Eine Eigenschaft noch haben: erst dann, bei dieser innersten Einigung empfängt Jedes von dem Andern die Kraft und Macht für seine eigene Sphäre. „Seht darum sind die Personen Unterschoss des Wesens, dass die Eigenlichkeit und Persönlichkeit gleiche Mögenheit haben zu wirken" (388). Das sind aber die verschiedenen Eigenschaften von Person und Natur, dass „die Person hat Reden (Kraft zu offenbaren), die Natur Unreden" (die Natur vermag sich selbst nicht zu offenbaren). Aber da wo Person und Natur sich einigen, jede auf sich selbst gleichsam verzichtet, da haben sie nur Eine Eigenschaft, „da benimmt nicht Reden Unreden noch Unreden Reden" (682).

Eckhart nennt diesen Moment der Einigung der Person mit der Natur den „Einschlag". Er lässt ihn von der Person ausgehen, die damit zugleich sich selbst setzt, sich zur „ewigen Geschehenheit" macht. „Das Reden schlägt einen Schlag in das Unreden. Also sind die Personen Unterschoss des Wesens. Ei, warum heisset es Einschlag? da ist es weder kommen noch vergangen". Er will die Einigung, durch welche beide einander zu eigen werden, damit als eine ewige That bezeichnen. „Da sie (die Personen) einen gleichen Einschlag haben in dem Ding des Eigenthums (in der Eigenschaft des Eigenthums 518), da behalten sie Eine Eigenschaft. Das Auffallen (cf. der Einschlag) in dem Ding des Eigenthums das ist die ewige Geschehenheit" (682).

Durch diesen Einschlag oder Einfluss in die Natur, der nicht vergeht, gibt sich die Person in ihrer Besonderheit und Eigenheit zwar auf, aber nur um mit der Gesammtheit des Wesens sich zusammenzufassen und dadurch zugleich in neuer Kraft als Geschiedenheit auszugehen. Indem die Personen von ihrer Besonderheit lassen, in die Natur zurückfliessen, unter der Form des einheitlichen Bildes stehen, sind sie selbst in der innigsten Einheit und wechselseitigen Durchdringung, in ihrer „Herzelichkeit". „Der Einfluss ist in der Gottheit eine Einigkeit der drei Personen ohne Unterschied. In demselben Flusse fliesset der Vater in den Sohn und der Sohn fliesset wieder in den Vater und sie beide fliessen in den heiligen Geist und der heilige Geist fliesset wieder in sie beide" (387). Diese Einigung der Personen mit der Natur bedingt es, dass jede Person die ganze Gottheit ist und die drei Personen nicht drei sondern Ein Gott sind. „An jeglicher Person ist er dreifaltig und eins nach dem geborenen Wesen und das ungeborne Wesen lässet die Personen in dem Wesen nicht (gibt sie nie auf, sondern hat sie ihrer Potenz nach in sich). Wer eine Person empfähet, der empfähet göttliche Natur dreifältig zumal in einer Einigkeit" (538).

Eckhart bezeichnet diesen Einschlag der Person in die Natur als ein verfliessen, als ein entgeistet werden, als ein abgehen von sich selbst. „Da ist Gott entgeistet" (670), „da geht die väterliche Person ab (abwärts) in der verborgenen Einigkeit und beschliesst den Vater mit allem Unterschied" (671); aber es ist dies nicht so, dass damit der Fortbestand der Person in ihrer Eigenheit auch nur für einen Moment sistirt gedacht wäre. „Die Ungeschehenheit drang nicht ein, denn die Geschehenheit behält reden" (682). „In der Beschlossenheit verlieret der Vater seinen Namen, er behält doch seine Väterlichkeit an der Person" (390).

Wie wir sahen, ist nach Eckhart jede Entäusserung des Geistes zugleich die innere Gründung desselben. „Alle vernünftigen Creaturen, je mehr sie an ihren Werken gehen ausser sich selber, desto mehr gehen sie in sich selber" (92). So ist auch hier die Entäusserung der Personen an die Natur zugleich ein sich gründen in sich selbst, ein sich fassen in der Eigenheit.

Gerade aber durch dieses verfliessen in die Natur und sich behaupten über der Natur ist die Absolutheit der göttlichen Personen gewahrt, und es beruht auf einem der gröbsten Missverständnisse der eckhartischen Lehre, wenn man sagen konnte: die göttlichen Personen erschienen bei Eckhart nur als Accidentien und Modi an der Einen göttlichen Substanz.[1] Aus der ganzen bisherigen Darlegung erhellt die Grundlosigkeit dieser Behauptung. In der bestimmtesten Weise spricht es Eckhart aus, dass das absolute Wesen ein sich bis auf den tiefsten Grund wissendes und beherrschendes ist. Wir lassen daher am Schlusse unserer Darlegung der Lehre Eckhart's von dem trinitarischen Processe den Meister noch einmal reden in Stellen, welche über seine wahre Meinung auch den letzten Zweifel zu beseitigen geeignet sind: „Hie meine ich die Dreifaltigkeit der Personen: die untergeht die Einigkeit mit dem, dass sie sie haltet in ein; sie übergeht sie mit dem, dass sie sie mögend macht; sie umgeht sie mit dem, dass sie sie in ihr beschliesst mit Unterschied. Also ist beschlossen die Dreifaltigkeit in der Einigkeit und die Einigkeit in der Dreifaltigkeit" (525). „Nun ist eine Frage unter den Meistern, ob die Persönlichkeit das Wesen bis auf den Grund begreife und erkenne oder nicht? Die Persönlichkeit begreift und erkennt das Wesen bis auf den Grund, denn es ist der Personen natürliches Wesen, darum begreifet die Person das Wesen, und hievon, von der Begreifung des Wesens, das ihr natürlich Wesen ist, sind die Personen Gott" (N. 1864, 174). Soweit Eckhart in der Darstellung des Processes der göttlichen Selbstgestaltung. Dem pantheistischen Neuplatonismus ist das personlose über alles Denken und über allen Unterschied hinausliegende Eine der höchste Begriff. Für Eckhart ist es die aus dem Wesen sich entfaltende, mit dem Wesen bestehende und das Wesen beherrschende absolute Persönlichkeit. Dort ist der denkende Nus der höchsten Monas gegenüber ebenso ein äusseres und minder vollkommenes, wie alle andern von der Monas emanirten untergeordneten Seinsweisen. Hier sind die göttlichen Persönlichkeiten das was das Wesen selbst ist, ihre Entfaltung bildet den Abschluss des innergöttlichen Processes, und alle weitern Manifestationen erscheinen als freie Wirkungen des in sich vollkommenen Gottes. Eckhart hat damit, dass er die Momente dieser Entfaltung von der potentiellen zur actuellen Persönlichkeit darstellt und nach ihrer innern Nothwendigkeit anschaulich macht, den Pantheismus der Neuplatoniker und des noch unter

---

1) Gegen Lasson, Meister Eckhart der Mystiker S. 116.

ihrer Herrschaft stehenden Dionysius und Johannes Erigena speculativ überwunden und er ist damit der Vater der christlichen Philosophie geworden. Das ist seine epochemachende Bedeutung.

7. Der Sohn das Urbild der Welt.

Die päpstliche Bulle, welche eine Reihe von Sätzen Eckhart's als ketzerisch verwirft, führt unter diesen fünf Sätze an, welche die Welt zugleich mit Gott entstehen lassen (I), die Ewigkeit der Welt lehren (II u. III), die Identität des Menschen mit Gott behaupten (XIII. XIX). Und in der That finden sich solche Sätze, wie sie die Bulle im Auge hat, in ziemlicher Zahl, einzelne wie der erste und dreizehnte theilweise wörtlich. Eckhart sagt: „Sobald Gott war, hat er die Welt erschaffen" (579); „und darum hat Gott alle Dinge geschaffen und ich mit ihm" (581); alle Dinge sind Gott selber" (311); „Gott ist alle Dinge" (282); „der Vater mag sich nicht verstehn ohne mich" (583); „ehe die Creaturen waren, da war Gott nicht Gott" (281). Auf Grund dieser und ähnlicher Sätze, welche die Welt und ihre Entstehung zu einem Moment des trinitarischen Processes zu machen scheinen, haben dann auch neuere Darsteller der eckhartischen Lehre Eckhart als Pantheisten bezeichnet.

Eckhart selbst wollte nicht für einen Pantheisten gelten. Als man einen seiner Sätze, der auch in der Bulle angeführt ist, so auslegte, als lehre er, die menschliche Seele sei ungeschaffen: verwahrte er sich dagegen in jener Erklärung, welche er in seinem Todesjahre in der Dominikanerkirche zu Cöln gab, und ebenso haben ihn seine besten Schüler gegen den Vorwurf des Pantheismus in Schutz genommen. Eckhart behauptete, man habe ihn falsch verstanden. Und es wird sich zeigen, dass er mit dieser Behauptung recht hatte. Eckhart's kühner und freier Geist liebte die Paradoxie. Er liess häufig ausser Acht, dass er ein Publicum habe, welches die Voraussetzungen nicht besass, welche nöthig waren, um seinen kühnen oft verwegenen Ausdruck in rechter Weise zu würdigen.

Eckhart sagte von dem absoluten Wesen: alle Dinge seien da als ein möglich Sein, und das Wesen sei die Kraft der göttlichen Personen und aller Dinge. Ist Gott die absolute Causalität, ist alles, wie die Schrift sagt, nicht bloss durch ihn, sondern auch aus ihm, dann muss alles, also auch ich, ehe ich geschaffen wurde, der Möglichkeit nach in ihm gewesen sein. Wir sahen, dass die erste Spiegelung des Wesens die Natur ist, d. i. die Idee der Dreifaltigkeit. War ich als blosse Möglichkeit im Wesen, so war ich als solche auch in der Natur. Wenn nun der Vater sich erkennt an dem Spiegelbilde der göttlichen Natur, ich selbst aber in diesem Bilde wie im Wesen als blosse Möglichkeit stehe, so kann Eckhart gar wohl sagen: „der Vater mag sich nicht verstehen ohne mich". Dass Eckhart hier den Menschen nicht als geschaffenes Wesen, sondern sofern er noch als blosse Möglichkeit im göttlichen Wesen steht, meine, geht aus dem Context hervor: „darum so mag der Vater sich nicht verstehen ohne mich; wann ich stehe im Grunde der ewigen Gottheit, da wirket er aus alle seine Werke **unverständlich** durch mich, und alles das verstanden ist, das bin ich." Denn mit den Worten „unverständlich durch mich" meint Eckhart jenes Wirken Gottes, da der Mensch noch nicht Selbstheit, Bewusstsein hatte, da er noch als blosse Möglichkeit Eins war mit dem göttlichen Wesen, und als solche auch noch in dem ausgeflossenen Bilde, in der göttlichen Natur ruhte. Der Satz heisst also so viel als: der Vater mag sich nicht verstehen ohne sein Wesen oder seine Natur. Nach derselben Regel erledigen sich auch die andern Sätze: „und darum hat Gott alle Dinge geschaffen und ich mit ihm"; „alle Dinge sind Gott selber" und „Gott ist alle Dinge". Alle Dinge, sofern sie noch als blosse Möglichkeiten identisch sind mit dem Grunde aller Dinge, sind eben als solche das göttliche Wesen selbst.

Wie hier die Paradoxie dadurch entsteht, dass Eckhart den Begriff des Dinges oder des Menschen da verwendet, wo er von der Voraussetzung des Dinges spricht, so entsteht die Paradoxie in den andern der oben angeführten Sätze: „Ehe die Creaturen waren, da war Gott nicht Gott" und „sobald Gott war, hat er die Welt erschaffen" dadurch, dass er das Wort Gott als ein Verhältnisswort nimmt, während wir den Satz mit der vorgefassten Meinung auffassen, dass hier wie sonst auch das Wort in absoluter Weise gebraucht sei.

Dem Satze: „Ehe die Creaturen waren, da war Gott nicht Gott", geht nämlich der Satz voraus: „Da ich stund in meiner ersten Ursache, da hatte ich keinen Gott und war mein selbst; ich wollte nicht, ich begehrte nicht, denn ich war ein ledig Sein und ein Erkennen meiner selbst nach göttlicher Wahrheit. Da wollte ich mich selber und wollte kein ander Ding. Das ich wollte, das war ich, und das ich war, das wollte ich, und hier stund ich ledig Gottes und aller Dinge." Welchen Zustand beschreibt hier Eckhart? Wenn man sich des eckhartischen

Begriffs vom göttlichen Wesen erinnert, kann man hierüber nicht im Zweifel sein. Das göttliche Wesen ist als absolute Seinsquelle auch die Quelle meines Daseins. In ihm schlummerte auch ich als in dem Meere der unendlichen Möglichkeiten. Da war ich noch identisch mit dem göttlichen Wesen, welches ja nach seiner ersten Fassung noch keine Unterschiede hat, noch ungetheilt ist, in welchem „die bildreiche Form, unter der Bilder aller Dinge formlos" sind, noch dasselbe ist was das Wesen ist. Alles was sonach Eckhart in obiger Stelle von seinem Ich sagt, ist nichts anderes als eine Aussage von dem göttlichen Wesen und der göttlichen Natur, aus welchen das Ich noch nicht hervorgegangen, mit welchen es noch eins war. Und darum kann Eckhart auch sagen, da hatte ich keinen Gott. Denn da ich selbst noch blosse Möglichkeit, noch nicht geschaffen war, war ich eins mit dem göttlichen Wesen, und dieses göttliche Wesen hat als die Einheit von Gott (Person) und Gottheit (Natur) keinen Gott, denn es ist Gott. Hierauf fährt Eckhart fort und bringt den in Frage stehenden Satz: „Aber da ich entging meinem freien Willen und empfing mein geschaffen Wesen, da hatte ich einen Gott; denn ehe die Creaturen waren, da war Gott nicht Gott: er war das er war." Hier leuchtet nun sogleich ein, dass Eckhart das Wort „Gott" als ein Verhältnisswort gebrauche, wie auch das Wort Vater ein solches ist. Solange ich noch in dem göttlichen Wesen stand „ohne mich selber", ohne Eigensein und Selbstheit, wie das Kunstwerk der Möglichkeit nach und noch nicht als bestimmte Idee in dem Meister, da war die Gottheit alles in allem, da hatte sie noch keinen Namen, weil sie noch keine Offenbarung nach aussen hatte, da „war sie das sie war". Erst wenn es Creaturen gibt, gibt es auch einen Gott; erst wenn es niedere Wesen gibt, gibt es ein höchstes Wesen; erst wenn es Geschöpfe gibt, gibt es einen Schöpfer.

Dass Eckhart das Wort „Gott" häufig als ein Verhältnisswort nehme, war unter anderm aus S. 180 und 181 zu ersehen, wo er mit Bezug auf die Schöpfung sagt: „Gott und Gottheit hat Unterschied wie Himmel und Erde. Gott wirket, die Gottheit wirket nicht." Denn deutlich genug ist dort auch die Erklärung für unsere Stelle gegeben durch folgenden Satz: „Da ich floss, da sprachen alle Creaturen: Gott. Fragte man mich: Bruder Eckhart, wann ginget ihr aus dem Hause? da war ich darinnen." Erst muss also ein Werk sein, wenn man von einem Urheber (Gott) sprechen will, gleichwie das „aus dem Hause" ein „in dem Hause" zur Voraussetzung hat.

Wir haben zwei Arten eckhartischer Sätze angeführt: die einen sagten die Identität Gottes und der Welt aus, die andern die Ewigkeit der Welt. Aber beide Reihen sind eigentlich nur eine. Denn da Eckhart nicht Dualist ist, so heisst die Ewigkeit der Welt behaupten soviel als Gott und Welt identificiren. Wir sahen aber, diese scheinbare Identificirung Gottes und der Welt reducirt sich auf die Anschauung, dass alle Dinge der Möglichkeit nach im göttlichen Wesen stehen, als solche eins mit ihm sind. Wir gehen nun, nachdem wir durch Beseitigung einiger gröberen Missverständnisse uns Raum gemacht, daran, den kosmischen Process nach der Lehre Eckhart's darzulegen.

„Alle Dinge sind Gott selber" hatte Eckhart gesagt, und derselbe Eckhart bestreitet ausdrücklich die Ansicht eines Meisters (Erigena, s. o. S. 160 A. 2 u. 161 A. 2): dass der Vater nie ein Werk gewirkt habe, welches geringer wäre, als er selbst. „Wäre das wahr", ruft Eckhart aus, „so müssten alle Creaturen, die Gott je wirkte, Gott sein" (673). Und ebenso sagt er: „Wäre das Wesen Natur aller Dinge, so naturete es sich allen Dingen mit seiner selbst Mögenheit in Offenbarkeit; dann müssten alle Dinge Gott sein, als Gott Gott ist. Das ist nicht" (669). Also derselbe Eckhart, welcher sagt, alle Dinge sind Gott, sagt auch hinwieder, alle Dinge sind nicht Gott. Eine deutliche Mahnung, den ersten Satz nur im Zusammenhalt mit dem Context und den übrigen Lehren Eckhart's zu verstehen.

Wir sahen, dass die Natur die Idee der göttlichen Persönlichkeit sei, und Eckhart sagt in der zuletzt angeführten Stelle, dass das Wesen nicht die Natur aller Dinge, sondern nur die Natur der göttlichen Persönlichkeit sei. Folglich ist das Wesen nur die väterliche Person in der Potenz, und die bildreiche Form, unter der Bilder aller Dinge formlos sind, ist die Form, die Idee der göttlichen Persönlichkeit.

Wenn nun Eckhart mit dem Wesen und der Natur Gottes die Dinge identificirt, soferne sie noch blosse Möglichkeit sind, so heisst das nicht, dass sie als besondere Formen im göttlichen Wesen gestanden seien: es heisst vielmehr, dass die Ideen oder Formen der Dinge alle noch mit begriffen waren unter der höchsten Form, der Form der väterlichen Persönlichkeit, aus welcher sie ableitbar sind. Gleichwie der Mensch an seinem Selbstbewusstsein die höhere Form hat, auf die blickend er sich niedere Formen des Daseins denken kann, wie also sein Denken in der höheren Form seiner Seele die Möglichkeit besitzt, eine Reihe niedrer Formen zu denken, so besitzt Gott in der Form oder Idee seiner selbst die Möglichkeit alle Formen der Dinge zu denken. Diese Formen sind demnach keineswegs etwas, wodurch die höchste Form selbst constituirt würde; vielmehr ist es die höchste Form, welche zunächst das göttliche Selbstbewusstsein constituirt, und dieses denkt dann im Blick auf diese seine Form die niederen Formen. Wären die niederen Formen etwas, wodurch die höchste Form, die des göttlichen Selbstbewusstseins, constituirt würde, dann würden jene neueren Darsteller der eckhartischen Lehre allerdings recht haben, welche Eckhart, indem sie ihn mit Erigena verwechseln, als Pantheisten bezeichnen. Denn dann würde Gott nur mittelst der Dinge erst zum vollen Selbstbewusstsein kommen und die Welt würde ein Moment des trinitarischen Processes sein. Aber man hat auch hier den Schlüssel zum richtigen Verständnisse Eckhart's unbenützt gelassen. In seiner 101. Predigt redet Eckhart *ex professo* von der Vielheit der mannigfaltigen Bilder und ihrem Verhältnisse zu dem Einen Urbild. An Thomas von Aquin sich anschliessend erklärt er ausdrücklich, dass nur dieses Urbild (d. i. die Natur Gottes) die göttliche Persönlichkeit zu einer sich selbst verstehenden, sich offenbaren mache, und keineswegs könnten es die von dieser höchsten Form ableitbaren niederen Formen oder „die mannigfaltigen Bilder" sein. „Sie sind nicht eine Form der Verständnisse, die die Vernunft[1] innen bilde und sie zu dem Werk der Vernünftigkeit übe", d. h. nicht die mannigfaltigen Bilder der Dinge sind das Object, an welchem die Vernunft Kraft und Macht des Denkens, des Selbstbewusstseins gewinnt, sie sind kein Moment des trinitarischen Processes. Und dem etwaigen Einwurf, dass sie doch ein solches Moment wären, da ja in dem Einen Bilde die Bilder aller Dinge enthalten seien, stellt er den Satz entgegen: „Als in einem Spiegel widerscheinet mancherlei Bild, wäre aber in dem Spiegel ein Auge, das möchte alle die Bilder sehen als einen Widerwurf seiner Gesichte, und sie wären ihm nicht innerlich noch formeten die innere Kraft des Auges zu gegenwärtigen Werken." Also der Spiegel d. i. das Urbild ist es allein, welches dem Auge, der väterlichen Person innerlich ist und die innere Kraft des Auges formt zum Erkennen; und das Auge sieht dann in dieser Kraft alle die mannigfaltigen Bilder, welche in dem Spiegel widerscheinen. Das Auge des Vaters erkennt in dem Spiegel alle die niederen Formen, d. h. er sieht in dem höchsten Bild das Prototyp für eine unendliche Fülle niederer Formen. „Wir waren in Gott nicht in der Grobheit, wie wir nun sind: wir waren in Gott ewiglich als **die Kunst in dem Meister**" (502). Gleichwie die Ideen zu den Kunstschöpfungen des Meisters nicht das Selbstbewusstsein des Meisters constituiren, denn dieses ist da, ehe noch

---

1) Der Text bei Pfeiffer hat unrichtig: din vernunft.

die einzelnen künstlerischen Ideen ihm in's Bewusstsein treten, wie vielmehr der Künstler erst an der Idee seiner selbst zum Selbstbewusstsein gelangt, und sodann in dieser Idee das Prototyp für eine Reihe künstlerischer Ideen hat, welche er in der Kraft jener Idee erzeugt, so ist es mit Gott dem Schöpfer aller Dinge. Mit der höchsten Idee sind alle niederen Ideen gegeben, aber die niederen Ideen sind nicht die Wurzel, aus denen die höchste Idee sich entfaltet, sondern die höchste Idee ist das Erste und Einzige, und das Niedrere ist das Zweite, durch die freie Thätigkeit des selbstbewussten Gottes aus ihr Abgeleitete.

In diesem Sinne nur will also Eckhart verstanden sein, wenn er sagt: Alle Dinge sind in Gott oder sind Gott selber, oder „in dem ewigen Gute göttlicher Natur ist als in einem Wonnespiegel aller Creaturen Wesen ewig in göttlichem Wesen eins" (324), oder wenn er sagt, alle Dinge seien von Ewigkeit her aus dem Wesen ausgeflossen in die Natur und in den Sohn. Wie im Wesen die besondere Form der Dinge noch nicht besteht, so ist sie auch in der Natur nicht, weder in der ungenaturten noch in der genaturten Natur, sie sind da überall noch ungedacht, sie sind nur soferne die höchste Form ist, von der sie ableitbar sind, und nur insoferne fliessen sie aus dem Wesen in die Natur. Auch vor der Geburt der Persönlichkeit des Sohnes sind sie noch nicht entfaltet, und ist da nur die eine höchste Form, die Idee Gottes. „Was ist ein Fluss? Das ist eine Neigung seines Willens mit einem lichten Unterschied. Also sind wir ausgegangen in der Zeit kraft seiner Liebe. Der ewige Ausfluss ist eine Offenbarung in eine blosse Erkenntniss ihrer selbst: da ist der Erkenner. Das da erkannt ist das ist der ewige Fluss, von dem nie auch nur ein Tropfen auskommt in das Vernehmen einer Creatur: das ist der Sohn von dem Vater. In dem zeitlichen Ausfluss fliessen alle Dinge aus mit Begränztheit; aber in dem ewigen Ausfluss sind sie unbegränzt geblieben" (N. 1864, 176. cf. 582, Z. 20). Der ewige Ausfluss ist, wie Eckhart sagt, der Sohn von dem Vater, und zwar der Sohn in doppelter Beziehung, als das ungewortete und gewortete Wort, als genaturte Natur und als Person. In dem „ewigen Ausfluss", in dem trinitarischen Process sind also die Dinge noch unbegränzt, d. h. formlos; die Ideen der Dinge sind noch nicht erzeugt, „sind nur ein Bild an Gott" (502). „Das einfältige Bild, da es sich in der Dreiheit eins seiend hält, da ist es der Dreiheit einfältige Mögenheit, und da ist es Natur (die Idee) der Personen und nicht aller Dinge" (669).

Erst wenn der trinitarische Process in sich vollendet und abgeschlossen ist, werden von dem dreieinigen Gott die Ideen der Dinge geschaffen. „Dem Vater gehört nur Ein Werk zu nach seiner Eigenschaft, das ist die Gebärung des Sohnes an dem ewigen Ausfluss (also nicht an dem zeitlichen Ausfluss s. o.) persönlich und wesentlich. Diess einige Werk gehöret allein zu der einigen Vaterheit; denn alle andern gewirkten Werke gibt man nicht allein dem Vater, sondern man gibt sie drei Personen und einem Gotte" (673).[1]

Die Schöpfung der Ideenwelt ist also das gemeinsame Werk der Dreieinigkeit. Die Weise, wie Eckhart dies näher bestimmt, ist ebenso in Uebereinstimmung mit den Principien Eckhart's, wie es die Verneinung der Ansicht ist, dass die Ideenwelt ein Moment des trinitarischen Processes sei. Da nämlich der Sohn das persönliche Wort ist für die vom Vater erkannte Natur seiner selbst, also das ewige Bild des Vaters, so ist es der Vater, der im Blick auf sein ewiges Bild, den Sohn, die geschöpflichen Formen, die ideale Welt erzeugt oder gebiert, und es ist der Sohn, der das ewige Bild des Vaters dem Vater offenbart, damit dieser in diesem den Gedanken der Welt gebäre, und es ist der Geist, der als Gemeinwille beider in diesem Werke mitwirkt. „Die Dinge sind geschaffen aus Nichts von der heiligen Dreifaltigkeit. Ihr ewiger Ursprung ist der Vater, und aller Dinge Bild in ihm ist der Sohn, und Liebe zu demselben Bild ist der heilige Geist. **Hätte darum das Vorbild aller Dinge in dem Vater nicht ewiglich geschwebt, so möchte der Vater nicht gewirkt haben.** Das ist gesprochen von dem versagten (bedingten) Vermögen des Vaters. **Darum müssen mehr Personen sein als eine**" (N. 1864, 175). „Der Weg der Personen ist, dass sie alle Dinge heraussetzen und gebären. Das Gebären kommt dem Vater allein zu. Die Heraussetzung kommt der Dreifaltigkeit gemeinsam zu" (N. 1864, 172).

So ist denn der Sohn das Urbild für die Welt. „Alles Werdens ist er ein Bild" (497). In seiner Natur erschliesst sich dem Blicke des Vaters die Mannigfaltigkeit der Ideen der Welt, und der Sohn ist damit auch der Träger der Weltidee. Mit diesem Gedanken beginnt Eckhart seine Glosse zu dem Evangelium Johannis. „In dem Anfang war das Wort: In dem Anfang des ausleuchtenden förmlichen Lichts redlicher

---

[1] cf. 538: die drei personen naturen (setzen die Idee) die creature. 540: Unde weren die drie persone mit der underscheit in der gotheit niht, so enwere diu gotheit nie geoffenbaret worden unde si enhete nie creature geschaffen. Dar umbe sint diu ewigen were ein sache (Ursache) der creature (die immanente Offenbarung zur göttlichen Trinität ist die Ursache, die Voraussetzung also der Schöpfung).

Creatur" d. i. in dem Anfange der Idealwelt „war das Wort als ein vollkommen Wort in seinem wortlosen Vermögen", da bestand also bereits das persönliche Wort, der Sohn in seinem wortlosen Vermögen d. i. in der Natur der Gottheit. „Und das wortlose Wort war bei Gott; das gibt mir ein Zeichen des Unterschieds, dass dies Wort war bei Gott." Dies „bei" zeigt an, dass das „wortlose Vermögen oder Wort" nicht als solches als bei Gott seiend von Johannes gemeint sein könne, „da das verstrickte Wort der Personen Einigkeit bleibet"; denn so lange das Wort die Natur Gottes bleibet, ist es Gott selber und kann man nicht sagen, dass es als ein anderes bei Gott gewesen sei. Ein anderes, das nicht Gott ist und für das ein Gott, und das bei Gott ist, kann nur das aus dem unpersönlichen Wort, der Natur Gottes, der einfältigen Form abgeleitete Wort, die Idealwelt sein. Daher fährt Eckhart fort: „als das Wort war bei Gott mit vorsehendem ausbrechendem Lichte ohne Schaffung aller Dinge, da ward Gott der Welt offenbar. Und darum spreche ich Meister Eckhart: Sobald Gott war, da hat er die Welt geschaffen, und also war das Wort bei Gott mit Unterschiede der Namen." Also nachdem die Kraft der Vernunft das ungewortete Wort gewortet hatte und die Idealwelt in lichter Offenbarkeit stand ohne jedoch schon als reale Welt zu bestehen („ohne Schaffung aller Dinge"), da war etwas ausser und bei Gott, was nicht Gott war, da war ein niedreres, das nun einen Gott über sich hatte. Seit es eine Welt gab, gab es einen Gott, gleichwie man erst von einem Vater reden kann, wenn ein Kind da ist. Sobald also Gott war, d. h. sobald man von Gott als einem Anderen oder einem Höchsten sprechen konnte, muss eine Welt geschaffen gewesen sein.

Mit der Schöpfung der idealen Welt beginnt nach Eckhart's Lehre die Zeit. So sagt er: der Sohn fliesst aus „in die Zeit natürlicher Bilder". Er stellt, wie wir sahen, dem ewigen Ausfluss einen zeitlichen gegenüber und meint unter dem ersteren den trinitarischen Process, unter dem letzteren die Schöpfung der Idealwelt. Auch diese Bezeichnung des zeitlichen und ewigen Auflusses thut dar, dass für Eckhart die Welt kein Moment des trinitarischen Processes sei.

Während also das Wesen mit ewiger Nothwendigkeit sich in Natur und Personen offenbaret, bleiben in dem Grunde der Gottheit, in dem Wesen alle Creaturen als blosse Möglichkeiten stehen und „fliessen von daher mit in das Bild des Sohnes"; aber sie stehen darin „ohne Mass", „formlos", „sondern sich selber", d. h. als blosse Möglichkeiten, gleichwie auch das künstlerische Vermögen des Menschen das von diesem noch gar nicht gedachte künftige Werk als Möglichkeit in sich trägt. Erst wenn der Künstler schafft, löst sich dieses zunächst als Idee von seinem Vermögen und wird sein Werk, das von nun an gesondert vorhanden und mit einer relativen Selbstständigkeit begabt ist. So und nicht anders ist nach Eckhart auch das Verhältniss der Creaturen zu Gott. „Das bildreiche Licht ist Wesen der Person und aller Dinge: der Personen Wesen ist es natürlich, aber der Creaturen gnädiglich." Von dem freien gnädigen Ermessen der Gottheit also hängt es ab, ob die Creaturen aus der Allmöglichkeit, die das Urbild in sich begreift, in's Leben gerufen werden und Selbstheit erlangen sollen. Und nicht alle Möglichkeiten, die im Wesen stehen, erhalten auch das Leben, „denn derer ist mehr die Wesen haben, denn Leben." Die Dinge sind darum tief unter den göttlichen Personen, da sie was sie sind dem freien gnädigen Ermessen und dem schöpferischen Thun Gottes verdanken. „Nun merket den hohen Adel der (göttlichen) Personen. Sie sind ungeschaffen und ohne Beginn und ohne Mass und unbegreiflich und besitzen Eigen; denn ihre Natur gemeinet es ihnen natürlich. Dies mag der Seele nicht geschehen; denn sie ist geschaffen und hat Beginn und ist Mensch und besitzet Erbe und nicht Eigen; denn ihr ist gegeben alles" (671).

Eckhart gebraucht sowohl für die Schöpfung der Idealwelt wie für die der Erscheinungswelt den Ausdruck der Emanation, des Ausflusses. Aus dem bisherigen geht hervor, dass hiermit keine passive Emanation gemeint ist, sondern ein durch den göttlichen Willen vermitteltes Hervorgehen. Wir erinnern an die bereits oben angeführte Stelle: „Was ist ein Fluss? Das ist eine Neigung seines Willens mit einem lichten Unterschied. Also sind wir ausgegangen in der Zeit in dem Zwang seiner Minne."

Der Ausdruck der Emanation für die Schöpfung ist auch bei Thomas von Aquin gebräuchlich[1]. Und diesem Vorgänger folgt Eckhart auch in Bezug auf die Vielheit der Ideen und auf das Verhältniss der Ideen zu Gott. Er sagt mit jenem, es gebe so viele Ideen, als es besondere Grade der Natur geschaffener Dinge gebe, die aus Gott geflossen seien. So habe die Rose ein besonderes Bild, das Veilchen, der Engel, der Mensch u. s. w. Und was das Verhältniss der Ideen zu Gott

---

1) *Summa Quaest. 45, Art. I: Non solum oportet considerare emanationem alicujus entis particularis ab aliquo particulari agente, sed etiam emanationem totius entis a causa universali, quae est Deus: et hanc quidem emanationem designamus nomine creationis.*

betrifft, so heisst es zwar bei Eckhart, Gott gebe seinen Werken Wesen, Form und Materie von Nichte, während die Seele dem was sie schaffe kein Wesen zu geben vermöge, sie gebe ihren Gebilden nur die Form und sei selbst ihre Materie (529). Aber jenes gilt ihm, wie der Zusammenhang zeigt, nur von der Erscheinungswelt, nicht von der Welt der Ideen, deren Verhältniss zu Gott vielmehr gerade dem ähnlich ist, welches die Gedanken der Seele zu dieser selbst haben, wie dies aus dem angeführten Vergleich mit den Ideen des Künstlers erhellt. Mit Plotinus und Thomas weicht also Eckhart hier von Plato ab, welcher die Ideen als für sich subsistirende Wesenheiten auffasst.

8. Die Schöpfung aus Nichts.

Den Begriff der Schöpfung wendet Eckhart schon auf die Idealwelt an, und von dieser zunächst gilt, dass sie aus Nichts erschaffen sei. Constituiren nach Eckhart's Lehre nicht die Ideen der Welt, sondern die einfältige Natur oder die Idee Gottes das Selbstbewusstsein Gottes, so ist Gott ehe die Welt war Alles, und ausser ihm ist nichts. Aus der Idee Gottes aber sind die Ideen der Welt abgeleitet als Abbilder der höchsten Idee. Sie waren an sich nichts ehe sie gedacht wurden. Durch die Kraft der göttlichen Vernunft sind sie im Blick auf die Idee Gottes in's Dasein gerufen. Für die Ideenwelt gilt also, dass sie aus Nichts ganz in dem Sinne sei, dass jede Art von Vorsein, aus dem sie sich wie aus einem materialen Grunde entwickelt haben könnte, ausgeschlossen wird. „Gott nahm das Nicht aus dem er die Welt schuf, weder in ihm noch ausser ihm noch unter ihm noch über ihm. Nichts das ist nirgends zu nehmen weder von innen noch von aussen." Mit Berufung auf Augustin sagt er: das Nichts, von dem Gott die Seele geschaffen, sei zwischen Gott und Gottheit an seiner allvermögenden Gewalt in unbeschlossener Weise beschlossen (631). Nach der Sprachweise Eckhart's ist die allvermögende Gewalt die Natur oder Idee Gottes. In dieser höchsten Idee waren die niederen Ideen „unbeschlossen beschlossen" d. h. ohne Form und Gestalt, ihre Form ist als ein niedres Bild aus der höchsten Form durch die göttliche Vernunft erst abgeleitet worden.

An diese Frage reiht sich nun die wichtige andere Frage an, wie sich Eckhart die Entstehung der Erscheinungwelt denke?

Eckhart unterscheidet an allen Dingen Materie und Form, d. h. ein Substrat und das wodurch dieses Bestand und bestimmtes Sein gewinnt. Das Wort Materie gebraucht Eckhart in einem zweifachen Sinne. Einmal insofern er damit das jeder Form zu grunde liegende meint, sodann aber als Wechselbegriff für die Leiblichkeit (132. 150). In ersterer Hinsicht spricht Eckhart von einer Materie Gottes (497), von einer Materie der Seele (530). Dass er unter der Materie Gottes die Natur Gottes verstehe, ist oben hervorgehoben worden. Von der Materie in jedem Sinne aber gilt ihm der von Dionysius wie von den Scholastikern adoptirte aristotelische Satz, dass in der Form das Sein des Dinges liege, die Form sei des Wesens Icht, Materie ohne Form sei nichts. Die Materie ruhe nicht, sie werde denn erfüllt mit allerlei Formen (530).

Eckhart gebraucht wohl öfters die Ausdrücke: Wesen der Dinge und Natur der Dinge als Wechselbegriffe, wie er das auch bei Wesen und Natur der Gottheit thut; aber da wo er genau redet, unterscheidet er zwischen beiden. Da ist ihm das Wesen der Dinge das materiale Substrat derselben, wie in der soeben angeführten Stelle, wo er den Satz: „die Form ist des Wesens Icht" damit erläutert, dass er sagt: Materie ohne Form das ist nicht. Unter der Natur der Dinge aber versteht er genau genommen die Materie, sofern sie bereits unter der Form mit begriffen wird, also die so und so bestimmte Materie, das so und so bestimmte Wesen.

Eckhart spricht sich nun nicht besonders darüber aus, ob er ein von den Dingen verschiedenes allgemeines Substrat der Dinge annehme oder ob er sich das Substrat eines jeden Dinges als besonders geschaffen denke. Das ist auch nicht von wesentlichem Belang. Jedenfalls vindicirt er den verschiedenen Substraten dieselbe Eigenschaft, wenn er von der Materie im allgemeinen sagt: sie ruhe nicht, sie werde denn erfüllt mit allerlei Formen und wenn er von der Materie der Seele sagt, dass sie erst dann zum Stillstand, zur Ruhe komme, wenn sie ihre höchste Form gefunden habe. „Darum stirbt die Seele in allen Formen ausser in Gott: da besteht (steht stille) ihre Materie, dass sie kein vorwärts hat" (531). Die Materie ist also das durch die Anziehungskraft der Form bewegte, das der Form gemäss sich gestaltende Substrat, das an sich ein unbestimmtes, eine blosse Macht des Seins ist.

Dass Eckhart ein geschaffenes Wesen der Dinge von dem ungeschaffenen Wesen, auf welchem alle Dinge ruhen und in welchem sie „ihre Statt" haben, unterscheide, tritt überall in seinen Schriften mit

Klarheit hervor. Er sagt: „Gott gibt seinen Werken Wesen, Form und Materie von nichte" (529) und von dem Menschen: „Da ich entging meinem freien Wesen und empfing mein geschaffen Wesen." Und so an vielen Stellen.

Diese geschöpfliche Wesenheit oder der materiale Grund der Dinge wird als ein Ausfluss aus Gott bezeichnet wie die Schöpfung überhaupt, aber nicht die Natur Gottes wie bei der idealen Welt, sondern das Wesen Gottes ist dabei die Voraussetzung, der Grund. „Gott mit seinem Wesen ist der Grund aller Wesen" (511). Und zwar der materiale Grund „darum wirkte er alle seine Werke aus dem Wesen und in das Wesen, das allen Sachen Wesen gibt" (583). „Da ist die Seele ein ausfliessender Fluss der ewigen Gottheit (das materiale Substrat stammt aus dem Wesen der Gottheit) und in sie ist gedrückt das Bild der Dreifaltigkeit" (die Form für dieses materiale Substrat) (582).

Dieser materiale Grund ist aber an sich das Nicht, die blosse Möglichkeit des göttlichen Seins. Er entäussert sich, wie wir sahen, mit Nothwendigkeit zur Natur der Gottheit, aber nicht zur Natur der Dinge. Mit Freiheit schafft der Dreieinige aus dem Nicht der göttlichen Natur die ideale Welt, die vorgehenden Bilder und Formen; mit Freiheit schafft er auch aus dem Nicht seines Wesens das materiale Substrat. „Gott that zu der Schöpfung der Dinge nicht mehr als: er wollte und sie wurden" (7). Sein Anblick macht das Nicht des Wesens beweglich. „Nicht ist beweglich worden aus sich selber heraus, denn Nicht ist Icht worden" (506).

Ist das Wesen die Möglichkeit des göttlichen Seins, dann ist es auch die Potenz, die Kraft für alles Sein. Dann vermag Gott diese Kraft durch seinen Willen aus sich zu entlassen, dass sie das Substrat für die Ideen der Schöpfung werde. Dies wird sie aber nicht in der Weise wie sie an sich ist. Die Kraft des Seins wird nach dem Willen Gottes erschlossen um in eine Realität sich umzusetzen, wie es die Idee erfordert, der sie als materiales Substrat dienen soll. Sie wird zur geistigen oder zur leiblichen Substanz je nach der Form die ihr aufgeprägt wird. Sie gestaltet sich zu der materiellen Substanz des Steines unter der Idee des Steines, und zur seelischen Substanz unter der Idee der Seele. „Also ist die Gottheit geflossen in den Vater, in den Sohn und in den heiligen Geist, und in der Ewigkeit in sich selber und in der Zeit in die Creaturen. Sie gibt einer jeglichen (einer jeden Form) so viel sie empfangen mag (so viel sie an Substanz bedarf um sich zu verwirklichen): dem Steine das Wesen, dem Baume das Wachsen, dem

Vogel das Fliegen, dem Vieh das Schmecken, dem Engel das Reden, dem Menschen die freie Natur" (514).

Wie in den ersten Abschnitten dargelegt wurde, entäussert sich wohl das Wesen Gottes, aber es hört damit nicht auf, zu sein was es war. So bleibt es wie der Natur der Gottheit so auch dem Wesen der Dinge gegenüber ewig potentielles Sein. Das Wesen der Dinge ist als materiales Substrat, das der geschöpflichen Form dient, unterschieden und verschieden und „fremd" dem göttlichen Wesen und der göttlichen Natur geworden, Gott bleibt seinem Wesen nach was er ist, geht in die Dinge nicht auf mit seinem Wesen. „Die Gottheit gibt sich keinen Dingen" (529) in diesem Sinne. „Gott fliesst in alle Creaturen und bleibt doch unberührt von ihnen allen" (81). Er ist sich in ihnen selbst fremd geworden; sie haben ein von der Gottheit verschiedenes Sein. „Sobald die Dinge aus ihm fliessen, so wird es (werden sie dem göttlichen Wesen) so ungleich als Icht dem Nicht" (400).

Das materiale Substrat bleibt abhängig von dem Lebensgrunde aus dem es geflossen ist, es hat an ihm das Princip seiner Erhaltung, die Quelle für seine Fortexistenz. Insoferne aber das Wesen der Dinge für sich selbst nicht bestehen könnte, insoferne diese ihren bleibenden Lebensgrund in Gott haben, insoferne sagt Eckhart, dass alle Dinge an sich ein lauter Nichts sind, oder kein Wesen haben. „Alle Creaturen sind ein lauter Nichts. Ich spreche nicht, dass sie klein sind oder etwas seien: sie sind ein lauter Nichts. Was nicht Wesen hat, das ist nicht. Alle Creaturen haben kein Wesen, denn ihr Wesen schwebet an der Gegenwärtigkeit Gottes. Kehrte sich Gott einen Augenblick ab, sie würden zu nichte" (136). Dass er mit diesen Worten nicht die Realität des Wesens der Dinge läugnen und ihnen nur ein Scheindasein zusprechen, dass er vielmehr nur die absolute Abhängigkeit derselben von dem göttlichen Wesen behaupten wolle, das zeigen die Stellen, in welchen er den Wandel oder das Nichts der Dinge dahin erläutert, dass sie den göttlichen Lebensgrund nicht als eigenen Lebensgrund besitzen. „Wandel ist Uebergang von einem zum andern, minder oder mehr zu werden, ab oder zu. Ein Meister spricht: alle Dinge sind widerstreitig in Nicht. Zöge Gott das Seine ab, so fielen alle Dinge auf ihr erstes Nicht. Ein Meister spricht: Alle geschaffenen Dinge sind flüssig. Das heisset flüssig was auf sich selber nicht stehen mag. Möchte Creatur Grund rühren, so nähme Himmelreich ab und würde Creatur Gott" (657).

So bleibt denn Gott als der unwandelbare Lebensgrund einerseits und als die Form der Formen anderseits allen Dingen immanent. „Also ist Gott aller Naturen Natur, denn er hat aller Naturen Natur an sich ungestückt. (Die Ideen der Dinge sind particulare Gleichnisse der einen alles umfassenden höchsten Form.) Er ist Licht der Lichter, er ist Leben der Lebenden, er ist Wesen der Wesenden (Potenz für ihr materiales Substrat), er ist Rede der Redenden. Darum ist er aller Naturen Natur" (540).

9. Zeit und Raum.

In Gott ist nach Eckhart, wie wir sahen, alles ewige Geschehenheit, kein kommen und vergehen. Gott ist „unwerdentlich". Der Begriff des Seins ist höher als der Begriff des Werdens. In dem reinen Sein ist werden und geworden sein immerdar eins. „Ich bin nun kommen, ich war heute kommen, und wäre die Zeit ab in dem dass ich kam und kommen bin, so wäre das kommen und kommen — bin in eins geschlossen und wäre eins" (88). Werden heisst aus einem relativen Nichtsein übergehen in ein Sein. Das Sein in seiner höchsten Weise ist sich gleichbleibende Wesenheit. „Alldieweil des Dinges Icht ist an seinem Wesen, so wird es nicht wieder erschaffen; es wird wohl — erneuet. Ein heidnischer Meister spricht, was da ist, das machet keine Zeit alt: da ist ein selig Leben in einem Immermehr, da kein Falt ist, da nichts bedeckt ist, da ein lauter Wesen ist" (88). „Neuigkeit fället an alle Creaturen unter Gott, aber an Gott fällt keine Neuigkeit, denn alles ist Ewigkeit. Was ist Ewigkeit? Das merket. Der Ewigkeit Eigenschaft ist, dass Wesen und Jugend in ihr eins ist. Denn Ewigkeit nicht ewig wäre ob sie neu werden möchte und nicht allewege wäre" (318). Neuigkeit fällt wohl an die Engel, insofern ihnen Gott künftiges offenbaret, was sie aus sich nicht wissen. Neuigkeit fällt auch an die Seele, sofern sie dem Leibe Leben gibt und eine Form des Leibes ist. Aber da sie ein Bild Gottes ist und namenlos wie Gott, da fällt keine Neuigkeit an sie (16).

Ist demnach der Begriff der Ewigkeit der, dass das Werden immer im vollendeten Sein aufgehoben ist, so ist der Begriff der Zeit der des Auseinanders von Werden und Gewordensein, des Anfangs und Endes, des Eintretens in Geschiedenheit, des sich Wandelns von einer Form zur andern. „Zeit ist das was sich wandelt und mannigfaltigt. Ewigkeit hält sich einfarb" (170).

Somit beginnt die Zeit damit dass Gott die Idealwelt schafft, weil diese Idealwelt geschaffen ist um eine reale Welt zu werden, etwas vor sich hat, das sie werden soll. Demgemäss sagt Eckhart, dass der Sohn ausfliesse „in die Zeit natürlicher Bilde" (der Ideen).

Mit diesem Begriffe der Zeit steht der der materiellen Leiblichkeit und des Raumes im Zusammenhang. Leibliche Dinge sind aussereinander, geistliche ineinander. „Ein jeglich geistlich Ding mag wohnen in dem andern; aber ein leiblich Ding mag nicht wohnen in dem andern. — Ein jeglicher Engel ist mit aller seiner Freude so vollkommen in jedem andern Engel als in sich selber" (31). Es ist also beim Raum ein ähnliches Verhältniss wie bei der Zeit. Bei beiden ist das Charakteristische das Bestehen in der Geschiedenheit, und der Gegensatz ist das vollkommene Sein Gottes, wo kein aussereinander von Anfang und Ende, von hier und dort, sondern die innigste wechselseitige Durchdringung und Einheit ist. Daher ist in der Ewigkeit oder im Göttlichen keine Zahl d. h. keine Getrenntheit. „Ein Meister spricht: die Seele ist gemacht zwischen Eins und Zwei. Eins das ist Ewigkeit, Zwei das ist Zeit" (170). „In der Ewigkeit ist nicht Zahl" (56). „Zeit und Statt sind Stücke, Gott ist Eins" (222).

So gibt es also vor der Weltschöpfung keine Zeit. Die Schöpfung der Welt und die der Zeit wie des Raumes fallen zusammen. Und da nach Eckhart die Schöpfung der Welt kein Moment des trinitarischen Processes ist, sondern diesen zur Voraussetzung hat, so ist also auch die Ewigkeit die Voraussetzung der Zeit, und die Welt nicht ewig.

Nun scheint aber Eckhart doch eine Ewigkeit der Welt anzunehmen, indem er von der vorgehenden Ordnung der Welt, d. i. von den Ideen, sagt, dass sie „ewig" in Gott müsse erkannt sein (325). Allein hier bezieht sich das Wort ewig auf die Natur des Erkennens und nicht des Erkannten. Das Erkennen Gottes ist kein zeitliches sondern über die Zeit erhaben. Sofern die Dinge von Gott erkannt sind, sind sie in der Weise der Ewigkeit erkannt, aber die Idealwelt ist zeitlich, sofern sie von dem dreieinigen Gott aus dem Nichts als ein der Realisirung erst noch Bedürftiges hervorgerufen wurde, also einen Anfang hatte. Eckhart sucht dies Verhältniss durch das Gleichniss von dem Antlitz und Spiegel anschaulicher zu machen. „Wäre mein Antlitz ewig und hielte es vor einen Spiegel, so würde es empfangen in dem Spiegel zeitlich und wäre doch ewig in ihm selbst" (131). Wenn Eckhart von dem Himmel sagt, er sei über der Zeit und eine Ursache der Zeit, so meint er dies in ähnlicher Weise, wie von den Engeln und der menschlichen

Seele. Der Himmel hat nach der herrschenden Annahme der Zeit eine unleibliche und darum unzerstörbare Materie (210). Der Himmel ist über der Zeit, sofern er an sich unveränderlich ist, und die Zeit an den Sternen gemessen wird (222).

———————

10. Die Ordnung der Welt und der Mensch vor dem Fall.

Weder Plotin noch Dionysius kommen über den Widerspruch hinaus, der zwischen ihrer Auffassung des höchsten Wesens als des Einen, Bestimmungslosen und der Lehre liegt, dass die Welt der Vielheit und Bestimmtheit durch dasselbe gewirkt sei. Erst Eckhart hat, wie wir sahen, durch seine tiefere und reichere Auffassung des Wesens der Gottheit diesen Widerspruch wissenschaftlich überwunden. Aber der Auffassung des Dionysius über die Ordnung der geschaffenen Dinge schliesst sich Eckhart im wesentlichen an.

Es sind vor allem folgende Grundsätze, welche Eckhart aus dem Neuplatonismus und dem von ihm ausgehenden Dionysius aufnimmt:

Das Gesetz der Vermittelung des Lebens, nach welchem dieses in stufenweiser Abschwächung von den höheren Wesenheiten auf die niederen übergeht.

Das Gesetz der Immanenz, nach welchem das Höhere mit seiner Wesenheit wohl im Niederen, aber dieses nicht in jenem ist.

Das Gesetz der Theilnehmung, nach welchem das Niedere am Höheren Theil nimmt durch das was in ihm dem Höheren ähnlich ist.

Das Gesetz des Rückflusses, nach welchem jedes Niedere im Höheren als in seiner Statt und Heimath ruhen möchte.

Wir wollen für's erste die äussere Ordnung des Universums, wie sie Eckhart in Bezug auf die Engel von Dionysius, in Bezug auf die sichtbare Welt von Aristoteles aufnimmt, in Kürze darstellen, und sodann die eckhartische Auffassung jener Gesetze so weit mittheilen, als diese für die specifische Lehre Eckhart's eine Bedeutung haben und ihr gemäss entwickelt werden.

Die Gott zunächst stehenden Geschöpfe, die Engel, folgen sich so, dass der höchsten Ordnung der Throne, der Cherubim und Seraphim eine mittlere, die der Gewalten, Herrschaften und Mächte, und dieser eine letzte der Engel, Erzengel und Fürstenthümer untergeordnet ist.

Die Engel sind ganz nach Gottes Bild, lautere Vernunft, ohne Leiblichkeit, erkennen die Dinge in doppelter Weise, gesondert in sich selbst, insofern die Ideen der Dinge ihnen anerschaffen sind, und einheitlich in Gott. Das erstere Erkennen nennt Eckhart mit Augustin, der diesen Ausdruck zuerst mit Bezug auf das Wort „und es ward Abend und es ward Morgen" gebraucht, die Abenderkenntniss, das letztere die Morgenerkenntniss der Engel. Sie vermitteln die göttliche Kraft, und mässigen (tempern) sie, da sie in ihrer Unmittelbarkeit von den niederen Geschöpfen nicht ertragen oder empfangen werden kann. Sie sind es denn auch, welche den Himmel in Lauf setzen, der eine kreisförmige Bewegung hat, seinem Wesen nach unwandelbar und eine Ursache der Zeit ist. Die Kraft, welche der Himmel durch die Engel empfängt, theilt dieser selbst dann in seiner Weise den leiblichen Dingen mit, denn „der Himmel fliesst hinwieder allen Dingen ein und gibt ihnen Wesen und Wirken von Natur und Leben" (212). Der oberste Himmel ist der Himmel der Fixsterne (der gefestneten Sterne), und innerhalb desselben kreisen in stets engeren Bahnen die sieben Planetenhimmel oder die sieben Sphären des Planetenhimmels, so dass unter der Sphäre des Fixsternhimmels zunächst die des Saturn, dann die des Jupiter und so einander folgend die des Mars, der Sonne, der Venus, des Mercur, des Mondes kreisen. Im Centrum dieser Sphären steht die Erde als das niederste Gebilde, die in ihrem Wesen wandelbare Körperwelt, und hier folgen im Unterschied von dem obersten Elemente dem Aether, welcher die unzerstörbare Materie des Himmels selbst bildet, in stufenweiser Unterordnung die vier Elemente des Feuers, der Luft, des Wassers, der Erde, aus welchen die leiblichen Gebilde gemischt sind. Von da an beginnt die Rückbewegung nach oben, indem auf die unorganische Reihe der Mineralien, die bloss Wesen haben, die Pflanzen folgen, welche nicht bloss Wesen, sondern auch die vegetative Kraft besitzen; über dieser steht dann die Thierwelt, deren Natur durch die Eigenschaft der freien Bewegung und der Sinnenempfindung bereichert ist, und über dieser der Mensch, in welchem alle niederen Naturen versehen sind und in dessen Natur sie als in ihrer höheren Einheit in Gott zurückkehren sollen. Das aber, wodurch der Mensch sie in Gott zurückbringt und wodurch er sich von allen niederen Geschöpfen unterscheidet, ist die freie Natur und die Vernunft.

Wenn Plotin und andere Neuplatoniker das Entstehen der Dinge und das Werden Gottes identificiren, indem sie die Schöpfung nicht als freien Willensact der höchsten Ursache fassen, sondern als die nothwendig und stufenweise emanirende und sich formirende Kraft derselben, so scheint Eckhart dem ganz ähnlich zu lehren, wenn er das Universum mit einem Wasserspiegel vergleicht, in welchem ein hineingeworfener Stein einen ersten kleinen Kreis erzeugt, dieser einen zweiten grösseren aber schwächeren, dieser wieder einen dritten und so fort. So sei der erste Ausbruch vom Vater der Sohn und dieser hinwieder die Ursache aller andern Ausbrüche (165). Allein der Unterschied ist, dass Eckhart dies nicht auf die ursprüngliche Entstehung der Dinge, sondern auf die Erhaltung der durch den einmaligen Schöpfungsact gesetzten Verhältnisse bezieht.

Dem Gesetz der Vermittelung des Lebens von oben nach unten entspricht das des Rückflusses von unten nach oben. Ein jedes obere Wesen ist für das von ihm abhängige niedrere dessen Statt, „Nun sprechen unsere Meister: was des andern Statt ist, das muss oben ihm sein. Der Himmel ist eine Statt aller (leiblichen) Dinge; und das Feuer ist Statt der Luft, u. s. w. Der Engel ist Statt des Himmels und jeglicher Engel, der eines Tröpfleins mehr von Gott hat empfangen denn der andere, der ist Statt und Satzung der andern und der oberste Engel ist Statt und Satzung und Mass aller der andern und er ist sonder Mass. Aber wiewohl er ist sonder Mass (durch ein anderes Geschöpf), so ist doch Gott sein Mass" (130).

Die Form ist das was die Materie anzieht, beweglich macht. Jede niedere Natur strebt über ihre nächste Form hinaus zu der höheren und durch diese zu der höchsten, die Gott ist. Denn die höchste Form ist das was zugleich aller Dinge Kraft an sich hat, die Gottheit. Alles Höhere ist zugleich die Einheit des Zertheilten unter ihm. So ist ein Zug der Dinge zueinander vorhanden, demgemäss das Obere auf das Niedere erleuchtend, stärkend einwirkt, und das Niedere als „nothdürftig" (537) sich sehnet, in dem Oberen zu ruhen. „Und das Gleichniss fliesst von dem Einen und ziehet und locket von der Kraft und in der Kraft des Einen: darum stillet noch genüget nicht weder dem das da ziehet, noch dem, das gezogen wird, bis dass sie in eins vereinet werden" (431). Da also in dem Höheren und schliesslich in der höchsten Form alle Bewegung zur Ruhe, zum Stehen kommt, womit die Einigung für das Zerstreute gewonnen wird, so nennt Eckhart die höheren Formen die „Statt" der niederen. „Darum stirbt die Seele in allen Dingen ausser in Gott"; darum ruhet die Seele nimmer, sie komme in Gott der ihre erste Form ist, und alle Creaturen ruhen nimmer, sie kommen denn in menschliche Natur: in der kommen sie in ihre erste Form die Gott ist"; „Gott hat allen Dingen ihre Statt gegeben — — der Seele die Gottheit" (530. 531).

Mit dem Gesetz des Rückflusses steht in Verbindung das Gesetz der Theilnehmung, nach welchem das Niedere durch sein Höchstes Theil nimmt an dem nächst Höheren. Denn „alle Creaturen haben ein Oberstes und ein Unterstes. So muss „in sein Höchstes und Lauterstes kommen, wer das göttliche Lamm sehen soll" (96). Denn das Höchste in einem Dinge ist zugleich das, was dem Nächsten über ihm am ähnlichsten ist. Nur das Aehnliche, Gleichartige aber verbindet sich.

Die Theilnehmung ist nur möglich durch die Immanenz des Höheren im Niederen. Immanent ist die höhere Wesenheit der niederen, der Himmel den irdischen Gebilden, die Seele dem Leibe, der Engel der Seele, Gott allen Geschöpfen. Ewigkeit ist die Einheit von Sein und Werden. Die zeitlichen Dinge haben das Ziel ein Sein zu werden. Das was sie werden sollen ist das Höchste ihres Seins, aber nicht ihr ganzes Sein. Dieses Höchste, welchem das übrige Sein des Individuums gleichartig werden soll, wird nur dann ein Höchstes bleiben, wenn es seiner Natur nach unvermischbar ist mit dem Niederen, und wird nur dann seine Aufgaben erfüllen, und zu sich emporziehen, wenn es dem Niederen immanent ist, ohne selbst dieses zu werden. So ist die Seele die Entelechie des Leibes, die Form des Leibes, das Höchste für ihn, in dem er sein Wesen findet, und der Leib empfängt von der Seele, aber die Seele empfängt nicht von ihm. „Alle Dinge, die einen Ausfluss haben, die haben kein Empfangen von den niederen Dingen. Gott fliesset in alle Creaturen und bleibet doch unberührt von ihnen allen" (81). „Ich nehme ein Becken mit Wasser und lege darein einen Spiegel und setze es unter das Rad der Sonne, so wirft die Sonne aus ihren lichten Schein aus dem Rade und aus dem Boden der Sonne und vergehet doch nicht. Das Widerspielen des Spiegels in der Sonne das ist in der Sonne. Sonne und er (Spiegel) ist doch was er ist. Also ist es um Gott. Gott ist in der Seele mit seiner Natur, mit seinem Wesen und mit seiner Gottheit, und er ist doch nicht die Seele. Das Widerspielen der Seele das ist in Gott — Gott und sie ist doch das sie ist (das sie sind). Gott der wird da alle Creaturen" (180 u. 181). Das ist eine bei Eckhart überall wiederkehrende Lehre. Die letztere Stelle zeigt, von welcher Bedeutung die richtige Auffassung des Gesetzes der Immanenz für die Beurtheilung der Lehre Eckhart's über die mystische Vereinigung des Menschen mit Gott ist.

Auf diese Anschauungen gründet sich nun auch Eckhart's Lehre von dem Zweck der Weltschöpfung.

Gott ist die Güte, „die sich gemeinen will". Ihr Ziel ist die Schöpfung eines Wesens, das ein Bild der Dreieinigkeit sei. Und dieses Wesen ist der Mensch. So bemerkt er zu der Stelle: Lasset uns Menschen machen, ein Bild das uns gleich sei: „Wir machen einen Gleichen: Nicht du Vater, noch du Sohn, noch du heiliger Geist, sondern wir in dem Rathe der heiligen Dreieinigkeit, wir machen einen Gleichen. Da Gott die Menschen machte, da wirkte er in der Seele sein gleich Werk, sein wirkendes und sein immer währendes Werk. Das Werk war so gross, dass es anders nicht war denn die Seele" (179). Und die ganze übrige Welt ist um des Menschen willen geschaffen, dass sie ihm eine Hilfe sei zu Gott zu kommen. „Möchte die Seele Gott bekennen ohne die Welt, die Welt wäre nie um ihretwillen geschaffen. Darum ist die Welt um ihretwillen gemacht, dass der Seele Auge geübt und gestärkt werde, dass es göttlich Licht leiden mag. Wie sich der Sonne Schein nicht wirft auf das Erdreich, er werde denn gedämpft in der Luft und gebreitet auf andere Dinge, sonst möchte es des Menschen Auge nicht erleiden: also ist das göttliche Licht so überkräftig und klar, dass es der Seele Auge nicht leiden möchte, es werde gekräftigt und aufgetragen durch Materie und Gleichniss und werde also geleitet und gewöhnt an das göttliche Licht" (170).

Zwar scheint denn nun doch nicht der Mensch sondern der Engel das vollkommene Bild und mithin das Ziel der Weltschöpfung zu sein, wenn Eckhart mit Johann Damascenus sagt: der Engel sei ganz und gar Bild Gottes, während die Seele das Bild nur an ihrem obersten Zweige habe (103), und wenn er die Engel hinwieder als die edelsten Creaturen bezeichnet (135), die dem ersten Ausbruch am nächsten stehen (124) und ganz lautere Vernunft sind (476); aber diese höhere Stellung der Engel ist doch nur dadurch bedingt, dass der Mensch noch nicht das ist, was er werden soll. Dieses sein Ziel ist ein höheres: er soll geeint werden mit dem blossen Nicht, mit der göttlichen Natur selbst, „da sieht die Seele Gott mit Gott, da bekennet und begreifet sie Gott mit Gott" (505), und dieses „Sinken in das Nicht" mag Seraphim mit seinem Verständnisse nicht erlangen. In dem Nichte wohnet die Seele über Seraphim und allem seinem Verständnisse" (508).

Wie alle Creaturen dienen müssen, dass der Mensch sein Ziel erreiche, so leitet er als die höhere Einheit aller niedreren Creaturen diese wieder in Gott zurück, ist ihr Mittler für die Verbindung mit

Gott. „Alle Creaturen ändern in menschlicher Natur ihren Namen und werden geedelt" (390). „Nun müssen doch alle Creaturen, die aus Gott geflossen sind, mit allen ihren Kräften wirken, wie sie einen Menschen machen, der wieder komme in die Einung, da Adam inne war, ehe er fiel, und der alle Creaturen wieder erhebe in dieselbe Kraft, in der sie waren an menschlicher Natur. Das ist vollbracht an Christo. — Nach diesem Sinne sind alle Creaturen Ein Mensch, und der Mensch ist Gott" (497). Die durch den Menschen vermittelte Einheit aller niedreren Creaturen mit Gott war dann hinwieder bedingt durch die Einheit aller Kräfte des Menschen. In dem ersten Menschen war alles reine Harmonie: die niederen Kräfte waren geordnet unter die oberen, und die oberste war geeint mit Gott, und die oberste Kraft zog die niederen an sich, dass er nur göttliche Werke wirkte. Und so lange der Mensch in dieser Einung war, hatte er aller Creaturen Kraft an seiner obersten Kraft. Er macht dies deutlich durch den Magnetstein, der seine Kraft in die Nadel giesse und sie so an sich ziehe. Da empfange die Nadel der Kraft so viel, dass sie sie weiter giesse in alle die Nadeln die unter ihr sind und sie alle aufhebe und zu dem Magnet ziehe (496).

In der Lehre von der Leiblichkeit des ersten Menschen geht Eckhart von Thomas aus. Dieser bezeichnet den Leib des ersten Menschen als einen animalischen, den Bedingungen dieses Lebens unterworfenen. Er war leidensfähig, wiewohl thatsächlich nicht leidend. Eckhart scheint schon früher von dieser Auffassung nicht befriedigt gewesen zu sein; doch erklärt er sich da noch schwankend. Er sagt: „Da Gott Adam schuf, da ward sein Leib gleich gemacht seiner Seele, dass sein Leib unpeinlich war" (641), womit doch nur gemeint sein kann, dass er nicht leidensfähig war. Aber gleich darauf hebt er diesen Satz in seiner Allgemeinheit wieder auf, und beschränkt die Unfähigkeit zu leiden auf den Zustand der Verzückung, in dem Adam war, da er schlief. „Hätte man ihn gehauen in der Zeit da er schlief, es hätte ihm nicht weh gethan." Später aber setzt er entschieden eine andere Art von Leiblichkeit voraus. Denn wenn er sagt: „Die Seele ist darum dem Leibe gegeben, dass sie geläutert werde" (264), so setzt das voraus, dass sie in einer andern Leiblichkeit gesündigt hat, als die ist, in die sie nun zu ihrer Läuterung gegeben ist. Auch in der Fortsetzung jener Stelle, in welcher er das Gleichniss vom Magnet gebraucht, ist diese Voraussetzung deutlich wahrzunehmen. Er sagt da: „Der die oberste Nadel abzöge, so fielen die andern alle. Also geschah Adam: da er mit der obersten Kraft geschieden war von Gott, da fielen alle seine Kräfte. Davon kam, dass die Creaturen Unterschied haben, da sie uneinhellig geworden sind untereinander, dass einer eines will und ein anderer ein anderes. Also verderben alle Kräfte an den Creaturen bis auf die niedersten. Wie die Kraft an dem Gold nicht wirken mag Gold, so wirket sie Silber, so verdirbt sie, bis das Silber wirkt Eisen. Also verderben die Kräfte an dem Menschen bis sie zu nichte werden. Seht, hievon kommt, dass die Creaturen Unterschied haben."

Ausser der Störung der sittlichen Harmonie unter den Menschen scheint hier auch eine stufenweise fortschreitende Verschlechterung der leiblichen Substanzen als die Folge von Adam's Fall gelehrt zu sein.

Den deutlichsten Beweis aber, dass Eckhart eine höhere Art von Leiblichkeit vor dem Falle angenommen habe, geben die zahlreichen Stellen, in welchen er die jetzige grobe Materialität und Leiblichkeit als ein Hemmniss für die Vereinigung mit Gott bezeichnet. Alles was leiblich ist, das ist ein Abfall und ein Zufall und ein Niederfall" (177). „Materie ist ein grob leiblich Ding, es hindert." Er bezeichnet den Leib als einen Kerker der Seele. Der ganze Weg des mystischen Lebens zur Vereinigung mit Gott ist auf die Voraussetzung gegründet, dass diese grob materielle Leiblichkeit, wie wir sie jetzt tragen, eine Folge der Sünde sei.

Die Schöpfung des ersten Menschen war nur der Anfang zur Realisirung der Idee des Menschen. Ihre Vollendung sollte sie erhalten durch die Menschwerdung des Sohnes Gottes. Schon vor Eckhart war die Lehre, dass der Sohn Gottes Mensch geworden wäre auch wenn Adam nicht gesündigt hätte, mehrfach vorgetragen worden, zuletzt noch von Rupert von Deutz. Rupert sagte, wenn der Mensch gewordene Sohn Haupt und König der Menschheit geworden ist, so muss das überhaupt im göttlichen Weltplan begründet gewesen sein, da ein Zustand, der ewig ist, nicht durch ein Etwas, das nicht hätte sein sollen, nicht durch ein Accidens wie die Sünde veranlasst sein kann. Eckhart sieht den letzten Grund hiefür in der Liebe Gottes. „Wäre Adam nicht gefallen, dennoch wäre Christus Mensch geworden von der ausfliessenden Minne" (591). Und darum ist die Idee des Menschen gleich in dieser höchsten persönlichen Vereinigung mit der Gottheit von Ewigkeit her gedacht. „Ich spreche: Christus war der erste Mensch. Als wie? Das erste in der Meinung ist das letzte an dem Werke, wie ein Dach ist das letzte von dem Hause" (622).

Die Geschichte der Welt und des Einzelnen vollzieht sich nach einer ewigen Ordnung, nach einem Weltplan. „Es ist alles ein vorgewirkt Ding" (487). Aber es ist ein Plan, in welchen die Freiheit des Menschen mit aufgenommen ist. Darum ist in Gott kein Wechsel des Wollens und Fühlens, der Freude und des Leides, welcher der Beweglichkeit des Zeitlebens parallel ginge. Er selbst ist der Unbewegliche, immer sich selbst Gleiche. „So er zürnet und etwas Gutes thut, so werden wir gewandelt und er bleibt unwandelbar, wie der Sonnenschein thut den siechen Augen weh und den gesunden wohl" (488). Vor ihm steht alles was geschehen ist und noch geschehen soll in ewiger Gegenwart, es ist bei ihm schon in der Ewigkeit, „im ersten Anblick" geschehen, innerlich schon geschehen; der äussere Vollzug ist nur das Accidentelle. „Hie sollst du mich wohl merken und recht verstehn, ob du möchtest, dass Gott in seinem ersten ewigen Anblick (falls wir einen ersten Anblick da annehmen wollten) alle Dinge ansah, wie sie geschehen sollten, und sah in demselben Anblick, wann und wie er die Creatur schaffen sollte. Er sah auch das mindeste Gebet und gute Werk, das jemand sollte thun, und sah an welches Gebet und Andacht er hören sollte. Er sah, dass du ihn morgen willst mit Fleiss anrufen und mit Ernst bitten, und dies Anrufen und Gebet will Gott nicht morgen erhören, denn er hat es erhört in seiner Ewigkeit, ehe du Mensch wurdest. Ist aber dein Gebet nicht redlich und ohne Ernst, so will dir Gott nicht in der Jetztzeit versagen, denn er hat dir in seiner Ewigkeit versagt. Also hat Gott in seinem ersten ewigen Anblick alle Dinge angesehen und wirket nichts von warumb (aus besonderem Anlass), denn es ist alles ein vorgewirkt Ding" (487).

---

11. Das Böse.

Vom Neuplatonismus her hatte sich in die Lehre des Pseudodionysius, des Augustin und Thomas eine Auffassung der Materie fortgepflanzt, aus welcher sich als nothwendige Consequenz ergibt, dass Gott der Urheber des Bösen ist. Wir werden auch in diesem Punkte Eckhart besser würdigen können, wenn wir die Richtung, wie sie in Thomas sich philosophisch darstellt, zuvor in Kürze darlegen.

Thomas[1] bezeichnet als das Gute das Begehrenswerthe. Da jeg-

---

1) *Summa theol.* (*Patavii 1698*) *Part. I, quaest. 48 sqq.*

liche Natur zu sein und vollkommen zu sein begehrt, so muss nothwendig das Sein und das Vollkommensein den Charakter des Guten haben. Bei der Identität von Sein und Gutsein ist also das Böse ein Nichtsein. So ist in moralischer Hinsicht das Böse das, dass der Wille nicht gerichtet ist auf das Ziel, auf das er gerichtet sein soll, sondern auf ein Unerlaubtes. Dieses Unerlaubte ist an sich nicht böse, es ist an sich etwas gutes. Das Böse ist also die Beraubung eines Guten durch die Richtung auf ein ausser der Ordnung liegendes Gutes.

Ist nun das vollkommene Sein das Gute, so ist etwas in dem Masse schlechter, als es vom vollkommenen Sein entfernter ist. Das vollkommenste Sein ist Gott als der welcher reine Thätigkeit (*actus purus*) ist. Dagegen ist die Scheidung von Potenz und Thätigkeit ein minder vollkommenes Sein. Diese Scheidung ist bei allen Geschöpfen in verschiedenem Masse. Je grösser die Scheidung ist, desto schlechter ist das Sein. Die materielle Leiblichkeit ist daher das schlechteste Sein, da von ihr die Form, welche reine Thätigkeit ist, am leichtesten geschieden werden kann. Es ist wahr, Thomas unterscheidet das physisch Schlechte von dem moralisch Schlechten, aber der gemeinsame Grund von beiderlei Art des Schlechten ist doch die Scheidung von Potenz und Actus. Denn das moralisch Böse ist das, dass die Potenz des Willens nicht zu dem Actus wird, zu dem sie werden soll.

Nach Thomas gehört es zur Vollkommenheit des Weltalls, dass verschiedene Stufen des Guten seien. Eine dieser Stufen ist die, da man die freie Wahl zwischen Gutem und Bösem hat. „Nun führt es die Natur der Dinge selbst mit sich, dass das, was abfallen kann, zuweilen abfällt."[1] Und das lässt Gott zu, weil, wenn gesündigt wird, hiedurch die Vollkommenheit Gottes offenbar wird. Denn seine strafende Gerechtigkeit und seine Langmuth würde ohne Sünde nicht offenbar. So Thomas. Daraus folgt nun aber, dass Gott das Böse wollen muss, da es zur vollen Offenbarung Gottes nothwendig ist, und dass er der Urheber des Bösen ist, wenn er ein Wesen setzt, in dessen Natur es liegt, dass es zuweilen abfalle. Da nun die Möglichkeit des Abfalls in der Scheidung von Potenz und Actus liegt, so muss in der Potenz als solcher eine gewisse Schwäche liegen, in Folge deren sie sich dem vollkommenen Sein nicht leicht zu assimiliren vermag. Hier zeigt sich die

---

1) *Ib. quaest. 48, art. 2: Perfectio universi requirit, ut sint quaedam, quae a bonitate deficere possint, ad quod sequitur, ea interdum deficere. — Ipsa autem rerum natura hoc habet, ut quae deficere possunt, quandoque deficiant.*

Wirkung des Neuplatonismus, welcher die Materie als die Quelle des Bösen bezeichnet. Denn die Materie im metaphysischen Sinne als das Substrat für die Erscheinungswelt, ist bei Thomas das Potentielle. Eckhart's Gottesbegriff ist, wie wir sahen, ein wesentlich anderer, als der aristotelisch-thomistische. Während Thomas sagt, dass Gott reine Thätigkeit sei und nichts von Potentialität in sich habe, ist bei Eckhart das Wesen der Gottheit die Potentialität. Diese kann darum nichts schwaches sein. Er sagt von dem Wesen, es sei die Kraft aller Dinge. Demnach ist ihm auch das materiale Substrat der Dinge, das Wesen Gottes als Macht zu sein, nicht etwas schwaches oder ein Etwas, das der Form sich entziehen möchte. Er sagt vielmehr: „Materie ruht nicht, sie werde erfüllt mit allerlei Formen." Um so weniger ist dies der Fall, sobald dieses materiale Substrat unter der Einwirkung der Form steht und dadurch zur Natur wird. Hier heisst es erst recht: die Natur möchte immer wirken auf das allerhöchste. In ihr, der von der Form angezogenen Materie, ist eine Sehnsucht, in der höchsten Form, in ihrer letzten Statt, in Gott zu ruhen. So führt denn auch Eckhart nirgends die Sünde auf jene Geschiedenheit von Potenz und Actus zurück wie Thomas, sondern setzt die Möglichkeit der Sünde lediglich in den freien Willen. „Er gab dir deinen freien Willen. Da fielest du mit deinem freien Willen in den ewigen Tod" (452). Er gab nicht einen freien Willen, bei dem es die Natur mit sich bringt, dass er zuweilen abfalle, damit dann eine Welt sei, in der sich auch Gottes Gerechtigkeit und Langmuth offenbaren könne. Der freie Wille hat diese Art nicht. Der freie Wille ist Eckhart vielmehr ein Beweis, dass Gott nur eine Welt von lauter Seligen haben wollte. „Manche Leute sprechen von der Vorsichtigkeit Gottes. Wisset, Gott hat uns vorgesehen zu seiner ewigen Seligkeit. Das hat er uns damit bezeichnet, das er uns unseren freien Willen hat gegeben" (453).

Nun konnte es freilich Eckhart nicht entgehen, dass diese irdische Materialität ein Hemmniss des Guten sei, und wir sahen bereits, wie sehr dies Eckhart überall hervorhebt; aber das war wohl auch der Grund, warum er von der Leiblichkeit der Dinge vor dem Sündenfalle eine wesentlich andere Materialität behauptet. Denn ohne diese Annahme würde er den Consequenzen verfallen, in die Thomas gerathen musste.

Während so Eckhart die Ansicht des Thomas von der Ursache de Bösen nicht theilt, schliesst er sich dagegen hinsichtlich der Begriffsb stimmung des Bösen an Thomas und seine Vorgänger an. „Das Böse, sagt er, „hat in ihm selber nicht Wesen, sondern es ist eine Beraubu des Wesens. Es beraubet des Guten oder des Wesens der Tugend, gleichwie Blindheit des Auges an ihr selber nicht ist; doch beraubet sie das Auge des Sehens" (327).

12. Wesen und Kräfte des Menschen.

Eckhart bekennt sich in Bezug auf die Entstehung der menschlichen Seelen mit den meisten Theologen seiner Zeit zu dem sogenannten Creatianismus. Er lehrt, dass die Seele nicht mit dem Leibe gezeugt, sondern dass sie von Gott geschaffen und der leiblichen Natur eingegossen werde. Diese leibliche Natur ist zunächst nur das materiale Substrat des Leibes, welchem die Seele nach der Lehre des Aristoteles die Form gibt. Die Seele ist die Form des Leibes oder auch das Wesen des Leibes insoferne, als sie erst den Leib zum Leibe macht. „Mein Vater gab mir wohl meine Natur, er gab mir aber nicht mein Wesen", sagt Eckhart. Und „wenn das Kind empfangen wird in der Mutter Leibe, so hat es weder Gliedmassen noch Farbe. Wenn aber die Seele gegossen wird in den Leichnam, so wirket sie ihm die Gestaltniss und Farbe" (153 f.).

Von der Seele werden wir zunächst die Kräfte durch deren Thätigkeit gewahr. Die Kräfte sind theils höhere, theils niedere. Die höheren sind Vernunft, Wille und Gedächtniss, die niederen sind der sinnliche Verstand, die zürnende Kraft und die begehrende Kraft, sodann die bewegende, die sensitive und die vegetative Kraft. Eckhart ist sich in dieser Eintheilung nicht immer gleich geblieben. Die obige von Augustin herrührende Eintheilung der höheren Kräfte hat er einmal verlassen und an die Stelle des Gedächtnisses die zürnende Kraft gesetzt, womit er sich an Plato anschloss. Es hing das mit der Entwicklung seiner speculativen Grundanschauungen zusammen. Von den Kräften werden wir auf das Wesen zurückgeführt, aus dem sie fliessen. „Denn aus dem Wesen", sagt Eckhart im Anschluss an die Neuplatoniker, „fliessen Kraft und Werk."

Nach Thomas von Aquin ist Gott in den Dingen nicht als ein Theil ihres Wesens, sondern wie der Wirkende in dem, in welches er wirkt. Das Wesen der Dinge selbst ist von ihm gewirkt nicht durch eine Umwandlung seines Wesens, die Schöpfung ist überhaupt nicht die Um-

wandlung eines irgendwie vorhandenen Stoffes, sondern das Wesen der
Dinge, soferne man darunter ihr materiales Substrat versteht, ist aus
dem Nichts, und Gottes Immanenz in den Dingen ist nichts anderes als
ein fortgesetztes Wirken derselben. Nach Eckhart dagegen ist, wie wir
sahen, Gott der Grund aller Wesen nicht bloss insoferne als er ihre
wirkende, sondern auch insoferne als er ihre materiale Ursache ist. In
letzterer Beziehung stammt die menschliche Seele aus dem Wesen Gottes. „Der Grund Gottes und der Grund der Seele sind Ein Wesen"
(467). Wir sahen oben, das göttliche Wesen ist die absolute Potenz, in
welcher das sein sollende, die Form, noch nicht offenbar, noch „Weise
ohne Weise" ist. Da ist die Form des Wesens, wie Eckhart sagt, noch
dasselbe, was das Wesen ist, da ist sie noch identisch mit dem Begriffe
eines allgemeinen Seins, dem keine weitere Bestimmtheit beigelegt werden kann als die, dass es „ein einig Ist" ist. Denn wenn auch das Wesen als intentionvolle Wesenheit zu denken ist, so muss doch diese Potenz der Form im letzten Grunde überhaupt als Macht zu sein bezeichnet werden, und in dieser Auffassung als die Macht zu sein ist das göttliche Wesen nach Eckhart das materiale Substrat für die Substanz aller
Dinge und somit auch der menschlichen Seele. Das Wesen der Gottheit als die Macht zu sein particularisirt sich so zu sagen in Folge göttlichen Willensentschlusses und wird materiales Substrat für die Schöpfung der Dinge. Eckhart gebraucht, wie früher hervorgehoben ist,
Wesen und Natur der Gottheit häufig als Wechselbegriffe; er thut dies
auch wo er von Wesen und Natur der Seele spricht. Der Zusammenhang muss in solchem Falle über den Sinn entscheiden. Zunächst ist
ihm die zum materialen Substrat für die Dinge bestimmte Wesenheit
Gottes auch Wesen der Seele, und hieher gehören alle jene Stellen,
welche wie die obenangeführte sagen, dass der Grund Gottes und der
Grund der Seele Ein Wesen sei, oder welche den Menschen auf diesen
Grund zurückgehen heissen, wie: „und meine Natur ward wesenlos, das
ist, dass meiner Natur ihr Wesen (d. i. ihre jetzige Art zu sein) entsinket also, dass da nicht bleibet denn ein einig Ist. Dieses
Istes Wesen ist die Einigkeit, die ihr selbst Wesen ist und aller
Dinge" (507 f.).

Sodann redet Eckhart von dem Wesen der Seele, insofern es geschaffenes Wesen ist. Gott bestimmt sein Wesen, sofern es Macht zu
sein ist, dass es der Grund werde für das geschöpfliche Leben. Zu diesem Substrate wird es, indem ihm das vorgehende Bild, das in dem
dreieinigen Gott steht, aufgeprägt wird. Damit aber bleibt die Wesen-

heit Gottes, das Wesen der Seele im ersten Sinne, nicht mehr was es ist, es wird eine durch die Form umgewandelte, eine geschaffene, eine ihrem ersten Wesen fremde Wesenheit. Da die Seele floss in ein „geschaffen" Wesen, „da ist sie Gott ungleich worden und fremd ihrem eigenen Bilde" (*N. C.*). „Sie ist an dem Wesen (Gottes) nicht geblieben, sondern sie hat ein fremdes Wesen empfangen, das seinen Ursprung von dem göttlichen Wesen genommen hat" (394). Das also was ihr ein eigenes geschaffenes ihrem ersten Wesen fremdes Wesen gibt, das ist das der particularisirten Wesenheit Gottes aufgeprägte Bild: „Die Seele ist ein ausfliessender Fluss der ewigen Gottheit und in sie ist gegedrückt das Bild der Dreifaltigkeit. Darum bekennt sie, dass sie eine Beschaffenheit (Geschaffenheit) Gottes ist" (582). Das Wesen der Seele in diesem Sinne, da sie nun ein bestimmtes, eigenthümliches, von Gott unterschiedenes und verschiedenes Sein hat, nennt Eckhart, wo er genau unterscheidet, die Natur der Seele.

Eckhart schloss sich, ehe er die ihm eigenthümliche Lehre von dem Bilde, welches die Seele gestaltet, gewann, zuerst an Thomas, später an Theodorich von Freiburg an. Auch Thomas unterscheidet Wesen, Kraft und Werk der Seele. Von jedem dieser drei Momente sagt er, dass sie das Bild Gottes trügen. Das Wesen der Seele ist *actus purus*, reine Wirksamkeit, und insoferne Selbstbewegung oder Leben *(P. I, qu. 18, 2)*. Aus dem Wesen der Seele resultiren als natürliche Eigenschaften die Kräfte, wie die Farbe aus dem Lichte. Sie sind nicht dasselbe mit dem Wesen, sonst würde die Seele z. B. ohne Unterbrechung denken wie sie ohne Unterbrechung lebt. Darum haben diese und andere Thätigkeiten des Lebens in dem Wesen nicht ihr unmittelbares Princip *(P. I, qu. 77, 1)*, sie haben dies vielmehr in den Kräften. Die Seele wirkt ihre Werke mittelst der Kräfte. Die Kräfte sind Potenzen des Wesens. Dem Wesen der Seele, welches reine Wirksamkeit ist, ist also doch auch etwas von Potentialität eigen, welches zum Actus übergeführt werden soll und in Werken sich offenbart. Eine solche Potentialität ist in Gott nicht. In ihm sind vielmehr Wesen, Kraft und Werk, Sein und Denkendes und Denken eins. Er ist reine Thätigkeit und nichts als das. Das Bild Gottes, welches die menschliche Seele in dieser Weise gestaltet, vertheilt sich also auf Wesen, Kräfte und Werke der Seele. Das Wesen der Seele ist ein Bild des göttlichen Wesens, insoferne es ein immaterielles Sein und bei der Mannigfaltigkeit der Kräfte doch in sich eins ist. Die höheren Kräfte der Seele, nämlich das Gedächtniss, die Vernunft und der Wille, sind ein Bild der Trinität[1] *(P. I, qu. 93, 6. 7)*. Da nun nach Thomas Gott reine Wirksamkeit ist, so ist es natürlich, dass bei der Frage, wo in der Seele das Bild Gottes vor allem zu suchen sei, der Accent auf das Wirken der Kräfte fällt. „Desswegen", sagt Thomas, „ist zuerst und vor allem das Bild der Trinität in den Werken der Kräfte zu suchen. Aber weil die Principien der Werke die Kräfte und deren *habitus* d. i. die bleibende Richtung derselben sind, ein jedes Ding aber der Kraft nach *(virtualiter)* in seinem Princip ist, so kann man an zweiter Stelle und gleichsam als eine nothwendige Folge davon das Bild der Trinität in die Kräfte und insbesondere in deren Habitus setzen, insofern in ihnen nämlich die Thätigkeiten der Kraft nach *(virtualiter)* ruhen" *(P. I, qu. 93, 7)*. Als erste Kraft der Seele bezeichnet Thomas die Vernunft und bestimmt den Begriff derselben nach Aristoteles. Sie ist eine Potenz, welche durch discursives Denken sich zu Erkenntnissen erheben soll. Insofern sie empfänglich ist für solche Erkenntniss, insoferne sie ein werdendes ist, bezeichnet er sie als leidende oder mögliche Vernunft. Der göttliche Intellect ist niemals in der Potenz, also niemals mögliche Vernunft, sondern immer reiner Actus. Der Intellect der Engel ist immer ein Actus in Bezug auf die ihm eingepflanzten Formen der Dinge; der menschliche Intellect aber, der auf niedriger Stufe steht, ist in Bezug auf die Formen der Dinge, welche ihm nicht eingepflanzt sind, in der Potenz. Er ist ursprünglich wie eine *tabula rasa*, auf die nichts geschrieben ist. Aber was ist das, welches in der Vernunft das discursive Denken anregt, und nach bestimmten Normen uns untersuchen, schliessen und erkennen lehrt? Das ist die in der leidenden Vernunft thätige wirkende Vernunft. Die Vernunft ist nicht bloss eine leidende sondern auch eine wirkende Kraft, eine Kraft, welche von eingepflanzten Normen des Erkennens bestimmt wird und mittelst derselben thätig ist. Dieses Norm und Mass gebende in der wirkenden Vernunft, dieses die Vernunft also gestaltende und bildende ist das ihr aufgeprägte Bild, ein geschaffenes Licht. Es ist nicht der göttliche Intellect selbst, sondern es ist ein Etwas das durch Participation an demselben entsteht. Wie die Luft licht ist durch die Participation am Sonnenlicht, so ist es mit der wirkenden Vernunft. Dieses Licht gibt einerseits die Normen,

---

1) Die *memoria* coordinirt übrigens Thomas dem *intellectus* und der *voluntas* nicht völlig, sondern bezeichnet sie als einen *habitus* des Intellect. In gleicher Weise redet auch Eckhart öfters nur von den zwei Kräften der Seele: Vernunft und Wille.

mittelst deren wir die Begriffe der Dinge den Dingen selbst entnehmen und heisst als solches *intellectus principiorum*, andererseits gibt es die Normen für das sittliche Thun und heisst insofern Synderesis.

Eckhart schloss sich in seinen ersten Zeiten im wesentlichen an diese Anschauungen des Thomas an. Er sieht das Bild in den Kräften. Wie bei Thomas ist es vor allem der von der Vernunft erleuchtete Wille, wodurch wir zur Vereinigung mit Gott gelangen. Eckhart konnte indess bei diesen Annahmen nicht stehen bleiben. Der Mystik ist die bleibende Vereinigung mit der Gottheit das Hauptaugenmerk. Von der Mannigfaltigkeit und Geschiedenheit muss man auf die Einheit, von dem Wechsel auf das Bleibende zurückgehen. Das Einfachere ist das Höhere, welches das Niedere beherrscht. Das Niedere wird durch das Höhere emporgezogen zum Höchsten. Diese Sätze sind, wie wir sahen, der mystischen Richtung entsprechend und wesentlich. Damit aber verträgt sich die thomistische Auffassung nicht. Die Kräfte und deren Werke sind es, und unter diesen vor allem die wirkende Vernunft, in welche Thomas das Bild Gottes setzt. Thomas unterscheidet zwar in der wirkenden Vernunft die potentielle Kraft und das Licht, die Norm, aber beides bildet wie Form und Materie nur Eine Wesenheit; die wirkende Vernunft ist ihm eine der Kräfte der Seele. Nun ist es nach der mystischen Schule das Höhere, welches zum Höchsten emporzieht. Die Kräfte der Seele bedürfen also eines Einfacheren und Höheren als sie selbst sind, wodurch sie zu Gott geführt werden. Auch strebt die Mystik nach einer bleibenden Verbindung mit der Gottheit. Die Kräfte sind nicht immer in Wirksamkeit, folglich sind es auch nicht die Kräfte, durch welche wir in bleibende Gemeinschaft gelangen. Die Consequenz der eckhartischen Principien forderte es daher, dass Eckhart die Lehre, welche das Bild vornehmlich in die Kräfte und deren Werke setzte, verliess, und von diesem Bilde, durch welches wir Gott erkennen, lehrte, dass es ein Höheres sei, als die Kräfte, und dass es nicht diesen, sondern dem Wesen der Seele inhärire. Er musste ferner diesen Voraussetzungen gemäss das Bild als ein Bild der göttlichen Natur bezeichnen, da das Wesen der Seele nur dieser und nicht den göttlichen Personen entspricht. Nach einigen unsicheren aber sehr charakteristischen Versuchen, in welchen er eine andere oben angedeutete Eintheilung der Kräfte versucht,[1] kommt er denn auch zu diesen Consequenzen. In den Predigten und Tractaten der Strassburger Zeit ist diese zweite Stufe der

---

1) Pred. 52 und 18.

psychologischen Anschauungen Eckhart's vertreten. Seine Lehre berührt sich hier im wesentlichen mit der Lehre des Theodorich von Freiburg, wobei er jedoch, seinen theologischen Voraussetzungen entsprechend, mehr als Theodorich es thut das mit Gott Einende als Bild der Natur Gottes bezeichnet.

Eckhart nennt von jetzt an dieses dem Wesen der Seele eingeprägte Bild vorherrschend den Funken oder Ganster der Seele. Der Gedanke, dass es allmählich die ganze Seele ergreifen und „gottvar" machen solle (114), bestimmte ihn wohl, diesen auch bei Bonaventura[1] vorkommenden Ausdruck mit Vorliebe zu gebrauchen. Er beschreibt diesen Funken so, dass in ihm jene bei Thomas getrennten und auf die höheren Kräfte vertheilten Normen für das Erkennen und das sittliche Thun als in einer höheren einfacheren Form vereint erscheinen. In der 32. Predigt, welche vom grossen Abendmahl handelt, sagt er, der ausgesandte Knecht sei das Fünklein der Seele, „das da ist geschaffen von Gott und ist ein Licht oben eingedrücket und ist ein Bild göttlicher Natur, das da ist kriegend allewege wider alles das, das nicht göttlich ist und ist nicht eine Kraft der Seele, wie etliche Meister (Thomas) wollten, und ist allewege geneigt zum Guten, auch in der Hölle ist es geneigt zum Guten. Die Meister sprechen: dieses Lichtes Eigenschaft ist, dass es fort und fort ein Kriegen hat und heisset *syndcresis* und bedeutet so viel als ein Zubinden und Abkehren. Es hat zwei Werke: eines ist ein Widerbiss wider das, was nicht lauter ist; das andere ist, dass es fort und fort locket zum Guten und das ist ohne Mittel gedrückt in die Seele, auch denen die in der Hölle sind." Aber nicht bloss für das sittliche Handeln sondern auch für das Erkennen ist der Funke das Licht. In derselben Predigt sagt er von ihm: „Eine Kraft ist in der Seele, die spaltet ab das Gröbste und wird vereint in Gott." Und in anderen Predigten der Strassburger Periode bezeichnet er den Funken als die Vernunft, welche die Dinge von allem Zufälligen entkleidet und auf deren Wesen und Begriff eindringt. Es ist der aristotelische Begriff der wirkenden Vernunft, wie wir ihn von Theodorich von Freiburg aufgefasst sahen, den Eckhart mit dem Funken verbindet. Wie Theodorich bezeichnet er ihn als etwas geschaffenes. Wenn ihn dabei Eckhart in der oben angeführten Predigt eine Kraft in der Seele nennt, so steht das nicht im Widerspruch mit jener andern Stelle derselben Predigt, in welcher er sagt: er sei nicht eine Kraft der Seele. Auch darin berührt

---

1) cf. oben Bonaventura S. 253: *apex mentis seu synteresis scintilla.*

er sich mit Theodorich, dass er von diesem Lichte sagt, dass es selbst den Verdammten bleibe. Eckhart nennt den Funken auch die oberste Vernunft, und leitet von ihr „das Verständnisse" ab, dem er nun auch naturgemäss den Vorzug vor dem Willen gibt. Der Wille trägt nicht unmittelbar mehr in Gott, sondern der von der göttlichen Minne erfüllte Wille trägt das Verständniss aufwärts in den Funken, in die oberste Vernunft, und muss dann zurückbleiben, wenn nun das Verständniss im Lichte der obersten Vernunft steht. Aber während dem Theodorich die Ueberformung mit der wirkenden Vernunft genügend erscheint um Gott zu schauen, lässt Eckhart noch eine weitere Ueberformung ahnen. Denn wenn die Seele sich dessen entschlagen hat, was das Verständniss ihr sagt, in die Einfalt der obersten Vernunft gesetzt und damit zu ihrer ersten Lauterkeit und Unschuld gekommen ist, dann erst steht sie in dem Wesen in welchem sie stehen soll und dann vergisst sie auch der obersten Vernunft; denn dann wird das Wesen der Seele vereint mit der lauteren Einigkeit d. i. mit dem göttlichen Wesen.[1] Dieser Fortschritt in seiner Lehre tritt indess erst in der letzten Periode seines Lebens hervor.

Er wird bei Eckhart durch die Erwägung der relativen Unvollkommenheit des geschaffenen Bildes vermittelt. „Die wirkende Vernunft", sagt er später, „mag nicht geben das sie nicht hat. Sie mag nicht zwei Bilder (Ideen) miteinander haben, sie hat wohl eines vor und das andere nach. — Aber so Gott wirket an der Statt der wirkenden Vernunft, so gebiert er manche Bilder miteinander in einem Punkte" (19 f.). Die Natur des ewigen Lebens in uns ist anderer höherer Art, als dass es durch das Medium der wirkenden Vernunft fliessen könnte, und so geht denn Eckhart in seiner letzten Periode in der Bestimmung des Funkens dazu weiter, dass er ihn als ein ungeschaffenes, als das göttliche Wesen selbst bezeichnet. Das was er bisher den Funken genannt hatte, tritt jetzt wieder in die Kräfte zurück und wird zur Norm für die Kräfte. Es gestaltet sie zum Abbild der göttlichen Personen, aber es ermöglicht nur ein beschränktes Denken des Göttlichen (cf. Pr. 3).

Wir haben für diese letzte Stufe der Anschauung Eckhart's eine unzweideutige Aeusserung aus seinem Todesjahre in der Erklärung,

---

1) Pred. 37 bei Pfeiffer, die für die eckhartische Psychologie nicht unwichtig ist, aber gerade an einigen hier einschlagenden Stellen einen verdorbenen Text hat. Nach *C. N.* muss es im Texte bei Pfeiffer S. 126 Z. 27 statt „blibistu" heissen: blibest hienieden und Z. 35 u. 36 müssen die Worte: „Verstentnisse sprichet" wegfallen. S. 127 Z. 8 u. 10 l. *verstentnisse*.

welche er, als die erzbischöflichen Inquisitoren gegen ihn vorgegangen waren, im J. 1327 in der Dominikanerkirche zu Cöln gab. Er sagt da: Man sagt, ich hätte gepredigt, ein Etwas sei in der Seele, um dessenwillen sie, wenn die ganze Seele der Art wäre, als ungeschaffen bezeichnet werden müsse — und das habe ich für richtig gehalten und halte es mit meinen Collegen, den Lehrern, noch für richtig in dem Sinne, wenn sie Vernunft wäre in wesentlicher Weise, *si anima intellectus esset essentialiter*. Der Funke ist ihm jetzt diese unerschaffene wesentliche Vernunft. Er sagt nun von ihm, ihm sei fremd alles das geschaffen ist; er bekenne sich selber als Gott und gebrauche in sich alle Dinge nach der Weise seiner Ungeschaffenheit. „Was Gott nehmen mag ausser diesem Funken, das muss er nothwendig als ein geschaffenes nehmen; ja wäre es der Fall, dass er sich nähme ausser diesem Funken, was er doch nicht thut, so müsste er sich mit Nothwendigkeit als geschaffen ansehen." [1]

Ganz dieselbe Anschauung spricht er auch in Pr. 96 S. 311 aus, in einem Satze, welcher in der Bulle des Papstes als ein häretischer bezeichnet ist: „Als ich mehr gesprochen habe, dass etwas sei in der Seele, das Gott also sippe ist, dass es éin ist (mit Gott) und nicht vereint. Es ist éin, es hat mit dem Nichts nichts gemein. — Alles das geschaffen ist das ist Nicht. Nun ist dies aller Geschaffenheit fern und fremd. Wäre der Mensch ganz also, er wäre allzumal ungeschaffen und unschaffbar. Wäre alles, das leibhaftig ist, also verstanden in der Einigkeit, es wäre nichts anders, denn das die Einigkeit selber ist. Fände ich mich einen Augenblick in diesem Wesen, ich achtete so wenig auf mich selbst als auf ein Mistwürmlein." Und S. 312 sagt er von diesem Funken, insoferne er das Medium der Einheit mit Gott ist: „Das Auge, da inne ich Gott sehe, das ist dasselbe Auge, da inne mich Gott siehet. Mein Auge und Gottes Auge das ist Ein Auge und Ein Gesicht und Ein Bekennen und Ein Minnen." [2]

In dem erwähnten Tractat der Nürnberger Handschrift erinnert er an die Lehre, dass eine jegliche Form der Materie Wesen gebe. Nun sei die Gnade eine Form, welche dem geschaffenen Wesen der Seele ein übernatürliches Wesen gebe. In Folge dieser Transformirung vermöge die Seele über sich selbst, d. h. über ihre Geschaffenheit hinauszukommen. Geschaffen ist sie, wie Eckhart sagt, nach dem ewigen Bilde, das

---

1) Tractat von der wirkenden und mögl. Vernunft a. a. O. S. 179.
2) Vgl. Pr. 88, S. 286.

der Sohn Gottes ist. Mittelst der Gnade nun vermag sie ihr ewig Bild zu durchbrechen und in das wesentliche Bild zu gelangen. Dieses wesentliche Bild aber ist die einfältige Form, das Licht göttlicher Einigkeit, da Gott sich nimmt in ununterschiedener Einheit. Da wird nun die Seele das was die Gnade selbst ist, das ist ein fliessendes Licht sonder Mittel aus der Natur Gottes; es ist das was Gott selbst ist, das göttliche Wesen, die ungeschaffene Klarheit des göttlichen Wesens. Da ist der Geist Ein Wesen und Eine Substanz der Gottheit und ist Seligkeit seiner selbst und aller Creaturen. Eckhart nennt das wesentliche Bild auch die wirkende Vernunft. Nach Aristoteles ist, wie oben bei Theodorich von Freiburg angegeben worden ist, die wirkende Vernunft allein das Unsterbliche im Menschen, nach Alexander von Aphrodisias ist sie identisch mit der Gottheit, und wie wir eben sahen, sie ist es auch nach Eckhart. Somit scheint Eckhart Pantheist zu sein wie Alexander. Aber es scheint dies nur so. Eckhart würde es sein, wenn er die Persönlichkeit mit der wirkenden Vernunft identificirte. Aber Eckhart unterscheidet sie davon. Die Persönlichkeit des Menschen hat eine ewige aber von der Gottheit unterschiedene Existenz. Aber sie erkennt Gott nicht auf adäquate Weise, wenn sie nicht unter der Form, unter der Idee erkennt, unter welcher sich Gott selbst denkt, oder mit Eckhart's Worten: wenn sie nicht in das wesentliche Bild (als in das göttliche Auge) eingerückt ist. Das ist Eckhart's Meinung. Dass Eckhart die Persönlichkeit des Menschen nicht mit dem wesentlichen Bilde oder der wirkenden Vernunft identificire, das werden wir erkennen, wenn wir jetzt den Begriff Eckhart's von der Persönlichkeit zu ermitteln versuchen.

Die Gottheit ist als Wesen der bleibende Lebensgrund aller Dinge. Der persönliche Gott, indem er nach den geschöpflichen Ideen mit Freiheit schafft, führt die Idee in seine eigene Wesenheit ein, und diese wandelt sich unter der Einwirkung der geschöpflichen Idee zu einer dieser Idee entsprechenden und von der göttlichen verschiedenen Wesenheit um. Die menschliche Seele ist demnach zunächst eine von der göttlichen Potentialität unterschiedene und von ihrer geschöpflichen Idee durchformte Potentialität. Insoferne das Wesen der Seele Träger der geschöpflichen Idee oder des ewigen Bildes ist, heisst es bei Eckhart, wie hervorgehoben wurde, die Natur der Seele. Diese Natur birgt alle Kräfte des Menschen noch in ungeschiedener Einheit, lässt aber ohne sich dabei aufzugeben immerdar auch ihre Wesenheit sich in den Kräften entfalten und fliesst in sie aus. In dieser Gestaltung der Wesenheit zur „Offenbarkeit" und „Schiedlichkeit" zeigt sich die Kraft der geschöpflichen Idee, die anschaffende Macht derselben. Wie die geschöpfliche Idee das Wesen der Seele zu den Kräften gestaltet, so erzeugt sie auch die Persönlichkeit aus dem Wesen der Seele. Eckhart nennt die Persönlichkeit „*mens* oder die Lebelichkeit des Geistes". „Das geschaffene Icht das ist *mens*. Mit dem *mens* meint man den kleinen Ganster, die Lebelichkeit des Geistes" (520).[1] Die Idee, die Form ist das was das Wesen der Seele zum individuellen persönlichen Leben erweckt. Wir sahen bei der Darlegung der Momente des Gottesbegriffs, dass das Wesen in Folge der Objectivirung in der Natur sich als Person erhebt. So erhebt sich auch, indem das Wesen durch die Imprägnirung mit der Idee zur bestimmten Natur wird, in Folge dieser Fassung in einem bestimmten Grunde das Wesen der Seele über sich selbst zur Persönlichkeit, es findet in der Natur der Seele und ihren Kräften sich selber, und „leuchtet und sagt sich Person". Denn der Begriff der Persönlichkeit ist der des sich selber findens und sich behauptens im Unterschiede von einem andern. Die menschliche Persönlichkeit ist also nicht identisch weder mit den Kräften, noch mit der geschöpflichen Idee, noch mit dem Wesen der Seele, noch mit der Natur der Gottheit. Mit den Kräften nicht, denn diese sind nur das, womit sie wirkt. „Alle Werke, die die Seele wirket, die wirket sie mit den Kräften. Was sie versteht, das versteht sie mit der Vernunft, was sie gedenket, das thut sie mit dem Gedächtniss, soll sie minnen, das thut sie mit dem Willen, und also wirket sie mit den Kräften und nicht mit dem Wesen" (4). Sie ist nicht identisch mit der geschöpflichen Idee oder mit dem ewigen Bilde. Denn die Idee ist, wie dies aus der Gotteslehre Eckhart's erhellt, das die Natur gestaltende und aus ihr leuchtende Bild, unter deren Lichte sie mittelst der Kräfte erkennt. Auch das Wesen der Seele kann mit der menschlichen Persönlichkeit nicht identisch sein, da dies den Grundbegriffen Eckhart's völlig widersprechen würde. Denn Wesen oder Natur und Person sind bei Eckhart, wie wir gesehen haben, ganz entgegengesetzte Begriffe. „Die Natur (Wesen) mag nicht sein, es sei denn etwas, dessen Natur sie sei; und die Person (des Vaters) mag nicht sein, es sei denn etwas, dessen Person sie sei" (682). Endlich aber ist die menschliche Persönlichkeit auch nicht eins mit der Natur der Gottheit oder geht in ihr unter. Denn so sehr auch das blosse Wesen der Gottheit den Geist in sich verschlingt, so bleibt doch der blosse Funke, der das hohe Ge-

---

1) Vgl. S. 519: Diz offenbaret des geistes lebelicheit, daz er hät underscheit der persönlicheit.

müth heisst.[1] Und „obgleich sie (die Seele) sinket und sinket in der Ewigkeit göttlichen Wesens: sie kann doch den Grund nimmer begreifen. Darum hat ihr Gott ein Pünktlein gelassen, damit kehret sie wieder in sich selber und findet sich und bekennet sich Creatur" (387). Die Persönlichkeit, die also weder Kräfte, noch Bild, noch Wesen, noch Natur der Gottheit ist, ist vielmehr der aus dem Wesen sich erhebende, durch die Einstrahlung des Bildes in das Wesen geborene, und an der Natur sich befassende und mittelst dieser wirkende Geist.

Wir müssen in der Persönlichkeit ein inneres und ein äusseres Bewusstsein unterscheiden. So schwindet im Schlafe das äussere Bewusstsein; das innere Leben der Persönlichkeit und damit eine Art des Bewusstseins dauert fort. Das äussere Bewusstsein ist durch die Verbindung der Seele mit der Leiblichkeit bedingt, und schwindet sobald der Rapport mit der Leiblichkeit unterbrochen wird. Nach Eckhart ist es, wie wir sahen, die Einführung der Potenz in einen Grund, in eine Fassung, wodurch jene actuos wird. Nun sind in Folge der Sünde die Kräfte der Seele ihres inneren Grundes entsetzt und in das Sinnenleben als in eine äussere Fassung verflochten. Und die Art der Fassung begründet die Art des Bewusstseins. Die Verflechtung in das Zeit- und Sinnenleben begründet das zeitliche Bewusstsein der Seele. „Alles ihr (der Seele) Auswirken haftet an etwas Mittels": die Kräfte vermögen die Dinge nur vermöge der von den Dingen selbst geschöpften Formen zu erkennen, und was die Seele nicht durch solche Bilder erkennt, das erkennet sie nicht. Alle Bilder aber sind durch die Sinne vermittelt. Weil nun die Seele auf diese Weise kein Bild von sich selbst zu gewinnen vermag, so ist der Seele kein Ding so unbekannt, als sie sich selber. Innen aber ist sie frei und ledig von allen Mitteln und von allen Bildern (5). Da Paulus in den dritten Himmel gezückt ward, da waren alle seine Kräfte eingezogen, und er erkannte Gott mit dem Wesen der Seele. Dieses Erkennen fiel nicht in sein zeitliches Bewusstsein. „Da er wieder zu sich kam, da war ihm nichts vergessen: (aber) es war ihm so ferne in dem Grunde, dass seine Vernunft nicht mochte dahin kommen, es war ihm bedecket. Darum musste er ihm nachlaufen und es erfolgen in ihm und nicht ausser ihm. Es ist zumal innen, nicht aussen, sondern alles innen" (8). Wir stellen diese Sätze hieher, um zu zeigen,

---

1) N. 1864 S. 170: Also hat das ploss Wesen der gothait den gaist in sich verslunden, das da nit beleibt, dann die ploss gauster, die das hoch gemüt haiset.

dass Eckhart diese Thatsache eines zwiefachen Bewusstseins, eines zeitfreien innerlichen und eines zeitlichen äusserlichen kennt. Er berührt sich hier mit dem, was Theodorich von dem verborgenen Bewusstsein der wirkenden Vernunft sagt. Ob Eckhart für das Wesen dieses doppelten Bewusstseins und des gegenseitigen Verhältnisses beider eine ausreichende Erklärung gehabt habe, lässt sich aus den bis jetzt bekannten Schriften, wie mir scheint, nicht bestimmen.

13. Die menschliche Sünde.

Das zeitliche Bewusstsein der Persönlichkeit ist ein durch die Kräfte vermitteltes. Diese Kräfte sind aber nicht mehr unversehrt. Eckhart sieht die Sünde mit den meisten Scholastikern im Eigenwillen. Nicht die Richtung auf vergängliche Dinge, sondern die Erhebung des eigenen Willens gegen den göttlichen Willen, die sich in dieser falschen Richtung offenbart, ist das Wesentliche der Sünde. „Alle Minne dieser Welt ist gebaut auf Eigenminne. Hättest du die gelassen, so hättest du alle die Welt gelassen" (204). „Wenn auch der Mensch todt wäre aller natürlichen Dinge, so möchte doch der Mensch fallen in seinen ewigen Tod. Denn Lucifer war ein lauterer Geist in ihm selber, der fiel von ihm selber und soll ewiglich fallen" (465). Dieser sündige Wille haftet an dem niederen Begehrungsvermögen. Nach Thomas haben die höheren Kräfte der Seele, deren Wirksamkeit nicht an ein leibliches Organ gebunden ist, die Seele wie sie an sich ist zum Subjecte; dagegen ist für die an ein leibliches Organ gebundenen niederen Kräfte die mit dem Leibe verbundene Seele Subject. Diese niederen Kräfte bilden in Verbindung mit dem materialen Substrat des Leibes die animalische Natur des Menschen. Eckhart theilt diese Anschauung, und er bekennt sich zugleich hinsichtlich der Entstehung der Seele zum Creatianismus. Ist jede Seele von Gott geschaffen, so kann sie an sich nicht mit der Sünde behaftet sein. Sündig ist sie nur durch ihre Verbindung mit der durch die Zeugung fortgepflanzten leiblichen Natur. In der leiblichen Natur aber bildet dann wieder consequenter Weise nicht das seelische, sondern das materielle Element den eigentlichen Herd der Versuchung zur Sünde, und diese Voraussetzung ist es, unter welcher Eckhart die materielle Leiblichkeit als den grössten Feind der Seele bezeichnet. Damit hebt er aber natürlich noch nicht seinen Satz auf, dass der Mensch auch ohne die Versuchung, die aus der leiblichen Natur kommt, in Sünde fallen könne. Aber das ist gewiss, dass er in Folge der creatianischen Theorie die Verderbniss der höheren Kräfte zu gering fasst. Die niederen Kräfte, und hier kommt vornehmlich das sinnliche Begehrungsvermögen in Betracht, werden durch ihre Verbindung mit der materiellen Wesenheit von dieser Macht inficirt. Die höheren Kräfte der Seele aber, welche kein leibliches Organ besitzen, bleiben an sich unversehrt; aber da sie zu dem Leibe in Beziehung gesetzt sind, von daher ihre Eindrücke, Anregungen empfangen, mittelst des Sinnenlebens erkennen, so werden sie von daher gehemmt, geschwächt. Eckhart nennt mit Anschluss an Joh. 1, 13 das sündhaft bestimmte Naturleben „Blut", und sofern es mit dem niederen Begehrungsvermögen sich kundgibt „Fleisch". „Mit dem Blute meinet Johannes alles, das an dem Menschen nicht unterthänig ist des Menschen Willen. Mit des Fleisches Willen meint er alles, das in dem Menschen seinem Willen unterthänig ist und doch mit einem Widerstreit und Neigung nach des Fleisches Begehrung und ist gemein der Seele und dem Leibe und ist nicht eigentlich in der Seele alleine. Und davon werden die (höheren) Kräfte müde und krank (schwach)" (420). Diese höheren Kräfte der Seele aber, an sich betrachtet, bleiben „unvermischt mit dem Fleisch", „haben ihr Werk abgeschieden von Zeit und Statt" und „an dem ist der Mensch Gottes Geschlecht und Gottes Sippe" (420). Insoferne sie aber doch auch in Beziehung gesetzt sind zu dem Leibe, und von hier aus bestimmt und angeregt werden, ist ihre Thätigkeit keine normale, eine dem Fehlen und Irren unterworfene. „Die Vernunft ist verbildet."

Somit lässt sich Eckhart's Lehre über die Sünde dahin zusammenfassen, dass die Natur der Seele, ihr potentieller Grund, sündlos ist und bleibt; dieser Grund aber fliesst aus in die Kräfte und diese sind gebunden an die leibliche Natur. Hiedurch aber entarten sie. Die Persönlichkeit als das Product von Wesen, Natur und Kräften fühlt sich demnach zweifach bestimmt, dem göttlichen Bilde gemäss von Seite der potentiellen Natur, sündhaft durch ihre Einheit mit der sündigen leiblichen Natur. Ihre Sünde ist, dass sie sich neiget auf ihre sündige Natur. Das ist ihre Schuld. Alle Menschen ohne Ausnahme stehen unter dieser Schuld. Für die Schuld bedarf es einer Sühne. Von der Macht der Sünde bedarf es einer Erlösung. Sühne und damit Erlösung ist vollbracht durch die Gnade in Christus.

14. Die Menschwerdung Christi und sein Werk.

Es wurde an seinem Orte dargelegt, dass Eckhart in dem Sohne Gottes das Urbild der Welt sieht und dass die Idee der Menschheit als die dem Urbilde zunächst stehende durch die Menschwerdung des ewigen Wortes selbst zur vollendeten Offenbarung kommen sollte. Aber wenn auch Eckhart lehrt, dass der Sohn Gottes Mensch geworden wäre auch wenn Adam nicht gesündigt hätte, so liegt dem doch nicht die Voraussetzung zu Grunde, dass die Menschwerdung ein Moment in dem Process der Selbstoffenbarung Gottes sei. Wohl aber findet sich bei Eckhart, wie mir scheint, eine doppelte Menschwerdung Christi angedeutet, eine vorzeitliche Vereinigung des Wortes nicht bloss mit der Idee der Menschheit, sondern auch mit einer dieser Idee entsprechenden Leiblichkeit, und die zeitliche im Schosse Mariens. Eckhart sagt nämlich von der Himmelfahrt Christi: „Er mochte mit sich nichts bringen in den Vater als wie es aus dem Vater geflossen war. Das Wesen der Seele Christi führte mit ihr das Wesen der edlen Menschheit unseres Herrn Jesu Christi mit göttlicher Wesenlichkeit." Eckhart unterscheidet das Wesen des Leibes von der Materialität des Leibes und dessen jetziger Form. Er kommt auf solche zu reden, von denen man sage, dass sie bereits gen Himmel gefahren seien. Er lässt die Wahrheit dieser Meinung dahingestellt, bemerkt aber, dass dann doch nur das Wesen des Leibes zu Gott gekommen sei. „Der Leib, der in der Erde sollte verworden sein, der ward verzehrt in der Luft, dass nichts in Gott kam, als das Wesen des Leibes, das doch einst der Seele gefolgt wäre am jüngsten Tage." (Tract. VI. Schwester Katrei 472.) Hier ist angedeutet, dass mit der Seele zugleich eine himmlische Leiblichkeit oder ein Same derselben in die sich bei der Zeugung bildende materielle Leiblichkeit senke, welche dereinst allein das Organ der Seele bilden werde, während die materielle Leiblichkeit nicht wieder erstehe. Der unmittelbare Zusammenhang, in welchem diese Erörterung mit dem obigen Satze steht, dass Christus nichts in den Vater mit zurückbrachte, als wie es aus dem Vater geflossen war, lässt kaum einen Zweifel, dass sich Eckhart eine zweifache Verbindung des Wortes mit der Menschheit denkt, eine vorzeitliche mit der Idee der Menschheit und einer ihr entsprechenden Leiblichkeit, und eine zeitliche im Schosse Mariens.[1]

---

1) Eine dieser Anschauung verwandte Lehre dargelegt von Hamberger: *Physica sacra* oder der Begriff der himmlischen Leiblichkeit. Stuttg. 1869. S. 268 ff.

Nach der Theorie des Creatianismus lässt Eckhart von Maria das Substrat für die materielle Leiblichkeit Jesu entnommen sein, dem dann die Seele mit ihren Kräften sowie das dauernde Wesen der Leiblichkeit eingegossen wird. Bemerkenswerth ist, dass er hier auch die Ausgestaltung des Leibes Jesu auf die unmittelbare göttliche Wirkung zurückführt, während er sonst bei der Zeugung des Menschen die Gestaltung des Leibes durch die Seele bewirkt sein lässt, und ferner, dass er der Seele Christi gleich den Engeln die Ideen eingeboren sein lässt, welche die übrigen Menschen mit Hilfe der wirkenden Vernunft der Erscheinungswelt erst entnehmen. Er sagt: „Die Dreieinigkeit nahm den lautersten Blutstrom in dem Herzen Marias und wirkte daraus mit allen seinen Gliedern einen unbresthaftigen Menschen und goss darein eine Seele mit allen ihren Kräften" (660 cf. 498). Und von der Seele Christi sagt er, sie sei von Nichte geschaffen worden in der Zeit, und „die Bilde, die in der mittleren Person sind, die sind gedrückt in die Vermögenheit der Seele, dass die Seele in dem Bilde bekennen mag alle Dinge, die geschehen sind und nun geschehen sollen. Und die noch geschehen sollen und was nicht geschehen soll und doch Gott wohl noch thun möchte nach seiner wesentlichen Gewalt, das bekennt die Seele nicht. Die Dinge, die noch geschehen sollen, die bekennt die Seele nicht in dem Bilde, Gott gebe sie ihr denn zu bekennen, und das ist der Seele übernatürlich" (535). Aber zur eigenen Persönlichkeit entfaltet sich die menschliche Seele Jesu nicht. „Da Christi Seele geschaffen ward, da ward sie ihr selber benommen und ward über sich gebracht in die Dreieinigkeit. Da ward sie geeinigt" (674). „Denn das ewige Wort nahm an sich eine Menschheit und nicht eine menschliche Person. Hätte das ewige Wort eine menschliche Person an sich genommen, so wären vier Personen in der Dreifaltigkeit" (678).

Eckhart betont nun überall die menschliche Entwickelung Jesu. Er mochte mit seiner „Thierlichkeit" nicht sehen in der Leute Conscientia, kein Zeichen thun. Er war so thöricht, da er Kind war, dass er Vater und Mutter nicht kannte (535). Auf dem Wege der natürlichen Entwickelung aber konnte er zu der Höhe englischer Erkenntniss gelangen, d. i. das Wesen der Dinge mittelst der seinem Vermögen eingepflanzten Ideen rein und lauter erkennen (534). Und „dass die Gottheit in ihm wohne, das bekannte seine menschliche Natur mit den drei Kräften, die sie empfangen hatte von der heiligen Dreifaltigkeit und minnete ihn mit unmässiger Minne (535). Aber mit diesen ihren natürlichen Kräften selbst das göttliche Wesen zu sehen oder seiner zu gebrauchen, das vermochte sie nicht. In dieses Gebrauchen ward die Seele Christi wohl gesetzt, da sie geschaffen wurde. Aber dies Gebrauchen wurde ihr entzogen. Und wenn sie ja in der Niedrigkeit des Fleisches lebend dieses Anschauens theilhaftig geworden, so geschah ihr das von Gnaden (535).

Die Frage, wie bei der Einigung der göttlichen Person mit der menschlichen Natur ein menschliches Wissen möglich sei, da ja das Wissen der göttlichen Person von sich selber und von allen Dingen nie aufhören konnte, konnte für ihn eine minder schwierige sein, da sich ihm das Hauptbedenken von jener Ansicht aus hob, dass auch die menschliche Persönlichkeit mit ihrem sich selbst denken dem Menschen hier nicht völlig zum sinnlichen Bewusstsein komme. Auch die göttliche Person, so konnte er sagen, ist durch ihre Verbindung mit der menschlichen Natur sich selbst gewissermassen entsetzt und in einen Grund eingeführt, aus dem für sie ein zeitliches Bewusstsein resultirt, daraus aber folgt nicht, dass sie nicht ein Innenleben und Wissen ewiger Art habe. Sie hat dies vielmehr ebenso wie jeder Mensch in seiner Weise noch ein Innenleben und Wissen hat, das nicht in den Kreis seines zeitlichen Bewusstseins fällt.

Eckhart beschäftigt sich wenig mit der Frage, wie Christus die Erlösung bewirkt habe. Ihm sind überall die Fragen, wie wir auf Grund der Menschwerdung Christi und seines Werkes in die Gemeinschaft Gottes gelangen, die wichtigeren. Dass die Sünde den Menschen von Gott scheide, führt er auf die göttliche Gerechtigkeit zurück (45'f.). Auf der Menschheit lastet in Folge der Sünde eine Schuld, die Christus gesühnt hat durch das Opfer seines Lebens, durch sein Blut. „Darum dass er den Vater desto mehr möge an sich ziehen, dass er seines Zornes vergesse, so spricht er: Herzlieber Vater, wenn du die Sünde nie wolltest vergeben um all das Opfer, das dir ward dargebracht in der alten Ehe (dem alten Bunde), so spreche ich: Vater mein, deines Herzens eingeborner Sohn, der dir in allen Dingen nach der Gottheit gleich ist, in dem du hast verborgen allen Schatz göttlicher Minne und Reichthums, ich komme an das Kreuze, dass ich werde ein lebendiges Opfer vor deinen väterlichen Augen, dass du die Augen deiner väterlichen Barmherzigkeit neigest und sehest mich an, deinen eingebornen Sohn, und schaue an mein Blut, das von meinen Wunden fliesst, und erlösche das feurige Schwert, womit du in Cherubim des Engels Hand hast verschlossen den Weg in das Paradies, dass nun mögen darein gehen in Freiheit alle, die ihre Sünde in mir bereuen und beichten und büssen" (219).

„Gehe zu ihm. Er hat gebüsst alle deine Schuld. In ihm magst du wohl opfern das würdige Opfer dem himmlischen Vater für alle deine Schuld" (566). „Er gab dir deinen freien Willen: da fielst du mit deinem freien Willen in deinen ewigen Tod. Da löste er dich mit sich selber und hat dich gewaschen in seinem Blute und hat dich erlöset von allen deinen Erbgebresten" (452). Ein geringeres Opfer aber als sein Leben war nicht möglich (642). Mit seinem vollkommenen Leben aber hat Christus auch ein Verdienst erworben. Er verdiente, dass sein Leib glorificirt ward mit der Seele zumal in seiner Auferstehung (645). Gottes Wohlgefallen ruht auf ihm. Und indem auf ihm, auch auf der Menschheit. Denn „das ewige Wort nahm nicht an sich diesen oder jenen Menschen, sondern es nahm an sich eine freie ungetheilte Natur, eine menschliche Natur die da bloss war sonder Bild. — Denn der (einzelne) Mensch ist ein Zufall der Natur, und darum geht ab alle dem das Zufall ist und nehmet euch nach der Freiheit der ungetheilten menschlichen Natur. Und da dieselbe Natur, nach der ihr euch nehmend seid, Sohn des ewigen Vaters worden ist von der Einung des ewigen Wortes, also werdet ihr Sohn des ewigen Vaters mit Christo" (158). So sind also in Christus, da er der Repräsentant der gesammten Menschheit, ja aller Creaturen ist, alle in die Einheit mit Gott zurückgebracht. „Nun müssen doch alle Creaturen, die aus Gott geflossen sind, mit allen ihren Kräften wirken, wie sie einen Menschen machen, der wieder komme in die Einung, da Adam inne war, ehe er fiel, und der alle Creaturen wieder erhebe in dieselbe Kraft, in der sie waren an menschlicher Natur. Das ist vollbracht an Christo. Nach diesem Sinne sind alle Creaturen Ein Mensch und der Mensch ist Gott" (497). So ruht also auch das Wohlgefallen Gottes, indem es auf Christus ruht, auf der Menschheit, und auf dem Menschen nur insoferne er in Christus ist. „Denn alles das dem Vater gefallen soll oder uns zu Nutz und Heil kommen soll, das muss ihm gefallen in seinem Sohne und ausser ihm gefället ihm nichts" (413). Und nehmen wir uns nun nach derselben Natur, die da Gott worden ist, „so bist du mit ihm eins nach Wesen und nach Natur und hast es alles in dir als es der Vater hat in ihm. Du hast es von Gott zu Lehen nicht, denn Gott ist dein Eigen. Und also, alles das du nimmst, das nimmst du in deinem Eigen, und wo du Werke nicht nimmst in deinem Eigen, die Werke sind alle todt vor Gott" (158).

15. Die Gnade.

Eckhart setzt voraus, dass der Mensch nicht zu Gott zu kommen vermöge, wenn Gott nicht zuvor zu ihm kommt. Gott zieht uns und hilft dass wir kommen können. Dieses Wirken Gottes ist seine Gnade. Mittel der Gnade ist schon die natürliche Offenbarung. „Gott ziehet den Menschen mit Gütlichkeit, die er so weislich an die Creaturen gelegt hat, wie er den Menschen ziehe in die Erkenntniss des besten Gutes" (374). Auch die Strafe ist ein Mittel der Gnade. Folgt die Seele dem Zuge nicht, der sie befähigt, „thut sie minder als sie vermag, so wird sie im Leibe dem Thiere gleich, das man zu grösserem Vermögen nöthen muss."

So gibt es ein verschiedenes Verhalten der vorbereitenden Gnade gegenüber. Es kommt darauf an, von der stufenweise sich darbietenden Gnade den richtigen Gebrauch zu machen. Dann nimmt man in der Wahrheit zu und wird geschickt weitere Gaben zu empfangen. Von der jedesmaligen Bereitschaft ist die weitere Wirkung Gottes bestimmt. „Gott wirket, darnach er Bereitschaft findet. Sein Wirken ist anders in den Menschen, denn in den Steinen. Des finden wir ein Gleichniss in der Natur. So man einen Backofen heizet und darein legt einen Teig von Haber und einen von Gerste und einen von Roggen und einen von Weizen — nun ist nur Eine Hitze in dem Ofen und wirket doch nicht gleich in allen Teigen: denn der eine wird schönes Brod, der andere wird rauher, die dritte noch rauher. Das ist nicht der Hitze Schuld, sondern der Materie die ungleich ist. In gleicher Weise wirket Gott nicht gleich in aller Herzen, sondern darnach als er Bereitschaft und Empfänglichkeit findet" (490).

Erkenntniss der Sünde, Erkenntniss unserer Aufgabe wird auf die zehn Gebote, auf die Lehre Jesu (451), auf die das Leben im neutestamentlichen Sinne umgestaltende Gnade, vor allem auf die beiden Sacramente Taufe (498. 513) und Abendmahl zurückgeführt. „Gnade findet man im Sacramente und nirgends anders so eigentlich" (565). Da entsteht dann im Herzen die göttliche Reue, „die erhebt sich zu Gott unter Abkehr von Sünden als ein gross Zutrauen" (558). In diesem Trauen auf Gott aber bestehet das Wesen des Glaubens. Die Folge des Glaubens ist, dass Gott uns erkennet, sich uns zu erfahren gibt. Daraus aber entspringet die Liebe. „Wer da glaubet an Gott, der muss Gott getrauen, und den muss Gott bekennen, so muss er Gott minnen" (454). Es ist insbesondere die Vergebung der Sünde, welche die Minne zu ihm entzündet. „Der mit Gott wohl könnte, der soll allewege ansehen, dass der getreue minnende Gott den Menschen hat gebracht aus einem sündigen Leben in ein göttlich Leben und aus einem seinem Feinde hat gemachet einen seinen Freund, das mehr ist denn ein neues Erdreich machen. Das wäre der grössten Ursachen eine, die den Menschen zumal sollte in Gott setzen, und wäre ein Wunder, wie sehr es den Menschen sollte entzünden in starker grosser Minne, also dass er des seinen zumal ausginge" (557).

Eckhart nimmt indess anderwärts auch wieder Glauben und Minne in ihrer Einheit und sagt, was er sonst vom Glauben sagt, auch von der Minne aus. Wie der Glaube ein wahr Wissen (567) und unzweifelhafte Sicherheit und Zuversicht hat, so auch die Minne: „sie hat nicht allein Getrauen, sondern sie hat ein wahr Wissen und eine unzweifeliche Sicherheit" (559).

Die Aufgabe des Christenlebens besteht vor allem darin, dem Vorbild Christi, wie er es uns in seinem Erdenwandel gezeigt hat, ähnlich zu werden. Es ist „der Weg der Menschheit Christi". In dem Tractat von zweierlei Wegen, der an die Worte: „Ich bin der Weg, die Wahrheit und das Leben" anknüpft, sagt er: „Zweierlei Wege sollen wir verstehen an Christus: den einen nach seiner Menschheit und den andern nach seiner Gottheit. Seine Menschheit ist gewesen ein Weg für unsere Menschheit. Diesen Weg soll man verstehen an seinem vollkommenen Vorbild und an Nachbildung aller seiner Züge." Ueber diesen Weg hinaus gibt es noch einen höheren, das ist der Weg der Gottheit. „Der Weg der Gottheit ist die Einigkeit, da die drei Personen inne wandeln in Einem Wesen untereinander." Von diesem Wege sagt er: „davon spricht ein Heiliger, dass nichts ängstlicher und sorglicher sei, als zu wandeln in der Erkenntniss der heiligen Dreifaltigkeit. Aber es ist auch nichts nützlicher, so lange der Mensch von Gott geleitet wird in der Wahrheit" (N. 1864, 171). Es ist der Weg, den eben die Mystik Eckhart's gehen lehren will. Eckhart weiss wohl, dass derselbe nicht für alle Menschen ist. Die für alle „gemeine Gabe Gottes ist es, zu kommen zu der Wahrheit der Menschheit Christi" (404). Für die, welche nicht geschickt sind, jenen hohen Weg zu wandeln, hat Eckhart den Rath: „Möget ihr göttliche Natur nicht begreifen, so glaubet an Christum, folget seinem heiligen Bilde und bleibet behalten" (498).

Dabei ist Eckhart's Meinung nicht, dass die höher Strebenden den Weg der Menschheit nicht zu gehen hätten. Vielmehr kommt man nur auf ihm zu dem höheren Wege. Was ist nun aber der Grund des Verlangens nach jenem höheren Wege? „Nun freuet euch", heisst es einmal, „alle Kräfte meiner Seele, dass ihr mit Gott also vereinet seid, dass euch von ihm niemand scheiden mag. Jetzt kann ich Gott nicht voll loben und minnen, darum muss ich in den Tugenden sterben und ich werfe mich in das Nicht der blossen Gottheit, da ich ewiglich sinke von Nichte zu Ichte, dass ich mit Nichte zu Ichte werde. Soll ich hie im Leibe leben bis an den jüngsten Tag, das wäre mir ein klein Ding um meines lieben Herrn Jesu Christi willen, denn ich habe eine Sicherheit von ihm empfangen, dass ich von ihm nicht scheiden mag. Bin ich hie, so ist er in mir: nach diesem Leben bin ich in ihm. Also sind mir alle Dinge möglich, denn ich bin vereint in dem, der alle Ding vermag" (498). Was hier als das Ziel aller Wünsche erscheint, ist die unmittelbare Gemeinschaft, die unmittelbare Erfahrung des Göttlichen selbst. Aus diesem Verlangen ist die deutsche Mystik geboren.

Dieses Ziel der Mystik beherrscht die Auffassung des „Weges der Menschheit Christi", so dass wir schon hier keine von den gewöhnlichen Beschreibungen des Weges der Heiligung zu erwarten haben.

Der Mystik, welche eine unmittelbare Gemeinschaft mit Gott erstrebt, ist das Denken Gottes durch die Kräfte ein unzureichendes. Auch die Erfahrung der Gnade im Herzen ist keine unmittelbare Erfahrung. Denn die Gnade ist nicht Gott selbst, ist nur eine seiner Wirkungen. Zudem ist die Seele ausgegossen in die Kräfte, zerspreitet in die Sinne, und in Folge der Sünde geneigt, auf sich selbst und den Creaturen zu ruhen. Darum die Forderung: Die Seele soll sterben alle dem, das Gott nicht ist, sie soll sich sammeln von aller Aeusserlichkeit, von den Sinnen und Kräften in ihr Wesen, und sich werfen in das göttliche Wesen.

Eckhart legt uns in dem Tractate, welcher „Schwester Katrei, Meister Eckhart's Tochter von Strassburg" überschrieben ist, den Weg bis zur höchsten Vereinigung mit Gott in seinen verschiedenen Stufen dar. Den Anfang macht die Erkenntniss des hohen Berufs des Menschen und unseres grossen Abstandes von demselben. Dann soll man sich einen erfahrenen geistlichen Führer wählen und diesem seine Sünde bekennen. Auf immer erneute Prüfung an den sieben Hauptsünden, an den zehn Geboten, an den sieben Gaben des heiligen Geistes, an den Werken der Barmherzigkeit, auf den Versuch, in Bezug auf all dieses werkthätige Reue zu üben und das Leben den Geboten gemäss zu gestalten, folgt nun die Uebung, jeder Zeit sich mit Gott zu beschäftigen, aller Gedanken an die Creatur sich zu entschlagen, das Herz ganz und völlig in Liebe Gott hinzugeben. Bei dem Denken an Gott soll es vornehmlich die sündenvergebende Liebe und sein heiliger Ernst wider die Sünde sein, die uns beschäftigen. Daraus erst wird die tiefere Reue und der zuversichtliche Glaube entspringen. Dieser zuversichtliche Glaube erweist sich als ein unerschütterliches Vertrauen auf Gott in allen Stücken. Er hat die erfahrene Sündenvergebung zur Voraussetzung.

Die geistliche Tochter ist, als sie eine Zeit lang diese Weise versucht hat, noch unbefriedigt. „Mir genüget nimmer", sagt sie, „so lange ich unbesichert bin meiner ewigen Seligkeit." Der Beichtiger antwortet: „Tochter, du bist des ewigen Lebens sicher." Aber zweifelnd fragt sie: „Herre, hast du mich gewiesen zu meinem nächsten Weg?" Auf die Versicherung, dass Gott sich genügen lasse, wenn der Mensch gethan, was er vermöge, antwortet sie: „Hätte ich gethan das ich vermag"! Und sie entschliesst sich nun, trotz der Einrede des Predigers, Ehre und Gut, Freunde und Verwandte und allen äusseren Trost, den sie von Creaturen haben möchte, zu lassen. Der Beichtiger hält sie hiefür nicht stark genug, und erinnert sie an den Gehorsam, den sie ihm schulde. Aber „ihr ist von Herzen leid, dass sie Menschen Rathe so lange gefolgt und dem Rathe des heiligen Geistes widerstanden hat". „Ich wähnte, dass es alles ein Evangelium wäre, was die Geistlichen reden." Jetzt gibt ihr der Beichtiger zu, dass ihre Absicht dem „vollkommenen" Leben entspreche, das der Herr dem reichen Jüngling räth; aber hiezu, meint er, bedürfe es unmittelbarer Anregung durch den Geist Gottes und besonderer Hilfe. Die geistliche Tochter ist gewiss, dass sie beides habe und verlässt ihn, um ihren Vorsatz auszuführen. Was ihr vorschwebt, ist ein Leben, das aus einem unerschütterlichen Glauben geht, der alles irdische Gut preisgibt, um von dem zu leben, was Gottes Fügung zukommen lässt; ein Leben, das sich mit allen Sinnen einzieht, so dass sich nichts in das Innere einzubilden vermag als Gott; ein Leben, das in Minne zu Gott alles daraus entspringende Leiden, ohne eine Absicht des Lohnes und „sonder warum" hinnimmt, und das in Kasteiungen sich so „durchübet, dass alle deine Natur so gar durchstorben sei, das Mark in den Beinen, das Blut in den Adern und alles, das zu natürlicher Kraft gehöret, dass, ob du auch gerne Gebresten (Sünde) übetest, du es nicht vermöchtest."

Wir dürfen diese Aeusserungen der geistlichen Tochter und ihres Beichtigers nicht im Sinne der geläufigen mönchisch-gesetzlichen Theorie verstehen. Wenn sich Schwester Katrei die ewige Seligkeit noch nicht für gesichert hält, wenn sie die Befolgung der sogenannten evangelischen Rathschläge für ein Mittel dazu erachtet, so setzt das nicht voraus, dass sie die Gewissheit der Rechtfertigung nicht habe und diese erst von ihren Leistungen erwarte. Denn Eckhart weiss Glaube und Werke richtig zu würdigen, wie sich zeigen wird, wenn wir unten von den Consequenzen der eckhartischen Grundlehren sprechen werden.

Vielmehr ist das die Meinung: Eckhart's Tochter hat jetzt wohl die Gewissheit des ewigen Lebens, weil sie im Stande der Gnade ist, aber sie weiss nicht, ob sie nicht durch Sünde daraus wieder fallen kann; darum ist sie bestrebt sich darinnen zu befestigen, und das will sie durch völlige Tödtung des sündigen Menschen. Auf diese Weise hofft sie dann eine Vereinigung mit der Gottheit, die der Art ist, dass aus ihr die Gewissheit der ewigen Dauer entspringt. „Die diese selige Gewissheit von Gott empfangen haben, die mögen wohl sprechen: ich bin des gewiss, dass mich weder Tod noch Leben von Gott scheiden mag" (381).

So geht denn Schwester Katrei auf diesem Wege; aber unzufrieden mit sich selber kommt sie wieder, denn sie findet, dass sie alle Tugenden erst noch anzufangen habe. Sie hat wohl Ehre und Gut, Verwandte und Freunde gelassen, aber — sie hat sich selbst noch nicht gelassen. Sie will dies nun erreichen, indem sie als eine der Beginen, über welche damals die kirchliche Verfolgung ausgebrochen war, in das Elend, in die Fremde zieht, in alle die Städte, wo sie durchächtet werden mochte. Ihr Beichtiger, der auch hier nur um die Festigkeit ihres Entschlusses zu prüfen eine Weile widerstrebt, sagt ihr, worauf sie sich zu beschränken habe: es ist „Brunnen, Brod und ein Rock". Sie muss zu Grunde todt sein. „So lange du weisst, wer dein Vater und deine Mutter sei gewesen in der Zeit, so wisse, dass du des rechten Todes todt nicht bist. Ich spreche mehr: So lange dich das berührt, dass man deine Beichte nicht hören will, noch dir Gottes Leichnam geben, noch dich niemand herbergen will und alle Menschen dich verschmähen, so lange du findest in dir, dass dich das berühren mag, so wisse, dass du dem rechten Tode fremd bist."

Es vergeht eine längere Zeit — da kommt die Tochter aus fernen Landen zu dem Beichtiger zurück. Sie hat unter vielen Leiden einen Aufgang zu Gott gewonnen ohne alle Hindernisse. Da wohnte sie im Himmel mit dem Gesinde, das in der Dreifaltigkeit wohnet, und erkannte Unterschied aller Creaturen. „Denn wer in Gott gerichtet ist und in den Spiegel der Wahrheit, sieht all das, das in den Spiegel gerichtet ist, das sind alle Dinge." Aber ihr genüget mit all dieser Erkenntniss noch nicht. Ihre Seele hat noch kein Bleiben in der Statt der Ewigkeit. Da kommt die letzte Probe. Auf den Rath des Beichtigers verzichtet sie auch auf diesen Wunsch, und setzet sich in eine Blossheit, d. i. in völlige Gelassenheit. Da ziehet sie Gott mit einem göttlichen Lichte, dass sie wähnet eins mit Gott zu sein. „Freuet euch mit mir: ich bin Gott worden!" ruft sie aus. Himmel und Erde wird ihr zu enge. Was sie auf Bitten des Beichtigers ihm kund thut, das sind so wunderliche und tiefe Sprüche aus der unmittelbaren Anschauung göttlicher Wahrheit, dass er bekennen muss: Wäre ich nicht ein solcher Pfaffe, dass ich selber solches gelesen von „göttlicher Kunst", es wäre mir unbegreiflich. Aber noch ist sie nicht sicher, ob sie ein stetes Bleiben hat in dieser Einheit. Da kam sie, während sie in einem Winkel der Kirche lag, dazu: dass sie alles das vergass, das je Namen gewann und ward so ferne gezogen aus ihr selber und aus allen geschaffenen Dingen, dass man sie aus der Kirche tragen musste; und so lag sie bis zum dritten Tage und man hielt sie für todt. Wäre der Beichtiger nicht gewesen, man hätte sie begraben. Als sie endlich erwacht, sagt sie dem Beichtiger: Das ich befunden, das mag niemand gewortigen. Er sprach: Hast du nun alles das du willst? Sie sprach: Ja ich bin bewähret.

Eckhart wird nicht müde, überall in seinen Predigten und Schriften den Weg, der zu solchem Ziele führt, darzulegen. Er kommt immer wieder auf die gleichen Gedanken. „Ich habe der Schrift viel gelesen", beginnt er einen seiner Tractate, „beides von heidnischen Meistern und von Weissagern, und von der alten Ehe und von der neuen Ehe, und habe mit Ernst und mit ganzem Fleisse gesucht, welches die beste und die höchste Tugend sei, mit der sich der Mensch zu Gott allernächst zu fügen vermöge. Und so ich alle Schrift durchgründe, so weit es meine Vernunft erwirken und erkennen mag, so finde ich nichts anderes als lautere Abgeschiedenheit ledig aller Creaturen." „Vollkommene Abgeschiedenheit hat kein Aufsehen noch eine Neigung unter oder über eine Creatur. Sie will weder unten noch oben sein, sie will weder dies noch das sein. Denn wer will dies oder das sein, der will etwas sein. Aber Abgeschiedenheit will nichts sein" (vgl. 418). Abgeschiedenheit ist das Wesen der Demuth (485). Die Seele, die ledig und bloss ist aller Dinge, die sich in ein reines Leiden, in völlige Leerheit und Passivität gesetzt hat, die muss von Gott erfüllet werden. „Wenn dich Gott bereit findet, so muss er wirken und sich in dich ergiessen, zu gleicher Weise wie wenn die Luft lauter und rein ist, so muss sich die Sonne ergiessen und mag sich des nicht enthalten" (27). „Ja von unmässiger Minne hat

Gott unsere Seligkeit gelegt in ein Leiden, wenn wir mehr leiden denn wir wirken, und Ungleiches viel mehr nehmen, denn wir geben. Und eine jegliche Gabe bereitet die Empfänglichkeit zu einer neuen Gabe, ja zu einer grösseren Gabe: eine jegliche göttliche Gabe weitert die Empfänglichkeit und das Begehren zu einem grösseren Empfangen. Und darum sprechen etliche Meister, dass die Seele an diesem Stücke Gott ebenmässig sei. Denn wie Gott unmässig ist an dem Geben, also ist auch die Seele unmässig an dem Nehmen. Und als Gott ist allmächtig an dem Wirken, also ist die Seele abgründig an dem Leiden. Gott der soll wirken und die Seele soll leiden. Sie soll bekennen mit (seinem) Bekenntnisse und soll minnen mit seiner Minne, und darum ist sie viel seliger mit dem Seinen denn mit dem Ihren, und also ist auch ihre Seligkeit mehr gelegen in seinem Wirken denn in dem ihren" (15).

Es ist die göttliche Gnade, welche den Menschen auf dem Wege zur Vollkommenheit geleitet und ihm Kraft gibt. Die Gnade ist eine Gabe, die Gott gewirkt hat, die eine Creatur ist, die nichts für sich selbst subsistirendes ist (529 f.). Er vergleicht sie dem Lichte, das die Sonne wirkt. Sie erleuchtet das Verständniss, sie entzündet den Willen zur Minne (512); ihre Aufgabe ist dienstlich zu sein, dass die Seele ausgeht von den Creaturen und von sich selber, dass sich alle Kräfte sammeln in dem Höchsten der Seele und da zu jener passiven Wesenheit werden, die dann überformt wird von Gott (200 f.) Diese Gnade tritt zunächst nicht unmittelbar an die Seele heran. Denn träte sie „ohne Mittel in euer Herze, als ob es Gott spräche, die Seele würde sofort bekehrt und würde heilig und möchte sich davon nicht enthalten" (200 f.). Damit aber würde dem Menschen die Freiheit benommen. Darum bewindet sie sich mit dem Worte des Menschen, wird mit dem Worte desselben vermenget (201). In seiner späteren Zeit modificirt indessen Eckhart seine Ansicht gemäss der Lehre von dem Funken der Seele. Wie er von dem Funken nicht mehr sagt, er sei geschaffen, so sagt er auch nun von der Gnade, sie sei nicht eine wahre Creatur, sondern creatürlich (599), d. h. die Gnade ist das göttliche Wesen selbst, das nur in soferne creatürlich heisst, als der heilige Geist dieses Wesen beweglich macht, es in das Wesen der Seele und in die Kräfte überfliessen lässt, damit es die Seele und die Kräfte „gotvar mache". Und hat die Gnade, sofern sie creatürlich ist, diesen Dienst gethan, hat sie die Seele so weit bereitet, dann überformt sie der Seele Wesen mit sich selbst, so dass der Mensch selbst „die Gnade" wird.

Zum näheren Verständniss dieser Sache dient der mehrerwähnte

Tractat der Nürnberger Handschrift. Die Gnade, sagt er da, ist ein Licht, das unmittelbar aus der Natur Gottes in die Seele fliesst und ist eine übernatürliche Form der Seele, die ihr ein übernatürlich Wesen gibt (denn eine jegliche Form gibt der Materie Wesen). Die Seele vermag nun von ihr selber Gott nicht anders zu erkennen als in der Weise der Creaturen mittelst Form und Bild. Soll sie über sich selbst hinauskommen, übertreten ihre eigenen Werke, wie z. B. das Erkennen und Minnen, so bedarf sie der Gnade. Nun wird die Gnade gegeben in das Wesen der Seele und wird von da empfangen in den Kräften, damit die Seele in der Kraft der Gnade übertrete ihr eigen Werk. Wenn nun die Seele also steht in einem Ueberschwang ihrer selbst und in ein Nicht ihrer selbst geht, dann ist sie „von Gnaden". Aber sie soll „Gnade selbst" sein. Das ist die Seele dann, wenn sie diesen Ueberschwang ihrer selbst vollbracht hat und in ihrer puren Ledigkeit steht und anders nicht weiss als sich zu geben nach der Weise Gottes. Denn dies ist das oberste Werk der Gnade, dass sie die Seele bringt in das, das sie selbst ist. Die Gnade beraubet die Seele ihrer eigenen Werke, die Gnade beraubet die Seele ihres eigenen Wesens. In diesem Ueberschwang übergeht die Seele natürlich Licht, das Creatur ist, denn Gott berühret sie unmittelbar.

Wir sehen daraus, dass ihm die Gnade eins ist mit der göttlichen Natur selbst, dass das, was gewöhnlich Gnade genannt wird, nur eine besondere Einwirkung der göttlichen Natur auf den sich an Gott hingebenden Menschen ist, damit derselbe unter dieser Einwirkung dahin gebracht werde, die unmittelbare Ueberformung mit der göttlichen Natur selbst zu empfangen, oder Gott unmittelbar zu schauen. Eckhart nennt die Gnade je nach ihren verschiedenen Stufen auch ein englisches, ein ewiges, ein göttliches, ein einfältiges Licht, und setzt dieses Licht dem natürlichen Lichte, an dem alle Menschen ohne Unterschied Theil haben, gegenüber. Doch bleibt er in der Erklärung dieser Bezeichnungen sich nicht gleich. Wir können es unterlassen darauf näher einzugehen, da das Wesentliche seiner Anschauung davon nicht betroffen wird. Wir schliessen diese Darlegung mit dem Gebete Eckhart's im 11. Tractate: „Gib mir, dass ich von deiner Gnade geeinigt werde in deine Natur, wie der Sohn ewiglich eins ist in deiner Natur, und dass die Gnade werde meine Natur. Denn Herre deine Gnade wird Natur und in deiner Gnade werden wir Gott, wie der Vater in seiner Natur Gott ist von Natur."

16. Die Einheit mit Gott.

Eckhart liebt es, wie oben hervorgehoben wurde, das worauf es ihm ankommt, in absoluter Weise auszusprechen, so dass die anderen Beziehungen darüber ganz zurücktreten. Auch hier, wo er von dem höchsten Ziel der Mystik redet, tritt das hervor. Aber häufig belehrt uns schon ein unmittelbar folgender Satz, dass ein Gedanke nicht in so unbedingter Weise gemeint sei, als er ausgesprochen ist. So sagt er: „Die Seele soll so gar zu nichte werden an ihr selber, dass da nichts bleibe denn Gott", aber unmittelbar schliesst sich an: „und dass sie Gott überscheine als die Sonne den Mond" (505), womit eigentlich der erste Satz wieder aufgehoben ist. Man sieht, er will keine Vernichtung, aber er drückt sich so aus, weil er dadurch leichter die Vorstellung erwecken kann, die er im Sinne hat: die der höchsten Passivität und Gelassenheit. So sagt er von derselben Einigung: „Und so die Seele dazu kommt, so verliert sie ihren Namen und Gott ziehet sie in sich, dass sie an ihr selber zu nichte wird, als die Sonne das Morgenroth in sich ziehet, dass es zu nichte wird. Und so die Abgeschiedenheit kommt auf das Höchste, so wird sie vom Erkennen kennelos und von Minne minnelos und von Lichte finster" (491). Aber auf der folgenden Seite liest man, solche Abgeschiedenheit führe dazu, Gott zu erkennen.

Aehnlich heisst es in dem Tractat der Nürnberger Handschrift: „Der Geist muss übertreten Ding und Dinglichkeit, Form und Formlichkeit, Wesen und Wesentlichkeit, dann wird in ihm geoffenbaret das Werk der Seligkeit." „Da in dem Werk bleibt der Geist nimmer Creatur, denn er ist dasselbe das die Seligkeit ist und ist Ein Wesen und Eine Substanz der Gottheit und ist die Seligkeit seiner selbst und aller Creaturen." Aber wenige Zeilen weiter unten erklärt er das und sagt: „Wenn wir selig werden, so werden wir beraubet der Möglichkeit (des möglichen, discursiven Erkennens) und begreifen allein die Seligkeit in uns wirklich (in der Weise der wirkenden Vernunft) nach der Weise göttlichen Wesens. Dies ist das David spricht: Herr in deinem Licht sollen wir sehen das Licht. Mit dem göttlichen Wesen sollen wir begreifen Vollkommenheit göttlichen Wesens."

Die Ursache alles Missverständnisses in dieser Frage beruht auf einer unrichtigen Auffassung der von Eckhart getheilten aristotelischen Lehre, dass eine jegliche Form der Materie Wesen gibt. Eckhart sagt, die Seele werde in jener höchsten Einigung überformt mit dem Bekenntnisse, womit sich Gott selbst bekennt oder mit der göttlichen Form, und so sei Gott das Sein der Seele, oder Gott sei das förmliche Wesen der Seele, oder die Seele sei Gott selbst.

Wir wissen, dass Eckhart von den göttlichen Personen sagt, sie seien Form des Wesens, insofern sie es offenbaren. Würde nun Eckhart's Meinung die sein, dass die göttlichen Personen in der mystischen Einigung die Form der menschlichen Seele würden, so würden in Folge des Satzes, dass die Form der Materie Wesen d. h. wirklichen Bestand gibt, die göttlichen Personen das Subject des menschlichen Wesens werden, der Mensch würde als solcher aufhören, und es wären die göttlichen Personen, welche von nun an sich in der menschlichen Natur denken. Wäre das Eckhart's Meinung, so wäre er allerdings Pantheist.

Aber das ist nicht die Meinung Eckhart's. Es sind nicht die göttlichen Personen, sondern es ist das göttliche Wesen oder die Natur, das unpersönliche Licht, das was er die Vernunft, die wirkende Vernunft nennt, in welche die Seele bei der mystischen Einigung eingerückt oder mit welcher sie überformt wird. Es ist „der Geist der Weisheit, die weder Herze noch Gedank hat" (515).

Nach der aristotelischen Lehre, welcher Thomas und Eckhart folgen, erkennen wir mittelst der Ideen, die unsere Vernunft von den Dingen schöpft. Diese Ideen sind den Engeln anerschaffen, der Mensch aber entnimmt sie den Dingen mittelst der wirkenden Vernunft. Im Lichte des Gattungsbegriffes der Pflanze erkennt er alle einzelnen Pflanzen. Die Idee ist das Licht für das Auge, in welchem und mittelst welches es sieht. „Das Auge und die Seele ist ein solcher Spiegel, dass alles darinnen erscheinet, das dagegen gehalten wird. Darum sehe ich nicht die Hand oder den Stein (selbst), sondern ich sehe ein Bild von dem Stein. Aber dasselbe Bild (von dem Stein) sehe ich nicht (wieder) in einem andern Bilde oder in einem Mittel, sondern ich sehe es ohne Mittel und ohne Bilde (unmittelbar) und das (dieses) Bild ist das Mittel. Denn Bild ist ohne Bild und laufen (die Vorstellung des Laufens) ohne laufen: es machet wohl laufend, und Grösse ist ohne Grösse, vielmehr machet sie gross, und deshalb ist Bild ohne Bild. Das ewig Wort (die Natur Gottes) ist das Mittel und Bilde selbst, das da ist ohne Mittel und ohne Bild, auf dass die Seele in dem ewigen Wort Gott begreifet und bekennet ohne Mittel und ohne Bild" (142).

Das Bild, mittelst dessen ich sehe, ist eins mit dem Auge. „Was mein Auge siehet, das ist eins mit ihm" (150). „Soll mein Auge das

Bild erkennen, das an der Wand gemalt ist, das muss kleinlich in der
Luft gebeutelt werden, noch kleinlicher muss es getragen werden in
meine Bilderin (Einbildungskraft), in meiner Erkenntniss wird es eins"
(139). Bei der Wichtigkeit, welche diese Lehre vom Bilde für die Beurtheilung Eckhart's hat, mögen auch noch folgende zwei Stellen in Betracht gezogen werden, deren erster er selbst ein entscheidendes
Gewicht beilegt: „Da ich heute herging, da gedachte ich, wie ich euch
also vernünftig predigte, dass ihr mich wohl verstündet, und erdachte
ein Gleichniss. Könntet ihr das wohl verstehn, so verstündet ihr meinen Sinn und den Grund aller meiner Meinung, die ich je predigte,
und das Gleichniss war von meinen Augen und von dem Holze. Wird
mein Auge aufgethan, so ist es ein Auge. Ist es zu, so ist es dasselbe
Auge, und um des Sehens willen geht dem Holze weder ab noch zu.
Nun verstehet mich. Ist das der Fall, dass mein Auge eins und einfältig
ist an sich selber und aufgethan wird und auf das Holz geworfen wird
mit einem Ansehen, so bleibet ein jegliches das es ist und werden doch
in der Wirklichkeit des Ansehens also eins, dass man mag sprechen:
Auge ist Holz und das Holz ist mein Auge. Wäre aber das Holz ohne
Materie und ganz geistlich wie das Sehen meines Auges, so möchte man
in der Wahrheit sprechen, dass in der Wirklichkeit meines Sehens das
Holz und mein Auge bestünden in Einem Wesen. Ist dies wahr von
leiblichen Dingen, so ist es vielmehr wahr von geistlichen Dingen"
(193). Mit dieser Stelle verwandt ist die oben bei der Erwähnung des
Gesetzes der Immanenz angeführte Stelle, die wir, weil sie ebenso wie
die vorige für die vorliegende Frage von Bedeutung ist, hier wieder-
holen: „Ich nehme ein Becken mit Wasser und lege darein einen Spiegel und setze es unter das Rad der Sonne, so wirft die Sonne aus ihren
lichten Schein aus dem Rade und aus dem Boden der Sonne und vergeht doch nicht. Das Widerspielen des Spiegels in der Sonne das ist
in der Sonne. Sonne und er (Spiegel) ist doch was er ist. Also ist es
um Gott. Gott ist in der Seele mit seiner **Natur**, mit seinem **Wesen**
und mit seiner Gottheit und er ist doch nicht die Seele. Das
Widerspielen der Seele das ist in Gott. Gott und sie ist doch das sie
ist (das sie sind). Gott der wird da alle Creaturen (180f.).

Wir knüpfen an das erste der beiden Gleichnisse an. Es sagt: die
Ueberformung der Seele mit dem wesentlichen Begriff der Dinge ist
das Mittel, durch welches die Seele die Dinge erkennt. Diese Einigung
mit dem Bilde oder dem Begriffe der Dinge ist eine so innige, dass man
sagen kann, Seele und Ding werden eins. Aber dennoch bleibt jedes

was es ist. Die Anwendung auf das Verhältniss der Seele zu Gott in der mystischen Einigung ergibt sich nun von selbst. Die Natur der Gottheit, das ist, die Idee, der Wesensbegriff Gottes, mittelst dessen sich Gott unmittelbar erkennt, ist in der mystischen Einigung das was die Seele überformt, wie das Bild oder die Form des Dings die Seele überformt beim sinnlichen Erkennen. Wie man hier sagen kann, „Auge ist Holz und Holz ist mein Auge", so kann man dort sagen: Seele ist Gott und Gott ist Seele, und in der Wirklichkeit ihres Sehens bestehen Gott und Seele in Einem Wesen. Und bleibet doch ein jegliches, das es ist, wie wohl sie in der Wirklichkeit des Sehens eins werden.

Die Natur der Gottheit also, mit welcher wir überformt werden, hat nur die Bedeutung eines Mediums, durch welches wir Gott schauen, nicht tritt es an die Stelle unserer eigenen Natur oder Persönlichkeit. „Das Auge darinnen ich Gott sehe ist dasselbe Auge, darinnen mich Gott sichet."

Aber die Natur der Persönlichkeit soll, wie man ferner meinte, durch ihre Einigung mit einem „reinen Nichts",[1] wie es Eckhart lehre, gefährdet werden. Wir haben oben bereits gesehen, welche Bewandtniss es mit der Bezeichnung der Gottheit als eines „Nicht" hat. Es ist wahr, Eckhart erklärt alle Bezeichnungen, durch welche wir Gottes Wesen bestimmen wollen, für ungenügend. Die Gottheit ist ihm das weiselose Wesen, die Wüste, die Finsterniss. So lesen wir unter andern den auch von der Verdammungsbulle des Papstes getroffenen Satz: „In Gott ist weder Güte, noch Besseres, noch Allerbestes. Wer spricht dass Gott gut wäre, der thäte ihm also unrecht, als der die Sonne schwarz hiesse" (269). „Grosse Meister sprechen: Gott ist ein lauter Wesen; und ich spreche: Es ist so unrichtig, dass ich Gott heisse ein Wesen, als ob ich die Sonne hiesse bleich oder schwarz" (268). „Man muss Gott nehmen Weise ohne Weise und Wesen ohne Wesen. Denn er hat keine Weise. Davon spricht St. Bernhardus: wer dich Gott bekennen soll, der muss dich messen sonder Mass" (84).

Alle diese und ähnliche Sätze ruhen auf der Voraussetzung, dass die menschliche Vernunft jetzt nur zu erkennen vermöge in „möglicher" Weise, das ist mittelst der Bilder und Formen, die wir aus der Betrach-

---

1) Lasson S. 112. Die Stelle 517, 2, auf welche Lasson sich beruft, wird von Eckhart S. 519 und 520 selbst glossirt. Allein Lasson kann die Glosse kaum nachgelesen haben, denn sie sagt das Gegentheil von dem aus, was Lasson Eckhart sagen lässt.

tung des creatürlichen Lebens schöpfen. Darum vermögen wir Gott nicht eigentlich und wesentlich zu erkennen. Die zeitliche Weise der Erkenntniss ist eine stückweise und mangelhafte. Alle Bezeichnungen die wir Gott bei dieser Weise des Erkennens geben, sind unzureichend. Aber daraus folgt nicht, dass die Gottheit an sich ein Nicht, dass sie an sich ohne Form und Weise sei. Wir wissen, dass Eckhart die Gottheit als die höchste Form bezeichnet, dass er von ihr spricht „als der reinen schönen Welt, die in Gott ist", dass er sagt: „die Natur ist Gottes Schönheit." Wenn er von ihr als der „einfältigen Einheit" spricht, so fasst er die Einheit nicht als leere Einerleiheit, sondern als das dynamische Princip der Vielheit. Er erklärt sich darüber in folgender Weise: „Als je ein Meister weiser und mächtiger ist, darnach geschieht auch sein Werk unvermittelter und ist einfältiger. Der Mensch hat viel Mittels in seinen äusseren Werken. Ehe er die in's Werk setzt nach dem Bilde, das er in sich trägt, da gehöret viel Bereitschaft dazu. Der Mond und die Sonne in ihrer Meisterschaft und in ihrem Werke, das im Erleuchten besteht: das thun sie gar schnelliglich. Sobald sie ihren Schein ausgiessen, in demselben Augenblick so ist die Welt voll Lichtes an allen Enden. Aber darüber ist der Engel, der bedarf noch minder Mittels an seinen Werken und hat auch minder Bild. Der alleroberste der Seraphim hat nicht mehr denn Ein Bild. Was alle die unter ihm sind nehmen in Mannigfaltigkeit, das nimmt er alles in Einem. Aber Gott bedarf keines Bildes noch hat er ein Bild" (5 f.). Die Einheit ist also bei Eckhart nicht etwa gleich der untersten Zahl, mit der wir zu zählen anfangen, sondern gleich einer höchsten Zahl, welche alle niederen in sich begreift. Das Ganze ist ihm Princip des Theils, nicht sind ihm die Theile Princip des Ganzen. Das Thier sieht nur den einzelnen Menschen, der Mensch erkennt das Einzelwesen mittelst des höheren Begriffes der Gattung und also unter der höheren Einheit. Die höchste Idee, der höchste Begriff ist jene Einheit welche die drei Personen in sich befasst, die Einheit, mittelst welcher Gott sich selbst und alle Dinge erkennt. Das ist die Natur der Gottheit. Nun ist der Mensch nach Gott geschaffen, dass er alles nehmen will gleich Gott in der höchsten Einheit, darum ist sein höchstes Verlangen Gott zu nehmen und zu haben in seinem letzten Grunde. Darum will er auch Gott nehmen nicht als er drei ist, sondern als er Eins ist. „Vernunft die blicket ein und durchbricht alle Winkel der Gottheit und nimmt den Sohn in dem Herzen des Vaters und in dem Grunde (da er die Weisheit des Vaters, die Natur der Gottheit, da Gott die Einheit ist) und setzet ihn in ihren Grund.

Vernunft die dringet ein; ihr genüget nicht an Güte noch an Weisheit noch an Wahrheit noch an Gott selber (soferne er aus seinem Lebensgrunde in die Personen ausgegangen ist). Ja bei guter Wahrheit, ihr genüget so wenig an Gott als an einem Steine oder an einem Baume. Sie ruhet nimmer, sie bricht in den Grund, wo Güte und Wahrheit ausbricht, und nimmt es *in principio*, in dem Beginne, da Güte und Wahrheit ausgehend ist, ehe sie ausbreche, in einem viel höheren Grunde als Güte und Weisheit ist" (144). So ist also das Einswerden mit der höchsten Einheit kein Verfliessen in ein leeres unbestimmtes Sein, so dass das Ziel der Mystik zugleich ein Untergang des persönlichen Lebens und Denkens wäre. Denn allerdings ist das persönliche Leben in demselben Masse persönlich als es ein denkendes ist, und das Denken ist in demselben Masse Denken als das Object an dem es und mittelst dessen es denkt, Bestimmtheit ist.

Die Persönlichkeit des Menschen scheint indess bei Eckhart's Lehre von der mystischen Einigung noch durch eine dritte Reihe von Sätzen gefährdet, in welchen der Untergang des eigenen Denkens gefordert wird, um zur Einheit mit Gott zu gelangen. Denn Eckhart scheint damit, dass er sagt: Man solle Gott suchen mit Unsinne (514), man solle entsinken der Selbstheit und der Wirklichkeit der Kräfte (519), den Untergang der Persönlichkeit zu lehren. Allein nicht das Denken und Schauen überhaupt, sondern das Denken mittelst derjenigen Formen und Bilder, die nicht die göttliche Natur selbst sind, soll untergehen. Die Forderung, auszugehen von allem Denken mittelst der creatürlichen Formen, hat ausser der Unzulänglichkeit dieser Formen an sich, zugleich noch einen sittlichen Grund. Eckhart sieht die Sünde in dem, dass der Mensch sich in sich selbst gründen wollte, in der selbstischen Richtung. Damit ist der Mensch seinem Lebensgrunde entsunken, dem göttlichen Licht entfremdet und der Aeusserlichkeit und Zeitlichkeit verfallen. Es bedarf, um zu neuem Leben zu gelangen, eines Sterbens. Wir müssen allem Haften an sinnlichen Bildern und Formen, allem eigenen Wissen und Wollen und Denken absterben und so selbstlos wieder werden, „wie wir waren, da wir nicht waren", da wir noch als blosse Möglichkeit im göttlichen Wesen standen. Dann erst ist der falsche Grund zertrümmert, wenn wir auf diesem ethischen Wege auf den wahren Grund unseres Seins mit allen Kräften zurückgegangen und dem göttlichen Wesen gleichförmig geworden sind. Hier erst sind wir im Stande Gott in vollkommener Weise zu erfahren, und dies Erfahren ist ein Gott leiden, ein passives Verhalten, in Folge dessen jedoch das Wirken unserer Kräfte als ein Mitwirken erst in rechter Weise stattfinden soll.

So ist also die Reducirung der menschlichen Persönlichkeit auf die reine Passivität nicht bloss durch die Mangelhaftigkeit der Mittel gefordert, d. i. der Ideen, mittelst welcher wir in diesem Zeitleben das göttliche zu denken überhaupt in der Lage sind, sondern vielmehr noch durch das sündige, selbstische Wesen, das all unserm Denken und Wollen anhaftet und einen solchen Rückgang in „das Thal der Demuth", in die reine Abgeschiedenheit nöthig macht.

Wie uns bei der Lehre Eckhart's von der Weltschöpfung und bei jener von der Natur der menschlichen Seele die Charakterisirung seiner Anschauung als einer pantheistischen als falsch erschien, so vermögen wir diesen Charakter des Pantheismus auch in seiner Lehre von der mystischen Einigung des Menschen mit Gott nicht zu erkennen. Wir sahen, dass er weder das Denken der göttlichen Personen zum Denken des Menschen werden lässt, noch dass er die denkende menschliche Persönlichkeit durch die Einigung mit einem bestimmungs- und qualitätlosen Sein illusorisch macht, noch dass er das Zurückgehen des persönlichen Lebens auf die reine Passivität als das letzte Ziel des menschlichen Lebens hinstellt.

Das Aufgeben des eigenen Denkens würde auf eine Vernichtung des menschlichen Geistes nur dann hinauskommen, wenn Eckhart das denkende Subject selbst zerstört wissen wollte. Aber nicht dieses, sondern die Mittel durch welche das Subject denkt, sollen aufgegeben werden, und sollen aufgegeben werden, nicht damit es dabei bleibe, sondern damit die Natur Gottes d. i. die Weisheit, die Idee Gottes das Mittel werde, durch welches wir schauen und denken. So stellt Eckhart dem Einwurf: „Herre ihr setzt all unser Heil in ein Unwissen; das lautet als ein Gebresten. Gott hat den Menschen geschaffen dass er wisse" die Antwort entgegen: „Man soll hier kommen in ein überformet Wissen, aber dies Unwissen soll nicht kommen von Unwissen, sondern von Wissen soll man kommen in ein Unwissen. Dann sollen wir werden wissend mit dem göttlichen Unwissen und dann 'wird geadelt und geziert unser Unwissen mit dem übernatürlichen Wissen" (40). Aus dieser Stelle wird klar, dass der Verzicht auf alles eigene Denken nur als ein Uebergang gefordert wird um zum höchsten Ziele zu gelangen und dieses höchste Ziel ist das Wissen mit dem übernatürlichen Wissen.

Nach der bei Besprechung der bisherigen Fragen gewonnenen Einsicht sind wir nun auch im Stande, jene Stellen Eckhart's zu verstehen, welche die Bulle Johannes XXII. verurtheilt hat und welche eine völlige Identificirung des zur mystischen Vereinigung gelangten Menschen mit Gott und insbesondere mit dem Sohne Gottes zu lehren scheinen. Die in der Bulle verurtheilten Sätze gehen dahin: dass der Vater „mich als sein Sein" wirke;[1] dass alles, was die Schrift von Christo sage, auch von dem mit Gott geeinten Menschen gelte;[2] dass alles was Gott seinem eingebornen Sohne in menschlicher Natur gab, er auch mir gegeben habe, und hier sei nichts ausgenommen, weder Einheit noch Heiligkeit;[3] dass alles was der göttlichen Natur eigen ist, auch eigen sei dem gerechten und göttlichen Menschen: ein solcher Mensch wirke was Gott wirkt und habe zugleich mit Gott Himmel und Erde geschaffen und sei der Erzeuger des ewigen Wortes und Gott wüsste ohne einen solchen Menschen nichts zu thun.[4] Der gute Mensch sei Gottes eingeborener Sohn, den er von Ewigkeit her gezeugt hat.[5]

Alle diese Sätze sind dem Sinne nach enthalten in folgender Stelle der 65. Predigt, in welcher zwei derselben auch wörtlich vorkommen. Diese Stelle lautet: „Nicht allein ist die Seele bei ihm noch er bei ihr gleich (gleichartig ausser und neben ihm stehend), sondern er ist in ihr und gebiert der Vater seinen Sohn in der Seele in derselben Weise, als er ihn in der Ewigkeit gebiert und nicht anders. Er muss es thun, es sei ihm lieb oder leid. Der Vater gebiert seinen Sohn ohne Unterlass. Und ich spreche mehr: er gebiert mich seinen Sohn und denselben Sohn. Ich spreche mehr: er gebiert mich nicht allein seinen Sohn, sondern er gebiert mich sich und sich mich und mich sein Wesen und seine

---

1) *Art. X: Nos transformamur totaliter in Deum et convertimur in eum simili modo sicut in sacramento panis convertitur in corpus Christi: sic ego convertor in eum, quod ipse me operatur suum esse.*

2) *Art. XII: Quicquid dicit sacra scriptura de Christo, hoc etiam totum verificatur de omni bono et divino homine.*

3) *Art. XI: Quicquid Deus pater dedit filio suo unigenito in humana natura, hoc totum dedit mihi: hic nihil excipio, nec unionem, nec sanctitatem, sed totum dedit mihi sicut sibi.*

4) *Art. XIII: Quicquid proprium est divinae naturae, hoc totum proprium est homini justo et divino: propter hoc iste homo operatur quicquid deus operatur et creavit una cum Deo coelum et terram et est generator Verbi aeterni et Deus sine tali homine nesciret quicquam facere.*

5) *Art. XX: Quod bonus homo est unigenitus filius Dei. Art. XXI: Homo nobilis est ille unigenitus Filius Dei, quem pater aeternaliter genuit. Art. XXII: Pater generat me suum Filium et eundem Filium. Quicquid Deus operatur, hoc est unum, propter hoc generat ipse me suum filium sine omni distinctione.*

Natur (d. h. indem er mich gebiert, gebiert er sich und indem sich — mich, und indem mich so sein Wesen und seine Natur)" (205).

Folgendes ist nach den Voraussetzungen Eckhart's die Auflösung: Das potentielle Wesen der Gottheit erwacht an dem Spiegelbilde der göttlichen Natur zur actuellen Persönlichkeit, und diese Persönlichkeit setzt sich durch den Blick auf die Natur als Vater, Sohn und Geist. Mit der Natur der Gottheit ist aber auch die durch Christus zu Gott zurückgeführte Seele überformt. Diese Ueberformung begründet eine Einheit wie sie beim sinnlichen Erkennen nach dem angeführten eckhartischen Gleichnisse zwischen dem Auge und dem Bilde des Holzes stattfindet. Wie man dort sprechen kann: Auge Holz und Holz Auge, so hier: Seele göttliche Natur und göttliche Natur Seele. Wenn darum der Vater allezeit den Sohn gebiert durch den Blick auf seine Natur, und wenn die Seele die göttliche Natur heissen kann, insofern sie durch sie überformt ist, so gebiert der Vater, indem er auf seine Natur blickt, in seinem Sohne zugleich mich. Daraus folgt aber noch nicht, dass die menschliche Persönlichkeit in die Person des Sohnes verwandelt sei, sondern nur, dass das Object der göttlichen Persönlichkeit ein durch die menschliche Seele bereichertes geworden ist, so wie man sagen kann, dass der Künstler mit seinen Gedanken sich zusammenfassend, sich selbst weiss. Damit aber hören diese Gedanken nicht auf, das zu sein, was sie an sich sind.

Das Fortbestehen der menschlichen Persönlichkeit in der mystischen Einigung wird überall von Eckhart vorausgesetzt oder mit Bestimmtheit ausgesprochen. Es mag sein, dass sie im Uebermass der Seligkeit, welche aus der Verzückung in die göttliche Natur entspringt, sich selbst zuweilen für Gott hält, „die Seele mag kommen in so grosse Vereinung, dass Gott sie allzumal in sich ziehet so gänzlich, dass die Seele keinen Unterschied erkennet, für was sie sich selber halte", aber: „Gott hält sie für eine Creatur" (500). Denn sie erkennt, sie schaut, nur jetzt in anderer Weise als vormals, da sie mittelst der Kräfte erkannte. „Darum stirbt die Seele in allen Formen ausser in Gott. Da besteht ihre Materie, dass sie kein vorwärts hat (ihr höchstes Ziel erreicht hat), und die Kräfte der Seele die ziehet Gott in sich, dass die Seele steht auf einem blossen Geiste. Dein Geist ist dir nicht genommen, die Kräfte deiner Seele sind dir genommen" (531). Die Seele haftet „an ihm, der sie eingezogen als ein kleines Ganeisterlein (Funke); in solcher Armuth war Paulus, da er sagt: Ich verstand solche Dinge, die man nicht wohl sprechen kann." Denn wenn auch die Kräfte der

Seele nicht das sind, womit sie sich selbst begreift, so wird sie sich doch als einer begränzten und bestimmten gegenüber dem Unendlichen inne. Mit aller Bestimmtheit hebt Eckhart das in der schon einmal benützten Stelle hervor. „Nun möchte ich fragen, wie es sei um die in Gott verlorene Seele, ob sie sich finde oder nicht? Hierauf will ich sprechen, wie mich dünket, dass sie sich finde an dem Punkte, wo ein jeglich vernünftig Wesen verstehet sich selber mit sich selber. Obgleich sie sinket und sinket in der Ewigkeit göttlichen Wesens: sie kann doch den Gruud nimmer begreifen. Darum hat ihr Gott ein Pünktlein gelassen, damit kehret sie wieder in sich selber und findet sich und bekennet sich Creatur" (387).

Die Art der Erkenntnis der Seele in der mystischen Vereinigung kann nun auch ebensowenig eine unbestimmte, verschwimmende, unklare sein, als die göttliche Natur, mit der sie überformt wird, ein unbestimmtes und formloses Wesen ist. Sie erkennt vielmehr in dieser Einheit alles in der principiellsten und eigentlichsten Weise, in einer viel höheren Weise als sie mittelst des natürlichen oder des durch die Gnade geschenkten Lichtes zu erkennen vermochte. „Der Geist wird entkleidet von alle dem, das ihm je geoffenbaret ward in Lichtes Weise (in der Form des creatürlichen Lichtes). Von dem wird er entblösset, denn er soll da ein anderes befinden, eigentlicher denn er hier verstcht in Lichtes Weise. Die Begreiflichkeit der Einigkeit, die die seligen Geister haben, die besteht in der Empfindlichkeit mit (mittelst) aller Welt eines andern (der göttlichen Natur), denn das sie selber sind" (518). Diese Einigung mit der Natur der Gottheit hat zur Folge, dass die menschliche Seele eingeführt wird in die Wunder der göttlichen Selbstoffenbarung und aller creatürlichen Dinge. Die Einigung ist das Mittel um diese Offenbarungen zu verstehen. „Mit dem Lichte der Einfältigkeit göttlichen Wesens sollen wir sehen das göttliche Wesen und alle die Vollkommenheiten des göttlichen Wesens, die sich da offenbarend sind im Unterschied der Personen und in der Einigkeit des Wesens" (*C. N.*). „Die Kraft der göttlichen Natur wirft die Seele aus ihrem Wesen in göttlicher Natur Wesen, und das Wesen durchgeht sie allzumal und die zwei Wesen stehen auf einem Punkt in der Seele und in Gott (das Eine Auge, in welchem ich Gott sehe und Gott mich sichet), und der Unterschied der drei Personen hindert die Einigkeit nicht und das Wesen hindert den Unterschied der drei Personen nicht (die Seele wird durch ihre Einigung mit dem Wesen an der Erkenntniss der Dreifaltigkeit nicht gehindert). Selig sind, die diese Ueberfahrt gethan, denen werden alle Dinge bekannt in der Wahrheit."

Ja selbst die Kräfte der Seele werden dann, nachdem die Seele ihnen entsunken war, in einer neuen und höheren Weise wieder wirksam. „Wenn die Seele von dem erledigt ist, des ihr Gewissen Kundschaft hat (dem sündigen Wesen oder dem Wesen aus ihr selber) und des Bildes (der Natur) Gottes kein Entbehren hat, so hat die Vernunft einen ewigen Zugang zu der Wahrheit. Denn die Sonne der Ewigkeit wirft sich mit ihrem Schein in die Seele und durchdringt ihre Kräfte, und erhebt sie und macht sie ihm gleich in einem vernünftigen Bild. Und wenn die Seele das Werk wesentlich leidet, wie es Gott vernünftiglich wirkt, so wird der Seele Vernunft ein Licht aller Werke (erkennt sie), die Gott von Gnaden in ihr wirkend ist. Und wenn die Vernunft also erhaben wird, so erhebt sie alle Kräfte über alle zeitliche Dinge, da dennoch die Kräfte allewege zunehmen und nicht ab" (409. Vgl. 648 N. 45).

Nicht also der Untergang der Persönlichkeit, wie behauptet worden ist, sondern die Restitution der Persönlichkeit als einer in und mit dem persönlichen Gott wirkenden ist, wie wir sahen, das letzte und höchste Ziel der Mystik und wird von Eckhart auch ausdrücklich als das Wesen der Vollkommenheit bezeichnet. „Doch muss dann auch dies noch eine ledige Seele lassen und muss Gott allein wirken lassen ohne Hindernisse, so wirkt er vollkommen seine Gleichheit an ihr und wirkt sie in sich selber hinein. So versteht sie mit ihm und minnet sie mit ihm. Dies ist das Wesen der Vollkommenheit" (N. 1866, S. 471).

Diese von der Mystik als das höchste Ziel hingestellte Aufgabe hindert es dann auch, dass Eckhart einem falschen Quietismus verfällt, in welchen andere Mystiker verfallen sind. Eckhart stellt ganz in Uebereinstimmung mit dem von ihm bezeichneten höchsten Ziele das wirkende Leben über das schauende. Das schauende Leben ist ein Mittel um zu dem wahren wirkenden Leben zu gelangen. In einer seiner späteren Predigten meint er im Anschluss an Thomas von Aquin: In dem Wirken giesse man aus von Minne was man eingenommen habe in der Schauung. „Da ist nicht mehr denn eines, denn man greifet nirgend denn in den Grund der Schauung und machet das fruchtbar in der Wirkung, und damit wird die Meinung (der Zweck) der Schauung vollbracht. — Denn Gott meinet in der Einigkeit der Schauung die Fruchtbarkeit der Wirkung; denn in der Schauung dienest du allein dir selber, aber in den tugendlichen Werken dienest du der Menge" (18).

Eckhart hatte in „Schwester Katrei", wie wir sahen, es für möglich erklärt, dass der Mensch noch in diesem Leben in dem Anschauen des göttlichen Wesens „ein stetes Bleiben gewinne", da „bewähret" werde. Er selbst glaubte, als er jenen Tractat schrieb, nur eine annähernde Erfahrung unmittelbarer Einwirkungen eines höheren Lebens zu haben, wie mir scheint. Denn es deutet manches darauf hin, dass er unter dem Beichtiger sich selbst meint. Dieser bekennt da, dass er das was ihm die Tochter von ihren Zuständen sage, aus Büchern wisse, aber „mit Leben" noch nicht vollbracht habe. Aber während seines fortdauernden Verkehrs mit Schwester Katrei geschieht es ihm doch, dass er über den wunderbaren Worten, welche die Tochter von Gott sprach, verzückt wurde „dass er von allen seinen äussern Sinnen kam, so dass man ihn in eine heimliche Zelle tragen musste und er da innen eine lange Weile lag, ehe er wieder in sich selber kam. „Ihm war da, wie er sagt, von Herzen wohl. Er war da gezogen in ein göttlich Beschauen und ihm war gegeben ein wahr Wissen alles dessen, das er von ihrem Munde gehört hatte." Für ein stetes Bleiben im Schauen sei er, so erklärt Schwester Katrei, noch nicht bereitet genug. Er solle allmählich vorwärts gehen, und seine Kräfte nicht zu sehr anstrengen, um nicht rasend zu werden (475). Damit schliesst der Tractat. Eckhart ist nicht zu jenem höchsten Ziele gekommen, zu dem er Schwester Katrei gelangen lässt. Denn in den Tractaten, welche aus der letzten Zeit stammen, erklärt er, dass das stete Bleiben im Anblick der blossen Gottheit erst in jenem Leben stattfinde. „Seligkeit ist hier nur im Vorschmack, dort ohne Masse" sagt er im ersten Tractat, der ziemlich späten Ursprungs ist, und in dem Tractat der Nürnberger Handschrift sagt er: „Nach diesem Leben, wenn wir des Leichnams ledig werden, so soll all unsere Möglichkeit transfigurirt werden in das Werk der Seligkeit, das da hat die wirkende Vernunft." Auch in dem Tractat von der Abgeschiedenheit antwortet er auf die Frage: wer im unverwandten Anblick göttlichen Gegenwurfs bestehen möge? — „Niemand, der heute lebt in dieser Zeit. Es ist dir darum gesagt, dass du wissest, was das Höchste sei und wonach du stellen und Begehrung haben sollst." Nur zuweilen, auf kurze Zeit wird in diesem Leben die Seele dahin entrückt (493), ohne jedoch zum vollkommensten Schauen zu gelangen (619, 21). In diesen Stunden der Entrückung, da der Geist entfremdet ist allem Gemerke und in einem blossen Anschauen der ersten Wahrheit steht, da ist das Sinnenleben erstarrt, „der Leib in einer stillen Ruhe, ohne Bewegung seiner Glieder" (480 f.).

Aus dieser Darlegung ergibt sich, dass für Eckhart das Schauen in Bild und Gleichniss nicht bloss eine untergeordnete Bedeutung hat, sondern überhaupt in seinen Ideenkreis sich nicht recht einfügen will. Und wiewohl er die Möglichkeit solcher Visionen annimmt, so ist er doch den damals so häufigen Visionären gegenüber sehr zurückhaltend. Er billigt das Verlangen nach Visionen nicht, weil es an dem Streben nach höherer Vollkommenheit hindere; ja er glaubt: dass in vielen Fällen ein Selbstbetrug dabei stattfinde. „Auch hindern sich gute geistliche Leute rechter Vollkommenheit, dass sie bleiben mit ihres Geistes Gelüste auf dem Bilde der Menschheit unseres Herrn Jesu Christi, und hiemit hindern sich gute Leute, dass sie sich zu viel lassen an Visionen, dass sie die Dinge bildlich sehen im Geiste, es seien Menschen oder Engel oder unseres Herrn Jesu Christi Menschheit. Und sie glauben der Ansprache, die sie da hören im Geiste, wenn sie hören, dass sie die liebsten seien, oder wenn sie von den Gebresten oder Tugenden eines andern hören, oder wenn sie hören, dass Gott um ihretwillen etwas thun will. Da werden sie oft mit betrogen. Denn Gott thut nichts um irgend einer Creatur willen, sondern alles aus seiner lauteren Güte." Solchen Visionärinnen (Eckhart redet nur von Frauen in unserer Stelle) soll man nicht weiter glauben als ihnen das Wesen Zeugniss gibt (634).

Eckhart sucht nun auch die Selbsttäuschung, welche bei derartigen Visionen so vielfach stattfindet, zu erklären. Er setzt bei den Visionärinnen eine Empfindung göttlicher Tröstungen und in Folge dessen ein Entrücktsein aus der Sinnlichkeit voraus. In diesen Momenten ist das erkennende und schauende Vermögen in der höchsten Lebendigkeit. Aber die Seele hat kein Object für ihr Erkennen und Schauen. Da tritt in Folge der ungewöhnlichen Steigerung des geistigen Lebens eine Art Duplirung des Seelenlebens ein (Eckhart vergleicht diese Duplirung einmal mit dem Funken, der dem Auge entspringt, wenn es einen Schlag erhält), die Seele wird sich selbst Object und antwortet sich selbst. Sie schöpft so aus sich selber, wessen sie begehrt. Wahr ist nur dass sie von göttlichem Troste eine süsse Empfindung hat. Wahr kann auch sein, was sie sagt. Aber nicht wahr ist, dass Gott dergleichen in ihr spricht, wie sie wähnt. Denn Gott spricht nicht in aufeinanderfolgenden Worten; sein Sprechen ist „ein blosser Vorwurf (ein Bild) göttlicher Wahrheit". Darum „alles das, dessen sie ein vernünftig Vernehmen hat in ihr, das spricht Gott nicht" (634).

17. Consequenzen der eckhartischen Lehre.

Die scharfe Gränze, welche die römische Hierarchie zwischen Klerus und Laien gezogen hatte, wird von Eckhart durchbrochen. Der Laie wird von dem Wahne frei, als „ob alles Evangelium sei, was die Geistlichen sagen"; er wird wohl auch, wie in „Schwester Katrei", der Lehrer „des Pfaffen"; die eigene Erfahrung des Göttlichen befreit ihn von der Meinung, als ob das Gehorsamsverhältniss zum Priesterthum die Seligkeit bedinge. Denn die Mystik erstrebt selbstständige unmittelbare Erfahrung des Göttlichen. Den seines Gottes gewissen Gläubigen kümmert es, wie wir sahen, nicht, wenn ihn die Kirche excommunicirt, kein Priester seine Beichte hören oder ihm den Leib des Herrn reichen will. So wird durch die Mystik die Theorie von der Vermittelung des Heils durch das Priesterthum in der Wurzel angegriffen, die Lehre von einem allgemeinen Priesterthum wieder angebahnt und eine freiere Stellung des Christen dem Klerus gegenüber gewonnen. Darum ist auch das höhere Wissen von Gott jetzt nicht mehr das Privilegium der Priesterschulen. Die speculative Mystik verkündet ihre Lehre auch den Laien. Sie verbreitet sie in der Landessprache durch Wort und Schrift.

Eckhart's Mystik lehrt als Bedingung für die Erfahrung des Göttlichen das Ausgehen von allem Eigenen, die völlige Gelassenheit. Sie setzt das Wesen der Frömmigkeit in ein reines Leiden oder Hingegebensein unter das Göttliche. Damit ist von selbst gegeben, dass das Wesen des Glaubens in der Mystik viel tiefer erfasst wird als in der herrschenden Kirchenlehre. Er ist nach Eckhart, wie wir sahen, nicht ein blosses Fürwahrhalten, nicht ein unselbstständiger Gehorsam gegen die Autorität der Kirche, sondern er ist unmittelbare Hingabe an die Gnade und das sich darbietende göttliche Licht, und er hat „ein wahr Wissen". „Ein ganzer Glaube ist vielmehr denn ein Wähnen in dem Menschen. In ihm haben wir ein wahr Wissen" (567). Sein Wesen ist „Gott trauen" (454). Er ist so fest begründet in der göttlichen Selbstmittheilung, dass seine Sicherheit auch von den wechselnden Empfindungen unabhängig ist. „Je minder du empfindest und je grösslicher du glaubst, um so löblicher ist dein Glaube" (566).

Wie die Natur des Glaubens durch die unmittelbare Erfassung des göttlichen Wesens und Lebens anders bestimmt wird, so die Natur des neuen Lebens durch die Erfassung Gottes in seinem Wesen. Da im Wesen alles enthalten ist, Kraft und Werk aus dem Wesen fliessen, die

Ueberformung mit dem göttlichen Wesen unsere Vollkommenheit bedingt: so kommt es nicht auf einzelne Werke, sondern auf ein neues Wesen an. „Unsere Seligkeit liegt nicht an unseren Werken, sondern an dem, dass wir Gott leiden" (15). Darum tritt Eckhart's Lehre zu der herrschenden Werktheorie in den schärfsten Gegensatz. Nicht die einzelnen Werke machen heilig, „sondern heilig sein macht heilig Werk" (546), „darum muss man nimmer aufhören, bis man die Tugend gewinne in ihrem Wesen und in ihrem Grunde" (571). „Denn das höchste, wozu der Geist gelangen mag in diesem Leibe, ist dies, dass er lebe in einem Wesen, da ihm die Tugend kein Zwang mehr ist, das ist also, dass alle Tugenden der Seele so natürlich sind, dass sie nicht allein Tugend übe mit Vorsatz, sondern dass sie alle Tugenden aus sich leuchten lasse absichtslos, gerade als ob sie die Tugend selbst sei" (N. 1864, 169). Ein solcher Mensch denkt nicht an Lohn, er übt die Tugend „ohne warum" (511), er meint nicht „weder Gut, noch Ehre, noch Gemach, noch Lust, noch Innigkeit, noch Heiligkeit, noch Lohn, noch Himmelreich" (202). Kommt nun alles auf das Wesen, die innere Richtung an, so ist das Werk an sich gleichgültig, es ist an ihm selber nichts, „der Geist, aus dem das Werk geschieht, der lediget sich mit dem Werke eines Bildes und das kommet nicht wieder ein". Darum „alle die guten Werke, die der Mensch je that und auch die Zeit, in der sie geschahen, Werk und Zeit sind verloren miteinander, Werk als Werk, Zeit als Zeit". — Darum ist das Werk weder gut noch heilig noch selig, sondern der Mensch ist selig, in dem die Frucht des Werkes bleibet, nicht als Zeit noch als Werk, sondern als eine gute That, die da ewig ist mit dem Geiste, wie der Geist auch ewig ist an sich selber und ist (das Werk) der Geist selber" (72 f.).

Im Zusammenhang damit wird das Absehen von allem Lohn bei der Uebung der Tugend von Eckhart nicht etwa bloss auf die Demuth zurückgeführt, sondern aus der Natur unserer Werke selbst begründet. „Die Werke, welche die Seele wirket mit Gott und in der Gnade — sind zu klein und zu schnöde, dass sie Gott irgend nach Recht lohnen müsse." „Gott lohnet nur die Werke, die er selbst ohne unser Zuthun in uns wirkt" (480).[1] Gott selbst gibt uns oft durch seine Führungen

---

1) In dem Tractat von dem höchsten Gute (Niedner Zeitschr. 1876, 470) sagt er zwar: ez ist zweiger hande minne. Diu einiu ist ein tugent. An der minne wachsen wir an underlas. Was wir gutes thun in dirre minne, daz ist alles ewigen lones wert." Allein es versteht sich von selbst, dass solche Stel-

zu verstehen, dass alle unsere Werke umsonst sind, dass die Seligkeit ein reines Geschenk der Gnade ist. „Nicht dienen unsere Werke dazu, dass uns Gott etwas gebe oder thue. Das will unser Herr, dass seine Freunde diesem Sein entfallen und darum nimmt er sie (durch Krankheit, in der sie nichts wirken können) ab von diesem Enthalt (von dem Vertrauen auf Werke), auf dass er alleine ihr Enthalt muss sein, denn er will ihnen Grosses geben, und will es ihnen um nichts denn um seine freie Güte geben und er soll ihr Enthalt und ihr Trost sein und sie sollen sich als ein lauter Nichts finden und achten in allen den grossen Gaben Gottes" (564).

Legt so Eckhart den guten Werken überhaupt kein Verdienst bei, so lässt sich erwarten, dass er auch von den ausserordentlichen Weisen und Werken, von den Mönchsregeln und dergleichen nicht im Sinne des damaligen Zeitgeistes denkt. Der Mensch soll das Sonderliche überhaupt nicht suchen, soll es fliehen, wenngleich es nicht gerade verboten ist. „Und sonderlich sollst du fliehen alle Sonderlichkeit, es sei an Kleidern, an Speise, an Worten, wie hohe Worte zu reden oder Sonderlichkeit der Gebärde, daran kein Nutzen liegt" (564). Wir verzagen oft, wenn wir sehen, welche strenge Werke sich die Heiligen auflegten, und achten uns um so ferner von Gott, je weniger wir ihnen folgen können. „Nun sei es immer, dass dich deine grossen Gebresten also austreiben, dass du dich nicht nah zu Gott magst nehmen, so sollst du doch Gott dir nah nehmen, denn da liegt grosser Schaden an, dass der Mensch Gott sich ferne setzet" (561). Ein Weg schickt sich nicht für alle. „Findest du, dass der nächste Weg für dich nicht ist in viel auswendigen Werken und grosser Arbeit oder im Darben, woran einfältiglich genommen auch nicht so viel gelegen ist, so sei darüber ganz beruhigt. Gott hat das Heil nicht gebunden an eine sonderliche Weise. Was dir die eine Weise geben mag, das magst du auch in der andern erlangen, falls sie gut und löblich ist und Gott allein meinet." Die blosse äusserliche Nachahmung macht es nicht. „Ich habe oft gesprochen: ich achte viel besser ein vernünftiges Werk denn ein leibliches Werk. Als wie? Christus hat gefastet vierzig Tage. Darin nun folge ihm, dass du wahrnehmest, wozu du am meisten geneigt seiest, und in diesem Punkte lasse dich (verläugne dich) und nimm deiner selbst wohl wahr: das ziemt dir mehr, dich hierin zu verläugnen, denn ob du

---

len, die nicht untersuchen und begründen, nach jenen auszulegen sind, in welchen dies geschieht. Ebenso wie etwa Matth. 10, 42 nach Röm. 3, 21—28.

zumal fastest von aller Speise" (561 f.). „Denn einem Menschen ist oft viel schwerer allein zu sein in der Menge denn in der Wüste und ist ihm oft ein kleines Ding schwerer zu lassen denn ein grosses und ein kleines Werk zu üben denn eines, das man für sehr gross hält" (563).

Wie Eckhart die Meinung bekämpft, dass das Heil gebunden sei an irgend eine äussere Weise, so kämpft er natürlich auch gegen die, welche es an besondere Orte, an Reliquien und dergleichen gebunden glauben. „Leute, was suchet ihr an dem todten Gebeine? Warum suchet ihr nicht das lebende Heilthum, das euch mag geben ewiges Leben? Denn der Todte hat weder zu geben noch zu nehmen" (599).

Und so stellt Eckhart überall der Veräusserlichung der Religion die wahre Innerlichkeit, der gesetzlichen Gebundenheit nicht eine falsche, antinomistische, sondern eine wahre evangelische Freiheit gegenüber. Das Streben nach dem wesentlichen Gut macht frei von dem, was an sich kein Wesen hat, und im Besitz von jenem sind wir Herren auch über dieses, doch nur so lange, als der Genuss desselben uns im Besitz des wesentlichen Gutes fördert. Haben wir nur Gott uns gelassen, so ist es einerlei, ob wir äusserlich in Leiden stehen oder ob wir der Welt und ihrer Gaben gebrauchen können und ihrer gebrauchen. Solche Dinge sollen wir hinnehmen wie Gott sie gibt, und hinnehmen mit Freude und Dank, dabei jedoch mehr der Führung Gottes folgen als uns selbst darein setzen. „Und darum lernet gerne alle Dinge von Gott und folget ihm, so wird euch recht. Und auf diese Weise so mag man wohl Ehre nehmen und Gemach. Fiele aber Ungemach und Unehre auf den Menschen, dass man die auch tragen möchte und gerne wollte tragen. Und darum mit allem Rechte und Urtheile mögen die wohl essen, die also recht und bereit wären zu dem Fasten" (563). Nur soll man in keiner Gabe ruhen. Gott gibt keine Gabe, dass man darin ruhe, sondern er will in der Gabe sich selbst geben. Hat man sich geübt und sieht und nimmt in allen Dingen Gott, so hindern uns die Gaben nicht (569).

So geht ein Geist evangelischer Freiheit durch Eckhart's Sittenlehre, welcher zugleich ein Geist der Freudigkeit ist. Denn das neue Leben ruht bei ihm auf dem Besitz des höchsten Lebens und ist wesentlich ein Auswirken desselben. „Also soll der Mensch mit göttlicher Gegenwärtigkeit durchgangen sein und mit der Form seines geminneten Gottes durchformet sein und in ihm gewesnet sein — dass er mit seiner Gegenwärtigkeit leuchte ohne alle Arbeit" (549). Freilich bedarf es unverdrossener Uebung, bis wir dahin kommen, dass uns das Leben in Gott und aus Gott wesentlich und natürlich geworden ist. Aber die

Gnade bietet das neue Leben dem an Gott sich Lassenden dar, und dieses neue Leben ist Gott selbst und Gott ist die Minne. So ist das neue Leben ein Wirken in der Minne. „Die Tugend und alles Gut liegt in dem guten Willen." Dann aber ist der Wille ganz und recht, wo er ohne alle Eigenschaft (selbstisches Wesen) ist und wo er sein selbst ausgegangen ist und in den Willen Gottes gebildet und geformet ist. Und in diesem Willen vermagst du alle Dinge, es sei Minne oder was du willst." Ob der so beschaffene Wille die Minne empfinde oder nicht, das ist von keiner Bedeutung. Man muss Wesen der Minne und Ausbruch des Wesens der Minne unterscheiden. Die Statt, das Wesen der Minne ist allein im Willen. Die Empfindungen, wie Innigkeit, Andacht, Jubiliren (ekstatische Freude) sind ein Ausbruch und ein Werk der Minne. Solche Empfindungen können auch anderswoher kommen, sie können aus unserer Natur kommen oder sie mögen des Himmels Eindruck oder mögen sinnlich eingetragen sein, und die das mehr als andere haben, das sind nicht immer die besten. Und wenn sie hernach mehr Minne gewinnen, so haben sie leicht nicht mehr so viel Fühlen und Empfinden, und ob sie Minne haben, erhellet dann daraus, dass sie auch ohne solchen Enthalt (der Empfindung) Gott ganz und stets getreu sind. Aber selbst wenn solche Empfindungen wirklich ganz aus der Minne fliessen, so sind sie doch nicht das beste an der Minne. „Denn wäre der Mensch auch in einer Verzückung wie Paulus war und wüsste einen siechen Menschen, der eines Süppleins von ihm bedürfte, ich achte es weit besser, dass du liessest aus Minne von dem Zucke und dientest dem Dürftigen in grösserer Minne" (553 f.). So weiss Eckhart seiner so tief in die Gottheit sich versenkenden Mystik die rechte Nüchternheit und Gesundheit zu wahren, und wir werden nicht sagen dürfen, dass er damit von dem Wesen derselben abfalle.

Wie die unmittelbare Vereinigung mit Gott ein freieres Verhältniss zum Klerus begründet, so auch zur kirchlichen Tradition. Unter den Scholastikern hatte Thomas Aquin den Kirchenlehrern geringere Autorität als der Schrift zuerkannt, den Zeugnissen der Schrift unbedingte Beweiskraft, denen der Kirchenlehrer nur den Beweis der Wahrscheinlichkeit belassen. Damit steht er der Tradition freier gegenüber als die meisten Scholastiker. Aber wie unfrei ist er dennoch. Die Aussprüche der Kirchenlehrer sind ihm doch factisch die Autoritäten für die kirchliche Lehre, die Hauptquellen für die Erkenntniss. Er unterwirft sie nicht einer Prüfung an der Schrift, und wo sie sich untereinander widersprechen, da versucht er durch Umdeutung die Harmonie herzustellen.

Immer ist es wenigstens eine bestimmte Zahl, deren Aussprüche er ebenso behandelt wie die der heiligen Schrift. Und fast überall sind sie die Grundlage für sein Lehrsystem. Bei Eckhart dagegen ist dieses Abhängigkeitsverhältniss gelöst. Er führt die Kirchenlehrer sehr häufig als Zeugen an, aber nur zur Verstärkung, er betrachtet die Uebereinstimmung mit ihnen nicht als Nothwendigkeit für die Wahrheit seiner Lehre. Es bekümmert ihn nicht, wenn er in diesem oder jenem Punkte auch von einem Dionysius oder Augustinus abweicht (531. 539).

Dagegen ist für Eckhart die Schrift alten und neuen Testaments unbedingte Autorität. Nur wird auch hier dieses Verhältniss ganz von den Grundanschauungen Eckhart's bestimmt. Wir sahen, welchen Unterschied Eckhart zwischen der möglichen und wirkenden Vernunft, zwischen dem durch die jetzige Leiblichkeit bedingten Erkennen und dem zeitfreien unmittelbaren Erkennen macht. Die Schrift nun redet häufig in einer Sprache über Gottes Wesen und Wirken, welche ganz der sinnlichen Erkenntniss angepasst ist, in Bildern und Formen welche der Sinnenwelt entnommen sind. Es gilt sie geistlich zu verstehen. Wie alle Creaturen ihre Statt im Menschen, der Mensch sie in Gott hat, so haben alle Bilder und Formen der niederen Art ihre sie befassende höhere Form, und alles hat seine höchste Einheit in dem Einen wesentlichen Bilde, der Natur der Gottheit. Das ist nun auch das Gesetz für die Auslegung der Schrift. „Wir sollen alle Dinge geisten", sagt er einmal, und so wird ihm die ganze Schrift zur Symbolik für den einen grossen Vorgang der Selbstoffenbarung Gottes in der menschlichen Seele. So ist ihm in der Geschichte mit dem Jüngling zu Nain die Wittwe das Verständniss, der verstorbene Mann der Mann der Seele, der Jüngling die oberste Vernunft. In einer andern Predigt ist ihm die Stadt Nain die Seele, in einer andern ist es das Weib am Jakobsbrunnen, und die fünf Männer die sie gehabt sind die fünf Sinne. Joseph und Maria hatten den Knaben Jesus verloren in der Menge, sie mussten wieder hingehn wo sie her waren kommen, in den Tempel. Also müssen auch wir, so wir die edle Geburt aus Gott finden wollen, alle Menge lassen und müssen wieder kehren in den Ursprung und in den Grund, da wir hergekommen sind.

Eckhart hat diese Auslegungsweise gemein mit allen mystischen Theologen und vielen andern. Sie findet ihren Stützpunkt in der Weise wie Paulus öfters die geschichtlichen Momente alttestamentlicher Thatsachen ausdeutet. Der nächste Sinn, wie ihn der Wortlaut gibt, bleibt immer dabei als Thatsache anerkannt.

Dagegen ist bei Eckhart die geschichtliche Darstellung der Bibel, wo es sich um die Offenbarung und das unmittelbare Eingreifen Gottes handelt, immer nur eine Accomodation an die beschränkte Fassungskraft. Hier macht er sich völlig frei von dem Buchstaben der Schrift. Von seiner Voraussetzung aus, dass Gott ohne Mittel und Bild wirket, will er die Schöpfungsgeschichte, so wie sie Moses berichtet, nicht als Wirklichkeit erfasst wissen. „Nicht wähne, da Gott Himmel und Erde machte und alle Dinge, dass er heute eines machte und morgen ein anderes. Dennoch schreibt Moses also. Er wusste es doch wohl viel besser: er that es aber um der Leute willen, die es nicht anders konnten verstehn noch vernehmen. Gott that nicht mehr dazu denn allein: er wollte und sie wurden" (7).

Auch in der Auffassung Eckhart's von den letzten Dingen zeigt sich die Wirkung seiner Grundanschauungen. Ihm konnte die herrschende Ansicht vom Fegefeuer, von der Auferstehung, vom jüngsten Gericht, von Hölle und Himmel um ihrer sinnlichen Auffassung willen nicht genügen. Mehr noch als Thomas sucht er alles, was an die jetzige materielle Leiblichkeit, an Zeit und Raum erinnert, abzustreifen.

Er zeigt in einem treffenden Gleichnisse (471), wie nicht der äussere Ort, sondern das innere Wesen Fegefeuer und Hölle sei. „Das Fegefeuer ist ein angenommen Ding, als eine Busse, das nimmt Ende." Die Menschen die sündig gelebt haben aber reumüthig sterben, die warten im Tode noch auf Erbarmung. „Die Seele steht in grossem Jammer, weil sie nicht mehr vermag (Gutes zu thun), und sie warten muss, wann sich Gott über sie erbarmen wolle. Aber wäre es auch nicht eher als an dem jüngsten Tag: die Hoffnung ist ihr Wesen" (472). Wie das Feugefeuer, so ist auch die Hölle ein Wesen, „Was hier der Leute Wesen ist, das bleibet ewiglich ihr Wesen." Nicht Eigenwille brennt in der Hölle noch irgend ein Feuer, sondern der Mangel des göttlichen Lebens. Hätte die Hand Feuers Natur, so heisst es in der schon früher von uns benützten Stelle, so würde sie keinen Schmerz empfinden von der glühenden Kohle, die auf ihre Hand gelegt wird. Hätte die Seele das göttliche Wesen in sich, sie würde keinen Schmerz empfinden. Dass Gott ausser ihr und ferne ist mit seinem Wesen, das die Seligkeit ist, das machet sein Wesen für die Verlorenen zur brennenden Qual (65). „Sie sinken ewiglich von Gott und von seinen Freunden. Und das heisset man Hölle" (471). So ist denn das jüngste Gericht nur die Enthüllung dessen, was hier der Leute Wesen ist. „Man sagt von dem jüngsten Tag, dass Gott soll Urtheil geben. Das ist wahr. Es ist aber

nicht als die Leute wähnen. Jeder Mensch urtheilet sich selber also;
wie er hier erscheinet in seinem Wesen, so soll er ewiglich bleiben"
(471). So ersteht denn auch am jüngsten Tage, wie dies oben schon
angedeutet wurde, nur das Wesen des Leibes. Da darf man sich nicht
nach den Sprüchen auch der besten Meister richten, wenn sie sagen,
dass Johannes oder Maria mit den Gliedern dieses Leibes seien gen
Himmel gekommen. Das mag nicht sein. In Gott ist nichts denn Gott.
Da ist weder Mund noch Nase, noch Hand noch Fuss, noch ein Glied
das zu dem Leichnam gehört. Bei denen von welchen man spricht
dass sie mit dem Leib gen Himmel gekommen sind, ist nur das Wesen
des Leibes dahin gekommen. So war es auch mit Christus. Er mochte
mit sich nichts bringen in den Vater denn wie es aus dem Vater geflossen war. Das Wesen der Seele Christi führte mit sich das Wesen der
edlen Menschheit unseres Herrn Jesu Christi mit göttlicher Wesenlichkeit. Also erstehn alle die in dem Vater, die das erkriegen in Gnade,
das Christus hat von Natur (472). So unterscheidet Eckhart zwischen
der materiellen Leiblichkeit, deren Gestalt und Organismus für das
zeitliche Leben eingerichtet ist, und dem Wesen der Leiblichkeit, die
er als ein Moment der menschlichen Natur auffasst. Nur von dieser
sagt er, dass sie erstehen werde. Näher erklärt er sich darüber nicht. Er
will, „da in Gott nur kommt was aus Gott geflossen ist", unter dem
Wesen der Leiblichkeit eine der Idee vollkommen entsprechende Leiblichkeit verstanden wissen, die auch ihrem Substrat nach wie alle Dinge
aus dem Wesen Gottes ist. Die jetzige Leiblichkeit ist das zwar auch,
aber sie ist in ihrer Zertheiltheit und Vergröberung unter dem Einfluss
der Sünde entstanden und endet im Grabe.

Uebrigens ist es eine Frage, ob Eckhart nicht eine Auferstehung
der Frommen gleich nach dem Hingang der Seele aus dem Leibe angenommen hat oder anzunehmen geneigt war. Die Art wie er vom jüngsten Tage spricht, lässt eine solche Vermuthung zu. Er sagt zwar:
„Nicht also, dass die Verstorbenen das Leben des Leibes mit sich führen in der Zeit, so sie von hinnen fahren. Es muss bleiben bis zum
jüngsten Tag, da alle Dinge zu nichte werden, da wird der Seele aller-
erst ihr Wesen des Leibes" — aber er hängt die Worte an: „nach ge-
meiner Rede" (473). Er bezeichnet das also nur als eine Auffassung
der Menschen, nicht als Lehre der Schrift.

Die Mystik Eckhart's trägt etwas von dem Charakter heiliger Willkür, wie er der Kirche des Mittelalters überhaupt eigen ist. Die hierar-
chischen Bestrebungen bedeutenderer Päpste haben das Ideal von einem

Gottesstaate zu verwirklichen gesucht, welcher der Vergangenheit nicht mehr als Norm sich bedient, noch der Zukunft Christi zur Vollendung zu bedürfen scheint. Man sucht, was der Zukunft angehört, für die Gegenwart vorweg zu nehmen und ein Reich der Herrlichkeit und weltrichterlicher Machtübung für diese Weltzeit zu begründen. Es ist ein verwandter Zug auch in der Mystik. Vergangenheit und Zukunft sind wie aufgehoben in einer ewigen Gegenwart. Die mystische Einigung mit der Gottheit ist der Art, dass alles Vergangene nur um dieser Gegenwart willen noch einen Werth hat, und das der Zukunft vorbehaltene Schauen Gottes in der Herrlichkeit wird so viel als möglich schon für die Gegenwart erstrebt. Denn Gott ist ein „Gut der Gegenwart", „Werk als Werk, Zeit als Zeit sind verloren". Es ist Wahrheit in dieser Anschauung, in jenem Streben, aber nicht die volle Wahrheit. Die Mystik betrachtet die Zeitlichkeit und Mannigfaltigkeit zu einseitig als das Schlechte, als Nichtigkeit, als Hülle und Decke der Idee, nicht als Erscheinungs- und Offenbarungsform eines Ewigen, die als solche auch eine bleibende Bedeutung hat. Wie in der vergänglichen Natur sich Gottes Weisheit und Herrlichkeit offenbart und die einstige Verklärung dieser Natur nicht ihre Verneinung sondern ihre Bejahung sein wird, so ist es auch mit der Geschichte der Menschenwelt. Die Geschichte der Völker ist die successiv sich entfaltende, in ihrem Reichthum sich offenbarende Idee der Menschheit, und die Mannigfaltigkeit der menschlichen Natur, die Verschiedenheit der Entwicklung und deren Abstufung im Völkerleben, wie sie im Verlaufe der Zeit nach eingepflanztem Gesetze und göttlicher Fügung zur Offenbarung gekommen ist, wird im Zustande der Vollendung nicht aufgehoben sein, sondern nur in ungetrübterer Harmonie, überschienen von dem Lichte der Ewigkeit, sich kund thun. Wird ja der neue Himmel und die neue Erde nicht bloss aus Menschen bestehen, sondern auch aus niederen Organismen. Warum sollten nicht auch die verschiedenen Stufen der menschlichen Natur, des Kindes- und Mannesalters der Individuen und der Völker in dem weiten Reiche der Ewigkeit Raum haben?

Von diesem Gesichtspunkte aus gewinnt die Geschichte eine viel höhere Bedeutung als die Mystik, soweit sie bis auf Eckhart hervorgetreten ist, ihr gewährt. Aus der Erkenntnis ihrer Bedeutung aber erwachsen für das sittliche Leben umfassendere Aufgaben, als sie die Mystik stellt. Die mannigfaltigen Thätigkeiten, aus denen sich das öffentliche Leben der Völker bildet, dienen zur Gestaltung der geistigen Natur der Menschheit, und hier mitzuwirken und einzuwirken, dass die

Menschen durch allseitige Entwicklung ihrer natürlichen Gaben und Kräfte das in sie gelegte Bild Gottes zur Erscheinung und Offenbarung bringen, ist Pflicht. Der Mystik sind die Formen des staatlichen und kirchlichen Lebens, die Schöpfungen auf dem Gebiete der Kunst, der Wissenschaft, als solche von untergeordneter Bedeutung, sie haben ihr keinen bleibenden Werth. Das Zeitliche ist nur das Nichtige, es hat sich selbst nicht sowohl vom Nichtigen zu befreien, sondern ist überhaupt zum Untergang bestimmt. Die Mystik Eckhart's adoptirt wohl den Satz: Gott ist nicht ein Zerstörer der Natur, sondern ihr Vollbringer"; aber sie gibt ihm dem geschichtlichen Leben gegenüber keine Folge. Auch die heilige Geschichte, die Geschichte der Offenbarung wird von Eckhart in ihrer bleibenden und ewigen Bedeutung zu wenig gewürdigt. Die Vergangenheit wird von der ewigen Gegenwart fast ganz absorbirt. Der Christus für uns tritt vor dem Christus in uns zu sehr zurück.

So sehr man nun auch diesen Mangel beklagen mag: im Wesen der eckhartischen Mystik scheint er mir nicht begründet zu sein und diese bleibt immer eine grossartige Erscheinung von weittragender Bedeutung. Das aber ist das Grosse an ihr, dass sie die Gegenwart so unmittelbar auf die Ewigkeit gründet und das an die Tradition gebundene Geistesleben in kräftiger Weise mit befreien hilft; dass sie mit solcher Energie „die Schaulichkeit bricht und leitet in die Wirklichkeit (in das wirkende Leben) und die Wirklichkeit in die Schaulichkeit"; dass sie dabei die höchsten Probleme des denkenden Geistes sich stellt und dass ihr in der Hauptsache wenigstens eine befriedigende Lösung gelingt. Eckhart erst hat die christliche Philosophie eigentlich begründet. Seine Mystik gleicht der Morgenröthe: sie kündigt einen neuen Tag in der Geschichte des Geistes an.

ANHANG.

I.

Sätze der Brüder des freien Geistes um die Mitte des dreizehnten Jahrhunderts.[1]

A.

Conpilatio de novo spiritu. hec continet C errores minus tribus.

1. *Conventicula facere et in secreto docere contra fidem non est, sed contra modum evangelicum, ubi dicitur: ego semper palam docui in templo [et] ubi omnes Judei conveniunt, et in abscondito locutus sum nihil. Mt. X: quod in aure anditis, predicabitur etc.*
2. *Quod dicitur quod bonus homo dicere vere potest gratiam se habere et non habere contra primum principium omnis veritatis, quod de quolibet vel negationem vel affirmationem esse veram et de nullo simul.*
3. *Quod dicitur quod XX. Paternoster prevaleant misse sacerdotis contra dignitatem est sacramenti, cui, sicut dicit Augustinus in IV. dignitate in bonis nil prefertur, et Gregorius: nichil deo acceptius esse quam filium offerre.*
4. *Dicere promissas orationes non debere solvi et dicere mendacium licite posse fieri.*
5. *Quod dicitur quod alicui responderit omnium (?) spiritus (?): veritas, presumptionis magis et fatuitatis verbum est quam heresis.*
6. *Dicere quod homo faciat mortalis peccati actum sine peccato pre-*

---

[1] *Cod. lat. Monac. 311 ff. 91—93.* Im folgenden als *Cod. A* bezeichnet und dem Text zu Grunde gelegt. *Cod. lat. Monac. 9558 = Cod. B.*

sumptio Machumeti (*Bibl. Max.: Manichaei*) *qui hoc dicit, ut dicit Eustachius episcopus.* (*B. M. Eustathius.*) *Preterea* (dieser Satz fehlt in der *B. M.*) *sermo sibi repugnat: facere enim mortalis peccati actum: peccare, et sic contingeret, hominem peccare sine peccato.*

7. *Dicere quod anima sit sumpta de substantia dei Manichcorum heresis est, ut dicit Augustinus. Manicheus enim [dixit], deum lucis inmortalia fecisse de se ipso. Hec heresis tamen ante Manicheum quorundam fuit philosophorum.*
8. *Dicere non debere suffragia fieri pro animabus determinatarum personarum, si? illis quibus deus cupit, contra approbationem ecclesie est et canones sanctorum. Beatus enim Gregorius pro monacho proprietario penitente post mortem determinate XXX missas celebrandas statuit et sic liberavit eundem.*
9. *Quod dicitur, confessionem venialium non esse necessariam, verum est, sed non dicendum, quia licet non sit necessaria, tamen perutilis est, cum de talibus dicatur, quod bonarum mentium est ibi culpam agnoscere, ubi culpa non est, veniale enim culpa non est, sed dispositio ad culpam.*
10. *Quod dicitur, familiaris fuit suspectis et heresi infectis, suspicionem general quod hereticus et pro certo excommunicatus??*
11. *Dicere quod aliquis veniat ad hoc quod deo non indigeat, blasphemia est in deum, quo omnis creatura indiget, quia aliter in nichilum decideret, ut dicit Gregorius, propter quod dicitur Hebr. primo: portans omnia verbo virtutis sue. Act. XVII: In ipso vivimus movemur et sumus.*
12. *Dicere quod aliquis super caritatem ascendat, cum caritas summum sit et in via et in patria, de heresi Pelagii est qui in illa perfectione se posuit, que heresis in Nicena Synodo condempnata est.*
13. *Dicere quod mulier facta sit deus et heresis est et blasphemia et est de heresi Pelagii sicut et antecedens. Pelagius enim dixit: non invideo filio dei, quia et ego quando volo possum esse filius dei et deus, et hoc dicit Augustinus de Pelagio.*
14. *Idem est quod dicitur quod homo possit fieri deus.*
15. *Ad idem reducitur, quod dicitur quod homo ad talem statum potest pervenire quod deus in ipso omnia operetur. Aliquid enim operis datur naturae et aliquid concupiscentiae, sine qua nemo est. Unde in 1 Johannis 2, 5: Si dixerimus, quia peccatum*

non habemus, nos ipsos seducimus et veritas in nobis non est. Rom. VIII: Non enim quod volo id facio, sed quod nolo id ago. Quod autem deus operetur peccatum blasphemia est.

16. *In idem reducitur quod dicitur, quod homo tantum proficiat, quod sacerdote non indigeat. Solius enim filii dei est clavibus non indigere, que sacerdotali officio commissae sunt et hanc similitudinem dei Pelagius presumpsit.*

17. *Ad idem redit dicere non debere queri consilium a viris litteralis sive de devotione sive de aliis, de eadem presumptione Pelagii est, qui suum sensum consilio scripture preposuit.*

18. *Dicere aliquem, quod videat in alio consiencie secretum, contra virtutem evangelii, ubi dicitur, quod nemo novit cogitationes nisi solus deus. De futuro autem fine, qualis sit, nemo potest scire, sicut dicit Augustinus.*

19. *Quod dicitur, quod homo non est bonus, nisi dimittat deum propter deum, similiter de Pelagii stultitia est.*

20. *Dicere hereticum esse in via recta de eadem heresi est, que in hoc omnibus aliis heresibus convenit.*

21. *Dicere quod aliquis pervenit ad hoc, quod non possit peccare, similiter est de Pelagii presumptione.*

22. *Dicere aliquem ad hoc devenire posse, quod sanctos non oporteat revereri Pelagii est.*

23. *Item quod anima alicuius etiam facientis eadem cum Christo equetur anime Christi heresis Pelagii est, cum gratia Christi sit unionis ad esse, quo vere dicitur: hic homo est deus. Gratie autem aliorum sunt gratie adoptionis, ut scilicet adoptentur, non ut sint deus.*

24. *Dicere quod homo unitus deo peccare non possit tollere est liberum arbitrium ab homine, quod dicit Augustinus esse heresim.*

25. *Quod anima deo unita deificetur, etiam Pelagii est, qui putabat se in deum transformari ieiuniis et orationibus serviens deo die ac nocte.*

26. *Ad idem redit dicere hominem posse fieri equalem deo die ac nocte.*

27. *Ad idem redit dicere hominem posse fieri equalem deo vel animam fieri divinam.*

28. *Dicere quod homo unitus deo sit venerandus ut Christi corpus et blasphemia est et Pelagii heresis, gratia enim unionis (ad esse?) prefertur gratiis adoptionis, unio enim divinitatis ad corpus est immediate sicut et ad animam.*

29. *In idem redit quod aliquis dicat se deum in deum recipere, quando recipit sacramentum altaris, non enim ipse est deus per gratiam adoptionis, sicut adoptatus vere non est filius.*
30. *Ad idem est quod aliquis preferatur et deo equetur. Pelagius enim hoc dixit.*
31. *Dicere quod homo in devotione posset precellere beatam virginem, Pelagii heresis est, eo quod beata virgo sola excepta sit, quod nunquam motum peccati senserit, qui devotionem suam inpedire potuerit.*
32. *Eiusdem heresis est dicere ad se non pertinere cogitare de parasceue vel de aliis festis quas celebrat ecclesia.*
33. *Eiusdem presumptionis est dicere hoc non loquor ego sed spiritus in spiritum.*
34. *Quod dicitur quod orationes promissas non licet solvere et est mendacium in doctrina veritatis, quod Augustinus in libro de mendacio dicit esse periuriosissimum, et est etiam homines ab oratione retrahere, quod in hoc heresis est, quia contra sacram scripturam est. Luc. XVII: Oportet semper orare et non deficere. I. ad. Thessal., ultimo: sine intermissione orate. Jac. V: Orate pro invicem ut salvemini, multum enim valet deprecatio iusti assidua. Et Gregorius in glossa Gen. XXVII. dicit, quod predestinatio dei iuvatur orationibus sanctorum.*
35. *Quod dicitur ne secreta verba aliis publicentur suspectum est. Io. III: qui bene agit venit ad lucem ut manifestentur opera eius quoniam in deo sunt facta, et ibidem: qui male agit odit lucem. Ieronymus?: Omnis religio sit tibi suspecta que precepta et regulas manifestare non audet.*
36. *Quod dicitur quod homo secundum voluntatem fiat deus de heresi Pelagii est expresse (?) et Paulus: Lucifer hoc concupivit et eiectus est.*
37. *Quod dicitur quod cum corpore fiat deus bonus homo, si intelligitur per equalitatem sanctitatis, heresis Pelagii est, si intelligitur localiter, est fatuitas et mendacium.*
38. *Qui dicit se non comedisse cum comedit mentitur.*
39. *Quod dicitur, quod homo unitus deo non habeat sanctos revereri, de errore Pelagii est. Iob V: ad aliquem sanctorum convertere.*
40. *Quod dicitur: resurrectio non est futura, error est Manichei, quem destruit Augustinus in libro contra epistolam fundamenti.*
41. *Quod dicitur quod homo unitus deo non debet confiteri etiam pec-*

catum mortale de errore Manichei est, qui in hoc et in aliis auferunt sacramenta ecclesie.

42. Quod dicitur quod homo elevetur cum corpore domini in altari non posset esse nisi translatus (?), quod fatuum est et error et sapit heresim Pelagii.

43. Quod dicitur quod homo unitus deo licite possit tollere rem alterius mendacium est in doctrina veritatis. Talis enim plus peccat aliena tollendo quam non unitus, in quantum maioris gratie contemptor est, propter quod dicit Augustinus, quod quando altior est gradus tanto profundior est casus.

44. Quod dicitur quod homo unitus non debet ieiunare vel orare Pelagii error est, cum Helyas Moyses et Christus maxime deo uniti ieiunaverunt et oraverunt.

45. Quod dicitur quod nec angelus sit nec demon de antiqua heresi est Esseorum quem Christus in ewangelio et Nycena synodus condempnavit.

46. Quod [autem] dicitur purgatorium et infernum non esse — — —

47. Quod dicitur divinitatem separatam esse a corpore Christi de heresi est Nestorii et Eutichis et Pauli cuiusdam Samothei qui de antiqua heresi Arrii propagati sunt.

48. Qui dicit Christum non resurrexisse, Manicheus est hereticus.

49. Dicere quod homine comedente deus comedat blasphemia est et heresis Pelagiana.

50. Dicere quod orationes ieiunia confessiones peccatorum inpediant bonum hominem mendacium est in doctrina veritatis, quod inter omnia mendacia perniciosissimum est, cum ieiunio occidantur pestes corporis et oratione pestes mentis et confessio remedium sit contra utrumque, et de errore Manichei est et de errore Donati, qui in Nicena synodo condempnatus est, ut dicit Augustinus de baptismo parvulorum.

51. Dicere quod sanguis boni hominis venerandus est ut sanguis Christi heresis Pelagii est.

52. Dicere quod licite comedantur tempore ieiunii prohibita ab ecclesia sicut caseus et ova heresis Pelagii est et contra claves ecclesie. A clavibus enim ecclesie procedit quod [ieiunia] ecclesie venerabilia tenenda sunt.

53. Dicere quod soluta concubendo cum soluto non plus peccat quam admittendo matrimonialiter coniunctum heresis est Joviniani,

cuius heresis a Manicheis est propagata ut dicit Ieronymus in libro contra Jovinianum.

54. Dicere quod puerum ex licito concubitu pariens sine macula sit, est predicare concupiscenciam maculam non esse, et heresis est cuiusdam Juliani, qui fuit discipulus Pelagii, ut dicit Augustinus in libro contra Julianum Pelagianum.

55. Dicere peccatum non esse peccatum error Pelagii est et mendacium in doctrina veritatis. 1 Joh. 1, 8: Si dixerimus quod peccatum non habemus, nos ipsos seducimus et veritas in nobis non est.

56. Dicere quod ad hoc perveniat homo quod deus per eum omnia operetur, Pelagii heresis est in filio dei et Arianum est et Pelagianum, qui etiam Pelagius primo Arianus fuit, ut dicit Augustinus.

57. Dicere vero Spiritum sanctum esse negotiatorem est dicere Spiritum sanctum esse servum vel ministrum, Nestorii heresis est, que in Constantinopolitana synodo condempnata est.

58. Dicere quod homo equetur Patri et transcendat filium non tantum heresis Pelagii est sed etiam dyabolicum. Lucifer enim dixit: similis ero altissimo.

59. Dicere Christum non doluisse in passione est dicere quod Christus non fuerit homo nisi secundum phantasma et hoc est heresis Nestorii et Eutychis.

60. Dicere quod angeli non sint lapsi de celo contra veritatem Ewangelii est. Luc. XI: Videbam Sathanan sicut fulgur de celo cadentem. 2 Petr. 2: Deus angelis peccantibus non pepercit, sed rudentibus inferni detractos in tartarum tradidit cruciandos, in iudicium reservari. Est autem de heresi Esscorum.

61. Dicere quod nichil sit peccatum nisi quod reputatur peccatum heresis Pelagii est.

62. Dicere, angelos nihil esse nisi virtutes et[1] daemones nihil esse nisi vitia, heresis est Esseorum.

63. Dicere quod hoc quod fit sub cingulo a bonis non sit peccatum, heresis est Elyoriste qui fuit discipulus Juliani et Pelagicum.

64. Dicere peccare bonum confitendo sacerdoti contra veritatem ewangelicam est. Dicit enim, misit leprosos ut ostenderent se sacerdotibus. Est autem de errore Manichei.

---

1) Et — vitia Cod. B.

65. *Dicere non oportere inclinari (coram) corpore Christi eo quod homo deus sit, Pelagianum est.*
66. *Dicere quod quicquid faciunt homines, ex dei ordinatione faciunt, heresis est eorum, qui dicunt omnia provenire ex necessitate et nihil ex permissione divina et est error cuiusdam Alexandri.*
67. *Dicere non esse memorandam passionem Christi domini et impiissimum et hereticum est, cum nihil ita sit memorandum. Threnorum III: Recordare paupertatis mee, absynthii et fellis. Est et error Manichei et Nestorii, qui dicunt, Christum vere passum non fuisse et ideo non esse curanda que de passione eius dicuntur.*
68. *Quod de morte patris et matris non dolendum nec pro animabus eorum orandum et inhumanum est et errorem continet Manichei, qui dixit suffragia animabus non prodesse.*
69. *Dicere bono homini non esse peccatum peiorari et mentiri, cum tamen illi plus peccatum sit quam alii, Pelagii est insania, qui impeccabilem dicit hominem.*
70. *Dicere quod parvum sit beate virginis meritum eo, quod homo super deum possit ascendere, blasphemia est et Pelagiana heresis et dyabolica presumptio.*
71. *Non audere dicere id quod reputas apud hereticos, latebras est querere propter doctrine turpitudinem.*
72. *Dicere quod admittatur [homo] ad amplexum divinitatis et tunc detur potestas faciendi quod vult Pelagianum est.*
73. *Dicere quod melius est hominem unum ad talem perfectionem [pervenire] quam centum claustra constituere, fatuum est et Pelagianum.*
74. *Dicere quod homo possit transscendere beate virginis meritum et fieri deus et deo non indigere, Pelagii insania est. Et quod opus peccati peccatum non sit bono homini, doctrina Pelagii est.*
75. *Quod angelus vero non cecidisset, si bona intentione fecisset quod fecit, heresis Manichei est.*
76. *Dicere quod omnis creatura sit deus heresis Alexandri est, qui dixit materiam primam et deum et noym hoc est mentem esse unam substantiam, quem postea quidam David de Dynanto secutus est, qui temporibus nostris pro hac heresi de Francia fugatus est et punitus fuisset si fuisset deprehensus.*
77. *Dicere hominem deum esse et ideo non esse tangendum, Pelagicana vesania est.*

78. *Dicere hominem debere abstinere ab exterioribus et sequi responsa spiritus intra se, heresis est cuiusdam Ordevi*[1], *qui fuit de Argentina, quam Innocensius tertius*[2] *condempnavit.*
79. *Dicere quod confessio inpedit perfectum est contradicere clavibus ecclesie, quod de errore Manicheorum propagatum est.*
80. *Dicere quod homo translatus in deum et peccans mortaliter ex peccato adminiculum habeat ad deum, si per se intelligat, absurdum est, si per accidens, quia scilicet fortior resurgat, dubium est et simplicibus dicendum non est, qui inter per se et per accidens distinguere nesciunt. Peccans enim mortaliter per se habet causam cadendi et a deo recedendi, adminiculum autem ad deum redeundi non habet nisi per accidens, nempe peccati sui penitentis, quia scilicet habet materiam maioris doloris.*
81. *Dicere oscula virorum et mulierum solutorum non esse peccatum mentiri est in doctrina veritatis. Eph. V: Neque scurrilitas que ad rem non pertinet. Ibi glossa: que est in osculis et amplexibus.*
82. *Dicere quod dyabolus non afficit animam dulcedine, mentiri est in doctrina veritatis. Augustinus enim dicit, quod inmiscent se saporibus et sanguini ut dulcedine afficiant.*
83. *Dicere hominem liberum esse a Christi preceptis mendacium est in doctrina veritatis. Joa. XIII: Si diligitis, mandata mea servate. Ibi Gregorius: Probatio dilectionis exhibitio est operis, et ibidem de dilectione conditoris, lingua (?) manus requiratur.*
84. *Dicere quod communicans, quando ad communionem vadit, Deum ad deum portat, est Pelagii heresis.*
85. *Dicere sanguinem hominis equandum esse sanguini Christi et virtutibus non provehi nec peccatis impediri Pelagianum est.*
86. *Dicere quod [aliquis] receperit gratiam maiorem quam homo habuerit vel habiturus sit, Pelagii insania est et fatuitas.*
87. *Dicere non esse cogitandum de peccatis commissis mendacium contra doctrinam veritatis est. Ysaie XXXVIII: Recogitabo tibi omnes annos meos in amaritudine anime mee. Psalmus: Peccatum meum coram me est semper.*

---

1) Cod. B. deest in cod. A.
2) Cod. B.

88. *Dicere in Recia esse veritatem heresis Donati est qui dixit deum esse in Africa et non alibi.*
89. *Dicere quod orationes cedant bonis et non peccatoribus, mendacium est contra veritatis doctrinam, cum Stephanus Paulo primam gratiam inpertivit ut dicit Ambrosius.*
90. *Dicere quod aliqua latet puerum Jesum cum matre usque ad lassitudinem et defectum fatuitas — — potius quam corrigenda.* (??)
91. *Dicere deum non laniatum fuisse in passione, Manichei heresis est.*
92. *Dicere ancillam vel servum posse dare res domini sui sine licentia, mendacium est contra doctrinam veritatis et est heresis Nicholaitarum, qui dicebant omnia esse communia.*
93. *Dicere beatam virginem digne inclinare homini, blasphemia est et Pelagii heresis.*
94. *Dicere quod homo in vita sic proficere possit ut inpeccabilis fiat mendacium est in doctrina veritatis.*
   Item quod ita deificetur de salute aliquis quod peccata ei nocere non possint, mendacium est in doctrina veritatis. Apoc. III: Tene quod habes ne alius accipiat coronam tuam.
95. *Dicere animam esse eternam cum deo heresis Socratis est.*
96. *Dicere animam esse de substantia dei heresis est Manichei.*
97. *Dicere quod quinque puerorum virgo possit esse, Joviniani est heresis.*

98.[1] *Primo dicunt quod quilibet homo, quantumcunque peccaverit, possit uno anno precellere dignitatem et virtutem sancti Pauli, sancte Marie Magdalene, sancti Johannis baptiste vel cuiuslibet alterius sancti et etiam genitricem dei vel ipsum Jesum Christum.*
99. *Item quod nullo modo sit, Jesum Christum vulneratum vel etiam in passione doluisse.*
100. *Item quod tantum uniri possit homo deo, quod de cetero quicquid faciat non peccat.*
101. *Item quod non sint angeli nisi tantum virtutes hominum, etiam quod non sint demones nisi vitia et peccata hominum.*

---

1) Begardische Sätze, von einem andern Verfasser, welche sich Cod. 311 f. 9³ an die vorstehenden 97 Sätze ohne besondere Ueberschrift, aber mit neuer Zeile beginnend, anreihen. Ich habe in der Numerirung der Einfachheit des Citirens wegen die vorhergehende Reihe fortgesetzt.

102. *Item quod non sit infernus.*
103. *Item quod omnis creatura plene sit deus.*
104. *Item quod angeli non cecidiscent si debito modo cum Lucifero in conspiratione processisent.*
105. *Item quod homo unitus sicut ipsi uniuntur non teneatur deferre honorem vel reverentiam sancti vel dei, diem preferre in ieiuniorum observantiis et similibus.*
106. *Item quod unitus deo audacter possit explere libidinem carnis per qualemcunque modum etiam religiosus in utroque sexu.*
107. *Item quod non sit resurrectio credenda.*
108. *Item quod bonum hominem non oporteat confiteri peccata sua quamvis magna sed tantum recitare alteri bono homini vel coram deo in secreto cordis sui dicat: Ego peccavi.*
109. *Item quod dicunt, se in elevatione Christi vere iidem levari et quod stando vel surgendo reverentiam exhibeant sacramento, faciunt ne scandalizentur homines.*
110. *Item quod homines impediant et retardent perfectionem et bonitatem per ieiunia flagellationes disciplinas vigilias et alia similia.*
111. *Item quod homines non debent insistere laboribus. Se(d) videre et vocare (gustare?) quam suavis sit dominus.*
112. *Item quod orationes non valeant que fiunt infra opera manualia hominum.*
113. *Item quod licite et absque peccato et timore possunt retinere rem alienam invito domino.*
114. *Item quod absque peccato in secreto comedant quotiens volunt et quicquid habent.*
115. *Item quod non sit necesse in confessione gesta dicere peccatorum sed sufficere dicunt sic dicere: peccatum.*
116. *Item quod non debeant revelare viris literatis gratiam quam habent, quia nesciant quid sit, non recognoscentes nisi per pellem vitulinam, ipsi vero per experientiam, qua surgere se dicunt de dulcedine divina.*
117. *Item quod non timeant nec doleant si labantur in peccata qualiacunque quia deus preordinaverit et quod preordinationem divinam nullus debeat impedire et quod de malo tantum gaudeant quantum de bono, et quicquid homini evenerit, quod deo preordinante fiat et sit.*
118. *Item quod nunquam cogitare debent de passione Jesu Christi, qui volunt perfecti apud eos fieri.*

119. *Item quod peccata commissa non debeant recogitare cum amaritudine et dolore, similiter dies clapsos in vanitate, quia per talem dolorem gratia ipsorum plenius retardatur.*
120. *Item quod sanguis boni hominis sicut sunt ipsi vel superfluitates suae, si posset eciam credi, ita reverenter deberet venerari sicut in altari corpus et sanguis Jesu Christi.*
121. *Item quod libertas mala et quies et commodum corporale faciant locum et inhabitationem in homine spiritui sancto.*

II.
Eckhart's Protest vom 24. Januar 1327.
(Processacten N. IV.)

Meister Eckhart protestirt vor den erzbischöflichen Inquisitoren gegen die Zuständigkeit des erzbischöflichen Gerichts, das ihn der Häresie wegen vorgeladen hat, und appellirt an den päpstlichen Stuhl. Cöln, 24. Januar 1327.[1]

In nomine domini, amen. Anno nativitatis ciusdem millesimo trecentesimo vicesimo septimo, indictione decima, mensis Januarij die vicesima quarta, in presentia venerabilium virorum magistri Reyneri doctoris sacre scripture et fratris Alberti lectoris in domo fratrum minorum Coloniensium, inquisitorum a reverendo in Christo patre et domino Henrico, sancte Coloniensis ecclesie archiepiscopo, sacri imperij per Italiam archicancellario, specialiter deputatorum, meique Hermanni dicti Raze de Colonia, publici imperiali auctoritate notarij infrascripti, et Bartholomei de Borchurst clerici Coloniensis dyocesis, eadem auctoritate notarij publici subscripti, ac testium subscriptorum ad hoc specialiter vocatorum et rogatorum: religiosus vir frater Conradus de Halferstat, ordinis predicatorum domus Coloniensis, de expresso mandato, voluntate, jussu et ratihabitione ac nomine venerabilis et religiosi viri magistri Eckardi, de ordine predicatorum, doctoris sacre theologie, presentis, volentis, mandantis ac ratum habentis,

---

1) Archiv der vatic. Bibliothek: *Instrumenta miscella an. 1327.* Nr. 13. Die Abschrift der Acten zum Processe Eckhart's aus Pfeiffer's Nachlass im Besitz der Staatsbibl. zu München. Mit den auf Nicol. v. Strassburg sich beziehenden Actenstücken abgedruckt in meiner Abhandlung: Meister Eckhart und die Inquisition. München, Verl. d. k. Akademie. 1869.

quandam cedulam sive cartam, quam in manibus tenebat, in scriptis de verbo ad verbum legit, et per eam sanctam sedem apostolicam appellavit, seque subjecit correctioni ciusdem sedis et apostolos cum instantia petivit, ipsisque inquisitoribus terminum prefixit ad prosequendum eandem in curia Romana, prout hec et alia in dicta cedula continentur in hec verba: In nomine domini, amen. Protestato ante omnia per me magistrum Eckardum, doctorem sacre theologie, quod non intendo in aliquo derogare reverentie domini mei, archiepiscopo Coloniensi, immo ad ipsum si oporteret appellarem, sed sue paci defero in hac parte, dico et propono nomine meo et ordinis predicatorum, quod vos, magister Reynere, doctor sacre scripture, et frater Alberte, lector in domo fratrum minorum Coloniensium, me predictum magistrum Eckardum nimis diu circumduxistis impertinenter, caedendo[1] *me nimies et ultra quam oporteret super articulis, quos reputabatis in fide erroneos, cum non essent, infamantes me et ordinem meum, qui nunquam a tempore sue fundationis nec in aliquo magistro sacre scripture vel in aliquo simplici fratre in provincia Theutonie fuit de heresi infamatus, terminos michi statuentes superfluos et graves multipliciter, cum jam dudum ante anni medietatem potuissetis totum processum vestrum in me terminasse, pronunciando vel referendo, prout vobis competebat ex rigore commissionis vestre sicut vel aliter absque multa vel tanta infamia tanti ordinis et persone mee, presertim cum per vos steterit quare id minime faceretis, quia semper et frequenter me obtuli pariturum juri et ecclesie sancte dei, si forsan in aliquo contra ipsam deviassem, dummodo prenunciatum et cognitum de errore meo fuisset legitime, quia nec prius oportebat, cum rem, que culpa caret, in dampnum vocari non conveniat, et regulariter finis sit litibus imponendus, presertim ubi maius vertitur periculum et scandalum, et ubi mora est scandalosa tam clericis quam laicis, ut in casu presenti, quia nec determinatis aut pronunciatis aut refertis cum effectu juris, me teneri vel non in premissis, sed sola voluntate vel potius temeritate me circumducitis et circumvenitis notorie, periculose et cum maximo scandalo, in prejudicium status mei et ordinis mei, et ad infamandum me amplius advocatis frequenter fratres mei ordinis, suspectos eidem ordini vehementer propter causas evidenter notas, qui propter notam*

---

1) Abschrift: *credendo.*

excessuum turpitudinis propriorum id procurant apud vos, incorrigibiles esse volentes super suis excessibus in jure notoriis per judicum suorum sententias, super quo ipsos fovetis impossibiliter in gravamen et notam mei status et ordinis mei predicti, quorum dictis falsis magis innitimini[1] *quam mee innocentie et puritati, quam paratus sum coram summo pontifice et tota ecclesia probare et declarare. Vos tamen, premissis omnibus non obstantibus, me citari fecistis coram vobis die sabbati instanti, temere ex causis premissis, in derogationem status ordinis predicti et mei, cum semper fuerim bone fame judicio bonorum hominum et communium, de qua bona fama magis gaudere debebatis quam de eius contrario, secundum jura, nec in me inveniretis causam tante delictionis (?)*[2] *in famoso negotio supradicto, cum de predictis articulis vel eorum similibus jam dudum ante cognitum fuerit sufficienter et pertinenter discussum per religiosum virum fratrem Nicholaum, vicarium auctoritate domini summi pontificis speciali [specialem?], nec de eodem pluries debeat inquiri propter premissa, sicunt dicunt jura, et vos in premissis contra me miseritis et falcem in messem alienam, quod non debebatis aut poteratis propter predicta: ideo ex premissis sentiens me per vos gravatum et per vos gravari posse amplius et ordinem meum predictum, sanctam sedem apostolicam appello in hiis scriptis, subjiciens me correctioni eiusdem in premissis, et apostolos cum instantia peto iterum ac iterum, innuens (?) hanc appellationem et insinuans vobis predictis commissariis domini mei archiepiscopi Coloniensis in premissis vice et loco termini peremptorij ad prosequendum appellationem predictam in curia Romana, et terminum vobis statuo crastinum dominice Jubilate, invocans ad premissa testimonium presentium singulorum et vestrorum specialiter Harmanni dicti Raze et Bartholomei de Borchurst, notariorum publicorum hic presentium. Quibus omnibus lectis, honorabilis vir magister Godefridus de sancto Kuniberto, canonicus ecclesie Coloniensis, nomine et de mandato expresso dictorum dominorum inquisitorum hoc volentium et mandantium predicto appellanti respondebat, quod prefati domini inquisitores parati essent ei dare apostolos super appellatione predicta, et quod eidem assignarent ex nunc penul-*

---

1) Abschrift: *i . . . . imini.*
2) Abschrift: *dilectionis.*

timam diem termini juris ad recipiendum apostolos ab eisdem super appellatione memorata. Acta sunt hec omnia in camera sita apud locum capitularem inferiorem ecclesie Coloniensis, hora post missam pro defunctis in ecclesia ipsa celebratam, presentibus venerabilibus viris et religiosis magistro Siberto provinciali Theutonic inferioris Alimanie, fratre Henrico de Aquila, baculario in theologia, magistro Johanne Vogelo, fratre Tilmanno de Lutzelmburch, lectore sententiarum ordinis beate Marie de monte Carmeli domus Coloniensis, fratre Hugone, lectore principali, fratre Johanne de Momsberg ordinis beati Augustini domus Coloniensis, fratre Lamberto lectore minorum ac fratre Romano ordinis minorum Coloniensis, fratre Johanne de Gripenstein priore, fratre Theodorico de Wormatia, fratre Hermanno de Summo, fratre Johanne Juvenis et fratre Johanne de Tambagh, ordinis predicatorum domus Coloniensis, et quam pluribus aliis testibus fidedignis ad premissa vocatis et rogatis.

Et ego Hermannus dictus Raze de Colonia, publicus imperiali auctoritate notarius antedictus, premissis omnibus et singulus una cum Bartholomeo notario publico subscripto predicto et testibus prescriptis presens interfui, hoc publicum instrumentum exinde confeci et in hanc publicam formam redegi meoque signo consueto signavi, vocatus ad hoc a prefato magistro Eckardo et rogatus, quod est tale.. *(L. S.)*

Et ego Bartholomeus de Buchorst, clericus Coloniensis dyocesis, publicus imperiali auctoritate notarius antedictus, quia premissis omnibus et singulis superius in presenti publico instrumento contentis una cum Hermanno dicto Raze notario publico suprascripto et testibus prescriptis presens interfui, ideo me pro teste subscripsi, et publico intrumento presenti signum meum consuetum apposui, a supradicto magistro Eckardo vocatus et rogatus, quod est tale.. *(L. S.)*

III.
Eckhart's Erklärung vom 13. Februar 1327.
(Processacten N. V.)

Meister Eckhart's öffentliche Erklärung in der Dominikanerkirche zu Cöln aus Anlass der gegen ihn erhobenen Beschuldigungen wegen häretischer Lehren.
Cöln, 13. Februar 1327.[1]

In nomine domini, amen. Noverint universi hoc presens instrumentum publicum visuri et audituri, quod anno nativitatis eiusdem millesimo trecentesimo vicesimo septimo, indictione decima, tertia decima die mensis Februarij, hora circa sextam dicte diei, in presentia mei notarij subsripti et testium infrascriptorum magister Ekardus, doctor sacre theologie, ordinis predicatorum domus Coloniensis, constitutus, ascendit sedem super qua in ecclesia fratrum dicti ordinis sermo predicari solet, et ibidem predicavit sermonem populo, et ipso sermone finito idem magister vocavit ad se fratrem Conradum de Halverstat dicti ordinis, mandavit illi, ut cartam, quam in manu sua portabat infrascriptam, nomine suo et pro ipso magistro distincte ad intellectum legeret coram populo ibidem presente, et quam primum idem frater unum articulum sive punctum de contentis in ipsa carta legerat, predictus magister illum in materna lingua populo intellective de verbo ad verbum exposuit. Et sic de singulis punctis sive articulis in dicta carta contentis iidem magister et frater Conradus processerunt et se expediverunt. Quibus actis per eosdem predictus magister mandavit michi notario subscripto, ut ea, que per ipsum et dictum fratrem ibidem acta et lecta forent, manu propria conscriberem et in formam publicam redigerem meoque signo consueto signarem. Tenor vero dicte carte talis est: Ego magister Ekardus, doctor sacre theologie, protestor ante omnia, deum invocando in testem, quod omnem errorem in fide et omnem deformitatem in moribus semper,[2] in quantum michi possibile fuit, sum detestatus, cum huiusmodi errores statui doctoratus mei et ordinis repugnarent et repugnent. Quapropter si quid errorum repertum fuerit in pre-

---
1) Archiv der vatic. Bibliothek: *Instrumenta miscella an. 1327. Nr. 15.*
2) Die Abschrift hat hier noch *fui*. Wenn *fui* nicht vom Abschreiber aus Unachtsamkeit eingeschoben ist, dann könnte vielleicht das Original *fugi et* haben.

missis,[1] scriptum per me, dictum vel predicatum, palam vel occulte, ubicumque locorum vel temporum, directe vel indirecte, ex intellectu minus sano vel reprobo, expresse hic revoco publice coram vobis universis et singulis in presentiarum constitutis, quia id pro non dicto vel scripto exnunc haberi volo, specialiter etiam quia male intellectum me audio, quod ego predicaverim, minimum meum digitum creasse omnia, quia illud non intellexi, non [nec?] dixi prout verba sonant, sed dixi de digitis illius parvi pueri Jhesu. Et quod aliquid sit in anima, si ipsa tota esset talis, ipsa esset increata, intellexi verum esse et intelligo etiam secundum doctores meos collegas, si anima esset intellectus essentialiter. Nec etiam unquam dixi, quod sciam, nec sensi, quod aliquid sit in anima, quod sit aliquid anime, quod sit increatum et increabile, quia tunc anima esset pronata[2] ex creato et increato, cuius oppositum scripsi et docui, nisi quis vellet dicere: increatum vel non creatum id est non per se creatum, sed concreatum. Salvis omnibus corrigo et revoco, ut premisi, [et] corrigam et revocabo in genere et in specie quandocumque et quotienscumque id fuerit opportunum, quecunque reperiri poterunt habere intellectum minus sanum. Lectum, expositum et actum presentibus fratribus Johanne de Grifinsteyn priore, Rytolpho priore de Elz, Ottone de Schowenburg lectore in Confluentia, Brunone Schernekin, Arnoldo de Leye, Jakobo de Frankinsteyn, Godefrido dicto Niger, Godefrido Lodewico de Porta Martis, Johanne de Düren, Theodorico de Wůrmatia dicti ordinis, Alberto sacerdote celebranti in ecclesia sanctarum virginum in Colonia, Gobelino de V̊dinchoven et Hermanno moranti in lata platea civibus Coloniensibus, testibus ad premissa vocatis. Sub anno nativitatis domini, indictione, die, hora diei et loco supradictis.

 Et ego Walterus de Ketwich clericus curie Coloniensis imperiali auctoritate publicus notarius premissis omnibus et singulis una cum testibus supranominatis presens interfui, vidi et audivi, et presens instrumentum exinde confeci et in hanc formam publicam redegi meoque signo consueto signavi, vocatus ad hoc specialiter et rogatus. Subscriptiones videlicet priores et rasuras approbo. Datum ut supra.   (L. S.)

1) sc. in fide et in moribus.
2) Abschrift: penata.

IV.
Antwort der Inquisitoren auf Eckhart's Appellation vom 22. Febr. 1327.
(Processacten N. VI.)

Meister Eckhart empfängt von den erzbischöflichen Inquisitoren Bescheid in Bezug auf die von ihm verlangte Anerkennung seiner Appellation an den päpstlichen Stuhl. Cöln, 22. Februar 1327.[1]

In nomine domini, amen. Anno nativitatis eiusdem millesimo trecentesimo vicesimo septimo, indictione decima, mensis Februarij die vicesima secunda, hora prime vel quasi, in armario ecclesie Coloniensis, in presentia venerabilis viri magistri Reyneri doctoris sacre theologie sive sacre scripture, inquisitoris una cum religioso viro fratre Alberto, lectore in domo fratrum minorum Coloniensium, a reverendo in Christo patre domino domino Henrico sancte Coloniensis ecclesie archiepiscopo specialiter deputati, meique Bartholomei de Buchorst clerici Coloniensis dyoecesis publici imperiali auctoritate notarij infrascripti, et Hermanni dicti Raze de Colonia eadem auctoritate notarij publici subscripti, et testium subscriptorum ad hoc specialiter vocatorum et rogatorum, personaliter constitutus venerabilis et religiosus vir magister Eckardus de ordine predicatorum, doctor sacre theologie, idem magister Eckardus viva voce dixit et protestatus fuit verbis latinis, quod si ipsi inquisitores ambo essent presentes et eos simul in dicto loco haberet, ab ipsis peteret sibi dari apostolos super appellatione, quam alias ab eis interposuit ad sedem apostolicam, et quia simul ibidem non essent, ideo ab ipso magistro Reynero sibi dari petivit apostolos super appellatione predicta. Quibus sic petitis idem magister Reynerus quandam cedulam sive cartam, quam in manibus tenebat, loco apostolorum dedit ipsi magistro Eckardo et legit de verbo ad verbum in hec verba: Appellatio [appellationi?] magistri Eckardi, quam nuper coram et a nobis interposuit, tamquam [quamquam?] frivole evidenter, ut ex actis, coram nobis in causa inquisitionis super heresi contra eundem magistrum Eckardum pendentis actitatis, liquet manifeste, non [?] duximus deferendum, hanc nostram responsionem ipsi loco apostolorum concedentes, et mandamus vobis tabellionibus, ut super hac apostolorum concessione nobis faciatis

---

1) Archiv der vatic. Bibliothek: *Instrumenta miscella an. 1327.* Nr. 16.

publicum instrumentum. Acta sunt hec in armario predicto, presentibus viris religiosis fratre Johanne priore ordinis fratrum predicatorum in Colonia, fratre Ottone de Sconenborg et fratre Conrado de Halverstat ordinis predicti, testibus ad premissa votis et rogatis. Item etc.

V.

Bulle Johann's XXII. vom 27. März 1329, Eckhart's Lehre betreffend.[1]

Diese Bulle wird auch von dem Chronisten Corner mitgetheilt, aber weil er — oder eigentlich Heinrich von Herford, aus dessen Chronik sie Corner im wesentlichen entnommen hat — alles was sich auf Eckhart's Person bezieht, unterdrückt und weil er sagt, der Papst habe sie erlassen gegen solche, welche Seltsames, Zweifelhaftes, Verdächtiges und Vermessenes um der Begarden und Beginen willen predigten: so haben spätere Schriftsteller von Mosheim bis Lasson herab diese Bulle bei Corner für eine von der unsern verschiedene und gegen die Lehre der Begarden gerichtete gehalten. Die Versuche, den vollständigen Text derselben aufzufinden, waren vergeblich und mussten es sein, da eine solche Bulle niemals existirt hat. Heinrich von Herford war ein Dominikaner und wollte über das, was nach seiner Meinung dem Orden Unehre brachte, einen Schleier ziehen. Daher hat er alles was sich auf die Person Eckhart's bezieht, beseitigt, und in der Stellung der Sätze einiges verändert. Aber der Wortlaut der Sätze, welche mit den Sätzen in der eckhartischen Bulle fast ganz übereinstimmt, und der Umstand, dass er die Bulle nach ihren Anfangsworten *„In agro dominico"* bezeichnet, verrathen ihn. Denn die Worte *„In agro dominico"* waren auch der Anfang der Bulle gegen Eckhart, und nicht *Dolenter referimus*, wie man bisher meinte, da man die Bulle nur aus Raynald und dem ihm folgenden du Plessis d'Argentré kannte. Mit jenen Anfangsworten *„In agro dominico"* findet sich nämlich die Bulle bei *Ripoll, Bullarium ordinis F. F. Praedicatorum T. VII. Rom. 1739 f. 57 sq.* Ripoll aber hat sie nach dem Exemplar drucken lassen, welches er im Archiv des Dominikanerordens zu Rom fand. Es kann also kein Zweifel sein, dass die von Heinrich von Herford (Corner) mitgetheilte Bulle nur die verstümmelte eckhartische Bulle ist. Uebrigens scheint noch eine zweite Bulle des Papstes in der eckhartischen Sache zu existiren. Bei

---

1) Nach *Ripoll, Bullarium ordinis F. F. Praedicatorum. Tom. VII. Rom. 1739 f. 57 sq.*

Ripoll heisst es nämlich: *Et notandum, quod idem summus Pontifex eadem de re aliam Constitutionem qua praesentem publicat ed. Aven. XVII. Kal. Mam.* (15. Apr.), *Pontificatus anno XIII. Incipit: Cum per inquisitionem.* Unter den Extravaganten findet sich die Bulle nicht.

*Johannes Episcopus, Servus Servorum Dei.
Ad Perpetuam Rei Memoriam.*

In Agro Dominico etc.

Dolentes referimus, quod quidam his temporibus, de partibus Theutoniae, Ekardus nomine, doctorque ut fertur, sacrae paginae, ac professor Ordinis Fratrum Praedicatorum, plura voluit sapere quam oportuit et non ad sobrietatem neque secundum mensuram fidei, quia a veritate auditum avertens ad fabulas se convertit. Per illum enim patrem mendacii, qui se frequenter in lucis angelum transfigurat, ut obscuram et tetram caliginem sensuum pro lumine veritatis effundat, homo ille seductus contra lucidissimam veritatem fidei in agro Ecclesiae spinas et tribulos germinans ac nocivos carduos, et venenosos paliuros producere satagens, dogmatizavit multa fidem veram in cordibus multorum obnubilantia, quae docuit quam maxime coram vulgo simplici in suis praedicationibus, quae etiam redegit in scriptis. Ex inquisitione siquidem contra eum super his auctoritate Venerabilis Fratris nostri Henrici Coloniensis Archiepiscopi prius facta, et tandem auctoritate nostra in Romana Curia renovata, comperimus, evidenter constare per confessionem ejusdem Ekardi, quod ipse praedicavit, dogmatizavit et scripsit viginti sex articulos, tenorem, qui sequitur, continentes:

I. *Interrogatus quandoque, quare deus mundum non prius produxerit, respondit, tunc, sicut nunc, quod Deus non potuit primo producere mundum, quia res non potest agere, antequam sit, unde quam cito Deus fuit, tam cito mundum creavit.*

II. *Item concedi potest mundum fuisse ab aeterno.*

III. *Item simul et semel quando Deus fuit, quando Filium sibi coaeternum per omnia coaequalem Deum genuit, etiam mundum creavit.*

IV. *Item in omni opere, etiam malo, malo inquam, tam poenae, quam culpae, manifestatur et relucet aequaliter gloria Dei.*

V. *Item vituperans quempiam vituperio, ipso peccato vituperii lau-*

dat Deum, et quo plus vituperat, et gravius peccat, amplius Deum laudat.

VI. *Item Deum ipsum quis blasphemando, Deum laudat.*

VII. *Item quod petens hoc aut hoc malum petit et male, quia negationem boni et negationem Dei petit et orat Deum sibi negari.*

VIII. *Qui non intendunt res, nec honores, nec utilitatem, nec devotionem internam, nec sanctitatem, nec praemium, nec regnum coelorum, sed omnibus iis renuntiaverunt, etiam quod suum est, in illis hominibus honoratur Deus.*

IX. *Ego nuper cogitavi, utrum ego vellem aliquid recipere a Deo vel desiderare: ego volo de hoc valde bene deliberare, quia ubi ego essem accipiens a Deo, ibi essem ego sub eo vel infra eum, sicut unus famulus vel servus; et ipse sicut Dominus in dando, et sic non debemus esse in aeterna vita.*

X. *Nos transformamur totaliter in Deum et convertimur in eum simili modo sicut in sacramento panis convertitur in corpus Christi: sic ego convertor in eum, quod ipse me operatur suum esse. Unum non simile. Per viventem Deum verum est, quod nulla ibi est distinctio.*

XI. *Quicquid Deus Pater dedit Filio suo unigenito in humana natura, hoc totum dedit mihi: hic nihil excipio, nec unionem, nec sanctitatem, sed totum dedit mihi sicut sibi.*

XII. *Quicquid dicit Sacra Scriptura de Christo, hoc etiam totum verificatur de omni bono et divino homine.*

XIII. *Quicquid proprium est divinae naturae, hoc totum proprium est homini justo et divino: propter hoc iste homo operatur quicquid Deus operatur et creavit una cum Deo coelum et terram, et est generator Verbi aeterni, et Deus sine tali homine nesciret quicquam facere.*

XIV. *Bonus homo debet sic conformare voluntatem suam voluntati divinae, quod ipse velit quicquid Deus vult: quia Deus vult aliquo modo me peccasse, nollem ego, quod ego peccata non commisissem, et haec est vera poenitentia.*

XV. *Si homo commisisset mille peccata mortalia, si talis homo esset recte dispositus, non deberet velle se ea non commisisse.*

XVI. *Deus proprie non praecepit actum exteriorem.*

XVII. *Actus exterior non est proprie bonus nec divinus: nec operatur ipsum Deus proprie neque parit.*

XVIII. *Afferamus fructum actuum non exteriorum, qui nos bonos* non faciunt, sed actuum interiorum, quos Pater in nobis manens facit et operatur.

XIX. Deus animas amat, non opus extra.

XX. Quod bonus homo est unigenitus Filius Dei.

XXI. Homo nobilis est ille unigenitus Filius Dei, quem pater aeternaliter genuit.

XXII. Pater generat me suum filium et eundem filium, quicquid Deus operatur hoc est unum, propter hoc ipse generat me suum filium sine omni distinctione.

XXIII. Deus est unus omnibus modis et secundum omnem rationem, ita ut in ipso non sit invenire aliquam multitudinem in intellectu vel extra intellectum: qui enim duo videt vel distinctionem videt, Deum non videt: Deus enim unus est extra numerum et supra numerum, nec ponitur unum cum aliquo, sequitur: nulla igitur in ipso Deo distinctio esse potest aut intelligi.

XXIV. Omnis distinctio est a Deo aliena, neque in natura neque in personis probatur, quia natura ipsa est una et hoc unum, et quaelibet persona est una et ad ipsum unum quod natura.

XXV. Dum dicitur: Simon diligis me plus his? sensus est, id est plus quam istos, et bene quidem, sed non perfecte: in primo enim et secundo et plus et minus et gradus est et ordo: in uno autem nec gradus est nec ordo. Qui igitur diligit Deum plus quam proximum, bene quidem sed nondum perfecte.

XXVI. Omnes creaturae sunt unum purum nihil: non dico quod sint quid modicum vel aliquid; sed quod sint unum purum nihil.

Objectum praeterea extitit dicto Ekardo, quod praedicaverat alios duos articulos sub his verbis:

I. Aliquid est in anima, quod est increatum et increabile: si tota anima esset talis, esset increata et increabilis, et hoc est intellectus.

II. Quod Deus non est bonus neque melior neque optimus: ita male dico quandocunque Deum voco bonum, ac si ego album vocarem nigrum.

Verum nos omnes suprascriptos articulos per multos Sacrae Theologiae Doctores examinari fecimus et nos ipsi cum Fratribus nostris illos examinavimus diligenter, et demum quia tam per relationem Doctorum ipsorum quam per examinationem nostram invenimus primos quindecim memoratos articulos et duos etiam alios ultimos *tam ex suorum sono verborum, quam ex suarum connexione sententiarum errorem seu labem haeresis continere; alios vero undecim, quorum primus incipit: Deus non praecipit etc. reperimus nimis male sonare et multum esse temerarios de haeresique suspectos, licet cum multis expositionibus et suppletionibus sensum catholicum formare valeant vel habere: ne articuli hujusmodi seu contenta in eis corda simplicium, apud quos praedicati fuerunt, ultra inficere valeant, neve apud illos vel alios quomodolibet invalescant, Nos de dictorum Fratrum nostrorum consilio praefatos quindecim primos articulos et duos alios ultimos tanquam haereticos, dictos vero alios undecim, tanquam male sonantes, temerarios, et suspectos de haeresi, ac nihilominus libros quoslibet seu opuscula ejusdem Ekardi, praefatos articulos seu eorum aliquem continentes damnamus et reprobamus expresse: si qui vero eos de marticulos pertinaciter defendere vel approbare praesumpserint, contra illos, qui praedictos quindecim articulos et duos alios ultimos seu eorum aliquem sic defenderint aut approbaverint, tanquam contra haereticos; adversus vero eos, qui alios dictos undecim articulos, prout sonant verba eorum, defenderint aut approbaverint, velut contra suspectos de haeresi, procedi volumus et mandamus.*

Porro tam illis, aqud quos praefati articuli praedicati seu dogmatizati fuerint, quam quibuslibet aliis, ad quorum devenere notitiam, volumus notum esse, quod prout constat per publicum instrumentum inde confectum, praefatus Ekardus in fine vitae suae fidem catholicam profitens, praedictos viginti sex articulos, quos se praedicasse confessus extitit, nec non quaecumque alia per eum scripta et docta sive in scholis sive in praedicationibus, quae possent generare in mentibus fidelium sensum haereticum vel erroneum ac verae fidei inimicum, quantum ad illum sensum revocavit ac etiam reprobavit et haberi voluit pro simpliciter et totaliter revocatis, ac si illos et illa sigillatim et singulariter revocasset, determinationi Apostolicae Sedis et nostrae tam se quam scripta sua et dicta omnia submittendo. Dat. Avin. VI. Kal. aprilis pontificatus nostri anno XIII.

VI.
Heinrich von Thalheim etc. wider den Papst wegen Eckhart's.

Allegationes religiosorum virorum fratrum Henrici de Thalhem, Francisci de Esculo (Asculo), Guilelmi de Ocham in sacra pagina doctorum et fratris Bonagratiae de Pergamo juris utriusque periti.[1]

Notorium etiam est in dicta curia Avinionensi et etiam in provincia theutonica, quod frater Aycardus de ordine praedicatorum verbo et in scriptis publice et manifeste docuit et praedicavit haereses detestabiles et horribiles multis praedictis fidei articulis adversantes. Et quod ipse frater Aycardus magnam multitudinem populi in dicta provincia Theutonica et in aliis diversis partibus ad ipsas haereses credendas et divulgandas secum traxit, et quod frater Nicolaus dicti ordinis praedicatorum fuit et erat magnus fautor et defensor dicti fratris Aycardi haeretici manifesti. Et quod dominus Archiepiscopus Coloniensis misit ad dictam curiam nuntios suos, per quos exponi fecit eidem domino Johanni et suis consiliariis haereses condictas et favores, quos fr. Nicolaus fratri Aycardo haeretico et suis haeresibus praebuerat. Et cum nuntii praefati domini Archiepiscopi Coloniensis super praedictis nunquam habuerunt neque habere potuerunt justitiae complementum, quin ymo dominus Johannes fratrem Nicolaum fautorem et defensorem maximum fratris Aycardi et haeresium suarum sustinuit seu fieri permisit scienter vicarium generalem fratrum praedicatorum in provincia theutonica; insuper licet fr. Nicolaus fuisset de praedictis favoribus et defensionibus accusatus coram commissariis ad hoc datis per ipsum dominum Archiepiscopum Coloniensem et tandem per sententiam ipsorum commissariorum ut fautor judicatus, et haec fuissent ad notitiam dicti domini Johannis deducta: eum his non obstantibus ipse dominus Johannes secum de facto dispensavit, ut ipse frater Nicolaus posset esse definitor in capitulo generali dicti ordinis praedic. Perpignani celebraturo ordinato et ipsum fratrem Nicolaum de factis fautoria et defensione damnatum scienter sustinuit de facto in dicto officio vicariae et eidem tribuit multipliciter consilium et favorem, et unum

---

1) Cod. Bibl. Vatic. 4008. Abschrift aus Pfeiffer's Nachlass auf der Hofbibliothek zu Wien.

fratrum dicti ordinis praedicatorum, nuntium Archiepiscopi Coloniensis ad persequendum dictum crimen haeresis contra predictos fratres Aycardum et Nicolaum capi sustinuit in dicta curia et detineri captivum.

VII.
Tractat Eckhart's von dem Schauen Gottes durch die wirkende Vernunft.[1]

Der kunig Davit sprach: herr in deinem liecht süllen wir sehen das liecht. Es ist vill reden unter den meistern, in welcher materien man got sull sechen? Die gemeinen lerer sprechen, das es soll sein in dem liecht der glorien. Dieser synn dunckt mich nicht vest noch zu halten. Ich han etwan gesprochen, das der mensch hat in im ein liecht, das haist die wurckende vernunft: in diesem liecht soll der mensch got sehen in der seligkeit, als sie es beweissen wollen. Der mensch ist nach seiner geschaffenheit gesatzt in grosse unvolkumenheit, das er naturlich enmag gott bekennen dann in der weise creature und bild und form, als ich es beweiset han vortzeiten. Nu enmag die sele von ir selber und von ir naturlichen kreft heruber nicht komen; es muss geschechen in einer ubernaturlichen craft als in dem liecht der gnaden. Nu mercket disen synn, den ich nu sprechen will! Sant Paulus spricht: der gnaden gottes bin ich das ich pin. Er spricht nicht, das er von genaden sey. Unterscheid ist: von genaden zu sein und gnaden selb zu sein. Die meister sprechen, das ein iglich form der materien gibt wesen. Nu ist mancherley rede unter den meistern, was genade sey. Ich sprich, das genade nicht anders ist denn ein fliessendes liecht sunder mittel auss der naturen gottes in die sel, und ist ein ubernaturlich form der selen, das er ir gibt ein ubernaturlich wesen. Das ich nun meyne und gesprochen han, das die (sele) nicht von ir selber mag komen uber ir naturlich werk, das vermag sie in der kraft der genaden, die ir hat gegeben ein ubernaturlich wesen. Nu merckt, die gnade bei ir selber die enwurckt nicht. Her umb so setzet die gnade die sele uber alle werck. Nu wirt die gnade geben in dem wesen der seln, und wirt enpfangen in den kreften der seln; wan da die sele wurcken soll, da bedarff sie der gnaden, das sie in der craft der gnaden ubertreit ir eygen werck, als bekennen und mynnen. Wan die sele also stet in einem uberswang ir sel-

---

1) *Cod. VI, 46^h der Stadtbibl. zu Nürnberg Bl. 78 ff.*

bers, und in ein nicht ir selbers geit und ir eigen werck, dan ist sie von gnaden; wan genad zu sein das ist, das die sele disen uberswang und disen ubergang ir selbes volbracht habe und uberkomen sey und die sele allein ste in ir puren ledigkeit und anders nicht enwiss, den sich zu geben nach der weiss gottes. Des seit gewiss als gott lebt, als lang das die sele noch vermag sich zu kennen und ze wurcken nach der weiss irer geschaffenheit und nach irer naturlicheit: sie enwas nie genade worden, aber sie möcht wol von genaden sein. Wan genade selb zu sein das ist, das die sele als ledig sey aller werck innerlich und ausserlich, als die genade ist die nicht werck bekennet. Ditz ist, das sant Johans spricht: uns ist gegeben gnad umb gnade, das ist werck der gnaden und von genaden zu sein um genad zu werden. Ditz ist das obrist werck der gnaden, das sie die sele bringet in das sie selb ist. Die gnade beraubet die sele ir eygen werck, die gnade beraubet die sell ires eygen wesens. In disen uberswangk uberget die sell naturlich liecht, das creature ist, wan sye got beruret sunder alle mittel. Ich begere das ir mich nu wol verstet! Ich will sprechen von einem synne, den ich nyemer gesprach. Der werde Dionisius spricht: als gott nit enist dem geist, also enist im auch das ewig pild nicht, das sein ewig ursprung ist. Ich han gesprochen und sprich es noch: gott hat ewigklich geworcht ein werck; in disem werck hat er die sele gewörcht sich selber, auss disem werck und uber nutz diez werck ist die sele geflossen in ein geschaffen wesen, und ist got ungleich worden und fremd irem eygen pilde, und in irem geschaffenheit hat got gemacht, das er nicht enwas ee den die sell geschaffen würde. Ich han gesprochen unter wilen: das got got ist, des bin ich ein sach. Gott hat sich von der sell, sein gotheit von im selber; wan ee die creature wurd, da enwas got nicht got, aber er was wol gotheit, und das enhat er von der sele nicht. Wan gott vindet ein vernichtet sele, die zu nichte worden ist uber mittels die (der?) gnade ir selber (und?) ir eygen werck, so wurckt got oben gnaden in der sele sein ewig werck und erhebt die sele auss irem geschaffen wesen. Alhie vernicht sich gott in der sele, und den so beleibt nymer noch got noch sele. Das seit gewiss, das ditz gottes eygen ist. Ist das sach, das die sele gottes werck eupfahen mag, so wirt sie dar ju gesetzt, das sie nymer enhat keinen gott; da ist die sele das ewig pild, da got sie ewigklich hat angesehen sein ewig wort. Das spricht sant Dionysius, das got nicht mer enist dem geist, das ist also als ich nu gesprochen han. Nun mag man fragen, ob die sel, als sie hie stet das ewig pild zu sechen, ob ditz das liecht sey das David meint, da sy in schauen sol das ewig liecht?

Wir sprechen nein. Die sele sol nicht mit disem liecht schawen das
ewig liecht da sie selig ab soll sein; wan der werde Dionysius spricht, das
das ewig pilde auch nicht ensey dem geist. Herüber will er sprechen,
das ir wol verstet: also das der geist einen uberswangk getutt in dem,
das er vernicht wirt in seiner geschaffenheit und da mit gottes abgett,
als ich vor gesprochen han, also durchprichet die sele mit irem ewigen
pild durch ir ewig pilde in das wesenlich pilde des vaters. Dicz spricht
die geschrifft: also alle ding in die (der?) sele wider einfliessen in den vater, der ein begin ist seins ewigen wortes und aller creaturen. Nu mocht
man fragen, ob das sey das liecht, das der vater ist, da mit der geist soll
schen das ewig liecht? Ich sprich nein (80 b). Nu merckt mit vleis! Gott
wurckt und hat alle ding geschaffen; die gotheit enwurckt nicht, wan sie en-
weiss von keinem geschopnus. In meinem ewigen pilde ist got got, wan da
wurckt gott und hat mein sell geleicheit mit dem vater, wan mein ewige
pilde, das der sun ist in der gotheit, das ist dem vater geleich in aller volkumenheit. Ein geschrift spricht: nicht ist got geleich; wan dan die sele
wolt gott geleich werden, so müss sie nicht werden. Ditz ist ein gutt syn.
Aber wir wollen sprechen: wa geleicheit ist, da ist kein einigkeit; wan
gleich ist ein beraubung der einigkeit, und wa einikeit ist da ist kein
geleicheit; wan geleicheit stet in unterscheit und vilheit. Wa geleicheit
ist, da mag nicht einikeit sein. Ich pin mir selber nit geleich; ich bin
ein und das selb das ich pin. Dar umb der sun in der gotheit, nach
dem das er ist sun, so ist er geleich mit dem vater, aber er enist nicht
ein mit dem vater. Da der vater und der sun ein sind, da ist kein geleicheit: das ist in der einikeit gotlichs wesens. In der einikeit bekant
der vater nye keinen sun, noch der sun bekant da nie keinen vater,
wan da enist sun noch vater noch heyliger geist. Wan nu die sele in
den sun kumpt, der ir ewigs pilde ist, in dem sie dem vater geleich ist,
so durch (81) brichet sie das ewig pilde, und ubertrit mit dem sun alle
geleicheit, und besitzet einikeit mit den dreyen personen in der einikeit
des wesens. Nu spricht Davit: herr, in deinem liecht süllen wir sechen
das liecht, das ist: mit dem liecht der einfeltigkeit gotlichs wesens sullen wir schen das gotlich wesen und alle die volkumenheit des gotlichen
wesens, die sich da offenwarent sind in unterscheid der personen und in
einikeit des wesens. Sant Paulus spricht: wir süllen gewandelt werden
auss einer clarheit in die ander, und sullen im geleiche werden, das ist:
wir sullen werden verwandelt auss der geschaffen clarheit in die ungeschaffen des gotlichen wesens, und sullen im gleich werden, das ist:
das wir süllen sein das er ist. Sant Johannes spricht: in im sein alle

ding lebend. In dem das der vater an schawet seinen sun, so erbilden
sich alle creaturen leblichen in dem sun, das ist das gewâr leben der
creaturen. Nu spricht Sant Johans auf einer andern stat: Selig seind die
totten, die in got seind gestorben. Ditz scheinet ein gross wunder, das
sterben in dem gesein mag, der selb hat gesprochen, er sey das leben.
Hie merckt mit synne: die sele durchbricht ir̈ ewig pild und vellet in
ein pur nicht ires ewigen pildes: das heist ein sterben des (81 b) geistes;
wan sterben ist anders nicht dan ein beraubung des lebens. Wan nu
die sele verstet das ettwas, das ewig pild setzet in unterscheid und
in freyheit der einikeit, so tut der geist ein sterben sein selbes seinem ewigen pild und durch prichet sein ewig pild und beleibet in der
einikeit seines gotlichen wesens. Ditz sind selige totten die gestorben
sein in gott. Niemant mag begraben noch selig sein in der gottheit, er
ensey gestorben got, ditz ist in seinem ewigen pilde, als ich gesprochen
han. Unser gelaub sprichet: Cristus stund auf von den totten: Cristus
ist auferstanden aus got in gotheit und in einikeit gotlichs wesens. Ditz
ist Cristus sele und alle vernunftigen seln, wan sie gestorben sein iren
ewigen pilden, so stend sie auff in dem tod der gotheit und smacken
die ding die hie enoben sein, das ist die reicheit gotlichs wesens, da
inne der geist selig ist. Nu merkt von den wercken der seligkeit. Gott
ist selig in im selben, und alle creaturen, die got selig machet (Hdschr.:
machen muss), die müssen selig sein in der selben seligkeit da got selig
ist, und in der selben weiss als got selig ist. Des seind gewiss, das in
diser einikeit der geist ubertritt alle wesen und sein ewig wesen und
alle geschaffne ding und alle gleicheit, die er (82 a) hat in seinem
ewigen pild und in dem vater, und mit dem vater uberswingt in der
einikeit gotlichs wesens, da sich got begreiffet nach einer plossen ein-
feltikeit. Da in dem werck enbeleibet der geist nymer creature, den
er ist das selb, das die seligkeit ist, und ist ein wesen und ein substancie
der gotheit, und ist seligkeit sein selbes und aller creaturen. Ich sprich mer:
wer das sach, das got das tette, das er nicht vermag, das er dem geist geb
zu bekennen in dem werck der seligkeit, das er seligkeit gebrauchte, das da
creatur war (?): so mocht das nit sein, das got got belibe, und der geist
selig wer noch belibe; wan der in dem himel were und bekant alle heiligen
nach der weiss, als sie selig sein, der mocht nicht wissen von keinen heiligen zu sagen, dan allein von got; wan die seligkeit die ist got, und alle,
die selig sind, die sind gott und gotlich wesen und gottes substancie in
dem werck der seligkeit. Sant Paulus spricht: wer spricht das er icht
sey, so er nicht enist, der trouget sich selber. In dem werck der selig-

keit da wirt er zu nicht und [im] enist nicht alle geschaffenheit. Herumb spricht der werde Dionysius: Herr, fure mich dar, da du nicht enbist, das ist: für mich, herre, da du uber beleibest allen geschaffen vernuften (82 b); wan sant Paulus spricht: got wont in einem liecht, dar nyemant zu kumen mag, das ist: got mag nicht bekant werden in keinem geschaffen liecht. Sant Dynonisius spricht: Gott sey nicht. Das mag man also verstan, das Sant Augustin spricht: Gott sey alle ding, das ist: an gott ist nicht. Das sant Dionysius spricht: Got enist nicht, das ist das kein ding bei in selber sind. Herumb so muss der geist ubertreten ding und dinglikeit, forme und formlikeit und wesen und wesenlicheit, den wirt in im geoffenwart das werck der selikeit, das da wesenlich besiczet die wurcklich vernuft. Ich han etwan gesprochen, das ein mensch got als volkumenlich beschawet in disem leben und selig ist in aller volkumener weise, als nach disem leben. Dicz dunckt wunderlich vill leute. Her umb verstet dicz wol mit ernst! Die wurcklich vernuft fleusset vernufliklich auss der ewigen warheit, und begreifet in ir vernufliklichen alles, das gott begreifet in im selber. Her umb die edel gotheit, das ist die wurckend vernuft, die begreifet sich in ir selber nach der weisse gottes in irem ausflissen und in irem wesenlichen begriffe, da ist sie lautter gott; aber creature ist si nach der bewegung ir eigenschafft. Dise vernuft ist nu in uns in aller weise als edel, als sie ist nach disem leben. Nu mag man fragen oder sprechen, was dan das unterscheid sey zwischen disem leben und dem leben, das nach disem leben soll sein? Ich sprich das: dise vernuft, die dise seligkeit hatt nach aller der weiss, als sie got hat, die ist nu in uns verborgen. Unser leben hie das ist all czumall dar ein geseczt, das wir got bekennen nach muglich weisse, und alle ding nach disem leben, als wir ledig werden leichnams, so soll alle unser muglicheit transfigurirt werden in das werck der seligkeit, das da hat die wurckende vernunft. Die transfigurirung sol nicht das werk der selikeit volkumener machen, den es nu ist; wan die wurckend vernuft hat keinen zuvall nicht, noch kein muglicheit mer zu enpfahen, den sye in ir begreiffet naturlich. Hier umb als wir selig werden, so werden wir beraubet der muglicheit, und begreifen allein in uns die seligkeit wurcklich nach der weisse gotliches wesens. Dicz ist das Davit spricht: Herr in deinem liecht sullen wir sechen das liecht. Mit dem gotlichen wesen sullen wir begreiffen volkumenheit gotlichs wesens, das ist allein alle unser seligkeit hie in gnaden und dort nach aller seligkeit.

www.ingramcontent.com/pod-product-compliance
Lightning Source LLC
Chambersburg PA
CBHW031953300426
44117CB00008B/748